Reader

培文读本丛书

丛书策划
高秀芹 于海冰

编委会

曹卫东	陈 来	陈晓明	陈永国	戴锦华
邓正来	董 强	高旭东	高 毅	龚鹏程
顾 铮	刘北成	刘象愚	陆建德	罗 钢
罗 岗	马海良	孟 悦	陶东风	万俊人
汪 晖	汪民安	王炳钧	王 宁	王晓明
王岳川	余 虹	乐黛云	杨恒达	杨慧林
杨念群	叶舒宪	赵敦华	赵汀阳	张 法
张隆溪	张文定	张旭东	朱苏力	

（按姓名拼音排序）

Celebrity Studies: A Reader

名人文化研究读本

主编 杨玲 陶东风

图书在版编目（CIP）数据

名人文化研究读本 / 杨玲，陶东风主编 .—北京：北京大学出版社，2013.2
（培文读本丛书）
ISBN 978-7-301-21444-2

I. ①名… II. ①杨… ②陶… III. ①名人－文化研究－世界 IV. ① K811

中国版本图书馆 CIP 数据核字（2012）第 245965 号

书　　　名：名人文化研究读本
著作责任者：杨玲　陶东风　主编
丛 书 策 划：高秀芹　于海冰
责 任 编 辑：于海冰
标 准 书 号：ISBN 978-7-301-21444-2/G·3516
出 版 发 行：北京大学出版社
地　　　址：北京市海淀区成府路 205 号　　100871
网　　　址：http://www.pup.cn　　新浪官方微博：@北京大学出版社
电子信箱：pw@pup.pku.edu.cn
电　　　话：邮购部 62752015　发行部 62750672　编辑部 62750883
　　　　　　出版部 62754962
印　刷　者：三河市欣欣印刷有限公司
经　销　者：新华书店
　　　　　　720 毫米 ×1020 毫米　16 开本　27 印张　480 千字
　　　　　　2013 年 4 月第 1 版　2013 年 4 月第 1 次印刷
定　　　价：55.00 元

未经许可，不得以任何方式复制或抄袭本书之部分或全部内容。
版权所有，侵权必究
举报电话：010-62752024　电子信箱：fd@pup.pku.edu.cn

目 录

导　言　多维度解读名人 ………………………………… 陶东风　1

一 | 名人与现代社会 ………………………………………………… 1

卡理斯玛支配的性质 …………………………………………… 韦伯　3
从英雄到名人：人类伪事件 ………………………………… 布尔斯廷　17
无权的"精英"：
　　关于明星现象的理论与社会学研究 ……………… 阿尔贝罗尼　45
《天体》导论 …………………………………………………… 戴尔　65
分析作为一种文化权力形式的名人的工具 …………………… 马绍尔　86
名人与宗教 …………………………………………………… 罗杰克　113

二 | 明星制的建立与扩散 ……………………………………………… 135

明星制在美国的出现 ………………………………………… 德阔多瓦　137
重审明星身份：文本、身体及表演问题 ……………………… 格拉提　150
名人政治家：政治风格与流行文化 …………………………… 斯特理　172
名人 CEO 与小报亲密性的文化经济 ………………………… 利特尔　187
炒作至上：当代（文学）明星制度 …………………………… 莫伦　204
学术明星：知名度 …………………………………………… 威廉斯　231

三 | 名声的制造与管理 ………………………………………………… 255

名人经济 ……………………………………………………… 特纳　257
华彩与粗糙：尤尔根·泰勒名人照片中的光晕与本真 ……… 赖　276

谁拥有名人？：隐私、名气以及名人形象的法律管制 …………… 德雷克 292
"你需要担心的只是这任务，喝杯茶、晒点日光浴"：
　　在《老大哥》中走近名人 ………………………………… 霍姆斯 306

四 | 名人的身体与认同 …………………………………………… 333

明星的白人气质：
　　看着凯特·温丝莱特桀骜不驯的白皙身体 …………… 雷德蒙德 335
奇观性的男性身体与爵士时代的名人文化 ………………… 麦基尔 351
美国之子：泰格·伍兹与美国多元文化主义 ………… 科尔　安德鲁森 369
消逝点 …………………………………………………………… 拉姆比 389

导　言
多维度解读名人

陶东风

诗人北岛曾经在他的诗中宣告："在这个没有英雄的时代，我只想做一个人。"这个响彻于上世纪七、八十年代之交的关于英雄之死的宣告，其实在当时和今天听起来依然带有强烈的英雄主义色彩：这是一个英雄发出的不想做英雄的宣告。

北岛大概没有想到，"英雄"时代之后，接着来到的不是他心目中的"人"的时代，而是既非英雄又非人的怪物——"名人"的时代。

要理解我们这个时代，不可能不研究名人。这就有了编辑这本书的想法。现在书已经编完，本导言算是一个方便读者的全书概览吧。

一、什么是名人？

到底什么是名人？名人和偶像、英雄、明星这些概念是什么关系？这是名人文化研究首先要回答的问题。本书选择的多篇文章从不同角度涉及了这个问题。

1. 名人与明星

也许"明星"和"名人"是最接近的概念。在本书中也有不少文章把它们当作同义词使用。但克丽斯汀·格拉提（Christine Geraghty）的《重审明星身份：文本、身体及表演问题》一文表示了不同看法。在她看来，"名人"（celebrity），"专业人士"（professional），"表演者"（performer）和"明星"（star）等概念都有不同的含义。

格拉提说，"名人这个称呼表明一个人的名声完全依靠其工作之外的领域，并且因为拥有一种生活方式而出名。因此，名人是通过流言、新闻和电视报道、杂志文章和公共关系建构的。"[1] 说白了，名人是靠炒作与工作/职业无关的私生活出名的，和其职业成就无关。女人之所以特别容易成为这个意义上的名人，是因为在一个男权主义的社会，她们的工作生涯和职业成就不像她们的外表或私生活那样受到关注。文章举出的例子是丽兹·赫莉（Liz Hurley），她作为一个模特和演员的工作，远不如她的范思哲礼服和放荡不羁的男友更能使她爆得大名。

"专业人士"代表的是另一种极端情况。专业人士的名气几乎完全依靠他们的工作/职业成就，而与私生活无关。"表演者"的情况与职业人士类似，他们也是靠工作（表演技术）而不是私生活吃饭（但表演者和那些专业人士还不一样，他们的技巧和表演元素不是隐藏的，而是公开展现的）。明星是介乎名人和专业人士之间的群体，专业性和私人性构成了明星身份的双重性。一个完全依靠其艺术表演而出名的演员（比如郭兰英等老一代艺人），可以有"表演艺术家"、"著名演员"、"人民艺术家"等称号，但一般不会被冠名为"明星"。而一个完全和表演无关、只靠抖落其私生活轶事出名的人，可以是名人，但与明星还有一点距离。这种双重性所强调的是在虚构的表演和真实的生活之间的平衡。也就是说，一个明星所以成为明星，既不可能完全依靠其艺术表演，也不可能完全依靠其私生活传闻。

有时候明星通过表演塑造的公共形象和其乱七八糟的私生活（外遇、酗酒和毒品）形成强烈对比。这就是戴尔所说的明星形象的"结构性多义"。朱迪斯·梅恩（Judith Mayne）认为，"明星形象的特点就是前后矛盾、改变和波动"[2]。但在克丽斯汀·格拉提看来，明星的公开（专业）形象和私下形象之间的错位并不一定影响其明星形象的建构。有时候恰恰相反。比如，戴安娜王妃不幸的私人生活与她辉煌的公共慈善工作之间的强烈对比，恰好极大地帮助她建构了自己的明星身份。这个说法虽然有些尖刻，却也不乏事实依据。

在此基础上，作者依据公共性/专业性和私人性的比重，进一步把明星区分为下列三类：第一类是作为名人的明星，或名人模式的明星，他们主要依靠与职业（电影表演）无关的奇闻异事（私人性）而出名。从八卦栏目到名人采访，形成了一系列围绕着此类明星的话语。在名人模式的明星中，电影本身相对来说不是最重要的，即使没有获得电影表演上的成功，此类明星同样可以作为"名人"而获得关注。如果知名度就是一个人的名字被媒体提及的次数，那么，大概没有人会怀疑有些演技

---

[1] 本书第154页。
[2] Mayne, J. 1993：*Cinema and spectatorship*. London：Routledge.

平平但绯闻不断的演员,其知名度远超演技一流却没有绯闻的演员(中国大陆也有不少这样的名人模式的明星);第二类是作为专业人士的明星,即那些主要依靠专业(电影艺术)上的出色表现而成名的明星。对于这类明星而言,保持自己的专业明星形象的稳定性是非常关键的,否则会导致预期受众的失望;第三类是作为表演者的明星。对这类人,格拉提用了一个很怪的说法"名人类别的颠倒",因为在他/她身上几乎看不到名人模式,起作用的完全是表演本身。剧领域的某些明星比较典型地属于此类(在中国,话剧领域、交响乐领域的那些著名演员很少有私生活方面的传闻)。有些技艺精湛的表演艺术家为了抵制大众娱乐文化,使自己远离名声狼藉的名人圈,坚持通过表演本身而非新闻曝光度来建构自己的艺术家身份。重视表演对于年长的明星很有利,因为他们的宝贵经验是一种附加优势,使得表演事业在青春美貌的阶段逝去之后仍然能够继续。

2. 英雄的衰落与名人的兴起

具有专门含义的术语"名人"(celebrity)显然不能等同于"有名的人"(famous person),更不要说"伟人"或"巨人"了。名人实际上是消费文化的产物。历史上从来不乏有名的人、伟大的人或巨人(从秦始皇到毛泽东,从荷马到拿破仑),但这些人显然不同于我们所说的"名人"。他们通常被称为"英雄"。那么,英雄和名人有什么不同?本书选译的丹尼尔·J.布尔斯廷(Daniel J. Boorstin)的《从英雄到名人:人类伪事件》就是对这个问题的集中回答。

传统上我们总是认为,一个人(不管是虚构人物还是真实人物)有名是因为他成就了一番伟业。这个意义上的有名之人也就是英雄。这是一个因其非凡勇气、崇高品德、伟大著作或旷世功勋而被历史所铭记的人。神话中的英雄尤利西斯,基督教传说中的耶稣基督,作家莎士比亚,政治家华盛顿、拿破仑等,无不如此。

但布尔斯廷指出,"图形革命"以后,这一切发生了根本的变化。所谓"图形革命"(Graphic Revolution),是布尔斯廷自己杜撰的一个新词,指的是19世纪后半期到20世纪头10年间由于媒介技术的变革所导致的美国社会和文化的巨大变迁,其表征是:图像取代了文字的统治地位;实用性成了文化评价的主要标准;即时的满足代替了高远的理想。显然,这个所谓"图形革命",是与消费社会、大众文化的兴起密切相关的。

图形革命的最重要意义在于终结了伟大和有名、英雄与名人之间传统的意义关联。图形革命之前，一个人的出名不但因为其伟大，而且他的出名过程是缓慢的、"自然的"。一个人的伟名还要受到历史的检验。图形革命以后，一个人的名声可以被迅速制造出来，其名字可以一夜之间变得路人皆知。更可怕的是，我们对出名和伟大之间关系的变化浑然不觉，还误以为一个人的名声依然是其伟大言行的自然结果，将大名（big name）与大人物（Big Man）混淆。我们制造了名人，又自欺欺人地好像他不是人造的。今天的所谓名人，"几乎无一例外地根本都不是英雄，而只是一种新的人造产品，一种图形革命的产物，用来满足我们被夸大的期待。我们越乐意接受他们，他们就变得越多，却越不值得我们羡慕。我们能制造名声，我们能随意（尽管有时花相当大的代价）让一个男人或女人出名；但我们不能使他伟大。我们可制造名人，但我们永远无法制造英雄。我们现在几乎已经遗忘，所有的英雄都是靠自身努力成功的"[3]。

这点正好印证了洛文塔尔的研究。洛文塔尔曾经对流行杂志中的传记作品的变迁进行了研究，发现1901到1914年之间《星期六晚报》和《科利尔报》(The Collier's)上出现的传记文章的主人公，大多数来自政界、商界和专业人士，但在大约1922年以后，娱乐界人士开始占了一半以上。这种改变主要是公众注意力从生产转向消费的标志。而本文作者则认为，"更简单的解释是，信息机器导致一种英雄的新替代品产生，这个替代品就是名人，他的主要特征是他的闻名。在伪事件的民主体制中，任何人均可成为名人，只要他进入新闻并总是呆在那里。"[4]正如厄尔·布莱克维尔和克利夫兰·阿莫里编写的《名人纪事》(Celebrity Register, 1959)一书的广告所中肯指出的，名人不过是"一些'名字'，这些名字原由新闻制造，现在则自己制造新闻"。名人由简单的熟悉构成，名人因此是下述同义反复的完美体现：最熟悉的就是最熟悉的。没有伟业也没有德才的名人，就是一些因为出名而出名的人。

作者认为，使名人爆得大名的"事件"不是真正的事件（使英雄成为英雄的那些事件），而是纯粹发生在媒体上的"伪事件"。伪事件就是为了制造名人而制造出来的事件。《名人纪事》还给了我们一个关于"名人"的最准确把握方式：如果你要判断一个人是不是名人，"你所需要做的就是掂一掂他的媒体剪报的重量"[5]。这的确是一个绝妙的标准，想想贾君鹏这个在网络上因为一句"贾君鹏你妈喊你回家吃

---

[3] 本书第21页。
[4] 本书第31页。
[5] 本书第30页。

饭"被反复点击而爆得大名的名人,我们不得不说"名人就是因为出名而出名的人"这个荒谬的同义反复式定义是多么准确地揭示了名人的本质。一个人的名气可以来自其杰出的业绩,但不是总是这样(作为名人的贾君鹏的名气就与业绩无关)。

名人的速成也决定了其速死。最初制造名人的机构——媒体和新闻——也是杀死名人的元凶。媒体一夜之间创造了名人,也会在一夜之间将之无情遗忘。在名人的衰落中没有任何悲剧,因为他只是回到自己原先的无名地位。这是名人和英雄的另一个区别:英雄的业绩相对而言具有时间上的耐久性,因此他的英明也是不朽的,不炒作也依然永垂青史。

不幸的是,今天我们处在一个英雄气短而名人得志的时代。"正如我们时代的其他伪事件倾向于遮蔽自发事件,名人(他们就是人类伪事件)也倾向于遮蔽英雄","就像真实事件常常被塑造成伪事件,在我们的社会里,英雄也通过获得名人的品质而幸存。最广为宣传的经验看起来就是最为真实的经验,如果有谁在我们的时代做出了英雄行为,那么所有的公共信息机器——记者、专栏论坛、电台、电视台——很快将其转化为名人。假如他们无法做到这一点,准英雄就会从公众视野中消失。"[6]英雄在今天的消费专业时代如果不降格为名人就很难出名,而降格为名人之后,他的行为所象征的美德也就烟消云散。

二、解剖名人的权力之谜

马克斯·韦伯(1864—1920)是现代社会研究的奠基性学者之一,他的理论,尤其是卡理斯玛型统治理论,对明星/名人文化研究影响至巨。

韦伯将卡理斯玛界定为某种超凡的人格特质,具有这种特质的人被认为是富有特殊魅力的超人。卡理斯玛能够引发人群的集体兴奋和狂热崇拜,因此而获得后者的拥戴。在明星/名人研究中,随处可以见到韦伯"卡理斯玛"概念的影子。这点在本读本选择的阿尔贝罗尼、戴尔、罗杰克、马绍尔等人的文章中都有体现。

弗朗西斯科·阿尔贝罗尼《无权的"精英":关于明星现象社会学研究》从社会学的角度揭示了明星的权力之谜。尽管明星不同于英雄,但是一个无可质疑的事实是:明星在当代社会拥有巨大影响力。这是一种新型的权力吗?如果是,其实质是

---

[6] 本书第36页。

什么？和其他权力的区别又是什么？

　　阿尔贝罗尼认为，传统社会中受到崇拜的人常常是君王、贵族等政治权势集团，或神父、先知等宗教权威，这些人是体制性权力的掌控者，其决策将对整个社会产生影响。现代西方社会在这些权势者之外出现了另外一群人，他们拥有极其有限的（或者根本没有）体制性权力，但他们的所作所为、他们的生活方式特别是消费方式对大众却具有巨大的影响力。这个特殊的群体就是明星。"明星"是一些不占据体制性权力地位但对大众具有极大影响力的人。

　　如果说体制性权力掌控者的权力源于这些人对现实具有实际的影响力，那么，明星及其行为从体制角度看就是"无关紧要"的，他们没有政治上的决策权。对"明星"的评测体系并未将明星对社会现实的实际决策力列为主要指标。明星的影响力源于体制权力外的另一种自主权力中心的存在，而这种权力又与社会系统的结构化程度和自主分立程度相关，后者使得人们发展出了专门针对明星的特定评价原则。

　　那么，明星是卡理斯玛吗？在韦伯的解释系统中，卡理斯玛是拥有实质性权力的领袖；而依据对"明星"的定义，明星并没有被赋予任何官方权力。那么，卡理斯玛式的明星为什么没有同时成为政治或宗教领域的领袖？作者的回答是：高度分化的现代社会发展出了针对各类社会角色的独特评价机制，这个社会已经很难出现全盘性的卡理斯玛（同时是政治领袖、宗教领袖、艺术大师、战争英雄等等），卡理斯玛已经转入某一行为或领域内部。这些行业内的卡理斯玛在复杂的、分工明确的现代社会不会被普泛化（比如电影领域的卡理斯玛不会同时成为其他领域特别是政治的卡理斯玛）。这是因为高度结构化的现代社会，比如，评价一位银行职员的依据是其职业考核标准，如果这位职员同时还是某社会组织（比如足球协会）成员，那么第二个系统对他的测评标准，通常与第一个角色（银行职员）不发生关联。由于社会领域的分化、评价标准的分离独立，一个在他的崇拜者眼里被奉为神灵的赛车手，无需在其他领域（比如科学研究）也成为翘楚。相反，在既缺乏复杂的社会结构、也没有清晰角色分工的传统社会，卡理斯玛就容易普泛化，拥有对这个社会的普遍支配权。但这种情况不会在高度结构化的分工社会出现。"高度结构化的社会中社会角色之间的尖锐分离，阻碍了明星获得体制性的权力地位，这种尖锐分离是社会体制中的保护机制，它抵制了普泛化的卡理斯玛的威胁。"[7]

---

[7]　本书第51页。

本书选译的另一篇论文马绍尔的《分析作为一种文化权力形式的名人的工具》是名人文化研究领域的经典文献,在其中同样可以发现韦伯的深刻影响。文章从三个概念出发对名人权力作了分析,即:作为一种合理化(rationalization)形式的名人;作为一种符号和文本的名人;作为一种"受众—主体性"(audience-subjectivity)之表达形式的名人。所谓作为合理化形式的名人,指的是名人代表了与形式合理性、情感的或非理性的合理性相对的第三种合理化形式。像先知的权力一样,名人作为大众文化的一种表达,其形塑权力取决于人民。但是,名人的价值理想并没有像卡理斯玛型先知的价值理想那样体现得清楚、单一,它实际上体现了一种混合的、相互竞争的合法化形式。名人在文化中扮演的是这样一个角色:他/她将各种形式的情感权力扭变为合理化的构型。主流文化通过名人为各种非理性情感找到意识形态定位,而从属文化也通过名人表达自己关于自由、幻想的看法。关于作为一种符号/文本的名人,马绍尔认为,从符号学角度看,名人的权力来自于名人作为一种符号常常超越了自身的个体性来表达某种惯例化的意义(比如正义、性感、责任),某种自身之外的东西。名人符号的物质现实——即实在的某人——消失在意义的文化构成之中。内涵(名人所指代的意义,如幸福、健康),是建立在外延(名人的物质性存在)之上的二级指义系统,是名人符号被惯例化后所表征的意义。按照巴特《神话学》,被赋予名人的内涵意义是对现实进行的意识形态化建构。最后,"作为受众—主体性之表达形式的名人"这个命题的提出联系到当代文化的一个重要症候,这就是受众地位的迅速提升,受众的这种强化了的权力居于名人权力的核心位置。名人现象是与"受众"这个社会类型的兴起紧密相关的。如果说"阶级"是通过一个人做(do)什么来界定的,"大众"是从休闲或消费而非工作时间的使用角度进行建构的,那么,"受众"概念就是"大众"在20世纪得以定位的首要途径。同"大众"范畴相比,"受众"范畴与消费资本主义的联系更加紧密。消费资本主义至少在表面上是消费者——即受众——当家作主的社会。没有消费者即受众的名人就像没有信徒的上帝那样是不可思议的。消费品、电视节目、电影、杂志以及书籍,都是通过消费文化建构受众人格的工具,而连接消费文化和受众的中介就是名人。消费文化建构受众时借用了两个有关个体性的意识形态话语:主体与主体性。借用阿尔都塞关于主体身份的探讨,媒介作为意识形态国家机器的一种,提供了观众能够认同的形象。正是通过意识形态,我们才被建构为主体。某些类型的个体性被我们视为规范性的并处于核心地位,其他类型则被我们拒斥。在某些情况下,我们接受了媒体展示给我们的主体性类型；而在另外一些时候，我们会主动地拒斥它们。而这种主体性的类型正是名人为我们提供的。名人表征着受众在其社会身份认同的形成过程中可以采取或适应的一些主体位置。每个名人都代表着受众——主体性的一种形式。

三、名人与宗教

名人总是有一批狂热的粉丝，就像宗教领袖有狂热的信徒。很多关于粉丝如何疯狂追星的报道由不得你不把名人崇拜视作某种类型的宗教狂热。对此问题感兴趣的读者不妨读读克里斯·罗杰克的《名人与宗教》。

名人文化与宗教文化的相似处可谓多矣。比如，粉丝和名人的关系是一种单向的情感依赖关系：粉丝将强烈的正面情感投射于名人，并建构了与名人的想象性亲密关系，名人作为想象性资源为粉丝提供安慰、智慧和快乐。这和信徒与上帝的关系类似。在一些极端的例子中，这种关系甚至有可能成为婚姻、家庭和工作等真实关系的替代物或障碍物（比如一个人因为狂热迷恋某个名人而导致无法恰当处理其和丈夫或妻子关系）。但克里斯·罗杰克认为，名人和粉丝的这种互动属于类社交互动（para-social interaction），因为它是经过大众媒介中介乃至塑造的。至于这种互动的社会基础，罗杰克认为是普遍的孤独感：名人为那些生活乏味、抑郁不得志的受众提供了有力的归属感和承认感。这一点对我们深入探究明星崇拜的社会心理根源富有启示意义。再比如，宗教文化都拥有仪式、神话、圣物、象征、圣地等因素，它们能够使人类产生神圣感。在世俗社会，神圣性丧失了与有组织的宗教信仰的关联，开始依附于那些成为崇拜对象的大众媒介名人。名人经常和魔法、巫术仪式联系在一起，让观众狂喜和昏厥。

名人崇拜还是集体欢腾的世俗化宣泄形式。集体欢腾指的是集体狂喜状态。宗教仪式既将社群的信仰系统圣化，又为"集体欢腾"（collective effervescence）提供了一个出口。世俗化虽然降低了有组织宗教的意义，但民众的集体欢腾的宣泄需要仍然存在。名人崇拜已经在很大程度上取代了宗教信仰成为集体欢腾的新表现形式。观赏性体育或流行歌曲演唱会都明显激发了强烈的、带有宗教特性的集体欢腾。

最后宗教信仰与祖先崇拜都离不开圣物崇拜，死者的遗物通常构成崇拜仪式的一部分，相信死人身上的某种东西（比如骨头、血液、汗液、头发等）拥有神奇力量；而在世俗社会，粉丝也建立起了他们自己的名人文化圣物箱，以缩小自己与名人之间的距离。电影明星用过的肥皂、嚼过的口香糖、抽过的烟蒂、擦揩口红的纸巾，甚至包括影星家草坪的一叶草，都会成为粉丝心目中的圣物。

由于这诸多的相似性，有人认为名人文化是世俗社会对于宗教之衰落的应答，或者认为消费文化接管了宗教，成为归属、承认和精神生活的关键所在。在今天这个"后上帝"（post-God）时代，名人已经成为建构世俗社会归属感的重要资源。用本文作者的话说："随着上帝的死亡和教会的衰落，人们寻求救赎的圣礼道具被破坏了。名人和奇观填补了空虚。"[8]

但是作者并不认为名人文化等于宗教文化，它只是在后宗教时代发挥了宗教的功能。名人文化"促成了一种娱乐崇拜，为浅薄、俗丽和商品文化统治赋予了价值。娱乐崇拜意在掩盖文化的崩溃。商品文化无法造就整合的文化，因为它让每一个商品只有瞬时的独特性，最终都是可以替代的。同样地，名人文化也无法产生超越性的价值，因为任何超越的姿态最终都会被商品化过程收编。"[9]名人文化是一种虚假的狂喜文化，因为它所激发的热情源自被操控的本真性，而非承认和归属的真正形式。娱乐名人崇拜的心理后果是忘掉真实生活的无意义。由于这个原因，名人文化生产了一种美学化的生活解读，这种解读掩盖了社会不公平和伦理正义问题。正如17世纪的清教徒向基督寻求慰藉和灵感，今天的粉丝也从名人那里寻找个人生活的依靠和支持。这里的支配性动机不是救赎。粉丝因各种原因被名人吸引，其中性吸引力、对独特的个人价值的崇拜和大众传媒的喝彩是主要的。几乎没人相信名人能在正统宗教或准宗教的意义上"拯救"他们。但大部分人都从对名人的依恋中找到了慰藉、魅力，或兴奋。通过这种依恋，一种富有魅力的与众不同感获得了表达。

四、剖析明星制

明星不是天生的，而是制造的，制造者就是明星制。但是人们对明星制的产生原因认识并不统一。有人认为明星制的出现是因为公众渴望知道表演者的名字，有人把明星制的产生诉诸一个制片人的偶然发明。理查德·德阔多瓦的《明星制在美国的出现》则认为，最好将明星制的出现视为一种知识事件，并对之进行了知识史的回顾。依据作者的研究，在1909年之前，任何演员的名字都鲜为人知。但到了

---

[8] 本书第133页。
[9] 本书第133页。

1912年,绝大多数演员都被突然"发现"了。电影公司的宣传部门、电影和粉丝杂志一起生产并传播了这种关于名人的知识。有三个重要的有关演员的知识类型的转变影响着明星制的发展,这就是表演话语、电影名人、电影明星。这三个阶段不是相互取代的关系,而是逐渐叠加的关系。

表演话语

1907年以前,没有关于电影演员的任何话语。关于电影的话语集中于电影装置(apparatus)的神奇力量。甚至人们不把出现在银幕上的人视作"演员"。表演属于舞台(比如戏剧)的一种职业,对于电影早期发展阶段来说还非常陌生。

1907年左右,这一关于电影装置的话语开始被另一种话语所取代,这就是关于人类劳动(劳动主体包括制造商、摄影师、导演和电影编剧,当然还有演员)在电影生产中的重要作用的话语,人们开始把"在电影放映机上摆姿势而赚钱的人"称为"影像表演者",用"摆姿势(pose)"这个动词来描述电影中人们的活动。随着故事片产量的增长,"人们在电影中进行表演"的观点更加流行。

"影像表演者"出现的必要条件是人们意识到了电影与现实的区分,意识到表演者不等于电影中的人物,电影中上演的场景也"不是真的",而是一个虚构性的场域。除了把电影视作表演,人们还明白这种表演不同于舞台表演,电影内部也区分出与不同的表演类型相应的电影类型。[10]

电影名人

1909年,电影名人以他们本来的名字或公众赋予他们的名字开始出现。这常常被视为明星制的开端。但作者认为,电影名人与明星仍有不同,前者出现于1909年,后者出现于1914年。电影名人有一套特定的知识规范将其与明星区分开来。

生产电影名人的知识与名字的传播相关。由于杂志、报纸和广告都在不断地重复演员的名字,有关电影名人的知识在1909年前后得到了极大增长。公众渴望知道演员的名字,这使得影迷杂志开始风靡。一部电影中谁是主演成为杂志问答专栏中最多被问及的问题。可见这个时候演员姓名的传播和他们所演电影的传播是紧密联系的。演员姓名还是一种互文性形式,即在不同电影中认出同一个演员。

---

[10] 本书第142页。

电影明星

电影明星和电影名人的区分在于：关于明星的知识超越了电影文本而关涉到电影外的演员私生活（这个看法和克丽斯汀·格拉提正好相反）。"随着明星的出现，演员在电影工作之外的存在的问题就进入了话语。"[11] 有关演员的知识不再局限在他演的电影，明星的私人生活作为知识的新场域出现了。明星开始与他/她所主演的电影相分离。个人生活和职业生活成为两个自主领域，这大约发生在1914年。

五、对明星/名人的分类考察

虽然明星最早出现于电影界，然后扩散到体育界，但如今这个术语早已不再专属电影演员或体育界名人。除此之外，还出现了政治明星，学术明星，企业明星等。大卫·马绍尔（P. David Marshall）在《名人与权力：当代文化中的名声》一书中考察了当代生活中多样的名人群组，他称之为"名人系统"，每个名人系统都有自己的受众群体。本书选译的下面几篇文章，分别对政治明星、学术明星和企业明星进行了分析。

1. 走近政治明星

把政治家比拟为明星，说政治家是演员，或演员的做派越来越有政治家的风范，这些都已不是什么奇谈怪论。在关于当代政治的各种报道中，不乏政治与艺术之间的类比。约翰·斯特理的《明星政治家——政治风格与流行文化》就是对此的一个探讨。

话还得从经济学家熊彼得关于政治和商业的比较说起。20世纪四五十年代，熊彼得提出政治能够通过经济学的洞见而获得理解，政治实际上也是一种营销。就像商人买卖石油一样，政治家经营选票，两者都受到市场法则的操控。政治家和选民的关系如同商人和顾客的关系，他们都要生产顾客满意的产品。此外，每个政党都有经过精心包装的政治明星，相当于自己的商标或形象大使。

这种把政治看做一种特殊营销形式的观点虽然可以帮助我们理解现代政治传播中至关重要的一个纬度，却又存在简单化之嫌。因为政治事务毕竟不简单等于石油

---

[11] 本书第 147 页。

买卖。其中一个很重要的区别是：民主经济学理论认为一般的商业交易是基于购买者的理性选择，而政治家销售的是表演，购买的是人气，购买者的选择没有多少经济理性可言。就此而言，政治行为更类似于娱乐行业的交易。政治并不是纯粹工具理性的，毋宁说它是表现性的（expressive），是一个受非理性情感控制的领域。大卫·马绍尔就认为，我们需要将激发政治生命的"非理性"情感纳入政治阐释的范围之内（参见本书马绍尔文），就像我们在娱乐圈用非理性情感解释明星和受众的关系那样。马绍尔主张，我们必须将作为名人的政治家的构建理解为填充政治理性的过程的一部分，政治传播的任务就是要把政治家变成名人，以便组织他们想要代表的情感风潮。政治宣传人员就像电影公司和唱片公司里专门负责名人形象塑造的公关人物。也就是说，马绍尔认为，从其功能和政治合法化的形式来看，政治领袖的建构方式与从各种文化活动中涌现出来的其他公众人物有类似之处。

尽管马绍尔推进了熊彼得的卓见，他仍然对某些问题未做解答。比如，马绍尔相对而言很少言及政治家们本身，很少言及他们展示自己"名人"派头的方式有何不同。像熊彼得一样，马绍尔聚焦的是过程的结构层面，因而对扮演明星角色的个体三缄其口。约翰·斯特理认为，我们需要一个新的、把政治和文化联系得更加紧密的比拟：把政治家看做"艺术家"、"演员"或符号创造者。在把政治家理解为"符号创造者"的过程中，焦点从商品和营销转向了艺术和风格。

在这方面，法拉斯卡－桑波尼关于作为演员或符号创造者的政治家的观点值得关注。政治家到底是什么人？熊彼得的答案是：政治家是商人，只不过他交易的是选票；法拉斯卡－桑波尼的回答是：政治家是一个"艺术家"，人民就是其"艺术作品"。[12]

法拉斯卡－桑波尼的这个观点来自一个反本质主义的假设：政治是通过叙述而被生产出来的。这些叙述不但表达现实而且构建现实，不但代表权力而且生产权力。叙述建构政治现实、生产权力的途径之一，是赋予"人民"以身份认同。身份的创造取决于符号的使用。[13] 早期的法西斯正是用这种方式在忠实信众中制造出一种情感性反应和身份。如法拉斯卡－桑波尼所解释的："墨索里尼把世界想象成一块可以在上面创造艺术品的画布"。法拉斯卡－桑波尼不仅主张把法西斯主义理解为一个塑造民众的艺术计划，而且认为这种塑造因为塑造者的不同而各有特色。这正

---

[12] 本书第 181 页。
[13] 本书第 182 页。

是作为艺术的政治的可怕之处,似乎反民主的极权政治最接近这种所谓"政治艺术",难怪墨索里尼说:"民主剥夺了人们生活中的'风格'。法西斯主义从人们的生活中找回了失落的'风格'……"。[14] 记住墨索里尼的话或许有助于我们警惕极权政治和艺术的结盟:相比于民主政治,似乎极权政治为政治家提供了更多发挥个人风格的可能性。民主政治中表演和修辞可能起一定的作用,但不会起决定性作用。选民可能会一时受到政治家的表演和风格的影响,但是起最终决定作用的恐怕还是理性(一个总统候选人或许在竞选过程中因出色的表演和长相而得益,但是当选后却必须拿出自己切实的业绩才能维护自己的总统宝座)。依靠自己的表演打动国民的非理性情感并对之进行长期操纵的政治家,往往出现于极权国家。提醒这一点或许特别重要。

2. 解剖学术明星

明星现象从电影界发端,然后进入体育、电视、音乐等其他大众娱乐领域,而现在则几乎横扫社会文化的各个领域,连学术界也不能幸免。学者的明星化已经成为一个过去几十年来学术生活最显著的现象之一。在中国大陆,余秋雨、易中天和于丹等人宣告了中国式学术明星时代的来临。对于这些人,我们通常是从好莱坞明星模式出发来解读的,但是读了杰弗瑞·威廉斯的《学术明星:知名度》,你可能会对问题有不同的理解。

对于学术明星现象,存在很多争论。一些人将之视作一种肤浅的八卦、学术的堕落,或嗤之以鼻或愤愤不平;另一些人则对此做出了更严肃、冷静的思考,在承认其存在合理性的同时,将其视为输入到学术圈的流行文化现象,不认为它是真正的学术。更为严厉的批评是:明星制度不仅仅是一种身份错误,而且折射出资本主义对学院这方神圣领地的潜在渗透,因而暴露出一种根本性腐败。

尽管存在各种争论,但是主流观点更多地倾向于否定学术明星制度,视之为对学术的干扰甚或是学术的堕落。本文作者对此不以为然,他反问道:"既然明星制度是如此错误,那它为何如此适应学术文化?如果我们不是仅仅从流行文化的角度来考察它,那么它在学院中的示例又有何独特之处?明星制度如何揭示了我们的制度

---

[14] 本书第 182 页。

性渠道？"[15]

本文的核心观点是：通常人们都用好莱坞模式思考学术明星制度，认为学术明星制度遵循着好莱坞明星制度模式，两种模式之间存在着同源性。这是人们攻击学术明星制的根本原因。但这种同源性假设忽视了学术体制的独特性。作者认为，学术明星制度是职业主义（professionalism）的当代形态，而不简单地是对外在于学术的流行文化（比如好莱坞娱乐工业）的错误模仿，它"代表着职业的一种不同的历史模式，代表着学术评估的一种符码，是研究型大学中各种不相称的实践之间的一种协商。"[16] 当我们说某人是研究18世纪历史的明星学者时，我们并没有把他们误认为是朱莉亚·罗伯茨那样的明星。在学院语境中，名声、名人、明星意味着不同的东西，它的界定主要取决于学术领域的特定参数（笔者在此猜测的是诸如学术机构所赋予的一些荣誉，比如学术奖励、学术刊物和出版社的级别等）。可以设想，朱迪丝·巴特勒比大部分学者更像"名人"，但是这种名人身份只不过表明了她在专业领域中的杰出地位。

当然，巴特勒否认自己是明星是可以理解的，这表明了职业精神的首要性和职业主义话语在学术场域的支配地位。这正是现代社会的特点。根据韦伯等人的经典研究，在现代社会，各种职业为了获得合法性，都竭力论证自己的独立性，学术界则将专业知识定义为与普通大众知识相分离的特殊知识。学术的价值深度依赖其与大众日常生活的区隔程度。这解释了学者对于明星制度的抵制，后者似乎总是与沽名钓誉、追求权力或金钱联系在一起。越是否认自己是明星，害怕自己沾上流行味，就越是表明学术场域和学术资本的独立性及其对经济资本或政治资本的抵抗力。[17] 因此，"巴特勒的回应操演了专业控制的经典举措，即通过设定边界，假定一个外部为非法，从而保证了内部的合法性"[18]。她对明星身份的拒斥并不是为了反对自己的名声本身，而是为了划清自己和流行文化的关系。

但另一方面，学术研究，特别是人文科学研究，为了获得另一种类型的合法性，又必须声称自己与更广泛的公共世界的相关性。[19] 它因此呈现了专业性和公共性

---

[15] 本书第234页。
[16] 本书第235页。
[17] 可参见布迪厄的学术场理论。
[18] 本书第237页。
[19] 本书第235页。

两极之间的一种张力。大多数对于明星制度的拒斥，体现了职业精神的专业保护主义一面，但却忽略了职业精神的公共性方面。这种矛盾的态度使得对学术明星制度的指控为什么一方面持续不断，另一方面又不能彻底驱逐它。

至此我们应能明白，作者是把学术明星制度视作学术场域内部的自律性评估制度，和我们通常理解的大众文化的明星制几无牵涉。我们可能会问：这个意义上的"明星"概念有必要使用吗？我们不是一直有学术界"内部"的等级化制度和评价标准吗？对此的追问实际上涉及明星制作为一种学术成就衡量标准的独特性和必要性问题。

依据本文作者之见，明星制之前的体制是传统取向、论资排辈的，以学校为中心，讲究出身；而学术明星体制代表了一种不同的权威标准，它将个人声望与知名度置于门派、资历、位置之上；它还代表了一种不同的职业生涯模式，更青睐创新的个体而非坚守传统的教授。"在某种意义上，明星身份是不宣称任何宗派的，它唤起的是卓然不群的个体形象。"[20] 它的忠诚指向整个学术界而不是某个学校或门派，它的主要评价标准是一个人的研究是否"推动了一个领域"，而不是对某个累积的传统进行的修修补补。在这个意义上，"不管明星制度存在什么问题，它还是代表了一种更民主的模式（基于增强个人价值的均等机会），比父系体制更少地依赖于继承的特权。"[21] 使得学术界变得更加开放和富有活力。作者引用罗宾斯的话："名人膜拜的诸多功能之一就是，通过提供一种另类的文化资本分配模式，有助于开放……职业圈子"，因而创造了更多的社会流动机会。[22]

那么，这种新的评价制度和等级化制度是在什么样的环境下出现的？作者的回答是二战后美国大学的高速增长、高等教育的平民化以及研究型大学的兴起。这些变化导致大学的传统权威的去中心化，大学面临重新排名，"声望"成为主要尺度，"它是通过全体教员及单独的个体在研究中的地位积累起来的，而不是通过传统的地位和教学声誉。"[23] 教师的地位更多基于抽象的职业成就，而不是传统的出身和机构附属关系。

正是这一系列的变化导致了明星制度于20世纪六七十年代的诞生。"明星制度产生于对研究的强调，以及随之而来的对于个人职业声誉的追逐，个人职业声誉的

---

[20] 本书第 243 页。
[21] 本书第 243 页。
[22] 本书第 243 页。
[23] 本书第 247 页。

重要性超过了服务于本地学校的重要性。"[24] 它也是对机构和同行之间相互竞争声望的风气的回应。它满足了对于横跨多种领域与学科的价值尺度的需要,"提供了一本词典,可以用来翻译对各种无法比较的实践的判断。"[25] 明星制度满足了大学的一种需要,为大学排名提供了数据,同时还提供了一种特殊的招牌(marquee)价值,让一所大学能够自夸拥有最著名的教授和专业。

既然知名度是衡量一个学者是否属于明星学者的关键,那么,知名度又是通过什么方式得到测定的呢?作者特别强调了学术成果的引用率以及相关的学术著作前言或后记中的纪念性致谢。这些都是强化知名度的规则,也代表了职业认可(professional recognition)制度:认可他人,同时希望自己有一天也能被认可。

知名度的另一种制度化呈现方式是一些重要的、被反复使用的专业学术术语,如"杂交性"、"想象的共同体"、"文化资本"、"逻各斯中心主义"等,它们总是和其发明者的名字联系在一起。在我们的学术研究和研究生教育中,会反复再生产这类专门的术语及其发明者的名字。还有一些形容词化的名词,如巴特勒式(Butlerian)、德里达式(Derridean),它们常常标志着一个学者的知名度的顶点,因为只有一个在知识领域作出划时代成果的学者才能享受如此殊荣。

此文发人深省的观点很多。但在应用到中国时却必须加倍小心。须知:即使在作者的意义上使用"学术明星"一词,把它视作学术界内部的等级化制度,这里也有一个前提,即学术场域的高度自律和现代性价值在学术领域的内化和确立。以此为基础的明星制度,实际上是现代民主社会的学术自律制度的别名。但如果是在学术场域和政治、经济场域没有分化或者分化还极不充分的情况下,学术成就的衡量标准就不见得是自主的,学术名声、学术知名度也不见得是真正学术水平的反映。

3. 企业明星或名人 CEO

企业家本来似乎是和消费文化不搭边的。他们代表一种创业精神。而今,业绩出色的企业家,所谓的 CEO,早已不再默默无闻,他们的照片出现在杂志封面,他们的名字在脱口秀中广为流传。他们成了名人。李嘉诚、张朝阳、王石、杨澜,等等,都是知名度不输于影视歌星的大名人。尽管如此,在有关文化工业的早期著作里,

---

[24] 本书第 248 页。

[25] 本书第 248 页。

一般多聚焦于娱乐圈中的名人，名人商业领袖并没有得到应有的重视。因此，乔·利特尔(Jo Littler)《名人 CEO 与小报亲密性的文化经济》特别值得关注，因为这篇文章从媒介和文化研究角度分析了名人 CEO 形象。

法兰克福学派的洛文塔尔在其《大众偶像的胜利》中，通过对报纸和杂志中的著名人物的内容分析，考察了娱乐名人在 20 世纪初的崛起，以及"生产偶像"被"消费偶像"取代的现象，并对此现象揭示的价值观变化表示担忧，生产性偶像来自政界、商界以及专业技术领域，代表着生产和创业的价值观，消费偶像来自大众娱乐领域，代表消费的价值观。

洛文塔尔的论述在贬低娱乐领域消费偶像的同时，也使得商界名人成为可以接受且受人尊敬的群体。他们在某种意义上不是"真正的"名人，不是"虚假的"偶像。洛文塔尔使商业名人像其他政治名人或者"专业"名人一样，显得严肃且正当。

将名人划分为"轻浮的"娱乐名人与严肃的企业名人，这在 20 世纪中期的文化批判分析中依然存在。米尔斯在其 1956 年发表的著作《权力精英》(*The Power Elite*)中也采用这种二分法。关于名人的批判性著作中存在着这样一个传统，即将名人视为那些拥有严肃的体制性权力的人物对立面，商业人物被纳入到体制性名人范畴，并被赋予生产性和严肃性，与所谓"肤浅无聊"的娱乐名人进行对比。然而作者认为，不应该将 CEO 看做自然而然的范畴，应该将名人 CEO 形象置于媒介文化的当代语境中进行考察。

当今媒体与名人 CEO 之间的关系已经不只是经济关系，因为名人 CEO 虽然是企业的首席执行官，但他们的媒体形象其实超出了媒体的金融或商业版块。他们也是各种八卦新闻的主人公，并与娱乐演艺界纠缠不清。在企业文化与消费文化日益纠缠不清的情况下，CEO 实际上在更为广阔的媒介文化得到传播。就是说，他们既不是单纯的名人，也不是单纯的商人。

文章指出，我们可以在后福特式的促销文化中思考这个问题。新的促销文化产生新的促销形式，企业已经超越了广告分类与形式，不只宣传自己的产品，而是通过各种大众媒体把它的 CEO 塑造成和娱乐明星类似的名人。这被证明是提高公司影响力和产品销路的有效方法。传统上只是针对娱乐明星的新闻形式，煽情主义故事、私密关系的故事等等，在 CEO 名人的媒体形象比比皆是。"名人 CEO 对于投资者不断增强的作用和他们不断曝光的形象在很大程度上促成了世人对 CEO 超级英雄的尊崇。""CEO在不断扩张的商业媒体内部和商业媒体以外都成了名人。"[26]

名人CEO的媒体形象和符号形象具有跨类型特征。他们既出现在小报花边上，又出现在正规报纸上，同时接受《观察家报》和《快报》的采访。用令人尊敬的CEO身份来制造煽情故事和情色形象，当然是借鉴了小报的一贯手法。因此，围绕名人CEO"建立起来的人格面具混合了高雅的、中等的以及低俗文化。""当代名人CEO因此可以通过占据各种媒介话语积累起相当广泛的媒体形象，其中包括或借鉴了私密的、煽情的小报形象。"[27]

六、身体文化视野中的名人

名人文化与身体文化可谓消费文化的两翼。名人身体形象的传播在消费文化中一直处于核心地位。整容医学、数码照相技术等使得名人在身体的产生与维护方面获得了前人不敢想象的可能性。要理解当代人对身体的痴迷就必须探讨名人身体文化，反之亦然。名人文化既促进了我们的身体紧张和焦虑（那些具有魔鬼身材的影视娱乐明星提供了身体的理想标准），因此引发了我们的自卑和焦虑；同时也提供了虚幻的解决焦虑的方法（名人做的塑身广告告诉你如何变得像名人那样拥有理想的身体）。

本书收入的戴维·麦基尔的《奇观性的男性身体与爵士时代的名人文化》一文探讨了明星文化和男性身体理想的关系。文章通过解读横跨多种媒体的各式名人，探讨了爵士时代围绕白人男性身体所建立起来的一套特定意象。尽管这些名人的领域和背景各自不同，但围绕他们的名人话语离不开对于男性身体的想象。这些男性名人构建的理想身体形象把男性身体形塑为一战后治疗西方人理想幻灭的万灵药。白人男性通过认同这些名人形象来舒缓身体的紧张，缓解他们的焦虑不安。

名人文化一方面强调明星与粉丝之间的平等，另一方面把名人身体提升到了常人难以企及的理想高度。刊登明星身体图像的广告总是让人感到自己身体的不完美，产生急需重组身体的忧虑。[28]

---

[26] 本书第196页。
[27] 本书第194页。
[28] 参见拙文《消费文化语境中的身体美学》《马克思主义与现实》，2010年第2期，第27—34页。

作者指出，20世纪20年代，美国男性的身体焦虑变得非常强烈，白人男性渴望恢复力量，急切需要保卫男性身体的各种策略。一战昭示了生命的有限性和身体的脆弱性，许多年轻白人男性怀着爱国理想奔赴战场，返家时却伤痕累累，或被子弹打得面目全非，或干脆成了一具具死尸。大众媒体上受伤士兵的照片显示了白人男性身体的可穿透性。而且，男性身体的创伤隐喻般地意味着一个更大的有关白人男性在政治、经济领域主导地位的焦虑。尤其是自20世纪20年代起，一些作家把国家想象成一个男性的身体。饶有趣味的是，国家作为一个政治领域的健康，要求男性身体在修辞上保持相应的强壮，在国家公民身份与白人男性身份之间建立了意义关联。高级的美国式生活包含了强健身体的理想，并把它们与"美国主义"联系起来，使之成为国家身份的典范。于是，在大众话语中，名人文化正好为应对这些焦虑和重塑身体的渴望提供了一个途径。

对抗男性身体脆弱的方式之一就是展示一个理想、强壮的身体。名人文化当然地成为这种展示的中心。名人文化建构身体话语的核心是让观众与所展示的身体产生认同，并且把它们与国家认同联系起来。一个神物化（fetishized）的男性人物在20年代被建构为理想男性的代表。

20世纪20年代名人身体文化的主要载体是广告。20世纪美国最著名的健身者查尔斯·阿特拉斯的广告关注男性对于力量、成功和男子气概的焦虑。他的广告创造出了任何男人都能变得强壮而富有男性魅力、打败仗势欺人者并赢得女性芳心的幻想。这些广告在承诺缓解男性身体的紧张情绪的同时，也在制造这种紧张。他代表了一个经过重塑的白人男性身体，以身体的奇观把众多身份粘合在一起。男性们对这些幻想深信不疑，因为他们对阿特拉斯许诺的强健身体充满渴望。阿特拉斯拥有了类似电影明星的名人地位，而电影也是一个男性公众人物将男性身体奇观化的场所。

男性名人身体话语还和美国的种族意识形态存在着复杂的纠葛。电影《沙漠情酋》中的土著男性酋长由瓦伦蒂诺扮演，他有着比被文明腐蚀的、贫血孱弱的白人男性更深的肌肉和肤色，这肤色成了他因接近原始主义而获得的优秀男子气概的标志；但和他所统治的原始阿拉伯人相比，酋长的肤色相对较浅，这又表明了他的种族优越性。最终瓦伦蒂诺成功地呈现出一种既充满男性力量又优雅得体（即既不同于孱弱的白人男性又不同于野蛮的土著男性）的白人身体形象。主角瓦伦蒂诺拥有一个既强壮又有异国情调的身体。

瓦伦蒂诺的影片中种族和性别互相交织，在多个种族特征交织的复杂层面里互相决定。这些层面的勾画部分地依据一个人继承原始本能的能力；那些能够成功融入原始本能的人变得更加具有男子气概，也更像白人。因此，费尔班克斯和瓦伦蒂诺所追寻的理想的男性身体，恰好与爵士时代重振白人男子气概的理念同步出现。

总之，男性身体话语是一个多种权力、话语和意识形态的交汇之地。"在一个种族和性别身份不断变化的时期，白人男性权力受到了来自各方的威胁，男性的身体成为爵士时代复杂的焦虑和渴望相互协商的文本空间。面对身心分裂的迹象，白人男性求助于各式各样的策略，希望通过替代性的行为使被破坏的身体变得模糊而不可见，从而重塑他们的身体身份。"[29]

这种强化了的、重塑的男性身体展示，既反映了白人男性所拥有的再现他们身体的机会，也揭示出导致他们痴迷于那些身体形式的持续焦虑。

本书选译的其他文章也都值得一读，但限于篇幅，就不在这里介绍了，好在每篇文章的前面都有简要的导读帮助读者理解。

遥想80年代，人们还不知道名人为何物，90年代初期出现了追星族，引得社会各界议论纷纷，如今，几乎每一本时尚杂志的封面都是名人的玉照、艳照、酷照。我们不得不感叹时代变化之快和中国人接受新事物、新偶像和新价值之快。无论是对本土的名人还是外国的名人，中国各界人士表现出来的热情都是异乎寻常的。或许中国才是名人／明星的天堂，也是消费主义的天堂。不是吗？当年紫禁城的那场三高演唱会的门票居然过万，成为全世界的笑料。本书虽然尽可能全面地选译了西方国家关于名人文化研究的代表性文章，但只靠阅读本书是无法充分解释这种中国式名人文化的，这是我必须郑重提醒读者的。

---

[29] 本书第367页。

一 名人与现代社会

这一部分选择了名人文化研究领域中一些最重要、最知名的理论性文章,围绕名人现象与现代社会的关系,阐释了名人在现代社会中所发挥的社会文化功能。

◇ 卡理斯玛支配的性质

◇ 从英雄到名人:人类伪事件

◇ 无权的"精英":关于明星现象的理论与社会学研究

◇ 《天体》导论

◇ 分析作为一种文化权力形式的名人的工具

◇ 名人与宗教

卡理斯玛支配的性质

马克斯·韦伯

导 读

德国社会学家韦伯（1864—1920）是社会学古典理论三大奠基人之一，他的"支配社会学"尤其对后世产生了深远的影响。根据支配权力的正当性来源，韦伯将人类历史上的统治划分为三种"纯粹"类型：法制型统治（官僚制），传统型统治（家父长制）和卡理斯玛型统治。韦伯将卡理斯玛定义为"某种人格特质，某些人因具有这个'特质'而被认为是超凡的，禀赋着超自然以及超人的，或至少是特殊的力量或品质"。

本篇节选了韦伯对卡理斯玛型统治所做的一些分析。在"卡理斯玛的本质与作用"这一部分，韦伯阐述了卡理斯玛统治的若干核心特点。首先，官僚制结构和家父长制结构都属于"日常性的结构体"，能满足一般的日常需求，但却无法满足"超出日常经济范围的诸多要求"。这些需求只能在卡理斯玛原则中得到满足。当危机出现时，人们会首先呼唤那些具有超凡禀赋的领袖人物，而不是普通的官职人员或职业人。也就是说，卡理斯玛统治"是由人群对于异常事态的集体兴奋，以及对英雄性（不问其内容为何）的归依而形成的"。其次，与官僚制和家父长制相比，卡理斯玛结构有着完全不同的统治方式。它没有任命与罢免，"资历"与"晋升"的任何形式和程序，没有薪水或专业培训，也没有监督部门、权限规划或常设机构。第三，卡理斯玛权威来自追随者对这种权威的承认和投入，这种权威在本质上是极为不稳定的。如果担纲者不能向其信众确证自己的力量，不能证实自己给信众带来了福祉，那他就会被信众所抛弃。第四，卡理斯玛力量是一种革命性力量。虽然官僚制的理性化是"对传统的最主要的

本文节录自韦伯：《支配社会学》，康乐、简惠美译，桂林：广西师范大学出版社2004年版，第262—308页。节录时，删除了中译的大量注释和德文标记。编者因不谙德文，无法依据德文原著进行校对，只能参照英译本，并以注释的形式列出了中译和英译的不一致之处。英译本来自 Max Weber, "The Nature of Charismatic Domination." In *Stardom and Celebrity: A Reader*, eds. Sean Redmond and Su Holmes, Los Angeles: Sage, 2007, pp.17—24。——编注

革命力量",但它是通过改变人的外部生存环境来实行变革的。卡理斯玛统治则相反,它是"从内部,从被支配的意识之中心的'心神变化',来展现其革命的力量"。

在"卡理斯玛权威的成立与变形"这一部分,韦伯描述了卡理斯玛型统治的不可避免的例行化(日常化)过程,因为卡理斯玛型统治下的归依者总是希望把卡理斯玛从昙花一现的恩典"转变为一种日常的持久性拥有"。在这个过程中,"原则上纯粹的卡理斯玛支配便会遭受破坏,而转变、扭曲为'制度性的'"。这样,卡理斯玛的扈从与门徒,就变成了各种官僚结构和利益团体的成员,卡理斯玛的被支配者则转化为"臣民"、"国民"、教会信徒、政党党员或社团成员。卡理斯玛的宣示也就变成了僵化的教义或传统。韦伯认为,"所有的政党,几乎毫无例外的,都是以作为卡理斯玛的扈从群而起家的",但他们一旦日常化,就会变形为名门望族的统治或贵族联盟。韦伯还指出,卡理斯玛支配并不仅仅存在于原始社会。法制型统治、传统型统治和卡理斯玛型统治这三种支配类型,并不是沿着某个线性的历史发展规律而出现的,它们之间会发生多种形式的融合。但不可否认地是,卡理斯玛型统治在现代社会已经逐渐衰退。

韦伯的卡理斯玛概念对于明星／名人研究有着重要的启迪作用。明星／名人可以被视为某种形式的卡理斯玛领袖。他们和粉丝之间的关系也很类似卡理斯玛领袖与追随者之间的关系。在本读本的其他选文(如阿尔贝罗尼、戴尔、罗杰克、马绍尔等人的著作)中,我们都可以看到作者与韦伯思想的直接或间接对话。

一、卡理斯玛的本质与作用[1]

1. 卡理斯玛权威的社会学本质

官僚制结构虽然在许多方面都与家父长制结构相对立,但两者却全都是以恒常性[2]作为其最重要的特质。就此而言,他们皆属"日常性的结构体"。特别是家父长制的权力,乃是扎根于必须满足那往往接踵而来的、一般的日常需求;因而,在经济里,或更确切一点,在以一般日常手段来满足需求的经济部门里,家父长制的权力

---

[1] 英译本的标题是"The essence of charisma and its workings",可译为"卡理斯玛的本质及其运作机制"。——编注

[2] "恒常性"(Stetigkeit)英译为"stability",意为"稳定性"。——编注

找到它的自然根据地。家父长即日常生活的"自然领导者"。准此,官僚制结构不过是家父长制之理性转化的对照版。它同样也是个恒常的建构,是基于其理性律则的体系,致力于以通常的手段来满足可预算的持续性需求的一个结构体。

一切超日常的需求,换言之,超出日常经济范围的诸多要求,则往往于一个原理上完全异质的基础上被满足,特别是卡理斯玛的基础上。我们越是往历史回溯,此理就越是真切。道理在于:当危机出现时,不管是心理的、生理的、经济的、伦理的、宗教的或是政治的,此时,"自然的"领导者就再也不是被任命的官职人员,也不是现今我们所谓的"职业人"(意指娴熟专业知识并以此赚取酬金者),而是肉体与精神皆具特殊的、被认为是"超自然的"(意思是说并非每个人都能获得的)禀赋的人。

[……]

与任何官僚制官职组织类型相反的,卡理斯玛结构并不知何谓卡理斯玛之担纲者及其辅佐者的任命与罢免、"资历"与"晋升"的任何形式与规律程序,他们既没有"俸给",也没有规律性的专门教育;卡理斯玛结构亦不知何谓监督部门与上诉法庭,以及这类机关之地方性管辖区及其自主的、切事的权限之规划;最后,在卡理斯玛结构里,也没有独立于卡理斯玛把持者个人(Person)以及独立于其纯粹个人性卡理斯玛之存在的、常设性体制存在——如官僚制之"官府"。卡理斯玛所知者,惟独其自身之内在的确实与限度。[3]

卡理斯玛担纲者攫取赋予他的任务[4],并据其使命要求服从与归顺。是否有服从与归顺,要看效验而定。[5]如果人们——那些他感觉自己是受命降临其间的人们——不承认他的使命,他的要求就瓦解;若是他们承认他,那么他就是他们的支配者——只要他晓得通过"证明"来获得承认。然而,他之后到"权利",并非源自于他们的意愿——用选举的方式;[6]相反地,承认卡理斯玛资格,乃是那些人——

---

[3] 此句英译为:"Rather, charisma recognizes only those stipulations and limitations which come from within itself." 可译为:"卡理斯玛仅仅承认来自其内部的规定与限度。"——编注

[4] 此半句的英译为:"The bearer of charisma assumes the tasks appropriate to him",可译为:"卡理斯玛担纲者承担适合他的任务。"——编注

[5] 此句英译为:"His success depends on whether he finds them." 可译为:"他的成功取决于他是否能找到这些追随者。"——编注

[6] 此半句的英译为:"His right to rule, however, is not dependent on their will, as is that of an elected leader;"可译为"然而,他的统治权利并不像被民众选出的领导人一样,取决于民众的意愿"。——编注

他的使命所向的那些人——的义务。[……]

2. 卡理斯玛权威的基础及其不稳定性

卡理斯玛权威在本质上是特别不稳定的。其担纲者可能会丧失卡理斯玛，可能会像十字架上的耶稣那样，觉得"被自己的神离弃了"，会向其信奉者证示"其力量已被剥夺"。如此一来，他的使命即告终止，而希望则在于期待与寻求一个新的担纲者[7]。〔事实是〕他的追随者离弃了他，[8] 因为，纯粹的卡理斯玛除了那种源自于个人、经常不断重新被确证的力量之外，不知有其他任何的"正当性"存在。卡理斯玛英雄之拥有权威，并不像一个官职"权限"那样，来自于秩序与制定规则，也不像家产制的权力那般，出自于因袭的惯习与封建的忠诚信誓；他之赢得与握有权威，完全是通过在生活上确证其力量。如果他是个先知，他必须做出奇迹；如果他想当战争领袖，他必须展示英雄行为。特别是，他的神圣使命必须"证实"自己为其信奉者带来幸福。如果没有，那么他显然不是神所派遣来的支配者。纯正的卡理斯玛的这层相当严肃的意涵，很明显的与今日之"君权神授"的便宜诉求恰好相反。现今的君权神授说主张：〔君主的地位〕乃基于"不可测知的"神意，而"君主只对神负责"。然而，真正的卡理斯玛支配者却正好相反，要对被支配者负责；所谓负责，就是去证明他自己本身确实是神所意指的支配者。[9]

[……]

3. 卡理斯玛的革命性格

官僚制的理性化，如我们所见的，可以是，而且事实上往往正是，对传统的最主要的革命力量。不过，这是以技术的手段来进行革命，原则上——正如特别是对经济变革的作用——是"从外部"：首先，先改变物质与社会秩序，然后再以此改变人，

---

[7] 此半句的英译为"his followers must hopefully await and search out a new charismatic leader"。可译为："他的追随者必须怀着希望等待和搜寻一位新的担纲者"。——编注

[8] 此半句英译为"He himself, however, is abandoned by his following"。可译为"他则被他的追随者所抛弃"。——编注

[9] "所谓负责，就是去证明他自己本身确实是神所意指的支配者"这一部分的英译是："That is, it is for that reason and that reason alone that precisely he personally is the genuine master willed by God"。可译为"因为这个唯一的原因，卡理斯玛领袖本人恰恰是神所意指的真正的支配者"。——编注

亦即改变人对外在世界的适应条件，可能的话，通过理性的目的——手段设定，提高人的适应能力。[10]

相反地，卡理斯玛力量是奠基于对启示与英雄的信仰，对一种宣示（Manifestation）——无论其为宗教的、伦理的、艺术的、学问的、政治的或其他各式各样的宣示——之意义与价值的情绪性确信，也奠基于英雄性——无论其为禁欲的英雄性、战争的英雄性、审判官之睿智的英雄性、巫术性施为的英雄性或其他各类的英雄性。此种信仰，是将人"从内部"革命起，再依据其革命的意愿来形塑外在事物与秩序。

当然，此种对立必须加以正确的理解。尽管各种"理念"（Idee）——无论其为宗教的、艺术、伦理的、学问的或其他一切的，特别是政治或社会组织的——所运作的领域，有其相当深刻的差别，但就心理学观之，却都是源自于本质上相同的方式。至于有些理念被归为"悟性"（Verstande），另一些被归为"直观"（Intuition），或者其他另外的归类法，乃是一种"与时推移的"、主观的"价值判断"。例如：一个魏尔斯特拉斯（Weyerstrass）的数学"想象"（Phantasie）是"直观"，这和任何艺术家、先知或煽动家的"想象"是"直观"，在意义上完全相同。其差别并不在这点上。[11]

决定性的差别——这对于理解"理性主义"的意义而言，是特别要弄清楚的——根本不在于理念或"作品"的创造者本人或其心灵的"体验"，而是在于理念或作品是以何种方式被那些被支配者与被指导者加以"内化"和"体验"。我们先前已看到，理性化是以如下的方式来进行的：广大的被指导者大众只不过是去接受或使自己适应于那些对他们的利益具有实际意义的外在的、技术的成果（就像我们之"学习"九九乘法，以及多如过江之鲫的法学家之"学习"法律技巧），然而，这些成果的创

---

[10] 此句的英译是："But its revolution is carried out by *technical* means, basically 'from the outside' (as is especially true of all economic reorganization); first it revolutionises things and organizations, and then, in consequence, it changes people, in the sense that it alters the conditions to which they must adapt and in some cases increases their chances adapting to the external world by rational determination of means and ends." 可译为："但这种革命是通过技术手段实施的，主要是'从外部'进行的（所有的经济重组尤其如此）；首先，它变革了事物和组织，然后再以此改变了人，意思是改变了人必须适应的条件，并在某些情况下，通过工具和目的的理性决定，提高了人适应外部世界的机会。——编注

[11] 并且，顺带地，在此种"价值"领域里——虽然我们在此处尚未涉及——这些理念在下面这点上是完全一致的，亦即：所有这些理念（包括艺术的直观在内），为了使自己客观化，换言之，为了确证其客观性，皆意味着一种对"作品"之要求的"把握"，或者也可以说，使"作品"的要求"成为被把握的"，而不是一种主观的"感情"或"体验"等等。——韦伯原注

造者之"理念"内容却与他们不相干。所谓：理性化与"理性的"秩序是"从外部"革命起，正是这个意思。

然而，卡理斯玛，只要它能发挥其特有的影响力的话，反而是从内部，从被支配的意识之中心的"心神变化"，来展现其革命的力量。[……]

二、卡理斯玛权威的成立与变形 [12]

1. 卡理斯玛的日常化

卡理斯玛支配，在上述所谓"纯粹的"意味下，通常是产生于非常的状态下，包括外在的，特别是政治或经济的非常状态，或内在精神的，特别是宗教的非常状态；或者内在、外在一起的非常状态。它是由人群对于异常事态的集体兴奋，以及对英雄性（不问其内容为何）的归依而形成的。以此，我们便得到以下的结论：卡理斯玛——无论其为先知预言的或其他什么内容——的信仰，正如归依者——卡理斯玛担纲者感觉自己是为他们而被派遣来——对卡理斯玛担纲者本身及其使命的信仰性归依，是无可缨其锐的、首尾一贯的、强而有力的；然而，原则上只不过是在其初生期是如此。

在卡理斯玛式领导下的团体提起一股越出日常生活循环的运动潮流，当此潮流再度往日常的轨道消退时，[13] 至少原则上纯粹的卡理斯玛支配便会遭受破坏，而转变、扭曲为"制度性的"；然后，要不是直截了当地被机制化，就是不知不觉地被其他完全不同的结构原则所剔除取代，或者和它们以各式各样的形式相混合交融。如此一来，卡理斯玛支配，事实上已与其他结构原则密不可分地结合在一起，而变成只是经验的历史图像 [14] 里的一个成分；这种往往已面目模糊、难以辨识的变形，也惟有在理论的观察下才能解析得出来。

据此，"纯粹的"卡理斯玛支配在某种极为特殊的意味下是不稳定的，并且，其

---

[12] 英译标题为"The origin and transformation of charismatic authority"，可译为"卡理斯玛权威的起源与变形"。——编注

[13] 此半句的英译是"If the tide which once elevated a charismatically led group out of the routine of everyday life flows back into everyday channels"，可译为"如果那曾经将卡理斯玛权威领导的团体提升至日常生活之外的大潮，重新回流到日常渠道"。——编注

[14] "历史图像"，英译为"historical structure"，意为"历史结构"。——编注

所有的变形都源自于一个（而且就是这么一个）原因：不仅支配者本身通常这么希望，其门徒也经常如此，最重要的是被卡理斯玛式支配着的归依者是这样憧憬：他们都渴望将卡理斯玛及被支配的卡理斯玛福气[15]从一种个例的、昙花一现的、随机在非常时刻降临于非凡个人身上的恩宠，转变为一种日常的持久性拥有。不过，如此一来，其内在的结构性格便无可避免地要发生变化。战斗英雄的卡理斯玛扈从团可能转而成立一个国家，先知、艺术家、哲学家、伦理或科学的创新者等等的卡理斯玛共同体可能转变为一个教会、教派、学院或学派，一个追求文化理念、接受卡理斯玛领导的追随团体也可能变成一个政党或只是个新闻杂志的从业干部。以此，卡理斯玛的存在形式往往即被引渡为日常的条件与支配日常生活的力量——特别是经济的利害关系。[16]其转捩点通常在于：卡理斯玛的扈从与门徒，起先成为有特权和支配者同桌共食的伙伴（如法兰克国王的"从士"trustis），继而成为想要靠卡理斯玛运动维生的采邑保有者、祭司、国家官吏、政党党工[17]、军官、秘书、编纂者、发生者[18]、出版人等，或者变成雇员、教师或其他职业的利害关系人[19]，或者俸禄保有者、家产制官职保有者等等。另一方面，卡理斯玛的被支配者则转化为规律地缴纳租税的"臣民"、有纳献义务的教会信徒、教派成员、政党党员、社团成员、依规则秩序而被强制服勤务且受选训练的士兵、或受法律约束的"国民"。尽管使徒警告说："不得亵渎圣灵"，[20]但卡理斯玛的宣示依然无可避免地应其内容转化为教义、教条、理论、或行政规则、法条、或者僵化的传统。

[……]

---

[15] "被支配的卡理斯玛福气"，英译为"charismatic blessings of his subjects"，意为"臣民的卡理斯玛福分"。——编注

[16] 此句的英译是"The mode of existence of charisma is always overtaken by the conditions of everyday life and the forces which dominate them, especially economic interests"。"overtake"在这里是"突然遭遇"、"被压倒"的意思。——编注

[17] "政党党工"英译为"party officials"，意为"政党官员"。——编注

[18] "发生者"英译为"publicists"，意为"宣传人员、公关人员"。——编注

[19] "职业的利害关系人"英译为"professional interest group"，意为"职业利益团体"。——编注

[20] "尽管使徒警告说'不得亵渎神灵'"英译为"even despite the Apostle's admonition not to 'damp down the spirit'"，可译为"尽管使徒警告说'不要懈怠丧气'"。这里的使徒指的是保罗。在《圣经·罗马书》第12章里，保罗告诫基督徒"殷勤，不可懒惰；要心里火热，常常服事主"。中译援引《马可福音》和《路迦福音》，译为"不得亵渎神灵"与上下文不符。——编注

6. 卡理斯玛、名门望族与官僚制的政党领导

所有的政党，几乎毫无例外的，都是以作为卡理斯玛的扈从群而起家的，不论此一扈从群为正当的或恺撒型的权力要求者，或是伯里克里斯型、克里昂（Cleon）型或拉萨尔（Lassalle）型的群众煽动家。当他们一旦走入永久组织的日常领域，便会变形为在"名门望族"领导下的构成体——到了18世纪末，我们可以说，几乎都变成为贵族联盟。这就是所有政党的一般命运。

在中世纪的意大利城市里，成为贵族，往往是一种直接的"惩罚晋升"——因为，相当庞大的市民封臣阶层几乎都属于皇帝党——意思等于官职就任资格与政治资格的剥夺。[21] 不过，即使是在"市民"支配的时代，由一个非贵族来取得领导的官职，也是绝无仅有的，尽管那儿市民一向必须支撑起政党的。[22] 当时，决定性的因素在于：政党——他们一贯直接诉诸暴力——的军事力量，要靠贵族——例如教皇党就是根据明确的名簿——来提供。[23]

休京诺派与天主教同盟，以及包括"圆颅党"在内的英国诸政党，事实上存在于法国大革命之前的一切政党，都显示出同样的典型过程：从为了一名或若干名英雄之故而打破阶级、身份限制的卡理斯玛昂扬期，发展到大半由贵族来领导的名门望族团体。连19世纪的"市民的"政党，即使其中最为激进的也不例外，往往也都步上名门望族支配的轨道。因为唯有他们能够不计酬劳地掌管国家及政党。不过，除此之外，当然也是由于其身份的[24]或经济的影响力之故。[……] 在德国，教师这

---

[21] 此句的英译是"In the Italian cities of the Middle Ages, since the fairly large feudal bourgeoisie was admittedly almost completely Ghibelline, there was often a 'reduction to the ranks' of the *nobili*, equivalent to disqualification from office and deprivation of political rights." 可译为："在中世纪的意大利城市，由于大量的封建市民几乎都属于皇帝党，贵族经常遭到'贬谪'，相当于官职就任资格和政治权利被剥夺。"——编注

[22] 此句的最后半句英译是"the financing of the parties was bound to be done by the bourgeoisie"，意为"政党的经费定然是由市民来承担的"。——编注

[23] 此句的英译是"The decisive factor at that time was that military support for the parties, which very often aspired to direct power, was provided by the nobility; in the case of the Guelphs, for instance, there was an established register." 可译为"那时的决定性因素在于，政党的军事支持是由贵族提供的，这种军事支持经常渴求直接的权力。以教皇党为例，它就有一个明确的名簿。"——编注

[24] "身份的"英译为"social"，意为"社会的"。——编注

个阶层，由于其职业的"身份"状态[25]之故，成为所谓"市民的"政党之无价的选举要员[26]，情形正如（一般而言）圣职者之成为权威主义政党之无酬的选举要员一样。在法国，律师一向是照应市民政党的，原因一半在于其技术上适于此种资格，一半在于其——大革命之时与之后的——身份状态。

  法国大革命之时的各种制度，已显示出开始走向官僚制形式的若干根苗，只是寿命都短得不足以发展成确定的结构，一直要到19世纪的最后十年，官僚制组织才在各处开始占上风。先前的摆荡——一方面是对卡理斯玛的服从，另一方则是对名门望族的服从——如今转变成官僚制的经营[27]与卡理斯玛的政党领导者制之间的斗争。

  当官僚化愈是进展，并且，与政党经营结合的直接间接的俸禄利益及其他机会愈是丰厚，那么政党经营就更确定会落入"专家"[28]的手中。这些专家可能直接就是政党官员[29]，或者起初是个——像美国的党老大（Boss）那样的——独立的企业家。他们之所以能掌握政党经营，原因在于：其有系统地与党羽、煽动家、执事者及其他不可缺的要员保持住人际关系，并且掌握了〔选举人〕名簿、档案、及一切操纵政党机器所必须的资料。以此，惟有把持住这样一套设备，才能够有效地影响政党的态度，并且，在必要的情况下，成功地与政党分离。[……]

  在平时，这种或多或少是被首尾一贯地发展起来的官僚机制，掌握了政党的态度[30]——包括决定候选人这个具有决定重要性的问题。然而，即使像北美诸政党那样极为官僚化的构成体里，当民众的狂热高涨时期，卡理斯玛的领导类型还是一直不断有机会窜起的——一如〔前文所提的〕1912年罗斯福选战。如果"英雄"出现，他会通过全民投票的提名形式之指令，可能的话，通过将整个提名机制翻转过来的办法，致力打破政党技术专家的支配。[31]任何这类的卡理斯玛高涨，自然是要遭遇

---

[25] "身份状态"英译为"status"，意为教师这一职业的社会地位。——编注
[26] "选举要员"英译为"electoral agents"，意为选举经纪人、代理人。——编注
[27] "官僚制的经营"英译为"bureaucratic party organization"，意为"官僚制的政党组织"。——编注
[28] "专家"英译为"professional party officials"，意为"职业的政党官员"。——编注
[29] "直接就是政党官员"英译为"direct agents of the party"，意为"政党的直接代理人"。——编注
[30] "态度"英译为"behavior"，意为"行为"。——编注
[31] 此句的英文为"If there is a 'hero' available, he seeks to break the domination of the party machine by imposing plebiscitary forms of designation, and in some cases by transforming the whole machinery of nomination."可译为"如果有'英雄'出现的话，他会通过全民表决式的候选人任命方式，有时候甚至改变整个提名机制，来试图打破政党机器的支配。"——编注

职业政治家平时居支配地位之机制的抵抗，其中特别是组织政党领导与政党财政并维持政党机能顺利运行的党老大——候选人通常只不过是他的傀儡。因为，不只猎官者的物质利害取决于政党候选人的选择，政党赞助者——银行、承包商、托拉斯集团——的物质利益也深受此一人事问题的影响。自克拉苏（Crassus）时代以来，那些大资本赞助者即为一种典型人物，他们不时地提供某一卡理斯玛政党领袖财政支援，并期望自其选举胜利中，得到相应的国家契约、征税机会、独占权威或其他特权，特别是连本带利地取回他所预付的资金。

然而另一方面，正规的政党经营也得靠政党赞助者而活。政党的通常收入，来自于党员所缴的党费，以及（在美国）靠政党而得官职者可能从薪俸里扣缴的献金，很少够用。政党权势的直接经济剥削确实可以使其参与者致富，却不一定能使党库充实。为了宣传，党员的党费经常整个被取消，或者由党员自行斟酌，因而使得政党财政连形式上也落入大金主的支配之下。此时，正规的政党经营领导者与真正的专家——党老大或政党书记——唯有在确实将政党机器掌握在自己手中的情形下，才能够全然地指望大金主的财政支援。然而，任何卡理斯玛的高扬，都会在财政方面威胁到正规的经营。[32]

因此，原本彼此斗争的党老大，或者彼此竞争的政党的其他领导者，会相互团结起来，为了共同的经济利益而扼杀卡理斯玛领袖的出现——后者将独立存在于正规的经营机制[33]之外。一般而言，政党经营如此将卡理斯玛去势，是容易成功的；即使在实施直接诉诸民意的、卡理斯玛式的"总统预选制"（Presidential Primaries）的美国，这点也总是一再成真的。因为，专家经营[34]的连续性，在战术上，最终是要比情绪性的英雄崇拜来得高明。唯有非比寻常的条件，才能帮卡理斯玛胜过经营。卡理斯玛与官僚制之间的那种独特关系，亦即，当第一次爱尔兰自治法案被提出之际，导致英国自由党分裂的那层关系，是众所周知的：格莱斯顿（Gladstone）以其非常个人的、对清教徒的理性主义而言是无法抵拒的卡理斯玛，迫使政党官僚大多数

---

[32] 此句的英译是"Every upsurge of charisma is thus a threat to the regular organization even from the financial point of view."可译为"因此，即使从财政的观点看，每一次卡理斯玛的高扬，对常规的政党组织也都是一种威胁"。——编注

[33] "正规的经营机制"英译为"regular party machine"，意为"常规的政党机器"。——编注

[34] "专家经营"英译为"professional organization"，意为"职业/专业组织"。——编注

无条件地改变立场——尽管实质上极为激烈的反感及恶劣的选前征兆[35]——站在他这一边，以此，造成张伯伦（Chamberlain）所创设的机制之分裂，并因而导致选战的败北。去年（1912）在美国也发生同样的事态。

理所当然，在一个政党内部，卡理斯玛对官僚制的斗争会具有怎样的机会，在这个问题上，政党的一般性格是有其意义的。[36]相应于各种政党的性格：单纯为"无主义的"[37]政党，换言之，依据各个选战的机会来作成其纲领，并为此由猎官者来组成的扈从者政党；或者主要是纯身份制的名门望族政党或阶级政党；或者在理念上具有相当强度的"纲领"与"世界观"的政党；[38]——以上的区分当然总是相对而言的——依此，卡理斯玛的机会大小是相当不同的。就某些方面而言，卡理斯玛的机会在上举第一例中是最大的。因为，在其他诸条件相同的情况下，在此种政党里，比起德国各政党——特别是自由主义的各政党——的小市民望族组织来，具有强烈个性的人往往较为容易获得必要的扈从者群。反之，德国自由主义的各政党，具有其单一明确的"纲领"与"世界观"，要它们去适应适时的煽动机会，无论如何总意味着一种灾难。不过，在这点上，我们也很难下什么结论。在任何情况里，政党技术的"固有法则性"与具体个案的经济与社会条件，都太紧密地交织在一起。

7. 卡玛斯玛结构与共同体生活的持续性组织

如上述这些例子所显示的，卡理斯玛支配绝非仅存在于原始的发展阶段；不只如此，三个支配结构的基本类型也无法简单地——编入一个发展系列里[39]，而是

---

[35] "尽管实质上极为激烈的反感及恶劣的选前征兆"英译为"in spite of the most determined hostility on specific points and dire forebodings about the election"。根据上下文，可推知这里指的是大部分政党核心成员，尽管强烈敌视法案的特定条款、并对大选抱有非常不祥的预感，仍然支持了格莱斯顿。——编注

[36] 此句的英译是"We can accept that the chances of charisma in its struggle with bureaucracy in a party depend to some extent on the general character of the party."可译为"我们可赞同这样的说法：卡理斯玛与党内的官僚制进行斗争的获胜几率在某种程度上取决于该政党的一般特征。"——编注

[37] "无主义的"英译为"unprincipled"，意为"无原则的"。——编注

[38] "或者在理念上具有相当强度的'纲领'与'世界观'的政党"英译为"or a party which to a greater extent still preserves its idealistic 'programme' or 'ideology'"，可译为"或者在很大程度上依然保存了其理想主义的'纲领'和'意识形态'的政党"。——编注

[39] "编入一个发展系列里"英译为"arranged in a linear order of development"，意为"编排成一个线性的发展序列"。——编注

一起出现在彼此极为多样的结合里。不过,无论如何,随着制度性的持续组织之发展,[40] 卡理斯玛则节节后退,这是卡理斯玛的命运。

就吾人所能得知的共同体关系[41]的起源状态里,任何共同体行动——超越家计[42]内部之传统的需求满足范围——都具有卡理斯玛的结构。原始人认为,一切从外部来限定其生活的影响力,皆为特殊灵力(Gewalt)的作用。这些灵力乃内在于事物与人类——不论其为有生命的、活的,或是无生命的、死的——并且赋予他们力量去为善或作恶。原始民族的整个概念结构,包括他们有关自然与动物的寓言[43],都是由此一前提假定出发。诸如玛那(mana)、奥伦达(orenda)及类似的概念——其意义由民族学为我们说明——即表现出此种特殊的灵力;其"超自然性"全然在于它并不是每个人都可以获得的,而只附着在某些特定的担负者(人或物)上。巫术能力与英雄资质只不过是此种特殊灵力之特别重要的例子罢了。任何跨越日常轨道的事物都会释出卡理斯玛的灵力,并且,任何非凡的能力都会燃起卡理斯玛的信仰,然而此种信仰也会在日常里再度失去其意义。

平时,村落首长的权力是相当小的,几乎仅只于仲裁权与村落代表权。一般而言,共同体的成员确实并不认为自己本来就具有罢免他的权力;因为,首长的权力乃奠基于卡理斯玛,而非选举。不过,必要时人们会毫不犹豫地弃他不顾而移居他处。在日耳曼的部落里,也还出现以这种方式来拒国王——因其缺乏卡理斯玛资格——的现象。我们几乎可以说原始共同体的正常状态是一种无政府状态,只不过这种状态是受制于对现实惯习的遵守——无论是下意识[44]如此,或者由于畏惧改革会带来不可知的结果之故。在正规的日常生活里,魔术师[45]的社会影响力也同样是如此〔小〕的。

然而,一旦发生特别的事故,诸如大规模的狩猎行动、因魔鬼的愤怒所引起的旱灾或其他威胁,尤其是军事的危机,都会使英雄或巫师的卡理斯玛立刻产生作用。

---

[40] "随着制度性的持续组织之发展"英译为"as permanent institutional structures increasingly develop",意为"随着永久的制度性结构的日益发展"。——编注

[41] "共同体关系"英译为"social relationship",意为"社会关系"。——编注

[42] "家计"英译为"household economy",意为"家庭经济"。——编注

[43] "寓言"英译为"myths",意为"神话"。——编注

[44] "下意识"英译为"lack of thought",意为"不假思索"、"未经思考"。——编注

[45] "魔术师"与下文的"巫师"英译都是"magician",都可译作"巫师"、"术士"。——编注

狩猎与战争的卡理斯玛领袖总是与平日的首长并列的一个特别人物——后者主要是具有经济的机能，以及一些裁判的功能。

当神灵与魔鬼的作用变成一种永久崇拜的对象时，[46] 卡理斯玛的先知与巫师就转变为教士。当战争状态成为长期性的，而迫使战事的领导在技术上要发展成有系统地训练与征召具有武装能力的人时，[47] 卡理斯玛的军事领袖就会转化成为国王。法兰克王国的国王官吏格拉夫（Graf）与沙卡巴罗（Sakebaro），原本为军事官与财政官；其他一切权限，特别是原先完全掌握在古来卡理斯玛的人民裁判官[48] 之手的司法权，是到后来才加上去的。与〔平时的〕首长相对比的——这些首长的主要功能，依不同的情况，有时是较为经济性的（为了共同经济之故，以及村落或市场共同体的经济统制之故），有时是较为巫术性的（宗教崇拜的或医术的），有时是较为司法性的（原本属仲裁官的）——战侯国制作为永久性的组织并且有持续性的机制之成立，意味着决定性的向前迈进一步，亦即，足以将之妥帖地和王制的概念及国家的概念连结在一起。

反之，按照尼采的想法，由于战胜部族在征服其他部族后，为了保持后者的从属与贡租义务，因而创设出长久性的机构，这才开始有了王制与国家。这种看法毋宁是恣意独断的。因为，同样的分化，亦即，武装的、不负贡租义务的战士与无武装能力而负有贡租义务的非战士之间的分化——后者的从属形式并不必然是家产制的，并且往往大多是别种从属关系——非常容易在长期受到战争威胁的任何部族里发展起来。一个首长的扈从群体可以因此凝聚为一种军事的组合，并行使政治的支配权，即此便成立一个具有封建性格的贵族制。或者，首长也可能不断扩增他的雇佣扈从战士，起先是为了进行掠夺征讨，后来则为了支配自己的人民；这种例子也很多。总之，正确的只是：普通的王制就此转化为永久组织的、具有支配机制以驯

---

[46] 此半句的英译是"If a permanent cult develops in order to influence the gods and demons"，可译为"如果为了影响神灵和魔鬼发展出了一种永久的崇拜"。——编注

[47] 此半句的英译是"If the state of war becomes chronic, necessitating the technical development of military leadership to allow for the systematic training and recruitment of warriors"，可译为"如果战争状态经年累月地延续下去，军事领导权的技术性发展就成了必要，以便系统地训练和招收武士"。——编注

[48] "古来卡理斯玛的人民裁判官"英译为"the old charismatic people's arbitrator"。——编注

服非武装之权力服从的卡理斯玛战侯国制。[49]

　　此种支配机制在本土外的征服地区发展得最为强固，因为支配阶层在那儿不断处于威胁之中。毫不意外的是：诺曼人的国家，特别是英国，是西方惟一具有真正集权的、行政技术高度发展的封建国家；阿拉伯、萨桑王朝与土耳其的战士国家也是同样的情形，在征服地区组织得最为严密。此外，在教权制权力的领域里，情形也完全相同。天主教教会之组织严密的集权制是在西方的传教地区发展出来的，并且，通过革命[50]摧毁了具有历史的地方教会权力而完成此种集权制：教会，作为"战斗教会"，创造出自己的技术机构。不过，如果我们将支配在制度上的持久性及持续性的支配机构之存在——不问其性格为官僚制的、家产制的、或是封建制的——视为决定性的特征，那么，国王的权力与高级教士的权力本身，即使没有征服与传教活动，也还是存在的。

---

[49] 此句的英译是"What is true is that kingship is normally what results from the development of the charismatic war-prince into a permanent institution, with an apparatus of domination to control the unarmed subjects by force." 可译为"正确的只是，王制通常是卡理斯玛战侯发展成一种永久制度的结果，这个制度拥有一套支配机制，可用武力控制没有武装的臣民。"——编注

[50] "革命"英译为"French Revolution"，指法国大革命。——编注

从英雄到名人：人类伪事件

丹尼尔·J. 布尔斯廷

导 读

  本文选自美国著名历史学家布尔斯廷1961年出版的著作《形象：美国伪事件指南》。在文中，布尔斯廷对英雄、英雄崇拜和名人崇拜进行了详细辨析。布尔斯廷认为，英雄是拥有伟大事功的人，英雄崇拜往往带有反民主的倾向。在现代社会中，英雄在大众眼中逐渐失去了往日的神圣，影响日渐式微。布尔斯廷分析了造成传统英雄衰落的原因，即各种心理学、社会学理论的出现，社会科学的发展，"科学的"批判史学及批评性传记的兴起。同时马克思的影响、经济决定论的兴起、经济和社会历史知识的增长、对社会力量的更多强调，使得个体领导显得不再那么重要。

  在本文的第二部分，布尔斯廷指出，虽然英雄事功仍然大量出现，但大众不能完全理解，而这些事功也不再是单独个体的成就。尽管我们在科学技术和社会科学方面取得了巨大进步，我们也为自己设置了困难，因为我们时代的伟大行为常出现在晦涩难懂的边界地带，普通大众通常对此一知半解。我们的偶像艺术家和偶像作家都是晦涩难懂的。

  在第三部分中，布尔斯廷在考查了名人（celebrity）词源后指出，名人只是一个因其名声而出名的人，他只是一个伪事件，被故意制造出来满足我们对伟大个体的期待。英雄是自我创造的，名人却是媒体创造的。那些占据我们意识的家喻户晓的名字和著名人物，几乎无一例外的都不是英雄，而只是一种新的人造产品，一种图形革命的产物，用来满足我们被夸大的期待。我们越乐意接受他们，他们就变得越多，但却越不值得我们羡慕。我们可制造名人，却永远无

本文译自 Daniel J. Boorstin, "From Hero to Celebrity: The Human Pseudo-event." In *The Celebrity Culture Reader*, ed. P. David Marshall, New York: Routledge, 2006, pp.72—90. 作者布尔斯廷（1914—2004）是美国著名的历史学家。原文来自布尔斯廷1961年出版的著作《形象：美国伪事件指南》(*The Image: A Guide to Pseudo-events in America*)。——译注

法制造英雄，因为所有的英雄都是靠自身努力成功的。现代"英雄"可以批量生产来满足市场需求，是人为制造的伪事件。在伪事件的民主体制中，任何人均可成为名人，只要他进入新闻并总是呆在那里。英雄的生活不再具有教育意义，即使通俗传记也极少提供确实的信息，因为传记主人公本身就只是媒体的虚构。这种虚构反映了我们自身的虚无，于是急切地滥用手段来填充这种虚无，导致虚空的体验更空。引人注目的不仅是我们想方设法用这么多的空虚来填充体验，还有我们设法赋予空虚以迷人的花样。

在第四部分，布尔斯廷指出，名人是流言蜚语、公共舆论、报刊杂志及转瞬即逝的影视屏幕形象的产物。媒体既可以通过报道制造名人，也可以减少报道毁灭名人。名人的衰落只不过是回到之前的无名地位。名人消失得快，被替代的速度更快。

布尔斯廷以查尔斯·林德伯格（Charles A. Lindbergh）成为名人和最后沦为无名的过程为例，详细说明了他如何被媒体机器制造为名人和最终如何被其毁灭。布尔斯廷旨在说明名人只不过就是伪事件，被媒体制造、操控、毁灭。林德伯格的遭遇证明了名人的短暂本质。名人通常不过就是我们自己的翻版，不过更具知名度而已。

* * *

"他是最伟大的！"

——匿名者（这正在变成公众一致的说法）

在最近半个世纪里，不仅在世界包含多少新颖性方面，而且在人自身方面，在人类之中可以发现多少卓异性方面，我们都误导了自己。人类最古老的洞见（vision）之一，就是神性在伟大人物身上的闪现。他因为人们似乎无法理解的原因而出现，而他的卓异性的奥秘，就是上帝的奥秘。他的那一代因为他而感谢上帝，就像因雨水、大峡谷或马特洪峰，或在海难中获救而感谢上帝一样。然而，自图形革命[1]以来，我们对人类之伟大的思考已经改变了很多。两个世纪前，一个伟人出现时，人们会在他身上探求上帝的意图；而今天我们寻找他的媒体经纪人。莎士比

---

[1] "图形革命"（Graphic Revolution）是布尔斯廷自己造的一个新词，指的是19世纪后半期到20世纪头10年的一段时间，媒介技术的变革所导致的美国社会和文化的巨大变迁。彼时，图像取代了文字，开始充斥市场；实用性成了主要标准；即时的满足代替了高远的理想。"图形革命"与大众社会和大众文化的兴起密切相关。——译注

亚在我们熟知的台词里将伟人分为三类：天生伟大的人、成就伟业的人和被伟大击中的人。他从没想要提到那些雇佣公关专家和新闻秘书（press secretary）来让自己显得伟大的人。现在，甚至很难想起"名人堂"仅作为比喻的那个时代，该"名人堂"的居民是由历史的不可知的程序挑选出来的，而不是被某个特设的委员会从媒体上最有名气的人中选出来的。

我们的问题的根本，这些被夸大的期待的社会根源，就在于我们使人出名的新权力。当然，"名声"（fame）与"伟大"（greatness）意义完全一致的时候是不存在的。但直到最近，名人和伟人基本上属于同一群体。弥尔顿写道："名声是清醒灵魂的激励……名声不是凡间土壤上生长的植物。"一个人的名字不易于变得家喻户晓，除非他以这种或那种方式成为伟大的榜样。他可以是拿破仑，权倾一时；或 J.P. 摩根[2]，富甲一方，或圣方济各，德泽后世[3]，或蓝胡子[4]，恶名昭著。但要想为整个民族所知，则通常必须是某种英雄。正如字典告诉我们的，英雄就是一个"因其勇气、崇高或功勋而被仰慕的"人。战争英雄就是原型，因为战场检验品性并为勇敢行为提供了舞台。

图形革命之前，通常的出名方式是缓慢的、"自然的"。当然，也有几个像法老、奥古斯都大帝和沙·贾罕[5]这样的人。这些人在生前为自己建造纪念碑，向后人宣传自己。但要求整个民族景仰的纪念碑不可能在短期内建成。因此，与名人一样，伟人只能缓慢地进入民族意识。他们名声形成的过程，就跟上帝统治一代又一代人的过程一样神秘。过去成为伟人的自然栖息地。于是，在所有时代，老年人的普遍哀痛就是伟大已经过时。

于是人们普遍相信，如《创世纪》所言，"那时候有伟人在地上"——所谓"那

---

[2] J. P. 摩根，摩根公司的创始人，该公司是在世界上享有盛誉的一家综合性金融公司，主要提供商业银行、投资银行和其他各种金融服务。公司的资产规模名列著名财经杂志《财富》美国前500家大企业的前20位，而且是全球金融机构中信用评级最高的公司之一。——译注

[3] 圣方济各 (St. Francis, 1181—1226)：意大利人，罗马天主教僧侣、传道者，建立了方济各会，是历史上最受尊敬的宗教领袖之一。——译注

[4] 源自法国诗人、学者夏尔·佩罗（Charles Perrault）所写的童话集《含有道德教训的往日故事》(Histoires ou Contes du Temps passe)，副标题是《鹅妈妈的故事》，1697年由巴黎巴宾出版社出版。主要故事情节是，一个蓄着蓝胡子的男人，结过几次婚，几任妻子都被他残忍杀死，最后一任妻子为逃避前任的命运不得不苦苦挣扎。——译注

[5] 沙·贾罕 (Shah Jahan, 1592—1666)：印度莫卧儿帝国的皇帝，1628—1658年在位，泰姬陵就是他为第二任妻子修建的。——译注

时"即洪荒之前。相继的每一个年代都相信,英雄(伟人)多居于自身年代之前的时代。托马斯·卡莱尔[6]在其经典作品《英雄、英雄崇拜和历史上的英雄业绩》(*Heroes, Hero-Worship and the Heroic in History*,1841)中哀叹,拿破仑是"我们最后的伟人"。小亚瑟·施莱辛格[7]四十岁时(1958年)警觉地注意到,尽管他年轻时,"伟人似乎控制了我们的生活并决定我们的命运","今天没人如巨人一般高踞在我们狭隘的世界之上;我们没有伟人。……"认为伟人衰落的传统观点表明了一个简单的社会事实,即伟大已被等同于名声,而名声不可能一夜造就。

在上世纪,尤其是从大约1900年开始,我们似乎发现了名声制造的过程。现在,至少在美国,一个人的名字可以一夜之间家喻户晓。除其他东西外,图形革命突然给了我们制造出名的方式。在发现我们(电视观众、电影观众、电台听众及报纸、杂志读者)和我们的仆人(电视、电影、电台的制作人、报纸杂志编辑和广告作者)能迅速而有效地赋予一个人以"名气"后,我们一直自愿地被误导相信名声(出名)仍然是伟人的特点。我们用越来越多的"大名人"(big names)来填充自己的头脑,这种力量促进了我们对大名人的需求,促使我们自愿将大名(Big Name)与大人物(Big Man)混淆。由于我们将我们的力量误解为我们的需要,我们已经用人造的名声填满了世界。

当然,我们并不愿相信我们的仰慕集中在一个主要是人工合成的产物上。在制造了我们的名人之后,在不管三七二十一地让他们成为我们瞩目的对象——我们兴趣的指路星辰——之后,我们被诱使去相信他们压根就不是人造的,他们仍然是上帝造就的英雄,充满了一种奇异的现代奢华。

关于伟人的民间故事流传下来。我们仍然与西德尼·史密斯[8]一样相信:"伟人使整个民族变得神圣,提升了所有活在那个时代的人"。这是他在19世纪早期写的。我们仍然赞同卡莱尔的观点:"一个渺小的人的最可悲之处,莫过于不相信伟人。……每一个真正的人难道没有感觉到,崇敬真正高于自己的东西能使自己变得更高大吗?"我们仍被神职人员、国会、电视及报纸社论告知,伟人的生活"总是提醒我们,我们能让自己的生活变得崇高"。甚至在20世纪的怀疑时代里,当道德自身已经臭

---

[6] 托马斯·卡莱尔(Thomas Carlyle,1795—1881):苏格兰评论家、讽刺作家和历史学家。他的作品在维多利亚时代很有影响力。——译注

[7] 小亚瑟·施莱辛格(Arthur M. Schlesinger, Jr.,1917—2007):美国历史学家和社会批评家。——译注

[8] 西德尼·史密斯(Sydney Smith,1771—1845):英国作家和圣公会牧师。——译注

名昭著时，我们还绝望地坚持我们对人类的伟大的信任。因为人类楷模比明确的道德要求更生动、更有说服力。愤世嫉俗者，知识分子也一样，更容易怀疑道德理论，而不是质疑英雄的伟大。不可知论者和无神论者否认上帝的存在，但却在否定伟大的不可知论者和伟大的无神论者的神性方面反应迟钝。

尽管英雄崇拜的民间传说还存在，对英雄的狂热追求还存在，崇敬英雄的愉悦还存在，英雄自身却解体了。那些占据我们意识的家喻户晓的名字和著名人物，几乎无一例外的根本都不是英雄，而只是一种新的人造产品，一种图形革命的产物，用来满足我们被夸大的期待。我们越乐意接受他们，他们就变得越多，却越不值得我们羡慕。我们能制造名声，我们能随意（尽管有时花相当大的代价）让一个男人或女人出名；但我们不能使他伟大。我们可制造名人，但我们永远无法制造英雄。我们现在几乎已经遗忘，所有的英雄都是靠自身努力成功的。

名人崇拜和英雄崇拜不应当被混淆。然而，我们却每天都将它们混淆，这样，我们近乎危险地剥夺了所有真正的楷模。我们对那些不是仅仅因为有名而显得伟大，而是因为伟大而出名的男女，视而不见。我们越来越接近于将所有名声（fame）降格为臭名（notoriety）。

在刚刚过去的半个世纪里，古老的英雄式人类模式（human mode）被打破了。一种新的模式被制造出来。我们实际上要求这一模式被创造出来，这样就可以批量生产畅销的人类楷模——现代"英雄"——来满足市场需求，并且毫无障碍。现在，那些通常将一个男人或女人打造成"举国宣传"的品牌的特质，实际上是人类空虚的一个新类别。我们的新模式不是由我们熟悉的道德材料塑造的，甚至也不是由古老而熟悉的现实塑造的。这是怎样发生的？

一

传统的英雄类型包括形形色色的人，如摩西、尤利西斯、埃涅阿斯、基督、恺撒、穆罕默德、贞德、莎士比亚、华盛顿、拿破仑和林肯。就我们的目的而言，将英雄定义为一个（或真实、或虚构、或二者兼而有之的）人物，一个通过某种成就展示伟大的人物，就足够了。英雄是做出伟大业绩的男人或女人。

当然，很多这样的人物仍然存在。但如果我们对那些充斥国民意识的名字做个调查，调查一下那些神秘地占据所有或几乎所有美国人头脑的名字，我们就会发现旧模式中的那些真正的英雄人物所占的比例比任何时候都少。这有很多原因。

首先当然是，我们的民主信仰和我们对人类行为的新科学洞见，已经一点点地减少了我们从过去继承下来的英雄。对于普通人自我管理能力的信仰，以及追求人类平等的激情，带来了对个体英雄的伟大卓异的不信任、或至少是怀疑。一个民主的民族唯恐发现他们领袖的太多美德，或将自己的成功过多地归功于领袖，这是可以理解的。20世纪中期，墨索里尼主义、希特勒主义、斯大林主义的兴起，总之极权主义的兴起，戏剧性地表明了任何民族轻信最高领袖的权力的危害。我们甚至错误地相信，因为暴政在我们时代曾以领袖、元首、无所不知富有德行的人民委员会、或无产阶级专政之名盛行一时，因而民主只能在没有伟大领袖的情况下才能幸存。

然而，远在希特勒或斯大林之前，对个体英雄的崇拜就一直伴随着对民主的蔑视。从柏拉图到卡莱尔，英雄崇拜经常是反民主的教条。贵族统治，甚至是在今日英国幸存下来的温和而颓废的贵族统治，也自然而然地更偏爱英雄信仰。如果某人习惯于王室、女王或上议院，他就不太可能感到在任何人类伟大的化身面前屈膝，是在贬低自己。大多数统治形式都依赖对被恩宠的少数人掌握的神圣火花的信仰；但美国的民主却对卡理斯玛的存在觉得很不自在。我们害怕军事首领、半神半人或独裁者。如果我们拥有的伟人比其他民族少得多，那可能是因为我们想要或只允许自己拥有，更少的伟人。我们通常认为我们最敬爱的民族英雄——弗兰克林、华盛顿及林肯——"平易近人"。我们尊敬他们，不是因为他们有卡理斯玛、神的宠爱、神所赐予的恩惠或才能，而是因为他们表现了大众的美德。我们钦佩他们，不是因为他们彰显了上帝，而是因为他们展示并提升了我们自己。

除了这些民主观念的兴盛和大众政府在美国的繁荣，社会科学的发展也给了我们更多的理由，对英雄不抱天真的幻想，并怀疑其实质性的伟大。我们现在将英雄看成所有社会的共同现象。我们了解到，正如皇家人类学研究所新任所长拉格兰勋爵（Lord Raglan）在《英雄》（*The Hero*, 1936）中所指出的，"传统从来不是历史的"。在检阅了一系列传统的著名英雄之后，他得出结论："我们没有理由相信这些英雄都是真实的人，或相信任何有关他们的英雄故事都有历史基础。……这些英雄，如果真是传统英雄的话，他们原本也不是人而是神。……这些故事不是事实陈述而是仪式化的,也就是说是神话。"我们也可从约瑟夫·坎贝尔[9]的《千面英雄》(1949)中获悉,所有的英雄——东方的、西方的、现代的、古代的和原始的——都是宗教和神话掩盖下的真理的多种形式的表达。坎贝尔追随弗洛伊德,把所有英雄都解释为一个伟大的"单一神话"(monomyth)的具象化。这一神话总是存在几个阶段:(1)分离或出发;(2)成年仪式(initiation)的磨练和胜利;(3)最后回归社会,与社会重新整合。如今,无论我们认为英雄表现了普遍的谬误或普遍的真理,都没多少关系。无论在哪种情况下,我们现在都立于自身之外。我们将伟大看成幻觉;或者,如果它确实存在,我们猜测自己知道它的秘密。我们抱着心知肚明的幻灭感,看待我们对曾经体现了伟大的历史人物的崇敬。

正如《圣经》如今在开明教堂和犹太教堂中被视为过时的民间信仰的混合文献,只是因其"精神激励"和"文学价值"而被欣赏,大众英雄也一样。我们不再天真地将他视为我们的领军人物。我们已经自觉意识到我们对展示人类伟大的各种楷模的仰慕。我们知道,不管怎么说他们过去并不是他们现在看起来的样子。他们只是展示了社会幻象(social illusion)的法则。

"科学的"批判史学及其陪衬,批评性传记的兴起,具有同样的效果。相反,在日本,天皇的神圣美德因宣布不准批评性传记者谈及而得以保存。甚至明治天皇——这位"开明"君主,现代日本的创建者,著有详细的日记,并留下了足以让西方传记作家感到欣喜的材料——也并没有在准确的批评性传记中获得描述。在美国,直到20世纪,公众人物的传记由他们的仰慕者撰写是一种惯例。这些作品一般是文学回忆录,是友谊、家庭忠诚或政治虔敬的证明。甚至好的传记也是如此。为亚历山大·汉密尔顿[10]写传记的是亨利·卡伯特·洛奇[11],为约翰·马歇尔[12]写传

---

[9] 约瑟夫·坎贝尔(Joseph Campbell,1904—1987):美国神话学家和作家,因比较神话和比较宗教而出名。他认为神话的意义是象征性的,而且神话的象征意义是心理上的,《千面英雄》(The Hero with a Thousand Faces)是他的第一本著作。——译注

[10] 亚历山大·汉密尔顿(Alexander Hamilton,1755或1757—1804):美国第一任财政部长、国父、经济学家和政治哲学家。——译注

[11] 亨利·卡伯特·洛奇(Henry Cabot Lodge,1850—1924):美国共和党政治家,著名历史学家。——译注

[12] 约翰·马歇尔(John Marshall,1755—1835):美国政治家和法官,奠定了美国宪法和最高法院的权力中心地位。——译注

记的人是阿尔贝特·贝弗里奇[13]，铭记罗伯特·李[14]的是道格拉斯·索萨尔·弗雷曼[15]，为林肯写纪念文的是卡尔·桑德伯格[16]。如今，这已不再是一种规律了。这也不完全是因为揭露性传记这个新流派的缘故。这个流派成长于充满偏见的20世纪20年代。其代表是凡·维克·布鲁克斯（Van Wyck Brooks）撰写的《马克·吐温》（*Mark Twain*, 1920）和《亨利·詹姆斯》（*Henry James*, 1925），伍德沃德（W. E. Woodward）的《乔治·华盛顿》（*Gorge Washington*, 1926）和《格兰特将军》（*General Grant*, 1928）。20世纪早期，美国史作为公认的学术性专业出现，导致了传记作品的高潮，这些作品极少出于个人的钦佩。相反，它们经常只是专业的操练；学者们大展身手，不计后果。我们因而对我们民族英雄的了解，远比先辈知道的多。

同时，卡尔·马克思的影响、经济决定论的兴起、关于经济和社会历史的知识的增长，以及对社会力量的更多强调，使得个体领导显得不再那么重要。现在我们被告知，清教徒前辈移民只不过是不安分的上升的中产阶级；他们的观点表达了正在兴起的"新教伦理"，这一伦理是现代资本主义的真正先知。查尔斯·比尔德[17]及其他人曾指出，宪法的奠基人只不过是某种财产利益的发言人。安德鲁·杰克逊[18]只是一个正在崛起的西部的许多可能表达之一种。边疆（Frontier）自身成为英雄，而不是人。"主义"、"力量"和"阶级"宣告了我们历史文献中的英雄之死。

在心理学和社会学的热切注视下，英雄们的英雄品性已被分解成模糊不清的外部环境影响和内部失调。例如，来自马萨诸塞州的、咄咄逼人的废奴主义参议员查尔斯·萨姆勒尔（Charles Sumner, 1811—1874），曾被来自南卡罗来纳州的众议员普勒斯顿·布鲁克斯（Preston S. Brooks）用棍子击打头部。萨姆勒尔曾长期被视作

---

[13] 阿尔贝特·贝弗里奇（Albert J. Beveridge, 1862—1927）：美国历史学家，国会参议员。——译注

[14] 罗伯特·李（Robert. E. Lee, 1807—1870）：美国历史上有名的将军，内战时为盟军总司令。——译注

[15] 道格拉斯·索萨尔·弗雷曼（Douglas Southall Freeman, 1886—1953）：美国记者和历史学家。其父在内战时曾为南部盟军士兵。弗雷曼在关于罗伯特·李的传记中突出了南方将领的荣耀和高贵。——译注

[16] 卡尔·桑德伯格（Carl Sandburg, 1878—1967）：美国作家、编辑、诗人。——译注

[17] 查尔斯·比尔德（Charles A. Beard, 1874—1948）：美国20世纪上半叶最有影响力的历史学家之一。他的著作对美国国父（founding fathers）进行了激进的重估。——译注

[18] 安德鲁·杰克逊（Andrew Jackson, 1767—1845）：美国第七任总统，对田纳西州的发展有重要贡献，是第一个和美国边疆（American frontier）联系在一起的总统。——译注

废奴主义英雄,北方事业的殉难者。但在1960年大卫·唐纳德[19]所撰写的出色的学术传记中,萨姆勒尔的崇高性几乎荡然无存。他变成了一个逃离不幸的青年时期的难民。现在看来,他的抱负根源于他早年的不安全感,他的父亲颇有异端思想,几乎被剑桥上流社会唾弃。他后来的原则(及他被打后好几个月拒绝参加参议院活动)也不再表达一种真正斗士的激情。亨利·华斯华绥·朗费罗[20]曾赞颂萨姆勒尔:

> 多年后我们才知道,
> 一个伟人逝去后,
> 他留下的光芒,
> 照亮了人类的道路。

但现在,用大卫·唐纳德的专业术语来描述的话,萨姆勒尔后来的行为成了一种"后创伤综合症"(post-traumatic syndrome)。

在20世纪中叶,英雄也几乎从我们的小说中消失了。任何严肃小说的主角都大多是一个受害者。在田纳西·威廉斯[21]和亚瑟·米勒[22]的戏剧中,在欧内斯特·海明威、威廉·福克纳和约翰·欧·哈拉[23]的小说中,主要角色都是在特定条件下处于不利地位的人。现在连小说家的想象力也无力召唤人类之伟大。

今天,每一个美国人,无论小孩或成人,其所遭遇的名字、面孔、声音,比以前任何时期或其他任何国家都要多得多。报纸、杂志、二等邮件[24]、书、收音机、电视、电话、留声机唱片——这些及其他载体使我们面对成百上千的名字、人或人的片断。在我们总是越来越"稠密"的意识中,英雄的重要性逐年降低。报刊杂志的读者或

---

[19] 大卫·唐纳德(David Donald, 1920—2009):美国历史学家,哈佛大学讲座教授,以林肯传记闻名。他所著的查尔斯·萨姆勒尔传记曾获普利策奖。——译注

[20] 亨利·华斯华绥·朗费罗(Henry Wadsworth Longfellow, 1807—1882):美国著名诗人。——译注

[21] 田纳西·威廉斯(Tennessee Williams, 1911—1983):美国剧作家,主要作品有《欲望号街车》、《玻璃动物园》、《热铁皮屋顶上的猫》。其作品中充满了欲望和压抑这两种元素,并常常会出现同性恋者的影子。——译注

[22] 亚瑟·米勒(Arthur Miller, 1915—2005):美国剧作家,以剧作《推销员之死》、《熔炉》,以及1956年与玛丽莲·梦露的婚姻闻名。——译注

[23] 约翰·欧·哈拉(John O'Hara, 1905—1970):美国作家。主要作品有《萨玛拉任命》和《巴特菲尔德8》;后者又译为《青楼艳妓》,擅长对话,对社会地位和阶级差别有敏锐的观察。——译注

[24] 二等邮件(second-class mail)指美国和加拿大的一类由报纸和刊物组成的邮件,又译"印刷品邮件"。——译注

电视观众不仅能看到总统、其妻子及家人的面孔并听到他们的声音，也能看到内阁成员、副部长们、参议员们、众议员们以及他们的妻儿并听到他们的声音。公共教育的改善，以及对新近事件的日益强调，冲淡了我们的意识。从前的伟人如今只是成千上万的人物中的一员。由于来自书籍的信息比例在减少，情况就更是如此。英雄，如自发事件一样，迷失于密集的伪事件。

二

于是，往昔的英雄在我们眼前消失了或被掩埋了。可能除了战争时期，我们发现很难产生新的英雄来代替旧的英雄。

我们在科学技术和社会科学方面取得的巨大进步，为我们自己设置了特殊困难。我们时代的伟大行为常出现在晦涩难懂的边界地带（unintelligible frontiers）。当英雄主义像过去多数时候那样出现在战场上或个人斗争中时，人人均可理解英雄行为。令我们或仰慕或恐怖的殉道者的主张，或蓝胡子的主张，很容易被把握。当巨大成就是白炽灯、蒸汽机、电报或汽车时，人人均可理解伟人所取得的成就是什么。现在不再是这样了。英雄式的壮举现在发生在实验室，发生在回旋加速器和电子感应加速器之中，这些名称本身就是科学之谜的普遍象征。甚至最激动人心的、最广为宣传的太空探索也很难被我们理解。当然，也有鲜见的例外，如某位阿尔贝特·施怀兹尔博士[25]或汤姆·杜里医生[26]，他们的英雄主义是可以被理解的。但这些只是说明，现在可被理解的英雄行为几乎无例外的发生在圣徒或殉道者中。在那里，几千年来没有任何进步。在人类进步的伟大领域中，在科学、技术、社会科学中，20世纪的勇敢创新者们在我们无法理解的微光中工作。在某种程度上，情况一直如此，外行的公众对于深刻的思想家们的工作，总是一知半解。但今天更甚。

尽管科学记者（现已成为一种专门的职业）足智多谋，煞费苦心，尽了最大的努力，我们的发明家和发现者们仍然部分地处在阴影中。时间每前进一个年

---

[25] 阿尔贝特·施怀兹尔博士（Dr. Albert Schweitzer, 1875—1965）：著名学者以及人道主义者，在哲学、医学、神学、音乐方面均有造诣，一生反对任何暴力与侵略，极力倡导尊重生命的理念。1952年因敬重生命获得诺贝尔和平奖。——译注

[26] 汤姆·杜里医生（Dr. Tom Dooley, 1927—1961）：美国医生和人道主义者，曾著有三本畅销书，描述了他在东南亚的人道主义活动。——译注

代，大众教育就更落后于技术发展。艾萨克·牛顿爵士的《数学原理》(*Principia Mathematica*)的科普对象是"淑女和绅士",他们能略微知晓他的理论要点。但是多少"通俗"演讲家——哪怕只粗略地——解释过爱因斯坦的相对论?现如今我们的兴趣主要在于各种新发现的奥秘,我们只需要对这些不可思议的可能性进行想象,而非理解。我们对尤里·加加林(Yuri Gagarin)及阿朗·谢帕德(Alan Shepard)的太空飞行欢欣鼓舞,却根本不知它们意味着什么。

不仅科学领域里的前沿让人很难理解,艺术也是如此。可能佛罗伦萨的多数崇拜者都能欣赏奇马布埃[27]或乔托[28]画作的美丽,但今天有多少纽约人懂得杰克逊·勃洛克[29]或马克·罗斯克[30]?

我们的偶像作家是晦涩难懂的。有多少人能读懂乔伊斯[31]的《尤里西斯》或《芬尼根守灵》呢?我们最受尊崇的文人学士对几乎所有受过教育的人来说却只是似懂非懂。有多少人理解艾略特[32]、威廉·福克纳、圣约翰·珀斯[33]、加西莫多[34]?我们伟大的艺术家们在一片我们无法探索的风景里战斗,用的是我们无法理解的武器,其对手对我们来说是不真实的,我们怎能让他们成为我们的英雄?

随着协作在科学、文学和社会科学中的加强,我们发现更难剥离出一个个体英雄来加以崇敬,第一个核连锁反应(这使得原子弹和原子能成为可能)是遍及全国的一个巨大组织的产物。这一事业的英雄是谁呢?是没有其勇敢的理论

---

[27] 奇马布埃(Cimabue,1240—1302):意大利艺术家,被誉为"意大利绘画之父"。他是第一个打破僵硬平板的拜占庭艺术模式、尝试遵循自然的艺术家。——译注

[28] 乔托(Giotto,1267—1337):意大利文艺复兴时期杰出的雕刻家、画家和建筑师,意大利文艺复兴时期的开创者,被誉为"欧洲绘画之父"。——译注

[29] 杰克逊·勃洛克(Paul Jackson Pollock,1912—1956):知名美国画家,抽象表现主义运动的重要人物。因其不稳定的个性和酗酒而享有相当大的恶名。——译注

[30] 马克·罗斯克(Mark Rothko,1903—1970):出生于拉脱维拉的美国抽象表现主义画家,1970年切脉自杀身亡。——译注

[31] 乔伊斯(Joyce,1882—1941):爱尔兰作家和诗人,20世纪最重要的使用意识流手法的作家之一,代表作为《尤利西斯》和《芬尼根守灵》。《尤利西斯》尤其晦涩难懂。——译注

[32] 艾略特(T. S. Eliot,1888—1965):英国著名现代派诗人和文艺评论家。代表作《荒原》是20世纪西方文学的划时代作品。——译注

[33] 圣约翰·珀斯(St. John Perse,1887—1975),法国诗人,1960年获得诺贝尔文学奖。——译注

[34] 加西莫多(Quasimodo):法国作家雨果的小说《巴黎圣母院》中的敲钟人,面目丑陋但心地善良。——译注

探索核能就无法被理解的爱因斯坦,还是格罗夫斯将军[35]?抑或是恩瑞克·费米[36]?社会科学家们的研究事业也变成了工程。《美国困境》是一个关于黑人和美国民主的具有纪念碑意义的研究项目,它由卡耐基公司提供赞助,包含几十项个人和集体研究。加纳·米尔达尔[37]是该项目的主管及该书的主要作者,他扮演了大公司董事会主席的角色。今日美国流传最广的书面作品——广告和政治演说——通常都被认为是合作的成果。发表雄辩的竞选演说的候选人之所以受到崇拜,是因为他善于管理一个优秀的撰稿人团队。我们阅读公众人物写的书,甚至他们的自传及多数私人回忆录时,也总免不了受到他们雇佣的枪手的影响。

　　总之,在美国,我们已目睹了"民众"(the folk)的衰落和"大众"(the mass)的兴起。通常是文盲的民众,尽管不自知,却有自己的创见。其典型作品是口头语、姿势和歌曲:民间传说、民间舞蹈、民间歌曲。民众表达自己。其作品仍被学者、古玩收藏家及爱国者们收集,它是一种声音。但在我们的大众传播世界里,大众是标靶而不是箭矢,是耳朵而不是声音。大众是其他人通过印刷、图片、形象和声响想要达到的目标。民众创造英雄,而大众只能寻找、倾听英雄。大众等待被展示、被告知。我们的社会,虽然与苏联的"群众"(the masses)观念毫不相关,但却仍然由我们自己的大众观念所统辖。民众有自己创造的宇宙,有自己的巨人和矮子、魔法师和巫师的世界。大众则生活在一个完全不同的由伪事件构成的幻想世界里。直抵大众的话语与形象,在魔术般地召唤那些赫赫大名的过程中也使得这些名字被祛魅。

三

　　我们的时代造就了一种新的显赫。这是我们的文化和我们的世纪的典型特征,正如希腊诸神的神性是公元前6世纪的典型特征,或骑士和优雅情人(courtly lovers)的骑士精神是中世纪的典型特征一样。它虽然还没有将英雄主义、圣徒和牺

---

[35] 格罗夫斯将军(General Groves, 1896—1970):美国陆军将军,二战时曾负责"曼哈顿"计划。——译注

[36] 恩瑞克·费米(Enrico Fermi, 1901—1954):意大利物理学家,因发展第一个核反应堆而闻名,他对量子理论、核和粒子物理、统计力学都做出了贡献。——译注

[37] 加纳·米尔达尔(Gunnar Myrdal, 1898—1987):瑞典经济学家、社会学家和政治家,1974年获诺贝尔经济学奖。他曾深入研究了美国的种族关系,并出版了《美国困境:黑人问题和现代民主》(*An American Dilemma: The Negro Problem and Modern Democracy*)一书。——译注

牲完全从我们的意识中驱逐出去，但却年复一年地使之更相形见绌。所有伟大的旧形式只存于新形式的阴影中。这种新型的显赫就是"名人/名气"（celebrity）。

"名人/名气"一词（来自拉丁文 *celebritas*，表示"众人"或"名声"，以及 *celeber*，表示"常去的"、"众多的"或"著名的"），最初并不指人，而是指一种状态——就像《牛津英语词典》所说的："一种被经常谈论的状态；著名、臭名"。该词在这个意义上的使用，至少可以回溯到17世纪早期。但即便在那个时候，它的含意也比"名声"（fame）和名望（renown）要弱一些。比如，马修·阿诺德[38]曾在19世纪称：哲学家斯宾诺莎的追随者们拥有"名气"，而斯宾诺莎自己则拥有"名声"。

然而，对我们来说，"名人/名气"一词首先意味着人——"一位有名气的人"（a person of celebrity）。饶有意味的是，该词的这一用法来自图形革命早期，第一个例子大约出现在1850年。爱默生曾提到"财富和时尚名人"（1848）。现在美国词典将名人定义为"一个著名的或众所周知的人物"。

名人的特殊的现代意义不可能在较早时期存在，也不可能出现在图形革命之前的美国。名人是一个因其众所周知而被众所周知的人。[39]他的品性——或他的缺少品性——揭示了我们的独特问题。他既不好也不坏，既不伟大也不卑劣。他就是人类伪事件。他是人为制造的，用来满足我们对人类之伟大的夸张的期待。他在道德上是中性的。他不是阴谋的产物，没有群体用他来倡导恶习或空虚，他是由诚实、勤劳、具有高度职业伦理的人们制造的，他们干着他们该干的活儿，为我们"提供消息"并教育我们。他是由我们所有愿意读到他，想要在电视上看到他，购买他的声音录制品，与朋友谈论他的人共同制造的。他与道德的关系、甚至与现实的关系是高度暧昧的。他就像厄里诺·格林[40]小说中的女人，这个女人在描述另一个女人时说："她就像厄里诺·格林小说中的一个人物"。

由厄尔·布莱克维尔[41]和克利夫兰·阿莫里编写的厚厚一大本《名人纪事》

---

[38] 马修·阿诺德（Matthew Arnold，1822—1888）：英国诗人和文化评论家。——译注

[39] 此句的原文是"The celebrity is a person who is known for his well-knownness"。原文为斜体。——译注

[40] 厄里诺·格林（Elinor Glyn，1864—1943）：英国小说家和编剧，女性情色小说的先驱，对20世纪早期的通俗文化有着巨大影响力。——译注

[41] 厄尔·布莱克维尔（Earl Blackwell，1913—1995）：美国人，一生致力于提升名人及名人活动，并以此赚钱。1939年，他创办了"名人服务"（Celebrity Service），一个总部设在纽约的名人信息和研究机构。——译注

（Celebrity Register，1959），现在给了我们一个关于该词的编辑精良的定义，这一定义被超过 2200 份传记予以诠释。"我们认为我们拥有比《社会记录》(Social Register)或《名人录》(Who's Who)，或其他任何此类书更好的标准"，他们解释说，"我们的观点是，准确标定一个人的社会地位是不可能的——即便每个人对此都很在乎；准确标定人们的成功或价值也是不可能的；但你可以判断一个人为名人——你所需要做的就是掂一掂他的媒体剪报的重量"。《名人纪事》按字母顺序表明莫蒂默·阿德勒[42]之后是波莉·阿德勒[43]，达赖喇嘛被列在电视喜剧演员达格玛[44]之后，前总统德怀特·艾森豪威尔排在安妮塔·艾克伯格[45]之前，另一位前总统赫伯特·胡佛则排在前火炬歌手莉比·赫尔曼[46]之后，教皇约翰二十三世(Pope John XXIII)排在帽子设计师约翰先生之后，紧跟伯特兰·罗素[47]的是简·罗素[48]。他们全是名人，他们共同拥有的知名度掩盖了其他一切。

广告界已经证明名人的市场吸引力。在商界行话里，名人是"大人物"。广告背书(endorsement)不仅利用名人，还帮助生产名人。任何使原已闻名的人更加出名的东西会自动提升其名人地位。19 世纪前确立的老做法，是通过"国王陛下钦定"(By Appointment to His Majesty)这一短语宣布产品的特殊地位，这当然是一种证言式背书。但国王实际上是一位伟人，拥有高贵的血统和令人印象深刻的实际的和象征的权力。他不是一个唯利是图的背书人，他很有可能只使用高品质的产品。国王不仅仅是一个名人。因为检验名人的只不过是知名度。

---

[42] 莫蒂默·阿德勒(Mortimer Adler, 1902—2001)：美国哲学家、教育家和通俗作者。他曾在哥伦比亚大学和芝加哥大学工作，参与编写大英百科全书，并拥有自己的哲学研究所。——译注

[43] 波莉·阿德勒(Polly Adler, 1900—1962)：出生于俄罗斯的美国老鸨和作者。1920 年在黑手党的庇护下，在纽约开了一家妓院。她 50 岁上大学，之后写了一本畅销书《有房无家》(A House is Not a Home)。——译注

[44] 达格玛(Dagmar, 1921－2001)：美国女演员、电视名人。——译注

[45] 安妮塔·艾克伯格(Anita Ekberg, 1931－　)：60 年代的性感偶像之一，曾当选瑞典小姐，主演过五十多部电影。——译注

[46] 莉比·赫尔曼(Libby Holman, 1904－1971)：美国火炬歌手、女演员，因其复杂的、非常规的个人生活而臭名昭著。火炬歌曲(torch song)是一种感伤的爱情歌曲。——译注

[47] 伯特兰·罗素(Bertrand Russell, 1872—1970)：20 世纪最有影响的哲学家、数学家和逻辑学家，也是活跃的政治活动家。——译注

[48] 简·罗素(Jane Russell, 1921—2011)：又译简·拉塞尔，美国女演员、歌手，曾是 20 世纪 40、50 年代好莱坞的头号性感偶像。——译注

对流行杂志中的传记的研究表明，这些杂志的编辑及其假设的读者不久前刚把注意力从老式英雄身上挪开。他们的传记兴趣已从某些因重大成就而闻名的人转移到了新式名人。对1901到1914年之间所做的五年抽样研究表明，《星期六晚报》和现在已停刊的《科利尔报》(The Collier's) 上出现的传记文章的主人公，有74%来自政界、商界和专业人士。但在大约1922年以后，娱乐界人士开始占了一半以上。在这些娱乐界人士中，严肃艺术（文学、美术、音乐、舞蹈及戏剧）的从业者的比例不断下降，从事轻娱乐、体育及夜总会巡演的人员的比例却在一直上升（近几年几乎全部都是这些人）。在更早时期，如第一次世界大战前，大部分传记主人公的构成包括如下人物：美国总统、参议员、外长、财政部长、银行家J. P. 摩根、铁路巨头詹姆斯·黑尔、飞行先驱、鱼雷的发明者、黑人教育家、移民科学家、歌剧演员、著名诗人及流行小说作家。到了20世纪40年代，占据大半江山的传记主人公群体中出现了这样一些人物：拳击手杰克·约翰逊[49]、影星克拉克·盖博、球星波比·琼斯(Bobby Jones)、电影女演员布伦达·乔伊斯(Brenda Joyce)和布伦达·马歇尔(Brenda Marshall)、演员威廉·鲍威尔(William Powell)、女斗牛士肯奇塔·辛特龙(Conchita Cintron)、夜总会艺人阿德莱德·莫菲特(Adelaide Moffett)和大猩猩陶陶(Toto)。一些分析家说这种改变主要是公众注意力从生产转向消费的标志。但这种说法过于精细。

更简单的解释是，信息机制导致一种英雄的新替代品产生，这个替代品就是名人，他的主要特征是他的闻名。在伪事件的民主体制中，任何人均可成为名人，只要他进入新闻并呆在那里。娱乐界和体育界的人物最有可能出名。如果他们够成功，他们还会让自己表演的形象相形见绌。乔治·阿里斯[50]超过迪斯雷利，费雯·丽[51]超过斯佳丽·欧·哈拉，菲斯·帕克[52]超过戴维·克罗。因为他们的资本是他们的名声，他们最有可能拥有精力充沛的媒体经纪人，让他们持续得到公众关注。

因此，报刊杂志的读者不再发现他们的英雄的生活具有教育意义，这不足为怪。

---

[49] 杰克·约翰逊 (Jack Johnson, 1878—1946)：第一位黑人世界重量级拳王。——译注

[50] 乔治·阿里斯 (George Arliss, 1868—1946)：英国演员，剧作家和电影制片人，第一个获得奥斯卡奖的英国演员。曾扮演19世纪的英国首相迪斯雷利 (Disraeli)。——译注

[51] 费雯·丽 (Vivian Leigh, 1913—1967)：英国女演员，主要饰演过《乱世佳人》中的斯佳丽、《欲望号街车》中的布兰奇、《魂断蓝桥》中的玛拉、《安娜卡列尼娜》中的安娜。——译注

[52] 菲斯·帕克 (Fess Parker, 1924—2010)：美国电影和电视演员，戴维·克罗 (Davy Crockett) 是他为沃特·迪斯尼公司出演的一个形象。——译注

通俗传记极少提供确实的信息。因为传记主人公本身就只是媒体的虚构。如果他们的生活中缺少戏剧性或成就，那不过是我们早就预料的，因为他们并不是因戏剧性或成就而闻名。他们是名人。他们出名的主要原因就是他们的名气本身。他们因声名狼藉而声名狼藉。如果这令人费解或难以置信，如果它不过是同义反复（tautology），那么它并不比我们其他的经验更令人费解、更难以置信、或更同义反复。我们的经验越来越倾向于变成同义反复……用不同的词语和形象无谓地重复同样的东西。也许让我们苦恼的，与其说是一种恶，不如说是一种"虚无"。我们急不可耐地滥用机械手段来人为地填充这个虚无，结果让我们体验的真空变得更空。引人注目的不仅是我们想方设法用这么多的空虚来填充体验，还有我们设法赋予空虚以迷人的花样。

我们能听见自己在那里信口开河。"他最棒！"我们在描述名人时所使用的最高级形式已经泛滥成灾。在通俗杂志的传记中，我们获知某位布林克利医生是"美国最广为人知的医生"，某位演员是"今日电影界最幸运的人"，某位林林（Ringling，美国的马戏家族）家族成员"不仅是最伟大的，而且是林林家族中第一位真正的艺人"，某位将军是"最杰出的数学家之一，仅次于爱因斯坦"，某专栏作家经历了"最奇怪的约会之一"，某政治家拥有"世界上最令人兴奋的工作"，某运动员是"讲话最大声并且绝对是最爱骂人的"，某新闻记者是"国内最持久愤恨的人之一"，某位前国王的情妇是"有史以来最不幸的女人之一"。但是，尽管标签是"超大的"，内容却很普通。我们喜欢阅读的名人生活，正如利奥·洛文塔尔[53]说的，只不过是"艰难"和"好运"的汇总而已。这些男男女女是"被证明了的普通人的标本"。

不再有外部源泉赋予我们目的，这些新式"英雄"是我们注入自己的无目的性的容器。他们只不过是我们自己在放大镜下的影像。因此，娱乐名人的生活不能扩展我们的视野。名人让我们的视野中充斥了我们已经熟知的男人和女人。或者，正如《名人纪事》一书的广告所中肯指出的，名人不过是"一些'名字'，这些名字原由新闻制造，现在则自己制造新闻"。名人由简单的熟悉构成，被公共手段诱导又被其强化。名人因此是下述同义反复的完美体现：最熟悉的就是最熟悉的。[54]

---

[53] 利奥·洛文塔尔（Leo Lowenthal, 1900—1993）：德国犹太社会学家，法兰克福学派成员之一。曾著文探讨过美国大众文化偶像的变迁。——译注

[54] 此句的原文是"The celebrity therefore is the perfect embodiment of tautology：the most familiar is the most familiar."——译注

四

英雄因其成就而显得卓尔不群,而名人则因其形象或商标而引人注目。英雄创造自己;而名人则由媒体创造。英雄是伟人(big man),名人是伟名(big name)。

先前,一个公众人物需要一个私人秘书,来在自己与公众之间树立一个屏障。现今他拥有一个媒体秘书,使之恰当地出现在公众眼前。在图形革命之前(及在没有经历这一革命的国家中),远离新闻标志着一个人或家庭的与众不同。一个自命为贵妇的女士,只能让其姓名在报纸上出现三次:出生时、结婚时和死亡时。现在,显赫的家庭被定义为总是出现在报纸上的家庭。真正具有英雄境界的人曾被认为对名声不屑一顾。他静静地依赖个性的力量或成就的力量。

南方的媒体发展比国内其他的地方要慢,城市出现得较晚,生活也主要遵循乡村方式。那里名人的发展也更慢一些。老式英雄被浪漫化了。南部联邦将军罗伯特·李是美国版的旧式英雄的最后幸存者之一。在他的许多令人钦佩的品行中,南方同胞们更欣赏他从公众视野中的消失。他拥有从不曾接受报纸采访的声誉。他坚决拒绝写回忆录。他说:"我这样做相当于用我人民的鲜血做交易。"乔治·马歇尔(George Marshall,1880—1959)将军是一个更晚近、更过时的例子。他也故意回避宣传(publicity),并拒绝写回忆录,甚至当其他将军在报纸上连载自己的回忆录时也是如此。但在他那个时代,很少有人将这种缄默视作美德。他不愿进入公共宣传场域的老式态度,使其成为参议员约瑟夫·麦卡锡(Joseph McCarthy)及其他人谤毁的对象。

英雄是时间的产物:英雄的孕育至少需要一代人的努力。常言道:"他经受了时间的考验。"作为传统的制造者,英雄自身也是传统制造出来的。一代又一代人在他的身上发现新的美德并重新开发他,他就这样成长。越退回到过去的迷雾中,他就越富有英雄性,而不是相反。没必要让他的脸蛋或身体棱角分明,也没必要为他的生活做脚注。当然不可能有他的任何图片,并且即使有,也通常和真人没有任何相似性。上世纪的人们比现在的人们更富有英雄气概;古代的人们则比上世纪的人更具有英雄气概;史前的人们则完全变成了半神。英雄总是位列古人之中。

名人则相反,总是当代人。英雄由民间传说、神圣文本及历史书籍创造,而名人是流言蜚语、公共舆论、报刊杂志及短暂的影视屏幕形象的产物。时光的流逝创造并确立英雄,却毁灭名人。一个由重复创制,另一个则由重复消解。名人在日报中诞生,从未失去其短暂本质的标志。

最初制造名人的机构将来必毁灭他。他将被宣传毁掉,一如他曾经被宣传创造。报纸创造了他,然后消灭了他——不是通过谋杀,而是通过极大的报道量或极少的报道量。上一代的名人最容易被遗忘,这一事实解释了报纸上"某某后来怎么样了?"的人物特写,它通过报道过气名人的当下微贱来取悦我们。人们故意谈论曾经家喻户晓而近年来已无人知晓的人名时,总能博得一笑。如电影明星梅·布什(Mae Bush)、威廉·哈特(William S. Hart)和克拉拉·鲍(Clara Bow)。一个女人会通过她所知道的名人泄露自己的年龄。

在名人的衰落中没有任何悲剧,因为他只是回到自己原先的无名地位。在我们熟悉的亚里士多德的定义中,悲剧英雄是一个从高位跌落的人,一个具有悲剧性缺陷的伟大人物。他不知怎么成为自己的伟大的受害者。然而昨天的名人现今是个普通人,不是被他自己的过失、而是被时间抛回到原先的庸常普通之中。

死去的英雄变得不朽。随着时间的流逝,他甚至变得更为重要。名人在自己的有生之年就已经过时。他被图片遗忘了。炫目耀眼的宣传最初给了他特别的光辉,却很快将他融化。甚至在报刊杂志是宣传的唯一载体时也是如此。现在更甚,因为我们有了更生动的二十四小时不停息的媒体,有了收音机和电视机。现在媒体每日将他们的声音和形象送进我们的客厅,名人的制造比以前任何时候都快,其消失也比以前更快。这已在娱乐名人和政治家中获得广泛认同。弗兰克林·德拉诺·罗斯福总统[55]总是小心地将炉边闲谈的时间排得比较开,这样国民就不会厌烦他。一些喜剧演员,如20世纪50年代中期的杰基·格里森(Jackie Gleason)已经发现,如果他们每周演出,可以迅速收获报酬丰厚的名声,但同时也很快就耗尽了自己的形象。为了延续他们的名人生活,他们在提供自己的形象方面变得更加吝啬——由每星期一次改变为每月一次或每两月一次。

英雄人格与名人人格之间存在着更微妙的区别。这两个类型中的人物都显得彼此类似,但他们类似的方式却迥然不同。传统模式中代表伟大的英雄常常变得乏味、老套。最伟大的英雄有着最模糊的面孔和体型。我们也许会像崇敬上帝一样崇敬他们,给他们安上胡须。但我们很难想象摩西和基督除了胡子之外,还会有其他的面

---

[55] 弗兰克林·德拉诺·罗斯福(Franklin Delano Roosevelt,1882—1945):美国第32位总统,也是美国历史上唯一蝉联四届(第四届未任满)的总统,被学者评为是美国最伟大的三位总统之一。"炉边闲谈"(fireside chats)指的是他在1993年到1944年间发表的30次晚间电台演讲。——译注

部特征。英雄在被理想化和一般化的同时,失去了自己的个性。乔治·华盛顿不具有生动的个性,这一事实实际上帮了他,使他成为我们国家的英雄创始人。爱默生说,每一个伟人最终都会变成一个伟大的惹人厌烦的人,可能就是这个意思。成为伟大的英雄实际上就是变得了无生机,变成硬币或邮票上的头像,变成吉尔伯特·斯图亚特[56]的华盛顿。然而当代人,以及他们创造的名人却遭受个性之苦。他们太生动、太具个性,无法打磨成对称的希腊雕塑。图形革命在面部及身体上使用强弧光灯,使不同的人形象更加清晰。这本身使他们不适合成为英雄或半神。

英雄们因性格(character)的伟大而简单的美德而显得彼此相似,名人们则主要因个性的细微差别而彼此区分开来。因个性而出名实际上证明了你是一个名人。因此"名人"的同义词就是"人物/个性"(personality)。于是,艺人最适合成为名人,因为他们擅长表现他们个性中无关紧要的区别。他们巧妙地把自己与其他和他们基本上相似的人区分开来,以此获得成功。他们通过鬼脸、手势、语言和声音这些细节来突出自己。我们通过鼻子识别吉米·杜朗特[57],通过凝固的笑容识别鲍勃·赫普[58],通过吝啬识别杰克·班尼[59],通过粗鲁识别杰克·帕尔[60],通过摇摇晃晃的行走姿势识别杰基·格里森[61],通过刘海识别伊莫金·科卡[62]。

随着所有的伪事件以极快的速度发展,名人可能培养更多的名人。他们相互制造,相互庆祝,相互宣传。由于主要是因出名而出名,名人们仅仅通过他们与其他名人的广为人知的关系,就能强化自己的名人形象。通过一种共生状态,名人们相互依靠而生活。一个人可通过成为他人玩笑的习惯性靶子,或通过成为他人的情夫(妇)或前妻,通过成为他人流言的主题,甚至通过被另一名人忽视,而变得更加出

---

[56] 吉尔伯特·斯图亚特(Gilbert Stuart,1755—1828):美国最重要的肖像画家之一,共完成1000多幅作品,他最著名的作品为未完成的华盛顿画像。——译注

[57] 吉米·杜朗特(Jimmy Durante,1893—1980):美国歌手、电影演员和喜剧演员,绰号"大鼻子"。他是美国20年代到70年代最出名和最受欢迎的人物之一。——译注

[58] 鲍勃·赫普(Bob Hope,1903—2003):美国喜剧演员和电影演员。——译注

[59] 杰克·班尼(Jack Benny,1894—1974):美国喜剧演员、杂耍演员,也是广播、电视和电影演员。——译注

[60] 杰克·帕尔(Jack Paar,1918—2004):美国喜剧演员和脱口秀主持人,因"今夜秀"主持人身份而闻名。——译注

[61] 杰基·格里森(Jackie Gleason,1916—1987):美国喜剧演员和影视演员。——译注

[62] 伊莫金·科卡(Imogene Coca,1908—2001):美国喜剧女演员。——译注

名。伊丽莎白·泰勒作为名人的吸引力可能较少在于她自己作为演员的才能,而更多地在于她与其他名人(尼克·希尔顿[63]、迈克·托德[64]及埃迪·费舍尔[65])的关系。剧作家亚瑟·米勒通过与玛丽莲·梦露的婚姻而变成"真正的"名人。当我们谈及、读到或写到名人时,我们强调他们的婚姻关系及性习惯,强调他们在吸烟、喝酒、穿衣、赛车及室内装潢方面的品位,这就是我们对不可能区分之物进行区分的绝望努力。这些如我们一样的普通人(即由于媒体的仁慈碰巧成为名人的人),怎么才能看上去比我们更有趣或更勇敢呢?

五

正如我们时代的其他伪事件倾向于遮蔽自发事件,名人(他们就是人类伪事件)也倾向于遮蔽英雄。他们更现代,在国内更受到广泛宣传,更容易拥有媒体经纪人。并且他们的人数比英雄多很多。名人消失得快,被替代的速度更快。每年我们经历的名人数量都比上一年更多。

就像真实事件常常被塑造成伪事件,在我们的社会里,英雄也通过获得名人的品质而幸存。最广为宣传的经验看起来就是最为真实的经验,如果有谁在我们的时代做出了英雄行为,那么所有的公共信息机器——记者、专栏论坛、电台、电视台——很快将其转化为名人。假如他们无法做到这一点,准英雄就会从公众视野中消失。

查尔斯·林德伯格(Charles A. Lindbergh)的事业,就是一个戏剧性的、悲剧性的例子。他单枪匹马上演了本世纪的英雄行为之一。他的英雄业绩符合最佳的史诗模式。但他却被降格为名人。于是,他不再象征他的英雄行为所赋予他的美德。他被虚无填充,然后从公众视野中消失。这是怎样发生的?

1927年5月21日,查尔斯·林德伯格首次独自一人驾驶一架名为"圣·路易斯精神"的单翼机,从纽约罗斯福机场起飞,直飞巴黎布尔歇机场。这是经典意

---

[63] 尼克·希尔顿(Nick Hilton,1926—1969):希尔顿连锁酒店继承人,曾与泰勒结婚,但这场婚姻只维持了205天。——译注

[64] 迈克·托德(Mike Todd,1907—1958):美国戏剧和电影制片人,1956年因《80天环游世界》获奥斯卡最佳影片奖,1927年与泰勒结婚。——译注

[65] 埃迪·费舍尔(Eddie Fisher,1928—2010):美国歌手和艺人。优美的男高音使他成为青少年偶像和50年代初最受欢迎的歌手之一,在其好友托德飞机失事后,与泰勒结婚。——译注

上的英雄行为,这是英勇的行为——独自面对一切。在一个枯燥乏味的、缺乏英雄的时代,林德伯格的飞行是个人勇气的闪现。除了他的飞行这一事实,林德伯格就是个普通人。他出生在底特律,成长在明尼苏达,那时二十五岁。他不是人类的伟大发明家或领袖。他并不特别聪明、雄辩或足智多谋。像那时的很多年轻人一样,他痴迷于飞行,在空中如鱼得水。在飞行中,他展示了高超的技巧和过人的勇气——甚至达到蛮干的地步。

他是一位真的英雄。但这还不够,或者可能太过。因为他注定要被变成名人,他将成为杰出的美国名人。他作为英雄的兴衰、他的磨难、他的转变,以及他作为名人的兴衰,在肯尼思·戴维斯[66]的传记中都有非常优美的叙述。

林德伯格本人预料到他的英勇行为将使他进入新闻。离开纽约前,他就已将独家报道权卖给了《纽约时报》。这位可能有些天真和羞怯的男孩,抵达巴黎之后,在迈伦·赫里克[67]住所举行的记者招待会上被一大群报社记者包围。但他不愿发表任何言论,直到得到《英雄纽约时报》代表的许可。林德伯格实际上还定购了报刊剪辑服务,将关于他的新闻发送给他那时在明尼苏达教书的母亲。林德伯格似乎有着不可思议的先见之明,只定购了价值 50 美元的报刊剪辑服务。(但这并没能阻止提供服务的公司,出于知名度和金钱的双重考虑而起诉他,声称他没有为超出规定数量的剪辑付费。)否则,他后半辈子挣的钱,都要用来支付那些关于他自己的新闻剪辑了。

林德伯格在报纸上的成功是史无前例的。他飞行之后的那个早上,素有新闻节制美名的《纽约时报》用了整整五页报道他的故事,只有第五页上有几则广告。其他报纸的报道也一样多或更多。电台评论员整小时地谈论他。但并没有什么实在的消息。这次飞行是一次相对简单的操作,只持续了 33 个半小时。林德伯格在巴黎就已将所有能说的都告诉记者了。二十五年来他过着相对平静的生活。他在面孔、身材和个性方面都没有什么古怪之处,人们对他的性格知之甚少。有些年轻女人认为他"高大英俊",但他的外表其实很平常。他只不过是个邻家小子。飞行结束的那

---

[66] 肯尼思·戴维斯(Kenneth S. Davis,1912—1999):历史学家、大学教授,主要因写罗斯福总统传记而出名。他还为其他人写过传记;包括查尔斯·林德伯格、阿德莱·斯蒂文森及艾森豪威尔。——译注

[67] 迈伦·赫里克(Myron T. Herrick,1854—1929):美国共和党政治家,1912 年至 1914 年及 1921 年至 1929 年担任美国驻法国大使。——译注

天,为讲述他的故事,整个国家的报纸比平常多用了二万五千吨新闻纸。在很多地方,报纸销量是平常的二到五倍,如果媒体生产更多的报纸,销售量可能会更高。

林德伯格 1927 年 6 月 13 日返回纽约时,《纽约时报》第二天的前十六页几乎无一例外的全是有关他的新闻。在康莫德酒店(Commodore Hotel)为林德伯格举行的纪念晚宴上(这次晚宴被誉为"现代历史上"为个人举办的最大的晚宴),前国务卿、即将成为美国总检察长的查尔斯·伊万斯·休斯发表了华美的颂词。休斯无意中准确地描绘了美国英雄变成名人的特征:"我们用排水量(displacement)衡量船只,我们也用同样的方式衡量英雄。林德伯格上校排开/替代(displaced)了一切。"

到目前为止,林德伯格是现代社会最大的人类伪事件。他的成就实际上因实施得如此干净利落和如此简单,而无法提供自然产生的新闻(spontaneous news)。关于林德伯格的最大新闻就是他居然成为这样大的新闻。伪事件以超过平常几何级数的速度增加,因为林德伯格的闻名是如此突然,如此势不可挡。我们很容易制造出一些新闻故事:如他是怎样的一个名人;这个几天前还是默默无闻的年轻人怎样变成现在这样家喻户晓;他如何被总统、元首及主教接见。但是除此之外,关于他就没什么可说的了。林德伯格的唯一一次英雄行为,很快就被他的更为激动人心的新闻宣传所遮掩。如果知名度制造名人,那么林德伯格就是最大的名人。当然,独自一个人飞越大洋是引人瞩目的,但更引人瞩目的是因此而主宰了新闻。他作为英雄的身份与他作为名人的身份相比,不值一提。因为他确实是一夜成名,情况就更是如此了。

很大一部分新闻很快都是由林德伯格对"新闻"的反应及对自身名气的反应构成的。人们的钦佩集中在林德伯格如何巧妙应对宣传及他如何优雅地接受他作为名人的角色。"草就"(Quickie)的传记出现了。这些传记只不过是消化了报纸上关于林德伯格礼仪性地出访欧洲诸国的首都及美国各地时所引发的媒体狂欢。这就是英雄林德伯格成为名人之后的生活。这就是名人的同义反复。

在接下来的几年里,林德伯格一直呆在公众视野里并因两件事而继续做名人。一件是 1929 年 5 月 27 日,他与漂亮而有教养的安妮·莫柔[68]结婚。她父亲是德怀特·莫柔(Dwight Morrow),当时是摩根公司的合伙人,后来成为驻墨西哥大使。现在是"孤鹰与他的伴侣"。作为一名新郎官,他比任何时候都更成为新闻的原材

---

[68] 安妮·莫柔(Anne Morrow,1906—2001):美国女飞行员,作家。1929 年与林德伯格结婚并实现独自飞行,并在 1930 年成为第一位获得一级滑翔机飞行许可证的美国女性。——译注

料，因为现在新增了多愁善感的浪漫伪事件。他的新闻价值复活了。无路可逃。无畏的新闻记者因采访林德伯格的努力受挫，又缺乏有力的事实，只好大肆谈论林德伯格企图置身新闻之外的努力。一些新闻记者因缺乏猜测的其他材料便愤世嫉俗地说，林德伯格躲避记者的种种努力都是出于一个邪恶的计划，那就是增加媒体对他的兴趣。当林德伯格说他愿意与清醒的、值得尊敬的报纸而不是其他报纸合作时，那些出局的人就将林德伯格的拒绝堆积成更多的新闻，远超过他自己的话可能形成的新闻。

使林德伯格继续成为名人的第二件事是其幼子的绑架案。这发生在1932年3月1日夜晚，他在新泽西州霍普威尔乡下的新家。在将近五年的时间里，"林德伯格"都是个空容器，新闻制造者们朝其中倾倒各种调味品——甜腻的、伤感的、传说的、诽谤的、奉承的或仅仅是想象的。现在，当其他制造新闻的可能性看来穷尽时，他的家庭也被毁了。这里面有个好故事。这就是肯尼思·戴维斯所说的"血祭"（blood sacrifice），对于掌管宣传的诸神的"血祭"。由于该案件从未圆满解决，尽管被怀疑的绑架者已被判处死刑，没人知道如果报纸和公众表现不同的话，孩子是否会被安然送回。但报纸（以及笨拙的警方）无意中破坏了真正的线索，然后收集并公开了无数错误线索，没有给予任何实际的帮助。他们只是以超乎寻常的精力利用林德伯格的个人灾难。

在某种程度上，林德伯格儿子的绑架案与他的跨大西洋飞行一样壮观。这两个事件里都没有多少可靠的消息，但这并未阻止报纸填充它们的专栏。城市编辑现在发布命令，对这个绑架故事的报道可以没有篇幅限制。"我想没有任何故事可堪与其匹敌"，合众社的新闻总经理说，"除非美国进入战争"。赫斯特的国际新闻社（INS）图片服务处派出了全部员工。他们包租了两辆救护车，一路警报长鸣，在霍普威尔和纽约之间来回穿梭，他们将摄影器材带到了林德伯格家，回程时把救护车用作暗室冲洗照片并打印，以便到达纽约时就发送。为了在霍普威尔进行现场报道，国际新闻社还另有五人开着三辆汽车。合众社派出了六人、三辆轿车，美联社派出了四男两女和四辆轿车。三月一日午夜时分，《纽约每日新闻报》已经有九名记者驻守霍普威尔，第二天又到了三人，纽约的《美国人报》（*American*）派出了一打人（包括报纸的总裁威廉·伦道夫·赫斯特），《纽约先驱论坛报》派出了四人，纽约的《世界电报》（*World-Telegram*）、《纽约时报》及《费城日志》（*Ledger*）各派出了约十人。而这只是开始。

第二天，报界同意林德伯格的要求，撤离霍普威尔，以便鼓励绑架者送还孩子。但新闻的激流并未停止。二十四小时之内，国际新闻社就发出五万字（足够填充一本小书）报道这桩案件，第二天又发出了三万字，此后有段时间每天大约一万字或更多。美联社和合众社也为他们的用户提供了良好的服务。很多报纸整整一个星期都在头版整版报道此事，甚至还延续到其他版面。这些新闻实际上并没有提供任何新的事实。但新闻仍然源源不断地倾泻——大量的伪事件——线索、流言、地方风情报道，以及该行业所谓的"分析性评论"。

很快，报刊对犯罪活动本身已经无法再做新闻挖掘了。再没什么能被报道、发明或推测的了。于是兴趣便集中在新闻记者自己创造的一些次级戏剧上了。这些故事包括原始事件是如何被报道的、卷入该案的不同警察造成的混乱、谁会或应该成为林德伯格的媒体发言人以及他和绑架者之间的中间人。大量的新闻兴趣仍集中在所有新闻加起来形成了一个多么庞大的故事，以及林德伯格夫妇是如何应对新闻宣传的。

到此时，禁酒时期[69]的犯罪名人也登场了。"萨尔维"·斯皮塔尔（Salvy Spitale）和欧文·毕兹（Irving Bitz）是纽约非法商店的老板，他们短暂地占据了媒体聚光灯。他们是由莫里斯·罗斯纳尔（Morris Rosner）提出来的。罗斯纳尔因与黑社会有联系，很快成为了林德伯格一家人的私人秘书。斯皮塔尔和毕兹因努力与绑架者取得联系而上了报纸头条。那时人们怀疑绑架者要么属于臭名昭著的底特律紫色帮，要么属于芝加哥的阿尔·卡朋[70]暴徒。这两个中间人成为了大人物，直到斯皮塔尔在一次记者招待会上得体的退出。他解释说："如果我知道这个人而不说出来，我甘受上帝惩罚。我一直四处联系，最后得出结论，这件事儿是由某个独立的家伙干的，和帮派没关系。"阿尔·卡朋自己比任何时候都要出名，他当时因逃税正准备去联邦监狱服刑，又因试图伸出援手而增加了自己的新闻价值。在与来自赫斯特报系的"严肃"专栏作家亚瑟·布里斯班（Arthur Brisbane）的采访中，卡朋悬赏一万美元给提供信息者，只要这信息能帮助孩子安然返回或帮助抓捕绑架者。甚至有暗示说，只要释放卡朋就有可能找到孩子。

---

[69] 禁酒时期（Prohibition era）：指的是美国第十八条修正案禁止生产和销售烈性酒实施的时期（1920—1933）。——译注

[70] 阿尔·卡朋（Al Capone, 1899—1947）：20 世纪 20 年代—30 年代的美国黑帮头目，走私酒并进行其他犯罪活动。——译注

这一案件本身产生了一大批名人，他们的重要性无人能懂，但他们的新闻价值却使他们变得重要。这些人包括新泽西州警察局局长诺曼·施瓦尔兹科善夫上校（Colonel H. Norman Schwarzkopf）、霍普威尔警察局局长哈里·伍尔夫（Harry Wolf）、婴儿的保姆贝蒂·高（Betty Gow）、林德伯格的私人顾问布瑞肯瑞奇上校（Colonel Breckenridge）、肯顿博士（Dr. J. F. Condon，他是纽约市布朗克斯区的一位退休教师，自愿成为与绑匪联系的中间人，并提出将自己攒下的一千美元加入到赎金中，"这样一位慈爱的母亲可能再次拥有自己的孩子，而林德伯格上校就可以知道，美国人是知恩图报的，他们感谢他的勇气和胆量带给他们的荣誉"）、来自弗吉尼亚州的精神不太正常的造船者约翰·休斯·卡提斯（John Hughes Curtis，他假装联系上了绑匪）、加斯顿·米恩斯（Gaston B. Means，《总统哈汀的离奇死亡》一书的作者，后因假装与绑匪谈判而欺诈伊瓦宁·麦克利恩夫人 [Mrs. Evalyn Walsh McLean] 十万四千美元而被判刑）、在莫柔家当女佣的薇奥莱·夏普（Violet Sharpe，她嫁给了莫柔的管家，后来在绑架发生当夜与不是她丈夫的一个年轻人约会。她因受到警察盘问的威胁而自杀），以及无数其他人。

几年后聚光灯从林德伯格身上突然移走了，就像当初突然对准他一样。《纽约时报索引》（*The New York Times Index*）是很厚的一卷书，每年出版，罗列过去十二个月里报纸上提到的某一特定主题并以精确的数字记录这一事实。从1927年到1940年，每卷索引中逐条记录林德伯格的不同故事的小号字都达到了好几栏。1941年的那卷中这样的列举超过了三栏，然后突然地，新闻之溪干涸了，先是变成涓涓细流，然后就什么都没有了。从1942年到1958年，全部列举加起来还不到两栏，大约只有1941年的一半。1951年到1958年，甚至没有一条提到林德伯格。1957年，电影《林白征空记》（*The Spirit of St. Louis*）发行，著名影星詹姆斯·斯蒂沃尔特（James Stewart，又译詹姆斯·史都华）出演林德伯格，票房很糟糕。对试映观众的调查显示，四十岁以下的观众几乎没有人知道林德伯格。

《纽约客》杂志的一幅漫画对此做了很好的概括。一对父子刚看完《林白征空记》，正离开电影院。儿子问父亲："如果人人都认为他做的事情如此不可思议，他为什么从来没出名？"

就这样，英雄如名人一般猝死了。他被媒体关注了14年时间，早就超过了名人的通常寿命。对查尔斯·林德伯格快速过气的一个附加解释是，他对成为"多面手"的压力的反应。拥有民主信仰的人不满足于自己的英雄只是一位勇敢的飞行员，他必须成为科学家、直言的公民及人类的领袖。他的名人地位不幸地使他成为公共代言人。当林德伯格对这些诱惑屈服时,他就犯众怒了。但是他的冒犯与别人不同(如阿尔·卡朋及其党羽在足球场上坐下时,曾受到欢迎),他的冒犯本身并不具有足够的戏剧性或新闻价值,来制造一个新的声名狼藉的人。他的见解枯燥、蛮横、恶毒。他获得了亲纳粹分子、粗俗的种族主义者的声誉;接受了希特勒授予的勋章。很快这位名人就不受待见了。芝加哥某个大厦顶端的"林德伯格灯塔"被重新命名为"棕榄[71]灯塔",伫立在科罗拉多州落基山脉上的"林德伯格峰"被重新取名为无明确意义的"孤鹰峰"。

六

自图形革命以来,赋予其他类型的伪事件以支配性力量的无情规则,也使名人遮掩了英雄。当一个人作为英雄和/或名人出现时,他的名人角色就遮蔽了其英雄角色,而且容易毁坏他的英雄角色。其中的原因也是那些使所有伪事件占优势的原因。在名人的制造过程中,有人总是有利可图——需要故事的新闻记者、收取费用来制造名人的媒体经纪人,及名人自己。但已经死去的英雄并不想从他们的知名度中牟利,也不可能雇佣经纪人来保持自己的关注度。由于名人是定做的,他们也就能造出来讨我们喜欢,安慰我们,吸引我们,奉承我们。他们可以极快的速度被生产和替换。

人们曾经感到他们是由他们的英雄创造的,詹姆斯·拉塞尔·卢瓦尔[72]说:"偶像是崇拜者的尺度。"而名人则是被人们制造的。英雄代表外在的标准。名人是同义反复。但我们仍然企图制造名人来代替我们不再拥有的英雄或代替那些被挤出我们视野的人。我们忘了,名人们首先因知名而知名,而我们摹仿他们的方式则好像他们是用伟大卓越这种模子铸造的。然而,名人通常不过就是我们自己的翻版,不过更具知名度而已。当我们摹仿他,摹仿他的穿着、谈话、外貌和思维时,我们只不过在摹仿自己。用《圣经》诗篇的作者的话说就是,"造他的要和他一样;凡靠他的

---

[71] "棕榄"(Palmolive):美国生产日用消费品的公司,1953年与高露洁公司合并。——译注

[72] 詹姆斯·拉塞尔·卢瓦尔(James Russell Lowell, 1819—1891):美国浪漫主义诗人、评论家、编辑和外交官。——译注

也要如此"。通过摹仿同义反复,我们变成了同义反复:代表我们所代表的,更加竭尽全力地变成我们已经是的那个东西。当我们赞美我们的名人时,我们假装是在透过历史之窗向外张望,我们不愿承认我们实际上是在注视着一面镜子。我们寻找楷模,却只看到了自己的形象。

不可避免地,我们仅存的英雄中的多数,通过被重新铸进名人的模子来抓住我们的注意力。我们试图与我们的英雄们变得亲密无间、随便闲聊、友好相处。在这个过程中,我们使他们对我们谦恭有礼,并奉承我们。神职人员告诉我们"基督不是一个娘娘腔的家伙,而是一个正常的男人"。安德鲁·杰克逊[73]是一个"了不起的家伙"。我们不再为我们的英雄编造丰功伟业,而是编造他们的平凡之处(例如,成功的青少年图书系列"美国名人的童年"就是这么做的)。是庸常而不是伟业使他们成为名人。

我们努力揭露名人的真相(不管是通过批评性的新闻传记或通过粗俗的"绝密"杂志),证明他们不值得我们崇拜,这种努力就像在其他伪事件的制造中进入"幕后"的努力一样。这些努力是自我拆台的。它们增加了我们对编造的兴趣。大部分宣传量都可以这种或那种方式被制造出来。当然,多数真名人拥有媒体经纪人。这些经纪人有时自身也变成了名人。帽子、兔子及魔术师都同样是新闻。骗子的成功具有双倍的新闻价值,江湖骗术让他更成了一个人物。名人的私人新闻制造机器,不仅不会让我们觉悟,反而还会证明他是真正的、行头齐备的名人。这样,我们就放心了,我们没有把无足轻重的人误认为重要人物。

毫不奇怪,"英雄"一词本身已成为一个犬儒主义的俚语。美国退伍军人协会(American Legion)的批评者称之为"英雄联盟"(The Heroes' Union)。为了贬低或激怒一个自以为是的人,还有什么比称其为"我们的英雄"更好的方法?我们认为,英雄一词属于文字出现之前的蛮荒世界,属于连环漫画中的超人或威廉·史泰格[74]的《小人物》。

在今日美国,英雄像童话故事一样,极少是为老练的成人准备的,但我们增加

---

[73] 安德鲁·杰克逊(Andrew Jackson,1767—1845):美国第七任总统,对他的历史功绩评说不一。——译注

[74] 威廉·史泰格(William Steig,1907—2003):一位多产的美国卡通画家、雕塑家、儿童文学作家,有"卡通之王"之称。早年曾创作《小人物》(*Small Fry*)卡通系列。动画片《怪物史莱克》就来自他塑造的人物。——译注

了奥斯卡奖和艾美奖，增加了"年度好爸爸"奖、美国太太（Mrs. America）和最佳上镜小姐的桂冠。我们有美国伟人名人堂、农业名人堂、棒球名人堂，玫瑰碗名人堂[75]。我们尽力使自己确信，我们仰慕值得仰慕者，将荣誉授予有功者。但在努力的行为中，我们自我混淆，自我分心。我们开始不情愿，然后兴致勃勃地去观察每个奖项后面的政治角逐，观察膜拜名人或让某位"女王"登基一天的每一种努力前面的诡计。尽管我们有最好的企图，但是我们所作的提供替代性英雄的种种设计，最终只生产出了名人。宣传就是曝光（expose）。

通过我们史无前例的放大形象、普及英雄美德的力量，我们的机器只是增殖并放大了我们自己的影子。但是我们还没法做到完全不做批判，还不至于去崇敬或尊敬我们自身空虚的反射形象（不管我们对这个形象多么感兴趣）。我们继续秘密地想知道伟大是否不是某种自然的稀有商品，是否它真的能被人工合成。可能我们的祖先将人类的伟大与对上帝的信仰结合起来是对的。可能人无法创造自己。可能英雄是天生的而不是制造出来的。

在我们时代的具有反讽意味的挫折中，最令人无法释怀的莫过于为满足我们对人类之伟大的过度期待所做的努力。我们徒劳地在自然只培植一个英雄的地方培养几十个人造的名人。今日一旦一个英雄开始被人传唱，他就蒸发成了名人。"在自己的男仆面前（卡莱尔如果活到现在，可能会说'在他的《时代》记者面前'），没人能是英雄"。奇怪的是，在我们的名人世界里，真正的英雄常常是无名的。在这种幻觉或半幻觉的生活中，真正具有美德的人，亦即因某些比知名更实在的东西而可能受到仰慕的人，通常是那些无人传唱的英雄：教师、护士、母亲、诚实的警察、勤奋而孤独地做着低报酬、枯燥的、没人宣传的工作的人们。反过来说，这些人能继续做英雄，恰恰是因为他们仍然无人传唱。他们的美德不是我们努力填补虚空的结果。正是他们的匿名性使他们避免了浮华短暂的名人生活。只有他们拥有神秘的力量，能够拒绝像我们那样狂热追求超出了实际的虚妄的伟大。

（黄承英 译／陶东风 杨玲 校）

---

[75] 玫瑰碗名人堂（Rose Bowl Hall of Fame）：美式足球赛的名人堂，专门用来奖励在玫瑰碗比赛（Rose Bowl Game，即美国大学美式足球赛）中表现出色的球员。——译注

无权的"精英":
关于明星现象的理论与社会学研究

弗朗西斯科·阿尔贝罗尼

> **导读**
>
> 　　此文由曾任国家电视台记者的意大利社会学家、作家、教授弗朗西斯科·阿尔贝罗尼于1962年撰写,意大利语原名为"L'elite senza potere"。文章围绕一个有着比较明确定义和特征的社会现象——"明星现象",分六个部分,从其存在基础、表现特征、内部运作机制及社会影响和意义四个角度,分别对这一现象进行深入的社会学分析、评价和展望。
>
> 　　开篇第一部分分析了明星现象存在的一般条件:除了最重要的两个基本条件,即高效法制国家和官僚体制所保障的对于集体利益活动的非人格化评价的可能性,以及社会分离机制所保障的非体制性的自主权力中心的存在,还有社会系统结构化的程度、社会规模的扩大、经济财富的增长以及社会流动性等重要条件。
>
> 　　在第二部分中,为了更好地剖析明星现象的特质及其在不同社会类型中所隐藏的不同程度的威胁性,作者引入了马克斯·韦伯所提出的"卡理斯玛"概念,并颇具创造性地研究其在不同社会语境中的演化程度和影响。总的说来,在结构越复杂、社会角色分工机制越明晰、独立评价模式内化程度越深的社会中,卡

　　本文译自 Francesco Alberoni, "The Powerless 'Elite': Theory and Sociological Research on the Phenomenon of the Stars," 选自 *The Celebrity Culture Reader*, ed. P. David Marshall, New York: Routledge, 2006, pp.72—90。原文为 *'L'Élite irresponsable: théorie et recherché sociologique sur le divismo, Ikon*, vol.12—40/1, 1962, pp.45—62. 作者阿尔贝罗尼是意大利社会学家。——译注

　　本文选自为米兰天主教大学社会学研究所做的研究,该项研究得到了联合国教科文组织的资助。——原注

理斯玛越能处于一个独立而有限的影响范畴之中；反之，如果社会结构越单一、角色分工程度越低，卡理斯玛就越容易被普泛化而使其拥有者成为体制性权力的掌控者。

在第三部分中，作者通过对一般"精英"阶层和"无权型精英"的明星阶层特征的具体对比，详细分析了明星阶层作为一种特殊"精英"的群体特性，如：表面上更高的"透明度"其实处于严格的操控和计划之下；相对权力精英来说其评价体系更为复杂和多元；他们被认定在体制之外，但又在一些相对固定的地区形成具有某种"特权"的、内部交流频繁的上流阶层。

第四部分从社会和公众评价体系来解释：为什么这一特殊的"精英"阶层在工业化程度较高的"动态社会"中并未受到由嫉妒不平引发的集体性恶意攻击。这是因为在此类型社会中，结构复杂和尖锐的社会分离体制使得个体间的互动性减弱，"显要人物"的真实"透明度"被大大削减，导致小规模社会中存在的道德评价原则上的"有效歧视"无法在现代工业社会中实现。其次，现代工业社会经济财富的充足也使得个体对于权力之外的"精英"阶层不再产生强烈的被掠夺感和不平感。另外，在实际行为的效果评估上，由于社会规范及道德评价标准的多元化，明星们的成功和辉煌不但不被看做是对既成规范的破坏和侵犯，反而在一定程度上为个体获取同样的成功提供了积极的参照。

第五部分分析了明星现象的两种常见假说，"明星制"和"麻醉性幻想"，来进一步说明为什么明星没有被当作特权阶级受到批判和攻击。共同体即便对明星现象进行抨击，那也是针对明星"精英"中的某些个体，尤其是由明星制度产生的、掌握了一定体制性权力的个体，如制片人、经纪人等，而不是针对明星，并且从来不会指向整个明星群体和明星体制。

第六部分论述了明星现象的意义和视角。作者提醒我们：虽然在现代工业社会中，明星作为无权的精英，是相对独立于体制和共同体之外的存在，但他们同时也因为这样的社会结构，一方面集中体现着共同体的体验和期待，另一方面也已经并将继续推动整个社会的互动性和归属意识。因此，尽管从理论上讲明星无需对社会道德和规范负责，但是，更加重视和关注这类精英对于社会和共同体的责任感及影响是十分必要的。

一、明星现象存在的一般条件

　　每个社会中都能够找到这样一些人，他们在群体其他成员眼中异常出色而且备受瞩目。这一现象最常发生于君王、贵族或神父、先知及权势者身上，虽然其方式和表现程度不尽相同。在通常情况下，这些人常常是权力的掌控者（无论这种权力是政治的、经济的还是宗教的），也就是说，其决策将对自身领导的整个社会的现在及未来命运产生影响的人。这一定律甚至在现代西方社会中也确然可循。然而，在这些权势者之外还可以找到另外一群人，他们拥有极其有限的或者根本没有体制性的权力，但他们的所作所为和生活方式却能引起相当大的、有时甚至是最大程度上的关注。这些特殊的个体（明星、偶像和"*divi*"[1]）受到极大的关注，并不是因为他们的行为和决策会对社会成员的生活和未来期待产生后果。他们属于另外一个估价系统。

　　在一个社会的核心，有力地伴随着这两类行为活动备受关注的群体的存在而存在的，是两种截然不同的评价取向和评判标准。由于对权力掌控者的评价，几乎仅仅取决于他们实现社会目标和组织社会成员的活动所产生的直接或间接的结果，所以与之相随的也是一套明确的估价标准。而谈到另一个群体，我们却需要引入一个复杂得多的评价系统，而这一评价系统正是我们在本研究中将要分析的对象。

　　这种差异产生于这样的事实：与群体性（权力）相关的决策活动，是由一系列自主而特殊的社会角色构成的，即：这些由占据了既定制度性地位的人所从事的决策活动，对于现实的决策领域颇具影响，并且要服从于一套预设的评价模式与评价标准。在一定的社会发展阶段会随之出现这样的情况：对于集体利益活动的非人格化（impersonal）评价是可能的，促成这类情形的先决条件包括法制国家与高效官僚体制的确立。

　　只有当某些特定的行为体系被体制性地认定为"政治上无关紧要"时，诸如"明星"之类的现象才能存在，换言之，"明星"的存在要依靠这样的评测体系，此体系并未将明星对集体所构成的影响，作为评价他们行动的主要标尺。一种社会分离机制大体上认定"明星"是不占据体制性权力位置的人。有人可能会注意到，这种情况理论上是无法在马克思主义的社会体系中维持的，因为此体系中每一个社会群体

---

[1]　"Divi"是意大利语单词"divismo"的复数形式。详细解释参见注2。——译注

成员对集体都有其作用，并且要对自己的行为后果负责。但考虑到这些游离体制之外而隶属资本主义世界的人们，并没有控制体制本身的权力，这种情况还是有可能维持的。从这个意义上来说，"明星"的存在与其说要以评价或文化的多元化为先决条件，还不如说以自主的权力中心的存在为先决条件，不管它是不是私人的，它受到了体制性的保障以免于国家的干预。

此类情形在今天的西方世界中普遍存在，正如它们在古希腊，尤其是罗马帝国时期一度盛行。（法老时期的埃及似乎还不存在真正意义上的"明星"概念，这个事实可以得到解释而并不与较早的评论矛盾：在这个特殊的例子中，占统治地位的管理制度决定了由公众权力控制和保证的、私人权力的自主中心不可能存在）。

除了以上两种我们已阐述过的条件以外，还有其他几种条件也值得一提：社会系统结构化的程度；社会规模的扩大；经济财富的增长以及社会流动性。

说到社会系统的结构化（structuring），我们之前的分析中已有所暗示。特定评价原则的分离独立（这一点对于日益增多的持有决策权力的机构官员们而言至为重要），不可避免地在一个社会中生产出了复杂的结构。

至于说到社会系统的规模，我们发现：在公众与明星的关系中，公众中的每一个个体成员都知道明星，但明星却不知道任何个体。公众在明星的眼中是作为一个整体而存在的。这倒不是说明星和其他行动者的人际交往不可能存在，而是说他们之间的人际关系并不能成为此现象的特点。公众/明星这类关系建立的前提条件是，大批观众群和特定社会机制的存在。即使明星能以他/她的个性为人所识，观众们却无法做到这一点。大型社会是这一情形的最好例证：在一个高度相互依赖的大型社会，由于其规模过于宏大，在其核心只能有很少人能够为所有他人提供参照点（point of reference）。在一个更有限的共同体中，考虑到将帝王、特定的神父和贵族分离出来的这些同类体制性壁垒的存在，同样的过程也是可能发生的，但这个例子中的现象与"明星"现象是不尽相同的，因为后者那里不存在体制性的壁垒。相反，障碍的原因主要来自于对相关对象认识的非直接性、或此类关系的渴求者的惊人数量。我们可以看到：在明星与大众的关系中，缺乏一种可以被称为"交互性"（mutuality）的要素。

第三个基本条件是经济财富的增长。事实上，只有当收入超过基本生活水平时才能调动起兴趣与注意力，从而产生明星现象，但要在这两组现象之间建立起相关性我们还需谨慎行事。一方面，高于基本生活水平的收入是社会经济和结构发生改变的必然结果，这与前面两个基本情形是有联系的；另一方面，在收入水平极低和经济发展极缓的地区我们也能看到"明星"现象（如：南美洲的足球运动员、印度的电影演员）。我们甚至怀疑："明星"现象的最狂热表现是否是社会和经济不发达的地区所独有的？

最后，依赖于制度转型而产生的社会流动性，也是使得人们对明星产生崇拜、而非嫉妒之情的根本条件。

二、明星身份与卡理斯玛

"明星"与"明星身份"（stardom）这两词将会被我们赋予比其通常用法——特别是意大利语中的用法——宽泛得多的内涵。[2] 根据潘兹尼（Panzini）对它们的定义（1963, p.202），人们可以用这个术语来理解这一现象，即：某个特定个体引发了很多其他个体的无条件崇拜与关注。典型的例子就是人群涌向得胜的冠军呼喊着"你就是一个神"。冠军被认为拥有优于其他人能力之上的能力，从而具有了超人的特质。韦伯将这种特质称为卡理斯玛（1968：vol.1，p.241），他写道：

> 我们所说的卡理斯玛指的是一种非比寻常的，属于某个个人的特质……人们相信后者被赋予了超自然、超人的力量和品质，或者至少是异于常人的力量和特性，或者说是神赐的，仿佛浑身充溢着典范价值而理应成为一个领导者。

首先，我们可以问问自己这个例子能够在多大程度上与上文提到的明星现象相关。这些明星真的是名副其实的神吗，或者只是卡理斯玛式人物？

在马克斯·韦伯看来，由于卡理斯玛的拥有者被看做领导者或是首领（并且由此产生了一种内化的义务感），而最终导致了一种权力关系。在卡理斯玛拥有者的

---

[2] 在法语中，"divismo"一词已成为了一个固定的概念，而作为复数形式的"divi"也成为一个与之相关的术语，但单数形式的"divo"在具体使用中却常常为"vedette"这个词所取代。——原注

在这篇英文译文中，"divi"被译成"明星"（stars）；作为关键术语的"divismo"由于在英文中没有同义词，通常被译为"明星身份"（stardom），有时也会被译作"明星体制"（star system）或是"明星现象"（phenomenon of the stars，如本文的标题所示）。译者希望这些相关概念的准确含义能够在具体的上下文中得到充分的传达与理解。——英译译注

领导下，追随者们从中受益，而这又反过来成为卡理斯玛的明证。在对"明星身份"的定义中，我们已经申明：明星并没有被赋予任何官方权力（authoritative power），而他的决定也并不被大家感觉到会对全体公众的生活和前景产生任何影响。那么"明星身份"中的卡理斯玛因素为何没有转化为一种权力关系呢？寻找这一答案我们必须要深入到高度结构化社会的各种机制中，正是这些机制促成了各类社会角色的明晰化。任何占据了一项社会职务的人，人们都将依据能充分说明这一职务功能的具体内容来对他/她做出相应的评价（见 Parsons, 1949）。在多重分类的情况下，功能和测评的明晰化也不会消失（见 Alberoni, 1960, pp.37—42）。

换言之，评价一位银行职员要以与其工作性质相关的特定标准为依据。但如果这位职员同时还是某社会组织的成员，那么第二个系统对他的标准化素质类型的要求，和与之相关的测评标准，就不但是特定的，而且通常和第一个角色毫无关联。现代社会中，正是社会角色的各自独立性导致了各种角色本身之间的相互冲突。于是，为他们的体育英雄的胜利而欢欣鼓舞，并高喊"你就是一个神"的银行职员或独立个人（unattached person），仍然是一个银行职员或个体市民，这并不妨碍他们追逐自己的偶像，共享其魅力光辉。卡理斯玛获得表达的行为，事实上只从属于某个特殊角色，观众行为的定义就是观众被排除在这一特殊角色之外，他们只保留了普通的角色。观众是以在场者、分享者、而非行动者的身份呈现的。因此，与我们相关的卡理斯玛的具体实现，预设了一种稳固的社会结构，即一个社会角色已被事先设立和内化的体制，在这个体制中，对卡理斯玛的分享，并不会导致惯例性的行为体制的重建。在这个意义上，卡理斯玛是高度特殊化的。

一个在他的崇拜者眼里被奉为神灵的自行车赛手，无需在其他领域也独领风骚。卡理斯玛的特质应该被理解为与某一类行为相关的一种特质，所有这类行为都需要同样类型的技巧。这就是为什么一个出色的自行车赛手也可以是一个出色的运动员。专业化是任何一个特殊领域的核心特点。而且，一位冠军在他专业之外所具有的、但是却仍然属于同一范畴的优势，仍能巩固他的真正的卡理斯玛特质。根据有意识的和无意识的期待，来对这种普泛化（generalization）领域的范围做一个经验研究，是非常有趣的。尽管如此，这种普泛化仍然存在着一些体制上的限制，比如说：政治活动。

相反，在一个既缺乏复杂的社会结构，也没有社会角色分工机制的社会中，卡理斯玛就容易变得普泛化，这是明星身体无法在小规模的社会中存在的原因之一。

当一个不同凡俗的人提升其卡理斯玛,从而成为英雄式人物时,他就从整个社会群体获得了一种权力,但与此同时这一权力也使得他处于他的对手和那些竞争不过他的嫉妒者的激烈狂暴的抨击之中。变化就在于这两种极端情况之中产生:要么英雄被嫉妒与攻击全然击败,要么他战胜对手并实现其权力的体制化。但这两种极端情况都不会在高度结构化的社会中出现。在这样的社会中,卡理斯玛不会变得普泛化,而明星也不获取权力,因而也不会被嫉妒或受到攻击。高度结构化的社会中社会角色之间的尖锐分离,阻碍了明星获得体制性的权力地位,这种尖锐分离是社会体制中的保护机制,它抵制了普泛化的卡理斯玛的威胁。这方面的角色分离比简单的角色特殊性提供了更为有力的保证。在多重分配的情况下,各种角色规范只有当相应的评价模式深度内化之后才是有效的。如果评价的特殊性被高度内化,那么,明星就能获得一种权力地位,因为他/她作为权力拥有者将受到另外一种评价,不同于他/她作为艺术家或足球冠军的评价。但如果这种内化的程度不够,那么卡理斯玛就将极有可能存在被普泛化的危险。影视巨星、运动名将及家喻户晓的人物,都有可能被提升到权力位置,恰恰因为他们是演员、赛车手或者是名人这一事实。这类现象在结构化程度较弱,专门的、理性的评价模式内化程度较低的国家尤其可能发生。

(我们最近就在某个国家看到了这样的例子:在一次世界杯足球赛中获胜的球员们,被选举成为国会议员,还有意大利的环法自行车赛手巴塔利,也在国会选举中成为候选人之一。导演伊利亚·卡赞 [Elia Kazan] 的电影《登龙一梦》[*Face in the Crowd*] 中也有这样的情节:在一群肆意妄为的政治家的推波助澜之下,一位极有天赋的歌手变为一名卡理斯玛式的领导者,从而在权力世界中占有一席之地。)

于是,这种使得各类社会角色沟壑分明的机制,似乎具有阻止卡理斯玛普遍化的功能。由此可推想,随着特定的评估模式的内化,角色尖锐分离的条件也将不再重要。

三、作为精英的"明星"

在一个分层的社会中,研究分层的规范方法通常能使我们辨别出一个更高的社会阶层,它具有与其他的社会阶层迥然不同的特征,其中首要的一点就是此阶层成员之间的互动比其他社会阶层成员之间的互动要紧密得多。

第二个重要的特征基于这样的事实:这个阶层内部所有的竞争,很多时候是极其激烈的竞争，总是在严格地遵守此阶层的社会规则和风俗习惯的前提下进行的，这就确保了作为"精英"群体的成员做出的决定，不会对无权阶层产生过于突然和尖锐的影响。

第三个特征是，与其他的社会阶层相比，这个阶层具有一定程度的孤立性。通常来说，这是为了确保其竞争与合作过程的隐秘性，因为这些活动可能会与无权阶层的类似活动相悖。这种我们称之为透明度（observability）的减少，使得权力持有者遵循一种保存其权力的策略，有时甚至构成了某种保持特权的方式，相反，透明度的上升常常意味着权力的衰减。总而言之，权力精英（power elite）是不可能有很高的透明度的。对于体制化权力的持有者来说，无论是曝光的形式还是内容，（在自由程度很高的民主国家）都是由体制来决定的；这一极其重要的原则即使是在高度透明化的情况下也是被严格遵守的。与之相反，就明星的情况而言，透明度实际上是毫无限制的。

透明度最高的权力精英只存在于贵族世袭制或是君主制的政体中（这类政体的国家合法性相当保险地深植于公众的赞同）以及大众民主政体中。君主、王室及贵族们都要接受各种形式的评价，其中就包括了作为专门留给"明星"的那类评价方式。在这种情形下，情况和我们提到过的小规模社会中的情形已非常相似。由于缺少透明度对权力的影响力，这种情况进一步加剧，它可以归因于影响精英阶层的划定和遴选的特殊标准（比如说，只有某些贵族家庭成员才能加入精英阶层）。

但是卡理斯玛型的极权主义只是在表面看来与上述情形相似。事实上，这些（极权主义的）领袖在全部活动、甚至包括私人生活方面都显示出完全的公开性，并将其呈现为典范。但是（就权力而言）真正值得大众关注的行为，却被谨慎地隐藏起来并且游离于一切监控之外。卡理斯玛领袖的透明度其实是处于精心的计划和操控之下的，目的是为了确保只让那些有利于权力本身的实施、并促进权力发展的评价取向发挥作用。

另一方面，在一些工业社会的典型民主国家，发展出了针对权力精英的传统的特定评价取向。一般说来，这是一种具有高度特定性的评价，而其他在功能上不重要的因素都被排除在外了。除此之外的评价取向就不再针对精英，而是指向了那些透明度不受体制限制的"重要他者"（significant others），也就是我们说的"明星"。比较之下，我们可以看到明星的透明度得到了大幅的提升，而且评价取向也更为复杂。

但必须承认，对于在民主政治中掌控了体制性权力的人来说，对之的评价方式的特定性，也有程度上的变化。在历史悠久和结构稳固的民主社会中，其社会体制价值的内化程度最高，而相应的透明度也更高、更普遍。这也许根源于这样一个事实，即：在这样的社会中卡理斯玛被普遍化的危险降到了最低，而体制化的规则又与共同体的习俗非常相符，因此高度特定的界限内的评价方式的限制，在这里就失去了其重要性。在英国与美国，对政治家们的评价（比如说与意大利的政法家相比的话，在很大的程度上）涉及很多不是严格意义上或特定意义上的政治活动。为了能够在竞选中获胜，美国总统候选人必须呈现出一个关于其全部私生活及其与共同体关系的总体形象，这些东西在历史较短的、受到卡理斯玛普遍化威胁的民主国家是不可想象的。共同体中的行为模式变成了评测的对象，其目的是为了显示出竞选人与社会中大多数人的紧密联系，因为正是这些社会大多数人，才构成了在政体中内化了的评估的基础。总统将成为一个国家的象征和一个被普遍认同的理想典范，他也会在自己身上提炼出一些如明星般的闪光魅力，于是他的生活方式和工作能力必然成为优先被评价的对象。只要由政治体制认定的价值标准得到广泛认同和深入内化，后者就是可能的。与评价标准稍有偏离的行为就能迅速引起对此人的责难，无论他（她）的权力地位有多高。而如果这种内化不存在，那么情况将大相径庭：满意可以转化为赞美，优秀品性转化为超人般特质，出类拔萃转化为卡理斯玛，赞赏钦佩转化为顶礼膜拜。

在新近建立的一些民主社会里，民主体制的稳固化方兴未艾，社会系统也正朝着工业合理化的方向迈进，一种特定的评估应该要么被当作一种潜在的功能，要么是社会化过程的一种预期表达，以确保系统的发展与合理化的模式协调一致。可以预想到：当民主的价值观和评价的合理化模式得到更进一步内化时，此种社会体制中就会产生一种既具有普泛性又保持其独特性的价值观。

可以说，像权力精英一样，明星也是共同体的参照对象，但却是与前者不同的一种对象。似乎有必要强调的是，在公众的眼中，有很大数量的明星们的确构成了一个密切互动的真正的上流阶层，并且占据了工业化了的共同体的中心地位（尽管没有权力）。他们成为了共同体的真正核心，虽然没有任何固定的、或稳定的场所，但至少也作为一个群体集中占据了某些特权地点。[3]

---

[3] 这些明星"社群"集中于好莱坞、罗马市的威尼托（Via Veneto）区，以及其他时尚人士汇聚的地方。明星最频繁出现的场合莫过于电影开幕式、盛大节日、展览、豪华游轮、招待会以及各种文学和艺术的颁奖典礼等等。

如果从一些周刊类的杂志中通过抽样任意列出一个明星名单，我们就会很快地发现他们大多数已经或正处于有效的互动关系中。这里我们谈到的是一个娱乐世界（world of entertainment），这个世界里的明星由于经济与职业的原因，或由于他们时常出入于同样的时髦场所或招待会，而与日常社会相关联。

在公众的眼中，这一共同性可能会显得比真实情况更高，这或许是由于电视节目所造成的关于此种共性的错误印象，或者是由于各种报道及照片的综合误导，或者是由于公之于众时的小心选择、建立互动合作关系时的小心翼翼，及软化敌意和竞争时的友好姿态。因此，这类精英阶层的成员看上去是以潜在的互动关系出现的，尽管事实并非如此。（研究一下公众对此类关系的认识及他们会想象存在怎样的名人聚合，尤其是空间性质的聚合，将是很有意思的。）

可以说，明星们构成的是一个边界变化不定的社会群体。这个群体不具有结构性，但却有着特定的互动中心，这些中心有时具有亚群体及亚共同体的特征，比如说：罗马的威尼托区的社群和法兰克·辛纳屈家族等。而组成次级群体（lower group）的人（这是一个边缘性的群体，在大众眼中，他们只是偶尔与像作家、艺术家或是流行思想家这样的群体发生联系），也不会穷尽这些"重要"人物的总体数量，尽管这些重要人物缺乏权力和权威。全国性丑闻中的主角们（如意大利的 Brusadelli 或是 Giuffre），被逮捕的著名罪犯，如朱利亚诺，他们都不属于这个精英的一部分，电视比赛节目和电视剧的参与者，也只是通过客串方式在这个精英群体短暂亮相。而以其卓越贡献为人们所熟知的名人，如美国飞行员林德伯格和苏联宇航员加加林，他们则能够与我们谈到过的核心群体发生联系，但他们同时也保持着自身的完全独立性，或者与此相反，他们甚至可以在边缘的意义上属于这个权力精英（比如，加加林）。即使他们与这个共同体的核心没有任何互动关系，或者他们被体制性地排斥在这个核心之外，在公众看来他们（包括一些罪犯们）仍是这个群体的潜在成员。

四、共同体中的行为模式评估

上文中我们已提到，明星就是供所有人评价、热爱和批评的那部分共同体成员，他们是选择出来供集体品头论足（gossip）的对象，这种品头论足的管道就是大众传媒。

为了实现这一社会功能，他们就必须对社会各个阶层的人们都保持其透明度。

在小规模的共同体中,明星的透明度大大提升,而张力也随这种透明度而变得很大,但同时也存在着一些特殊的机制来减少明星的透明度和为其隐私留出一个空间。社会群体中的全体成员都受制于持续的观察,群体中的另外一些成员(通常以流言蜚语的方式)则评价他们的行为,以便达到以下目的:

1. 根据群体的价值观和规则来判断其道德或人格是否有所偏离。
2. 将操演与期待做比较。
3. 检验从文化上确立的目标和期待,这些目标和期待是以早先的行为和环境施加的压力为基础的。
4. 对其行为给共同体造成的影响做出评价(比如说,他们作为榜样对道德的影响)。

    结果是将行为含括在一个价值—规范和程序—结果的体系内,这个体系是事先存在的,但是仍然处于不断的(缓慢的)修正状态。于是,每个行为都成为被集体地经验的事情,其结果则用来检测有关这个被考察群体的期待体系,不管这个体系是否是规范性的。

5. 伴随着透明度而出现的紧张的另一个原因在于,这种紧张直接对应着有意识或无意识的欲望和冲动(如:偷窥癖、攻击的释放和爱,等等)。
6. 最后,有一个类别的评价,可以期待从中会产生一些与互动关系相关的优势。在此类情形下,观察对个体是有用的,这种行为对个体而言甚至是特别工具性的。

当相关行为具有经济意义时,情形尤为如此;而在更加一般的情况下,对于那些在与观察者的关系中具有某些权力的人来说,情形亦是如此。我们应该记住:在一个小村庄里,任何一个居民在和每个别人的关系中都有一定的权力,结果,这个最后提及的因素总是在场的,而且不可避免地要与其他的因素相联。一个人手中的权力越大,其他人对其透明度的兴趣就越高。所谓透明度的提高,实际上就是预测他人所作所为的可能性的提高,因此对于观察者来说就意味着他(她)自身的行为可能性的提高。

随着共同体规模的扩大,直接的互动关系已失去其重要性,而透明度也随之消减。大城市生活给其市民们带来的是极低的透明度和高度的混乱。基于这个理由,就无法依据我们在上个段落中提到的评价原则,来对人口密集的共同体的所有成员的行为做出集体观察。因此，这个评价标准就只能由每一个个体成员为下面的这两种人保留着：与每个个体成员有直接互动的人，以及那些"显要人物"。

就之前提到的第六类评价取向而言，它特别适合让观察主体，用以评价与其有直接关系的人（如其家庭成员、朋友、熟人和对手，等等）以及在社会中掌握了实权的那些人（权力精英）。在大规模的社会中，第一、第二、第三和第五类评价取向是针对明星们的，而第四和第六种取向却特别指向权力精英。我们可以注意到，即使是在第一、第二、第三和第五类评价的范围内，在一个小村镇里传播的流言蜚语，和针对明星的流言蜚语影响仍然有着很大的差异。前者比后者具有更多的批判性、攻击性和诽谤性。大多数明星自由选择、或者至少接受其集体角色，而他们所属的那个群体，也保持着充分的稳定性。如果这些在共同体生活中发展而成的攻击性和竞争性的因素可以随意加诸明星，那么，这两个条件就无法实现。

另一个有趣的事实是，明星们并不是嫉妒的对象，而且他们中的精英们总体而言也不会被看做是一个特权阶层；人们也不认为他们的存在正好体现了社会不公这个鲜明而残酷的现实。

没有诽谤、没有嫉妒和阶级要求，这些现象看起来似乎是彼此相联的，但从社会学的角度来看也并不尽然。

一般来说，即使不存在诽谤对象被认为是特权阶层的人，诽谤也依然会发生。它主要是与其他人共享某个彼此都熟悉的人物的某些道德行为的知识和指责，以此方法来实现对被诽谤者的私人嫉恨，并且从对其的攻击谴责中感到心满意足。在小规模的共同体中，当共同分享的谴责对当事人造成了有效的伤害时，这种满足感便油然而生。通过这样的方式，谴责起到了实施集体性惩罚（制裁）的作用。另一方面，这样的谴责行为是依据共享的评价标准做出的，这个事实避免了由于意识到这是私人攻击而导致的负罪感。作为攻击、谴责行为的原动力的无意识侵略欲，也就通过这种方式被转换成了一种"道德蔑视"。从共同体角度看，这个转换过程是作为一种机制起作用的——依据集体价值与规则，来对所有行为作出评价。此类机制的先决条件是：存在严格的评价标准、对超越常规行为的有效歧视（effective prejudice）的可能性，以及先在的"侵略性"动机。而在与明星的关系中，这三个条件只是在很小的范围内存在。

和小规模共同体相比，现代工业社会中的共享评价原则不那么统一和严格，主要原因是工业社会一直处于不断的转型中，因此对超越常规的人形成有效歧视的可能性也非常小。这种有效歧视只有通过集体的默许才会达成，在社会成员彼此之间缺乏直接互动关系的情况下，这种歧视行为要受制于大众传播媒介，最后发现它自己在很大程度上处于它所涉及的精英的操控之下。至于可以转化为"道德蔑视"的那种侵略性的存在也是微弱的，接下来我们谈到嫉羡的时候会对此有所涉及。

群体的价值和原则并不是衡量评价行为的唯一标准，还要考虑到它的预计结果，行为产生的实际功效也要接受评价。大部分的流言蜚语履行了一个重要的社会功能：对规范化行为和实现了特定目标的成功举动之间的对应性作出评价，这样，人们就可以依据其有效性对所有的行为后果作出预测。在流言蜚语中，这样一个预测过程表现出明显的消极特征，因为它几乎对一个明星或是演员的所有行为结果都作出了否定和无效的预计及期待，这种行为能够改变一个行动者在共同体中的地位。对此，要依据一个稳定的社会中地位的改变在多大程度上会受到责难而加以理解。

根据托马斯的定理（Thomas theorem），这种否定性的预测由于其集体特征，将有这样的效果：增强使得事情朝估计的趋势发展的可能性。而且，如果结果证明与事先预计的（或是期望的）相反，那么它将会启动如下阐释机制：既然这个明星不能通过惯常的行为方式而得到现在的结果，那么这肯定意味着：(a)明星这次的行为结果纯属偶然，因此并不说明下一次也会得到同样的结果；(b)或者他有不诚实举动，也就是说，他其实并未按"游戏规则"行事，亦即没有遵循既定的行动模式（即使我们无从知晓这是如何办到的）。

为了找到其偏离价值和规范的证明，于是人们开始用批判性的视角来重新审视这位明星的行为。人们认为这是不言而喻、普遍认同的道理：遵守规范的行为不会导致社会成员地位的受损，而反过来，地位的变化肯定是因为某些不道德的行为，这些不道德的行为正是说明一个体制中缺乏发展进化的最基本的症状之一。

在这样一种体制中，对效果的检验的主要功能在于维护体制的静态特征。相反，在工业社会中，对效果的证明却有着完全不同的功能，因为在这样的体制中人们普遍认同的是：无论个人身份还是社会结构都是可以改变的。

那些可能引起改变的行为可以划分为三类：顺应社会规范的、异于社会规范的、或在社会规范方面是中立的。换句话说，人可以被认为是正直的、不诚实的，或者中庸的。所以，当这类行为既有悖于社会规范，但是又并非最可能保证其成功的时候，冲突的可能性就出现了。虽然在传统社会中，通过偏离常规的方法来取得成功是无法被接受的，但在工业社会中，出现了这样的一种选择，保证最大程度的成功，同时又尊重规范。在这样类型的社会之中,有效性这个标准成为了价值评判的一个原则,并且作为行为合理化的原则发挥作用,而在此类共同体中,对于任何行为的后果的预测,就不再被要求是消极的了,而所获得的成功也不再被认为是隐含了一种社会缺陷。

在静态社会中,任何改变社会身份的企望都会被认为是一种过失而遭到嫉恨,这一事实意味着人们将这样一种身份变动看做是社会危险。某人获得任何新的优势就会被认为潜含着对他人利益的损害。

于是,我们有必要来谈谈嫉妒的问题了。在嫉妒中,当某人获取某种利益或是得到某些好处时,另外一些人就产生不公正之感。嫉妒的根源,如精神分析学家们所表明的,深植于婴儿时期。在大多数情况下,它是竞争性的婴儿情境的转移,这种情境涉及一个受挫的爱的对象,这个爱的对象被内化了以便能够允许排他性的占有。静态社会当中也有着类似的机制。为一些供给有限的物资(比如说土地)展开的竞争,是在如下推断基础上发生的:个人对部分物资的占有就自然意味着对其他成员物资占有的潜在剥夺。[4] 但在一个个体和集体行为都得到了合理的控制(遵循实效原则)、物资因此能够无限积累的经济体系中,这一机制趋近于消亡。在上述参照体系之下,任何对于获得特定目标而言颇有成效的行为,都会被认为可能提高了其他个体获取同样结果的可能性,而不是使之减少。代替嫉妒机制的是崇拜机制。

明星效应中一个非常有力的因素即是对明星所获得的成功的崇拜。吉纳·罗洛布里吉达(Gina Lollobrigida)、索菲亚·罗兰、玛莉莲·梦露,她们的存在就是社会流动性的极大可能性的明证。从共同体的价值评价取向的角度看,这一事实表明的是他们在社会地位上取得的巨大提升并不是通过非法越轨的手段,而是依靠值得称颂的努力和超乎寻常的魅力特质。与明星有关的大部分"闲言碎语"(gossip)都在履行这一功能。显然,这个阐释依赖于明星和公众之间一定程度上的社会距离的存在,从而使得他们彼此之间的对立关系是间接的而且是局部的。当信息是由更遥远的交流渠道、尤其是大众传媒来提供的时候,这点就可以毫不费力地得到证明。直接互动关系的缺乏,在公众看来当然是他们获取明星的丰富完整资料的阻碍和限制,但如果公众真的对明星了如指掌的话,就会导致完完全全的道德批判、侵略性与嫉妒等成分的肆意释放,这些成分虽然一直存在,但却是受到控制的。这些成分甚至

---

[4] 见 Alberoni (1961, pp.69—80),这种现象在 Banfield (1961) 的文中已有很好的描述。

会威胁到明星们的存在。

现在让我们以最后一个观察作为这一点的小结。在上文中我们已提到，并且在实验性的研究中也得到了证实：公众对明星使用的道德评判标准，比对与其有更亲近社会关系的人们使用的标准要更为"宽容"。这一现象在小规模的共同体中体现得更为明显，因为这样的共同体有着严格的社会控制，而且这一社会控制的严厉性和人们对于明星的纵容度之间的对比也尤为明显。这个现象部分地可以通过缺乏强化诽谤和嫉妒的敌对因素来解释，另外一个同样重要的原因是社会距离。基于我们已有的思考结果，可以对造成这一事实的原因做出社会学的解释。前面探讨过的几种评价模式中，第四种模式在小规模的共同体中发挥着极其重要的作用，因为此类共同体中的评价目标往往是检测某种行为方式对社会造成的影响（如榜样对于道德的影响）。道德警惕（moral vigilance）与否定性评价，在帮助群体抵制违背常规且逃避责罚的行为造成的威胁方面，具有同等重要的功能。但在评价明星的例子里，这一类评价范畴就失去了重要性，因为人们并不会根据明星的行为结果对共同体的影响而对其做出体制性的评价。在小规模的共同体中，人们对于明星们的一些寡廉鲜耻、腐败堕落的行径是有所意识的，但对其实施惩治却是不太可能的。在更大规模的共同体中，角色分离的功能极其重要，以至于使得这一危险降到次级层面，于是道德评判这个强有力的因素濒于消失或是急剧衰减。从心理学层面来说，道德评判作用的降低是通过一种相对的评价达成的：实际上每个人的判断不涉及其所属共同体的评价标准，而是涉及明星（精英）的评价标准，明星（精英）构成了一个参照群体（reference group）。同类成员组成的共同体（community of membership）的规则与参照群体的规则之间的巨大鸿沟，要求不断地求助于"我们"和我们的共同体与"他们"和他们的共同体之间的分离机制。这可能会导致参照群体与同类成员共同体之间的对立，我们将会看到这一批判—攻击因素得到了多大强度的释放。

五、共同体内部的行为及共同体的行为

综上所述，我们已分析阐明的一些事实大大减弱了在一个共同体的行为中发展起来的竞争和攻击性因素。但是，它们还是不足以解释为什么明星中的精英没有被当作特权阶级，也没有成为社会体制的不公平性的明证，虽然他们源源不断的财富和锦衣玉食的生活是对于平等主义理想的显而易见的公开嘲讽。对于这种现象的最

常见解释一方面诉诸"明星制"机制,另一方面则诉诸"麻醉性的幻想"。

在前一种解释里,我们可以看到,明星就是一个对娱乐工业有用的、重要的宣传组织的产品。得益于大众传媒,呈现在公众面前的这个人获得了最大的机会吸引众人的目光与同情,引发了强烈的关注与好奇。因此,明星的全部生活都受到了巧妙的包装和安排,没有一样是随机的巧合。但这一类型的解释在一定程度上是很天真的。认为像明星这样的现象可以是特意安排和巧妙操纵的结果,是有些过于简单化和天真了。公关宣传人员(publicity agents)所作的一切,不过是将作为整体社会之表达的一个现象协助、引导进一条事先选择的轨道中。这些人员不过是一个假设由他们创造的社会机制的组成部分。

而且这一解释也被明星制的历史所反驳了。在电影发展的早期,电影制片人是反对明星体制的,但这个体制还是确立起来了。事后制片人才逐渐开始青睐它,意识到与其在和明星体制的对抗冲撞当中受到痛击,还不如充分利用它来实现自己的目标。另外,我们也不能得出结论说明星体制在有意地掩盖明星的财富状况,包括他们奢华的生活、超常的收入等来强调他们的社会美德和社会功能,等等。明星制度从来只试图以明星的个人人格、私人生活、亲朋好友、情感悲剧及他们的一些习惯怪癖为基础,来将明星的地位合法化。明星制度勿庸置疑地减少了明星在共同体里的行为方式中的竞争性因素,而且这个体制宣称明星中某某和某某的关系、明星与公众之间的关系,都是亲切友好的。这可能稍微有助于减少阶级怨恨,但是如果这一类怨恨已得到明显的表达,那么,明星体制肯定是不会如此作为的。

"麻醉性幻想"的理论把明星制看成是经济权力型精英们的文化产品,它的目的是给公众们提供了遁入美好幻想和进入奇妙幻觉的机会,并且通过这样的手段来防止他们清醒认识到自己被利用的真实处境。但是有一个与这个已取得了显赫成功的理论相反的事实却是:明星制确实获得了长足发展,并且几乎在所有的国家、所有的社会各个阶层如火如荼,其中甚至包括了一些信奉马克思主义的群体。无论在什么类型的政治环境中,都能无一例外地看到人们对明星发生兴趣。深入研究一下新闻界,尤其是共产主义的新闻界对于明星现象的态度变化,将会是很有趣的事。在二战刚刚结束时(直到1950年),明星们是常被批评与谴责的。但随后,他们本人及他们的生活方式就开始受到热烈欢迎。这些明星中有很多左派人士,他们一生中从来不曾追求明星之路,相反,他们甚至曾对这一现象公开表示抨击和谴责。明星完全是被群体大众推上这个座位的。不是他们自己通过某个独立于公众之上的力量使自己进入公众的视野。这并不仅仅是因为明星是一个公开的精英阶层这个事实。即使明星们是自生自存的（self-perpetuating），即使葛丽泰·嘉宝和克拉克·盖博这样的个案体现的是普遍规则，事情也不会因此而有所不同。最重要的事实是：他们的地位总是能被大众所否定和消除的。因此明星制度从未创造明星，但它为明星的"遴选"过程提供了候选人，并且留存下了广大"选举人"（electors）所喜爱的人物。当然这些推动了明星制度的人，的确握着一些高于大众的特殊权力，但这也就正好解释了为什么可能形成、而且确实存在的阶级怨恨是针对他们的，而不是针对明星的。在大众的眼中，制片人和由他来调遣的明星们处于完全不同的秩序之中，即使制片人进入了明星中的精英阶层，人们对其身份的看法仍然会很矛盾。只有当他（她）的私人生活及其行为方式引起了不由自主的兴趣时，人们才会开始忘记他（她）手中的权力。[5]

我们现在可以来领会一下明星内部特有的、最后一个有趣现象。虽然大多数明星常常是以聚集而非分散的方式存在的，但评价导向却并不指向集体。几乎总是个体而不是群体，亦即总是个体在共同体内的行为方式、而不是共同体本身，成为评价的对象。共同体本身也可以是评价的对象，但是在这种情况下，整个评价框架都发生了彻底的改变，而且我们之前谈到的那种批判—攻击的因素也会被释放出来。

在此情形下，明星中的精英不再成为整个共同体的中心，而是从共同体中分离了出来，被区分为一个与众不同的有特权的共同体，一种组织化的社会力量的集中体现，其结果也就是成了权力掌握者。这样明星就不再属于更大的共同体，也就是说，不再属于"我们的"共同体，而是属于与我们相对的那个共同体。

对于好莱坞的道德沦丧和污浊堕落的无以计数的斥责、马克思主义者的尖锐批评、或是类似《甜蜜生活》[6]这样主题的电影，倾向于生产出这一类的意义框架，即将明星当作一个从共同体中分离出来的特权阶层。但这种重构无法长久而且易于消散。总的看来，它让步给了对每个个体及其对于共同体的影响的评价。这就是为什

---

[5] 我们这里所说的会引起社会学的极大兴趣，因为我们可以以同样的方式得出结论：阶级怨恨和非公平体验的存在，并不是取决于平等理念与不平等的矛盾，而是在本质上取决于人们对支撑不平等的一种自主而非法的权力之存在的觉察。一旦这种自主性权力缺席（正如明星界的情况那样），阶级怨恨和非公平体验也就随之减弱了。

[6] 《甜蜜生活》(La Dolce Vita)，是意大利著名导演费德里科·费里尼（Federico Fellini）编导的一部电影，1960年上映。影片通过一名小报娱乐记者在罗马一周的生活，展现了二战后罗马上流社会骄奢淫逸、放纵堕落的景象。——译注

么人们在批判和谴责好莱坞的道德状况、威尼托大道上的奢靡生活和犯罪现象的同时，还是会为卡拉·格拉维娜和萨沙·迪斯泰尔的人生沉浮而感动，对拉娜·特纳欣赏倾慕，对弗兰克·辛纳屈满怀同情，对克拉克·盖博无限怀念。

六、明星的意义和视角

根据我们前面的分析，明星是在工业社会发展过程的特定阶段应运而生的一种现象，它在工业社会发挥着多种特定功能，而这种功能的基础则是该社会的社会—政治结构。明星现象是具有时间维度的，这使我们得以对其做出一些动态性的研究。

工业的发展、人口的增长、都市化、经济体系之间不断强化的互相依存、大众传媒方式的日新月异，这一切都在瓦解着传统的社会关系。社会分化程度越来越高，继而产生了一些非人格化的、理性化的、形式各异的社团和组织，这些社团和组织处于一些具备了特殊才能和垄断了控制工具的少数人的操控中。传统交流渠道传播的信息，在一个较有限的共同体中尚能提供一般系统核心方向的坐标，但是随着后来不断增加的复杂性，由于其新颖性和可变性，这些信息迅速变得不够了。正在形成的新的阶层和阶级极大地掌握了整个国家和社会的政治机构，另外，社会和国家依循经济安排模式而变得合理化。这样的体制代表了一个新的结构，这个结构形成于通过普遍主义的方式界定的诸多位置的密切组合，这些位置对应于特定的角色，而这些角色本身也是普遍主义的，中立性的，服从于有效性标准的。文化不再是对一些重复出现的问题预先制定的解决方式的集合体，它沿着两个方向开始分化：一方面它通过向理论推理开放的程序，变成了一种能够获得意欲之结果的科学；另一方面，文化又依赖于大量有关特定情境的隐含意义的共识，或关于实现特定目标和特定价值的可能性的隐含意义的共识。在这个过程中，共同体的视野变得更为宽阔。共同体的权力象征构成了整个社会制度的情感中心。有时人们可能会看到国家法西斯主义的出现，有时，当阶级之间的冲突发生于统治阶级不在场的情况下，共同体就等于阶级。

在这种情况下，共同体将在那些具备象征价值、又占据了象征权力地位的个体中看到自己。这些个体就是对整个共同体的新旧价值做出阐释的卡理斯玛型领导者；在此基础上，他们统一、整合了全体共同体成员的体验和期待，同时创造着共识，这种共识允许整个进程向前迈进。而在其他一些有着民主传统的国家，代表性机构得到修正，以便迎接和满足不断出现的新的要求。

在有些国家（如法西斯出现之前的意大利），对共同体生活导向的日常要求（在一些小规模的共同体中，这些要求是依靠邻里关系、流言蜚语和既成道德观念的影响等等方式来实现的）开始在一个更普遍的共同体生活中得到实现。大众传播媒介也开始面向公众人物，这些人物属于扩展了的共同体，并成为兴趣的对象、认同的对象和集体评价的对象。随着视觉信息技术的进步，娱乐圈中的人变得越来越出名。他们的生活和社会关系变成了身份认同的目标或是大众欲望的投射，一种决定正面和负面评价的基本准则，一次在道德可能性领域体验的机会、一个提升个人地位的活生生的例子。在集体共识的帮助下，明星们的才能和技艺轻松地获得了卡理斯玛的维度。但是，由于受到同时发生的通过特定角色方式进行的结构接合的阻止，卡理斯玛又不会被普遍化。相应地，一种评价模式的优势也得到了确立，这种评价模式是非人格化、中立的和专门化的。另一方面，由于在新的评价导向的内化最浅的地方（也就是说，这种内化存在于民族形成过程的初期），卡理斯玛的危险在更高的程度上存在，因此，我们也能发现正在出现的严格的角色分工机制。由于这个原因，我们必须要对权力精英和明星精英做出或多或少清晰的区分。一些国家在经历了卡理斯玛权力以后会重新获得民主（如意大利），这时经济发展过程和理性化过程得到释放，权力精英和明星精英的分离机制在这一情形下变得异常重要。

我们正见证着一个极为严格的角色分离。在一个被认为要为公众做出决策并对其后果负责的政治阶级的旁边，一个避开了政治责任的明星精英阶层正在崛起，其全部生活方式和私人关系引起大众强烈的兴趣，他们对于道德的影响也是深远的。一些组成大规模普遍共同体的小型孤立群体的成员，在遇到那些他们一直都不是很信任和理解的政治人物之前，先认识和发现了明星。特别是电视这一媒体，它侵入到家庭内部的亲密关系中，把一个共同体的一些代表性人物介绍给每个分离的群体，推动了共同归属意识的发展。参与这个经验的事实加强了精神领域的同构性，结果，其所建构的状况促进了相互理解（交互性）及社会互动。

我们的解释一直关注的，是朝向一个特别有趣的社会转型阶段的发展，在这个转型阶段，社会既是理性化的，又是民主的，而卡理斯玛的表现因此处于控制之下，明星的神话般的形象趋于消失，对更大的社会的关切变得越来越重要，而且这种关切失去了快欣症式（euphoric）的参与其"权力"的含义，虽然它还没有变成一种负责的参与。那么这个现象在未来究竟会是怎样一番景象呢？未来的发展很难预测，但至少有一点是很可能的,即明星将继续存在:既作为更大共同体中的特权阶层成员存在,也作为该共同体成员的参照对象存在。这可能随着更大共同体的极大扩展而到来,这个更大共同体只能允许少数成员成为集体的参照对象,或者也可能是因为,在一个转型期的社会,常常存在文化上的不足(insufficiency),从而有对于集体共识——关于新现实的意义的共识、关于新发现的解决家庭问题、邻里问题、生产与消费问题的方法的共识——的需要。

在工业社会中,人们的相互依赖急速增强,这理应引导我们更加严肃地考虑所有公众人物的责任。我们已经看到明星们对其行为对共同体的后果并不负有体制性责任,因为这种责任通常只会落到掌握体制性权力的人身上。如果各种社会角色的分离变得不那么尖锐,各种角色的特殊性变得模糊,就有可能创造出一些必要的条件,从而使人们同样依据其行为对集体的后果,来对明星以及政治人物的"私人"生活做出评价。

如果抱负(aspirations)的张力减弱,我们还可以预测到另外一些可能的变化:这可能为个体创造或者增加一方面满足个人野心、同时又支持由社会所提供的制度性机制的机会。

(陈溪　译／陶东风　校)

《天体》导论

理查德·戴尔

导 读

  本文选自英国著名电影学者戴尔的《天体》(1986)一书的导论。在导论中,戴尔阐释了两个重要问题:明星形象和明星在现代社会中的意义。戴尔认为,明星形象是明星的银幕形象、公众形象、形象制造和真人的总和。明星形象或明星本身只是一种表象的呈现,是真实的一种,而制造和个人通常被认为比表象更真实。实际上,明星是媒体构建的,是一种复杂的社会现象。戴尔探讨了明星的构成要素及人的概念和与之相关的社会现实,认为明星和明星现象的呈现和再现涉及了我们如何将自身分割成公共人和私人、生产的人和消费的人的二元对立,以及我们如何来协商和处理这些割裂。

  在探讨明星制造时,戴尔首先解释了明星现象,指出明星形象是广泛的、多媒介的、互文的,并以罗伯逊、梦露和加兰为例,说明不同的元素支配着不同的明星形象,不同的元素也支配着同一个明星事业的不同阶段。戴尔认为明星形象必须制造,且必须由媒体制造,但形象制造的过程会有变化、曲折和矛盾,而观众的理解也是形象制造的一部分。明星既是劳动力又是劳动的产物。

  明星是当代社会中"个体"概念的鲜活表达,体现了私人/公共、个体/社会之间的二元对立。"个体"是一种将不同的人当作一个独立的、连贯的实体来思考和感受的方式。个体被认为是独立的。但在这一关于个人的概念中,有一个无法减缩的存在内核,一个存在于角色和行为内部的实体,一个社会力量作用于其上的实体。这一无法减缩的内核是连贯的,因为它被假设是由一些特殊的、独具的特质构成的,这些特质将保持稳定,并可解释个人的行为和反应。个

本文译自 Richard Dyer, *Heavenly Bodies:Film Stars and Society*, Houndmills:Macmillan, 1986, pp.1—18。理查德·戴尔是英国著名的电影学者,现任伦敦国王学院(King's College London)的电影研究教授。——译注

人的环境和行为无论发生多大改变，在"内部"他们仍然是同一个体；即使她或他的"内部"改变了，也是逐步演进的，没有改变那使她或他成为独一无二个体的无法减缩内核的根本现实。私我通过一系列对立得到了进一步的表征。对立的来源是世界被分割成了私人空间和公共空间。私我并不总是被表现为好的、安全的、或正面的。但公我首先是通过私我才能呈现。很多明星在公共场所仍然看上去像是处于私下状态的自我，是公我在呈现中被无限地生产和再创造的方式。私人/公共、个体/社会的二分法可被明星通过不同的方式体现出来；重心可落在这一范围的任何一端，不过更多地还是落在私人的、本真的、真诚的这一端。由于媒体的特点就是炒作和硬性推销，这意味着整个明星现象是极不稳定的。

在伊芙·阿诺德（Eve Arnold）给琼·克劳馥（Joan Crawford）拍的照片中，明星的三个维度被整合到一个形象里。克劳馥处在两面镜子前，一面大的在墙上，一面小的在她手中。从大镜中看到的是处于完成状态的克劳馥形象，她拥有一系列典型特征：坚强的下颚、棱角分明的嘴形、弯曲的浓眉、大大的眼睛。仅凭这几个特征，印象派艺术家、漫画家或女演员都能再现克劳馥。同时，从小镜子中可以看到粉底的纹理、唇膏的光泽和眉笔的痕迹——我们可以看到这个较小的形象是如何被制造出来的。

我们恰巧有两个克劳馥的映像。小像放置在中间位置，成为聚焦点，可能说明这被当作"真的"克劳馥。伊芙·阿诺德是个著名的摄影家，能表现"真实"的女性而不是男性想象中的女性。这幅照片出现在她的影集《原原本本的女人》（*The Unretouched Woman*）（1976）中，标题表明了阿诺德的目的。照片的背景是，克劳馥想要阿诺德给她拍这组照片，以便表明做明星是非常艰苦的。照片的风格和语境鼓励我们将这个较小的形象当作真实的形象，我们的习惯思维正是这样做的。制造表象的过程经常被认为比表象本身更真实——表象只是错觉（illusion），是表面（surface）。

照片中还有第三个克劳馥，克劳馥的背影，没有镜中的形象那么突出。大小镜中的面部形象被框了起来，制成了照片。不同的镜子映射出不同的照片。这一事实表明了照片和照片中的内容之间的复杂关系，并由于两面镜子都反映了表象的呈现，即化妆和面部装饰，而得到强化。两面镜子都反映了它们面前的模糊、朦胧的人物的正面。这第三个克劳馥就是真实的吗？是这些形象所反映的真人吗？克劳馥的背视图确实表明了她的存在，然而，除了通过她的部分镜像，我们无法把握她。小镜像可能是真实的克劳馥的真实反映吗？或者我们只能知道这些映像反映了一个真实的人却永远不能真正认识她？哪一个才是真实的琼·克劳馥呢？

我们可以继续这样看着阿诺德拍的照片，我们的思维可以不断地在克劳馥的三个面向之间转换。但正是这三者合一才造就了克劳馥现象，正是关于"真实性"的持续追问吸引着我们，使我们不断地从一个方面转向另一个方面。

从逻辑上来说，哪一个方面都不比另一个方面更真实。我们怎样呈现表象不会比我们怎样制造出这一表象更不真实，也不会比正在制造这一过程的"我们"更不真实。表象就像制造和个体一样，是真实的一种。然而，在这种文化里，制造和个人（关于人的某种概念，这是我将要讨论的）通常被认为比表象更真实。很明显，明星们是表象的实例——我们对他们的了解仅限于呈现于我们面前被我们看到和听到的东西。但媒体建构明星的整个过程鼓励我们从"真实性"的角度来考虑——真正的克劳馥是什么样子的？哪一本传记、哪一种口头流传的故事，或哪一部电影中的哪个时刻揭示了她真实的样子？明星现象将当代人类生存的这些方面集中在一起，贯穿其中的就是"真实性"问题。

本章余下的部分将从两个角度切入这一复杂现象。首先，明星的基本构成要素，他们由什么组成，他们的生产；其次，人（personhood）的概念和与之相关的社会现实。这些并不是明星身份的不同方面，而是用不同的方式看待这同一个整体现象。社会中每一事物的制造方式，以及制造的组织和理解方式，都是与我们对人的认识、人的功能、人与制造的关系分不开的。我们在技术高度发达的社会中生产和再生产世界的复杂方式，涉及我们如何将自身分割成公共人（public person）和私人（private person）、生产的人和消费的人等二元对立，以及我们作为人如何来协商和处理这些割裂。明星就是关于这些东西的，并且是我们理解这一切的最重要的方式之一。这就是为什么明星对我们很重要，及为什么他们值得我们思考。

一、明星制造

明星现象包括能够公开获知的所有关于明星们的事情。一个电影明星的形象不仅是他或她主演的电影，还是以招贴画、公开露面、电影公司资料等方式对这些电影和明星所做的宣传，以及关于明星的活动及"私下"生活的采访、传记和媒体报道。此外,一个明星的形象也是批评家或评论家关于他或她的言论,该形象在其他语境(如广告、小说、流行歌曲)中的应用,以及明星如何成为日常话语创新的一部分。让·保罗·贝尔蒙多[1]在《筋疲力尽》(*A bout de souffle*)中对亨弗莱·鲍嘉[2]的模仿是鲍嘉形象的一部分,正如任何人只要用中欧语音说"我想一个人呆着",都复制、延伸并反映了葛丽泰·嘉宝[3]的形象。

明星形象总是广泛的、多媒介的、互文的。所有的这些形象展示不一定具有等同的作用。一个电影明星所主演的电影可能在她或他的形象中占据优势地位,我当然也在下面的分析中对电影给予特别关注。但这里面的情况也很复杂。在罗伯逊[4]的个案中,他的戏剧、录音及音乐会都毫无疑问比他的电影获得更多的喝彩——可能他作为歌手更出名,然而,更多人在电影中看到他,而不是在剧院或音乐厅。后来,在此书没有提到的时间段里,他作为政治活动家也一样成功。加兰[5]后来作为音乐厅、歌舞表演(cabaret)和录音明星更为成功,不过,如我在加兰那一章里提到的,她后来的名声使人们怀着一种不同的兴趣看待她早期的电影。同样,梦露[6]现在可能首先是一个标志性人物,她的象征意义远超过她在电影中的实际表演。

正如这些例子所表明的,不同的元素支配着不同的明星形象,同时,不同的元素也支配着同一明星事业的不同阶段。明星形象是有历史的,而且这个历史比明星的生命还要长久。在接下来的几章里,我试图重建罗伯逊和梦露在他们还在拍电影的阶段的某些意义,我试图将他们置于那些阶段的直接背景中。罗伯逊和梦露生前一直是族裔和性态(sexuality)的象征,但我想将他们分别与20世纪三、四年代理

---

[1] 让·保罗·贝尔蒙多(Jean-Paul Belmondo,1933—):法国演员,曾主演《筋疲力尽》,是法国新浪潮的重要人物。——译注

[2] 亨弗莱·鲍嘉(Humphrey Bogart,1899—1957):美国男演员,代表作有《卡萨布兰卡》、《非洲女王号》等,曾被评为电影诞生100年以来最伟大的男演员。他扮演的孤独、低沉、相信自己、愤世嫉俗的银幕形象,代表了第一次世界大战后美国的迷惘的一代。——译注

[3] 葛丽泰·嘉宝(Greta Garbo,1805—1990):出生于瑞典,1925年到美国发展,给美国电影带来了异国情调,主演了一系列优秀影片,如《安娜·卡列尼娜》、《安娜·克里斯蒂》、《大饭店》、《瑞典女王》、《茶花女》等。——译注

[4] 保罗·罗伯逊(Paul Robeson,1898—1976):美国著名男低音歌唱家、演员、社会活动家。——译注

[5] 朱迪·加兰(Judy Garland,1922—1969):美国女演员及歌唱家,以扮演音乐型戏剧角色和在音乐舞台上的表演而成为国际明星。——译注

[6] 玛丽莲·梦露(Marilyn Monroe,1926—1962):美国20世纪最著名的女演员之一,被视为性感女神和流行文化的代表人物。——译注

解和感受族裔和性态问题的特定方式联系起来,而不是与族裔和性态问题的当下意义联系在一起,尽管后者同样是一个合适的研究主题。(顺便说一下,我没有将族裔、性和罗伯逊、梦露"分别"对应起来,因为罗伯逊显然也和性观念有着重要干系,正如梦露是一个深刻的族裔形象。)对加兰我做了相反的事情——我试图通过一种特别的世界观来审视她,即都市白人男同性恋文化的世界观。当加兰作为电影明星的主要阶段已经过去,她开始成为歌舞表演、录音和电视明星(并成为绯闻对象)时,都市白人男同性恋文化因她的关系发展起来。本书对梦露、罗伯逊及加兰的研究是局部的、有限的,不仅在其通常意义上如此,因为所有的分析都必然是局部的、有限的,还在于我故意将分析局限于他们形象的特定方面、特定时段,并特别想看看这是如何在电影中产生和表现的。

　　形象必须制造。明星是媒体产业生产出来的,电影明星则首先是好莱坞(或其他国家的影视中心)生产的,然后才是由其他机构生产的。好莱坞以各种不同的方式与这些机构发生关系,对它们具有不同程度的影响力。好莱坞不仅控制着电影明星的电影,还控制着他们的宣传、招贴画和肖像照、新闻稿,并在相当程度上控制着影迷俱乐部。好莱坞与其他媒体产业的联系意味着,什么可以上媒体、谁能采访明星、什么片断可以在电视台播放等,在很大程度上都由好莱坞说了算。但这样就把明星制造的过程描述为统一的和单方面的了。实际上,好莱坞即便在自身的范围内也比这要复杂、矛盾得多。如果说总有一些关键人物处于控制地位(通常是电影厂老板和主要制片人,也有一些导演、明星和其他人物),如果说这些人都共享了一种普遍的职业意识形态,都特别重视娱乐的观念,好莱坞的典型特征仍然是不同部门之间的冲突和内讧,是这些部门的各行其道,是认识到需要给个人和群体留出空间让他们发展出自己的想法(如果仅仅是因为创新就是资本主义工业自我更新的一部分的话)。如果说,广义上,好莱坞的每个人对梦露、罗伯逊和加兰的形象都有自己的想法,不同部门、不同人对这一形象的理解和改变仍然是不同的。如果把其他相关媒体机构也考虑进来的话,这一原本复杂的形象制造体系看起来就会更加复杂,因为他们与好莱坞之间有不少敌对和竞争,同时也有合作和相互影响。即便形象的流动发源于好莱坞,并在好莱坞内部保持一定的稳定性,好莱坞内外的整个形象制造过程仍然会有变化、屈折和矛盾。

　　而观众对这一切的理解又是另外的东西了——并且正如我所说明的,观众也是形象制造的一部分。观众无法让媒体形象完全按自己的意愿来指意,但他们能从形象的复杂性中选取为他们服务的意义、感觉、变化、曲折和矛盾。此外,影迷杂志和影迷俱乐部机构、票房收入和受众研究,意味着观众对于某个明星的想法可以反作用于明星形象的媒体生产者们。这不是一个对等的你来我往——观众更加异质和分散,并且本身并不生产集中的、广泛流通的媒体形象,但观众也并不是全然受好莱坞和媒体的控制。比方说,在对梦露或约翰·韦恩[7]进行女性主义解读或对加兰(或蒙哥马利·克利夫特[8])进行男性同性恋解读的案例中,这些特定观众对这些明星的理解,无异于对媒体产业的所作所为的破坏。

明星是为利益而制造的。从市场的角度看,明星们部分地是销售电影的方式。明星在某部电影中的出场就是一个承诺,即你若去看了这部电影就会看到某种东西。同样地,明星们也有助于报纸和杂志的销量,他们还被用来销售盥洗用品、时装、汽车及几乎所有其他东西。

明星们的这种市场功能只是其经济重要性的一个方面。他们也是一种财产,其名字可具有为电影募集资金的力量;他们对个人(明星自己)、电影公司及操控他们的经纪人来说都是一种资产;在电影成本中,他们占了大头。总之,他们是将电影当作可以在市场上卖掉获利的商品进行生产的部分劳动力。

明星们卷入了把自己制作成商品的过程,他们既是劳动力又是劳动的产物。他们不是凭一己之力生产自己。我们可区分出逻辑上相互分离的两个阶段。首先,个人需要开发和打造出一个身体、一种心理和一套技能才能成为明星。将作为原材料的个人包装成明星的工作,根据艺术家们有时候所说的原材料的内在品质而有程度上的不同;化装、发型、服装、饮食及健身都可或多或少地利用最初的身体特征,个性也一样易受影响,技能也一样易学。做这一工作的人包括明星自己、化妆师、发型师、服装设计师、营养学家、形体教练、表演老师、舞蹈老师及其他老师、宣传人员、招贴画摄影师、绯闻专栏作家等等。部分明星形象的制造发生在明星参演的电影中,所有人员都涉入其中,但我们可以把电影视为第二个阶段。像机器一样,明星形象是一个给定之物,它是卡尔·马克思所谓的"凝固的劳动力"(congealed labour)的一个例子,某种需要进一步的劳动(创作脚本、表演、导演、管理、摄影、编辑)以生产出另一种商品(电影)的东西。

---

[7] 约翰·韦恩(John Wayne, 1907—1979):美国电影演员,导演和制片人。他身上集中体现了男性的阳刚之气,因其独特的声音,步行和高度而闻名。——译注

[8] 蒙哥马利·克利夫特(Montgomery Clift, 1920—1966):美国电影演员,一生只拍过17部电影,四次获得奥斯卡提名。——译注

个人在她或他的形象和电影制造中所能起的决定性作用，因情况不同而会有极大的差异，这一点很有意思。明星们是资本主义社会中人们的生活方式与生产相关联的例证。接下来的章节要谈到的三个明星都感到自己缺少控制能力，并都在某种程度上对此进行了反抗——罗伯逊完全放弃电影，梦露努力争取更好的角色和待遇，加兰曾提到自己在米高梅[9]的经历，并把她后来的问题归因于好莱坞体系。这些斗争是上述三位明星形象的核心部分，它们展现了当代社会中，个人面对商业和工业的一些感受方式。在某种程度上，它们明确表达了资本主义体制下一种占主导地位的工作经验——不仅是工业机器中的齿轮之感、还有个人劳动与劳动产品相分离的事实——个人通过劳动制造商品（和利润），却压根不能分享或只能以间接方式享有极少一部分。罗伯逊、梦露、加兰都曾强烈感到自己被利用，被变成一种他们无法控制的东西，因为他们制造的商品都是用他们自己的身体和心理塑造出来的。

当然，其他明星给出了不同的故事。琼·阿里森[10]在各种采访以及她和作家弗朗西斯·施帕茨雷顿（Frances Spatz-Leighton）"合作"的自传中，高度赞扬了片场制度（studio system）和大资本提供的工作安全感，正如她在电影中完美地扮演了怡然呆在家中的主妇，认为自己的角色就是支持丈夫的富有成效的生活，不管丈夫生产的是音乐（如《格伦·米勒传》[The Glenn Miller Story]）还是利润（如《行政套房》[The Executive Suite]），她扮演的"安心主妇"的银屏形象，与她对工作条件的满意以及传记和采访中展示出的随和、友好态度是一致的。她因而代表了生活的各个领域协调统一、相互支持的可能性，而不是像梦露、加兰和罗伯逊那样显示出银屏形象、制造的人与真实的人之间的紧张关系。

很多男性明星——克拉克·盖博[11]、亨弗莱·鲍嘉、保罗·纽曼[12]，史蒂夫·麦奎因[13]——又表明了一些别的东西。对他们每个人来说，体育活动是其形象中主要

---

[9] 美国媒体公司，Metro Goldwyn Mayer，简称 MGM，主要业务是电影和电视的生产和分销，成立于 1924 年。——译注

[10] 琼·阿里森（June allyson, 1917—2006）：美国电影和电视演员，在 20 世纪 40 年代和 50 年代相当受欢迎。——译注

[11] 克拉克·盖博（Clark Garble, 1901—1960）：美国演员，30 年代好莱坞最著名的男明星，1938 年，被加冕为电影皇帝。他是好莱坞的一个神话式人物，集中体现了独特的美国式魅力。——译注

[12] 保罗·纽曼（Paul Newman, 1925—2008）：美国著名演员、赛车选手、慈善家，曾获戛纳影展、金球奖、艾美奖最佳演员奖、奥斯卡终身成就奖及奥斯卡最佳男主角奖。——译注

[13] 史蒂夫·麦奎因（Steve McQueen, 1930—1980）：美国演员，六七十年代著名的好莱坞硬汉派影星。——译注

的（可能是唯一主要的）因素；人们认为，对这些明星来说简单的乐趣是最重要的，这种心态据说在他们的工作态度中也有所流露。同样地，工作是不重要的，它只是你必须做的，这样就可以获得必要的资金去玩马球、游艇和赛车。这是对制造的一种工具性态度，不是加兰、罗伯逊和梦露那样的对抗性态度，不是阿里森那样的整合性态度，也不是弗雷德·阿斯泰尔[14]、琼·克劳馥或巴巴拉·史翠珊的忠心耿耿。后三位电影明星体现了对工作的不同面向的投入——阿斯泰尔执著于精湛的技术，在他的无数故事片中，他对排练和屏幕呈现都表现出一种完美主义态度；克劳馥对她形象的每一个方面都刻苦钻研，她在很多影片中都体现了勤奋的工作伦理；史翠珊对自己制作的影片和录音都严格把关，据说她还参与店面管理，她的表演风格也是严谨细致、一丝不苟。不管有怎样特定的变化，明星们展示了资本主义社会中的一些工作方式。梦露、罗伯逊和加兰的不同之处在于，他们身上有一种对资本主义制度下的劳动进行抗议的因素，这在阿里森、盖博、阿斯泰尔、史翠珊及其他人身上是找不到的。

　　罗伯逊、梦露和加兰的抗议是个人的抗议。罗伯逊和梦露可以分别被视为象征黑人和妇女境况的抗议，人们也一直是这样理解二人的。但他们仍然是个人化的，部分原因是明星制就是用来提升个人的。对劳动者无法控制劳动成果的抗议，仍然属于个人主义的逻辑范围。罗伯逊、梦露和加兰的抗议是个人与失范企业的对抗，是对拒不承认他们的资本主义的抗议，这些抗议在企业资本主义（entrepreneurial capitalism）的意识形态中获得了深刻共鸣。他们以个人和成功理念的名义言说，而不是把个人看成是劳动和生产的集体组织的一部分。（只有罗伯逊一人在朝着这个方向发展，开始是通过合唱剧作品，后来是通过在政治活动中故意扮演象征性角色。）

　　一个明星形象既包括我们通常所指的他或她的"形象"（image），这是由银屏角色和明显经过安排的公开露面构成的；还包括关于这一"形象"的制造的各种形象，以及作为形象的场域或场合的真实个人。每一个元素都是复杂的、矛盾的，而明星则是所有元素的汇聚。人们对明星感兴趣，相当部分原因是他们清楚地表明了当代社会生活的各个方面，其中之一是资本主义社会的工作性质；这我已经说到过。在接下来的几章里，我想关注三个特定明星与社会生活的三个方面——性态、族裔和

---

[14] 弗雷德·阿斯泰尔（Fred Astaire，1899—1987）：美国电影演员、舞蹈家，与琴奏·罗杰斯搭档，主演《柳暗花明》、《春华露浓》等十部歌舞片。他和罗杰斯的舞蹈风靡全国，形成了美国30年代歌舞喜剧片的风格，对美国歌舞片的发展影响颇大。——译注

性身份——是如何联系起来的。即使这么明确了，情况仍然很复杂，我还想保持解读的多样性，哪怕就只针对这么几个明星，从这么几个有限的角度。但是，在本章的余下部分，我想冒险作更宽泛的概括。工作、性态、族裔和性身份取决于社会中的一些更广泛的关于人究竟是什么的观点，而明星们就是这些观点的主要定义者。

二、明星生活

明星们清楚表明在当代社会人是怎么回事，即，他们表达了我们所持有的对个人、对"个体"（the individual）的特定观念。他们的表达方式是复杂的、多样的——并不直截了当地肯定个人主义。相反，他们表明了个体概念带给我们所有这些信守它的人的希望和困难。

"个体"是一种将个别的人，包括我们自己，当作一个独立的、连贯的实体（entity）来思考和感受的方式。个体被认为是独立的，因为她或他拥有不同于任何其他东西的存在——个体不仅仅只是他的或她的社会角色或行为的总和。他或她可能只有通过这些角色和行为才能被了解，甚至被认为就是由这些东西构成的，但在这一关于个人的概念中，有一个无法减缩的存在内核（core of being），一个存在于角色和行为内部的实体，一个社会力量作用于其上的实体。这一无法减缩的内核是连贯的，因为它被假设是由一些特殊的、独具的特质构成的，这些特质将保持稳定，并可解释个人的行为和反应。个人的环境和行为无论发生多大改变，在"内部"他们仍然是同一个体；即使她或他的"内部"改变了，也是逐步演进的，没有改变那使她或他成为独一无二个体的无法减缩内核的根本现实。

从最乐观的方面看，这个概念认为社会是源自个体的，每个人都将"塑造"他或她自己的生活。然而，这一点并非这一概念的要旨。其核心思想还是，居于意识"内部"的、可分的、连贯的特质，它被冠之以不同的称谓，如"自我"、"心灵"、"主体"等等。这与"社会"是相对立的，社会被看做是逻辑上别于形成它的诸多个体的某种东西，并通常是对个体不利的。如果说"凯旋的个人主义"（triumphant individualism）思想认定，个体能够决定社会，"异化"的思想则认为，个体被社会的匿名性所切分、支配和打击。两种观点都将个体看成是独立的、不可缩减的、独一无二的。

可以说，这样的个体观念在社会的任何一个时期都不可能是毫无问题的。个体的概念总是伴随对其合理性的严重怀疑。比方说，人们常常将启蒙哲学概括为对个性的最引人注目的乐观主张;但启蒙哲学的两部卓越著作,休谟[15]的《人类理解论》和狄德罗[16]的《拉摩的侄儿》,从根本上破坏了存在着一个连贯稳定的内部个体的直率想法。休谟提出,我们对我们自我的了解只是一系列感觉和经验,并无任何必然的统一或联系;狄德罗则聚焦了拉摩的侄儿的充满生机的、戏剧性的、支离破碎的个性上,这一人物远比狄德罗这个叙事者沉闷维系的连贯自我,更加"真实"。

如果说自文艺复兴以来的主流思想,不管是哲学沉思还是常识,已经确认了个体的概念,那么还有另一种几乎同样有力的反传统思想严重削弱了我们对自我的信心,它们是马克思主义、精神分析理论、行为主义和语言学。马克思主义坚持社会存在决定意识,而不是意识决定社会存在;马克思主义经济学说认为,是经济力量在推进人类事件。精神分析将意识彻底分割成不完整的矛盾的片断。行为主义理论认为人被超意识的本能欲望所控制。语言学和传播模式提出,不是我们在说语言,而是语言在说我们。人们在理解社会和政治的重大发展时,总是从它们对个体造成的威胁的角度来理解。工业化被看成是为整个社会定下了基调,在这个社会里,人被降格为机器的齿轮;极权主义看起来就是社会相对于个体的胜利,这个胜利来得极为容易;大众传媒的发展,特别是随之而来的大众社会的观念,认为个体被集中化的操控性媒体所生产的同一性吞噬,这些媒体将一切降格成最小公分母。20世纪高雅文学(high literature)发展的一条主要轨迹,从伍尔芙[17]和普鲁斯特[18]的流动的、变化的自我,到贝克特[19]和萨洛特[20]的最小自我,都检视了作为稳定自我的个

---

[15] 休谟(1711—1776):18世纪英国哲学家,历史学家,经济学家。他被视为是苏格兰启蒙运动以及西方哲学历史中最重要的人物之一。主要著作为《人性论》和《人类理解论》。——译注

[16] 狄德罗(1713—1784):18世纪法国唯物主义哲学家,美学家,文学家,教育理论家,百科全书派代表人物,第一部法国《百科全书》主编。撰写了大量著作,包括《哲学思想录》、《对自然的解释》、《怀疑者漫步》、《论盲人书简》、《生理学的基础》、《拉摩的侄儿》等。——译注

[17] 弗吉尼亚·伍尔芙(1882—1941):英国女作家,被认为是20世纪现代主义与女性主义的先锋之一。其最知名的小说包括《戴洛维夫人》(*Mrs. Dalloway*)、《到灯塔去》(*To the Lighthouse*)、《雅各的房间》(*Jakob's Room*)。其重要写作手法为意识流。——译注

[18] 普鲁斯特(1871—1922):法国20世纪伟大的小说家,意识流小说大师,代表作《追忆似水年华》改变了小说的传统观念,革新了小说的题材和写作技巧。普鲁斯特作为意识流小说流派的开山鼻祖而在世界文学史上留名。——译注

[19] 贝克特(1906—1989):爱尔兰著名作家、评论家和剧作家,诺贝尔文学奖获得者(1969年)。他兼用法语和英语写作,主要成就为荒诞派剧本,特别是《等待戈多》。——译注

[20] 娜丽塔·萨洛特(Nathalie Sarraute,1900—1999):法国新小说派的先驱。出生于俄国一个犹太知识分子家庭,一生著述颇丰。其作品在艺术风格,尤其是语言方面,具有独创性。——译注

人的解体。"常识"里同样充满了承认这种受伤的自我意识的标签：如感到无法控制的力量在塑造我们的生活；感觉我们不知为何行动；感觉无法从昨天的行为中认出自己，更不要说几年前的了；感觉在自己的照片中看不到自己；当我们认识到生活的惯常本质之后，感觉怪异——这些感受，没有一种是不同寻常的。

但是，个体的观念继续成为我们文化发展的主要动力。资本主义正当性的基础是个人的自由（分离），每个人都可自由地挣钱，任意出卖自己的劳动，可自由地表达自己的观点并让人听到（无关财富或社会地位）。因为我们被当作个体，当作消费者（每个人都自由地选择购买或观看我们想要的），当作法律主体（在法律面前是自由的、负责任的）和政治主体（能够自己决定由谁来管理社会），社会从而被假定是开放的。因此，尽管个体的概念受到各方面的批评，它仍然是再生产我们生活在其中的社会所必需的虚构。

明星们表达了这些有关人的观点，在很大程度上支撑着个体这一概念，又不时地流露出伴随而来的怀疑和焦虑。部分原因是，明星不仅是一个银屏形象，也是有血有肉的人，这一事实有助于个体概念的表达。明星的形象会在事业的不同阶段发生变化。如果我们拿出一个明星在不同阶段拍摄的照片，如伊丽莎白·泰勒，这些照片有可能起到分裂她的作用，将其表现为一系列互不相联的面貌（looks），但这些照片恰好证实在所有这些面貌背后，存在着一个无法减缩的内核，它赋予这些面貌一种统一性，即伊丽莎白·泰勒。尽管每一个面貌演绎了不同的角色、社会类型、态度和价值观，但它们却都是由同一个活生生的人所体现的。除开这些面貌，伊丽莎白·泰勒仍然存在，单单这一认识就足以表明这些面孔背后有一种连贯性。

仅知道有这样一个人就足够了，但一般来说，我们对一个人的理解比她或他所呈现的面貌和承担的角色更加生动、更加重要。人们经常说他们不喜欢某某明星，因为他或她总是一个样子。从这个角度看，盖里·库珀[21]或桃丽丝·黛[22]的毛病是，他们永远是盖里·库珀和桃丽丝·黛。但如果说你喜欢库珀或黛，那么你看重他们的原因恰恰就在于，他们总是"他们自己"——不管他们扮演的角色差异多大，他

---
[21] 盖里·库珀（Gary Cooper, 1901—1961）：美国电影演员，出演很多西部片，创造了安静、低调的行事风格和具有坚忍个性的人格。——译注
[22] 桃丽丝·黛（Doris Day, 1924—　）：好莱坞女演员，有"雀斑皇后"之称，以邻家女孩的灿烂笑容征服了50至60年代的影迷，40年代中期已经是知名的唱片歌星，从影后成为双栖明星。——译注

们见证了其自我的连续性。

　　这种内在的、连贯的连续性成了明星的"真面目",大部分明星建构都鼓励我们这样想。电影中的关键时刻是特写镜头,这些镜头从一幕场景中的行动和交流中独立出来,不被其他角色看到,只有我们能看到,向我们揭示了明星的脸,那亲密的、透明的心灵之窗。明星传记致力于向我们展示明星真正的样子。封面简介、导言、书中的每一页,都让我们确信我们正被带向真理所在的"幕后"、"表象之下"、"形象外"。我们又看到了真诚或本真的修辞,这是明星身上非常受重视的两种品质,因为他们分别保证了明星真的是心口一致,真的是他们所表现出来的那种样子。不管是陷入特写镜头未经媒介(unmediated)的时刻,还是暴露在传记作者的彻底揭露下,抑或是现场见证明星不容置疑的真诚和本真,都有一个特许的现实,明星私我的现实,供我们去抓住。

　　私我通过一系列对立得到了进一步的表征。对立的来源是世界被分割成了私人空间和公共空间,这种空间组织方式与个人和社会的可分性观点相关:

私人的(private)	公共的(public)
个人(individual)	社会(society)
真诚(sincere)	不真诚(insincere)
乡村(country)	城市(city)
小镇(small town)	大城镇(large town)
民间的(folk)	都市的(urban)
社区(community)	大众(mass)
物质的(physical)	精神的(mental)
身体(body)	大脑(brain)
自然(naturalness)	机巧(artifice)
性交(sexual intercourse)	社交(social intercourse)
种族的(racial)	族裔的(ethnic)

　　当明星的功能在于主张一个内在个体现实的无法减缩之内核时,他们通常是通过与左栏里的价值发生关联而起作用。克拉克·盖博、盖里·库珀、约翰·韦恩、保罗·纽

曼、罗伯特·雷德福[23]、斯蒂夫·麦奎因、詹姆斯·卡恩[24]等明星，都是要么通过出演西部片（一种主要以自然和小镇作为真实的人类活动中心的类型片），要么通过战争片、丛林冒险片和警匪片中精彩的动作系列，直接置身于与物质力量的对抗，来确立其男性英雄形象。有趣的是，近年来的这类男性人物，如克林特·伊斯特伍德[25]、哈里森·福特[26]，出现了两种倾向，他们要么为电影增加了戏仿和玩笑的味道（伊斯特伍德的黑猩猩电影，福特扮演的印地安纳·琼斯），要么带来了一种冷峻、荒凉、孤独的特质（如《猛龙煞星》[Joe Kidd]中的伊斯特伍德，《银翼杀手》[Blade Runner]中的福特）。在一个微芯片泛滥和女性在（美国的）传统男性工作领域大量增长的时代，似乎更难毫无问题地直接维系阳刚身体的价值理念。

私我并不总是被表现为好的、安全的、或正面的。还有一种表征男人的内心真实的传统，它至少可追溯到浪漫主义运动。在这种传统里，自然界中黑暗的、骚动的力量被用来暗喻男性的内在自我：《酋长的儿子》（The Son of the Sheik）中的瓦伦蒂诺[27]、年轻的劳伦斯·奥利维尔[28]在《呼啸山庄》中扮演的希斯克利夫、和他在《蝴蝶梦》中扮演的马克西姆·德温特（Maxim de Winter）。20世纪40年代和50年代心理分析的流行，为公／私的对立增加了新的术语。因而有：

---

[23] 罗伯特·雷德福（Robert Redford，1937— ）：美国电影演员、导演，70年代首屈一指的巨星。80年代初，创立了圣丹斯学院（Sundance Institute）。该机构是著名的独立电影展"圣丹斯电影节"的主办方。——译注

[24] 詹姆斯·卡恩（James Caan，1940— ）：美国电影演员、导演，因主演《教父》（The Godfather）中的火爆凶猛的教父长子桑尼而出名。——译注

[25] 克林特·伊斯特伍德（1930— ）：美国演员、导演、制片人，被称为美国"老牛仔"，是好莱坞电影史上丰富多产的导演和演员。共参演了四十八部电影，导演了二十四部作品，担任过十八部电影的制片，并制作过九部电影的音乐。——译注

[26] 哈里森·福特（1942— ）：曾主演《星球大战系列》、《夺宝奇兵系列》、《亡命天涯》、《空军一号》、《银翼杀手》、《目击者》等，是全世界无数影迷心目中不老的传奇、永远的英雄。——译注

[27] 瓦伦蒂诺（Valentino，1895—1926）：美国演员，曾主演过《启示录四骑士》（The Four Horsemen Of The Apocalypse，1921）、《茶花女》（Camille，1921）、《酋长》（The Sheik，1921）、《碧血黄沙》（Blood and Sand，1922）等名片。更多信息可参见本书第18章。——译注

[28] 劳伦斯·奥利维尔（Laurence Olivier，1907—1989）：英国电影演员、导演和制片人，奥斯卡奖得主，三次获得金球奖和英国电影和电视艺术学院奖，两次获得奥斯卡终身成就奖，五次获得艾美奖。——译注

私密（private）　　　　　　公开（public）
潜意识（subconscious）　　意识（conscious）
本我（Id）　　　　　　　　自我（Ego）

以及最近的拉康式变体：

想象的（Imaginary）　　　象征的（Symbolic）

这些对于男性明星随后的发展特别重要，沉郁、内省、卑鄙而又脆弱的男性气质原被视为一种浪漫风格，后来都被赋予了恋母的、性心理的、妄想狂的或其他隐蔽的精神分析解读，尤其是像蒙哥马利·克利夫特、詹姆斯·迪恩[29]、马龙·白兰度[30]、安东尼·珀金斯[31]、杰克·尼科尔森[32]、理查·基尔[33]这样的明星。近期的黑人男星，如吉姆·布朗[34]、理查德·朗德特里[35]和比利·迪·威廉斯[36]也都很有趣，因为他们强有力的吸引力似乎与"危险"的浪漫传统更接近；同时，他们也吸收了黑人男性粗蛮的刻板定型，但却将其表现为迷人、而不是令人恐怖的形象；并且他们几乎完全不受致力于将生活的情绪和感觉合法化、系统化和进行命名的心理分析的影响。所有这些男明星在将男性内在自我塑造为负面、危险、焦虑和暴力的时候，都是千差万别的，但他们总是坚持这就是男人的真实，男人真正的样子。

---

[29] 詹姆斯·迪恩（James Dean，1931—1955）：迪恩一生只拍过三部电影：《伊甸之东》（*East of Eden*）、《无因的反叛》（*Rebel Without a Cause*）、《巨人》（*Giant*），但在长达半个世纪的时光里声名不衰，跻身美国十大文化偶像，影响波及全球。——译注

[30] 马龙·白兰度（Marlon Brando，1924—2004）：美国演员，曾凭借《码头风云》和《教父》两次摘得奥斯卡最佳男演员奖，备受世界影迷的喜爱。——译注

[31] 安东尼·珀金斯（Anthony Perkins，1932—1992）：美国演员，因在《阿尔弗雷德希区柯克心理》（*Alfred Hitchcock's Psycho*）和三个续集中扮演诺曼贝茨而出名。——译注

[32] 杰克·尼科尔森（Jack Nicholson，1937—　）：美国影坛上最富有个性的演员，他饰演的角色总显得疲倦、邪恶，甚至叛逆不羁，但又凝重、丰满和耐人寻味。——译注

[33] 理查·基尔（Richard Gere，1949—　）：美国80年代最具爆炸力的性感偶像。他主演的《风月俏佳人》（*Pretty Woman*）和《逃跑新娘》（*Runaway Bride*）大获成功，取得极佳的票房收入。——译注

[34] 吉姆·布朗（Jim Brown，1936—　）：美国演员，曾是职业美式足球运动员，后成为演员和社会活动家。——译注

[35] 理查德·朗德特里（Richard Roundtree，1942—　）：美国黑人演员。1970年首登银幕，次年主演动作片《谢夫特》（*Shaft*）（又译《龙潭虎穴黑金钢》），广受好评，一举成为黑人明星。——译注

[36] 比利·迪·威廉斯（Billy Dee Williams，1937—　）：美国演员、艺术家、歌手和作家。——译注

本书余下部分分析的明星也与表格左边的"私人"一栏具有极大的关联。梦露首先是通过她的性态被理解——正是她对于流行的性观念的体现,让她看起来真实、生动并且富有活力。人们对于罗伯逊的理解则主要是通过他的种族身份,通过将他作为黑人民众的精华去看待、去倾听。二人都持续地通过他们的身体获得表征——梦露的身体表现的是性态,罗伯逊的身体表现的是黑人种族的高贵。加兰也属于左栏,最初通过她扮演的乡村或小镇女孩,后来通过她的身体所表明的问题和她挑战这些问题的方式。有关她后期的所有报道,都首先描绘她的身体状态,推测毒品、酒精、工作和脾气给她的身体带来的影响,她的身体如何继续保持活跃和生机。不仅梦露、罗伯逊、加兰这些明星被认为是真实的,展示了他们的内在自我,而且真实性的最后试金石就是人体本身。明星们不仅证明社会将"私人的"看做是真实的,他们还经常告诉我们"私人的"是如何被理解成人类生活的自然"赠予"(即我们身体)的恢复。然而,正如接下来的章节将要论证的,我们此处遭遇的想法远不是直接的、自然的,它是一种特殊的、甚至是奇特的理解身体的方式。表面上植根于身体的性态和种族的概念,其实只是关于身体的一些具有历史和文化特定性的观点,梦露和罗伯逊展现的正是这些观点,这些观点也进一步赋予他们本真性。

我们目前讨论的大多数例子的要害在于,明星的实际样子在多大程度上、以何种方式可以在某种内部的、私人的、本质的内核之中找到。明星现象正是以这种方式在当代社会中再生产了至关重要的个人意识形态。但明星现象不能不关涉公共场所的个人。明星毕竟总是不可避免地成为公众人物。如果说,很多明星拥有一种魔法,能让自己在公共场所仍然看上去像是处于私下里的状态,这还是关涉到公共展示的问题,也就是公我(public self)在呈现中被无限地生产和再创造的方式。那些似乎在强调这一点的明星们常被认为是"做作的"(mannered),这个用词是对的,因为他们彰显了礼貌(manners),公众生活的那一套东西。这些认可礼貌和公众生活的明星经常来自欧洲或与欧洲有密切联系,他们以彬彬有礼、优雅亲切、见多识广、风度迷人而著称,如弗雷德·阿斯泰尔、玛格丽特·萨拉文[37]、加里·格兰特[38]、大卫·尼

---

[37] 玛格丽特·萨拉文(Margaret Sullavan,1909—1960):美国舞台和电影演员,共拍了16部电影,曾获纽约电影评论奖最佳女主角奖和奥斯卡最佳女主角提名。——译注
[38] 加里·格兰特(Cary Grant,1904—1986):出生英国的美国影星,1999年被美国电影学会选为百年来最伟大的男演员第2名。——译注

温[39]、德博拉·克尔[40]、格蕾丝·柯莉[41]、奥黛莉·赫本[42]、雷克斯·哈里森[43]、罗杰·摩尔[44]。这些人掌握了公众世界，他们在公众世界中既不完全是真实的自我，也不是完全真诚，而是在进行精确的表演，泰然自若、正确无误。他们的举止恰到好处。另外一个例子可能是西德尼·波蒂埃[45]，仅仅在他身上，轻松自如的公共礼貌成了问题，遭遇到了长期积累的将黑人男子视为狂暴的本真性的成见。结果是在他50年代和60年代主演的电影中，他无法真正地在公共场合活跃起来，他是一个不表演任何东西的好演员。直到《黑夜热浪》(In the Heat of the Night)这部电影，才出现了某种不同的东西，一种紧张感开始伴随着良好的公共表演，这种特质让波蒂埃与其他的一些演员处于相同的境况，暗示了伴随公共演出的某种困难和焦虑。

很多出演疯狂喜剧[46]的女明星——凯瑟琳·赫本[47]、卡罗尔·隆马德[48]、罗莎

---

[39] 大卫·尼温(David Niven, 1910—1983)：英国演员和小说家，出演《纳瓦隆大炮》(*The Guns of Navarone*)和《呼啸山庄》(*The Wuthering Heights*)等。主要银屏形象为《80天环游世界》中的菲利斯·福克。——译注

[40] 德博拉·克尔(Deborah Kerr, 1921—2007)：英国著名女演员，曾出演《乱世忠魂》(*From Here to Eternity*)、《国王与我》(*The King and I*)等经典名片。她在《乱世忠魂》里与伯特·兰开斯特在夏威夷海边拥吻的镜头多次被评为电影史上最著名的接吻镜头。——译注

[41] 格蕾丝·柯莉(Grace Kelly, 1929—1982)：美国演员，1956年与摩纳哥亲王兰尼埃三世结婚，获得摩纳哥亲王妃殿下头衔。她短暂的电影生涯虽然只有不到6年，但是仍在1999年被美国电影学会选为百年来最伟大的女演员第13名。——译注

[42] 黛莉·赫本(Audrey Hepburn, 1929—1993)：出生于比利时布鲁塞尔，奥斯卡影后，好莱坞最著名的影星之一。——译注

[43] 雷克斯·哈里森(Rex Harrison, 1908—1990)：英国演员，他在《*French Without Tears*》一剧中的表演实现了他演艺事业的突破，不久他就被称为"世界上最伟大的轻喜剧演员"。《窈窕淑女》(*My Fair Lady*)为他挣得奥斯卡奖。——译注

[44] 罗杰·摩尔(Roger Moore, 1927—　)：英国演员，第3任007扮演者，是年龄最大、任期最长的邦德。——译注

[45] 西德尼·波蒂埃(Sidney Poitier, 1927—　)：美国著名黑人演员，1964年凭借《野百合》(*Lilies of the Field*)摘得奥斯卡影帝桂冠，成为首位获此殊荣的黑人演员。80年代又执导了多部优秀喜剧片，令他一度成为热门的"喜剧导演"。——译注

[46] 疯狂喜剧(screwball comedy)：美国1930年代开始风行的一种喜剧类型片，类似闹剧(farce)，故事情节多以求婚、结婚、再婚为主。又译"神经喜剧"、"脱线喜剧"。——译注

[47] 凯瑟琳·赫本(Katherine Hepburn, 1907—2003)：美国演员，纵横影坛达半个世纪之久，出演过40余部影片，获第六届、第四十届、第四十一届、第五十四届奥斯卡最佳女演员。——译注

[48] 卡罗尔·隆马德(Carole Lombard, 1908—1942)：好莱坞30年代喜剧女皇，1932年她和约翰·巴里摩尔联袂主演《二十世纪快车》(*Twentieth Century*)，一展自己的喜剧表演天才并因此而名扬天下。——译注

琳德·拉塞尔[49]，以及更近些的芭芭拉·史翠珊——拥有一种令人不适的敏锐，拥有这种素质的人确实能在公共世界幸存并取得成功，装足了门面，但她们总是困难重重，紧张烦躁。贝蒂·戴维斯[50]的事业给这样的公共演出提供了不同的演绎。她在30年代和40年代拍的很多电影都利用了她的造作风格，用来表明她的成功或幸存在很大程度上依赖她操控自己或周围人的举止的能力，要么是为了达到个人目的（《耶洗别》[*Jezebel*]、《小狐狸》[*The Little Fox*]），要么是因勇气（《黑暗的胜利》*Dark Victory*）或愧疚（《信件》[*The Letter*]）而自我掩盖，要么是为了高于一己私利的善而不惜一切代价维持公共风度（《伊丽莎白和埃塞克斯的私生活》[*The Private Life of Elizabeth and Essex*]，又译《江山美人》），要么是为了获得女性气质（《扬帆》[*Now Voyager*]）等等。如果说戴维斯在这些电影中的公共出场是高度紧张的话（她快速的瞳孔运动、时而握紧时而松开的拳头都是这方面的流露），她依然在30年代和40年代表现出了公共生活、公众场合中的个人的兴奋和忙乱。她后来出演的电影则似乎变成了公共生活的悲剧。《彗星美人》(*All About Eve*，又译《四面夏娃》)详细表现了保持门面和维护形象的代价。《兰闺惊变》[51]表明获得公共角色的不可能，正是这个公共角色让她扮演的人物感觉良好。但影片的结尾确定了公我比关在黑暗的哥特式老宅中的私我更加真实——我们认识到坏人其实是克劳馥而不是戴维斯。远离房子、在沙滩上被众人簇拥的逐渐老去的简成为了她真实的公我，宝贝简。戴维斯的从影生涯展示了私人个体遭遇公共社会的全部可能性：从她早期电影中凯旋的个人主义（个人创造了自己的社交世界，尽管内心焦虑，有时还怀有恶意）发展到后期电影中的疏离色彩（个人几乎完全被公共生活的要求击倒，只剩最后一口气，然后是快速的大团圆结尾）。

私人/公共、个体/社会的二分法可被明星通过不同的方式体现出来；重心可落在这一范围的任何一端，不过更多地还是落在私人的、本真的、真诚的这一端。绝

---

[49] 罗莎琳德·拉塞尔（Rosalind Russell, 1907—1976）：美国演员，代表作有《小报妙佳人》(*His Girl Friday*)、《女人们》(*The Women*)、《肯尼妹妹》(*Sister Kenny*) 等。——译注

[50] 贝蒂·戴维斯（Bette Davis, 1908—1989）：美国电影、电视和戏剧演员，曾两次获得奥斯卡最佳女主角奖。她饰演的角色形象多变，演出作品类型包括侦探剧、历史剧和喜剧等等，其中以爱情剧最为观众肯定。——译注

[51] 《兰闺惊变》(*Whatever Happened to Baby Jane?*) 又译《姐妹情仇》、《宝贝简怎么了》。这部影片讲述的是一对老姐妹互相折磨、甚至谋害对方的故事。姐妹俩都曾是影星。息影后，两人一起生活在一个破旧的大宅子里。戴维斯和克劳馥分别出演妹妹 Jane 和姐姐 Blanche。——译注

大多数情况下,有一种"真实"感在起作用——人/明星私下里,也有可能在公众场合或其他什么地方,会是他们真正的自我。然而,明星现象的讽刺之一是,所有这些关于内在自我或公共自我的真实性的断言,都发生在现代生活的一个方面里,这个方面与对内在自我的侵害和破坏以及公共生活的易腐化性紧密相关,这个方面就是大众传媒。明星可被视为媒体炒作的终极例证,媒体不断操控我们的注意力,将明星强加给我们。我们都知道制片厂是如何塑造明星形象的,知道明星是如何"碰巧"在新片发行时出现在聊天节目中,知道印刷的有关明星的故事有多少只是令人兴奋的捏造,我们都知道明星是被销售给我们的。然而,那些特殊的时刻、那些传记、那些真诚和真实的品质、那些私下和自然的形象也可以对我们起作用。我们可以在这两种对待明星的态度中,任选其一。比方说,我们不妨考虑一下观众对约翰·特拉沃塔[52]出演的电影《周末夜生活》的反应。我并没有做受众调查,但人们的意见看来很不统一,赞美者和诋毁者势均力敌。对那些不喜欢特拉沃塔的人来说:电影的情节发展令人难以置信,特拉沃塔的形象也毫无新意,电影含混但明显地强调了他的性吸引力,迪斯科场景俗气而虚假,这些都证实了特拉沃塔不过是一个忽悠公众的大骗子。但对于那些欣赏特拉沃塔和这部电影的人来说,影片有很多吸引人的地方。比如,特写镜头暴露了特拉沃塔男子汉形象背后的痛苦,他本人在屏幕外令人感兴趣的姐弟恋情,他微笑的自发性(等同于真诚性),以及电影对其故事背景,一个少数族裔亚文化的自然主义再现。一个明星的形象可以从正反两方面发挥作用,明星形象的作用,部分地取决于它能在多大程度上向我们传达我们所认为是重要的事物。

然而,我们知道媒体的特点就是炒作和硬性推销,他们是操控、虚伪、造作和大众公共生活(mass public life)的范例,我们熟知这一切的事实就意味着整个明星现象是极不稳定的。明星们不能被强行塑造为私人或公共生活的确认者。在有些情况下,明星形象的多样性、媒体的大量炒作、及各种各样的故事变得极为自相矛盾。以瓦伦蒂诺或梦露为例,我们还能将他们当作个人,与关于他们的五花八门的解读分离开吗?也许还可以,但这至多意味着他们特别脆弱的内在自我,被包括我们在内的他人无限分割成我们想要的样子。或许我们感兴趣的只是明星的公共形象

---

[52] 约翰·特拉沃塔(John Travolta,1954—):美国著名演员,70 年代的舞王,80 年代被打入冷宫,90 年代东山再起一跃成为票房巨星。他主演的影片《周末夜生活》(*Saturday Night Fever*,又译《周末狂热》)掀起了世界性的迪斯科舞热。——译注

(pubic face)，因而对计谋和幻想照单全收。我们向杰恩·曼斯菲尔德[53]、黛安娜·罗斯[54]、格罗乔·马克思、哈波·马克思或奇科·马克思[55]要求过真诚和真实吗？

或者我们还可以用一种坎普[56]的方式去解读明星，我们欣赏他们是因其跳出了社会规范的篱绊，而不是因其展示了假设的内在本质。梅·韦斯特[57]的波浪起伏的身体曲线，约翰·韦恩的沉重的步伐和慢吞吞的声音，以及琼·芳登[58]的尖细的微笑。他们每个人都可被当作社会习俗的象征：女性诱惑男人的手段、美国男性力量的确定性和上流社会礼仪中冰冷的文雅。以这种方式看待他们，就是只把他们看成是表象、形象，绝不要求他们成为真实的自己。

偶尔，明星形象也能让我们意识到貌似自然之物的社会建构性质。莉娜·霍恩[59]在她的米高梅电影中就做到这一点，揭示了黑人和女性性感的建构性质。她在这些电影中的整个表演——经常只不过是被插入电影的叙述过程——用她闪动的眼睛，柔软的臂部动作和挑逗的声音，提升了性是自然的、有活力的观点。有广泛的证据表明，人们将此看做是不受约束的女性力比多（feminine libido）的极致。然而作为一种表演，它具有异乎寻常的特性，具有金属般的光泽和复杂精度，恰恰说明它是动物性活力的对立面。在接受《纽约时报》书评人角谷美智子的采访中（1981年5月3日，星期六，D版第1—24页），莉娜·霍恩讨论了她这一阶段的形象与她作为黑人妇女在此阶段采用的生存策略：

---

[53] 杰恩·曼斯菲尔德(Jayne Mansfield, 1933—1967)：美国女演员，20 世纪 50 年代金发性感的象征，被誉为"梦露的替身美人"。曾赢得世界戏剧奖、金像奖和金桂奖。——译注

[54] 黛安娜·罗斯(Diana Ross, 1944—   )：美国黑人女歌手，被誉为美国流行乐坛的黑珍珠，曼妙歌声震撼银幕内外。——译注

[55] 格罗乔、哈波和奇科(Groucho, Harpo, and Chico Marx)都是马克思兄弟之一。马克思兄弟四人来自艺术世家，尽管他们只合作了十来部影片，但却是电影史上最成功的喜剧团体之一。——译注

[56] 坎普(camp)是一种 20 世纪 60 年代开始流行的审美感受。苏珊·桑塔格在《关于"坎普"的札记》中称："坎普的实质在于其对非自然之物的热爱，对技巧和夸张的热爱"。——译注

[57] 梅·韦斯特(Mae West, 1893—1980)：美国女演员、剧作家，在好莱坞凭着天赋身材红极一时，是上世纪 30 年代中期美国薪酬最高的女人。其作风大胆、言行骇俗，演出曾一度遭禁。——译注

[58] 琼·芳登(Joan Fontaine, 1917—   )：美国著名女演员、奥斯卡奖得主。曾主演《蝴蝶梦》、《恒久的宁芙》(Constant Nymph)和希区柯克的《深闺疑云》(Suspicion)。——译注

[59] 莉娜·霍恩(Lena Horne, 1917—2010)：美国女演员和歌手。1938 年初登银幕，同米高梅公司签订拍片合约，成为第一个与好莱坞签订长期合同的黑人女演员。——译注

害怕受伤,害怕显露出生气的样子,她说她塑造了一个形象,该形象使她和雇主、同事和观众之间有了距离。如果观众将她仅看成是具有异国情调的表演者——"宝贝,你的确会唱,但别搬到我家隔壁"——那么,好,这就是他们能得到的。通过专注于音符和歌词,她可将自己与注视着她的人们隔离开,经过多年努力,她逐渐修炼成一种老练的超然离群的姿态,这种姿态宣告:"你能看到的只是一个歌手,而不是一个女人。"她说,"我过去常想:我是黑人,我要把自己隔离出来,因为你们不懂我"。"人们所说的一切——真的让我很受伤,并让我后退得更远。我与他们之间仅剩虚假的保护"。

很少有艺人能如此清晰地理解和表述自己的工作方式和工作效果,这个表述准确地抓住了霍恩40年代和50年代的形象。该形象是一个无与匹敌的表象,它将自己表现为表象,它拒绝暗示自我的存在,拒绝用这种暗示来证实他人投射到她身上的黑人性态形象。但这不能、也没有使观众停止将她解读为透明的、本真的性态,但我们也可以就其本来状况来看待这种生存策略,它是在对有关黑人性态的观念进行去自然化(denaturalising)。

我一直试图在本章中论述,为什么对明星感兴趣就是对我们现在怎样为人感兴趣。我们迷恋明星,因为他们再现了在一种特殊的社会生产(资本主义)中,在生活被组织、划分成公共领域和私下领域的特定情况下,理解做人(being a person)的经验的各种方式。我们爱他们,因为他们代表了我们所认定的那种做人经验的样子,或说如果我们所认定的经验就是这个样子该有多么美妙。明星们代表了当代社会典型的行为方式、感受方式和思维方式,这些方式是社会的、文化的和历史的建构物。明星现象中的大部分意识形态投入,都把明星看做是个体,将他们的品性看做是自然的。我并不想否认个体的存在,也不想否认个体是以人类身体的这个给定事实为根基。但我很想说,明星的有趣之处在于,他们清楚地表明成为个体是一桩事儿/生意(business),自相矛盾的是,这一点又是典型的、普通的,因为我们这些生活在西方社会的人都必须应对这种关于我们是什么的特殊观念。明星们也是社会分类的体现,人被分成不同类别,并通过这种分类赋予自己的生活以意义,甚至通过这些分类来塑造我们的生活——阶级分类、性别分类、族裔分类、宗教分类、性倾向分类等等。而且所有这些典型的、普通的观念,虽然仿佛就是我们呼吸的空气,是事物自在的方式，但其实都有属于自己的历史和社会构建的独特性。

　　由于这些对典型性和社会性的坚持，与现象本身对个体化和自然化的强调格格不入，它们看上去似乎完全来自理论反思。然而观念从来不可能完全外在于这些观念所表达的事物，明星现象尤其如此。这一现象常让我们想起个体的和社会的、自然的和人造的等问题，恰恰是因为它正通过大众的、技术上复杂的、美学上成熟的媒体，来宣传个体性和自然性的观念。这一核心性的自相矛盾意味着整个明星现象是不稳定的，从来不会处于暂停和平衡点，不断地从有关做人是怎么回事的一个模式摇摆到另一个模式。这本书尝试对某些特殊案例中的一些模式进行梳理，看看它们是如何发生作用的，发现明星实际情况中的一些矛盾之处。

（黄承英　译/杨玲　校）

分析作为一种文化权力形式的名人的工具

P. 大卫·马绍尔

> **导 读**
>
> 本文选自大卫·马绍尔1997年的专著《名人与权力：当代文化中的名声》的第三章，是该书的"方法论"部分。该书是名人研究领域广为人知的一部著作，并且已经被翻译成日文、保加利亚文和西班牙文等多种语言。在本文中，马绍尔将名人视为当代社会中文化权力的一种表现形式，并阐述了分析这种权力形式的若干概念性工具/方法。
>
> 在本文开头，马绍尔指出，我们在思考名人现象时，不能简单地分析名人的人格/个性（personality），而是必须从受众、产业、文化、社会等各个方面进行综合考察。为此我们需要更大的概念性工具。作为解决方案，马绍尔提出了三个总括性概念：作为一种合理化形式的名人、作为一种符号和文本的名人，以及作为"受众—主体性"的表达形式的名人。在接下来的三个部分里，马绍尔分别就这三种概念/方法的来源和内涵做出了详细论述。
>
> 受韦伯的现代性理论的启发，马绍尔认为，名人相当于现代社会的卡理斯玛先知。正如教会依靠把先知的论述惯例化，从而形成系统性的宗教，文化产业也通过把名人的意义结构惯例化，从而将名人变成可交换的商品，并通过名人的个性来展现人类行为中的非理性因素。名人因此是一种"双重形式的合理化"。名人不仅"有效地把个性差异的概念和个体特征整合进了一个交换系统"，同时"致力于受众的合理化，以便把名人身上的个性表征看做是身份认同和文

本文译自 P. David Marshall, "Tools for the Analysis of the Celebrity as a Form of Cultural Power." In *Celebrity and Power: Fame in Contemporary Culture*, Minneapolis：University of Minnesota Press, 1997, pp.51—76。马绍尔现为澳大利亚迪肯大学（Deakin University）传媒与创意艺术学院院长，2006年 Routledge 出版社出版的《名人文化读本》的主编。——译注

化价值的合法形式"。马绍尔还援引布迪厄对卡理斯玛概念的分析指出,如同先知的象征性权力源自他和信徒之间的关系,"名人作为大众文化和社会意愿的一种表达",其社会影响力或形塑社会的权力也"取决于人民"。不过,马绍尔坦承,尽管合理化的概念可以有效地解释名人权力的性质,但作为一种分析工具却缺少可操作性。因此,有必要把名人当作一种符号或文本来做更深入的分析。

对名人进行符号学解读,是较为常见的一种研究路径。在论述这种方法时,马绍尔不仅援引了以罗兰·巴特的《神话学》为代表的经典符号学理论,还提到了广告的符号学研究、英国伯明翰学派的文化研究,以及戴尔的明星研究所带来的启示。马绍尔认为,名人符号具有一种内在的矛盾性,可以同时在集体性和个体性的建构中发挥作用。名人既可以"把社会伙伴(socius)联合起来,组成拥有特定类型身份的群体",又可以"通过其个人品质的重要表征而把个人孤立、分离开来"。为了探讨名人的这种矛盾属性,马绍尔引入了一个自创的概念,"受众—主体"。

在阐述这个概念的过程中,马绍尔首先回顾了受众成为社会权力现代表征的历史进程,这一概念与"阶级"和"大众"这两个社会范畴,以及消费资本主义的关联。马绍尔然后运用阿尔都塞的"询唤"概念探讨了意识形态对主体性的建构及我们与名人之间的关系。他认为,"名人表征着受众在其社会身份认同的形成过程中可以采取或适应的一些主体位置"。为了确定特定名人所体现的受众—主体性的类型,马绍尔借用尧斯和伊瑟尔的接受理论,提出了一种"意图解释"和"接受解释"并用的双重分析框架。马绍尔还从受众—主体引申出了一个"公共主体"的概念,用以描述"一种在公共领域运作的个体性与个性的表征",也就是名人。他认为,"名人以最公共的方式,为那些被认为是公共辩论边界之外的领域的讨论提供了一种话语焦点"。

在本文的第五部分,马绍尔试图借用福柯的权力思想将这三种研究方法整合起来,通过对福柯的相关理论观念——权力、性、话语——的解读,把名人的权力与权力的政治性质联接起来。在最后一部分,马绍尔特别强调了情感对于理解名人的意义与权力的重要性。马绍尔对于"情感"这一术语的理解主要来自弗洛伊德的早期著作和行为心理学,认为情感总是可以归因于某物,名人就"代表了一个可供情感寓居其中的场所"。另外,马绍尔也将情感和意义联系在一起。他引用美国著名的文化研究学者格罗斯伯格的话指出,当代文化中存在着严重的意义与情感的脱节。对于这两点的关注贯穿了马绍尔在后面几章对具体的影视和流行音乐名人的分析。

马绍尔的行文颇为学究气，加之广泛征引了社会学、符号学、接受美学、文化研究、心理学的各种学说，势必会对读者的阅读造成一定的困难。收录这篇选文的目的是希望读者能透过略显"艰涩"的中文翻译，了解名人研究的主要理论资源，并领略到西方学者探索研究方法的方法。

在上两章里，我已经在现代消费文化的个体与大众的概念范畴内确立了名人的历史地位。我已指出名人的发展与使这个社会世界（social world）"变得有意义"的方式密切相关。通过这些个体获得意义的过程，既是对名人符号生产起重要作用的主导文化成员的活动，也是主要作为受众对名人符号进行重塑的从属文化成员的活动。由于在个体表征中体现出了集体构型（configurations），名人已成为消费资本主义里形塑性社会权力（formative social power）的一个核心。

这一章所要解决的问题是，如何解析隐藏在名人之中的形塑性权力的本质。在名人的形塑之中，存在多种因素，这些因素扰乱了对其人格的简单化分析。以下这些因素必须被整合到分析手段之中：

1. 集体／受众的名人概念的形成；
2. 通过名人表现的个性范畴类型；
3. 文化产业对于名人的建构；
4. 名人相对的商品地位；
5. 名人单独地或作为完整体系之一部分，可能代表的文化合法化形式，以及
6. 名人意义的不稳定性——个体名人及整个名人体系的过程可变性和动态可变性。

这些经常展开竞争并且相互矛盾的要素，其复杂性使得任何对它们的文化形塑权力的讨论难以展开。很明显，为了对名人进行研究，我们需要能够对这些因素加以表述的、更大的概念性工具。以下就是有助于对名人进行分析的三个总括性概念的发展过程：作为一种合理化（rationalization）形式的名人，作为一种符号和文本的名人，以及作为被我称作"受众—主体性"（audience-subjectivity）的一种表达的名人。

一、作为一种合理化形式的名人

社会中的不同群体使用名人来理解他们的社会世界的不同方式，也可以被看做是合理化的一种形式。把名人看做合理化过程的组成部分，再次让我们联想到韦伯关于理性的知识工程。[1]

韦伯对理性的分类和他所认为的世界的逐步祛魅是相关联的。奇迹的、神秘的、宗教的因素正缓慢地被祛除，以让位于理性的、科学的以及官僚阶层制的事物。这种形式的理性是现代官僚体制发展过程中出现的典型代表。曾经一度拥有情感力量的东西，在被整合进这个管理体系的时候被"祛魅"（disenchanted）了。在韦伯看来，新教伦理在促使社会从非理性向理性发展的过程中发挥了重要作用。在更加传统的社会里，宗教发挥着合理化的功能，它把日常生活和（众）神的生活联系了起来。教士们帮助设计和提供了一种连贯一致的世界观。新教伦理作为朝向现代性的一个过渡阶段，它把教士负责合法化和推行的价值观，通过人的良知和罪感加以内化。对韦伯来说，一种连贯一致的世界观的持续衰落所表征的，正是现代性进程中所出现的问题。取代教会内部的规范和价值观的整一性而发展起来的，是一种包含着相互竞争关系的价值观体系。科技理性不可能提供一种整一性的世界观，因为在它的方案中总是持续不断地出现间隙。最终，韦伯表示，这些相互排斥的不同的价值领域，都有存在的必要。因此，一种有效的理性形式可以出现在某一领域，但它不应被假定为在另一个领域也会产生影响。比如：韦伯坚持认为，在艺术和政治之间不存在相互关联的价值领域。它们对于价值的认定是相互排斥的。

假如韦伯写作一部文化社会学著作的计划得以完成，那么他很有可能会把这些价值领域区分得更加明确。人们还推测一个关于情感的或非理性的合法化形式

---

[1] 为了提供一种思想的统一性，韦伯关于理性的著作被一些著述者看做其一生著作的核心。其他一些人，比如威尔海姆·亨尼斯（Welhelm Hennis）认为韦伯对"生活行为"（the conduct of life）的关注更甚于对理性的关注："韦伯关注最多的是那些其生活行为把实用理性主义和伦理严肃性结合起来的'人物'（character）或'个性'（personality）的生存"。转引自 Colin Gordon, "The Soul of the Citizen: Max Weber and Michel Foucault on Rationality and Government", in Sam Whimster and Scott Lash (eds.), *Weber, Rationality and Modernity* (London: Allen & Unwin, 1987), p.295. 在其对人物及从人物中产生的规范的关注之中，人们可以看到代表性人物，比如名人，会成为构建韦伯式的公正与伦理化社会的重要组成部分。

的更广泛探索,应该也会被包括在这项研究之中。[2] 然而,关于以非理性为基础的合法化形式的问题,韦伯留下了种种相互矛盾的断言。一方面,韦伯描述了现代性规划的核心,认为它正使得我们生活中越来越多的方面服从于"形式"(formal)理性;在那里,个体被对象化了,而且经常沦为反映国家和公司的官僚体系管理效率的数据。另一方面,韦伯又通过限定形式理性的弥散性和重新给合法化的非理性形式找到容身之处,否定了这种理性所拥有的终极权力:正如我在第一章所提到的,韦伯指出,一个社会中的革命性变革是由朝向卡理斯玛型领导及其相关的情感力量领域的运动所驱策的,这个领域在体制上是独立的。因此,韦伯关于非理性的合法化形式的历史性力量的最终定位,不是非理性最后会被理性取代,而是二者之间存在着根本的矛盾和冲突(antinomic)。非理性与理性比肩共存,并从根本上挑战了理性的价值理想。而且,韦伯还把非理性看做是革新性的,认为它是一种创造性的历史力量,这种力量随后在体制结构内被理性化或惯例化(routinized)。[3] 韦伯还对非理性的地位问题提供过其他几次简略的讨论,这些讨论对我们当前的现代合理化研究至关重要。首先,韦伯指出,尽管存在着一种更大规模的理性整合运动,但在现代性中的确还存在着一种把世界再次赋魅(reenchant)的反向运动。[4] 蒙森(Mommsen)正确地解释说,这种反向运动的出现,是因为现代理性无法提供一种可导致连贯一致的世界观得以确立的价值理想。现代世界中,不同的合理化形式之间的相互竞争代表了合法化的危机。对一些作者,比如哈贝马斯而言,危机的解决之道存在于一种韦伯式的"实质理性"(substantive rationality)之中——通过"交往行为"(communicative action)[5] 而达致协商后的共识。对其他作者而言,韦伯所揭示的与理性及其各种价值理想的建立相关的虚无主义状况,是值得庆贺的,因为它们

---

[2] Allan Sica, *Weber, Irrationality and the Social Order* (Berkeley: University of California Press, 1998), p.168.

[3] Wolfgang Mommsen, "Personal Conduct and Societal Change: Towards a Reconstruction of Max Weber's Construction of History," in Sam Whimster and Scott Lash (eds.), *Max Weber, Rationality and Modernity* (London: Allen & Unwin, 1987), p.47.

[4] Sam Whimster and Scott Lash, "Introduction," in Sam Whimster and Scott Lash (eds.), *Max Weber, Rationality and Modernity* (London: Allen & Unwin, 1987), p.7.

[5] 见 Jurgen Habermas, *Legitimation Crisis*, trans. Thomas McCarthy (Boston: Beacon, 1975);另见哈贝马斯的 *The Theory of Communicative Action*, vol.1, *Reason and the Rationality of Society*, trans. Thomas McCarthy (Boston: Beacon, 1984)。

破坏了"理性的牢笼"[6]所拥有的规范性权力。对于韦伯来说，退回到非理性是重新整合碎片化世界观的一种方式，尽管这种方式不太令人满意。但至少，研究者们必须对这种现实表示同情："如果我们自己越来越容易受各式各样的情感反应（诸如焦虑、愤怒、雄心、嫉妒、羡慕、爱恋、狂热、骄傲、复仇、忠实、虔诚和各种欲望）以及由此生发出的'非理性'行为的感染，我们就越会倾向于与之产生共鸣。"[7]不过，韦伯在探索人类行为的情感性和非理性形式的合法领域的过程中，最远也就只是抵达了这种移情作用。尽管他承认理性从来就不是纯粹的或理想的，但他仍然主张，对科学分析来说，研究者们需要保持这样一种观点：非理性最终会被化约为某种形式的理性——他们只需要进行足够的利益（interest）分析，确定这些情感形式的性质即可。[8]

但韦伯还是承认，非理性主义即使在现代的、表面上理性化的社会中，也仍然是一股力量。他曾做过两次有说服力的评论，正好和情感力量在当代文化中的角色和地位的讨论相关。首先，对形式理性在现代世界中正发挥着越来越大的控制作用，他表示痛惜。与之相对照的是，他也提到了这一现象，即民主社会也会周期性地允许非理性时刻成为选举和政党大会程序的一部分。政治文化的这些片段，已经部分地超越了正常的合理化轨道，这和国王的象征性权力外在于国家的管理功能很相似。[9]就其自身而言，韦伯的评论给我们提供了对于"民主资本主义"运作方式的关键性洞察。如果我们把这种洞察和韦伯对宗教的非理性权力与官僚体制二者之间关系的评论放在一起来观照，就可以看到一个非常有用的理论模型的轮廓，这个模型是关于非理性在当代文化中的定位方式："官僚体制的一个常见特点是，对所有的非理性宗教都极度蔑视，然而，这种蔑视又是和一种承认结合在一起的，官僚体制认识到这类宗教在控制民众方面的作用"。[10]

---

[6] Whimster and Lash, "Introduction," p.12.

[7] Weber, *Economy and Society*, vol.3 (New York：Bedminster, 1968), p.6；转引自 Sica, *Weber, Irrationality*, p.205。

[8] Sica, *Weber, Irrationality*, pp.158—160, 206—208. 韦伯写于去世前 7 天的《新教伦理与资本主义精神》序言，为 Talcott Parsons 将韦伯的知识计划整合进实证主义社会学的主流，提供了适当的证据：如果能对研究对象展开更多的分析，非理性的东西就会消失。理解可以消除非理性。

[9] Weber, *Economy and Society*, p.1112.

[10] Ibid., p.476；转引自 Pierre Bourdieu, "Legitimation and Structure Interest in Weber's Sociology of Religion," in Sam Whimster and Scott Lash (eds.), *Weber, Rationality and Modernity* (London：Allen & Unwin, 1987), p.125.

对韦伯来说，族裔和民族主义也归属于并不含有大量的形式理性成分的一类事物，这种形式理性在官僚体制文化中很常见。[11] 然而，作为象征性实体，权力的这些情感构型对于国家机器的运转仍然是有用的。

一种与把非理性事物合理化的活动——即把人们生活中未经规整化的领域放置到普遍的、连贯一致的世界观中的努力——相类似的形式，能否用来解释名人的作用和权力呢？在一定的限度内，我认为这是对韦伯的洞见——关于犬儒式的和马基雅维利官僚式的使用非理性——的有效拓展。正如韦伯所承认的那样，一些卡理斯玛形式能够在体制化背景下存活并发展壮大。卡理斯玛型的先知，就好比名人。教会的体制化背景将先知的表述"惯例化"，从而形成一种连贯一致的宗教，如此，先知意义的某些表象就会延续下去。与此相类似的，文化产业机制把名人的意义结构惯例化为一种耐久的形式。名人将各种文化价值类型的转换（transformation）接合（articulate）[12] 到商品的理性化系统之中。文化产业通过已成为可交换商品形式的名人，再现了个性的各个方面——情绪的和情感的，并由此来表现人类行为中的种种非理性因素。[13] 如果一个名人体系的体制化配置是成功的，它就产生了一种双重形式的合理化：

1. 它有效地把个性差异的概念和个体特征整合进了一个交换系统；
2. 它致力于受众的合理化，以便把名人身上的个性表征看做是身份认同和文化价值的合法形式。

认为名人身上只体现了这些类型的合理化会导致一种片面的分析。韦伯对卡理

---

[11] Sica, *Weber, Irrationality*, p.216；基于 Weber, *Economy and Society*, p.389。

[12] 有关 articulate/articulation 的解释，参见约翰·费斯克等编撰，李彬译注，《关键概念——传播与文化研究辞典（第二版）》，北京：新华出版社，2004年1月，第16页。有关 transformation 的解释，参见上书第292页。——译注

[13] *Irrational*，对韦伯来说，倾向于指"不可解释的、因而也是非理性的私人化意义"的那些方面。(Sica, *Weber, Irrationality*, p.176)。当韦伯在《新教伦理与资本主义精神》一书中首次使用卡理斯玛一词时，他把这个术语的词义调整为"一个与非理性密切保持一致的概念"。转引自 Sica, *Weber, Irrationality*, p.171。韦伯关于个性的讨论说明，他使用这个术语来给理性（和有控制的自由）及非理性划分界限。理性的个性是："一个需要与生活中某些终极'价值'和'意义'有持续的内在联系的概念。这些'价值'和'意义'被塑造为目标并转换成理性目的论的行动。"自然主义的个性是"私人生活的弥散的、无区分的、如植物般被动的地下部分，也就是在'非理性'之中的部分，这个非理性建立在供性情和情感发展的无限的迷宫式心理状况之上。从这种'非理性'的意义上讲，'人'和动物都是非理性的。"转引自 Sica, *Weber, Irrationality*, p.178。

斯玛型先知总体上处于体制化边界之外的揭示，往往遭到过于简单化的处理。皮埃尔·布迪厄曾对这种权力起源的重要性作过详细的说明。这种权力的起源存在于社会之中而不在个人身上。布迪厄为我们解开了卡理斯玛的概念和它的权力之谜：

> 让我们抛弃把卡理斯玛只看成是附属于某一个体天性的一种特性的观点，相反，让我们在每一特殊的个案里审视该人经历中所有与社会学相关的特性。本文的目的就是想要解释，为什么某些特定的个人发现自己在社会中会倾向于去实现、去特别有说服力和连贯性地表达，一些已经以潜伏的状态存在于他的听众阶层或团体的所有成员之中的伦理或政治倾向。[14]

对布迪厄来说，作为对韦伯观点的一种延伸，先知的"象征性权力最初的资本积累来自于他和信徒们之间存在的、与教会可比照的关系。"[15]因此对新的先知象征符号的卡理斯玛型建构对一个团体的聚合来说"发挥着组织和立法的作用"。[16]

卡理斯玛型先知特有的权力即在于它与一个特定人群的直接关联。如果把这种洞察也整合进关于名人权力的阐释之中的话，我们就可以看到名人体现的第三种合理化形式。像先知的权力一样，名人作为大众文化和社会意愿的一种表达，其形塑权力取决于人民。名人的价值理想并没有像卡理斯玛型先知的价值理想那样得到清楚的描述。造成这种混乱的原因部分来自名人形象中隐藏的相互竞争的合法化形式。资本的利益与来自于民众的各种构型类别之间的矛盾，是造成个体名人的固有不稳定性的一个原因。名人在文化中扮演的是这样一个角色：他/她将各种形式的情感权力扭变为合理化的构型。对于主导文化来说，这通常意味着为各种亚文化在消费资本主义中找到意识形态定位。对于从属文化来说，名人指出了一条道路，使他们可以表达自己关于自由、幻想以及需要的看法。这两种形式的合理化有时会共存于同一名人建构（celebrity construction）之中，但是由于这两种合理化形式的利益和价值观区别相当之大，这个临时性统一体的分裂和这个名人系统随之而来的变异，就成为该系统的两个恒定特征。

接下来的章节中推出的个案研究的主要目的之一，都是确认名人系统中，存在于个体名人身上的这些不同的合理化类型。尽管合理化的概念在对名人权力的性质

---

[14] Bourdieu. "Legitimation and Structure Interest," p.131.
[15] Ibid., p.130.
[16] Ibid.

进行解释方面的确非常有用,但作为一种分析工具它却难以操作。为了建立起一个对这种合理化权力进行分析的某种规则,必须对名人这一概念本身进行重新界定,以使其能够安置自身意义的流变之场。把名人作为一种符号或文本进行分析,能够为理解名人的形塑权力提供一些必要的概念性工具。

二、作为一种符号/文本的名人:符号,符号学与意义

重新把名人标记为一个符号,产生了几个重要的结果。首先,作为一种符号,名人除去了自身的主体性和个体性,成为表达习俗化(conventionalized)意义的组织结构。和符号一样,名人表征(represents)着自身之外的某些东西。名人符号的物质现实——即处于这一表征核心的实在的人——消失在意义的文化构成之中。名人符号表征着个性——更具体地说,表征着在社会世界中被赋予了强化的文化意义的个性。

从基本的符号学体系的角度看,名人的意义外延层(the denotative level)是该实际人物物质现实的空结构(empty structure)。正如福柯对作者的阐释中所说的那样,名人是这样一种途径,通过它,意义可以得到安置并被划分为能够为意义提供来源和起点的某种东西。"名人功能"有权力组织社会中私人与个人的合法与非合法领域,在这一点上它与福柯的"作者功能"一样重要。[17] 这种权力只有通过名人符号建构过程中的文化"投资"才有可能被激活。用符号学术语说,文化投资就是名人符号结构中内涵(connotation)的游戏。内涵是建立在外延层面的基本符号之上的二级示义系统,标识着每个名人符号被习俗化后所表征的意义领域。巴特在他对当代符号进行符号学研究的经典著作《神话学》中,试图说明内涵层面是对现实进行意识形态化建构的源头。[18] 巴特写道,文化"神话"来源于符号的自然化:代表特定利益的内涵意义,被普遍化为代表整个社会的利益。从符号学意义上来讲,表达统治阶级特殊利益的内涵层同外延层相混合,这样社会成员就不再能够看到该表征和意义的建构源头,从而把给定的意义看成是真实的或自然的意义。符号的这种意识形态作用是统治阶级(即资产阶级)维持其合法性的粘合剂,就如同文化符

---

[17] Michel Foucault, "What Is an Author?" in *Language, Counter-Memory, Practice* (Ithaca, N.Y.: Cornell University Press, 1977).

[18] Roland Barthes, *Mythologies*, trans. Annette Lavers (London: Paladin, 1973[1957]).

号为能指与所指、内涵与外延提供了一种人为的链接。

文化符号的建构从未被描述得如此简单。在其本义中，"内涵"这一术语表明和暗示，任何一个符号都含有一定程度的不确定意义。名人符号或任何其他主要文化符号，其意义从未得到完全的界定或被彻底地"自然化"（naturalized）。它们服从于意义的协商过程。在任何一个给定时刻，关于名人表征何种意义，或许会有一个占据主导地位的共识，但这种表征可能来自不同的立场和视角。共识的达成过程，例证了葛兰西的文化符号建构内部存在着一种运转着的霸权（working hegemony）的观念。[19] 某个名人表征的渐趋稳定，表明该符号被习俗化的程度以及一种关于其意义的稳定共识的达成。一个几乎被完全习俗化的名人符号会进入文化语汇，就像玛丽莲·梦露（Marilyn Monroe）和詹姆斯·迪恩（James Dean）一样，在名人偶像的传统中被具象化和永久化为滑稽漫画。即使在这些情况下，名人符号仍处于不断的变化和变异之中，对不同的观众群体表征着不同的利益。

可变的名人表征场域说明名人符号是从属于一个符号系统的。意义来自对那些符号的组织方式的解读。因此对名人的分析不仅要从其内部展开，以揭示其内部结构，还要把它置于其他的文化符号之中，以分析它们之间的关系。不同名人之间的对立、差别和分化，显示出它们在文化中的不同功能。不把名人简单地作为一种符号，而是相反，把它作为一个文本加以阐释，可以更为有效地拓展通过分解符号结构而获得的洞见。可以得到揭示的是，名人是由一个包含着不同指义链的符号系统组成的，这些指义链揭示出嵌入每个名人符号的内涵意义的层叠过程。

因此，名人符号建构的互文性（intertextuality）就成为理解这一文化符号的关键。尽管一位名人在多数情况下可能主要以一种媒介化形态（mediated form）出现，但这个形象总是受到关于该名人的重要信息在报纸、杂志、访谈节目、粉丝杂志、流言中传播的影响。实际上，名人的定义就是一个从根本上具有互文性的符号。如果没有对这些文化产品的阐释性书写领域的存在，名人的个性发展将会受到阻碍。对演员、歌手，或电视新闻播音员来说，使其名人身份得以塑型的是对其"真实"生活与

---

[19] 见 Antonio Gramsci, "Hegemony, Relations of Force, Historical Bloc," in David Forgacs (ed.), *Antonio Gramsci Reader* (Schocken: New York, 1988). 我对葛兰西的解读是对其霸权用法的改造，这一改造沿用了 Stuart Hall, Dick Hebdige, Iain Chambers 以及其他与英国文化研究有关的学者形成的传统。把文化这一术语与霸权连接在一起，使得对于文化形式的解读和使用成为了一种关于意义与共识的激烈斗争，在那里对文化文本的解读成了合法性与非法性的协商场域。

工作生活之间的关系的描述。这些二级的信息来源对名人符号意义的深化是至关重要的，它们也因而给文化提供了连接性纤维（connecting fibers）。

在下面对名人进行的研究中，我会着手去鉴别这些内涵性的指义链条。考察这些内涵的游戏能够说明情绪和强烈的情感是以何种方式与文化形象和文化客体关联起来的。通过把名人当作一种符号和一种文本来进行研究，围绕个体名人而构造的情感依恋（affective attachment）或内涵就可以被揭示出来。符号学可以展开有关名人符号的情感权力的重要研究，这样，对韦伯关于情感权力的洞见的延伸就变得可操作了。同时，它也给我们提供了一种解密个人与名人符号这两个概念之间关系的技术手段。对名人的解读就旨在解构这些高度媒介化的个体性（individuality）的场所。我们所要研究的是名人如何成为利伯维茨基（Lipovetsky）所说的"个性化逻辑"（la logique de la personnalisation）的典范，以及什么可以被称作超级个人主义（hyperindividualism）。[20] 对于个人性（the personal）的加倍关注和更广泛的生活领域的心理化，是与名人作为超级个体的现象类似且相关的。超级个人是利伯维茨基所揭示的社会性（the social）衰变为"个人化"（personalization）的极端表现。超级个体性与传媒表征中对个人的过度编码有特别的关联。

两种运用符号学对当代文化现象进行阐释的方法，对我们正在进行的研究也产生了影响。对广告的符号学研究已经成功地证实，能指／所指的二元理论有助于理解资本是如何将自身插入符号的生产过程之中的。朱迪丝·威廉姆森（Judith Williamson）通过对广告文本的解读，指出广告有扩张某些能指的内涵的能力，这样就把被描绘的产品的价值归入到一些重大的社会关系之中。[21] 比如，一则啤酒广告就试图在该产品和某种生活方式之间建立起一种联想式的相互关系。该产品得以被植入成功的社会关系之中。但是苏特·杰哈利（Sut Jhally）对广告的研究已经超越了作为广告基本功用的意识形态建构这一范围。他的一个洞见是，将符号学中的能指／所指的二元体视为与生产／消费的辩证关系相互关联。广告——以及它所暗指的当代社会——通过其形象所强调的是产品的消费或交换价值。对形象的日益强化、及对交换价值和消费的建构的强调，导致随之而来的对产品使用价值及生产过程的漠视。在杰哈利看来，广告是为商品的魔幻的、拜物教式的转换准备的，这就在决

---

[20] Giles Lipovetsky, *L'Ére du vide: essais sur l'individualism contemporain* (Paris：Gallimard, 1983), p.82.

[21] Judith Williamson, *Decoding Advertisements* (London：Marion Boyars, 1978).

定产品的社会价值的过程中，限制了生产的价值。这样，产品所强化的就是消费的社会关系而不是生产的社会关系。[22] 目前我们所进行的研究将会部分地考察名人所拥有的商品身份的蕴意，并通过对名人符号的生产与消费成分的符号学分析，来评估名人在消费资本主义的建构中起到的意识形态功能。

最后，文化研究中一些把身体当作文本的研究工作也与对名人符号及其权力的研究发生了关联。赫伯迪格（Hebdige）对巴特的（来自列维-施特劳斯的）修补匠[23]概念的整合，提供了一种符号学解读，揭示了当代社会中的文化群体理解意义的方式。[24] 现代的修补匠从其身处的环境中挪用对象，为的是使该环境显得有意义和连贯一致。这些对象可以是物质实体，也可以仅仅只是语言客体，比如某种黑话或隐语。动作、服装以及音乐的风格都是赫伯迪格所谓的"亚文化风格"的不同层面。这种"亚文化"会从主流文化中挪用一些东西、对之加以改造，使之具有了相反或另类的用途。这种挪用的经典案例之一就是安全别针：它从和城市居民家庭生活相关的一种日常用品转变成为朋克饰品。通过大量的符号拼合出一套完整的风格来展现一种亚文化身份，暗示着受众也积极参与了这些符号系统的建构。名人体系就好比亚文化的挪用技巧，通过挪用一些客体以便理解其都市的和从属的地位。在同样的制造意义的仪式中，作为符号的名人也会被挪用、整合入一个亚文化的符号系统之中。

我们用这些大体相同的方法来研究受众对名人的建构。通过用符号学来分析受众对名人符号的挪用，我们可以更好地理解名人体系是如何参与到受众对社会环境的意义建构或合理化的进程之中的。这种研究将确立受众群体之间的差异类型，被挪用的名人符号就是这些差异的代表。戴尔（Richard Dyer）关于男同性恋亚文化对特定的好莱坞明星的挪用的研究，将会为我的受众研究提供一个框架。男同性恋亚文化对明星人格面具和身体形象的投入，以及这种亚文化对这些形象的媒介化表征的再表达与特殊化，为本研究提供了一个概念模式，通过这个模式，我们可以理解

---

[22] Sut Jhally, *The Codes of Advertisements: Fetishism and the Political Economy of Meaning in Consumer Society* (London：St. Martin's Press, 1987).

[23] 修补匠（*bricoleur*）是列维-施特劳斯提出的一个术语，用来描述一种思维和符号化的类型，是"工程师"（engineer）的反面。工程师为专门的目的制造出专门的工具，而修补匠则是一种"万金油"式的人物，只用很少的非专业工具来完成各种工作。修补匠是和"原始"社会联系在一起的，工程师则是和现代社会联系在一起的。——译注

[24] Dick Hebdige, *Subculture: The Meaning of Style* (London：Methuem, 1979), pp.103—104.

受众群体是如何对名人们加以利用和施加影响的。

对名人及其受众的符号学解构,为我们提供了关于名人权力本质的不完整的模式。还有一种观念有待被整合到我们的研究之中。这种观念能清晰地表明名人在同时建构集体性与现代个体性方面发挥的主要作用。名人把社会伙伴(socius)联合起来,组成拥有特定类型身份的群体,但名人也通过其个人品质的重要表征而把个人孤立、分离开来。名人符号的这种重要的、表面上看起来自相矛盾的属性,可以通过如下方式得到解决,即发展出一个能够对我们的符号学研究发挥补充作用的概念工具。我用来描述这里所包含的矛盾的术语,是一个由连字符连结起来的新词:受众—主体(audience-subject)。

三、受众—主体的角色

当代文化的一个显著特征是,受众具有划分与辨别社会伙伴的权力。在20世纪,受众已经成为了一个可以与阶级、大众(mass)等其他范畴相匹敌的社会范畴,其影响力甚至在某种程度上超越了后二者。受众的这种分类与形塑权力,居于名人权力的核心位置。事实上,历史上名人符号的出现,与作为一种社会范畴兴起的受众是同时的并且相互关联。同样重要的是,这二者都与消费资本主义文化紧密结合在一起。名人与受众重要性的凸显之间的独特关系是,被建构的集体(即受众)内部的个体表达和个性在名人符号内部的汇聚。这样,名人符号就通过从个体性的角度来定位身份认同的类型而包含了受众。为了理解这种关系,有必要先回顾一下受众是如何成为社会权力的一种现代表征的。[25]

1. 受众

正如上面已经提到的,受众是从另外两个社会范畴——阶级与大众——的形成过程中浮现出来的,后两个范畴在社会世界的定位方面拥有巨大的能量。在19世纪,

---

[25] 以下的分析来自于我之前关于受众的著作。见 P. David Marshall, "Deconstructing Class/Constructing the Audience: Some Considerations Concerning Popular Culture and Power," 加拿大传播学会年会提交论文, University of Windsor, June 1988, 又见 "The Construction of Difference and Distinction in Contemporary Cultural Forms: An Analysis of the Magazines of Popular Music," 尚未发表的博士学位论文, April 1989, chs.1—2.

运用阶级分析的方法来理解社会整体的思潮得到了蓬勃发展。阶级分析的方法可以用来区分新兴的产业阶级和商业阶级，还可以把新兴的资产阶级和工人阶级与原来拥有土地的贵族阶级和农民阶级加以区分。社会分化为阶级的结果，是确立了一种新的一致性与合法化结构。从根本上说，阶级分析是以个人做（do）什么作为分析的出发点的。社会是根据生产方式与生产关系组织起来的，社会成员则被安置到合适的社会范畴。阶级观念对社会伙伴加以划分的绝对合法性取决于这一共识的达成：通过一个人的职业对他的社会身份加以确认。尽管其他的差异范畴也可能与社会身份的确立有关联，比如宗教和娱乐活动，但是伴随着资本主义经济的出现及逐渐占据主导地位，描述生产关系的阶级范畴的力量显得日益突出和强大。阶级的分类力量不仅影响着资本主义的主要领域并将其合法化，还成为对之进行批判的核心主题。那些认为资本主义社会的矛盾会导致革命性变革的人（如马克思和恩格斯），与19世纪的"行业巨头们"（这些巨头维持着资本主义社会的有组织生产并从中获利），就资本主义社会结构的经验性现实，达成了普遍一致的意见。

　　在19世纪，另一种类型的分类法也在扩张它的阐释权力。尽管它由于不那么容易辨认的身份和出身而拥有好几个绰号——暴徒、乌合之众、群众等等，但大众这个笼统的范畴还是被用来描述被统治阶级日益增长的力量。大众这一范畴的力量并非来自生产关系；它并不通过人们的职业范畴来描述人们的社会身份。同阶级这一概念做一比较，我们便会发现大众（诸大众，masses）所强调的重点是还未组织起来的政治力量。而且，群众和暴徒的形成过程，正如在第二章中所描述的那样，也代表着对已确立的社会结构的一种潜在威胁。大众作为一个社会范畴，从根本上讲，是从非工作的、或休闲时间的使用这个角度所进行的一种集体社会身份建构。大众与阶级是资本主义社会中一对辩证的社会范畴：阶级表明的是同生产相联系的社会身份，而大众则通过消费来确定社会身份。从总体上简要地说，20世纪的资本主义规划一直在致力于定位大众这一范畴并将其区分为针对消费实践的可辨别的、相对稳定的范畴构型。

　　受众已成为大众在20世纪得以定位的首要途径。同大众这一难以破译的范畴相比，受众这一范畴与消费资本主义的迫切需求联系更加紧密。在大众传媒文化里，受众由节目类型所建构与定义。通过这些节目对受众进行建构的背后目的在于，向广告客户展示受众所具有的可出售性。从消费者需求的特定构型出发来界定每一位受众，是这些节目和广告的共同目的。在把受众建构为消费者的过程中，节目和广告是两种相辅相成的修辞策略。大众传媒文化的制造者,在把受众界定为可辨别群体的探索中,使用了各种消费的社会标记对大众加以区分。围绕某些特定产品和节目的性别差异,构成了最为明显的受众建构形式,同时也避免了对阶级范畴的明确的重新投入。大规模的人口统计和心理学调查也被用来建构可识别的受众群体,这些群体还可以围绕媒介化的形式和产品,被进一步建构。[26]

由于受众这一社会范畴同消费实践及对消费者的建构密切相关,它表达了一种社会权力的形式。但这并不是说阶级和大众这些范畴已经被彻底取代或者失去了它们自己的社会权力形式。然而在20世纪资本主义重新建构为消费资本主义的整个过程中,受众这一范畴一直处于强势地位。受众的暂时性、流动性以及它对阶级和财产界限的模糊,对维持人们已达成的共识——资本主义作为一个系统具有能够有效满足各种愿望和要求的功能——起着很有价值的构成性作用。

如阶级与大众的范畴性的建构一样,受众建构也给一些选择性的或对立性的形构提供了范畴性力量。受众或许被资本的迫切需求所建构,但并不完全被其所决定。受众的阐释从根本上就具有不确定性,而这正是文化生产试图通过表征重新获得的,以便维护共识。因此,以这种形式被建构起来的受众对文化产业来说就充当了一种文化上的创新角色。

现代受众建构的特点之一,就是它通常定位于个体人格的建构之中。消费品、节目、电影、杂志以及书籍都是通过消费文化建构人格的工具。有一个悖论对于我们理解消费文化对个体特性的强烈关注来说,是非常关键的:在各类广告、电影及电视节目的修辞格式(rhetorical formats)的运作中,存在着一个对个体差异的集体建构。在需要"大众"或需要对产品的集体回应(以便生产商能够卖出大量完全相同的产品)的同时,个体进行差异建构的权力也得到了强调。为了指出这种差异的制造是个体性的意识形态形式,我选择了两个价值内涵不太大的术语:主体与主体性。使用主体这一术语使我可以思考个体性话语穿透社会伙伴的方式,但又不必承认有关个体的任何基本实在性或完整性。当下所使用的主体性这一术语取自路易·阿尔都塞关于身份认同的重要探讨,该探讨见于他对意识形态国家机器的各种类型的

---

[26] Ang 的电视受众研究发展了这种对电视受众进行认识论分类的观点。见 Ien Ang, *Desperately Seeking the Audience* (London: Routledge, 1991)。

研究。[27] 媒介作为意识形态国家机器的一种类型，提供了观众能够认同的形象。阿尔都塞把这个过程称为"询唤"（interpellation）或招呼（hailing），在这里，主体暂时被文化文本定位或召唤以便看到自己与该文本之间存在着一种相关现实。这个过程使得社会中的各种角色地位合法化。正如费斯克所言，"招呼是这样一个过程，通过它语言确认了受众并为其建构了一种社会地位。询唤则是一个更大的过程，据此语言通过一种沟通行为为双方建构了社会关系，从而在更广泛的社会关系地图中为双方提供了定位。"[28]

通过各种意识形态国家机器对主体性的建构，导致一种活跃的、动态的意识形态的产生。询唤，因为它的暂时性示例化（temporary instantiations），允许主体定位具有流动的形式。正是通过意识形态我们才被建构为主体，这以两种方式进行，一种是我们对文化规范的接受，另一种是我们对文化差异和文化特征的确立。那么，我们与名人之间的关系就是一种询唤的动态系统。在这个系统中，某些类型的个体性被我们视为处于规范的中心，其他类型则被我们拒斥。在某些情况下，我们接受了展示给我们的主体性类型；而在另外一些时候我们则会主动地拒斥它们。名人提供给我们的各类主体性是一个系统的产物，这一系统被特别地设计出来以建构强调个性和人格的那种主体性类型。正是名人符号的这些特点，使得它的主体性建构对于资本系统来说至关重要。

在接下来对个体名人的分析中，我把主体和受众的概念合并构成一个新的术语：受众—主体（audience-subject）。实际上，受众—主体正是我们试图在名人符号内部加以确认的。名人的权力来源于对其意义的集体构型；也就是说，受众对于任何名人符号权力的维持所起的作用是最为重要的。名人提供给受众的讯息类型，是围绕着个体的认同形式、社会差异与特征以及人格类型的普遍性等几个方面形成的。名人表征着受众在其社会身份认同的形成过程中可以采取或适应的一些主体位置。每个名人都代表着受众—主体性的一种复合形式，当它被放置到一个名人体系内时，就能够提供一个场域：在这一场域中，区别、差异和对立都被显示了出来。这时，名人就化身为某个文化内部有关个体与个性的种种规范的话语性战场。名人作为一

---

[27] Louis Althusser, "Ideology and Ideological State Apparatuses," in *Lenin and Philosophy* (London：New Left, 1971).

[28] John Fiske, "British Cultural Studies," in Robert C. Allen (ed.), *Channels of Discourse: Television and Contemporary Criticism* (Chapel Hill：University of North Carolina Press, 1987), p.259.

种关于个体的话语的力量或权力，只有在受众的权力和位置允许它传播时才能得以运用。

我在下一章的任务就是要确认通过特定名人得以体现的受众—主体性的类型。这个计划的实施需要一种双层的（two-tiered）分析形式。藉由名人的受众建构过程，牵涉到对现有相关产业机构的了解。我选择了三个产业化的文化生产领域来集中进行对名人的研究。这三个领域是：电影、电视和流行音乐。从其他领域如体育、商业和宗教出发，也都一样可以有效地展开此类研究。我之所以选择这三种文化产业进行考察，有四重原因。首先，这三者围绕名人符号的制造，提出了清晰的、公认的产业策略；在对每一个名人进行设计的背后，都存在着一种经济目的。第二，我希望展示出这些大众文化对名人的建构是如何被挪用到政治领袖的建构之中去的。其他领域，如宗教和商业，在挪用名人的大众文化模式方面和政治领域类似。而大众文化领域并不经常受到作为科学、商业、政治和宗教意义系统组成部分的其他形式的理性和合法化概念的妨碍。第三，这三种文化产业间的相互关系能够让我们发展出系统的名人概念。当名人们被看做是一个系统的组成部分时，人们就可以看到一些类型的受众—主体性是如何被置于和其他类型对立或不同的位置上的。电影、电视和流行音乐提供了揭示各种形式的受众—主体性之间的相互作用，以及这些形式是如何有助于资本主义条件下的社会世界构型的可能性。最后一点，正如上面已经讨论过的，在20世纪，名人的发展和受众的发展之间存在着密切的关联，二者成为了社会差异的互补范畴，对社会伙伴的个体性和集体性建构也存在于其中。因为受众作为一个社会学范畴主要出现在文化产业领域，所以我选择从大众文化的这三个组成部分出发开始对名人权力的研究。

2. 接受理论与受众—主体研究

要想识别出每一个名人符号中所包含的受众—主体是困难的。通过使用这种观念性工具，得到承认的是在对名人的建构中受众所发挥的核心作用。一些在接受理论领域展开的研究，特别是汉斯·罗伯特·尧斯所进行的研究，将会有助于我们对作为受众—主体的名人进行分析。

接受理论给当前的研究提供了把文本分析整合到对受众的阐释之中的机会。对尧斯来说，文本——好比名人——不是一种稳定或静止的现象。它的活力来自读者对文本的阐释方式。尧斯把读者对文本的持续再阐释称为变化着的"期待视域"

(horizon of expectations)。尧斯对文学理论的介入,是综合了文化因素以决定对文本的解读。变化着的期待视域清晰地表明了作为相互关联的两个系统——文化史和文学——之间互动的方式。任何文学作品的价值都是由它与之前被阅读过的作品之间的关系决定的。在尧斯看来,接受的过程就是"在某系统的发展与修正之间运行的符号体系的扩张。"[29] 因此任何接受都是接受的历史性链条上的一环,随着当前文本与过去文本之间关系的变化而不断地被改变。尽管尧斯的早期著作说明他对文学的发展持一种进化论的观点,但他在晚近的著述中却有意淡化了这种线性的目的论。不过,他早期的著作还是描述了一种进入文本的新方法,因为他承认了读者或受众在文本意义系统中的投入。这种对受众地位的抬高使尧斯得出的有关接受的结论,与英国文化研究探讨文化形成的方法联系紧密。与阿多诺和法兰克福学派所谓的否定性美学传统相反,尧斯认为文学经过接受不仅能够表现这个世界,而且通过对社会中存在的渴望、需求与欲望的确认扮演着一种"社会形塑"的角色。接受文本并对之做出评价的过程是"依靠着它们的艺术形式背景及日常生活经验背景"才得以产生的。[30] 在尧斯的接受理论的范式中,读者的活动被等同于生产过程。就本研究而言,接受理论提供了对名人的双重的、相互矛盾的性质展开探索的可能性,在这种性质中,受众形式的合理化与文化产业形式的合理化发生关联,从而形成了一种不稳定的、但至少暂时保持着连贯性的受众—主体性。尽管尧斯使用了不同的研究客体,但他还是把建构文本意义的战场确认为读者。

沃尔夫冈·伊瑟尔的著作与尧斯的著作一样,都与文学研究的康斯坦茨学派相关。这些著作为本研究计划提供了一种对尧斯接受理论范式的必要补充。尧斯倾向于在宏观层面建构他的接受和美学体验理论,而伊瑟尔更多地不是把意义的建构定位于文本之间,而是定位于文本内部(intratextually),他所从事的研究,正如赫鲁伯(Holub)所说,是在微观层面进行的。[31] 以茵伽登的理论为基础,伊瑟尔用"意义的不定性"(the indeterminacy of meaning)这个短语来描述单个文本是如何被建构的。读者在持续阅读时会生成一种可变化的、暂时性的"格式塔"(gestalts)。随着新信息的摄入,

---

[29] Hans Robert Jauss, "Literary History as a Challenge to Literary Theory," in *Toward an Aesthetic of Reception*, trans. Timothy Bahti (Minneapolis: University of Minnesota Press, 1982), p.23; 转引自 Richard C. Holub, *Reception Theory: A Critical Introduction* (London: Methuem, 1984), p.61。

[30] Jauss, "Literary History," p.43; 转引自 Holub, *Reception Theory*, p.68。

[31] Holub, *Reception Theory*, p.83。

读者对情节和人物的印象也会发生变化。受众在处理名人这一"文本"时，也会产生一种类似的读者与文本意义间的关系。有关名人的职业生涯及个人生活信息的新构型，会催生该名人的滑动的能指。有关该名人的暂时性的新格式塔形成了，其特征常常通过名人照片表现出来。名人照片把已建构的名人形象固定在适当位置呈现给受众，直到它被与之竞争的、能够代表相关个体性构型的其他名人照片所取代。

伊瑟尔和尧斯都曾花费气力尝试描述文学的价值，或至少尝试描述更好的文学如何才能产生。对我而言，如果使用他们的研究成果而对这一方面不加承认是显失公平的（尽管这一方面对本研究项目几乎没有"价值"）。尧斯和伊瑟尔都曾尝试过对文学中的创新价值加以确认。尧斯曾坚持文学规划（literary project）是由断裂（disjunctures）建构而成的，伟大的作品出现在期待视域被打破之时。不过，他后来对此论的重要性有所贬抑。伊瑟尔更为明确地讨论了创新的概念，以及它在打破规范化的传统方面所表现出的积极价值。他相信使事物呈现出新的面貌对于读者的价值，并认为通过该方式就会在接受中产生美的瞬间。我无意把这些规范性的特征整合到对名人的研究之中。然而在名人体系中的确有某种创新的概念和对新事物的持续创造在起作用。我认为这是一种文化特征，它来源于个体概念以及当过去的社会结构形式不再适用时，该如何决定个体价值的等级体系的考量。我并不把创新契机（innovative moment）当作普世价值看待，而是把它视为个体性在当代文化中被形态化（modalized）方式的合理化。

最后，名人符号是通过特定方式被建构为一种受众—主体性形式的，而接受理论则有助于对此方式提供有用的示范。尧斯晚近时期在"审美经验"领域所作的研究确认了接受快感的三个领域："创作（poesis）、感觉（aisthesis）和净化（catharsis）"[32] 尧斯认为第三个领域，净化，表明了一种审美沟通方式。这种范式主要是以文学文本中的认同概念，特别是以主人公的认同为中心的。尧斯处理主人公的不同之处在于，他把这种认同看做是一种接受"形态"（modality），而不是源自人物本身。[33] 尧斯辨认了五种类型的认同形态，它们都将在本名人研究中获得考察。这五个类型都是认同的模式，它们同时存在着，尽管某些特定的模式在某些特定的

---

[32] Hans Robert Jauss, *Aesthetic Experience and Literary Hermeneutics*, trans. Michael Shaw (Minneapolis: University of Minnesota Press, 1982).

[33] Hans Robert Jauss, "Interaction Patterns in the Identification of the Hero," in *Aesthetic Experience*, pp.153—154.

时代起着主导性作用。以下是尧斯阐明的用于描述整个认同体系的接受形态：

1. 联想式认同（Associative identification）：受众与演员之间的障碍被打破，出现了对积极参与的欢庆。[34]
2. 仰慕式认同（Admiring identification）：主人公的行为成为一个特定群体的榜样——完美的主人公。[35]
3. 同情式认同（Sympathetic identification）：受众与角色或受苦受难的人物休戚与共。我们把自己放到了主人公的位置上。[36]
4. 净化式认同（Cathartic identification）：尽管和同情式认同相似，但净化式认同代表了一种与主人公的抽象化或审美化关系。这样，就可从美感体验中获致一种道德寓意或判断，读者通过融入人物亦可获得一种解放的感觉。[37]
5. 反讽式形态（Ironic modality）：这种对人物的文本接受形式，其表征是对任何一种预期的认同形式的一贯性否定。保持与受众之间的互动，但不存在人物认同的封闭感。正是这种形态在现代主义小说和后现代主义批评中享有特权。[38]

在以下对名人的分析中，我将试着去阐明接受的技术是如何藉由一类受众而与这些特别的认同形态发生关联的。大体上说，我将确认与历时性的接受建构相对立的共时性认同类型。我将把这些形式的认同与关于社会差异的讨论结合起来，而这种社会差异是围绕着现代受众所激活的分化类型而形成的。接受理论及以上列出的接受和认同的形态将会被改造，以适应当代文化中名人建构的研究。这种分析本身可被描述为一种与建构名人身份所使用的双重合理化形式相关联的双重解释模

---

[34] Hans Robert Jauss, "Interaction Patterns in the Identification of the Hero," in *Aesthetic Experience*, p.155.
[35] Ibid., pp.166—168.
[36] Ibid., pp.172—173.
[37] Ibid., p.177.
[38] Ibid., p.181.

式。[39] 本项目在研究每一种文化形式里的公共主体性的产业化组织时,将使用意图解释(*hermeneutic of intention*)的方法。同时,我还将解读各种关于特定明星的流行文本,以及和名人有关的特定产品的接受形式。这样,我的分析就能锻造一种相关联的接受解释(*hermeneutic of reception*)。这两种阐释方式所协商形成的结合体,将确立名人在当代文化的公众人物的星群中的意义和位置。

这种用于揭示公共主体性结构的双重解释,代表了一种还未被其他的名人著述者充分发展起来的研究方法。一些著述者,比如戴尔,详细说明了对明星的种种接受形式,但却没能充分阐明现有的尝试解读和制造明星的机制。其他著述者,比如莫兰(Edgar Morin),描述了作为造星体制的文化工业的产业化组织,但却没有认识到明星或名人的组织性成功并非一种既成事实(fait accompli),而是代表了一种对知名人士的公共呈现的不断再规划与调整,以满足不同的受众和受众预期。[40] 最后,名人形式的发展与变化来自于这些协商过程,但很少有著述者能够成功地在将这些发展变化与当代主体性建构联系起来。约翰·哈特利(John Hartley)对一种转型的公共领域——在此一领域中电视提供的"通俗现实"(popular reality)有时会把个人领域转换为政治领域——的解读,在解释名人是如何成为变化中的公众讨论的一部分方面,或许是做得最好的。然而这种构想还未对公共主体性的形塑

---

[39] 解释学(Hermeneutics)在这里被用来说明以下的论述是对文化文本的阐释性阅读。解释学最初是同对圣经文本的评释有关的一个术语。而现在在哲学术语中该词已被详细描述为一种理解经验和(可能)现实的方法:这种方法不会使经验沦为纯粹经验主义的证据、也不会把经验置于哲学术语和逻辑实证主义哲学的领域中加以阐释。解释学引入了一个认识论问题,即知识是由什么构成的?阐释科学(interpretive sciences)主要是一些同人文科学有关联的学科,其根本目的是通过对文本和历史的细读建构理解。尧斯自己承认他的工作是文学解释学。他认为意义和理解不仅来自于词语的显义、更来自于文本所处的语境。各种文本将名人建立为一个实体,本研究项目通过对这些文本的阐释性解读,发起了一场对名人的制造与接受的解读。本研究还把对文化语境的认知整合进了解释学,因为文化语境塑造和影响了名人符号/文本的意义。尧斯的工作的特别助益在于,他致力于确认一种关于接受的解释学,从而超越了仅仅通过文本细读来挖掘作者意图的方式。我试图让这些洞见也适用于对流行文化形式和主体性的研究,这种主体性是通过生产与消费过程建立起来的。对解释学意义的"解读",见 Roy J. Howard, *Three Faces of Hermeneutic* (Berkeley:University of California Press,1982);Hans-Georg Gadamer, *Philosophical Hermeneutics* (Berkeley:University of California Press,1976)。

[40] 比如,见 Richard Dyer, *Stars* (London:British Film Institute,1979);Edgar Morin, *Les Stars* (Paris:Seuil,1972)。

加以探究。[41] 下面的分析将会确认那些藉由名人而在公共领域享有特权的主体性形式，并把那些生产和接受的形态与自我（self）和身份的政治表征的组织联系起来。从受众—主体的认同中，从文化产业对名人的生产中，从政治文化中，产生了一种渗透当代文化的身份形式，把它命名为一种娱乐现象或政治现象都是不确切的。唯有公共主体（public subject）这一术语，能够表达这种身份所拥有的各种特性。公共主体指的是一种在公共领域运作的个体性与个性的表征。这种主体形式中的"公共"一词，指的是公众的参与（以不同的受众群体的形式）及一种常见的已被接受的对名望和重要性的文化评价观念。该命名中的"主体"一词，指的是作为公众人物基本特征之一的个体化建构。而且正如上文所提到过的，主体性需要一个结构化[42]过程，这一过程包括对名人加以认同的受众、组织这些名人身份的表征的现有机制，以及名人自身。以下对名人的分析将会进一步充实当代公共主体性所必需的要素，并因而揭示这种形式的主体性何以在所有的公共领域都如此重要。

四、方法的统一：福柯、话语和权力

到此为止，我已经确立了对名人进行研究的三种方法。在下面的章节里，我打算通过把这些方法整合成一个统一的主题（即关于由整个名人体系所代表的一般性权力类型的主题），来对特定名人进行分析。我将通过符号学及文化研究提供的对文本和符号进行分析的常规方法，阐释作为一种双重理性形式概念的名人。我打算运用尧斯对主人公式接受理论的描述，在受众建构的范围内组织关于任何名人的解读。

最终，把这些针对名人的分析结合在一起的，是权力通过这些文化文本得以表达的方式。权力概念在名人研究中意味着什么，还比较模糊。在对名人进行分析之后的章节，我会分析受到名人体系影响的政治话语，届时，对权力这一术语的经典理解将浮出水面。我打算通过这个术语的福柯式理解，把权力的政治性质与名人的

---

[41] 见 John Hartley, *Politics of Pictures* (London: Routledge, 1992)。
[42] "结构化"（structuration）是英国社会学家吉登斯（Anthony Giddens）提出来的一种理论。吉登斯试图弥合社会学传统中的二元论，强调主观—客观、行动—结构、微观—宏观是相互包容的，他认为，所有的人类行动都是在一个事先存在的社会结构中发生的，部分地由各种规则所预先决定。但结构不是永恒不变的，而是由人类行动所维系和修正的。——译注

权力关联起来。福柯对权力的探讨并非从有权者与无权者之间的对立入手。相反，对福柯来说，权力是一个更具普遍性的概念；权力既存在于体制化的背景中，同时亦存在于与体制相对立的组织中。这两种形塑之间的联结处即是权力的场域。从根本上把完全对立的组织统一起来的，是"话语"的公共性（commonality）。话语策略（discursive strategies）正是为了保持关于话语的某些知识形式的首要地位而作的尝试。权力的运作就是对话语的定位，以便表征一种利益、需要和制度的构型。[43]

福柯给出了几个权力通过话语得以表达的范例，而话语策略也被包含在其中。福柯把他对这些话语权力母体的追溯称为"系谱学"（genealogies）。比如，他将疯癫的话语从其古典根源（在那里，疯癫者被认为是真理的传达者）一直追溯到了19世纪（那时，疯癫成为一种疾病，被这种疾病折磨的人需要同正常人隔离开来）。作为一种话语，疯癫已经被重新定位，因为它破坏了后文艺复兴时期的理性、理智及个体的领域。疯癫成为已被建构起来的知识系统的显见威胁。[44] 在另一部著作《规训与惩罚》（*Discipline and Punish*）中，福柯关注的是规训策略的转变：从躯体的惩罚转向把规训内化为良知。关于监狱系统，福柯指出，边沁的全景式敞视监狱至少

---

[43] 值得在这里简略描述一下福柯对权力是如何理解的。如果把福柯对权力的理解最终解释为压制性的，那就错了。福柯曾经说过权力关系"无所不在"："权力首先必须被理解为多重的力量关系，存在于它们运作的领域，并构成它们自己的组织；权力必须被理解为通过无休止的斗争和对抗改变、加强或逆转这些力量关系的过程；权力必须被理解为这些力量关系彼此间的相互支持（它们因此而形成了一个链条或一个系统），或者正好相反，使这些力量关系相互隔离的断裂与矛盾；最后，权力必须被理解为力量关系藉此而产生效力的策略，其总体设计或机构化结晶体现在国家机器、法律制定及各种社会霸权中。" Michel Foucault, *The History of Sexuality*, vol.1 (New York: Random House, 1980 [1978]), p.92. 福柯并没有把权力和国家必然地联系起来；他认为断裂之处正是权力和策略的聚集之处。然而，很明显，某些种类的话语居于主导地位，而且其中一种居于主导地位因而也更加有力的话语样本就被包含在"国家机器"的运作之中。

[44] 见 Michel Foucault, *Madness and Civilization*, trans. Richard Howard (New York: Vintage, 1973 [1961])．在以上关于对知识与疯癫的这种组织的描述中，我使用了福柯在其后期著作中生成的术语和修辞来重读他早些时候的著作。他关于话语考古学的概念在其著作 *The Archaeology of Knowledge* (New York: Random House, 1972) 中获得了清晰的阐述。系谱学这一术语的使用出现在他的《性史》(*The History of Sexuality*) 一书中。他认为系谱学适用于描述一种话语的发展过程及其与权力/知识母型间的关系。有关福柯越来越重视权力的组织的思想转变过程，参见 Hubert Dreyfus and Paul Rabinow, *Michel Foucault: Beyond Structuralism and Hermeneutics* (Chicago: University of Chicago Press, 1983), pp.143—182 所做的精彩解读；有关系谱学的运用，见 pp.104—115。

在隐喻层面上表明,现代规训已经通过在囚犯中维持一种观念(即囚犯们处于不间断的监控之下的观念)而获得了支配地位。[45] 关于规训内化的论述大量增加,因为它表达了在一个捍卫个体的时代如何对孤立的个体施加控制的方法和途径。

在他的最后一部重要著作《性史》(The History of Sexuality)中,福柯更为充分地发展了他的权力概念。使福柯对性产生兴趣的是它的话语权力,也被福柯称为"生命权力"(bio-power)[46]。在这部著作的第一卷中,福柯考察了性在19世纪和20世纪被定位的方式,以便对多种精神疾病做出解释,同时也指出了一条通向自由和解放的途径。福柯没有去辨认维多利亚时代的性审查制度和20世纪中期的性解放运动间存在的话语的非连续性;相反,他观察到在把性当作一种解释途径方面,存在着一种清晰的连续性。性一直在以话语方式安置和建构着现代主体。这样,作为话语的性就将各种不同的权力构型接合了起来。

与性相似,名人使得当代文化中有关个体及个体性的某些话语的建构、定位及增殖成为可能。名人以最公共的方式,为那些被认为是公共辩论边界之外的领域的讨论提供了一种话语焦点。名人系统成为一种方式,通过这种方式,非理性的、情绪的、个人的、情感的领域在当代文化中得到包容和协商。

五、情感与权力

在这一章中,我一直在表明情感的概念对于理解当代文化中的名人的意义和权力是至关重要的。这个概念是在韦伯试图定义合理化的过程时出现的。我试图在前面的某一章论证,大众已经被理解和定位为容纳易变的情感作用的主要场所和非理性的中心。我还指出,在能指体系中,内涵领域可以划分为情感活动的场域。而且在我对福柯的整合中,我给予情感(affect)这一术语特权,以确认通过名人进行的

---

[45] Michel Foucault, *Discipline and Punish: The Birth of the Prison* (New York: Random House, 1979), p.202.
[46] Foucault, *The History of Sexuality*, pp.140—144. 福柯特别提到,"如果一个人可以把生命历史(bio-history)这一术语应用于对压力(pressures)的研究——正是通过这些压力,生活运动和历史进程得以相互干预——那么他将会使用生命权力(bio-power)来指明是什么把生活及其机制引入到精确计算的领域,使得知识—权力(knowledge-power)成为人类生活转变的动因"(143)。

关于个体性话语的建构。最后,为了完成研究名人与权力所需技巧与工具的讨论,我将在接下来的分析中进一步详细说明我是如何使用情感这一术语的。

情感,作为一个术语,主要被用于心理学领域的研究。在行为心理学中,情感是认知和行为的中间地带:在被体验的事物与对该体验做出反应之间存在着一个因果链,情感领域就和这个因果链相关联。[47] 大量的行为心理学研究都致力于确定情感是如何导致人的反常行为,以及如何改变这种因果链。

弗洛伊德在其致力于为精神分析科学建立框架的早期著作中,也进行过对情感的解读。弗洛伊德的观点是,人们实际上会自动地为自己的情感假定理性的基础;因而情感体验就会导致对情境的再阐释,以至于情感体验似乎成为合理的并被整合入世界观之中。[48] 我们能够从弗洛伊德和较小程度地从行为心理学家那里得到的结论就是:情感总是被"归因于"(attributed to)某物。对情感的归因即是把情感反应合理化的过程。这呼应了韦伯对卡理斯玛型领导者及其追随者间关系的解读。我对这个术语的使用就来自这种对情感的解读及对情感的归因。就受众和体制都生产出允许名人发展的文化形式而言,名人代表了一个可供情感寓居其中的场所。

尽管我把这种对情感和归因的解读当作出发点,来理解名人作为文化文本建构时所发生的意义的协商,但我还是倾向把该术语的意义延伸以涵盖一种与意义和重要性问题有特殊关联的总体性文化状况。不同的著述者把这种意指(signification)的坍塌——在那里意义本身是流动不居的——描述为后现代状况。利奥塔曾经就这种元叙事的坍塌写过相关的著作,他可以被重读并被忠实地理解为对当代文化中情感缺乏归因的描述。[49] 意义正在被去中心化;在认知与合理化之间的因果链上情感自身已成为终点。与此相类似的是,詹明信把医学诊断术语精神分裂症(*schizophrenia*)一词重构为一种总体文化状况。他把这种情况表述为价值等级体系的坍塌以及生活处于永远的当下。用他的话来说,总体性文化正体验着"孤立的、

---

[47] 我正在简化大量有关情感的研究。我刚刚描述的模型一般被称为 CAB 模型。对此方面研究更深入的探讨见 Bert S. Moore and Alice M. Isen (eds.), *Affect and Social Behaviour* (Cambridge: Cambridge University Press, 1990)。

[48] 见 Cornelis Wegman, *Psychoanalysis and Cognitive Psychology: A Formalization of Freud's Earliest Theory* (New York: Academic Press, 1985), pp.247—249.

[49] Jean-François Lyotard, *The Postmodern Condition*, trans. Brian Massumi (Minneapolis: University of Minnesota Press, 1984[1979]).

不相关联的、非连续性的物质性能指,它们无法按照连贯顺序连接起来的。"[50] 波德里亚所确认的"传播的迷狂"(ecstasy of communication)与能指和所指间清晰关系的解体相关;迷狂从能指长链上实存的游戏中浮现。[51] 和精神分裂症患者的体验相类似,文化的体验也是强烈的和未分化的,因为过去与未来已解体为参照点。而且,尽管当代文化的体验是强烈的,但是这种体验很快消散并在新的场域得以再度生成。

格罗斯伯格(Grossberg)曾在几篇文章中使用了情感这一术语,来专门描述这种现代文化状况。在谈及后现代性时,格罗斯伯格着重探讨了当代文化中个人在"接合意义与情感"方面的无力:

> 那么,后现代性就指向了我们把任何意义确立为充满激情的行为的可能的、合适的源头的能力方面的危机。这不是一种信仰的危机,而是信仰与常识间关系的危机;一种能够接合意义与情感、我们称之为"锚定效应"(anchoring effect)的东西消散之后产生的危机。并不是一切都无所谓——因为总有一些东西关系重大——但我们已经无法选择,或者说无法找到能保证我们的付出一定会有回报的东西……在历史上曾经如此紧密地结合在一起的意义与情感,如今却分道扬镳,彼此朝着各自的方向奔去。[52]

格罗斯伯格关于情感和意义之间的接合的观念,尽管无疑带有一种政治内涵,但仍可被重读为一种归因。对电视来说,"甚至正当它在差异缺失的地方建构出差异的时候,也存在着一种对差异的漠不关心。"[53] 格罗斯伯格看到的是一种(与表征经济[representational economy]相对的)"情感经济"(affective economy)的运行,其关注的焦点是感情投资,而不带有与之相伴联合的政治投资。因此一首特定的歌曲,比如美国摇滚巨星布鲁斯·斯布林廷(Bruce Springteen)的歌曲《生于美利坚》就可以被1984年美国总统大选中的罗纳德·里根和华尔特·蒙代尔拿来作为一种情感投资:一种与明晰意义的关联——对格罗斯伯格来说,它代表了一种和政治行

---

[50] Fredric Jameson, "Postmodernism and Consumer Culture," in Hal Foster (ed.), *The Anti-Aesthetic: Essays on Postmodern Culture* (Port Towns-end, Wash.:Bay, 1983), p.119.

[51] Jean Baudrillard, "The Ecstasy of Communication," in Hal Foster (ed.), *The Anti-Aesthetic: Essays on Postmodern Culture* (Port Townsend, Wash.:Bay, 1983), pp.126—134.

[52] Lawrence Grossberg, *It's a Sin: Politics*, *Postmodernity and the Popular* (Sydney:Power, 1988), p.42.

[53] Lawrence Grossberg, "The In-difference of Television," *Screen* 28 (Spring 1987):41.

动有关的意义的"接合"——从情感时刻中被删除了。[54] 在接下来的名人分析中，我会阐明这种情感经济在一个名人体系的构架中被设定的方式。各种形式的情感权力是与名人文本轻松自如地在公共领域和私人领域之间游走的权力相联系的。

在随后三章的分析中我会以两种互补的方式来使用情感这一概念。首先，我会确认文化产业为了给情感归因而定位名人的方式，以及受众群体如何把某些特定的情感意义归诸于一些名人。第二，我会描述名人体系如何形成了一种组织文化投入的技巧，针对个性与情感、个人主体性与私人体验的属性进行文化投入。

六、结　论

随后的三章将运用这一章所提出的分析方法，来研究一些出现在文化产业的特定制度化场所（institutional site）的名人。我将首先从名人的历史构型的角度，来分析每一个制度化场所。随后我将分析当代电影、电视及流行音乐中的某些特定名人身上所体现的意义和各种意指形式。我的这项研究的目的在于，通过描绘出合理化的双重形式以及意图和接受的双重解释，来揭示名人体系的话语权力的本质，以便观察它是如何对一般的公共领域、特别是对政治领导层施加影响的。在对名人们分析完毕之后有一个归纳总结式的章节。在其中我会考察不同名人间的关联以揭示其系统特性。随后我会把这些观点运用到对当代政治文化和政治领导层的研究中去，并讨论名人体系在政治文化中的核心要素地位。

（邓伟　译／陶东风　杨玲　校）

---

[54] Lawrence Grossberg, "Rock and Roll in Search of an Audience," in James Lull (ed.), *Popular Music and Communication* (Newbury Park, Calif：Sage, 1987), pp.175—197.

名人与宗教

克里斯·罗杰克

> **导 读**
>
> 宗教与名人的关系，早在韦伯对卡理斯玛型统治的分析中，就已初见端倪。韦伯指出，先知与巫师都是具有特殊灵力的卡理斯玛领袖，"任何非凡的能力都会燃起卡理斯玛的信仰"。在本文中，罗杰克更详细地描述了名人文化与宗教信仰、实践的类似之处，如集体欢腾、圣物的收集、墓地的朝拜、"圣多马效应"等。罗杰克还用宗教中的上升与下沉仪式来类比名人的成名与沉沦。上升仪式以仰望/提升、魔法和不朽三个主题为核心。下沉仪式则有折磨、崩溃和赎罪三种表现形式。通过这套宗教性语汇，罗杰克对一些广泛存在的名人现象做出了合理而有趣的解读。比如，他认为，"公开告解是名人在承认崩溃和濒临崩溃状态后，重新协商公众形象的一种媒介"，而赎罪则是"堕落的名人通过告解和请求公众赦罪而重新获得正面的名人身份的仪式化企图"。由于长期暴露在公众的视线之下，名人的真我会遭到侵蚀，导致他们患上各种心理疾病，或出现上瘾、狂躁和着魔的行为。严重者甚至会自杀。在罗杰克看来，那些自杀和自杀未遂的名人"是在严格意义上寻求将身体埋入地下。从外表上看，自杀是一种破坏性行为，但从内部看，自杀帮助名人永久地躲避了贪婪的公众。"
>
> 不过，罗杰克的论述也包含着若干自相矛盾之处。在第一和第二小节，罗杰克认为，在当代世俗社会，宗教并没有被科学和法理型思想体系所彻底取代，而是和消费文化发生了相当程度的融合。在"上帝死了"之后，"神圣性丧失了与有组织的宗教信仰的意义关联，开始依附于那些成为崇拜对象的大众媒介名人"。名人为部分大众提供了一种"特别有力的归属、承认和意义的肯定"，并

本文节译自 Chris Rojek, *Celebrity*, London: Reaktion, 2001, pp.51—91. 罗杰克是英国诺丁汉特伦特大学(Nottingham Trent University)的社会学教授。本译文参考了 *Celebrity* 的中译本《名流：一个关于名人现象的文化研究》(李立玮、冈楠、张信然译,北京：新世界出版社 2002 年版)。——译注

能唤起他们深厚的情感力量。到了第八小节,罗杰克又称名人文化的兴起"部分的是陌生人社会的产物","正如17世纪的清教徒向基督寻求慰藉和灵感,今天的粉丝也从名人那里寻找个人生活的依靠和支持"。但他否认"救赎"是名人文化的支配性动机。罗杰克指出,"粉丝因各种原因被名人吸引,其中性吸引力、对独特的个人价值的崇拜和大众传媒的喝彩是主要的"。如果部分粉丝并没有真的把名人当作神一样崇拜,并没有试图从名人那里获得救赎,那他们的举动为何又与宗教实践如此类似呢?

在本文的最后一节,罗杰克再一次显示了他对名人文化的矛盾态度。一方面,他受法兰克福学派的影响,声称名人"促成了一种娱乐崇拜,为浅薄、俗丽和商品文化统治赋予了价值"。正如"商品文化无法造就整合的文化","名人文化也无法产生超越性的价值,因为任何超越的姿态最终都会被商品化过程收编"。而且"名人文化生产了一种美学化的生活解读",这种解读掩盖了生活的无意义以及各种社会不公。另一方面,罗杰克又主张要对名人的社会影响力"具体问题具体分析",一味否定或肯定名人文化只会引发无益的辩论。他甚至赞扬戴安娜王妃在反地雷运动中所起到的积极作用,认为"其他现有手段恐怕很难取得这样的救济效果"。罗杰克所表现出的这种学术立场的暧昧,或许正说明了当代名人文化的复杂性。

名人崇拜经常被公开指责为暗含奴役、虚假意识和"邪恶"之意的偶像崇拜。在更日常的意义上,名人崇拜还被等同于琐屑和浅薄。粉丝和名人的关系无疑常常涉及非同寻常的、单向的情感依赖,在这种关系中,粉丝将强烈的正面情感投射到名人身上。着迷的粉丝参与了与名人的想象性亲密关系。在一些极端的例子中,这种关系有可能成为婚姻、家庭和工作等真实关系的替代物。[……] 一般来说,名人是一种想象性的资源,粉丝在人生中遇到困难或取得成功时,都可以借助这种资源寻求安慰、智慧和快乐。但我们可以斗胆说,在崇拜的表面下总是暗藏着憎恶,因为粉丝与名人融为一体的渴望注定要失败。

[……]

"准社会互动"(para-social interaction)一词指的是通过大众媒介而非直接经验和面对面的会面构建起来的亲密关系。这是一种二级亲密形式,因为它源自媒体对于名人的表征,而不是实际的亲身接触。然而,当社会中多达50%的人口都承认有亚临床的孤独感时，准社会互动就成了寻求承认和归属的重要方面。名人为那些生活乏味、抑郁不得志的受众提供了特别有力的归属、承认和意义的肯定。名人文化中的一种特殊张力是，大众与名人在身体和社会方面的距离可以通过大量媒介信息得到补偿。这些信息包括粉丝杂志、新闻报道、电视纪录片、访谈、通讯简报和传记，它们将名人人格化（personalize）了，使其从一个遥远的陌生人变成了重要的他者（significant other）。这种张力不可避免地与宗教信仰有类似之处，粉丝赋予名人的神奇而卓异的力量也强化了这些相似。某些粉丝认为名人拥有神一般的特质，而其他粉丝则在名人身上看到了萨满巫师的精神，因为这些粉丝体验过名人唤起其深厚情感的力量。

一、萨满教与名人

比较性宗教和萨满教的人类学研究表明，所有文化都拥有仪式、神话、神形（divine form）、圣物、象征、圣人和圣地。这其中的每一个范畴都依附于一种独特的形态学（morphology），这种形态学将经验组织起来，为某类行为和体验赋予神圣和卓异的意义。我们有理由认为这些形态学确立了接纳和排斥的原则。事实上，所有的宗教体系最终都是以这些原则为基础建立起来的。在世俗社会，神圣性丧失了与有组织的宗教信仰的意义关联，开始依附于那些成为崇拜对象的大众媒介名人。名人经常和魔法联系在一起，他们被认为拥有治愈疾病和打开天眼的能力。摇滚音乐会能够如某些巫术仪式一样，让观众狂喜和昏厥。

为了将随后详述的萨满教和名人之间的关联语境化，有必要再多说一点神圣的特性和巫术的历史。首先，我们必须意识到神圣形态学的内容是千差万别的。但它们也分享了一些重要的共同结构特征。这些通常被表达为某个宇宙物质碎片中的神圣显现（manifestation）。这种显现要么是人格化的，即以某个特殊的人的形式出现，要么是去人格化的，以自然物体或文化制成品的形式，如河流、岩石或环状列石。不管是哪种情形，这种显现都是强烈的（偶尔还是压倒性的）认出、敬畏和讶异情感的焦点。

历史学家托马斯（Keith Thomas）曾详细叙述了英国巫术的兴衰历史。巫术曾在中世纪盛极一时，那时的男巫和女巫都被普遍认为拥有治愈和让人心醉神迷的能力。[1] 城市工业化的发展以及科学的兴起，共同削弱了这些民间迷信。但无论是清教革命还是科学革命都没有办法彻底根除它们。唯灵论和新世纪（New Age）信仰在当代的流行，都揭示了反科学主义情绪的力量，以及民间对巫术和神圣的持久信仰。如果说有组织的宗教已经衰落，唯灵论对于自然、对于世界上不可分割的正邪斗争的坚定信仰，则抗衡了这种衰落。

根据人类学家伊利亚德（Mircea Eliade）的观点，几乎所有的宗教都会假定天神和天人的存在。[2] 人类经验通常被划分为三个领域：上天、大地和下界。男人和女人是属于大地的，但宗教礼仪所提供的通往上天或下界的旅程，为他们的生命赋予了更高的意义。绝大部分宗教都可以在结构上简化为上升（ascent）和下沉（descent）仪式的混合体。朝上和朝下的旅途都和狂喜的体验有关。

在某种程度上，我们可以将这种狂喜形式解释为一种越轨功能，即打破道德和社会常规的、有意识的欲望和行为。越轨是人类文化的一个普遍特征。它是焦虑和好奇、禁止和愉悦的来源。前往上天或下界的旅行具有内在的越轨性质，因为它牵涉到进入尘世生活中甚少可见的领域。通过刺穿禁止和宗教仪式的面纱，个体满足了他们的好奇心并体验到狂喜。旅行则有一个不同的目的。进入下界能够让活人和死者取得联系，死者理论上是无所不知的。通天的旅程则让人更接近统治大地的神祇的不朽知识。这些旅行为人们提供了无法从尘世的探索和反思中获得的知识。下界是有关过去的知识的所在，这些知识能够阐明当下的情境。

巫师和巫医有着与众不同的特质。他们都或因血统、或因印记（stigmata）而被神灵选中。印记有可能是身体的丑陋和畸形，或精神错乱、失常等神经心理疾病。巫师和巫医都被认为拥有美拉尼西亚[3] 信仰系统中所谓的法力（mana），即属于某些活人的神秘而积极的力量，死者的灵魂和所有的神灵也有这种力量。法力能够让个体主持拜神的仪式，协助上天和入地的旅行。

升天仪式通常涉及祭品，一般是一只动物。祭祀让被宰杀的牲畜的灵魂得到解脱，巫师则陪伴灵魂踏上升天的旅程。升天仪式还经常包括爬山、爬树之类的身体运动。进入下界的仪式要求巫师装扮成死人，常常通过形销骨立的斋戒或象征性埋葬的方式，也有通过烧灼或割伤等自残形式。

---

[1] Keith Thomas, *Religion and the Decline of Magic* (London, 1971).

[2] M. Eliade, *Shamanism* (London, 1964).

[3] 美拉尼西亚（Melanesia）：太平洋三大岛群之一。——译注

宗教仪式通常包括以戴面具的方式来宣布自己是某个神灵（祖先、神话中的动物或神）的化身。萨满教的降神会是围绕奇观和例行程序（routines）的打破建构起来的。走绳索、玩火技等魔术技艺、麻醉药和酒的食用、衣着举止的一反常态，扰乱了关于尘世秩序的集体意识。用伊利亚德的话说就是：

> 魔术技艺的展示揭示了另一个世界，一个属于神和魔术师的奇妙世界，在那个世界里，一切都似乎是可能的，死人复生，活人死去只是为了再活一次，人能够在瞬间消失和重现，自然法则遭到废弃，某种超人的"自由"得到例证并光彩夺目地在场……。萨满式"奇迹"不仅确认和巩固了传统宗教的模式，它们还激活了想象，摧毁了梦想与当下现实之间的阻隔，并打开了通往其他世界的窗户，神、死者和精灵就居住在那些世界里。[4]

萨满式奇观是与启示和重生联系在一起的。奇观的表面目的是获得社会的重新整合。巫师作为一个拥有越轨能力的人物在部落中鹤立鸡群。这是因为巫师拥有变换存在（being）的不同集体强度的能力，并通过狂喜之旅的隐喻和体验使超越（transcendence）成为可能。

二、宗教、集体欢腾和名人

我们能假设名人文化和宗教之间的联系吗？毕竟，涂尔干（Emile Durkheim）在其对宗教的经典研究中提出，宗教仪式既将社群的神圣信仰系统圣化，又为"集体欢腾"（collective effervescence）提供了一个出口。他的研究结果先于后来人类学家的发现。[5] 集体欢腾指的是民众的兴奋、狂热甚至狂喜的状态。涂尔干认为，道德个人主义的增长必然会降低有组织的宗教的意义。但因社会平衡要求与例行程序的结构性分离，国家就必须承担起组织一系列周期性的世俗节日的责任，在这些节日里，集体欢腾得到了释放，集体生活的纽带重新获得了肯定。

涂尔干关于有组织的宗教必将衰落的预言被证明是准确的。但他关于国家应该增加世俗节日数量的提议却从未实现。诚然，20世纪的世俗节日确有增加，但它们

---

[4] Eliade, *Shamanism*, p.511.

[5] E. Durkheim, *The Elementary Forms of Religious Life* (New York, 1915).

极少采用有组织的集体欢腾的程序化形式。除了除夕之夜、法国国庆日、四月斋前狂欢节的最后一日（Mardi Gras）等显著例外，假日通常被解释为和伴侣、孩子共度的时光，而不是与他人重塑一种道德生活的机会。

世俗化的论点有效地让我们注意到宗教的去管控化和去制度化。但它夸大了宗教被科学和法理型（legal-rational）思想体系替代的程度。宗教信仰显然已经围绕自然和文化进行了部分重构。比如，观赏性体育、动物保护运动和各种生态运动都明显地激发了强烈的、带有宗教特性的集体欢腾。也就是说，它们复制了清晰的接纳和排斥的原则，它们对超越性的精神信仰和原则忠诚不渝，它们辨识了神圣和亵渎的价值观。因此，宗教和消费文化看上去出现了相当大的融合。对我们而言，决定性的问题是融合的程度。

盖伯勒（Neal Gabler）假定，信仰上帝和崇拜名人之间存在着一种"道德等价"。[6] 这样，他就提出，名人文化是世俗社会对于宗教和魔法之衰落的应答。名人文化现已无处不在，它确立了文化关系得以建构的主要脚本、呈现道具、会话规则，以及其他原材料。[7] 盖伯勒的研究表明，与其说消费文化和宗教发生融合，不如说消费文化单方面接管了宗教，商品和消费文化成了归属、承认和精神生活的关键所在。这个观点站得住脚吗？

神学家们主张宗教是我们的"终极考量"。它的意思是，宗教处理了人生在世的根本问题。即便传统的、有组织的宗教在衰退，这些问题并没有消失。1960 年代以来，唯灵论和新世纪信仰的复苏表明，这些问题在文化中仍然占据重要位置。名人文化作为例行化生存的舞台背景，其重要性正与日俱增，这强化了这样一种观点，即"后上帝"（post-God）的名人现在是组织世俗社会中的承认、归属的顶梁柱之一。

三、名人圣物箱与死亡仪式

宗教信仰、实践与名人文化之间有许多令人瞩目的相似之处，这强化了宗教和名人之间出现了可观的部分融合的假说。在世俗社会，粉丝建立起了他们自己的名

---

[6] In. N. Gabler, *Life: The Movie* (New York, 1998).
[7] "主要脚本"（main scripts）、"呈现道具"（presentational props）、"会话规则"（conversational codes）等词语可能来自戈夫曼（Erving Goffman）的拟剧社会学（Dramaturgical Sociology）。——译注

人文化的圣物箱。从粉丝的立场看,圣物箱背后的组织原则总是为了缩小粉丝与名人之间的距离。从好莱坞的最早时期开始,就有报道说粉丝求取电影明星用过的肥皂、嚼过的口香糖、抽过的烟蒂、擦揩口红的纸巾,甚至包括影星家草坪的一叶草。人们不禁怀疑,还有多少未经报道的、粉丝在名人的垃圾筒里寻找被扔弃的名人附属品的事件发生。

人类学家观察到,祖先崇拜和死者崇拜是亚洲和非洲的萨满教的突出特征。死者的遗物通常构成了成年仪式（initiation）和崇拜仪式的一部分。美拉尼西亚人相信死人的骨头拥有法力,因为灵魂存在于骨头里。他们还相信巫师的排泄物也包含了力量,因为它将身体里的法力外在化了。基督教徒也相信圣人的血液、汗液、头发和精液拥有治愈的力量。对圣人遗骨和遗物的保存是宗教实践的普通特征。

在世俗社会,名人圣物五花八门,既有安迪·沃霍尔的破烂收藏品中的物件,也有杰奎琳·肯尼迪的财物,还有戴安娜王妃的衣服。每一件物品都价值不菲。沃霍尔收藏的斯沃琪牌手表,原价不过 40 美元,但却可以卖到数千美元。肯尼迪总统的高尔夫球棒被卖到了 77.25 万美元（是苏富比拍卖行估价的 858 倍）；他的摇椅卖到了 45.35 万美元,苏富比的估价仅为 3000 到 5000 美金。

粉丝特别渴望名人的签名和签名照,尤其喜爱那些向粉丝传递了"个人化"讯息的签名物品。硬石连锁餐厅在其各个分店轮流展出摇滚明星的纪念物。汽车、衣服、鞋子、床和吉他等名人遗物被视为珍宝。名人故居通常如圣殿一般被保存起来,当这些房子在市场上出售时,也会因名人的关系而价格上涨。在"猫王"埃尔维斯·普雷斯利的粉丝看来,访问雅园（Graceland）、猫王在田纳西州的故居,就如同基督徒的朝圣之旅。每年去那里的游客多达 75 万人,远超每年参观白宫的总人数。乔治·华盛顿、托马斯·杰弗逊、亚伯拉罕·林肯和伊娃·贝隆[8]等人的故居也具有类似的偶像地位。如果说只有怪人才把猫王当作圣人,他的粉丝却普遍相信他有重生的能力。猫王于 1977 年辞世,此后仍然经常有人声称看见了他。大量著述都致力于证明猫王的去世只是一个精心策划的事件,这些著述甚至构成了名人文学的一个亚文类。

埋葬名人遗体的墓地也是一个广受欢迎的旅游地。如同容纳圣人墓地的大教堂曾是流行的朝圣之地。巴黎的拉雪兹神甫公墓、伦敦的海格特公墓、位于洛杉矶的好莱坞公墓和维斯特伍德墓园都是一些人气最高的参观地。海格特公墓现在甚至还

---

[8] 伊娃·贝隆（Eva Peron, 1919—1952）：阿根廷前总统贝隆的夫人,深受劳苦大众的爱戴,在拉美世界有着广泛的影响力。——译注

收取门票,因为女作家乔治·艾略特、演员拉尔夫·理查逊(Ralph Richardson)和卡尔·马克思的墓地都在那里。公众的付费参观证明,死亡并不能阻碍名人的商品化。不过这和洛杉矶的好莱坞纪念公墓(俗称"好莱坞英灵殿")的产品创新比起来,还是小巫见大巫。好莱坞纪念公墓是鲁道夫·瓦伦蒂诺[9][……]等大批明星的长眠之所。1990年代,该墓地因濒临破产而易手,此后它被重新命名为"好莱坞永生公墓",并作为明星的英灵殿推向市场。如今在这片60英亩的公墓里,廉价墓穴的价格是637美金。服务内容包括在葬礼过程中,在一个大屏幕上播放特制的死者录像带,该录像带收录了家庭录像带的精华。靠近好莱坞明星墓地的高端墓穴,价格则高达5000美金。这些举措使好莱坞永生公墓的财政状况得到了彻底改观。自从开展营销大战之后,葬礼的数量已经增长了20倍。

好莱坞永生公墓为粉丝提供了终极的刻奇[10]体验——在死后成为名人的邻居。粉丝即使死后也要和名人在一起的欲望,进一步突显了名人文化的独特诱惑力。在名人的葬礼上,常常可见粉丝拿走花圈上的花朵和留言条,甚至取走一捧墓地泥土作为遗物。著名影星詹姆斯·迪恩(James Dean)、诗人狄兰·托马斯(Dylan Thomas)、希尔维亚·普拉斯(Sylvia Plath)、摇滚歌星巴迪·霍里(Buddy Holly)和吉姆·莫里森(Jim Morrison)的墓碑统统被人偷走了。

盗墓甚至还成了名人文化的一个组成部分。1876年,由于林肯对于美国民族所闪耀的神圣意义,导致有人来到他在伊利诺依州春田市橡树岭公墓的安息地,试图盗走他的遗体。一帮不法分子策划了一个阴谋,企图用林肯的遗体作为筹码,说服伊利诺依州释放一个在押囚犯。这个计划最终没有得逞。但由于担心类似的盗墓事件再次发生,当局将棺材从石椁中挪出,转移到了一个更安全的地方。此后的11年间,那些向林肯墓地致敬的游客实际上看到的是一座空穴。这在不经意间展示了一个核心洞见,道出了名人的真正本质,即外表是至关重要的。1886年,林肯的遗体被葬入一座新的墓穴。但当人们发现纪念碑站立不稳时,只好再次将棺材转移。林肯总统的儿子,罗伯特·林肯,决意不再让州政府官员和盗墓者移动他父亲的遗体。他在芝加哥实业大亨乔治·普尔曼(George M. Pullman)的葬礼上看到了一种新设计:在棺材周围筑起一个铁笼并浇满水泥。1901年,林肯被再次埋葬,这一次他被罩上

---

[9] 鲁道夫·瓦伦蒂诺的生平信息,可参见本书第18章《奇观性的男性身体与爵士时代的文化名人》。——译注

[10] "刻奇"来自德语 kitsch,意为浅薄、造作、感伤的艺术作品,或带有这种性质的任何东西。——译注

了钢筋水泥。

奇特的是，名人文化中也有类似的遗骸诡异移动的事件。1978年，查理·卓别林的遗体被人从瑞士的维威墓地盗走，在这起非同寻常的名人"死后绑架"案中，绑匪开出了60万瑞士法郎的赎金的要求。警方最终捕获了所有共犯并找回了遗体。

在基督教里，面包和酒象征着基督的身体。领受圣餐象征着在尘世中分享基督的身体，在现实中证实至高的造物主。在名人文化中，播撒骨灰是与之类似的（尽管是世俗的）分享仪式。人们将利物浦足球俱乐部前主帅比尔·香克利（Bill Shankly）的骨灰洒在了利物浦的主场、安菲尔德球场的草坪上。这既象征着他在球迷心中神一样的地位，也象征着与其统帅相连的价值观和成功的延续感。将球星的骨灰洒在与他们密切相关的体育馆周围，现已成为一种普遍做法。

有趣的是，名人与道德提升没有什么道德联系。臭名同样让公众着迷。比如，美国连环杀手杰弗瑞·达默（Jeffrey Dahmer）的受害人家属，计划拍卖他折磨被害人的工具，并平分拍卖所得。尽管他们的计划流产，但公众对这些物品显示出了相当大的购买兴趣。在英国，出售格洛斯特市克伦威尔街25号的计划，也引发了类似的争议。正是在这个被称为"恐怖之宅"的地方，连环杀手韦斯特夫妇（Fred and Rosemary West）折磨、杀死了他们的受害人。争议的起因是有商业机构想将这个地方变成一座博物馆，提醒公众防范罪犯的恶魔般诡计。地方议会最后决定拆掉这座房屋。房屋的砖块、木料和灰泥都被秘密地处理，以阻止那些可怕的纪念品收藏人。

四、圣多马效应

"多疑的多马"一词源自有关圣多马的圣经故事。当基督在复活之后向门徒显现时，多马对其存在表示激烈怀疑，直到他在基督身上触摸到十字架上的伤口。圣多马效应指的是那种为了确认欲望对象的真实性，而接近、触摸和拍照欲望对象的强迫性心理。粉丝对名人的跟踪、暴力袭击，或着魔地积攒名人遗物的行为，都是圣多马效应的体现。与名人建立起来的想象性亲密关系，转化为不顾一切地触摸名人、占有名人的祖传物或其他废弃物品的欲望。圣多马效应所激起的欲望强度，有可能导致粉丝丧失自控能力，让名人和粉丝都处于险境。

[……]

许多粉丝确认名人物品的真实性的强烈关切，是与他们占有名人的抽象欲望成正比的。名人是捉摸不定、难以接近的。名人物品却与之相反，它们是可以被占有和珍藏的。但只有那些物品与名人的关系得到证实，它们才是值得拥有的。如果粉丝无法与抽象欲望的化身（名人）融为一体，这些无生命的物品至少能让粉丝体会到最近似于占有名人的滋味。

五、名人与死亡

那些涌向雅园（猫王生前的居所和死后的墓地）的朝圣者们，与其说在纪念一位死去的上帝，不如说是在宣布流行文化中一位活着的世俗神祇的在场。许多粉丝认为猫王是假死，目的是摆脱名人文化的干扰。即便是那些接受他死亡的事实的人，也将他看做是一种鲜活的文化存在。

相反，约翰·列侬的死亡对于歌迷或媒体来说都是毫无争议的。即便如此，他在千百万人心目中仍然是一位超人的、具有激励作用的人物。列侬本人当然也意识到了名人在流行文化中的超凡力量。他在1960年代的评论——披头士乐队比耶稣基督更受欢迎——引起媒体的一片哗然，并导致美国的某些宗教团体当众焚烧披头士的唱片。但列侬所言或许并非妄语。如宗教一样，披头士的音乐在1960年代似乎言说了那些不可言说之物。

列侬显然觉得他的名气令人难以招架。他在《约翰和洋子的歌谣》的歌词中写道："事态的发展将把我钉在十字架上"，暗示他正饱受基督情结（Christ complex）之苦。他在1970年代未经周密思考就介入政治，说明他是在有意识地试图拯救世界。列侬从利物浦的一个工人阶级子弟成长为1960和1970年代的流行巨星的历程，与诞生在路边旅馆的马槽却最终成为"世界之光"的基督，岂非有异曲同工之妙？列侬1980年死于一个疯狂的歌迷之手，他的这种死法不也暗中呼应了钉死在十字架上的基督？在部分人看来，二者之间的精神类比是不容置疑的。如果说列侬有时候把自己呈现为一个弥赛亚式的人物，他对名人荒谬性的意识和叛逆不恭的态度却几乎总是让这副救世的公众"面孔"大打折扣。尽管列侬具有传奇般的煽动观众的集体欢腾的能力，但他的世俗性是不言而喻的。用一个比喻的说法就是，列侬或许将观众引入了上天和下界，但他本人却是属于大地的。

［……］

八、名人的上升仪式

名人文化是世俗的。由于世俗社会根植于基督教，因此许多象征名人成败的符号都借鉴了宗教性上升与下沉的神话和仪式。

名人文化不是围绕着连接此世行为和救赎的全基督教（ecumenical）价值观体系建立起来的。但我们也不能低估各种名人文化形态的复杂性，因为每一种形态都有其特定的信仰、神话、仪式和象征物。名人文化的多变性和多样性是有意义的普遍概括的持续障碍。尽管我们不想简化这些分析性难题，但荣耀和恶名通常是名人的身份经济（status economy）的重要特征，而金钱则是衡量荣耀和恶名的通用指标。

实际上，名人文化的兴起是和货币经济的兴起，以及城市工业地区的人口日益增多密切相关的。它部分的是陌生人社会的产物。在陌生人社会，个体从家庭和社群中抽离，被重置于一个匿名的城市，而城市里的社会关系经常是浮光掠影、断断续续、缺乏稳定性的。正如17世纪的清教徒向基督寻求慰藉和灵感，今天的粉丝也从名人那里寻找个人生活的依靠和支持。这里的支配性动机不是救赎。粉丝因各种原因被名人吸引，其中性吸引力、对独特的个人价值的崇拜和大众传媒的喝彩是主要的。几乎没人相信名人能在正统宗教或准宗教的意义上"拯救"他们。但大部分人都从对名人的依恋中找到了慰藉、魅力，或兴奋。通过这种依恋，一种富有魅力的与众不同感获得了表达。

在货币经济中，巫师对于上天和下界的神明的信仰，如同基督徒对于上帝和魔鬼的信仰一样，都被削弱了。如果说大地、上天和下界之间的宗教性区分被淡化了，关于物质成功和失败的意识却得到了强化。名人文化发展出了一套上升和下沉的仪式来象征荣耀性身份的获取和丧失。核心的上升信仰和仪式围绕着三个主题：仰望/提升（elevation）、魔法和不朽。

仰望指的是让名人超然于公众之上的社会和文化过程。在好莱坞名人身上，仰望得到了字面意义上的实现，因为阔大的电影屏幕和广告牌使影迷们不得不仰视好莱坞明星。在市场社会，名人的财富和奢华是主要的、即刻被认出的成功象征。

流行文化中名人传记的普遍存在，是仰望的另一个证据。《Hello！》、《OK！》等大规模发行的流行杂志主要报道时尚新闻，它们记录了名人的婚姻、住宅、假日、离婚、出生、手术和死亡。《帕金森》（Parkinson）、《拉里·金现场》（Larry King Live）、《大卫·莱特曼深夜秀》（The Late Show with David Letterman）、和《杰·雷诺秀》（Jay

Leno Show）等电视脱口秀，让名人在一个"角色外"（out of role）的语境中，展示了不同于公众面孔的风采，从而增强了名人的显赫形象。

电视脱口秀是 1950 年在美国发明的。当时，杰里·莱斯特（Jerry Lester）开始主持一个名为《百老汇开放日》（*Broadway Open House*）的节目，一周播五个晚上。不过，这一节目形式的确立还要归功于强尼·卡森（Johnny Carson）。卡森曾是喜剧演员，后转行做主持人。1962 年，他开始主持《今夜秀》（*The Tonight Show*）。绝大部分评论员都认为，卡森在 1993 年退休之前，一直是这一媒介的主宰。卡森将脱口秀变成了名人率性而为和隐私揭秘的平台。他所发明的脱口秀主持人的角色是特写技术的延续，旨在为观众提供与名人更亲密的、面外[11]接触机会。（一般认为，美国"电影之父"D. W. 格里菲斯 1915 年在其导演的首部故事片《一个国家的诞生》中，发明了特写镜头。特写镜头不仅使观众能看清明星的脸，还能看清他们的面部情感，因而强化了观众和明星之间的亲密感。）《今夜秀》的场景设计让人感觉，演播室仿佛就是卡森的家的延伸。通过带有家居气氛的场景，《今夜秀》将聊天秀确立为一种轻松友好的、晚餐后的促膝谈心，而不是一种公开的对峙。后来的脱口秀节目都沿袭了这种形式，用地毯、小地毯、花瓶、沙发、安乐椅和假的背景窗来传达一种让人安心的家庭氛围。

仰望是名人尊崇地位的永久特征。一般来说，它配合了市场需求。当汤姆·克鲁斯、汤姆·汉克斯、布兰尼·斯皮尔斯、珍妮特·杰克逊、约翰·格里森姆[12]、或威尔·塞弗[13]有新的电影、唱片和书籍需要宣传时，他们所在的公司就会让他们成为大量媒体报道的焦点。一个常见的营销手段是，要求名人参加聊天节目，以面外的方式接触节目主持人。在电视上宣传产品时，如果名人能利用这个时机展现、揭示出隐藏在屏幕形象背后的丰富个性，那么宣传就会更加奏效。不过，名人访谈只有在名人与观众的根本角色距离得到保持的条件下，才会有效。名人或许会在访谈中暂时放下架子，显得平易近人。但如果他们总是这么做，就会减弱其崇高、超凡

---

[11] "面外"（out of face）是戈夫曼在《互动仪式》（*Ritual Interaction*）这本论文集里提出的一个概念，意指行动者因对交流情境感到陌生、意外、无准备，而没有现成的"台词"（line）可展示。在面外的情况下，行动者会尴尬、不自在。——译注

[12] 约翰·格里森姆（John Grisham, 1955— ）：多次获得普利策奖的美国作家，以通俗法庭悬疑小说闻名。——译注

[13] 威尔·塞弗（Will Self, 1961— ）：英国小说家、书评家和专栏作家。——译注

地位所赖以维系的卡理斯玛。

名人的力量取决于公众的即刻认知。如我们将看到的，名人经常因贪婪的公众而感到困扰。默片时代的影星克拉拉·鲍（Clara Bow）曾抱怨说："当他们盯着我看时，我感到毛骨悚然。"当代著名影星哈里森·福特也证实说："当人们盯着我的时候，我觉得很不自在。"[14] 尽管无意降低这些情感的真诚度，但我们必须将其放置于名人动机的语境。即刻的公众赞美是名人身份的魅力之一。除了财富和灵活的生活方式，公众的赞美是许多人刻意、狂热追求成名的原因之一。

第二个主题，魔法，是由巫师唤起的，巫师通过施演各种把戏和任务，部分地主张和巩固了他的权力。名人也在从事着同样的工作。好莱坞明星能在胶片上表演魔法。约翰·韦恩、罗伯特·米彻姆[15]、哈里森·福特、布鲁斯·威利斯、梅尔·吉布森、皮尔斯·布鲁斯南等动作明星经常被要求在屏幕上表演不寻常的神奇技艺。大卫·贝克汉姆、罗马里奥、罗纳尔多、韦恩·格雷茨基[16]、布莱恩·拉拉[17]、卡皮尔·德福[18]、马克·迈克格维尔[19]、孔切塔·马丁内斯[20]、维纳斯·威廉斯、老虎·伍兹、安娜·库尔尼科娃等体育名流，也被期待着在体育领域有同样非凡的表现。

莫兰（Edgar Morin）认为，演员在一场演出中所扮演的角色，与公众对演员的感知之间存在着一种外溢效应（spillover effect）。"从二者的统一中"，他写道："一种同时参与、包容二者的综合体诞生了，那就是明星"。[21] 正是这种外溢效应，让公众将名人视为神奇的文化巨人。"行星好莱坞"连锁餐馆的魅力，部分来自于这样的观念，即那里的食客有机会接触到主要的名人投资者，如布鲁斯·威利斯、黛咪·摩尔、史泰龙和施瓦辛格。餐馆里陈列着名人物品，名人也定期在餐馆露面。这些纪念品的展示和名人的出场都是经过精心算计的，它以数学般的精确性提供一种接近名人的幻象。然而，面对面的接触是如此稀少，以至于近乎天方夜谭。保镖、宣传

---

[14] 引自 J. Fowles, *Starstruck* (Washington, DC, 1992), p.192。

[15] 罗伯特·米彻姆（Robert Mitchum, 1917—1997）：美国电影演员、作家、作曲家和歌手。——译注

[16] 韦恩·格雷茨基（Wayne Gretzky）：加拿大职业冰球手，冰球运动的传奇人物。——译注

[17] 布莱恩·拉拉（Brian Lara）：来自西印度群岛的板球运动员，史上最伟大的板球运动员之一。——译注

[18] 卡皮尔·德福（Kapil Dev）：印度最伟大的板球运动员，80年代板球界最佳运动员之一。——译注

[19] 马克·迈克格维尔（Mark McGwire）：美国著名职业棒球运动员。——译注

[20] 孔切塔·马丁内斯（Chonchita Martinez）：西班牙女子网球运动员。——译注

[21] E. Morin, *The Stars* (New York, 1960), pp.38—39.

人员、"印象经理"（impression managers）构成了名人的关键随从人员，他们掌管着名人在公共场合的露面。名人的露面并非总是大张旗鼓，不过，有趣的是，萨满仪式到是经常使用强烈的鼓点来召唤神灵。但名人在公众场合的露面通常都是经过安排的事件，宣传人员、保镖和公关人员宣布名人的行踪，并管理名人和粉丝的接触。名人的随从强化了环绕名人的神奇灵晕。他们的出行盛况向公众宣告，一个大人物降临，与他们一同宴饮。

至于说第三个主题——不朽，这是指世俗社会中的某些名人，死后依然尽享哀荣。1802年，杜莎夫人将她的蜡像馆从法国迁到了英国。蜡像馆收藏了一些名人塑像。由于一些观众从未见过那个时代的伟大名人或臭名昭著的罪犯的照片，他们因此对蜡像馆产生了极大的兴趣。这些蜡像也是18世纪广受珍视的名人雕像的补充。在大众传播的时代，由于电影胶片和录音制品可以将名人保存于公共领域，名人显然也就更容易实现其不朽。大众传媒保存了名人的文化资本，增加了他们在公共领域永垂不朽的机会。麦卡恩（Graham McCann）在思索玛丽莲·梦露的不朽声名时，注意到了名人不朽性所包含的核心矛盾："梦露现在是无处不在，却又是一处都不在：她的形象出现在墙上、电影和书籍里——都是些余像[22]，掩盖了她的永久缺席这一事实。"[23]

九、下沉与堕落

名人将其自身和粉丝引向更高之处。他们是天界的使者。但他们也可能沉沦到下界，并将他们的粉丝一起拉下去。希特勒可能是20世纪名人沉浮的典型例子。他出人意料的崛起，曾在开始时获得国际赞誉，并被奉为率领民族新生的强势领导人的例证。千百万德国人对希特勒产生了强烈、深厚，甚至是非理性的忠诚感，真诚地将其视为他们真正的领袖。然而，当希特勒的阴谋、无情和残忍彻底暴露之后，他成了全球唾弃的贱民。有人甚至认为他是反基督者（Anti-Christ）的化身。随着德国军队在俄国前线的惨败、英国和欧洲大陆抵抗运动的坚持、美国的参战，希特勒自负的军事野心被揭穿，他彻底精神失常了。在于柏林的指挥掩体里自杀之前，希

---

[22] 余像（after-images），又译残留影像，是一种视觉幻象、后遗感觉。它指的是，当原有的感官刺激已经停止，感觉器官，尤其是眼睛，仍能保存原来的感受。——译注

[23] G. McCann, *Marilyn Monroe* (London, 1996), p.199.

特勒痛斥德国人民的懦弱,并下令实行焦土政策,破坏盟军的胜利果实。他极端无耻的种族灭绝行径是千古罕见的暴行,即便是后纳粹的德国也无法完全消除其恶果。

下沉和堕落是与上升和发迹结伴而行的。仰望本身,就是嫉妒和赞许的源泉。名人获得了如此多的荣耀和财富,以至于他们的身败名裂成了公共事件,公众不时地还渴望见到名人的这一下场。有时,这还会挑起阴谋。在电影《公民凯恩》(1941)中,奥逊·威尔斯(Orson Welles)以传媒大亨赫斯特(William Randolph Hearst)的情妇为原型塑造了一个女性人物。事实上,人们普遍认为,凯恩这个恶魔式的主角也是根据赫斯特塑造的。威尔斯因此遭到了赫斯特的报复,后者不遗余力地在大众媒体中攻击威尔斯和他的电影。威尔斯甚至称赫斯特将一个未成年的女孩安插在他的旅馆房间。幸好威尔斯接到了警方的提示,一场丑闻才得以避免。但赫斯特显然破坏了威尔斯的声誉,导致他后来很难再筹集资金拍摄电影。类似地,公众对卓别林的私生活的忧虑[24],以及关于他同情共产主义的媒体报道,致使麦卡锡时代的美国禁止他入境。造就名人的大众传媒也常常策划着他们的败落。

不过,名人的沉沦也有自身的原因。肯尼斯·安格[25]、盖力·赫曼[26]、戴夫·汤普森[27]所记录的电影明星和摇滚歌星酗酒、吸毒、癫狂和抑郁症等自毁方式,支持了一种常识性直觉,即长期处于公众视线之下,将导致心理问题和创伤。公众形象与真我(veridical self)的疏离,使得名人惧怕个人的消失或毁灭。公共场合的露面开始和自我否定联系在一起,或在名人眼里,这种露面证实了真我已被摧毁。公众形象成了舞台人格(staged personality)的一座活坟墓。上瘾、狂躁和着魔的行为是长期感觉茫然无助和非本真性的必然结果。名人经常感到不配享有他们所获得的公众奉承,无法控制自己的事业。他们患上狂躁症、精神分裂、妄想狂和心理变态的几率出奇的高。

---

[24] 卓别林似乎有洛丽塔情结,他的几任妻子和情人都是青春少女。——译注

[25] 肯尼斯·安格(Kenneth Anger, 1927—):美国地下实验电影的代表人物,著有《好莱坞巴比伦:好莱坞的最黑暗、最严守的秘密的传奇地下经典》(*Hollywood Babylon: The Legendary Underground Classic of Hollywood's Darkest and Best Kept Secrets*) 一书。——译注

[26] 盖力·赫曼(Gary Herman),著有《摇滚巴比伦:50年的性、毒品和摇滚》(*Rock 'N'Roll Babylon: 50 Years of Sex, Drugs and Rock 'n'Roll*) 一书。——译注

[27] 戴夫·汤普森(Dave Thompson):著名的流行文化史家、摇滚乐专家,出版过100多本书,为多位明星写过传记。——译注

下沉是由那些以克己[28]为中心的行为惯例确立的。所以，名人有可能患上厌食症或体重骤增，害怕呆在公共场所，沉迷于毒品或公开展示其醉态。克己将名人从上天带回了大地。在那些自杀和自杀未遂的例子中，名人是在严格意义上寻求将身体埋入地下。从外表上看，自杀是一种破坏性行为，但从内部看，自杀帮助名人永久地躲避了贪婪的公众。

名人下沉仪式中的克己主题一般有三种表现形式：折磨（scourging）、崩溃（disintegration）和赎罪（redemption）。折磨指的是身份剥离的过程，在这一过程中，名人的荣耀地位遭到系统化地降级。它有两种形式：自我降级（auto-degradation），即名人是身份剥离的始作俑者；以及外部降级（exo-degradation），即外部人员，通常为媒体人士，是身份剥离过程的主脑。一般来说，围绕这两种形式的仪式是相互关联、相互促进的。

1960年代的著名足球明星乔治·贝斯特（George Best）可能是他那一代人中最伟大的球员。可是，媒体和球迷每周都想看到世界级精彩表演的期待，导致了贝斯特的赌博和酗酒问题。在曼联赢得1968年的欧洲杯冠军之后，贝斯特强烈认为队中的大龄球员应该被换掉。但当时的俱乐部经理巴斯比（Matt Busby）却不愿意购买新球员，贝斯特开始对球队不再抱有幻想。这加深了他的酒精依赖，使他在队里没有人缘，最后和经理的关系也疏远了。贝斯特变得脾气暴躁，反复无常。他逐渐成了球队的累赘，不到30岁就退役了。贝斯特责怪自己没能承受住明星身份的压力，媒体也指责他浪费天赋。

[……]

名人自我降级和外部降级的例子不胜枚举。这里需要重新强调的一点是，身份剥离的仪式通常以身体为焦点。对于理想化的男性和女性名人建构物（celebrity constructions）的克服，以身体折磨为中心，它包括撕裂、割伤、脱皮、抽打；反之有：暴食、上瘾、广场恐惧症和幽闭恐惧症。

在一些极端的例子里，折磨导致了一个身份剥离的漩涡——崩溃——使名人觉得自己无可救药，因为真我中不再包含任何值得信任和拯救的东西。对真我的侵蚀摧毁了个体的安全感，造成临床或亚临床型抑郁症，最终有可能导向自杀。受伤害的自我既想防止残留性侵蚀，又想为公众提供一个祭品。名人的自杀经常源自对媒

---

[28] 原文是"mortification of body"，直译是"让身体死亡"，指宗教中各种禁欲和苦行实践。这里根据上下文分别译作"克己"、"克服"。——译注

体和粉丝的蔑视和仇恨。1972 年，性格演员乔治·桑德斯（George Sanders）以吸食过量药品的方式结束了自己的生命。他的自杀遗言是："亲爱的世界：我走了，因为我厌倦了；我将你们和你们的忧虑留在了这个甜蜜的粪池"。1994 年，著名摇滚乐队涅槃的主唱科特·柯本（Kurt Cobain）自杀。他生前曾有吸毒问题，并抱怨被公众和狗仔队肆意追逐。

［……］

公开告解（confession）是名人在承认崩溃和濒临崩溃状态后，重新协商公众形象的一种媒介。因此，演员安东尼·霍普金斯（Anthony Hopkins）经常在访谈中叙述他和酗酒所做的斗争，以及他参加戒酒组织的情况。滚石乐队吉他手基斯·理查德（Keith Richards）坦承了他以前的海洛因毒瘾。电视布道家吉姆·巴克（Jim Bakker）和吉米·李·斯沃格特（Jimmy Lee Swaggart）也都承认了他们的婚外情，并请求他们的电视信众的宽恕。［……］美国前总统克林顿在几度公开否认之后，最终在面向全国的电视节目中，承认了他和莫妮卡·莱温斯基发生过性关系。

长期以来，名人的同性恋身份一直遭到强烈的否认。蒙哥马利·克里夫特[29]、泰伦斯·拉提根[30]、诺尔·考沃德[31]、埃德加·胡佛[32]、约翰·吉尔古德[33]、詹姆士·迪恩都对自己的同性恋性取向讳莫如深。美国艺人和钢琴家利伯拉齐（Liberace）曾在 1956 年起诉《每日镜报》，因为后者将利伯拉奇描述为"一堆窃笑的、佽偎的、喷香的、颤抖的、果味儿的[34]、装腔作势的母爱"。利伯拉齐并非毫无道理地称，这样的描述是想把同性恋的帽子嫁祸与他。他否认自己是同性恋，直到 1987 年死于艾滋病并发症之前都没有出柜。利伯拉齐死后，一位坚持要求验尸的法医揭示了他的真实身份。

---

[29] 蒙哥马利·克里夫特（Montgomery Clift, 1920—1966）：美国著名影星，曾四获奥斯卡提名。——译注
[30] 泰伦斯·拉提根（Terence Rattigan, 1911—1977）：英国 20 世纪最受欢迎的剧作家。——译注
[31] 诺尔·考沃德（Noel Coward, 1899—1973）：英国著名的演员、剧作家和流行音乐作曲家。——译注
[32] 埃德加·胡佛（J. Edgar Hoover, 1895—1972）：美国联邦调查局改制后的第一任局长，任职长达 37 年。——译注
[33] 约翰·吉尔古德（John Gielgud, 1904—2000）：英国著名演员，20 世纪最伟大的莎剧演员。——译注
[34] 此处的原文是"Fruit-flavored"，"水果"、"水果蛋糕"都是英语俚语中对同性恋者的贬义称呼。——译注

近年来，崩溃/告解关系的一种有趣变体开始变得引人注目，这就是名人疾病的展示。直到最近，患有危重疾病的名人都向公众隐瞒了他们的病情。名人因癌症、老年性痴呆或艾滋病造成的身体崩溃一直要等到死后才会公布，或是拖到无法掩饰的时候再公布。美国前总统里根患有阿尔茨海默病，但这一消息直到他因病情恶化不得不隐居的时候才公布。米歇尔·福柯、伊恩·查尔斯顿[35]、安东尼·珀金斯[36]、罗伯特·弗雷泽[37]、鲁道夫·纽瑞耶夫[38]的艾滋病情直到他们死后才公之于众。洛克·哈德森[39]、弗雷迪·默丘里[40]、罗伯特·梅普勒索普[41]也是到了临死前，才公开了他们的艾滋病情。另外一些名人则正好相反，他们对自己的疾病状况毫无保留。[……]德里克·贾曼[42]对自己的艾滋病情供认不讳，并致力于提高公众对艾滋病的认知，反击有关同性恋生活方式的伪善。类似地，美国音乐人弗兰克·泽帕（Frank Zappa）也在癌病早期，就宣布了这一消息。英国剧作家丹尼斯·泼特（Dennis Potter）也在与媒体名人迈尔文·布莱格（Melvyn Bragg）的一个著名电视访谈中，宣布自己患有晚期癌症，并动人地讲述了他的病情和即将来临的死亡。英国记者露丝·皮卡迪（Ruth Picardie）、马丁·哈里斯（Martyn Harris）和约翰·戴蒙德（John Diamond）都因在报纸专栏里记叙他们的晚期癌症病况而成为全国性名人。戴蒙德在《泰晤士报》的专栏还为他招来了一个不太好听的外号"名人癌症先生"。

这一类的名人崩溃和告解并非源于自我或外部的降级。有趣的是，而且令人心寒的是，戴蒙德透露他曾收到了不少电邮和信件。这些来信指控他是一个自恋的人，将整个报纸专栏都用来谈论自己的病情，认为他是一个阶级敌人，没完没了地哀怨口腔癌症，却忽视了"低收入疾病的真相"。在这种形式的外部降级中，对阶级愧疚、

---

[35] 伊恩·查尔斯顿（Ian Charleston，或 Ian Charleson，1949—1990）：苏格兰舞台剧和电影演员。——译注

[36] 安东尼·珀金斯（Anthony Perkins，1932—1992）：美国著名演员。——译注

[37] 罗伯特·弗雷泽（Robert Fraser，1937—1986）：英国伦敦的著名艺术经销商，创办了以自己名字命名的画廊。——译注

[38] 鲁道夫·纽瑞耶夫（Rudolf Nureyev，1938—1993）：著名芭蕾舞大师。——译注

[39] 洛克·哈德森（Rock Hudson，1925—1985）：美国著名演员。——译注

[40] 弗雷迪·默丘里（Freddie Mercury，1946—1991）：英国皇后乐队的主唱。——译注

[41] 罗伯特·梅普勒索普（Robert Mapplethorpe，1946—1989）：美国著名摄影师。——译注

[42] 德里克·贾曼（Derek Jarman，1942—1994）：英国电影导演、诗人、画家、植物学家、同性恋活动家。——译注

性格弱点和人格缺陷的诊断是疾病病原学的一个要素。不过，这种外部降级只是崩溃/告解关系里一个无关紧要的特征。名人对绝症的开诚布公，让他们和公众形成了一种面外关系，最终揭示了真我的还原能力。身体的崩溃为自我提供了一个重新黏合的表面，让自我继续与公众展开一种不同的对话。

十、赎　罪

自我降级和外部降级的仪式让名人与粉丝的关系遭到重创，因为它们揭示了公众面孔和真我之间的分裂。那些公开对其粉丝表示蔑视、并将公众面孔暴露为面具的名人，有可能导致公众停止对他们进行文化资本的投入。O. J. 辛普森的杀妻审判和英国摇滚歌手盖力·格利特（Gary Glitter）因从互联网上下载儿童色情物而被判刑的事件，都极大地损害了他们和公众的关系。迄今为止，他们企图通过公共访谈、告解来恢复个人吸引力的努力都失败了。

性滥交、酗酒、毒瘾或炫耀性消费也会降低名人在公众心目中的理想化形象。1920 年代早期，喜剧明星"胖子阿巴克"（Fatty Arbuckle）因涉嫌谋杀年轻女星弗吉尼亚·拉普（Virginia Rappe）而受审，他的事业也就此断送。阿巴克后来被宣判无罪，但却始终无法摆脱拉普案带来的性变态的污点。尽管他宣称自己是无辜的，并试图重返银幕，但公众却再也不接受他了。

才华横溢的默片影星路易斯·布鲁克斯（Louise Brooks）曾主演过《潘多拉的盒子》（1929）和《堕落少女日记》（1929）。性放荡的名声导致她事业失败。有趣的是，英国评论家肯尼斯·泰南（Kenneth Tynan）在 1970 年代重新发现了默默过着清贫生活的布鲁克斯。泰南的描述再次引发了公众对布鲁克斯的兴趣，她被奉为 1920 年代被遗忘的偶像，以及一位因性独立而遭到惩罚的女权主义英雄。

1994 年，迈克尔·杰克逊被指控猥亵一名 13 岁的男童。为了免予起诉，杰克逊为此付出了一笔未透露的巨款，据说高达 2500 万美元。杰克逊在访谈中辩称他是警方恐吓的牺牲品，并否认了全部指控。然而，他作为他那个时代的超级偶像的地位却遭到严重损害。

然而，如吉米·李·斯沃格特和比尔·克林顿的电视直播所表明的，告解的确能导致赎罪。赎罪是堕落的名人通过告解和请求公众赦罪而重新获得正面的名人身份的仪式化企图。[……] 在告解中，名人诉诸于公众的同情心而不是盲目的崇拜。

赎罪的企图并非总能成功。政治评论员们普遍认为,克林顿就莱温斯基事件的告解和请求宽恕的行为,妨碍了他作为国家道德领袖的自我宣称。奇怪的是,对美国这样一个表面上非常重视文化诚信的国度而言,克林顿私生活的揭秘并没有对他的领导地位造成致命的打击。他所领导的战后历史上最长的牛市,化解了大部分针对他的批评。克林顿 2001 年卸任时,获得了历史上最高的公众支持率。不过,他再也没有保住"特氟龙总统"的名声,不再如特氟龙这种不粘材料一样,拥有抗拒道德污点的能力。克林顿被铭记为一位非道德的领导人,他的这个偶像身份恰如其分地概括了 1990 年代的虚伪和空洞的"金玉其外"。

堕落的名人有可能再也无法在公共领域获得从前的尊崇水平。但告解会让名人与公众的关系变得更加微妙,在这种新的关系中,人们认识到,不管是名人还是粉丝,脆弱、易受伤害都是血肉之躯的条件。以这种共同的有身性(embodiment)和易受伤害性(有身性的必然结果)为基础,名人和粉丝之间达成了某种民主。

赎罪过程涉及受众的积极配合。因为粉丝必须要么原谅名人的那些与理想化的形象相反的性格弱点和负面行为,要么承认名人的脆弱和缺点。

当好莱坞明星小罗伯特·唐尼(Robert Downey Jr.)于 1999 年因吸毒而被判刑时,人们组织了一个互联网上的守夜祈祷活动。唐尼的"爱人、朋友和支持者"开通了一个名为"了解他就是爱他"的网站。网站上张贴了大量的诗歌、信件和留言,用来保持公众对他的关注度。唐尼 2000 年 8 月从加州州立监狱获释。此后,他声称彻底弃绝毒品。他的吸毒和判刑,让他成了好莱坞的丑闻性人物。但他的粉丝群却不离不弃。粉丝的支持使他有了更多重返银幕的机会。这一点重新彰显了名人的社会建构性质。赎罪涉及企图恢复名人受损的文化资本的表征性协商。在唐尼的案例中,网站和《名利场》杂志刊发的唐尼表达忏悔的文章,都在调控公众的同情心。但赎罪的脚本是有很高风险的,因为它承认了名人的性格缺陷,并取决于名人今后是否能避免那些引起公众责难和惩罚的行为模式。

十一、娱乐崇拜

名人是当代娱乐(distraction)文化的一部分。社会需要娱乐,以便从结构性的不平等和上帝死后、生存之无意义的意识中解脱出来。宗教解决尘世中的结构性不平等的方案是,向真正的信徒许诺永恒的救赎。随着上帝的死亡和教会的衰落,人们寻求救赎的圣礼道具被破坏了。名人和奇观填补了空虚。他们促成了一种娱乐崇拜，为浅薄、俗丽和商品文化统治赋予了价值。娱乐崇拜意在掩盖文化的崩溃。商品文化无法造就整合的文化，因为它让每一个商品只有瞬时的独特性，最终都是可以替代的。同样地，名人文化也无法产生超越性的价值，因为任何超越的姿态最终都会被商品化过程收编。

名人文化是一种虚假的狂喜文化，因为它所激发的热情源自被操控的本真性，而非承认和归属的真正形式。物质主义和对物质主义的反抗，是仅存的两种可能反应。这两种反应都不可能产生与神圣之物相关的统一的信仰和实践，而这对于宗教信仰来说是至关重要的。所以，娱乐崇拜既是隐藏现代生活之无意义的手段，也是强化商品文化之力量的工具。名人提供了仰望和魔法的重要形象。其心理后果是，命令我们适应我们的物质境况，忘掉生活之无意义的事实。我们的适应方式是，要么以名人为角色榜样；要么得出推论：大众当然比不上一些镀过金的、占据名人殿堂的少数人，因为大众没"成功"。二者都强烈倾向于采用名人风格（celebrity style）来转移视线，不再关注与生活的妥当内容相关的更深层次的、可能无解的问题。由于这个原因，名人文化生产了一种美学化的生活解读，这种解读掩盖了物质现实，特别是社会不公平和伦理正义的问题。

到底将名人文化视为一种振奋人心的力量还是使人昏聩的力量，是研究文献中反复出现的一个矛盾。可以说，这是一个误导性的两分法，将导致无益的辩论。特定名人所产生的社会影响力总是需要经验性分析。比如，戴安娜王妃参与的反地雷运动，极大地提高了公众对这一问题的意识并动员了大量社会资源，这一点恐怕是没有什么争议的。至于这一结果是否是一个本质上华而不实、自私自利的名人的成就，并非问题的要害。反地雷运动减轻了民众疾苦，而其他现有手段恐怕很难取得这样的救济效果。

（杨玲　译）

二 ｜ 明星制的建立与扩散

这一部分探讨了明星制度在娱乐、商业、政治、文学、学术等不同领域出现的社会历史语境及表达方式，突出了明星身份在现当代社会中的普遍性和重要性。

◇ 明星制在美国的出现

◇ 重审明星身份：文本、身体及表演问题

◇ 名人政治家：政治风格与流行文化

◇ 名人 CEO 与小报亲密性的文化经济

◇ 炒作至上：当代（文学）明星制度

◇ 学术明星：知名度

明星制在美国的出现

理查德·德阔多瓦

> **导 读**
>
> 本文是学术界较早的一篇关于明星制起源的探索，作者理查德·德阔多瓦对明星制如何在1907至1910年代出现在美国好莱坞进行了颇具说服力的阐释，在明星研究领域中有着十分重要的意义。
>
> 在这里，"历史"并不是一个简单的概念，它是一种社会的建构和再建构，是一个流动的事物。有关名人的历史研究更是如此，因为"名声"（fame）本身就是一种"在过程中"（in process）的文化现象，对这种现象的历史阐释应该是多元的、反思性的分析。作者对权威电影史有关明星制的出现的解释并不满意，提出了他的观点：明星制的出现是一种知识的出现和生产，他在此考察了生产这一知识的规则，以及这些规则所经历的各种转化历程。
>
> 德阔多瓦通过检索大量具有互文性的电影杂志，提出明星制的出现经历了三个关键的阶段：一是关于表演的话语；二是关于"电影名人"的话语；三是关于"明星"的话语。但是这三个阶段并不是完全按照先后顺序排列在线性时间轴上的，而是相互叠加、互相转化的。
>
> 有关表演的话语出现于1907年，在此之前有关电影的文章主要关注的是电影器械、技术等方面的知识。作者在文中为我们展现了早期电影杂志中最初的有关表演的描述，探讨为何这些文章开始关注"影像表演者"，即电影演员；这一关注与人们有关电影的观念和知识之间有何联系，以及当时的人们如何认识电影表演与舞台表演之间的区别，从中可以看出电影演员在当时的社会中有着怎样的地位。
>
> 1909年开始出现了有关"电影名人"的话语，这是明星制的开端。德阔多

本文译自 Richard deCordova: "The Emergence of the Star System in America." In *Stardom and Celebrity: A Reader*, eds. Sean Redmond and Su Holmes, Los Angeles: Sage, 2007, pp.132—140。德阔多瓦（1956—1996）是美国影视学者。——译注

瓦列出了三种生产电影名人的知识形式。首先是电影演员的姓名的传播，人们在这个过程中将演员和其姓名对应起来，并以演员为线索，在多部电影之间形成一种互文性，即在不同电影中认出某个演员。这种互文性就是第二种构成电影名人的知识形式。第三种则与演员的职业有关，通常联系到他/她的表演经历，这是表演话语的一种延续。

电影名人与明星是有区别的，后者出现于1914年。在这一时期，明星开始作为一种经济现实而出现。明星的特点就是其电影工作之外的私人生活进入了话语。通常，人们认为明星的概念是银幕上下的身份的一种辩证和矛盾，但是德阔多瓦认为明星的私人生活与电影形象相互支持，尤其是道德方面。而电影也通过将其文本和意识形态功能延伸到明星话语上而获得加强。比如，当时有关明星家庭生活的话语，复制了电影中所生产的家庭话语。这样，作者就得出了一个与明星研究的奠基人理查德·戴尔相类似的观点：明星制与电影文本共同支持着一个保守的意识形态工程。

权威电影史在解释明星制出现原因时，都是诉诸于以下四个"事件"。[1]

1. 公众想要知道电影表演者的名字。这种渴望已经存在。
2. 制片人由于以下两个原因而不愿意透露表演者的姓名：首先，他们不想支付演员更高的工资；其次，表演者们在现实生活中已经是知名的正统演员（legitimate actors），在电影中出现他们的名字可能有损他们的声誉。
3. 卡尔·莱姆勒（Carl Laemmle）为了打败专利托拉斯[2]，引入了第一位明星——弗洛伦斯·劳伦斯（Florence Lawrence）。这样，明星制

---

[1] 参见，如 Alexander Walker, *Stardom: The Hollywood Phenomenon* (New York: Stein and Day, 1970); Arthur Knight, *The Liveliest Art: A Panoramic History of the Movies*, Rev. ed. (New York: New American Library, 1979), and Gerald Mast, *A Short History of the Movies*, 3rd ed. (Chicago: Univ. of Chicago Press, 1981).

[2] 专利托拉斯（Patents Trust）：1908年12月，电影发明者与电影工业领导者组织了第一个大的电影托拉斯——电影专利公司（the Motion Picture Patents Company），以期给充满了专利战争和诉讼的早期电影的混乱年代带来稳定。他们合法地垄断了电影产业，要求所有电影制片方、发行方和放映方在1909年1月之前向他们缴纳发放执照的费用。2月，没有执照的电影人称自己为"独立者"（independents），抗议托拉斯的垄断并继续营业。——译注

就在托拉斯成员和独立制片人之间的斗争中出现了。

4. 独立制片人和公众最终取得了胜利,明星制就此诞生。

我们有充分的理由质疑这些观点的正确性。[3] 但是,无论正确与否,这一系列事件很难构成一个充分的历史解释。那些促使明星制诞生的力量一方面被缩减为个人主动性的作用,另一方面又被缩减为一个关于公众欲望的物化(reified)概念。明星制并非仅仅是一个人甚或一个公司的发明;而对电影明星的渴望也不是某种自然发生的东西。

我们最好将明星制的出现视为一种知识的出现,并从这个角度来进行分析。在1909年之前,任何演员的名字都不为观众所知,但到了1912年,绝大多数演员都被"发现"了。[4] 从这个例子可以清楚地看出,"电影名人"(the picture personality)[5] 是知识的特定生产和传播的产物。电影公司的宣传部门、电影和粉丝杂志生产并传播了这种知识。在本文中,我想要考察的是生产这一知识的规则,以及这些规则所经历的各种转化历程。

明星制的出现涉及对产生有关演员的知识类型(type)的严格管制。我认为,在这方面,有三个重要的转变影响着明星制的发展。这些转变可以按照它们出现的顺序列出:1) 表演话语,2) 电影名人,3) 明星。

在分别讨论这三个阶段之前,我要说明的是第二个阶段"电影名人"的出现并不意味着第一个阶段"表演话语"的消失(因此,第三阶段的出现也不意味第二阶段的消失)。最好这样概括这一转变的特点:它是一种关于一个特定场域(site)——演员——的话语和知识的逐渐叠加的过程。

---

[3] 托拉斯与独立制片人之见的敌对显然不是产生明星制的决定性因素。Edison 和 Vitagraph 这两家属于托拉斯的电影公司很早就在明星宣传方面极其活跃。因此,莱姆勒在 Imp 公司的努力既不是孤立的,也不是最初的。Janet Staiger 在"看见明星"("Seeing Star," *The Velvet Light Trap*, No.20, 1983, pp.10—14) 中详细介绍了托拉斯公司的早期努力。认为明星制的发展因为演员担心他们的舞台声誉而受到阻碍的观点也很难维持。大部分早期电影演员本来就没有什么声誉;那些确实有声誉的演员很早就已经成为公众人物了。

[4] 参见 Anthony Slide, *Aspects of American Film History Prior to 1920* (Metuchen, N. J.: Scarecrow Press, 1978)。

[5] 电影名人(picture personality),即在不同电影中都可以被认出的演员(a performer recognisable from film to film)。——译注

一、表演话语

说这一特定场域是演员,可能会让人产生误解,以为这一场域是自我构建的。1907 年以前,没有关于电影演员的任何话语。文本的生产集中于其他地方,最主要的是关于电影装置(apparatus)本身,关于其神奇的力量以及再生产现实的能力。人们被再现在银幕上这一点一目了然,但是这些人是演员的想法很可能还没有形成。表演是正统舞台的一种职业,但它对于电影早期发展阶段的环境来说还非常陌生。毕竟,舞台不仅有演员,还有明星。电影在 1907 年之前对这些形式的完全忽视,正是其与舞台的再现模式完全没有关系的证明。

当时的新闻话语主要集中于电影装置的科学方面。艾瑞克·斯穆丁(Eric Smoodin)令人信服地表明,这一话语认为电影的特点在于它是独立于人类劳动的产品。这种"装置的物化"在这些文章的标题中就十分明显:"电影与创造它们的机器"、"揭秘摄影机"。[6]

1907 年左右,这一关于装置的话语开始被另一种话语所取代,这一新的话语涵盖了人类劳动在电影生产中的作用,并最终将这种作用置于最突出的位置。这不应该被看成是对生产方式的去神秘化,而是一种特定知识的受调控的外观(regulated appearance)。这一知识进入了一场斗争,该斗争注定要为观众重置文本生产的场域,远离电影装置本身的工作。这一斗争涉及一些潜在的"生产领域"——制造商、电影摄影师(或导演)和电影编剧——当然最终成为这方面焦点的是演员/明星。

我们必须在这一语境中考察最初出现的表演话语。1907 年,《电影世界》(Moving Picture World)上出现了以"电影摄影师和他的一些困难"为标题的一系列文章。这些主要描述电影摄影师的工作的文章,为影像表演者(picture performer)提供了这样的定义:

> 那些通过在电影放映机上摆姿势而赚钱的人被称为"影像表演者",他们必须要承受重重困难。实际上他们都是专业的舞台演员,晚上在百老汇演出,白天在电影厂赚点外快。因此在很多演出中有时会发生这样的事:一个杂技演员刚刚在现实生活中表演完翻筋斗,又表演起传统的"乡下人"

---

[6] Eric Smoodin, "Attitudes of the American Printed Medium Toward the Cinema: 1894—1908," Unpublished Paper, University of California at Los Angeles, 1979.

或"伪钞制造者"的角色,但仅仅是以幻影的形式出现在电影屏幕上。[7]

这篇文章以及很多随后的文章都用"摆姿势(pose)"这个动词来描述电影中人们的活动。在表演话语出现之前,人们基本上是根据拍照的传统来理解这一活动的。甚至在表演话语出现之后,我们仍然可以看到摄影性的身体概念与戏剧性的身体概念、摆姿势与表演之间的挣扎。这一矛盾状况与当时这一产业所发生的变化有重要的联系。罗伯特·C.艾伦(Robert C. Allen)注意到,"在1907到1908年间,美国电影的制作发生了巨大的改变;在这一年里,叙事形式的电影(喜剧和故事片)在产量上几乎使纪录片形式黯然失色"。[8]更加显著的是故事片的产量从1907年的17%增长到1908年的66%。[9]电影生产上的这种变化毫无疑问支持了"人们在电影中进行表演"的观点,不过,纪录片的突然消失留下了电影与摄影传统紧密相联的浓重痕迹,也并不为奇。

在这些早期的一系列文章中,不少都是以电影中的人物活动为主题。这些故事报道都追随同一种基本模式。我们可以看看下面两个例子。

首先是一个关于拍摄抢劫银行的场景的故事:

"劫匪"以最逼真的方式闯入银行,抢劫司库,开枪打"死"一个想要进来救援的保安,抓起一大包钞票逃之夭夭。到此为止,一切都进行得很顺利。劫匪正在街上飞奔,警察在其后追捕,正如电影所设计的那样。这时,一个殡葬店的店员因喧闹声而向店外张望,他一眼就足以知道,成为英雄的时刻终于到了。两个"劫匪"向他冲过来,跳进人行道,店员将左轮手枪瞄准最前面的逃亡者,威胁道:"站住,小偷,否则我就开枪打爆你的头。"[10]

生活中的店员逮捕了两个虚构的劫匪,直到银行行长说服他这个抢劫案是一场戏,

---

[7] "How the Cinematographer Works and Some of His Difficulties," *Moving Picture World* (hereafter MPW), 1, No.14 (8 June 1907), p.212.

[8] Robert C. Allen, *Vaudeville and Film 1895—1915: A Study in Media Interaction* (New York: Arno, 1980), p.212.

[9] Ibid., p.213.

[10] "How the Cinematographer Works and Some of His Difficulties," *MPW*, 1, No.11 (18 May 1907), p.166.

他才释放了他们。

第二个故事是以这样的陈述开始的:"有时候人们说,一个影像表演者全神贯注于他的工作,以至于忘记了自己只是在演戏。"接下来的故事是一个拍摄主人公必须要拯救一个溺水女孩的场景。一群旁观者认为这个女孩真的溺水了,于是跳下湖去救她。主人公好像忘记了这只是演戏——为了不被他的竞争者打败——抢着去救那个女孩。[11]

这两个故事都利用了电影、前电影[12]以及现实的混淆,但它们的主要目的是区分这三者。这些区分的可能性是这里被称为"影像表演者"的出现的必要条件。首先,这一出现依赖于表演者存在于电影本身的叙事之外的知识。由于引入了前电影事件的偶然性,这些故事就不仅仅是对计划好的电影叙事的简单复述,它们区分了先于电影的存在和电影本身,并且把前者放在一个相对独特的位置。其次,故事提出了(与电影叙事相分离的)另一种叙事,这一叙事以表演者在电影生产中的角色为主题。

也许更加明显的是,这些故事区分了前电影与现实。每个故事中都有一个人物将安排好的拍摄场景当作真实生活里发生的事件。在澄清这个事情时,人物——以及读者——必须面对摄影机拍摄下的情景的虚构身份。电影中上演的场景"不是真的,而是假装出来的",对这个事实的关注对于在电影中出现的人的地位有直接的影响;它将被拍摄的身体建立为一个虚构性生产的场域。

这些故事通过利用电影再现的"现实",指向了再现背后的现实:也就是电影中出现的人们的创造性劳动。现在,我想要考察的是,表演话语如何将这种劳动符号化。这一符号化在这些早期文章里是有些试探性的。比如说,早前引用的定义中对"表演者"这一术语的使用。它所包含的大众娱乐的含义削弱了任何有关正规演员的艺术能够被直接搬到银幕上的说法。这些说法在接下来的几年中大量出现,但是在1907年,电影表演与正规舞台表演是截然不同的。下面的引文来自《电影摄影师和他的一些困难》这篇文章的后面部分,一边强调了这些差异,一边又肯定了电影演员的才能。

> (电影)总是雇佣正规演员,他们通常都是一流演员,因为他们

---

[11] "How the Cinematographer Works and Some of His Difficulties," *MPW*, 1, No.14 (8 June 1907), p.212.

[12] 前电影(profilmic)又译"镜头内景物",即镜头所记录下来的场景和现实(the scene that camera is recording)。——译注

必须很好地理解如何用姿势和动作表达某个事件的情感（emotion of a happening）。演员必须完全熟知这种诀窍，否则就不能胜任。那些在舞台上过于沉着、仅仅通过声调或细微的动作来表达意思和情感的演员，对于电影来说是完全无用的。有时候，那些在舞台上只能小打小闹演些小配角的演员，由于喜好使用姿势和动作在电影中反而能有好的表现。[13]

尽管电影表演在这里被等同于舞台表演，但是显然电影演员的职责在很大程度上局限于对于动作的诠释。电影《补鞋匠与百万富翁》的一位评论者正是以此为标准提供了关于"好演技"的最早评估之一。"这部电影中的表演太精彩了，人们甚至可以在没有字幕的情况下看懂这个故事。"[14] 微妙的心理感受并不重要；电影中的情感表达被视为是一个宽泛的、非个人化的东西："某个事件的情感。"

对故事情节和动作的强调将电影与正统舞台严格区分开来，包括它们各自所要求的表演类型，以及更加重要的是它所意指的电影类型。诸如追逐片（chase film）这种早期类型完全依赖于动作，表演者塑造的都是一些宽泛的社会类型（警察、制伪钞者，等等）。被生产出来的电影类型与表演话语的艺术自负之间的断裂，常常在对电影演员的讽刺态度中表现出来。"演员"和"艺术家"这些词语在这些早期的文章中出现时通常都加了引号。沃尔特·普理查德·伊顿（Walter Prichard Eaton）在《千篇一律的戏剧》中通过分辨一个电影布景中的两匹马——一个是专业演员，另一个只是业余演员——来嘲讽电影中存在专业演员的说法[15]。

1908年，出现了一些用来证明表演可以被直接搬上银幕的电影。这之中最重要的是法国百代公司的艺术电影。[16] 下面的引文清楚地表明了这些电影在表演话语方面的重要性。

> 目前最大的进展（仍然还有很大的进步空间）全部是在戏剧结构和重要的表演方面。用戏剧批评的语言这样迂腐地谈论电影是否听上去很傻？

---

[13] *MPW*, 1, No.19 (13 July 1907), p.298.

[14] *MPW*, 5, No.9 (28 August 1909), p.281.

[15] Walter Prichard Eaton, "The Canned Drama," *American Magazine*, 68 (September 1909), pp.493—500.

[16] 法国百代公司（the Pathé Company）的艺术电影（Films d'Art）主要为观众提供由知名舞台演员演出的、根据著名经典或当代戏剧改编的电影。它是法国电影为了打开观众市场，吸引受过良好教育的受众的一个举措。——译注

如果你先看一场劣质的美国电影,紧接着再看一场好的法国电影,就一点也不会感觉这种说法很傻了。[17]

就百代公司的艺术电影而言,我上周提到过《尤利西斯的归来》这部片子,有必要指出,这个故事是由法兰西学院的勒美特(Jules Lemaitre)写的,由巴特(Mme. Bartet),阿尔伯特·兰伯特(MM. Albert Lambert),勒劳尼(Lelauny)和保罗·莫奈(Paul Mounet)担纲主角,他们都来自巴黎的法兰西喜剧院。这相当于大卫·贝拉斯科和他的斯泰弗森特剧院[18]为爱迪生电影公司工作。我想再一次提请美国公司注意这一点![19]

表演话语所使用的、并由这些电影所支持的美学范畴,清楚地表达了阶级差异。有关电影表演艺术的指涉意在帮助电影合法化,打消那些被五分钱影院的繁荣所忽略的中上阶层对它的敌意。一种新的迎合那些自命为文雅有品味的人们的消费场所诞生了。

正如我所提到的,在最早的描述中,电影表演的功能是为了让电影中的动作被人理解。然而,从1909年开始,出现了一些从阶级的角度将动作和表演对立起来的文章。下面的引文实际上是这方面的宣言。

"我们的公众"中的大多数人都坚持认为电影中应该有动作……每一分钟都要有什么在那儿运动着。另一方面,还有很多人要求出色的表演,喜欢"精致的感触",想要看见女主角看上去好像她的情人有生命危险,而不是在Dolan餐馆点一盘"牛肉"。[20]

作者继续赞赏了那些结合了动作和表演,从而在上层阶层和下层阶级都受欢迎的电影。这一点很重要,因为这里的关键是大众观众(mass audience)的产生,而不是对某一特定观众群的放逐。表演话语是当时的一个更大策略的重要组成部分,这个策略旨在树立电影的体面名声,以便保证观众数量的增长。

---

[17] Eaton, p.499.

[18] 大卫·贝拉斯科(David Belasco,1853—1931):美国著名舞台剧演员、导演和编剧,1907年修建了斯泰弗森特剧院(Stuyvesant Theatre)。——译注

[19] Thomas Bedding, "The Modern Way in Moving Picture Making," *MPW*, 4, No.12 (20 March 1909), p.326.

[20] *MPW*, 5, No.14 (2 October 1909), p.443.

从另一个方面看，表演话语对于电影的制度化具有根本的重要性。我已经说过，这一话语取代了有关电影装置的话语，并将文本生产场域重设于人类劳动。这种重设标志了一种与一个不断合理化的生产体系更加协调的、产品个性化的新形式；观众的欣赏不再止于机器的魔力，或者对被拍摄物体的社会文化兴趣，而是包括了在表演的层面上对各部电影进行识别的可能性。

二、电影名人

电影名人在这一时期成为产品个性化的主要场所。1909年，电影名人或者以他们本来的名字，或者以公众赋予他们的名字开始出现。这常常被视为明星制的开端。确实是在这一时期，明星作为一种经济现实而出现。然而，我已在电影名人与明星之间作了区分，认为前者出现于1909年，后者出现于1914年。电影名人有一套特定的知识规范将其与明星严格区分开来。

生产电影名人的知识有三种主导形式。首先是关于名字的传播。通过隐藏和揭露的双向运动，演员的名字构成了一种知识的场域。制片商拒绝透露其演员名字的事实被极度夸大了。比沃格拉夫（Biograph）影片公司其实是唯一坚持这一策略（即拒绝透露演员名字）的公司。杂志、报纸和广告都在不断地重复演员的名字（他们显然得到了制片方的配合）；事实上，有关电影名人的知识在这一时期得到了极大的增长。

这一知识是在一种隐秘的语境中出现的，毫无疑问，这一点误导了许多历史学家。电影中所涉及的人类劳动这一"真相"被建构成一个秘密，以便让真相的发掘更令人愉悦，因为这个真相是从假装要掩盖它的企图中浮现出来的。[21] 据称隐瞒演员姓名的主要原因之一是，电影演员实际上是正统的舞台演员（也许是知名演员），他们不想因为在电影中出现而使名誉受损。然而，这样的解释并没有让真相大白；它只是强化了秘密，让其加倍隐秘。根据这个逻辑，那些不知道某个演员名字的影迷会认为原因是这个演员很出名。

早期影迷杂志在很大程度上依靠公众由于知道演员的名字而获得的快乐。诸如

---

[21] 这一情况与福柯所讨论的性"秘密"相类似。参见 Michel Foucault, *The History of Sexuality*, vol.1, trans. Robert Hurley (New York: Random House, 1978)。

《电影故事杂志》(*Moving Picture Story Magazine*)上的"人气演员谜语"这种专栏就非常吸引观众。比如说下面这则谜语:"最受孩子欢迎的宠物。"[22] 答案是演员约翰·邦尼(John Bunny)。

这个杂志还有一个问答专栏。几乎所有问题都问到了在一部电影中谁是主演。这种问题意味着想要分开演员姓名的传播和他们所演的电影的传播是很困难的。这里的关键是最通常意义上的确认(identification):即将一部电影里的某个演员和其姓名对应起来。然而,这种确认远远超越了单部电影。演员姓名首先标明了一种互文性(intertextuality)形式,即在不同电影中认出和确认某个演员。

这一互文性是作为电影机制不断增加的规律和规则的尺度而出现的,它既体现于电影机制的产品(同一演员有规律地在各种电影中露面),更关键的还是在观众方面,观众只有经常光顾电影院,互文性意义才能显现出来。这种互文性可以被认为是第二种构成电影名人的知识形式。然而这一知识并不是单单在电影院中产生的;新闻话语也支持了它的生成。这种互文性最重要的一点是,它将有关演员的知识限制在他们所出演的电影的文本性之中。"电影名人"这个术语本身就是这种限制的证据。公众感兴趣的是电影里刻画的演员个性。弗兰克·莱莘(Frank Lessing)在一篇文章里这样解释他在表演上的成功:"一个人只能表现他自己的真实面貌。"[23] 正确的表达其实应该是,"一个人就是他/她在电影里所表现的那样",因为这样才准确定义了电影名人的同义反复性存在(tautological existence)。

构成电影名人的第三种知识与演员的职业经历有关。只要这一知识与演员先前的电影经历有关,它就可以在各种电影之间建立起上文所讨论过的互文性空间。不过,这一知识常常涉及到演员的舞台经历,可以被视为表演话语的延续。

> 当我们想到洛蒂·布利斯科小姐(Lottie Briscoue)与戏剧艺术大师理查·曼斯菲尔德(Richard Mansfield)曾共事多年,她的伟大成功就不足为奇了。布利斯科小姐由于其聪明才智和悦人的个性已经在电影界赢得了众多的崇拜者。[24]

我已经讨论过表演话语如何通过对舞台表演的指涉使电影合法化。需要注意的

---

[22] *The Motion Picture Story Magazine*, 5, No.6 (July 1913), p.127.
[23] *MPW*, 8, No.5 (4 February 1911), p.23.
[24] *The Motion Picture Story Magazine*, 1, No.1 (February 1911), p.23.

是，这种合法化完全是在职业层面发挥效力的。电影名人的出现，并没有在这方面带来任何重要的转变。在试图解释人们为何会爱上日场偶像[25]时，一位作者称，这证明日场偶像的"表演与他们的个性一定是完全一致的"。[26] 有关电影名人的知识局限于演员的职业存在——要么是他/她在各种电影中的表现，要么是他/她以前的电影和舞台表演。

三、明　星

正是在这一点上，我们可以将明星和电影名人区分开来。明星的特点是相当彻底地表达了职业生活/私人生活的二元对立的范式。随着明星的出现，演员在电影工作之外的存在的问题就进入了话语。

这一问题要求在很大程度上改变对有关演员的知识的控制。制片方不再能够将有关演员的知识限制在他们出演的电影的文本性中。因此，片场曾经拥有的对电影名人形象的绝对控制，在某种程度上被撤销了，但只有这样这种控制才能扩展到另一个领域。明星的私人生活作为知识和真相的新场域出现了。

1914年，《电影剧》[27] 刊出了一个小故事，题目叫"洛里·斯塔尔（Loree Starr）——电影剧偶像"。[28] 最令人印象深刻的是它的副标题——"一个展现了新型英雄的奇妙的系列故事"（A Fascinating Serial Story Presenting a New Type of Hero）。这个新英雄正是不同于电影名人的明星。大约在这个时期，明星开始成为与他/她所主演的电影相分离的叙事的主题。

下面这段1916年的引文明确地提出了明星的问题："甚至在无所不见的摄像机镜头的年代，都有一些电影演员所做出的英雄事迹和明显是自我牺牲的行为，从未

---

[25] 日场偶像（matinee idols）指的是那些深受粉丝喜爱的男性电影或舞台剧明星。这一词语带有贬义。由于日场表演的票价比夜场便宜，因此日场表演的观众被认为是一些教育程度不高或年龄较小的观众。他们感兴趣的主要是演员的外表，而不是演技。——译注

[26] *MPW*, 6, No.12 (26 March 1910), p.468.

[27] 《电影剧》（*Photoplay*）：美国最早的影迷杂志之一。1911年创刊于芝加哥，早期主要发表和电影情节、人物相关的小故事。因公众对明星私生活的极大兴趣，1918年发行量高达20余万份。该杂志被认为是名人媒体（celebrity media）的始作俑者。——译注

[28] Robert Kerr, "Loree Starr-Photoplay Idol," *Photoplay*, September 1914.

见诸照片和印刷品"。[29] 引文结尾问道:"胶卷上的(REEL)英雄是真正的(REAL)英雄吗?"

因此,个人生活和职业生活成为范式所表达的两个自主领域。然而,我们需要注意,这两个领域是在可以被称为类似的或冗余的(redundant)相互关系中建构出来的。真正的英雄其实就像胶卷上的英雄一样行事。关于明星的知识被限制在这种相似性的范围之内。明星的私人生活不能与他/她的电影形象相违背——至少在道德取向方面。[30] 私人生活与电影形象必须是相互辅佐的。由于电影将其文本和意识形态功能延伸到了明星话语,电影的力量也因此获得了加强。

明星话语引发了两个相关的策略。第一个涉及到对舞台的激烈反对(backlash)。舞台明星的私人生活通常与各种丑闻联系在一起。明星话语就包含了将电影明星与这种舞台剧传统分离开来的努力。哈里·S.诺斯罗普(Harry S. Northrup)这样解释他为何不想回到舞台:

> 什么?舞台?休想,我清楚自己……将你锁在这里。[31] 一个人还能要求什么?一个舒适漂亮的家,工作52周却拿年薪。舞台能给我这些吗?不可能。[32]

下面的引文更加明确。

> 舞台生活都是夜间工作,白天睡觉,饮食不规律,经常出差和近距离接触,它不能促进一种自然的生活方式,只是给很多人一种所谓的魅力。这与那些在片场的工作有很大反差。在后者,工作是规律的办公室工作时间——白天工作;没有夜晚、乐池和人工灯光的魅惑。演员就住在邻里之间,人们视他为永久的、值得尊敬的公民。可以在家里度过傍晚,自己家里的

---

[29] *The Motion Picture Classic*, February 1916, p.55.

[30] 在此需要一些精确的说明。一定程度的矛盾是这一时期的表演所必不可少的。比如,玛丽·碧克馥(Mary Pickford)在电影《史黛拉·马瑞》(*Stella Maris*, 1918)中的表演力度,依赖于璧克馥作为一个富有的电影明星与她在电影中作为身无分文的孤儿(璧克馥在影片中一人扮演两个角色,其中一个角色是孤儿)之间的身份差异。我认为这样的矛盾地带通常不涉及道德范畴。

[31] 此句原文是"lock around you here",只能译作"将你锁在这里",但意思不通。疑原文有误,或为"look around you here"(你看看这儿)。——译注

[32] *Photoplay*, September 1914, p.70.

那种普通健康的气氛有助于产生高雅的影响。健康的户外白天工作和一个持久的朋友圈有助于一种健全、稳定的生活方式。那种伴随着差旅生活的焦躁和孤独也烟消云散了。[33]

无疑,这里所强调的是电影作为一个机制的道德健全。明星话语表明电影"在源头上"就是一个健康的现象。

这种健全主要是通过不断提及明星的家庭而得到证明的。电影名人与明星的一个主要区别就是,后者支持一种家庭话语。事实上,这种有关明星家庭生活的话语,复制了当时电影中所生产的家庭话语。[34]塑造明星的叙事与这些明星所主演的电影,都植根于同一种表征形式。

这两个领域的冗余性,是与标志着明星制出现的权力与知识的特定表达相联系的。随着演员的私人生活成为了一个有价值的知识场域,出现了一种将这种知识限制在特定范围的管控。通过这种方式,明星制和当时的电影一起,支持了同一个意识形态工程。值得进一步研究的是,这一管控为何会在20年代早期的明星丑闻中失效,这种失效与1922年海斯办公室[35]的创立又有何关系。

(张淳 译/陶东风 杨玲 校)

---

[33] *Motion Picture Magazine*, February 1915, pp.85—88.

[34] 有关那个时期电影中的家庭话语的一个有趣论述,参见 Nick Browne, "Griffith and Freud: Griffith's Family Discourse," *Quarterly Review of Film Studies*, 6, No.1 (Winter 1981), pp.76—80。

[35] 海斯办公室(Hays Office):美国1922—1945年之间的电影审查、管控机构。正式名称为"美国电影生产商和发行商协会"(Motion Picture Producers and Distributors of America)。该组织由主要电影公司发起成立,Will H. Hays(1879—1954)担任主席,目的是改善电影行业的形象和提供内部管控。——译注

重审明星身份:文本、身体及表演问题

克丽斯汀·格拉提

导 读

　　电影文化一直随着时代的发展和科技的进步而发生改变,包括电影的拍摄、制作技术,人们的观影方式等等,与电影诞生之初相比,都已经发生了巨大的变化。在本文中,克丽斯汀·格拉提建议需要重新思考我们审视和理解明星的类别(categories),因为电影文化的变迁也重新形塑了电影明星的意义。

　　在文章中,她首先简略地梳理了电影研究中对明星的定义,然后指出了三种明星产生意义的类别,并通过具体的个案和细致的文本分析为她的分类提供了有力的支撑和说明。第一是"作为名人的明星"。这类明星主要被展现的方面是他/她的休闲和生活方式,而电影本身相对来说处于次要地位。他们常常在新闻中与来自其他领域的明星有所互动。比如,强尼·戴普与模特凯特·摩丝的恋情。名人模式是粉丝接近电影明星的一种最容易的方式。

　　第二是"作为专业人士的明星",这些明星能够通过他们的专业角色得到认可,其明星身份更多地建立在电影文本上。他们的明星形象是由特定的电影文本与相应的明星形象所共同塑造的,当人们常常将其明星身份与某种电影类型相联系时,这种明星就产生了。而且,作为专业人士的明星需要维护一个稳定的明星形象。哈里森·福特天衣无缝的表演风格则使他成为这类明星的代表人物,他成功地实现了演员的个性与角色协调一致的"化身"。"明星不是在表演,而是本来就是他们自己,人们所乐见的姿势、表情和动作都是属于明星的,而不是任何电影人物的。"但是,这类明星的危险则在于,人们认为他/她就"是"银幕上的角色,而忽略了演员的表演。

本文译自 Christine Geraghty, "Reexamining Stardom: Questions of Texts, Bodies and Performance." In *Reinventing Film Studies*, eds. Christine Gledhill and Linda Williams, London: Arnold, 2000, pp.183—201。作者格拉提是英国伦敦大学的媒介学者。——译注

第三类"作为表演者的明星"则将人们的注意力吸引到表演工作上，是对"作为名人的明星"的一种颠倒。他们专注于表演本身，重视前一类明星所忽视的明星与角色之间的区分。方法演技对这类明星有着重要的影响，成为好莱坞电影的一个重要特点，并且能够为观众所识别和理解。它重视电影文本、演员的技巧和天资，并且对于年长的明星有利，延长了表演事业的寿命。而且，方法演技也影响到了明星制电影界中的等级和地位。作者指出，在当代对大片、特效和电脑动画越来越重视的情况下，表演已经成为人类明星夺回电影的主宰权的一种方式，而方法演技必然与明星身份紧密相连。

然后，克里斯汀考察了以上三种类型如何适用于电影女明星，并在结论中以《保镖》为例，阐述了她所概括的不同类别的明星如何通过不同的方式创造意义，以及性别和种族如何改变了这些类别。

明星身份（Stardom）在电影理论的发展中一直是一个关键概念，而电影又是考验和显示明星身份的一个关键场所。正如格莱德希尔（Gledhill）所说，"尽管其他娱乐产业可以制造明星，但电影仍然是确证明星的最终场所"（1991a, xiii）。但其他人不是很确定这一点。艾伦（Allen）和戈梅里（Gomery）在他们的历史论述中消沉地评论道，当"明星"这个称谓用在"摇滚明星、运动员和肥皂剧演员身上时，……就被滥用得失去意义了"（1985：172）。本章探讨明星这个概念所发生的变化，以及我们使用这个可说是（如艾伦和戈梅里所言）从其他地方获得意义和活力的名称，对电影研究有何至关重要的影响。我们需要在一个电影明星努力争夺突出地位的语境中看待明星。少女杂志在1940年代和50年代突出介绍电影明星，现在似乎更加喜欢用歌手、球员、模特和少年肥皂剧演员作封面女郎；妇女杂志表现出同样的多样性，杂志的整个风格围绕着名人的家庭和生活方式展开，他们有可能是电影明星，也可能是皇室成员、流行歌手等等。此外，很多粉丝的观看方式都从片场时代的电影院转移到了录像和电视机。以前人们每周去一次（有时）装饰华丽的电影院，在昏暗的观众席上看大屏幕；现在，人们匆匆进入音像店，买上选好的光盘，然后在家里的小屏幕上看影碟。

明星身份的概念在电影研究中一直很重要，因为它与1970年代和80年代发展起来的电影理论化的主要方式有关。像类型研究一样，对明星的研究提供了（尽管不是一直如此）通过制作、文本和受众研究的成果来看待整个电影过程的可能性。更具体地说，明星的重要性可以通过考察电影文本如何产生意义的理论得到阐释。

在这里，我们可以追溯到三种相互重叠的理论发展。首先是电影与现实之间的关系，它曾经导致了一场关于作为表意系统的电影的争论。在此，符号学的影响强调明星是一种符号；这种模式强调明星形象的建构，不过戴尔（Dyer）和埃利斯（Ellis）也承认，有关表演和在场（presence）的特定话语肯定了接近隐藏在明星建构背后的真实个体的可能。这一符号学研究将我们领到第二种路数——强调将明星研究与关于意识形态和抵抗的论争联系起来的互文性。这一研究与理查·戴尔颇具开拓性的研究有关，并且由于它强调明星是矛盾和抵抗的场所，从而在电影研究和文化研究的论争之间建立了联系。在此，对粉丝文化的研究可以与亚文化研究联系起来，我们可以提出受众对明星形象有何作为的问题。杰姬·史黛西（Jackie Stacey）的《明星凝视》（*Star Gazing*，1994）表现出了重要的受众研究转向。史黛西同时也利用第三种路数的理论资源，即将电影研究植根于性别心理研究中。穆尔维（Mulvey）1975年的文章尽管不是直接讨论明星的，但是却基于男女明星的不同作用和对比，女明星是阻碍故事发展的崇拜对象和展示景观，而男明星则是理想自我，他对叙事的支配使他成为强有力的认同机制。这样的分析也联系到了电影院内特殊的观看氛围，昏暗的观众席和大屏幕上的形象营造了一种独特的观看关系。在1970年代之后的研究中，严格的性别范畴开始松动，因此，男性的"可看性"（to-be-looked-at-ness）现象得到了很多讨论，但是明星概念在这个领域的研究中的重要性仍然存在。

在本章中，我试图考察这些对电影明星身份的理解可以通过怎样的方式与艾伦和戈梅里所说的更广泛的语境相联系。我不会因为明星这个称呼被用在肥皂剧演员和足球球员身上而拒绝它，我试图考察电影明星如何融入大众流行文化中的明星这个更广泛的语境中去。我主要通过美国电影中的例子，表明我们需要重新阐释名人、文化价值以及表演等概念，以分析电影明星如何在当代电影界和当代文化界产生意义。

一、定义明星

电影研究中对明星的定义强调明星身份这个概念是由表演性在场（performing presence）和台下生活的对比所维持的。戴尔认为明星"在一个独立于屏幕／'虚构'面貌的世界中存在"（1979：22），他将明星身份描述为"明星的生活方式的一种形象"（1979：39）。艾伦和戈梅里谈论"演员和人物之间的双重性"，并且引用埃德加·莫兰(Edgar Morin)的话,认为明星是"'带着传记'(biography)的演员"(1985:172),而塔斯克(Tasker)在她对新好莱坞的研究中将明星描述为"远远超出其出现的文本的复杂人格"(1993:74)。明星的标志正是形象的双重性,这种双重性强调在虚构的表演场所和在此之外的生活之间的平衡。传统上,正如戴尔所表明的,这种双重性是基于光彩夺目的电影世界和明星们令人意外的普通家庭生活之间的对比。因此,《电影剧》(Photoplay)杂志刊出了格利高里·派克(Gregory Peck)劈柴的照片,并评论说一个人无论处于何种地位,总得干这个活儿;"生活总是类似的——无论你是拉荷亚[1]药剂师的儿子还是著名影星"(Gelman, 1972:343)。这一双重形象有些时候则显得不太健康,表演和生活之间的对比可能是通过更加诽谤性的外遇、酗酒和毒品来凸显的。公共和私人、普通和非凡之间的对比,是通过从电影到报纸、粉丝杂志、电视节目以及粉丝之间的信息交流和八卦等一系列广泛的文本形成的。戴尔所创造的明星形象的"结构性多义"这个颇有影响的概念(1979:3)引起人们对这一广泛的原始材料的注意,并强调明星所体现的矛盾的理想。戴尔指出了"多样但有限的意义"(1979:72,着重号为著者所加),但是后来的评论者则集中关注明星形象的不稳定性。朱迪斯·梅恩(Judith Mayne)颇为典型地认为"明星形象的特点就是前后矛盾、改变和波动"(1993:128),认为明星身份的吸引人之处正是基于"持续的再造,消解对立面,拥抱很多对立的东西"(1993:138)。对不稳定性的强调一直很多,这是因为在电影研究中,明星总是被不断联系到身份问题——"对明星感兴趣就是对我们如何为人感兴趣"(Dyer, 1987:17)。在电影研究中颇有影响的精神分析学理论强调主体的不稳定性,以及身份的矛盾本质。与文化研究的联系也有助于这种不稳定感和抵抗感的滋长,强调粉丝在制造有差异的和竞争性的意义中所起的作用。约翰·费斯克(John Fiske)研究了受众如何通过选择"可以给他们提供……机会创造他们自己的社会身份和社会经验的文本或明星"(1992:35),为自己的目的创造意义的方式,从而将明星、粉丝和身份之间联系起来。这些可能性尤其和性别问题相关。塔斯克(1993)反对关于好莱坞动作电影的批评,他强调男性动作明星给他们的粉丝提供了抵抗和矛盾的可能性,帕姆·库克(Pam Cook)指出了某些女明星"抵制分派给她们的角色"的方式,推测"也许这就是真正的明星品质之所在"(1993:xv)。

---

[1] 拉荷亚(La Jolla):美国加州圣地亚哥市的一个区。——译注

一般来说，关于明星及其受众的研究将一个不稳定和矛盾的人物作为样板，该人物是互文性地（intertextually，涉及不同的电影）和外文性地（extratextually，涉及不同类型的材料）建构起来的。粉丝被认为是最好地体现了受众和明星之间的关系，他们的信息来自广泛多样的原始材料，他们怀着对解开身份问题之矛盾的兴趣，对这些材料进行改写。一般的流行文化研究也强调这种电影明星的双重性和明星与粉丝的关系。在音乐、电视、体育和其他领域，这一样板则是表演和工作的公共领域，与被媒体"曝光的"个人生活、家庭和恋爱等私人领域之间的一种关系。有时，这一关系像《Hello!》中能看到的那样得到有力的控制，这个英国画报邀请我们进入很多名人的宁静优美的家里，总是谨慎地强调他们的工作价值。在其他地方，一些不那么体面的媒体则曝光明星吸毒、婚姻危机以及个人灾难，常常暗含着他们在公开表演时的控制技巧与"台下"的失控之间的对比。戴安娜王妃正是在她不幸的私人生活与她辉煌的公共"工作"之间形成对比的时候，才开始具有明星身份的。

二、重新思考类别

为了思考电影明星身份在当今美国流行电影中的运作方式，我们需要揭开这一明星模式，看看明星是通过怎样不同的方式产生意义的。在这一部分，我想看看其他类别——名人（celebrity）/专业人士（professional）/表演者（performer），这些类别也是知名人士以不同的方式在媒体中"露面"的典范，我想表明，这些区别能更好地帮助我们理解电影明星与其他大众媒体公众人物的异同。

名人这个称呼表明一个人的名声完全依靠其工作之外的领域，并且因为拥有一种生活方式而出名。因此，名人是通过流言、新闻和电视报道、杂志文章和公共关系建构的。他们的"传记"不一定与他们其他的杰出品质相符。盖瑞·沃纳尔（Garry Whannel）曾写到，体育明星达到了"自我维持其杰出地位"（the prominence is self-sustaining）的程度（1992：122）；而在英国，上层阶级只要参加派对、首映和豪华的体育盛宴就可以具有名人地位，根本无需一个与私生活作为对比的表演场所。女人尤其可能被看做名人，她们的工作生涯不像她们的个人生活那样受到关注和具有价值。比如丽兹·赫莉（Liz Hurley）作为一个模特和演员的工作，不如她的范思哲礼服和放荡不羁的男友有助于她的名人地位，甚至戴安娜王妃的名气也是更多地依靠个人外貌和戏剧化的私人生活，而不是她的公共慈善事业。

名人可能会与"专业人士"形成对比。这些人的名气主要依靠他们的工作，以至于他们的私人生活完全被忽视，人们只关注其公众形象的持续一致。在电视中，朗格（Langer）将这种一致性与电视名人——他们"在接连不断的事件、状况和叙事中作为一个或多或少稳定的'身份'存在着"——联系起来（1981：357）。这种一致性在那些直接向受众发言的新闻播音员、记者、谈话节目主持人和体育评论员身上都是显而易见的。在虚构类节目里也能看到这一点，这些节目依靠人们熟悉的虚构人物的定期露面，以至于演员隐藏在人物背后，只因与角色的联系才被受众认识。定期播出的肥皂剧和情景喜剧演员就属于这种类别，因为他们的名声依靠的就是特殊的专业角色。正如罗姗娜[2]这个例子所表明的，尽管专业人士缺少明星的双重形象，但是一旦受众关注到他们的"传记"，他们就会升格为明星。

第三个类别，即表演者的类别，也与明星双重性（star duality）中的工作和公共元素，而非名人的私人生活相联系。但是这一类表演者和那些专业人士不一样，他们的技巧和表演元素不是隐藏的，而是受到了关注，并且强调技巧的亮相和展现。塔斯克在她对动作电影的研究中，将查克·诺里斯[3]和克劳德·范·戴姆[4]这样的表演者和明星进行了比较，认为表演者的特点是关注诸如武术之类的独特技巧，这些技巧在文本中获得充分展示（1993：74）。在这一语境下，某些演员可能被看成在剧院、电影和电视中展现表演技巧的表演者。作为表演者的演员是由工作界定的，常常与剧院表演的高雅文化价值联系在一起，甚至当这一表演在电影或电视中播出时也是这样。演员越是由于其表演而出名，他们就越多地被赋予文化价值，尽管他们只是受到有限群体的青睐。但是一个"演员"在从表演转向明星双重性的道路上走得越远，其文化价值也就丢失得越多，肯尼斯·布拉纳夫[5]和艾玛·汤普森[6]在他们的婚姻破裂被小报曝光之后就发现了这一点。

---

[2] 罗姗娜（Roseanne）全名为 Roseanne Barr，是美国当代著名的女性喜剧演员和电视节目制作人，曾主演情境喜剧 Roseanne，主持脱口秀 The Roseanne Show，还出版了一本个人自传。——译注
[3] 查克·诺里斯（Chuck Norris, 1940— ）：美国电影演员，动作片明星，空手道世界冠军。——译注
[4] 克劳德·范·戴姆（Jean-Claude Van Damme, 1960— ）：比利时武术家，与史泰龙、施瓦辛格齐名的动作明星。——译注
[5] 肯尼斯·布拉纳夫（Kenneth Branagh, 1960— ）：北爱尔兰演员和电影导演，曾多次将莎士比亚戏剧改编成主流电影。——译注
[6] 艾玛·汤普森（Emma Thompson, 1959— ）：英国演员及剧作家，曾获奥斯卡最佳女演员。——译注

媒体努力在各种娱乐形式中创造和发掘名人的名气,我们必须在这一语境下来考察电影明星。电影本身作为一个媒体,也变成了一个被其他媒体开发利用的领域。但是电影相对来说在传播名气上没有其他娱乐形式那么有效。电影生产新作品的速度很慢,如果说这能产生一种期待感(如"蝙蝠侠回来了"),并在上映的第一个周末吸引到大量观众,但是对于个体明星来说,电影之间的空当期会相当长。忠诚的粉丝可能会乐于在空当期间再次观看现有的电影,但是电视、音乐或体育等领域的人们越多地定期露面,就越有可能起到明星的作用,无论是成为青少年杂志里的招贴画,或者新闻故事中的熟人。我想要表明的是,在这种情况下,强调多义的电影明星是一个抵抗的场所,不再能够(如果它曾经能够的话)解释电影明星起作用的各种不同方式。在为了争取媒体的文本外关注而激烈竞争的情况下,观众和明星面临这样的选择:是全面利用各种大众媒体的曝光,还是围绕着只与电影文本和影院相关的明星身份来获得快感。我想要通过考察电影明星能够怎样用我所概括的这几个类别来进行分析,从而探讨这些问题。

三、作为名人的明星

电影明星的双重本质仍然重要,但在有些语境中,重点几乎完全在明星的"传记"或名人元素上。电影明星与其他来自体育、电视、时尚、音乐领域的明星分享这一领域,特别是新闻报道,强调的不是明星的工作,而是休闲和私人生活。这正是互文性最重要的地方,因为明星的"真实"生活信息就是从八卦栏目和名人采访中拼凑出来的,从而形成了一系列关于明星的话语。在名人话语中,电影明星实实在在地与其他领域的明星进行着互动。因此,我们关于好莱坞明星强尼·戴普(Johnny Depp)与模特凯特·摩丝(Kate Moss)约会的知识与足球明星大卫·贝克汉姆与"辣妹合唱团"的一个成员结婚的新闻同属一个性质。尤其对于年轻的粉丝来说,名人模式可能是最容易接近电影明星的方式,恰恰因为它将不同的娱乐形式——杂志、录像、摄影、电影——联系起来,并且将遥远的电影明星该改写成邻家女孩的男友,青少年杂志 *Sugar*(1997年6月,第32期)评论女星格温妮丝·帕特洛(Gwyneth Paltrow)在剪去长发时"像我们其他人一样紧张"。"唯一的区别是,她有布拉德(Brad)在美发店里陪她,在整个可怕的折磨中一直安慰地拿着她的手套!"

这种对私人领域以及与其他的名声形式之间的互动的强调,表明在名人模式中,电影本身相对来说是不重要的，一个明星即使没有获得票房成功，同样可以作为名人获得关注。比如对茱莉亚·罗伯茨（Julia Roberts）和理查·基尔（Richard Gere）来说，他们的明星建构的天平在1990年代从相对不太成功的电影转向了个人生活的纠纷。在这种情况下，明星结构的双重本质被削弱了，天平倒向了名人这一边，没有可以与对私人生活的强调相平衡的工作。在这种名人建构中，再将信息和形象的传播看成是辅助或从属于电影的，或者真的认为电影与其他娱乐圈不同就没有意义了。在此重要的只是，受众能够并乐于从各种文本和信息来源中获取名人隐私。

四、作为专业人士的明星

与作为名人的明星相比，其他类别的明星身份构成了一个十分不同的明星——受众关系，这种关系更实质性地建立在电影文本上。在这些类别（作为专业人士的明星和作为表演者的明星）中，我们很有可能无需作为名人的明星所依赖的那种互文性话语信息，就能理解和欣赏明星的意义。

作为专业人士的明星是一个特定的明星形象与一个特定的电影语境的结合。当我们想要知道"一个演员在电影中的出场是否与他或她的专业角色相符"（Naremore，1990：262），并且还常常将这个明星的身份与特定的电影类型相关联时，这种明星就产生了。这在由音像市场带来的发行情况改变之后变得特别重要。音像商店能为观众提供比多厅电影院更多的电影，并且将明星与类型联系起来可以给人们提供可靠的指示：一看就知道某个影碟会给你带来什么类型的电影。为了避免在消费者选择租碟的过程中过早地限制他们，音像商店倾向于不使用更加明确的类型分类，比如西部片、强盗片和恐怖片等，而是采用更加模糊的描述（由专业刊物之前所限定的），比如"动作片"，"喜剧片"或者"故事片"。然而在这些类别中，某些明星会准确地表明它的类型。因此，史蒂夫·马丁（Steve Martin）、艾迪·墨菲（Eddie Murphy）和金·凯瑞（Jim Carrey）这些明星就与某些形式的喜剧片联系在一起，而塔斯克所讨论的那些明星——史泰龙、施瓦辛格、和范·戴姆——就与某些精确的动作片类型和男性勇猛的展现联系在一起。

我想要表明的是，对于作为专业人士的明星来说，一个稳定的明星形象是非常关键的。与已然形成的明星形象的太大差异可能会导致预期受众的失望。史泰龙就是一个有意思的例子，表明了一个想要转型的专业明星所面临的困难。塔斯克在对像史泰龙这样的动作片英雄的研究中,强调明星身份的不稳定性,认为一个明星的"真相"是和从来都不稳定的身份联系在一起的(1993:76),并且明星就是通过为受众创造矛盾而暧昧的认同空间而起作用的。她指出,像施瓦辛格这样的明星通过引入喜剧元素来影响这种不稳定性,从而改变肌肉男的形象,进入更加主流的电影。但是塔斯克也引用了史泰龙的例子来说明他的明星形象代表了尽管遭遇体制的阻碍,依然获得成功的移民。《洛奇》(*Rocky*,1976)和《第一滴血》(*First Blood*,1982)等电影将虚构的叙事和演员的故事很关键地合并起来,从而让某些主题——"白手起家"、"奋斗致富"、"排除万难获得成功"——成为"史泰龙明星形象的核心方面"(1993:84)。然而,塔斯克的解释表明,史泰龙明星形象的稳定性才是他的电影获得成功的关键,"失败者"(1993:84)人物的反复出现才是他的作品获得成功的关键。当他想要摆脱这个形象,拓展自己的表演路数时,那些电影便无法赢得观众,正如史泰龙自己在报道中承认的:"观众不想在喜剧片里看到我。从现在开始就直接演动作片吧"(《国际银幕》[*Screen International*],1993年12月10日,第21页)。

两种明星身份的模式如何可以以戴尔和梅恩在对明星的解释中所描述的方式并行不悖地平行发展,史泰龙就提供了一个很好的例子。史泰龙同时也是名人,婚姻、小孩、名流餐厅和《Hello!》杂志的流传提供了典型的伴随着作为名人的明星的互文材料。但是他作为名人的成功和他作为专业明星产生意义的方式并不能很好地相容,他在电影圈中的明星身份似乎只能依靠特定类型片中很有限的角色。戴着眼镜、抱着孩子的史泰龙不仅与他的形象相矛盾;对于他的动作片影迷来说,简直就是一种不正常的形象。

如果说史泰龙作为与特定类型相联系的专业明星差强人意,那么哈里森·福特(Harrison Ford)很可能是目前这一道路上最成功的楷模,他被《国际银幕》杂志描述为有着"近乎完美的从影记录,可能是全球最稳定的票房保证"(1995年12月15日,第18页)。比起很多专业明星来说,福特能够表演的类型领域更加广泛,他在动作片、恐怖片和侦探片中游刃有余,并偶尔在喜剧片中小试牛刀。鉴于这种多样性,值得注意的是,福特在表演上是完全一致的,对福特电影的欣赏很大程度上就是观看他轻松丰富的身体语言的表达与冷峻面孔和有限的面部表情之间的对比。在这方面,福特代表了戴尔在他的明星研究里所分析的好莱坞制片风格的延续。戴尔区分了两种表演风格,一种是演员表演自己(电台或好莱坞制片风格),另一种是演员与人物存在明确差别(剧场或百老汇风格)(1979:156—160)。巴里·金(Barry

King)也区分了"扮演"(impersonation)和"化身"(personification),在扮演中,"演员的'真实'个性……必须在角色中消失";在化身中,演员的个性与角色协调一致(1991:168)。好莱坞明星制与化身联系紧密,明星不是在表演,而是本来就是他们自己,人们所乐见的姿势、表情和动作都是属于明星的,而不是任何电影人物的。

  福特的这种风格是如此天衣无缝,以至于描述它的最好方式就是探讨这种风格偶尔遇到风险或似乎失灵的稀有时刻。《目击者》(*Witness*,Weir,1985)中跳舞场景的力量部分依靠的是福特转变的方式,他通过表演标志了从恐怖向浪漫的显著转变。当他接近瑞切尔(Kelly McGinnis 饰)时,他面孔僵硬,眼神紧张。然后他的眼睛睁大,脸上绽放出一丝笑容,当他拥着她开始移动时,稍显僵硬和小心,然后移动双手,轻耸肩膀,拉着她开始起舞。当这一对差点亲吻时,紧张、冷漠的表情又回来了;接着,他轻微地移动身体,接着将眼睛从她身上移开,他的面部肌肉松弛下来,眼睛变大,继续跳舞,直到被瑞切尔父亲的到来打断。这个场景的柔情之处在于福特通过姿势释放了通常藏在面具背后的情感。《与魔鬼同行》(*The Devil's Own*,Pakula,1997)与此截然不同。福特在这里扮演了一个年长的纽约警察汤姆,布拉德·皮特(Brad Pitt)所扮演的爱尔兰共和军活动家打断了他的幸福家庭生活。电影的前半部要求福特表演得比平常更加豪爽,对妻子大笑,逗女儿玩,拥抱新找到的"儿子"。福特利用他对角色的陌生感突出了汤姆对家庭生活的不安。然而在电影的结尾,福特回到孤独地寻求真相的角色;说话咆哮,特写展现他刚硬的轮廓,姿势很少。福特的明星形象坚持自己的风格,《与魔鬼同行》帮他坐上了《国际银幕》1997 年解析十强演员的冠军宝座。

  福特和其他这类演员代表了约翰·韦恩(John Wayne)(Dyer,1979:165—167)和克林特·伊斯特伍德(Clint Eastwood)等人的表演方式的延续。[7] 差别可能仅仅在于程度,由于市场要求专业明星与特定的人物或"特许经营"[8] 之间的联系,福特的表演范围似乎变得更加狭窄;《国际银幕》(1994 年 12 月 9 日,第 24 页)曾赞许

---

[7] 正如这里所表明的,戴尔确实承认明星形象的一致性。我想说的是,电影与文化研究出于对差异的兴趣而过于强调了戴尔著作中有关明星的不稳定性的观念。

[8] 此处的"特许经营"(franchises)可能指的是围绕诸如《星球大战》、《哈利波特》等系列化的影视作品而形成的特许经营体制。——译注

地评论道，福特"在另一个成功的特许经营里把自己塑造为杰克·瑞恩[9]"。这个范围的变窄，是赋予电影一种通常只有长期上演的电视连续剧才具有的稳定性的方式。像兰格（Langer）那样将电视人物和电影明星进行对比是很常见的，兰格认为，在电影中"明星吸收了电影人物的身份"，而在电视上，只有人物才具有"值得记住的身份"（1981：359）。而我认为，福特这种属于"作为专业人士的明星"类别的电影明星，对于电影/录像来说，就和电视连续剧中的人物一样，在不断扩张的媒体所提供的明显过剩的选择中，提供了稳定和重复的快感，以及一致性的保证。

五、作为表演者的明星

这种对一致的人格面具的强调，突出了作为专业人士的明星的独特性，但是由于对"是"（being）而非表演的强调，除了拍摄危险动作所遇到的困难，人们很少注意明星的表演工作。但是在最后这个类别里，人们有意将注意力放在表演上，因此是对名人类别的颠倒，这里的重点是表演和工作本身，而不是休闲和私人领域。这对于戏剧领域的某些明星一直就是一个关键要素，但是我想要表明，它现在对于电影明星来说，也是在拥挤不堪的名人世界里获得一个合法空间的特别重要的一种方式。名人圈的扩展表明电影明星不再主导这一领域，肥皂剧明星和流行音乐家可以获得这种名人地位的事实，的确（如艾伦和戈梅里所说的）使这一过程贬值了。作为对此的回应，明星身份的标志明显转向了表演，并且"作为表演者的明星"的概念成为通过电影文本而非新闻曝光度来重建电影明星地位的方式。尤其是方法演技[10]强调如果想要人们理解表演的话，就要抛弃名人的外部装饰，并通过这种方法

---

[9] 杰克·瑞恩（Jack Ryan）：美国作家 Tom Clancy 塑造的一个虚构人物，曾出现在 Clancy 的多部小说里，拥有和真人一样复杂的身世经历。迄今为止已经有四部根据 Clancy 的小说改编的电影，都是以瑞恩为主人公。哈里森·福特曾在其中的两部电影中扮演过瑞恩这个角色。——译注

[10] Method Acting，简称为 the Method，直译为"方法演技"，是令演员完全融入角色中的表演方式，除了演员本人的性格之外，也要创造角色本身的性格及生活，务求写实地演绎角色。方法演技由俄国戏剧大师史坦尼斯拉夫斯基（Constantin Stanislavski）提倡，他十分关注演员的表演方法，并认为演员必须精于观察事实，揣摩现实生活中的行为，亦应对心理学有基础认识，想象出演绎角色的心理状况，演活角色。有些专业书上面翻译为"融入法"，解释为"体验派表演方法"。——译注

来争取文化地位；奈尔默（Naremore）评论说，德尼罗（De Niro）"自从成为著名演员后，就开始躲避任何庸俗的名人采访"（1990：280）。

作为表演者的明星的标志就是重视"扮演"，重视作为专业人士的明星所忽视的明星和角色之间的区分。我推测这是金在他对电影表演的讨论中所说的过程的延续。金认为，演员（也许还有观众）相信电影"这个媒体如果不是必然地，那么也是定期地需要一种去技术化的过程"（1991：170）。不仅形象打造显然无需表演，而且"电影中的人物刻画过程……也呈现出一种半自主的形式"，至少在一定程度上可以由摄影机的移动和场面调度来实现（1991：77）。1980年代和1990年代，由于对大片、特效和电脑动画的重视，使得对电影中表演之可能性的焦虑进一步加深。在电影界之外，明星们与其他领域的名流竞争名人地位；在电影界内部，他们必须与恐龙、龙卷风和动画兔子竞争。

在这种情况下，表演已经变成了人类明星重新主宰电影的一种方式，而方法演技与电影明星身份的某些模式之间的密切联系也不是偶然的。科林·康塞尔（Colin Counsell）将方法演技称为"一种杰出的现实主义表演风格"（1996：53），将其重要标记描述为"一种新的舞台上的轻松'自然'"（1996：54）；更加重视人物的内心生活以及那些可以推测内心生活的痕迹；用表情的强烈迸发来表现的"强化的情感主义"（1996：56）；以及"一个关于个体的潜在观点，即认为个体被分裂成'本真的'内在自我与被潜在压制/压抑性的外在自我"（1996：63）。这种方法与很多电影作为一个媒体所需要的东西协调一致。对现实主义和自然的重视符合巴赞[11]式的观念：电影的重要任务就是揭露现实；强调通过姿势和声音（而非语言）表达情感，通过电影的视觉可能性来废除剧本和台词。对身体表现力的强调顺应了电影将身体展现为一种景观；对人物内心的强调与电影将明星作为独特真实的个体来进行宣传这一点协调一致。

方法演技对于电影明星概念的重要性已经得到承认。戴尔和金都将方法演技当作好莱坞电影的一个特别重要特点来讨论。格莱德希尔在她对情节剧（melodrama）和明星的讨论中注意到演员"体现（embody）冲突"的方式，认为强调用身体来表现道德困境的做法能使"方法演技……成为最能传达'在场（presence）'的当代表演模式"（1991b：224）。对身体的重视，承诺每一个动作和表情如果不是在叙事上就

---

[11] 此处的巴赞可能指的是安德烈·巴赞（André Bazin，1918—1958），法国《电影手册》创办人，二战后西方最重要的电影批评家、理论家，法国电影新浪潮之父，现实主义美学的倡导者。——译注

是在人物塑造方面具有意义,那种观众必须去努力分辨的含混不清的言语,将会有动作出现的寂静沉默的时刻——这些都是现在的观众所期待和理解的表演迹象。正如弗雷德里克·杰米森(Frederic Jamieson)在讨论帕西诺(Pacino)在《热天午后》(Dog Day Afternoon, 1975)中的表演时所说的,"口齿不清成为表现力的最高境界,说不出话的口吃反而是健谈的,无法交流的痛苦突然在哪里都可以得到顺利的理解"(1990:43)。在这个过程中,方法演技成为惯例,观众因而可以在认知上识别表演的迹象,并对其情感共鸣作出回应。詹姆斯·奈尔默对此反讽地评论道:"方法演技被称为'精髓',但是观众只看表面"(1990:212)。我不是想说现在的电影观众知道"方法演技"这个术语,而是他们确实懂得一些表演模式,懂得如何理解一些明星(并非所有这些明星都直接与方法演技相联系)表达意义的方式。正如莱斯利·斯特恩(Lesley Stern)在其特别有趣的论述中所说的,德尼罗不是"狭隘的方法演技使用者"(1995:209),他貌似在"享受表演的游戏本身"(1995:210);一些男明星的作品显然对与方法演技相关的表演非常重视。

方法演技通过对表演的强调而重视作品、技巧和天资。它将一种人类能动性的感觉归还给电影。尽管方法演技的目的可能是"自我与角色的合二为一"(Gledhill, 1991b:223),但是熟悉1990年代演员的观众知道表演中的明星和角色之间的差距。一些文本外的宣传活动可能会使人注意到这一点,但是表演本身也提供了相应的信息。电影中的方法演技在将观众拉到人物内心的同时,"行为细节之流"(Counsell, 1996:56)让观众意识到,表演本身的价值也是很重要的。作为表演者的明星需要依靠表演工作的展现,以及与作为名人的明星("只做自己"就可以获得名气)和作为专业人士的明星(本色表演)之间的比较。因此,尽管在1950年代的电影中,方法演技与詹姆斯·迪恩(James Dean)或马龙·白兰度(Marlon Brando)朝气蓬勃的纯真和冲动的反叛相联系,但是现在电影中的方法演技是使表演成为一种工作,从而具有文化价值的一种方式。

实际上,重视表演对于年长的明星很有利,因为它让经验变得宝贵,使得表演事业在青春美貌的阶段过后仍能延续。方法演技将注意力指向明星的身体,但是又将它从作为奇观的身体(比如,福特和史泰龙的行动方式)转向由演员反复演练的作为表演场所的身体。观众被有意识地邀请去认可和欣赏演员的面部和身体动作。阿尔·帕西诺演艺事业的重振和德尼罗演艺事业的持续,在很大程度上归功于这一判断:年长的表演者可以展现炉火纯青的演技,并且可以把他们的经验传授给周围的年轻演员。甚至那些帅气性感的年轻男演员（因此是属于名人类别）对方法演技的采用，也会被看成是一种更严肃的艺术企图的迹象。强尼·戴普在《忠奸人》(*Donnie Brasco*, Newell, 1997) 中的转变（厚重的身体，语无伦次的解释）可能是这一过程的较早例子；布拉德·皮特在《末路狂花》(*Thelma and Louise*, 1991) 中表现得颓废性感，而到了《七宗罪》(*Seven*, Fincher, 1995) 和《与魔鬼同行》则更加自觉地注意口音和姿势等细节。

方法演技的日益普遍也影响到了明星和电影中其他演员之间的关系。在经典好莱坞电影中，表演的等级总是清晰的，明星总是被性格演员和二线搭档所包围和支持。从表演上来说，明星的"化身"模式与围绕他们的性格表演是有差别的。这个差别现在已经不那么明显了，这一变化解释了否则会显得非常矛盾的转变：一方面转向群体表演，另一方面转向作为对抗和对比的表演。在对群体的强调上，盗匪片起了很关键的作用。与西部片不一样，盗匪片一直是一个稳健的类型，这种关于男性群体、爆发性的暴力和自恋的故事与电影的方法演技强调通过肢体表达内心冲突的特点相契合。一个早期的颇有影响的例子就是《教父》(*The Godfather*, Coppola, 1972)，明星马龙·白兰度和阿尔·帕西诺被其他演员包围着，他们的表演具有类似的表现力，都是不善言辞，依赖姿势和面部表情。《盗亦有道》(*Goodfellas*, Scorsese, 1990) 则发生了有趣的变化，主角明星德尼罗是一个支持着相对不怎么出名的演员雷·利奥塔 (Ray Liotta) 的群体中的一员，同样在《落水狗》(*Reservoir Dogs*, Tarantino, 1991) 中，每个群体都有占据舞台中心的时刻。

群体表演倾向于将明星置于"众人之一"(one of the boys)，这带来了一种强烈的表演竞争感，这种竞争感产生于运用同一种表演模式（这个模式本身强调内心冲突）的演员们，在依据外部冲突和人物之间的对抗而进行的叙事中占有相同的戏份。这一竞争是由文本内部产生的，其力量来自于对美学判断的诉求（谁演得更好？），而不是银幕之外的敌对或者粉丝支持率的不同。支撑这一美学维度的是表演竞争与体育活动中，尤其是拳击中的类似竞争之间的紧密联系，鉴于方法演技与男性气质之间的密切关系，这种类比并不让人感到惊奇。帕西诺和德尼罗在《盗火线》(*Heat*, Mann, 1995) 中的相遇就是这种竞争的生动案例。他们俩都是著名的电影方法演技的演员。叙事将他们设置为相互对立的警察和罪犯，他们彼此观察，互相跟踪、拍照，直到在电影超过一半的时候才在咖啡厅里互相对峙。正/反拍镜头系统聚焦在他们的脸上，随着场景的移动取景也更加紧凑。尽管他们都采取高度克制的表演，但帕西诺显得更加急躁，他像一只高度戒备的鸟，将头从肩头伸出来，双眼警惕地睁大。他靠近德尼罗和摄影机，而德尼罗则向后倾斜，弓起身子，眯起眼睛。他们的身体因此互相映照，而他们之间的对话则讨论了他们二人是如何通过工作被捆绑在一起。差异就这样得到了展现，但同时一种强烈的表演互补感也建立起来了。英国电影杂志《视与听》(Sight and Sound)的一个寻找对比的评论员简洁地总结了这种表演的文化价值，认为"如果《盗火线》是一场戏剧，你可以想象德尼罗和帕西诺像《奥赛罗》里的奥利维尔和理查森[12]那样，每晚都互换角色"(Wrathall, 1996：44)。

尽管德尼罗和帕西诺可以被称为电影的方法演技的演员，但那些较少从这个传统中受益的演员同样很重视作为价值标志的表演。比如汤姆·克鲁斯(Tom Cruise)，在《好人寥寥》(A Few Good Men, Reiner, 1992)和《律师事务所》(The Firm, Pollack, 1993)中作为新人出演法律题材获得了成功，他出演《夜访吸血鬼》(Interview with the Vampire, Jordan, 1994)是一个颇有争议的选择，因为他在早前电影中已然建立起来的人物形象与这个人物不符合。但是克鲁斯想要从专业明星转型为表演明星。这部电影将克鲁斯与布拉德·皮特设置为又一个男性配对，并且他们无论是作为剧中人物还是演员本身，都在体格和表演风格两方面产生了很多对比。皮特是阴沉神秘、深思熟虑的（更多是方法演技的模式），而克鲁斯姿势灵活，语气暴躁直接（"住嘴，路易斯"，他在把他从着火的别墅里拖出来时命令道）；生气时他那迷人的双眼圆睁；嗜血时他那"数百万美元的微笑"（《国际银幕》，1992年12月11日）变成标志性的睨视。尽管这不是方法演技，但值得注意的是，如何吸引人们关注到演员和表演之间的距离，是克鲁斯改变原来整洁帅气的明星形象的方法。

作为重新获得文化价值的方法，明星表演者的发展意味着，我们也许需要再次考察我们是如何理解受众涉及到明星的活动的。戴尔强调明星是探索社会身份的一种方式["我们迷恋明星，是因为他们演现了理解做人的经验的各种方式"(1987：17)]，他的这个强调与文化研究对粉丝的文本外工作（我在前面曾经讨论过这一点）的强调结合在了一起。因此，多义和抵抗成为电影明星研究中的关键术语，而与名人—明星联系紧密的粉丝立场则被假设为理解明星的理想立场。然而，对于有些明星和表演来说，对文本外活动的强调是不必要的，需要重视的只是受众如何理解特定类型和表演所产生的电影快感。我所描述的明星身份的不同模式要求受众具有不

---

[12] 奥利维尔(Laurence Olivier)和理查森(Ralph Richardson)都是英国20世纪的著名演员，两人曾合作演出了不少莎剧剧目。——译注

同种类的知识,尽管一些电影明星的确如名人一般运作,但是这一点对于理解他们的电影表现来说并不是至关重要的。强尼·戴普的名人身份的建构依靠的是对他糟糕的品行和他与凯特·摩斯之间激烈变化的恋情等文本外知识的了解。但对于表演者这个类别来说,这一文本外信息几乎是毫不相干的。对戴普在《忠奸人》中的重要性的理解来自有关表演本身的文本知识,来自与戴普在《剪刀手爱德华》(*Edward Scissorhands*,Burton,1990)和《不一样的天空》(*What's Eating Gilbert Grape?* Hallstrom,1993)中更加脆弱古怪的表演风格之间的比较,来自与其他男明星的表演之间的比较,比如同样受到方法演技影响的德尼罗和帕西诺。

六、对女明星的分析

至今为止,我对于明星的讨论,尤其是对作为专业人士的明星和作为表演者的明星的讨论,都是集中于男明星。我现在想要考察的是这些类别如何可能适用于电影女明星。在此过程中,我认为应该认识到女明星确实是处在一个不同于她们的男性同事的语境中。这一点不仅由明星自己表现出来,比如说抱怨没有好角色,也由电影工业的"常识"表现出来。我们可以在《国际银幕》杂志(自1992年开始)每年一度评选出来的"最佳演员"或"风云人物"中发现有关女明星的共识的突出例子。在这些名单中,女性不仅在数量上处于明显劣势,而且概括性的评论也都透露出对女性作为明星的不屑。因此,《红字》(*The Scarlet Letter*,Joffe,1995)的失败成为黛米·摩尔(Demi Moore)作为明星的失败,然后是对于女性的更普遍质疑;这就提出了"同样困窘的问题:她能够撑起一部电影吗?有哪个女明星能撑起一部电影?"(《国际银幕》,1995年12月15日,第19页)。这种态度对于好莱坞来说并不新鲜,戴维斯(Davis)、黛德丽(Dietrich)和赫本(Hepburn)这些不同类型的女明星都曾因电影工业对待她们的方式而表示不满。但是,由于大牌明星在新好莱坞(Ballio,1998)预算超高的电影中的重要性,她们也承担了一种新的意义。

名人这个类型很适用于女明星。女性在报刊、电视和电影中有效地发挥着作为奇观的作用。此外,流行文化通常都将女性和人际关系以及家庭等私人空间联系起来,这一点刚好符合名人话语中对明星的私人生活和休闲活动的关注。女明星的"传记"可以被恰当地用来塑造一个作为名人的明星形象。女演员在电影中的演出被嵌入到她混乱的私人生活当中,德鲁·巴里摩尔(Drew Barrymore)就是一个极端但绝不是唯一的例子。恋爱、婚礼和离婚把女明星带进了小报新闻业的领域,而在更加稳定的(精心安排的)采访中,像黛米·摩尔这样的女明星也总是强调创造一个适合孩子成长的家庭空间的重要性。茱莉亚·罗伯茨就提供了一个如何围绕着名人建立起明星身份的非常有趣的例子。夏洛特·布伦斯顿(Charlotte Brunsdon)曾分析过罗伯茨所扮演的最著名的角色,电影《漂亮女人》(*Pretty Woman*, Marshall, 1990)中的薇薇安。她的分析关注罗伯茨的紧张笨拙如何被其自然和无意识的"美丽的力量"所转变(1997:99)。从那时起,罗伯茨的电影表演就一直是乱糟糟的,但是她的名人地位恰恰基于她的美丽所应当带给她的生活上的成功与她的自然冲动所带来的灾难之间的对比。布伦斯顿认为,人们很有可能认同罗伯茨所体现的女性气质的困扰的方式,我认为,她在电影上断断续续的成功(《国际银幕》,1998年12月12日,谈到"又一次东山再起")对于她的明星角色来说,远不如大众对于她作为名人的持续的文本外兴趣重要。[13]

名人这个类别同样也为女性提供了体制内的某些权力,使得她们能够利用在电影表演之外获得的地位。对于黛米·摩尔和妮可·基德曼(Nicole Kidman)来说,人们认为她们与大牌男明星的结合为其提供了她们自己的电影可能无法保证的经济支持。此外,来自另一个领域的名人身份也能为电影女明星提供另一个平台;惠特妮·休斯顿、麦当娜和雪儿(Cher)就是很好的例子,她们从作为名人的歌手成功转入电影领域。她们的名人身份可与电影、音乐和个人生活结合起来,从而在她们的电影事业衰落之后仍然维持公众对她们的兴趣。

名人类别也许可以通过私生活领域中反复无常的行为以及公众形象和个人形象之间的矛盾获得发展,但专业明星依靠的却是形象的一致性,以及电影业赋予他们一个专门角色的意愿。后一个类别的女性人选可能是扮演雷普利[14]的西格妮·韦弗(Sigourney Weaver)和在《终结者》(*Terminator*)系列中扮演莎拉·康纳的琳达·汉密尔顿(Linda Hamilton)。这两部电影中都出现了一个与扮演她们的女演员相一致的坚强的女性人物,并强调与专业明星相联系的动作表演。尽管有很多粉丝在这些女演员/人物身上找到了强烈的认同感,但是在电影工业看来,她们都不够资格登

---

[13] 布伦斯顿(1997:100)在她的分析中运用了 Jennifer Wicke 的"名人女性主义"(celebrity feminism)的概念。这个类别将电影明星与女性学者和作家以一种有趣的方式联系起来,表明了明星类别的流动性。

[14] 雷普利(Ripley)是好莱坞著名科幻电影《异形》(*Alien*)系列中的一个主要角色。——译注

上《国际银幕》的榜单或者建立起一个稳定的特许经营。汉密尔顿没有出演足够多的电影以展现她的一贯个性，而韦弗貌似是积极地试图避免被定位为与专业明星相联系的类型。她也出演过其他类型的电影——比如说喜剧片《上班女郎》(*Working Girl*, Nicholls, 1988)，传记片《雾中的猩猩》(*Gorillas in the Mist*, Apted, 1988)，艺术片《死亡与少女》(*Death and a Maiden*, Polanski, 1994)。她在《上班女郎》中与哈里森·福特之间的差别是有启发性的；福特仍然扮演那种沉默困惑的男主人公，继续保持他的专业模式，而韦弗在诠释凯瑟琳这个角色时则表现得极度邪恶和霸道，把自己变成与女主人公互相斗争的魔鬼。尽管韦弗保持了坚强女性这种一致的明星形象，但是她作为女演员似乎在拒绝专业类型的限制，也就是拒绝了男性动作英雄所树立的明星类型。

女明星当中最成功的专业明星可能要算胡比·戈德堡 (Whoopi Goldberg) 了。《国际银幕》在评论她在《修女也疯狂》(*Sister Act*, Ardolino, 1992) 中的成功时，将她描述为"一个不太可能的明星"，这可能暗指她的种族和性别，因为她的角色的稳定性以及她与喜剧片的密切关系，可以与男性喜剧明星相媲美。实际上《国际银幕》一半是通过强调她的商业价值来承认这一点的："她通过自己所创造的价值——也就是《修女也疯狂 II》的七百万美元票房——成为一个完全不同的里程碑：一个具有男明星的影响力的女演员"(1993 年 12 月 10 日，第 21 页)。将女明星与金钱和男性气质的力量联系起来是十分典型的，甚至在讨论黑人明星时也是如此。但是，戈德堡的代价却是她的形象被局限于一个局外人，其无性的外貌和喜剧格调消除了对白人受众的任何威胁 (Mayne, 1993; Stuart, 1993)。

在表演者这个类型中，女性似乎更加容易成为明星，这个模式中的文化价值比票房号召力更加重要。然而，对于男明星来说十分奏效的电影方法演技对女明星却没有什么帮助。康塞尔认为，方法演技强调自我分裂，这一点对女性不利，尽管"神经质的形象很快成为表现男人的可接受的有效方法"，但是神经质的女人"却被妖魔化成……受害者或者恶魔"。他总结道，在好莱坞有关得体的女性行为的狭隘观念看来，"方法演技的女演员"是"不可能'正常'的"(1996: 76)。[15] 这里可能还有两个因素。方法演技强调情感的压抑和释放，既给男演员提供了表达感受的任务，也给他们提供了实施行动的任务。在某种意义上，男演员承担了女性的传统角色，

---

[15] Counsell (1996) 认为，在早期阶段，简·方达 (Jane Fonda) 是唯一在电影中扮演备受瞩目的角色的方法演技女演员，并将此与 1950 年代之后的方法演技男演员的成功进行了比较。

不仅打架，而且流泪。此外，方法演技对于群体表演的强调在女明星那里也有着不同的作用方式。虽然女性的群体表演是特定女性电影的特点，比如《恋爱编织梦》(*How to Make an American Quilt*, Moorhouse, 1995)，但在盗匪片和恐怖片中，对男性群体的强调倾向于将注意力从女演员们的表演上转移开来。因此，甚至在《好家伙》(*Goodfellas*, Scorsese, 1990)这部少有地将重点放在黑帮成员家庭生活的盗匪片中，罗兰·博莱科(Lorraine Bracco)表演的妻子角色也无法与德尼罗、佩希(Pesci)、利奥塔以及其他帮派男性的群体表演相抗衡。

然而，在当代女明星的表演中还是能够看到方法演技的。比如朱迪·福斯特(Jodie Foster)在《被告》(*The Accused*, Kaplan, 1988)和《沉默的羔羊》(*The Silence of Lambs*, Demme, 1991)中的表演特点就是以一种可以与男明星相匹敌的姿势、沉默和情感的爆发来表现内在的分裂和疑惑。并不意外的是，这些重要的成功表演是在恐怖／法庭片中实现的，因为福斯特在这些电影中获得了一般女明星所没有的出演盗匪／恐怖等类型片的机会，方法演技在这类影片中对于那些男明星来说总是非常奏效的。福斯特在其他类型片——《似是故人来》(*Sommersby*, Amiel, 1993)和《内尔》(*Nell*, Apted, 1994)——中的表演就没有那么受欢迎，她强大的演艺记录依靠的是她既是制片人、导演，又是演员的身份，但是和胡比·戈德堡一样，她的成功在电影界仍然是通过与男性的比较来得到表达的："如果这是男孩儿的游戏，那么朱迪和男孩们玩得一样好：在谨慎和勇敢中找到了平衡"(《国际银幕》，1993年12月10日，第12页)。一个更加难得的受方法演技影响的例子是妮可·基德曼在由文学作品改编的电影《淑女本色》(*Portrait of a Lady*, Campion, 1996)中的表演。在这里，导演坎皮恩(Campion)用直觉式导演和戏剧性的特写聚焦于基德曼的身体表达，后者用走路、口吃甚至大口喘气的方式表演伊莎贝尔·阿切尔的自愿被囚。

我在前面曾经说过，对表演的强调在有些男明星上了年纪之后提高了他们的文化价值。但是对表演的强调对于女明星来说意味着不同的结果，其中一个有趣的例子就是梅丽尔·斯特里普(Meryl Streep)。斯特里普的明星身份很大程度上是基于表演——但是人们对于她的表演却是缺乏同情的批判性理解。人们认为斯特里普的表演更多的不是内在冲突的外在表现，而是一种角色表演。巴里·金(1991)认为电影中的方法演技是由演员的独一无二性所支撑的，尽管它看似是"模仿"(扮演一个角色)，但是实际上它是一种化身的形式，具有作为"有着一贯个性的""演员人格"，这就产生了(用我的术语来说的)表演明星。斯特里普的问题看来就是，她被人们看成是模仿者；她能够轻松地模仿方言、改变形象，这表明她没有注意到标志着方法演技的表达之困难。由于缺乏这一文化价值，再加上年长女性角色的不足，斯特里普悄悄离开了人们的视线，而她在《猎鹿人》(*The Deerhunter*, Cimino, 1978) 中的搭档德尼罗仍然位列明星排行榜。

七、结　论

最后的这个例子表明了我所概括的不同类别的明星创造意义的不同方式，以及性别和种族如何改变了这些类别。《保镖》(*The Bodyguard*, Jackson, 1992) 受到了批评的嘲讽，但却获得了极大的商业成功。贝尔·胡克斯 (bell Hooks, 1994) 指出，这部电影中黑人歌手雷切尔（惠特妮·休斯顿饰）和她的白人保镖（凯文·科斯特纳 [Kevin Costner] 饰）之间注定失败的恋情是以一种不明说的假设为基础的：好莱坞电影中不同种族之间的恋爱不可能成功。除了叙事角度的思考，《保镖》这部电影也值得从明星方面来进行考察，因为我们可以看到两个明星之间的竞争，这可以帮助我们了解 1990 年代好莱坞的明星身份。这部电影的高额票房收入使休斯顿名列 1996 年《国际银幕》电影明星 20 强排行榜的第 11 位，在仅有的三名上榜女明星中排名第一。她将自己作为颇受尊敬的歌手/名人的身份带进了电影。摄影机围绕着她，向观众展现她美丽的脸庞，用长镜头表现她的舞姿、排练和歌声。叙事部分则展现她的脆弱和潜在的受害者地位，但是她的歌声和沉着的行为总是不断地使我们记起她（固若金汤的）明星身份。另一方面，科斯特纳仍然继续着他在《与狼共舞》(*Dances with Wolves*, Costner, 1990) 中的成功。尽管他有着帅哥的称号，但是这部电影似乎更加强调他的表演。因此，他设法表现这个人物的矛盾和困惑，害怕如果暴露他在爱情中的脆弱会影响自己作为保镖的工作。如胡克斯所说，这一叙事动机可能不是那么强烈，但是它与我们所熟悉的由一系列男明星所表演出来的内心冲突产生了共鸣。因此，这部电影清楚地表现了两个大明星为何会如此不同，以至于需要不同的分析去解释他们的意义。休斯顿被看成是一个会唱歌的美女；科斯特纳则是在进行表演。休斯顿很少有表达感情的空间，而科斯特纳则用电影的方法演技表明他试图表达不可表达的东西。休斯顿的明星身份由于大众对她的声音和歌曲的喜爱而得到保证；科斯特纳则试图作为一个严肃的演员获得一个不同层面的文化价值。休斯顿作为一位黑人女性，当然不可能获得科斯特纳明星地位的基础。结果，叙事和明星身份所附带的不同概念强化了他们俩本来就相互分离的世界，将休斯顿送回了歌唱事业，而科斯特纳仍然回到表演工作。

（张淳　译 / 杨玲　校）

参考文献

Allen, R. C. and Gomery, D. (1985) *Film history: theory and practice*. New York: Random House.

Ballio, T. (1988) 'A major presence in all of the world's most important markets': the globalization of Hollywood in the 19909s. In Neale, S. and Smith, M. (eds.), *Contemporary Hollywood cinema*. London: Routledge, pp.58—73.

Brunsdon, C. (1997) Post-feminism and shopping films. In *Screen tastes: soap opera to satellite dishes*. London: Routledge, pp.81—102.

Cook, P. (1993) Border crossings: women and film in context. In Dodd, P. and Cook, P. (eds.), *Women and film: a sight and sound reader*. London: Scarlet Press, pp.ix—xxiii.

Counsel, C. (1996) *Signs of performance*. London: Routledge.

Dyer, R. (1979) *Stars*. London: British film Institute.

Dyer, R. (1987) *Heavenly bodies: film stars and society*. London: British Film Institute.

Fiske, J. (1992) The cultural economy of fandom. In Lewis, L. (ed.), *The adoring audience: fan culture and popular media*. London: Routledge.

Gelman, B. (1972) *Photoplay treasury*. New York: Crown Publishers.

Gledhill, C. (1991a) Introduction. In Gledhill, C. (ed.), *Stardom: industry of desire*. London: Routledge, pp.xiii—xx.

Gledhill, C. (1991b) Signs of melodrama. In Gledhill, C. (ed.), *Stardom: industry of desire*. London: Routledge, pp.207—229.

Hooks, B. (1994) Seduction and betrayal: *The Crying Game* meets *The Bodyguard*. In *Outlaw culture: resisting representations*. New York: Routledge, pp.53—62.

Jamieson, F. (1990) Class and allegory in contemporary mass culture: *Dog Day Afternoon* as a political film. In *Signatures of the Visible*. London: Routledge, pp.35—54.

King, B. (1991) Articulating stardom. In Gledhill, C. (ed.), *Stardom: industry of desire*. London: Routledge, pp.167—182.

Langer, J. (1981) Television's personality system. *Media Culture and Society* 3 (4), pp.351—365.

Mayne, J. (1993) *Cinema and spectatorship*. London: Routledge.

Mulvey, L. (1975) Visual pleasure and narrative cinema. *Screen* 16 (2), pp.6—18.

Naremore, J. (1990) *Acting in the cinema*. Berkeley, CA: University of California Press.

Stacey, J. (1994) *Star gazing: Hollywood cinema and female spectatorship*. London: Routledge.

Stern, L. (1995) *The Scorsese connection*. London：British Film Institute.
Stuart, A. (1993) The outsider：Whoopi Glodberg and shopping mall America. In Dodd, P. and Cook, P. (eds.), *Women and film: a sight and sound reader*. London：Scarlet Press, pp.62—67.
Tasker, Y. (1993) *Spectacular bodies*. London：Routledge.
Whannel, G. (1992) *Fields in vision*. London：Routledge.
Wrathall, J. (1996) Review of Heat. *Sight and Sound* 6 (2), pp.42—44.

名人政治家：政治风格与流行文化

约翰·斯特理

导 读

当今之世，政坛和娱乐圈之间的关系似乎越来越难解难分了，政治家们的形象和行为愈来愈具有电影明星的风范。那么能否把政治家们视为流行歌手或者电影明星呢？对比政治和娱乐，对理解现代政治和现代政治传播有何启示？这正是本文着力解决的难题。

作者首先回顾了半个多世纪以前经济学家约瑟夫·熊彼得对政治完全不同的一种类比。熊彼得在他的《资本主义、社会主义和民主》中，首次聚焦了政界和商界的雷同。就像商人买卖石油一样，政治家经营选票。两者都受到市场运作的支配和供求法则的操控。政治的本质实际上具有经济的结构，即"出售政策，购买权力"。他的洞见得到了唐斯和李-马希蒙特等政治理论家的热烈回应，"政治营销"观念逐渐成为描述和解释政治行为的主流思路。

用政治营销理念读解现代政治传播具有诸多便利之处，然而它也遮蔽了一些重要方面。营销——或者在政治学中探讨营销的方式——倾向于从产品和品牌的角度进行思考。这种理解并不完全是客观单纯的观察的结果，而是用经济思路考察政治（暗含一个特殊的经济眼光）的产物，是从商品和市场的角度来折射政治。

如果不把政治理解为纯粹工具性的，而是将其视为表现性的（expressive），不把它理解为市场关系，而是文化关系，又会怎么样呢？马绍尔、法拉斯卡-桑波尼等人认为，不能把政治传播简单地看成是商业营销的分支或应用，而是应该把它当作另一类商业——娱乐业（show business）——的一个分支。其过程

本本文译自 John Street, "The Celebrity Politician: Political Style and Popular Culture." In *The Celebrity Culture Reader*, ed. P. David Marshall, New York: Routledge, 2006, pp.359—370。作者斯特理是英国东安格利亚大学（University of East Anglia）的政治学教授，主要研究政治与大众媒介和通俗文化的关系。——译注

可以简单地概括为"出售表演，购买名声"。这里的货币是声誉和名望，产品是明星和表演。政治家关心的是他们看起来和听起来怎样，他们自我投射或自我推销的技巧，以及他们利用的心理联想，这些似乎最易被视为与流行文化类同。这种观点不仅暗示政治像一出肥皂剧，而是认为政治就是一部肥皂剧。

[2002年法国总统大选中]极左组织"工人斗争"的候选人、支持率意外排名第三的阿尔莱特·拉吉埃（Arlette Laguiller），有一支强大的传媒智囊团队，让当地的政治记者们很是抓狂。《世界报》记者卡罗琳·莫诺特讽刺这些托洛茨基分子说："'工人斗争'正在效仿电影明星经纪人的花招。要采访这些政治明星，首先要通过申请，然后按照候见名单逐一提问，而且每个人最多只能问三个问题。这和采访朱莉娅·罗伯茨或者安迪·麦克道威尔毫无分别。（斯图尔特·杰弗里斯，"法国人怎样失去他们的差异"，《卫报》，2002年4月14日）

这篇有关2002年法国总统大选的报道，意在暗示政治家——甚至那些极左分子——现在也表现得像个电影明星了。这就是本章努力回答的问题：对比政治和娱乐，对理解现代政治和现代政治传播有何启示？当今之世，电影明星的形象和行为都越来越有政治家的风范，那么能否把政治家们视为流行歌手或者电影明星呢？当波诺——摇滚乐团U2的主唱、第三世界债务减免活动的不倦先锋——受到千万粉丝的欢呼拥戴，或者受邀与美国总统共度良辰美景，难免让人觉得政治界和流行文化似乎难解难分。

半个多世纪以前，经济学家约瑟夫·熊彼得（Joseph Schumpeter）写了一本叫做《资本主义、社会主义和民主》（*Capitalism, Socialism and Democracy*）的著作（1976；1943年初版）。在这本书里，他探讨了一个与本文不同的类比，聚焦了政界和商界的雷同。熊彼得指出，就像商人买卖石油一样，政治家经营选票。两者都受到市场运作的支配和供求法则的操控。无论商场的成功，还是政坛的得意，归根结底都不过是生产顾客满意的产品。竞争确保了最佳者的胜出。

假如他能活到现在，看看当今的世界，熊彼得一定会感到自豪和骄傲，因为他的洞见已经成了现代政治行为的准则。政党和政治家启用了市场研究的语言和专家。政策被大肆广告，公民就是目标人群；政党都有自己的商标，政治家打磨他们的形象。就像要特意证实熊彼得的远见似的，当下的政治学家把大量的时间和精力都投入到政治营销（political marketing）的理论和实践上（见斯卡梅尔 [Scammell, 1999] 对该领域的综述）。

不过，在轻易地投入这一惯常智慧的怀抱之前，仔细审视一下其潜在的理由及其内涵，是十分重要的。连接二者的是对民主的考量（concern）。众所周知，由于玩世不恭的蔓延（把政治当作表象和呈现），由于问责的失败（对新闻／政治报道的管理），政治营销的风行已经成为方方面面责难政治庸俗化（肤浅代替实质）的焦点（如 Franklin, 1994；Hart, 1999；Meyrowitz, 1986）。不过，吊诡的是，熊彼得的智识行动，包括他对商业和政治的比较，初衷竟是渴望拯救民主，为民主在这个世界上生根发芽奠定一个更为坚实的基础，因为民主的修辞和许多做法已经被20世纪那些伟大的独裁者们系统地滥用了。

在这一章中我想做的是，首先，更为仔细地审视熊彼得和"民主的经济理论"学派的其他理论家留下的知识遗产，同时唤起人们对暗含在政治和商业类比之中的假设（关于政治、尤其是民主的假设）的关注，正是这些假设为"政治营销"观念奠定了基础。其次，我想探讨政治营销观念被用来理解现代政治传播的方式，同时检视这种方式的种种局限。营销理念在洞察政治能动者（political agents）的策略和实践的同时，也遮蔽了一些其他方面。最后，本章的结尾部分将引出现代政治传播形式中一些被忽视的方面。简言之，我们应该把政治传播看做是另一种商业——娱乐业（show-business）——的一个分支，而不是商业营销的分支或应用。这里的货币是声誉和名气，产品是明星和表演。我们最好把政治家对于其外表和声音的关注、他们所使用的自我投射／自我推销的技巧，以及他们利用的心理联想，理解为流行文化实践的近似物。如果把政治家理解为"偶像"或者"明星"，那么我们就需要讲述一个不同的故事，而不是借鉴传统的营销模型。说得更极端一点儿，这种观点不仅暗示政治像（like）一出肥皂剧，而是认为政治就是（is）一部肥皂剧。如果情况如此的话，那么理解和分析政治的方式也就变了。斯汀[1]、波诺和沃伦·比蒂[2]将不再是具有政治抱负或投身政治的流行明星的孤立个案；相反，他们成为了政治舞台上的角色样板（政治的"艺术"也增添了一层新的含意）。当熊彼得撰写《资本主义、

---

[1] 斯汀（Sting, 1951—　）：英国著名摇滚歌星，警察（Police）乐队的主唱。早在80年代初，他就开始为维护人权和保护生态环境而奔走呼吁。——译注

[2] 沃伦·比蒂（Warren Beatty, 1937—　）：美国演员、制片人、导演，各种自由主义事业的长期支持者，从60年代末就开始为民主党人士助选。——译注

社会主义和民主》的时候，他的贡献远远不止是引入了一个比喻；他并非仅仅点出了政治和营销之间的酷肖。他是在建立一种新的比拟；对公司和市场运行机制的理解，有助于我们透视政治和政治家的运作。本章采取了类似的立场，也是要追问政治家是否真的像明星或艺术家一样行动。

一、出售政策，购买权力

政治是被"营销"的观念，以及相关的政治营销文献，早已成为当代评论界的惯常智慧。不管是作为抱怨的根源还是创新的根源，它都表明我们需要把政治传播当作"营销"来理解。但是在人们抢着接受这一观念的过程中，却鲜有人关注激活这种观念的理论和假设。正如我上面提到的，我们可以在一个特定的思想流派里发现这些理论和假设。现代的政治家都在做些什么？我们应该如何理解他们？关于这些问题的思考或多或少地都受到了民主的经济理论的影响。20世纪四五十年代，熊彼得和安东尼·唐斯（Anthony Downs, 1957）等作者认为，政治能够（而且必须）通过经济学内部产生的洞见而获得理解。他们的论证为马克斯·韦伯（1991；1919年初版）在《政治作为一种职业》这篇文章中提出的论点增添了新的砝码。这样，经济理论家就为把政治视作一种营销形式提供了智识基础。

政治家是什么样的？熊彼得的回答是：政治家就是一个追逐权力的人，他们通过"卖给"公众想要的产品和/或公众认为比其他替代产品更好的产品而获得权力。熊彼得的理论源于他对"古典民主"的拒绝。他所谓的"古典民主"，指的是一个旨在实现某种"公共利益"（common good）观念的体系（1976：250）。对熊彼得而言，民主不应强迫大众接受那些"被认为"是好的、但人们"其实并不想要的东西，尽管人们体验了其结果之后也许会喜欢上它"（1976：237）。熊彼得（1976：242）力主，不民主的手段不能用"民主的"目的来证明自己正当，民主必须被界定为一种"方法"（method）。民主是达成（reaching）决策的一套体系，至于决定本身如何，不属于民主的考量范围。民主是工具（instrument），不是目的。

当熊彼得在思考什么才是合适的方法的时候，他坚决反对用"民众的意志"作为这种方法的基础。他不仅质疑民众是否真的拥有"意志"（即这种意志不仅仅是"一堆含混的、模糊的、玩弄既定口号和错误印象的冲动"[1976：253]），而且认为即便民众真的有独立的和理性的思想，这些思想的汇集也并不一定就能导致连贯的政策选择(1976:254)。这种怀疑随后又被阿罗(Arrow)的不可能定理(Impossibility Theorem)进一步强化,该定理表明,不存在一种在逻辑上一致的汇聚各种偏好的方法。不过,熊彼得不是通过形式逻辑,而是根据人类的天性来阐述这个道理的。他指出,有两种彼此冲突的力量在发生作用。首先,人有被操纵的能力。这里他借用了古斯塔夫·勒庞(Gustav Le Bon)的"群众心理学"(crowd psychology)的观点。当人们聚集在一起,很容易就进入一种"激奋状态",体内的"原始冲动"、"幼稚病和犯罪冲动"取代了"道德约束和文明的思考模式"(1976:257)。民众的集结剥夺了他们理性反思的能力。他们变成了一群"乌合之众",不管他们是否真的"面对面地聚集在一起";这个道理同样适用于并非在现实中聚集的"报纸读者"和"广播听众"(1976:257)。

而熊彼得所谓的反作用力(counter-force)指的是人们对切身相关的问题的理性分析能力。尽管人们可能受到广告的诱导,但是对同一种广告产品的重复体验却让消费者们认识到了它们的真实价值。投票人"不受媒体报道的左右,而依靠熟悉的直接体验",更容易引起"思想与行动中的确定性和理智"(1976:259)。他有一句名言:"从长远来看,哪怕世界上最美丽的女孩的形象也无力确保一支劣质香烟的销量"(1976:263)。把这种逻辑应用到政治上,熊彼得认为地方政治和地方政治家有可能比全国性的政治和政治家获得更理性的评判,在国家层面上,只有那些与公民息息相关的问题才会得到理性的关注。这并非智慧和愚蠢的对立,而是理性和经验的问题(1976:260—261)。同样,如果没有类似"劣质香烟"的检验,政治决策将缺乏"个人经验的理性影响"(1976:263)。

从这些论证中,熊皮特式的民主改良形式逐渐浮出水面:他把决策权给了其他人,而不是"民众"。"民众"的作用仅仅是在相互竞争的决策者之间作出选择(1976:270—273)。候选人竞争选票和商人争取顾客的策略是一样的。

其后的经济理论在政治领域的应用得出了类似的——倘若并非完全一样的——结论。例如,唐斯(1957)就提请我们注意在民主国家中不完全信息对政治行为的影响。在政党不能清楚地捕获选民的想法、而选民也不明了政党的政策的情况下,双方在寻找信息的过程中都要付出成本。这个成本必须和投票的好处放在一起权衡利弊。鉴于没有任何单张选票有可能起到决定性作用,那么选民就不会有强大的动力去获取信息。面对这种情况,用容易的(也就是成本相对较小的)形式生产信息,就会对政党有好处。按照这种逻辑,"意识形态"较少作为政治原则的标志,更多的是一种"品牌",一种辨认政党总体特征的手段。营销和商贸的理念与实践再一次被置于民主过程的中心。

需要注意的是,熊彼得和唐斯都很关注民主如何发展出(或者需要)一种和商业行为类似的政治形式。这个观点基于两个重要的假设:其一是民主的含义(由大众投票决定的权力角逐),其二是民主体制内部,能动者(作为依靠有限理性 [bounded-rationality] 运作的行动者)的动机。这些假设为那种把营销视作合法的、适当的政治实践形式的观念,增加了说服力,这也就使商品世界和政治世界之间建立起了联系。

熊彼得和唐斯可以被视为新兴的政治营销的阐释者。他们为理性行动者采取营销策略提供了理由。但是这里我关心的并非是他们理论的阐释力,而是他们将政治视为一种营销形式的观点如何在政治讨论中获得广泛接受。营销话语从整体上重塑了对于政治的阐释,没有局限于政治生活的特殊一隅——所谓的政治传播或者选举活动。

熊彼得和唐斯对现代民主发展的一系列反思,现已变成了一种政治实践。至少这些思想现在是被这样阐释的。政治营销被视作生活中的事实,对政治家而言,关键是如何更好地利用它,而对政治学家来说,关键是如何更好地理解它。大部分对当代政治的理解,似乎都或多或少与熊彼得和唐斯的洞见有关,这不仅表现在合理选择理论的出现和运用(例如,McLean, 1987),而且也体现在政治学和选举行为的社会学之中。艾弗·克鲁和波·萨尔维克(Ivor Crewe and Bo Sarlvik, 1983)的党派解组理论[3]认为,选民基于政策的偏爱而在政党之间作出选择,就像顾客在市场上挑选商品一样。就像安东尼·希斯(Anthony Heath)及其同事(1991)所解释的那样,工党在20世纪80年代选举失败,根源就是未能向其天然的选民(natural constituency)提供可信的产品。

珍妮弗·李 – 马希蒙特(Jennifer Lees-Marshment, 2001)最恰当地描述了政治营销及其假设与政治学的结合,她称其为营销策略与政治学的"联姻"(亦可参见 Scammell, 1999)。她认为政治学不应止步于认识到政治是被营销的,还必须吸收市场营销研究和实践的方法和成果。

---

[3] 党派解组理论(dealignment thesis,或 partisan dealignment),指的是选民对某一党派的忠诚度和依附性的降低。比如,在英国,工人阶级以前大多自动地投工党的票,不管工党政策如何。但现在却并非如此。——译注

她注意到政治学已经在解释政党行为的过程中，应用了营销思维，不过她走得更远，认为"营销"并非铁板一块。例如，她区分了不同的营销导向：产品导向、销售导向和市场导向（2001：695）。她也注意到了营销的不同纬度——产品（product）、价格（pricing）、促销（promotion）和区位（place），也就是所谓的 4P 理论（2001：695）。政党的特殊导向会影响其政治行为。一个产品导向的政党把它的理念（其"产品"）看得高于一切，并且无论选举结果怎样都不会牺牲或者修正它。一个销售导向的政党则致力于说服工作。该政党会采用"最新的广告和传媒技术说服选民它是正确的"（2001：696）。伴随每一种导向，政党会采取一种不同的营销组合——4P 变量的不同平衡方式。李-马希蒙特声称她的区别化方法（differentiated approach）更好地解释了政党的行为（2001：709）。换句话说，理解了政党属于何种商业类型，采用了何种营销策略，我们就可以解释它们的行为。政治营销不仅仅描绘了政党行为的某个侧面；还解释了政党的运作方式。

尽管营销的比方和李-马希蒙特对它的完善，可能帮助我们理解现代政治传播中的一个关键维度，但它也可能遮蔽其他同样重要的维度。营销——或者说在政治学中探讨营销的方式——倾向于从产品和品牌的角度进行思考。问题是这种理解并不完全是客观单纯的观察的结果，而是用经济思路考察政治（整合了一个特殊的经济学解释）的产物，是从商品和市场的角度来看待政治。如果政治事务与其说是商品交易（比如销售石油），还不如说是娱乐行业（贩卖艺人和表演），情况会怎样呢？如果我们不把政治理解为纯粹工具性的，而是将其视为表现性的（expressive），是一种文化关系，而非市场关系，情况又会怎样呢？这个想法就是我在下节中要继续探讨的。

二、出售表演，购买名声

如前所述，把政治当作一种特殊的营销形式的理念，隶属于一个独特的传统，这种传统从熊彼得关于现代民主的主张中汲取营养。但熊彼得的论述中还有另外一个元素，隐含在他的民主精英论里，却被有关营销的讨论忽略了。这个元素就是民众实施"非理性"行为的能力，被人操控、变成"乌合之众"的能力。熊彼得想要对这些民众反应作出防备，并据此批评了"经典"的民主观念。但是这些反应是不可能被彻底消除的，只能抑制。事实上我们可以争辩说，当人们受邀在相互竞争的政治家之间或者党派之间作出抉择时，这些反应仍然存在。我们对形象、而不是对行为或者经验作出反应。这表明政治远远不只是一个达到预定目的的工具性手段。根据F.R.安克斯密特（F. R. Ankersmit, 1996）的辨析，政治与美学、而非伦理有关；政治拥抱和依赖代表者与被代表者之间的差距，并与想象性的填平这个差距有关。

尽管我们可以从政治营销的研究以及衍生出来的政治传播研究中获取重要的创见，但这些研究并不能为我们勾画出一个完整或恰当的图景。两种（相互关联的）批评应运而生。首先，民主的经济理论以及政治营销的逻辑，都来自对政治理性的一种独特阐释。政治受工具性（instrumentality）驱使，而理性行为则被视为手段和目的机械匹配。然而，这是将一种类型的理性和政治——它致力于哈贝马斯（1971）所说的政治的科学化——凌驾于其他类型之上。将营销应用到政治领域，与把"科学"运用到管理领域，使用的是同样的逻辑（Braverman, 1974）。这个过程的批评者们认为：应该存在另外一种可能的理性，不是建立在工具性之上，而是建立在表现性上，这种表现性的基础是对于某种"好生活"观念的承认和实现（Fay, 1975; Hargreaves-Heap, 1989; Sandel, 1996）。

强调作为营销的政治传播和作为消费的政治所引起的第二种批评是，这使一种意识形态视角、而不是实事求是的现实主义成为必要。政治营销并非直接从现代政治的"现实"中浮现出来，而是塑造和构成这些现实的一种话语。熊彼得的"非理性"公民不是无法克服的生活事实，而是使（熊彼得定义的）理性参与不再可能的一种政治秩序的产物。如果这些批评是有效的，那么新的问题就产生了，即如何更好地理解政治传播？

有一种答案是采用一个更好的比喻。这是大卫·马绍尔（David Marshall, 1997）的策略，他认为我们需要将激发政治生命的"非理性"情感纳入政治阐释的范围之内。马绍尔认为，我们可以在娱乐圈里，在明星和受众的关系中找到这种"非理性"。政党和政客不止是工具。他们代表（represent），这意味着他们不止是为前在的偏好提供一种导引。他们还必须表达那些尚未成熟的思想和情感。就像马绍尔所写道的（1997: 203）："在政治中，领导人必须在某种程度上体现政党、人民和国家的情绪。在娱乐圈，明星必须在某种程度上表达受众的情绪。"马绍尔认为，这两种需要来自相似的源头。它们之间的联系得到这样一个事实的支持：两组关系（政客—公众，明星—粉丝）都是围绕"情感功能"（affective function）建立起来的（1997: 204）。情感功能指的是这两组关系产生的情感反应——构成这些关系的情感和意义，以及这些情感和意义所激发的各种行为。唐斯或熊彼得式的公民的理性算计产生不了这种必要的反应，就如同"需要"解释不了人们为什么购买某种特殊的汽车、唱片或者衣服一样。

马绍尔主张，我们必须将作为名人的政治家的构建理解为填充政治理性的过程的一部分。政治传播的任务就是要把政治家变成名人，以便组织他们想要代表的情感。政治宣传人员[4]等同于电影公司和唱片公司里负责管理明星的形象以及接近明星的通道（access）的公关人员。名人身份的关键在于通道和产出（output）的管理：决定接受什么样的采访，被谁采访，什么时候采访，并让采访和最新的唱片发行／政策发布同步。管理通道也意味着要确保能够直达目标受众。正如流行歌手要在《流行音乐》[5]、《新音乐速递》[6]或《面对面》[7]杂志中作出选择，政治家也要在《今日秀》[8]、大卫·福斯特[9]的访谈或戴斯·奥康纳[10]的节目中作出选择。就像流行歌星或者足球俱乐部一样，政党也有自己的商品运营（merchandising）。工党推销刻上了该党标志的咖啡杯、T恤和袖扣。有时它们甚至启用相同的专业人士。例如，据报道，保守党杰出的政治家安·威德康姆（Ann Widdecombe），雇用了歌手沙恩·雷德（Shaun Ryder）的黑葡萄乐队的一名前经纪人，作为她下议院的秘书（《独立报》，2000年11月17日）。政治家可能是一件商品，就像流行歌星和电影明星是商品一样，但他们被销售的方式并不符合消费品所设定的模式。事实上，他们隶属于文化产品的领域，和其他的消费品无论是在门类还是特征上都大异其趣。他们的价值在于他们作为文本的意义，而不是作为商品的用途。马绍尔写道（1997：214）："从其功能和政治合法化的形式来看，政治领袖的建构方式与从各种文化活动中涌现出来的其

---

[4] 政治宣传人员（spin doctor）：指那些专门向记者、媒体推销有利于政治家的事件解释（说法）的专业人员。该词源自20世纪80年代的美国。——译注

[5] 《流行音乐》（Smash Hits）：20世纪70年代末在英国创办的音乐杂志，主推面向青少年的流行音乐。——译注

[6] 《新音乐速递》（NME）：New Musical Express的缩写，创办于1952年的美国流行音乐杂志。——译注

[7] 《面对面》（The Face）：由Nick Logan在1980年5月创办的英国流行音乐杂志。——译注

[8] 《今日秀》（Today）：美国NBC电视网最受欢迎的新闻节目，澳大利亚也有一档同名的早间新闻节目。——译注

[9] 大卫·福斯特（David Frost, 1939— ）：英国著名记者、电视制作人，以采访政治家闻名。——译注

[10] 戴斯·奥康纳（Des O'Connor, 1932— ）：英国著名电视节目主持人和歌手。——译注

他公众人物有类似之处。……像政治领袖一样，娱乐名人也致力于建立一种文化霸权的形式。"

通过聚焦作为名人、而非传统商品的政治家，我们对政治传播的解释将更为丰富，并得以理解和重视那些（在传统的政治视角中）显得琐屑和无关的东西。例如，对政治家的衣着品味就可以作政治性的解读。玛丽亚·皮亚·波扎托（Maria Pia Pozzato, 2001: 292）描述了一个本来默默无闻的意大利政治家如何通过衣着和场所的选择而在政坛"重新定位"了自己。波扎托报道说，那个政治家"越来越衣着考究地出入于社会活动场所——或者走上另外一个极端，身着短装，头戴钓鱼帽，足登橡胶套鞋，在家乡的橄榄林中悠闲地漫步。"

英国的《镜报》曾爆料（2001年6月6日），托尼·布莱尔穿的是卡尔文·克莱恩牌内裤。报纸的头版这样写道："托尼·布莱尔不小心走光——揭示出他穿的是世界上最潮的内裤。"据称（《观察家报》，2002年7月4日），德国总理格哈德·施罗德劝阻媒体不要讨论他是否染了头发。这里的要点不是总理的头发是否真的日益斑白，而是他在乎国民对他的头发作何感想。

马绍尔把政治和娱乐进行类比，正如熊彼得把石油交易和选票交易做比较，二者都揭示了发挥作用的各种过程。尽管马绍尔完善并推进了熊彼得的卓见，但他仍然对某些问题未做解答。比如，马绍尔相对而言很少言及政治家们本身，很少言及他们展示自己"名人"身份的方式有何不同。像熊彼得一样，马绍尔聚焦的是过程的结构层面，因而对扮演明星角色的个体三缄其口。对此，我想说的是，我们需要一个新的比拟，一个把政治和文化联系得更加紧密的比拟。我们把政治家看做"艺术家"或者"演员"，或者用大卫·赫斯蒙德夫（David Hesmondhalgh, 2002: 5）更为中性的语言称之为"符号创造者"（symbol creators）。如果不承认关键中间人（intermediary）的活动的作用，我们就无望理解政治传播成功运作（或者失败）的方式。就像文化生活不能仅从产业和受众的角度来理解，政治生活也不能只从体制和公民的角度来理解。在聚焦政治家的过程中，在把政治家理解为"符号创造者"的过程中，焦点从商品和营销转向了艺术和风格。

作为例证，不妨考虑一下西莫内塔·法拉斯卡－桑波尼（Simonetta Falasca-Zamponi, 1997）是如何分析和解读墨索里尼在20世纪20年代的意大利的崛起。"政治家是什么样的？"熊彼得的答案是，某个如买卖石油一样交易选票的人，而法拉斯卡－桑波尼的回答是，政治家是一个"艺术家"（1997: 7），人民就是其"艺术作品"。

法拉斯卡-桑波尼的这个观点来自一个一般性的假设：政治现实是通过叙述而被生产出来的："我们利用共同的知识储备和共享的文化传统来讲故事，又通过讲故事来理解我们的经验"（1997：3）。这些叙述不是一个先前就存在的社会世界（pre-existing social world）的简单表达；它们构建了那个世界：它们"生产并代表权力"（1997：3）。叙述构成政治现实的途径之一就是赋予"人民"以身份认同。这样说的含义是："我们"的身份是通过政治权力的追逐者的修辞创造的。这不像面向成熟市场或统计学意义上的人群的商品营销；这是身份的创造（以后也许会被营销策略征用）。身份的创造取决于诗歌、歌曲和游行等类似活动的符号和手段。早期的法西斯正是用这种方式在忠实信众中制造出一种情感性反应和身份。因此，法拉斯卡-桑波尼着力探讨了墨索里尼如何一方面把"'群众'视作任由领袖／艺术家锻造的被动材质"，另一方面又"坚信群众对政治的积极的、符号性的参与"（1997：7—8）。法拉斯卡-桑波尼引用墨索里尼本人的话说："毫无疑问，政治是一门艺术……为了给予一个民族英明的法度，某种程度上成为一个艺术家也是有必要的"（引自Falasca-Zamponi, 1997：15）。如法拉斯卡-桑波尼所解释的："受到对于政治的审美的、无情的方法指引，墨索里尼把世界想象成一块可以在上面创造艺术品的画布"（1997：13）。法拉斯卡-桑波尼不仅主张把法西斯主义理解为一个塑造民众的艺术计划，而且认为这种塑造会因塑造者的缘故而获得一种独特的个性。

这个塑造人民的过程的核心是赋予人民一种"风格"。法拉斯卡-桑波尼再次引用了墨索里尼的原话："民主剥夺了人们生活中的'风格'。法西斯主义重新将"风格"来回到人们的生活……"（1997：26）。关键是要创造出一种"意大利人"的感觉，但并不是简单地将其包含在政治意识形态的语言编码之中，而是暗含在某种存在的方式之中，某种"情感的结构"（按照雷蒙·威廉斯 [Raymond Williams] 的构想）之中。

这种论点并不只适用于法西斯主义。波扎托在书写当代欧洲政治时宣称，风格是传播内容的基础。曾负责在20世纪80年代将法国总统弗朗索瓦·密特朗打造成品牌的人坦承："无论多么杰出的候选人，都不能让自己忽略个人形象"（Pozzato, 2001：288）。波扎托（2001：295）进一步发现，"政治明星受喜爱的方式与歌手和演员受欢迎的方式如出一辙"。他们处理的都是"本真性"问题。

政治的文化阐释得出了与经济阐释类似的结论，因为两种方法都是关于形象和情感反应的，但是二者也有重要的区别。经济方法谈论产品，而文化方法提供表演。在这样做的过程中，要求引入不同的文献和研究方法。尽管李-马希蒙特联姻营销和政治的努力完全适合前者,但对后者却没有什么可说的。这样一来,问题就变成了,我们应该如何理解和评价政治表演呢?

三、操演政治

如果把政治传播当作艺术品或者表演来理解,这里的问题就是:它是哪种类型的艺术?那种类型的表演?政治家想成为什么样的人?想表达什么意思?显而易见,这些问题的答案不是唯一的。首先,不同的政治意识形态需要不同的表演及相关的美学观念,因而作出一个总体的区分是必要的。法西斯主义的民粹主义(the populism of Fascism)及其对"人民"的特殊召唤,与代议制政治(representative politics)中的民主精英论完全不同。而在民主政治内部,政治传播既通过不同的着装要求和生活方式的选择,也通过政治理念或者政策抉择得到操演。其次,表演的情境和受众也是很重要的。对皇室成员的去世展现悲伤,与出席党内会议相比,牵涉到一整套完全不同的标准,而会议上的表演与接受采访的表演又大不一样(采访中的表演取决于是脱口秀还是时事节目的访谈)。这些方面都带有强烈的政治品格:它们代表了关于民众的不同观念,并与民众建立起了多种联系。它们同时还拥有一种文化向度。它们得以表演的方式取决于通用惯例,而这些惯例又源自它们所汲取的文化资源。当政治领袖出现在脱口秀这样的节目中,他们有一个清晰的政治议程(他们可能希望观众把他们当"人"看,看做是"像我们一样的人")。但他们传达其"人性"或者他们声称"我们"的方式,会受到脱口秀节目的通用惯例(轶闻、笑话、与主持人开玩笑等等)的限制。克里斯蒂娜·焦尔杰蒂(Cristina Giorgetti, 2001:279)对服饰风格提出了这样的看法:"穿着一直都是多种冲突性意识形态并存的社会中政治传播的媒介。因为必须共存,必须比较,所以政敌之间就产生了语言多元化的需要,并通过姿态、手势、修辞风格和衣着打扮来宣布自己的提议的有效性。"这些政治表演创造的是政治资本,是政治家能够有所作为的资源。和任何职业一样,政治家也必须掌握适当的技巧。从传统来看,这些技巧是经由政党内部的活动或者其他类似的职业磨炼出来的。无论他们在哪里当学徒,政治表演的技能都是他们的武库中不可或缺的。因而,英国皇家戏剧艺术学院——英国顶尖的戏剧学校——培训当地议员表演技巧("如果你不呼吸",一位老师教导说,"你的听众也没法呼吸")的报道(《今日报》,BBC第4频道,2002年5月3日),也就是意料之中的了。表演艺术就是呈现自我和形成风格的技巧。风格对于政治是很重要的,就像它对其他文化样式很重要一样。但是如果风格是政治表演的一个重要部分,那么应该如何理解和分析它呢?

在文化研究中,风格的重要性得到了一致的认可。文化研究的基础就是主张风格的核心地位。但是文化研究一直以来都主张风格是"政治性的",至少它在20世纪六七十年代开始出现的时候是这样。对迪克·赫伯迪格(Dick Hebdige)、保尔·威利斯(Paul Willis)和伯明翰当代文化研究中心的其他成员来说,风格是政治性的,即便当它看起来和传统政治领域没有任何直接联系时,也是如此(参见 Gelder and Thornton (1989) 所作的全面概述)。着装规则、音乐品味和其他东西一起,形塑了政治态度和政治观念。这些主张聚焦了朋克、光头党、机车族及类似的亚文化群体,认为这些亚文化群体对主流秩序的传统霸权形成了挑战。虽然文化研究也受到了批评,它的批评者却大多并不攻击文化研究的潜在假设,即风格具有政治上的重要性。这些文化研究的批评者甚至都倾向于确认这种假设。他们的批评意见集中在指责伯明翰当代文化研究中心赋予亚文化的激进政治以特权,忽视了其他文化的政治,甚至忽略了亚文化的常规政治(例如亚文化对女人的态度和做法)。尽管风格即政治的方法在文化研究中地位显赫,但它局限于文化研究领域(和社会学)。政治研究多半忽略了这一点。只有那些关于新社会运动(new social movements,简称 NSM)的著作是例外,它们把文化形式和实践并入了 NSM 政治的解释之中(见 Eyerman and Jamison, 1998; Martin, 2002)。但是如果我们把传统政治理解为一种依赖风格和表演的流行文化形式,那么我们也需要把文化研究的方法和考量应用到传统政治中。

四、酷的政治

让我们通过具体例证思考一下代议制政治所使用的一种特殊的风格惯例吧。政治家们试图呈现自身的方式之一就是让自己变"酷"(cool),尽管这并不是唯一的方式。这不仅是一个受欢迎的问题,而是以某种特殊的方式受欢迎。他们渴望像流行文化明星那样扮酷、有品味。我们只需把托尼·布莱尔和波诺、诺埃尔·加拉格尔[11]或芬达牌电吉他联想到一起就够了。[12]

政治家之所以想要和酷联系在一起，是因为附加在酷上面的普遍文化价值以及相关的"本真性"观念。"酷"代表着掌控（in charge）和洞察（in touch）。迪克·庞坦和大卫·鲁宾斯（Dick Pountain and David Robins, 2000：9）引用美国著名作家诺曼·梅勒对酷的定义："要酷，要掌控局势，因为你过得很快活，而那些老古董们却没有……"。这种成竹在胸和洞悉世事的感觉与认定某人具有真正的代表性的标准是一致的。

虽然"酷"的观念与代议制话语联系在一起，但这一概念本身却来自流行文化，并且离不开从这个领域汲取的意义。故而，一心向酷的政治企图并无成功的保障。首先，正如迪克·庞坦和大卫·鲁宾斯（2000）所述，"酷"的历史根源可以在政治家孜孜以求的权威性的反面找到。"酷"要求对权威的挑战（想想影星詹姆斯·迪恩或者马龙·白兰度）。其次，当下的"酷"的观念通常与对政治的冷漠或者超越联系在一起（想想电影《低俗小说》中的约翰·特拉沃尔塔）。庞坦和鲁宾斯（2000：26）把"酷"定位于人，而不是物，并把它界定为"三种核心的人格特征，即自恋、反讽式的疏离和享乐主义"的展现。每一种特质似乎都恰好指向了政治家所不是、或不敢是的性格。"酷从来都不具有直接的政治性，而政治，几乎从定义上就不可能是酷的"，庞坦和鲁宾斯（2000：171）写道，"如果要在政界有所成就，你必须对某些东西非常有激情，无论它是一项事业，还仅仅是个人权力的获取，你需要为了漫长而无聊的竞选活动和政党组织而牺牲当下的快乐。"尽管某些政治家（比如肯尼迪）也许可以看起来很"酷"，但是多数并非如此，而且所有政治家——包括肯尼迪在内——都无一幸免地要制定被认为一点也"不酷"的政策。尽管新工党和"酷"关系密切（就像广告中使用的"酷不列颠"的口号），他们的态度也与这个形容词不尽符合（Pountain and Robins, 2000：174—175）。"酷的"和"政治的"这两个观念针锋相对。它是流行文化明星想要介入常规政治所必需面对的一个障碍。

"酷"不过是当代政治风格中一个可能的方面。这里对它不惜笔墨，无非是想揭示政治传播的一个面向，如果我们只专注于政治关系的营销和经济学解释，那么这

---

[11] 诺埃尔·加拉格尔（Noel Gallagher, 1967— ）：前绿洲乐队的吉他手、歌曲创作人，英伦摇滚的重要人物。——译注

[12] 英国前首相布莱尔年轻时曾是摇滚乐队的吉他手，并且是芬达牌电吉他（Fender Stratocaster）的粉丝。——译注

个面向就会被忽视。自我表征的许多其他形式——比如一个充满关爱和同情心的形象，或坚强而果决的形象——也可用同样的方式加以处理。问题的关键是，要通过流行文化的储备（repertoire）和惯例来分析它们，因为它们吸收了流行文化，并且通过流行文化得到阐述。

五、结　论

对于特定风格是如何转译为政治的讨论，并不表明风格就是一切。它只是将我们的注意力吸引到政治传播的一个重要维度。我们同样不能得出结论说，通过聚焦风格，我们处理的是个人"天才"或"无能"的产物。风格是一个过程的一部分，就如同市场营销和品牌打造是过程的一部分一样。风格也是制造出来的，但是在分析这个过程时，我们需要领悟到恰当的比拟，这个比拟不是买卖和商业，而是名人和娱乐。对营销模式的过多关注使我们对政治的美学视而不见。在聚焦政治得以表征的风格时，我们需要超越对姿态和形象的纯粹描述。我们需要评价它们，把它们当作表演来思考，并引入一种合适的批评语言。波诺或者布莱尔如何成功地激发大众的情绪和激情？这些是关于流行文化本身的政治的问题。

我一直在努力展示政治传播的另一个比拟，一个不是从商业而是从与娱乐中获得的类比。和熊彼得一样，这个类比的目的不仅仅是发现一个隐喻，而是要揭露一种关系的真实本质。认为政治与流行文化相毗连，并非就是在自动假设政治的贬值，就如同把政治和营销关联起来，并没有让政治降格一样。问题的关键是要用这种策略找到解析政治的恰当批评语言。正如在流行文化中有卓越和糟糕的表演，政治表演也有高下优劣之分。正如文化批评者用是否忠实于民主理念作为评价文化表演的标准，政治表演同样可以采用类似的标准进行评估。由此看来，对政治的幻灭与某些不可避免的社会潮流或结构转型关系不大，反而是和政治家的表演关系更为密切。正如熊彼得笔下的参选党派可能因为没能在（政治）市场赢得顾客而落选，相互竞争的政治家也会因为没能唤起受众乐于响应的符号和风格而黯然告别政治舞台。

（姜振华　译／陶东风、杨玲　校）

名人 CEO 与小报亲密性的文化经济

乔·利特尔

导 读

　　所谓名人，我们一般认为是娱乐圈中的明星，本文所分析的却是商界名流。这些名流随着媒介文化的发达，日益进入大众的视野中，成为全民英雄。

　　媒介在商界 CEO 的形象转变中起到了关键作用：原本一本正经、让人望而生畏的商界英雄变成了时尚风趣、和蔼可亲的公众人物。这一转变就是小报文化的功劳。小报这种传播形式打破了原本关于商界精英的刻板印象，让他们更有人情味，更具多面性，可以混合高雅、中产以及低俗文化，建立起最广泛的认同空间。

　　随着西方在上世纪七八十年代从福特主义向后福特主义的转变，原本严格的、流水线式的管理模式也让位于更为宽松、更具人性化的动员方式，这就是所谓"软资本主义"的兴起。这种动员方式"利用人际关系、文化纽带、不拘礼节、感情以及创造性，来产生更多的经济收益"。伴随着这种生产方式转变的，是 CEO 身份的转换。

　　以前的 CEO 是不折不扣的肥猫，不但工资高的惊人，年终的分红对一般人来说也是天文数字。这与民主化和所谓的"新民粹主义"无疑是背道而驰的，也引起了公众的普遍反感，各种抗议活动层出不穷。于是就产生了还权于民的活动。企业 CEO 通过各种媒体活动，进行回报社会的活动与宣传，并且让大众相信，他们曾经也是社会底层的一员，是通过努力与勤奋才取得了现在的成就。而普通人要做的就是，以他们为榜样，走出自己的成功之路。

　　如此一来，这些 CEO 不只拥有了经济资本，同时也拥有了象征资本，成为

本文译自 Jo Littler, "Celebrity CEOs and the Cultural Economy of Tabloid Intimacy," In *Stardom and Celebrity: A Reader*, eds. Sean Redmond and Su Holmes, London：Sage, 2007, pp.230—243. 作者利特尔是英国密德萨斯大学 (Middlesex University) 的媒介与文化研究学者。——译注

社会的公共英雄和向往对象。如此一来，这些 CEO 就成了名人 CEO，影响力也大大超过了娱乐明星和政治名流，成为新晋的权力精英。这是作者着重强调的一面。

一般以为，名人 CEO 让 CEO 变得具有生活气息，更平民化，但这只是表象。在这种民主化的背后，是名人 CEO 权力的强化和大众的被同化——同化在名人 CEO 所制造的光晕中。

所以作者在文章最后明确指出，美国的布什政府与其说是神权政治（布什经常会用基督教的世界观去解释世界，如将伊拉克战争称为"十字军东征"，用基督教的宗教话语去对国民进行动员），倒不如说是一个 CEO 政权。

这个 CEO 政权某种程度上取代了政治精英的统治，成为统治国家的核心团体。于是，如何去对抗这种政权，如何真正建立一种"自下而上"的权力形式，就成了我们要思考的问题。

最近媒体对两位 CEO 的报导

一、"美国服饰"（American Apparel）在英国开设的第一家零售商店的广告登上了伦敦 *Time Out* 杂志的封底。"美国服饰"公司用"不压榨劳工"（sweatshop-free）的名头来自我营销，因为其所有洛杉矶员工的工资都高于最低水平的标准。广告里有一张 CEO 多夫·查尼（Dov Charney）的粗糙而业余的照片。查尼背对着相机，T 恤下面露出了他的光屁股。广告文案写道，"这个九月，来我们的社区商店和展览厅吧，看看我们在做些什么"。很明显，"美国服饰"希望让人们看到，他们不只是在支付体面的薪水。这则广告是一个范围更大的宣传的一部分：查尼和一位没有透露姓名的女士躺在床上，慵懒地看着照相机；"美国服饰"的女员工摆出挑逗性的"日常"姿势。此前，美国女性杂志 *Jane* 曾对该公司做过专题报道，记者克劳丁·柯（Claudine Ko）记录了查尼在采访中当着她的面手淫的过程。后来的很多媒体采访都提到了这一场景。[1]

二、2005 年 5 月 2 日，《每日邮报》的头版发布了"独家新闻系列：艾伦·休格（Alan Sugar）——我的指导造就你的成功"。报纸内页上，杰出的商人艾伦爵士面无表情

---

[1] *Time Out* 杂志，2004 年 8 月 25 日；Ko 2004；广告查看网址 www.americanappare.net（访问时间 2005 年 7 月）。

地盯着相机，满脸胡须，穿着细条纹西装。双版面的报道摘自他的新书《学徒》(The Apprentice)，BBC2 台的"本季最大惊喜剧集"《学徒》的衍生产品。BBC 的这档真人秀以美国地产大亨唐纳德·特朗普(Donald Trump)所主持的同名节目为蓝本，描述了 12 个青年才俊相互竞争的故事。通过展示高超的商业精明、营销技能和公司前景，胜者将成为休格的门徒，获得十万英镑的年薪。在《镜报》中，你可以发现休格的财经建议出现在他的专栏，而他关于电视节目的想法则出现在新闻版面。如同他在许多大报和小报的专访，艾伦爵士提到了自己的工人阶级出身，以及吃苦耐劳的必要性——如果你想出人头地的话。[2]

艾伦爵士与查尼都是"名人 CEO"，虽然方式有所不同。这些名人 CEO 的功能，用汉密士·普林格(Hamish Pringle)的话说就是，"作为可走动可说话的品牌故事，为他们的公司提供让人信服的叙事动力"(Pringle，2004：72)。就此而言，休格与查尼只是一大批用个人形象来增强公司品牌形象的商业领袖中的个案而已。这本身并不是一个新现象，我们能立刻联想到美国企业家戈登·塞尔福里奇(Gordon Selfridge)、亨利·福特(Henry Ford)、维克托·基亚姆(Victor Kiam)和英国企业家理查德·布兰森(Richard Branson)、安妮塔·罗迪克(Anita Roddick)等熟悉的人物。[3]

与此同时，他们所具有的功能和占据的位置现在看起来非常特别和有趣。艾伦爵士一身细条纹西装的形象十分传统；但他藉以成名的原因，即他在电视真人秀中的关键角色，却并非如此。查尼并非第一个拥有好色形象的公司领袖；但他在广告宣传中以反讽的形式突出这个形象，并围绕这个形象展开了一场周密而高调的公关策划的做法，似乎让他的人格面具(persona)多了一点时尚的感觉。

在这篇文章中，我提出，在媒介和文化研究的名人研究视野中去分析名人 CEO 的形象，会让我们更有收获。这一研究领域已经有一定的积累，并且发展迅速(例如 Austin and Barker，2003；Dyer，2003，1998；Gamson，2000；Gledhill，1991；Holmes，2005；Littler，2003；Marshall，1997；Rojek，2001；Turner，2004)。在媒介和文化研究的语境中，我们可以看到，名人商业领袖并没有得到应有的重视。事实上，

---

[2] 《每日邮报》，2005 年 5 月 2 日；《学徒》，BBC2，BBC/Talkback Thames 公司，2005；休格，2005；艾伦·休格，"一勺休格"(A Spoonful of Sugar ["Sugar"在英文中是"糖"的意思——译注])是《镜报》的常规专栏。

[3] 商业杂志的文章中有许多诸如此类的名单；如 Benezra and Gilbert，2002。

在有关文化工业的早期著作里，这些商界名流经常作为一种测度"名人"——意即浅薄的娱乐圈中的名人——的知名度扩展的标杆。在某种程度上，我们可以说，他们是"真正的"名人的被压抑的另一面（repressed double）。

名人语境中的 CEO

列奥·洛文塔尔（Leo Lowenthal）在1944年发表了法兰克福学派的论文《大众偶像的胜利》。在这份富有启发的研究中，他通过对报纸和杂志中的著名人物的内容分析，考察了娱乐名人在20世纪初的崛起。洛文塔尔得出结论说，"生产的偶像"已然转变为"消费的偶像"：

> 当我们关注当代的例子，我们面对的是一个各色人等的混合体，他们无论在质量还是数量方面都不同于过去的标准。仅仅在20年前，娱乐圈人士在传记作品中的作用还是微不足道的。如今他们已从数字上构成了最大的群体。[……]来自政界、商界以及专业技术领域、代表着"严肃的一面"的人群比例，已经从总数的74%降到45%。
>
> （Lowenthal, 1984: 207—208）

相比之下，在研究的初期，洛文塔尔观察到报刊杂志中最为显赫的人物是：

> 生产的偶像，他们来自生产性的生活，来自工业、商业和自然科学领域。没有一位主人公来自体育界，少数的几位艺术家和艺人，要么不属于廉价的大众娱乐领域，要么就代表了对艺术的严肃态度。
>
> （Lowenthal, 1984: 206）

在洛文塔尔的论述中，商业人物与政治人物一样，都成为大众偶像的对立面。由于媒介报道的生产的偶像——他们代表了公众生活"严肃的一面"，从74%降到了45%，对洛文塔尔来说，报刊杂志的版面都充满了来自廉价的娱乐世界的可怕偶像。

洛文塔尔的书写所暴露的投入（investments）——面对下层阶级可能取得的权力的焦虑，面对快感和女性所产生的焦虑——随着法兰克福学派的著作得到文化研究的大量探讨，已经广为人知。洛文塔尔在阐述"大众的梦想生活"时，把分散注意力的消费看做是女性的，把重要的、强大的生产看做是男性的，将"严肃的"文化与下层消费者的轻薄幻象截然对立。今天,这样的论点和对此论点的持久批判形成了鲜明的对照(Bowlby,1985;Husseyn,1986;Storey,1994)。

有趣的是,洛文塔尔的论述不仅显露了针对女性化的大众消费的焦虑,确认了与"低俗"的下层阶级文化针锋相对的"严肃"的中产阶级文化,而且也将商界名人这一范畴正常化了,使其成为可以接受且受人尊敬的群体。商界名人不是大众娱乐的令人分心的角色;他们在某种意义上不是"真正的"名人,不是虚假的偶像。也就是说,洛文塔尔建立的范畴不仅暴露出针对女性化的大众消费的焦虑,而且将商界名人的范畴正常化了,使之像其他政治或者"专业"名人一样,是严肃且正当的。伴随着这种急于谴责女性化的消费梦世界的冲动,一个马克思主义文本的中心就埋下了一颗奇怪的种子:对于资本主义商界领袖的成问题的、隐秘的确认。

这也为我们指明了在媒介和文化研究语境中思考名人 CEO 的某种原历史(ur-history)。[4] 将名人划分为轻浮的娱乐名人与严肃的人物的行为在 20 世纪中期的文化批判分析中依然存在。即便是社会学家米尔斯(C. Wright Mills),在其 1956 年发表的著作《权力精英》(*The Power Elite*)中也采用这种二分法,用以论述制度性与演艺性名人形式将变得越来越难以区分(Mills,1959:91)。阿尔贝罗尼(Francesco Alberoni,1972)也采用相同的术语,关注了偶像与歌后的"卓异"世界,他认为这些人构成了一个"无权的精英"。关于名人的批判性著作中存在着这样一个传统,即人们将名人视为那些拥有严肃的体制性权力的人物的反面。生产性的、严肃的商业人物,作为更宽泛的体制性名人范畴的一部分,将成为判定娱乐名人无足轻重的无意识标准。[5]

文化与媒介研究对于商业生产如何使自身风格化的问题缺乏兴趣,用纳娃(Mica Nava)的话说,这就是一种"拒认"(disavowal)。纳娃(1996)曾论述过对于消费的女性化领域向来缺乏严肃的关注,这种兴趣缺失也是上述拒认的一部分,它塑造了媒介与文化研究所承袭的理论工具。当然,二者间存在着关键的差别,公司 CEO 并不是一个受压迫的、被剥夺权利的少数族群。但二者的类似之处在于,它们都没有得到分析研究(并且它们有着相互勾连的遗产)。从更广泛的层面来看,我们

---

[4] 英文前缀"ur-"包含"原始的"、"初创的"、"原型的"等含意。——译注
[5] 尽管洛文塔尔将商业人物与媒体和演艺圈的"大众娱乐"名人区别开来,但商业领袖也被纳入了媒体报道的范围,洛文塔尔还对此作出了描述。尽管他是在谴责媒体对新型企业家的兴趣,但他的描述行为本身已经表明,我们不可能对这些范畴进行严格的划分。

可以说，这个遗产已经直接存在于当今对文化研究的攻击，尤其是托马斯·弗兰克 (Thomas Frank) 对这一学科的严厉谴责，认为它没有注意到商业文化在形塑文化话语方面所起到的作用 (Frank, 2001: 276—306)。从更积极的方面说，这种"拒认"的遗产也关涉到某些与文化研究相关的新兴领域里正在生发的研究兴趣，如对文化经济的初步兴趣 (Amin and Thrift, 2004; du Gay and Pryke, 2002)。

从我自己的学科立场来看，采用媒介与文化研究的工具来分析当代 CEO 的角色，会有所收益。在我看来，我们不应该将 CEO 看做毫无疑问的规范，而是要更好地理解和探究他们不同的权力形式，包括他们的媒体形象。我们可以用不同的方式来研究这一问题，我在这里的提议是，将名人 CEO 形象的近期表达放置于媒介文化的当代趋势和具体的文化—经济语境中进行考察，会更有效果。下面我会分析艾伦·休格与多夫·查尼的形象，通过借鉴商业评论以及媒介与文化研究的传统和工具，描绘出媒介文化的建构与名人 CEO 的公司利益所共享的关键趋势。

当代 CEO，"小报文化"与交叉促销（cross-promotion）

我们如何开始构想当今的媒介模式与名人 CEO 之间的关系的性质呢？一个明显的起点就是，名人 CEO 是首席执行官，他们的形象超出了媒体的金融或商业版块。CEO 的定义决定了他们在更为广阔的媒介文化的传播，从一开始，他们就和娱乐演艺界有着交集。我在开篇所列出的两个当代名人 CEO 的例子就表明了这一点。查尼的有趣而反讽的皮条客形象被当作媒体报道的主要看点，其目的就是为美国服饰做广告；而休格的粗暴导师的形象则是专栏和访谈的基础。他们在一系列媒体中的位置，以及他们所代表的特殊身份和白人男子汉气概（既离经叛道又"强硬冷酷"）构建了他们的名人地位。

我们可以在后福特式的促销环境中对这些扩展的形象进行思考。公司为了追求新的促销形式，已经超越了广告的划定范围，并在这一过程中扩大并重建了公共关系和品牌打造的领域。指出这一点并不是要说，从前存在某种平静的无广告的时期，而是要认识到品牌打造日益增长的重要性，它在各种媒体形式中的作用范围，以及促销产业的重构。这一重构更为强调线下和全线[6]的知名度,以及通过新形式的跨媒体报导持续不断地积累附加值(Brierley, 1995; Dyson, 2000; Lury, 2004)。简而言之,美国服饰提升知名度(如获得 Jane 的重要采访,然后又引发了纷杂的互联网讨论和无数的后续报道)的一种廉价而高调的方式,就是通过其刻意浮夸的 CEO(Morford, 2005; Sauer, 2005)。

使用查尼来做促销并围绕其形象生成小报故事,为公司提供了一种全线的、广泛的文化影响力。将其与"小报文化"这一概念联系起来,会有助于我们理解这种跨媒体曝光。[7] 朗格(John Langer)与格林恩(Kevin Glynn)等作者鼓励我们去思考,人们传统上赋予"小报"的那些属性——特别有趣的新闻形式,侧重煽情和私密关系的人性故事——是如何比小报研究本身占据了更为宽广的媒体位置和文化场域(Glynn, 2000; Langer, 2000)。正如格林恩所说,小报媒体"偏好强烈的情感",且有时候"大量使用反讽,戏仿和诙谐",而正规的新闻报道则"强调客观性,要求与报道对象保持适当的情感和批判距离"。(Glynn, 2000: 7)

虽然"小报文化"这一术语的参量众说纷纭,但它却为思考正在变化的名人 CEO 的角色开启了新的可能,尤其是这些名人所要求体现的社会文化流动性的形式。从媒介场域和话语/符号语域(register)两方面看,名人 CEO 的媒体形象都是跨类型的。例如,休格爵士既出现在小报又出现在正规报纸上(同时接受《观察家报》和《快报》的采访)。同样,查尼也因为其形象跨越了不同的媒介语域和形式而变成新闻焦点。利用令人尊敬的 CEO 身份来制造煽情故事和情色形象,显然是借鉴了小报的一贯手法。换句话说,围绕查尼建立起来的人格面具混合了高雅的、中等的以及低俗文化,使得从针对中产阶级目标市场的"艺术性"广告符码中提取小报元素成为可能。就这些方面而言,查尼的知名度既借鉴了"小报文化"的传统特点,又表明了这一文化在当代的深广影响。

当代名人 CEO 因此可以通过占据各种媒介话语积累起相当广泛的媒体形象,

---

[6] "Below-and through-the-line"是广告营销专业的术语。"Below-the-line advertising"(BTL,线下广告)是与"above-the-line advertising"(ATL,线上广告)相对的广告形式,包括促销广告、购物点广告、直接邮递广告,举办展览会和发起某项主题活动等多种形式。"Through the line"(全线)指的是运用整合营销的手段来推销品牌。——译注

[7] 我受惠于 2005 年 5 月 21 日在 Roehampton 大学举办的"小报文化和媒介奇观"会议,该会议鼓励我思考"小报文化"这一更宽广的概念。

其中包括或借鉴了私密的、煽情的小报形象。两种路径都有助于获得社会流动性的表象，提高名人 CEO 的影响力，这种影响力在当代"贤能体制的"（meritocratic）文化和社会中至关重要（Littler，2004）。为了进一步考察这个问题，同时追问它所引发的权力问题，我们要转向当代商业文化中的名人动态。

公司底线：从"肥猫"（fat cat）到"酷猫"（cool cat）

如果说将名人 CEO 放在更广泛的小报文化与后福特式交叉促销的语境中，是理解他们积累权力的一种方式；另一种方式就是将他们放在不断变化的公司文化中。在商业评论中，CEO 超级英雄的大量出现经常和 20 世纪 80 年代英美商业文化中的"新民粹主义（new populism）"联系在一起。当时英美两国分别由里根和撒切尔掌权。这段时期金融资本的重构意味着，福利国家和福特主义开始衰落，商贸法规被重新界定以鼓励企业家主义（entrepreneurialism）和"投资人资本主义"（investor capitalism）的崛起（Castells，1996；Brenner，1998）。正如海斯（Constance L. Hays）在其关于可口可乐公司领导人的历史中所说的，在 20 世纪 80 年代：

> 信息产业异军突起，开始传播和分享商界信息。如果你是一个经纪人，你必须面对一时间变得更为谨慎的客户，在鸡尾酒会上人们谈论他们的股票和收益率，就像以前谈论棒球锦标赛和度假计划一样。那些业绩出色的 CEO 不再默默无闻，而是成了名人，他们的照片出现在杂志封面，他们的名字在脱口秀中广为流传。这是一种让人吃惊的变化，对 CEO 本人来说是这样，对公众来说也是如此。

（Hays，2005：146—147）

美国商学教授库拉纳（Rakesh Khurana）认为，CEO 对于投资者不断增强的作用和他们不断曝光的形象在很大程度上促成了世人对 CEO 超级英雄的尊崇（Khurana，2002）。到了 20 世纪 90 年代，全球著名公关企业博雅（Burston-Marsteller）的一项调查显示，95% 的受访人在选择股票时都受到了 CEO 形象的影响，"将公司、概念或发明创造拟人化经常是获得成功的唯一方式"。因此 CEO 在不断扩张的商业媒体内部和商业媒体以外都成了名人。就像海斯所说的，他们"不再默默无闻，而是成了名人。"吉尔伯特（Jeremy Gilbert）最近重新解读了德勒兹和瓜塔里有关面容

（faciality）的著作，他认为我们可以把作为"脸面"（face）的名人放在资本主义和西方个人主义模式的漫长历史中进行考察，将其视为这一历史的效果和症候（Gilbert, 2004）。为了采用这些术语，我们不妨将名人/脸面看做是辖域化的权力场所和专制形象，它在名人CEO的形象中达到了顶点，并在20世纪80年代得到了大规模的媒体承认。

虽然在20世纪80年代，公司领导人与员工的主导形象都是不顾一切地往上爬，但90年代则更为关注促进利益最大化的另类模式。"软资本主义（soft capitalism）"意在利用人际关系、文化纽带、不拘礼节、感情以及创造性，来产生更多的经济收益（Heelas, 2002；Ray and Sayer, 1999）。罗斯（Nikolas Rose）令人信服地考察了软资本主义自70年代以来的渐进过程，那时的企业开始追问，到底如何利用"人性中情感的、更加原始的一面"来增强工人的自我管理能力和生产能力（Rose, 1999：114—116）。从90年代开始，软资本主义的不拘礼节（informality）和文化转向（cultural turn）在许多工作场所都不同程度地有所体现，如穿便服的星期五和办公室聚会，网络企业家的集体享乐主义，和圣卢克斯（St Lukes）这样的广告公司。圣卢克斯的员工们在一个轻松随意的环境中进行创造性劳动，以获取更多的私人利益。如果用电视语言来描述这个转变就是：从《办公室》（*The Office*）中偶尔的、官方许可的狂欢节时刻转型为《内森·巴雷》（*Nathan Barley*）中永不停歇、难以消受的无所顾忌。[8] 自上而下的明显的权威主义等级制已经过时，取而代之的是那些探讨如何利用工人的共识和潜力的管理书籍。商务作家索罗维基（James Surowiecki）评论道，这引发了"90年代的一个难以解决的悖论"："尽管公司极为关注分权的好处和自下而上机制的作用，但他们依然将CEO视为超级英雄"（Surowiecki, 2004：216）。

我认为，很多名人CEO通过将"公司超级英雄"这条律令与文化转向中自下而上的机制结合起来的方式来弥合这种悖论。用更形象的语言来说就是，很多当代的名人CEO都试图使用或者挪用自下而上的权力话语，并在媒介中大肆宣传，以这种方式将"肥猫"转化为"酷猫"。

这一进程变得十分关键，因为到了90年代末，对"肥猫"（有钱人）的排斥心理与CEO的工资同步上涨。在70年代，美国CEO的工资不过是普通工人的50倍，而到了21世纪初期，则涨到了普通工人工资的500倍（Castells, 1998：130；

---

[8] 《办公室》和《内森·巴雷》都是电视喜剧。前者以一个传统的、正式的、等级制的英国斯劳区（Slough）的办公室为背景，后者则是对一群年轻时尚的新文化媒介人的讽刺。

Haigh, 2004: 11; Ertuk et al, 2005: 54)。正如经济学家加尔布雷斯(John Kenneth Galbraith)的精辟评语,"在你我的一生中,没有比对公司领导人丧失信心更为彻底普遍的事情了"(Terkel, 2005: 88)。到目前为止,信心流失最快的时期是20世纪90年代和21世纪初,黑格(Haigh)将其称为"愤怒的日子(days of rage)"。当时人们用抗议来表达对CEO工资上涨的愤怒:1994和1995年,英国抗议者抬着一只尖叫的猪在英国天然气集团公司的周年股东大会地点游行,影射董事长布朗(Cedric Brown)中饱私囊,为自己涨了75%的工资(Haigh, 2004)。人们普遍对CEO们的行为不满,认为他们"虚造报表以便在短期内自肥",导致安然和世界电信在内的很多公司倒闭(Hoopes, 2003: xxix)。在美国,杰弗里·斯基林(Jeffrey Skilling)成为"他那一代最受鄙视的CEO",因为他在安然的倒闭中扮演了重要角色(Haigh, 2004: 91; 7)。

正是在这一语境下,当代名人CEO通过不断扩展的媒体领域和"小报文化",尝试着将个人英雄主义话语与自下而上的权力结合起来。方法多种多样,其政治意蕴也彼此不同。

企业贤能体制,消费者亲密……还权于民?

休格爵士的形象体现了当代新自由主义寓言,将名人CEO与"自下而上的权力"接合到了一起:这种经营治理尽管展示了社会流动的可能性,但也创造了新的不平等。在BBC2台播放的《学徒》节目中,休格被塑造为"回报"社区,为草根阶层提供权力的人,在很多访谈中他都反复提到了"回报"一词(Webb, 2005)。他的"发家致富的白人工人阶级男孩"的形象深化了这一思想。就像《学徒》的赢家坎贝尔(Tim Campbell)那样——坎贝尔总说自己是为了母亲而成为赢家,因为她不想看到他最后落得像其他黑人那样——休格的形象向每个人传达了这样的信息:不管身世如何,只要你具备实力,努力进取,就可以打败对手,取得成功。[9]

休格的形象说明了社会流动意识已经成为当代资本主义的重要组成部分,但却

---

[9] 有趣的是,商界内部对这档节目评说不一。不少人反感节目中过时的公司生活形象,特别是它把商业塑造为"嗜血"的竞争,认为应该强调团队合作的重要性(Kwan Yuk, 2005)。换言之,在许多商界人士看来,这档节目没有反映出公司的文化转向和朝向软资本主义的转型:它的赢利模式不够"自下而上"。

被用来创造新的社会分层与自我价值。正如史密斯（Christopher Holmes Smith）在另一语境中对嘻哈巨星所做的探讨：这些人"需要更贫困的大众来为他们喝彩，因为这些大众为他们提供了原料和人体画布，正是在这些大众面前、和大众之上，嘻哈巨星的成功才能得到象征性的彰显（Holmes Smith, 2003：85）。"类似地，休格的成功也是以那些依旧贫穷的"失败者"的存在为前提。这样《学徒》就可以既推广阶级流动性的概念，反映更为广泛的反种族主义话语的本质，同时维系和重新铭刻了权力与财富的不平等。

跨媒体报导也导致了休格的"品牌延伸"，他不再只是和他的公司联系在一起。休格因成为托特纳姆热刺足球俱乐部的老板而在体育版面广为人知，同时又是英国电子产品公司 Amstrad 的 CEO，《学徒》所带来的电视曝光以及累积的媒体知名度使他作为名人的影响力更为深广。正如一个记者所说：

> 《学徒》播出之前，我听说过休格，但如果有人问我他到底为何如此出名，而我能否给出答案事关我的身家性命，那我只能冒险回答："足球？"然后就语塞了。现在多亏了 BBC2 台，我知道休格是价值 7 亿英镑的全球公司的老板，他的来头非常大，以至于一些商务人士（据说）辞了工作，就为了在休格大厦呆上一年，接受训练。
>
> （Wilson, 2005）

休格已经在《星期天时报》"富人榜"上排名第 24，没有必要再去为自己的公司进行宣传，电视节目也不能让他赚到比"日常工作"更多的工资（Hutton, 2005）。休格的新名气主要为他提供了获取商界之外的更广泛的公众认可的机会。

这里我们不妨联系邓肯（Carol Duncan）的著作。邓肯将艺术画廊与博物馆看做是"捐赠人纪念堂（donor memorials）"，或企业资本尝试将自己合法化的场所。她论述说，从历史来看，商业领袖经常向画廊和博物馆捐款，使用这些场地来消除他们个人的或者公司的不良声誉，在这一过程中把其他人辛苦创造的财富转化为自己的纪念堂。邓肯论述道，通过这种方式，他们将自己重新塑造为乐善好施、为社区服务的慈善家形象（Duncan, 1995：72—101）。我们可以说，《学徒》就是升级的媒介语境中的另一种形式的"捐赠人纪念堂"：用以保证休格的实用慈善家的形象和记忆得到广为流传。真人秀节目形态倾向于将社会流动的神话戏剧化的特点（Biressi and Nunn, 2005：144—155），以及该节目自称的"娱乐性"和"教育性"——《学徒》

不断宣称自己帮助 BBC 完成了公共服务的角色（*The Times*，2005）——都强化了休格的"仁慈"形象。

不过，CEO 超级英雄与"自下而上的权力"之间的结合，也可以通过公司的文化转向对不拘礼节的强调而发挥作用。我在文章开头提到的美国服饰的广告，以半裸的老板查尼为主打，很明显是为了要告诉我们，这一品牌及其公司日子过得不错。其潜台词是：我们随性而动，我们性感，我们有趣，我们玩世不恭，我们张扬放肆。查尼考究的不拘礼节并非史无前例，其先行者包括克莱斯勒公司的 CEO 李·艾科卡（Lee Iacocca）和布兰森（Richard Branson）（这个人，就像他的公司品牌，维珍 [Virgin]，将年轻、随意展示为具有"革命性"）。两位名人 CEO 的出现得益于毕恭毕敬的公司文化在 90 年代的加速衰落，他们为查尼的更加耸人听闻的私密形象的出场铺平了道路。

这种亲密也与后福特主义公司的"了解消费者"的口号相关，这个口号，用一本营销圣经的话说就是，制造了"靠拢、亲近消费者"的欲望（Grant，2000）。另一本商业书《顾客亲密度》（*Customer Intimacy*）也称，"增长、竞争力和盈利的最大源泉就在于设计并发展与消费者之间的亲密关系"（Wiersema，1998：5—6）。美国服饰公司使用露屁股的 CEO 形象，将卧室带到了会议室，这种公开私生活的做法正好来自后 90 年代的公司对于"自下而上机制"的强调，目的是用这种机制来争取不再严守礼节的客户群。查尼将客户亲密度和休闲穿着的逻辑推至极端：他索性脱光了衣服。

最后还有一些 CEO 看起来体现了另外一种与"自下而上的权力"相结合的方式，他们通过付给工人足够生活的工资来帮助企业营销。查尼与美体小铺（Body Shop）的 CEO 罗迪克（Anita Roddick）都是这方面的典型例子，由于这是他们公司的核心卖点，这也就在一定程度上解释了为什么他们容易获得媒体曝光。正如一本商业手册所惊叹的，罗迪克本人一度获得了如此大的名气，以至于她的公司根本就不用再做广告宣传了（Kotler，2005：14）。同时，他们的公司政治充满了矛盾。例如，他们宣传公平贸易，但却拒绝加入国际公平贸易标准；他们宣扬"体面的"工资（为那些通常遭到严重剥削的劳动类型付出了远高于平均水准的工资），但他们的公司却不是合作制的；至少美国服饰不愿意组织工会（Littler and Moor，2005）。由此看来，这是美国 30 年代就存在的关于"自下而上的权力"的管理话语所产生的回响。霍普斯（James Hoops）写道，这个"双刃剑"式的管理话语，以及"人事"部门的建立，都产生于更广泛的改善工作环境与民主参与的社会要求,但同时也打消了工人阶级要求更平等的经济政治重构的激进想法(Hoops, 2003: 97—98)。查尼与罗迪克公司的策略也是双面的,在不同的"软资本主义"范式之间游移,并投射了他们自己对进步的民主可能性的意识。他们表明,在名人 CEO 与"自下而上的权力"话语的碰撞中,即便是最"共享权力"的形式,也依旧让名人 CEO 保持了其通过软资本主义进行调节的功能,但这种调节绝不会消除不平等。

结 论

通过思考我们如何质疑洛文塔尔多年前既掩埋又开启的主题,我勾勒出了两种理解当代名人 CEO 的媒体生活的可能方式。首先,名人 CEO 为公司提供了一种不花什么代价就能获取最高曝光率的手段。这与当代促销文化强调公关、品牌打造和发展"全线"知名度有关。在一个把自己想象为"贤能统治"的社会中,使用"小报文化"是取得名气的关键手段。其次,在管理和商业哲学的语境中,出现了从 80 年代严厉的企业家主义到 90 年代的软资本主义公司赢利模式的转化,这种转化常常让名人 CEO 备受关注,因为他们突出了"自下而上的"权力模式(一般通过"非同寻常"的、反常规的、或者"酷"的商业实践展现出来)。当代名人 CEO 用不断扩展的媒体领域和小报文化,尝试将英雄主义话语与自上而下的权力话语接合起来。将备受鄙夷的"肥猫"转化为媒体欢迎的"酷猫"则主要是为了鼓励客户亲密度,促进推销,并消除对 CEO 贪婪本性的指控。

近年来关于文化经济的研究成果可以进一步拓展思考当代文化的方式,我在这里也借鉴了这些成果。不过,这些研究有时候似乎只提供了一种描述性的实证主义,回避或者缺乏对于权力问题的介入,我对此感到困扰。我想要强调将文化经济的研究路径与权力问题联系起来的重要性,并以此来结束本文。权力问题塑造了文化研究,同时也对我有很大启发(参见 Hall *et al*, 1978; Grossberg *et al*, 1992; McRobbie, 2005)。从这个角度说,我们不仅可以思考名人 CEO 休格如何通过各式各样的媒体形式与公司职位之间的互动而成为品牌;我们还可以思考这与贤能统治的更广泛的、特定新自由主义的文化—经济话语之间的关系。我们可以将其视为更大的文化经济的一部分,并把它与既促进解放,同时又使不平等永久化的进程联系在一起,如史密斯对嘻哈巨星所作的论述。

例如,休格的名人 CEO 形象需要与"城市学院"(City Academy)类型的学校的扩张联系起来。这些学校专门教授商务技能,学费却比一般公立学校贵一倍,而且保证它们所经营的企业获利。日益明显的是,这些学校并没有让学生取得更好的成绩,它们之所以在学生表现方面的统计数据比较好,只是因为反社会的学生都被驱赶到了附近的、收容这些淘汰生的公立学校(Smithers, 2005)。像休格这样把公司竞争当作解放性知识进行传授的 CEO 也是同一个企业贤能统治话语的组成部分。

与此同时,强调名人 CEO 的不同表现形式显然也非常重要。查尼的行为继续铭写了拉美人与白种北美人、异性恋男人与女人之间的不平等,但他的行为也和要求支付生活工资的社会运动产生交集。如果注意到这些矛盾,会让当代问题的复杂性和社会不公正的隐秘持久化得到彰显,那么我们就可以迈向威廉斯(Raymond Williams)所谓的"希望的资源"有可能存在的地带,即便那里的资源所剩无几(Williams, 1998)。在与其他人发生联系的过程中,名人 CEO 的故事也许具有出人意料的效果:休格对那些被剥夺者的鼓励可能会导致其他行动,而非强化晚期资本主义的个人主义。

但这不应该让我们对现在流行的关键话语视而不见,这种话语坚持认为,名人 CEO 应该明确展示他们对"贤能统治"的支持,强化他们的英雄形象。我们也不应该忘记,他们这么做是为了公司利润。在我们生活的这个时刻,美国内阁中的 CEO 数量史无前例,布什政府更像是一个"CEO 政权(CEOcracy)而非神权统治(theocracy)";正如黑格所说的,"历史上很少有一个社会阶层获利如此之丰"(Haigh, 2004: 10—11)。如果一个新的"底线"是名人 CEO 现在需要展现出小报亲密性的某些元素,来赢取他们的地位和可见度,那么他们达到这一目的的手段主要是以独特的当代方式来支撑公司权力,并重新铭写一个下等阶级。

(王行坤 译/杨玲 校)

参考文献

Alberoni, Francesco (1972) 'The powerless elite: theory and sociological research on the phenomena of the stars' in Dennis McQuail (ed) *Sociology of Mass Communication*, Harmondsworth: Penguin, pp.75—98.

Amin, Ash and Nigel Thrift (2004) (eds.) *The Cultural Economy Reader*, Oxford: Blackwell.

Austin, Thomas and Martin Barker (2003) *Contemporary Hollywood Stardom*, London: Hodder

Arnold.

Benezra, Karen and Jennifer Gilbert (2002) 'The CEO as brand', http://www.chiefexecutive.net/depts/marketing/174.htm [accessed July 2005].

Biressi, Anita and Heather Nunn (2005) *Reality TV*, London: Wallflower Press.

Bowlby, Rachel (1985) *Just Looking: Consumer Culture in Dreiser, Gissing and Zola*, London: Methuen.

Brierley, Sean (1995) *The Advertising Handbook*, London: Routeldge.

Callon, Michel, Cecile Meadel and Volona Rabeharisoa (2002) 'The economy of qualities' in Ash Amin and Nigel Thrift (2002) (eds.) *The Cultural Economy Reader*, Oxford: Blackwell, pp.58—79.

Castells, Manuel (1996) *The Rise of the Network Society*, Oxford: Blackwell.

Castells, Manuel (1998) *End of Millennium*, Oxford: Blackwell.

du Gay, Paul and Michael Pryke (2002) (eds.) *Cultural Economy*, Sage: London.

Duncan, Carol (1995) 'Something eternal: the donor memorial' in Carol Duncan, *Civilizing Rituals*, London: Routeldge, pp.72—101.

Dyer, Richard (1998) *Stars*, New Edition; London: British Film Institute.

Dyer, Richard (2003) *Heavenly Bodies: Film Stars and Society*, second edition, London: Routledge.

Dyson, Lynda (2000) 'Marketing through the media: image management, branding strategies and the media' *The British Journalism Review*, 11 (3): 61—67.

Ertuk, Ismail, Julie Froud, Sukhdev Johal and Karel Williams (2005) 'Pay for corporate performance or pay as social division?' *Competition and Change* 9 (1): 54.

Frank, Thomas (2001) *One Market Under God: Extreme Capitalism, Market Populism and the End of Economic Democracy*, London: Seeker and Warburg.

Gamson, Joshua (2000) *Claims to Fame*, Berkeley: University of California Press.

Gilbert Jeremy (2004) 'Small faces: the tyranny of celebrity in post-Oedipal culture' in Jo Littler (ed) *Mediactive 2: Celebrity*, London: Lawrence and Wishart, pp.86—109.

Gledhill, Christine (1991) *Stardom: Industry of Desire*, London: Routledge.

Glynn, Kevin (2000) *Tabloid Culture: Trash Taste, Popular Power, and the Transformation of American Television*, Durham: Duke University Press.

Grant, John (2000) *The New Marketing Manifesto: The 12 Rules for Building Successful Brands in the 21th Century*, London: Texere.

Grossberg, Lawrence, Cary Nelson and Paula Treichler (1992) (eds.) *Cultural Studies*, London: Routledge.

Guthey, Eric (2005) 'Management studies, cultural criticism and American dreams' *Journal of Management Studies*, 42 (2): 451—466.

Haigh, Gideon (2004) *Bad Company: The Strange Cult of the CEO*, London: Aurum Press.

Hall, Stuart, Charles Critcher, Tony Jefferson, John Clarke, Brian Robert (1978) (eds.) *Policing the Crisis*, London: Palgrave.

Hays, Constance L. (2005) *Pop: Truth and Power at the Coca-Cola Company*, London: Arrow.

Heelas, Paul (2002) 'Work, ethics, soft capitalism and the 'turn to life' in du Gay, P. and M. Pryke (eds.) *Cultural Economy*, London: Sage, pp.78—96.

Holmes, Su (2005) 'Off-guard, unkempt, unready? Deconstructing contemporary celebrity in *Heat* magazine' *Continuum*, 19 (1): 21—38.

Hoopes, James (2003) *False Prophets: The Gurus Who Created Modern Management and Why Their Ideas Are Bad for Business*, Cambridge, MA: Perseus.

Huyssen, Andreas (1986) *After the Great Divide: Modernism, Mass Culture and Postmodernism*, London: MacMillan.

Khurana, Rakesh (2002) *Searching for a Corporate Savior: The Irrational Quest for Charismatic CEOs*, Princeton: NJ: Princeton University Press.

Ko, Claudine (2004) 'Meet your new boss' *Jane*, June/July: 136—141.

Kotler, Phillip and Nancy Lee (2005) *Corporate Social Responsibility: Doing the Most Good for Your Company and Your Cause*, New Jersey: John Wiley and Sons.

Kwan Yuk, Pan (2005) '"Apprentice" gets business leaders fired up', *Financial Times*, 5 May: 5.

Langer, John (1997) *Tabloid Television*, London: Routledge.

Littler, Jo (2003) (ed) *Mediactive 2: Celebrity*, London: Lawrence and Wishart.

Littler, Jo (2004) 'Celebrity and "meritocracy"' *Soundings*, 26: 118—130.

Littler, Jo (2005) 'Beyond the boycott: anti-consumerism, cultural change and the limits of reflexivity' *Cultural Studies*, 19 (2): 227—252.

Lury, Celia (2004) *Brands: The Logos of the Global Economy*, London: Routledge.

Marshall, P. David (1997) *Celebrity and Power*, Minneapolis, MN: University of Minnesota Press.

McRobbie, Angela (2005) *The Uses of Cultural Studies*, London: Sage.

Mills, C. Wright (1959) *The Power Elite*, New York: Oxford University Press.

Monford, Mark (2005) 'Porn Stars in My Underwear' *SF Gate*, June 24 http://sfgate.com [accessed July 2005].

Nava, Mica (1996) 'Modernity's disavowal: women, the city and the department store' in Mica Nava and Alan O'Shea (eds.) *Modern Times*, London: Routledge, pp.38—76.

Pringle, Hamish (2004) *Celebrity Sells*, London: John Wiley and Sons.

Ray, Larry and Andrew Sayer (1999) (eds.) *Culture and Economy after the Cultural Turn*, London: Sage.

Regine, Birute and Roger Lewin (2000) 'Leading at the edge: how leaders influence complex systems' *Emergence*', 2 (2): 5—23.

Rojek, Chris (2001) *Celebrity*, London: Reaction Books.

Rose, Nikolas (1999) *Governing the Soul,* Second edition, London: Free Association Books.

Sauer, Abram (2005) 'American Apparel: All Sweaty', http://www.brandchannel.com [accessed July 2005].

'Sitcoms have both feet in the grave' *The Times*, 13 July 2005, http://www.timesonline.co.uk/article/0,2—1691818,00.html [accessed July 2005].

Smith, Christopher Holmes (2003) '"I don't like to dream about getting paid": representations of social mobility and the emergence of the hip-hop Mogul' *Social Text*, 21 (4), Winter: 69—97.

Smithers, Rebecca (2005) 'Researchers raise more doubts on city academies' *The Guardian*, 30 June, http://education.guardian.co.uk/newschools/story/0,1517962,00.html [accessed July 2005].

Storey, John (1994) (ed) *Cultural Theory and Popular Culture*, London: Prentice Hall.

Sugar, Sir Alan (2005) *The Apprentice: How to Get Hired not Fired*, BBC Books.

Surowiecki, James (2004) *The Wisdom of Crowds*, London: Little, Brown.

Terkel, Studs (2005) *Hope Dies Last: Making a Difference in an Indifferent World*, London: Granta.

Turner, Graeme (2004) *Understanding Celebrity*, London: Sage.

Webb, Tim (2005) 'The interview: Alan Sugar', *Independent on Sunday*, 13 February.

Wiersema, Fred (1998) *Customer Intimacy: Pick Your Partners, Shape Your Culture, Win Together*, London: Harper Collins.

Williams Raymond (1998) *Resources of Hope*, London: Verso.

Wilson, Emily (2005) 'It's a dirty business' *The Guardian*, 1 April, http://www.guardian.co.uk/women/story/0,,1449759,00.html [accessed July 2005].

炒作至上：当代（文学）明星制度

乔·莫伦

> **导读**
>
> 　　本文考察了当代美国文化中的文学明星现象。作者莫伦首先审视了文学明星出现的社会经济语境，以及图书出版行业近几十年的集团化发展对文学出版造成的深远影响。为了获得最大利润，出版商现在往往只选择少量名作家或名人作者来进行大规模的跨媒体宣传。这导致"文学生产被不断整合到娱乐产业"，作家如娱乐明星一般频频走进演播室、登上报刊杂志、出席各种签售会。在这种情况下，"作者和书籍都成了名人现象的文化普遍性的一部分，而名人正是垄断资本主义的市场机制"。著名作家与非著名作家之间的等级差异也日益加剧。少数名作家仅凭名气就可以为他们的作品"招来大量的资金支持"，而那些不知名或者首次亮相的作者则更难获得认可，他们的作品也得不到任何宣传。
>
> 　　在文章的第二部分，莫伦探讨了出版行业中文化资本和经济资本的互换。人们常常认为，媒介集团的出现导致短期利润战胜了美学价值。莫伦却认为，"文学名人并不仅仅是出版业的促销特性加剧的结果。出版业这个文化领域是以内部需求与外部压力之间的永恒冲突为特征的，而名流作家们则继续在文化荣耀与商业胜利的中间地带勤奋耕耘。"出版商对于文学奖项和作家排名的看重表明，他们在乎的不仅仅是利润，还有文化资本。而学术机构及其作家赞助体制也对文化资本和经济资本的联姻起到了直接的推动作用。比如，高校的创意写作课程和工作坊就制造出了大量"适合主流杂志、经纪人和主要出版商胃口的专业作家"。
>
> 　　在文章的最后两个部分，莫伦回顾了有关名流知识分子和文学名人的一些争论，探索了文学名人现象所包含的矛盾意义。学界普遍认为，"各种重叠的领域与机构——新闻行业、出版业、学术界——已经有能力作为一种自足的文学

　　本文译自 Joe Moran, "The Reign of Hype: The Contemporary (Literary) Star System." In *The Celebrity Culture Reader*, ed. P. David Marshall, New York: Routledge, 2006, pp.324—344。作者乔·莫伦是英国社会文化历史学者，执教于利物浦约翰摩尔大学(Liverpool John Moores University)。——译注

建制来运作，它能够决定哪些作家在当代美国文化中获得最多的公众关注"。在莫伦看来，这些观点都"假设存在着一种不受金钱和名誉诱惑的'纯粹'的文学和知识生产形式"。这种假设显然是靠不住的，因为作家并非超凡脱俗的圣人。而美国的文学文化（literary culture）也是极度复杂和矛盾的，"不可能形成一种封闭的文化建制，实现控制文学声誉兴衰的阴谋"。莫伦还分析了诺贝尔文学奖得主、美国著名黑人女作家托尼·莫瑞森的声名建构过程。莫瑞森的例子表明，文学名人现象并不一定就意味着商业的侵蚀和文学的衰落，"文化市场上的新变化至少在某些情况下让不同的文学传统找到了新的读者，让曾经被边缘化的作家获得声誉和成功"。塞林格、品钦等长期回避公众视线、并因此而备受追捧的作家／隐士的出现，也说明"名人身份能够从内部进行自我批判"。

本文的一大特点是事例翔实丰富，以一种近似于例证分析的态度对美国乃至西方的文化名人现象进行了分析和思考。文中对布迪厄的文学场理论的批判性借鉴，以及对维尼克的促销文化概念的征引，也都颇有启发性。

最近几十年来，涌现出了五花八门、数量繁多的旨在宣传和擢升美国作家的活动。本章将通过发掘文学"明星制度"中特殊的当代层面来考察这类行为。本章首先审视了媒体行业新近的变化对文学名家的意义，具体而言就是，图书出版被纳入了由少数大集团公司控制的全球娱乐信息产业；其次探讨了文学市场中持续重要的文化资本，如何让主要出版商的商业需求变得日趋复杂；最后思考了追求纯粹利润和寻求"更高"文化价值之间的协商（negotiation），是如何导致围绕当代文化中的文学名人所产生的激烈争论和矛盾意义。我认为，当代明星制度远没有被互相吹捧者、利益交换者和捣弄数字的会计师所垄断，它是一个逐渐变化的有机体，不可避免地将对自身的不良现象进行深刻的自查和心灵反省。

一、"媒宠"（mediagenic）作家

在美国，作家们现在拥有史无前例的各种机会引起公众的关注，许多这样的新机会都可以与文学生产经济学中的变化联系起来。曾有观察者将此描述为：

> 花样翻新的炒作，似乎对追名逐利的作家有着不可抗拒的吸引力，它还以可怕的攻势诱惑、套捕毫无防备的艺术家，将他们变为旅行推销员和

电视广告宣传员。[1]

近年来，出版行业开始从大量家族经营的出版社，转变为少数几个由巨大的跨媒体母公司控制的出版商，这样的转变已经在美国乃至全世界彻底改变了作者和出版的性质。虽然自 20 世纪 60 年代起，外界的兴趣就开始影响美国出版业，诸如 CBS、ITT 和 RCA 等公司都曾引领了这样的趋势，但是发生在 20 世纪 80 至 90 年代的公司合并，将所有主要的商业书商都送入了大型跨国通讯集团企业的怀抱，这些跨国集团无一不涉足众多利润更加丰厚的大众传媒领域。大约从 1960 年开始，类似的现象也频频出现于出版业内部，那些主要的出版商们也开始收购更小的或者中等的独立出版商，如此一来，现在的图书出版业几乎都直接或者间接地受控于 7 大主要出版巨头——贝塔斯曼集团、皮尔松集团（也译作"培生集团"）、维阿康姆集团（Viacom）、默多克的新闻集团、时代华纳集团、赫斯特公司（Hearst）和霍尔茨布林克出版集团（Holtzbrinck）。这些大企业向出版界投入了更多的风险资本，一方面解决了长期困扰小型独立出版社的现金流问题，另一方面也增加了谋取商业成功的压力，为了更有效地推销图书，一些精密复杂的图书宣传形式也就应运而生了。

为了理解大集团在这一领域的影响力，我们有必要强调，直到最近，图书宣传还被广泛地视为出版业最低效的领域之一。在 1982 年发表的一项出版业权威调查中，科塞（Lewis Coser）、卡杜史（Charles Kadushin）和鲍威尔（Walter Powell）指出，图书营销存在不规则和未经调研的状况，尤其在出版商认为通常不可预料的大众图书（trade books）领域。[2] 美国史学大师巴尔赞（Jacques Barzun）在 1984 年国会图书馆的研讨会上，也认为"如果干玉米片像书籍那样销售，那就没有人会再吃早餐了"。[3] 这种低效一方面是一种广为流传的信念的结果，这种信念认为所有的图书都是独特的产品，因此无法使用营销手段；另一方面也是因为不少出版商中残存的"绅士出版商"的文雅形象，这些出版商是出于对文学的热爱，而不是因商业利益从事出版。当出版业在整个 20 世纪变得更精通商业之道的同时，它也更加致力于将

---

[1] 引自 Thomas Whiteside, *The Blockbuster Complex*, *Show Business and Book Publishing* (Middletown, CT: Wesleyan University Press, 1981), p.192.

[2] Lewis A. Coser, Charles Kadushin and Walter Powell, *Books: The Culture and Commerce of Book Publishing* (New York, Basic Books, 1982), pp.202—205.

[3] M. P. Levin, 'The Marketing of Books—A National Priority for the Eighties', *Library Trends*, vol. 33, no.2 (1984): 199.

自身变得专业化,并制造出了一个将最有声望的出版领域隔绝在商业出版之外的等级系统。正如美国学者韦斯特(James L.W. West III)所认为的,出版商"通过远离印刷厂的墨迹、编辑的蓝铅笔和书店的钱盒子来获得尊严和地位"。[4] 在温文尔雅的人脉关系网里,像阿佛烈·克诺夫(Alfred Knopf)这样的出版商会说,他不想出版那些他不愿与之共进晚餐的作家们的书。[5] 这种态度造成了图书营销中协调合作的缺失,因为公关、广告、销售、分销等工作都被放在相互独立的部门,导致与消费者联系最紧密的一环,图书宣传,处于很不起眼的地位。普遍为女性的公关队伍经常被业内人士贬损为行业中的"空姐"。[6]

然而,在最近的20年里,上述部门在出版业中的地位和意义不断增长。出版商也已然明白那些针对作家的宣传形式,比如杂志和报纸上的人物特写、电视和广播上的露面,比付费广告更廉价而有效。举个例子,作家跑十个城市进行宣传的花费只相当于在《纽约时报》上刊登整版广告的钱,但前者吸引到的潜在顾客却比后者多得多。[7] 在这些廉价的宣传形式当中,电视作为图书营销手段比之报纸、杂志的优越性,早已得到认可。早在1981年,美国记者怀赛德(Thomas Whiteside)就将一个作家在主流脱口秀上的露面描述为"给出版商的最大的促销奖赏之一",仅次于入选每月一书俱乐部(Book-of-the-Month Club)的殊荣。[8] 意识到图书销售和电视露面之间的清晰关联后,大出版商们甚至着手通过直接邮递广告(通常是脱口秀形式的"资讯型广告")和QVC之类的家庭电视购物频道来推介作者,后者让观众可以持信用卡电话订购作品。

近年来,伊万娜·特郎普[9]、威廉·夏特纳[10]、马丁娜·纳夫拉蒂洛娃[11] 和琼·柯

---

[4] West, *American Authors and the Literary Marketplace*, p.17.

[5] 引自 Ted Solataroff, 'The Literary-Industrial Complex', *New Republic*, 8 June 1987, p.28。

[6] Coser et al., *Books*, p.206, p.158.

[7] C. Anthony, 'Beating the Drum for Books', *Publishers' Weekly*, 30 November 1992, p.27.

[8] Whiteside, *The Blockbuster Complex*, p.34.

[9] 伊万娜·特郎普(Ivana Trump):1949年2月生于捷克斯洛伐克的哥特瓦尔多夫,后移民美国,曾是奥运选手,后成为名模、好莱坞演员、畅销书作家和社会名流。著有《只为爱》(*For Love Alone*)、《自由爱》(*Free to Love*)。她还曾是美国名噪一时的巨贾唐纳德·特朗普的前妻。——译注

[10] 威廉·夏特纳(William Shatner):1931年3月生于加拿大。演员、畅销书作家,曾在美国电视剧《星际旅行:初代》及其七部衍生电影中,饰演进取号星舰舰长詹姆斯·T. 柯克的角色。——译注

[11] 马丁娜·纳夫拉蒂洛娃(Martina Navratilova):1956年10月生于捷克布拉格,捷克裔美国女子网球运动员。——译注

林斯[12]等名人写的小说（或者，更可能是他们找人代写的小说）大量出现，这说明被公众知晓并与媒体亲善的名人作者的重要性，这些作者就如同品牌，可以凭借自己的名字来销售文学产品。[13]另一个与之类似的情形是，已故的畅销书作家依然可以创造作品。比如，英国推理小说家阿利斯泰尔·麦克林（Alistair MacLean）1987年去世后，哈珀柯林斯出版社决定将麦克林早先的故事构思变成小说，让这位赚钱作家的名号永葆生命力。他们找了一个叫阿拉斯泰尔·麦克尼尔（Alastair MacNeill）的作者来完成这个任务。麦克尼尔不仅毫无名气，而且是首次发表作品，只是名字和麦克林的名字相仿。（不过，1991年法院通过裁决，要求出版社将麦克林在小说封面上的名字排得比麦克尼尔的名字小一点。）一些出版商会根据作者的个人魅力和屏幕表现来决定要不要为作者出版著作。《纽约时报》报道过这样的案例，一些出版商将作者送往演讲培训师和形象顾问那里接受训练，一些著作经纪人将委托人的虚拟录像带，连同出版计划一并提供给出版商，有时候，出版商是否接受大作就取决于作者在录像中的表现了。[14]

然而，这些例子之所以看起来还是孤立的个案，只是因为出版业出的书实在是太多了，以至于无法仔细审查所有作者。正如美国著名影评家施克尔（Richard Schickel）所指出的，现代名人现象发端于早期的美国电影，其部分原因在于，人们对于名人（personalities）的普遍需求比对故事情节或者电影类型的需求要相对稳定。由于电影制作费用变得越来越昂贵，制片公司需要依靠贷款才能完成拍摄。明星的名字成了担保贷款目录中的重要一项，银行要看到那些名字才肯慷慨资助。[15]直到

---

[12] 琼·柯林斯（Joan Collins）：1933年11月生于英国伦敦，演员、畅销书作家、专栏作家，出版多部非小说类书籍和小说。——译注

[13] 兰登出版社与约翰·柯林斯在1996年对簿公堂，这被媒体认为是对名人小说的一大打击，但实际上这个诉案恰好说明出版商是如何对大牌作家另眼相待的。在这场诉案中，出版商在接到了柯林斯的书稿后，认为根本无法出版，遂即要求柯林斯返还两本书稿合同中的一部分款项，共计120万美元。但这场诉讼以出版商的败诉作结。因为合同只规定了提交两部"完成的"小说手稿，并没有对作品的质量提出任何限制。这是一种不同寻常的合同约定，出版商绝不会和非名人作家签订这样的合同。

[14] 引自Edwin McDowell, 'Coaches Help Authors to Talk Well to Sell Well', *New York Times*, 2 March 1988.

[15] Richard Schickel, *His Pictures in the Papers: A Speculation on Celebrity in America Based on the Life of Douglas Fairbanks, Sr.* (New York: Charterhouse, 1973), p.27；另见 deCordova, *Picture Personalities*, p.46.

今天，特别明星的加盟还是可以决定拍摄计划是否能变为现实，因为他或者她有"提升"电影票房的神力——可以保证在首映后最初的关键几周内，观众愿意去电影院观看这部片子。然而，图书出版不像好莱坞电影那样需要庞大的前期投资，这个事实助长了图书冒险性的过量生产。在每年生产的新书中，约80%的品种都是商业败笔，这个比例能迅速地打垮好莱坞电影产业和电视业。不过，因为出版一本图书的前期投入非常小，一家出版社通常只需要一季出一本"畅销书"（blockbuster）就能平衡掉其他所有图书的损失，这样的畅销书通常也是书商们花最大力气去宣传的。在营销会议上，销售代表们从出版社的大量图书品种中挑选出凤毛麟角之作，决定让它们享受"全套优待——比如6位数的首印量、豪华的护封、新闻媒体的热炒、十城市宣传之旅、电视访谈、广告、四色招贴海报以及书店展示"。在这些会议上，销售代表们很可能受一些文学以外的因素影响，因为他们手头不仅有图书校样，还有编辑和作者送来的说服性的录像带。[16] 因此，出版商们只会努力宣传新书目录中的很小一部分，所谓的"领头"品种与"中等"品种（即预付稿酬和销量均表现平平的书）之间的差距将越来越大。

尽管出版界里大集团的支持者常常认为，畅销书有助于弥补那些亏损的图书所带来的损失，而且那些真正盈利的图书在图书总量中的比例其实非常小，但是这种观点没有考虑到那一小部分盈利的书在投放市场时所得到的数额不等的宣传投入。怀赛德对出版界这种渐增的差距解释道："如果你不在演艺圈，那么你就真是外百老汇[17]了。"[18] 为了及早见到早期花费的效益，出版商们自然会在明星作者们身上投入更大的宣传力度，这种在财力投入上越来越明显的"偏袒"也将助长图书待遇的不平等。此外，由于大额的预付稿酬经常获得媒体报道，这些稿酬也就成了重要的宣传噱头。很多出版商坦承，即便是畅销书作者也不能指望他们次次都能够赚回付给他们的巨额预付稿酬，这些稿酬往往更是作者和出版社共享的免费宣传方式。[19]

这就让出版业有机会决定哪些作者会被广受关注和阅读，而母公司的影响力又

---

[16] Michael Norman, 'A Book in Search of a Buzz: The Marketing of a First Novel', *New York Times Book Review*, 30 January 1994.

[17] 外百老汇（off-Broadway）：在纽约市戏院区以外的戏院上演的戏剧，多半是非商业化的小成本的实验剧。——译注

[18] Whiteside, *The Blockbuster Complex*, p.198.

[19] James B. Twitchell, *Carnival Culture: The Trashing of Taste in America* (New York: Columbia University Press, 1992), p.100.

给这一点赋予了更多的意义。涉足美国图书出版业的所有主要集团都同时把利益触角伸向了报纸、杂志、卫星和有线电视台，CD-ROM 光碟制造和在线服务，有时候还包括电影、录像和音乐生产与发行。这些大集团的真正意义在于为内部不同的经营领域之间的交叉补贴（cross-subsidization）提供新的机会。

正如美国传播学教授约瑟夫·杜罗（Joseph Turow）所认为的，20 世纪 80 年代传播产业的重大变革在于——"企业联合现在被视为一种为追逐更大利润而积极联结媒体资产的方式"。通常用来表达这种合作的词语是"协同"（synergy），它指的是"公司各个部门的协调一致，以便使整体的作用大于各个部门独立运作的总和"。[20]

在图书宣传领域，"协同"拥有巨大而明显的潜能，同一个母公司旗下的杂志、报纸、电视、广播等其他媒体类型都可以参与图书宣传。此类合作的一个例子是（尽管未经证实），1990 年 6 月《时代》杂志刊登了著名畅销书作家斯科特·杜罗（Scott Turow）的封面故事，同时，《时代》的兄弟部门华纳图书发行了杜罗的《无罪的证人》（*Presumed Innocent*）一书的平装本，华纳兄弟则推出了该书的同名电影。还有一个例子是，《名利场》杂志 1992 年 9 月版刊登了一份长篇人物特写，报道了彼时尚不知名的作家唐娜·塔特（Donna Tartt），而《名利场》和塔特的出版商克诺夫（兰登书屋旗下的一个品牌）都属新屋出版社公司（Newhouse）所有。这些人物报道和访谈在图书接受媒体评论或者上市之前，就早已预先安排，其目的是绕过图书在平面媒体或读者口碑中获得的正常评论，直接向单个消费者推销这本书。

不仅如此，还有明显证据证明，出版商们利用他们的公司能量影响图书评论的过程，而这个评论过程正是读者和作者之间强有力的中介。从 20 世纪 60 年代晚期开始，就有人在抱怨商业考虑、特别是母公司的权力，会影响其他媒体上书评的生产以及书评出现的版面。[21] 随着书籍和其他媒体之间相互联系的协作关系日趋凸显，认为书评不可避免地与书籍促销联系在一起的指责也持续不断。在新屋出版公司于 1998 年 3 月将兰登书屋卖给贝塔斯曼之前，一位独立的出版商就指出，兰登书

---

[20] Joseph Turow, 'The Organizational Underpinnings of Contemporary media Conglomerates', *Communication Research*, vol.19, no.6 (1992): 688, 683.

[21] 比如参见 Richard Ohmann, *Politics of Letters* (Middletown CT: Wesleyan University Press, 1987), pp.72, 75; Richard Kostelanetz, *The End of Intelligent Writing: Literary Politics in America* (New York: Sheed and Ward, 1974), p.64.

屋已经在新屋旗下的《纽约时报》、《名利场》和《时尚先生》等刊物上垄断了评论空间。[22] 这并不是说母公司的影响力就改变了书评的内容，鉴于大多数图书都被书评者忽视的现实，即便是坏评也是非常好的宣传猛料。例如，每年都有 8000 本图书送到《纽约时报书评》，大约只有 2500 本会被提到，只有相当少的书能享受到完整的评论。[23] 该杂志的首页长久以来拥有"无与伦比的版面优势"，[24] 这个版面上的书评无论内容如何，都可以确保一本书获得商业成功。

换句话说，大集团向出版商施加压力，要他们通过将商业上成功的作者推向主流电视或者其他媒体，为一小部分图书开发最大的潜在阅读市场。媒体的兴趣将只跟着那些有机会登上畅销书排行榜的作家走，剩下的绝大多数则除了新闻通告外什么宣传也没有。这种情形是很危险的。弗兰克·里奇（Frank Rich）曾在《纽约时报》最近的一篇评论中对出版界的明星制度发出叹惋，他将这个危险描绘得更加严厉，他写道："最近，即便是《白鲸》这样的巨著也不足以让麦尔维尔登上《早安，美国》[25] 节目"。[26] 越来越多的诸如巴恩斯和诺伯（Barnes and Noble）、博德斯（Borders）之类的大型图书连锁企业也加剧了这些趋势。这些连锁企业一边与出版商形成更加紧密的联系，一边通过图书签售和"陈列架"（dumpbins，为优选图书举办的特殊陈列）重点关注少数作家，将他们培养和提升为畅销书作家。[27]

这些机制相对隐蔽的性质让它们对于文化市场的操纵更加有效。在其关于好莱坞明星的研究当中，理查德·戴尔（Richard Dyer）总结出电影制片公司营销电影的两种方式。一种是促销（promotion），即付费广告；另一种是宣传（publicity），即媒体关于电影明星的报道和访谈。他还指出，公众倾向于认为后一种方式较少受到制

---

[22] Joanna Coles, '$$$$$$$$$$$ That's Publishing!', *Guardian*, 30 April 1993.

[23] Michael Norman, 'Reader, by Reader and Town by Town, a New Novelist Builds a Following', *New York Times Book Review*, 6 February 1994.

[24] Kostelanetz, *The End of Intelligent Writing*, p.91.

[25] 《早安美国》(Good Morning America)，是美国广播公司（ABC）播出的晨间新闻性节目。1975年11月3日开播。节目内容包括新闻、清谈、天气以及特备专题，从位于纽约市的时报广场摄影棚现场制作，并且由全国联播分台播出。——译注

[26] Frank Rich, 'Star of the Month Club', *New York Times*, 23 March 1997.

[27] Doreen Carvajal, 'Book Chains' New Role：Soothsayers for Publishers', *New York Times*, 12 August 1997.

作方的操纵,因而更加真实。[28] 前文所概括的营销策略都可被定义为宣传而非促销:关于作者的封面故事、图书评论和脱口秀露面,都被呈现为不单单是公关实践,(至少在某种程度上)还是源自大众对作者自发产生的兴趣。因此,记者和电视访谈者,都带着程度不同的情愿或者不情愿,为控制严密的宣称发挥了管道作用。

在此背景下,出版商们越来越大的造星能力使得美国作家盖芮特(George Garrett)认为"本世纪后半期(……)的大腐败就是出版商力图(通过法令和事实)创建他们自己的明星和艺术大师名单"。[29] 其他很多人也有类似的看法。豪掷千金的促销行动给某些作家在追求公众认可的过程中带来了不公平的优势,这也表明了传媒业中普遍存在的一种模式。在这种模式里,消费者的反应通过某些卓越人物的"知名度"(name recognition)而变得稳定化和标准化。在将作者提升为"名人"的过程中,图书宣传变得日益重要,这其实是文学生产被不断整合到娱乐产业的一种症状。它让作者和书籍都成了名人现象的文化普遍性的一部分,而名人正是垄断资本主义的市场机制——这里的名人指的是"任何声名积累到一定程度的人,以至于对他们的指涉可以成为促销的助力。这些指涉可以是提及、媒介化表征(mediatized representation)或现场露面。"[30] 在此,明星身份完全变成了自我应验的预言(self-fulfilling):作者响当当的名号就可以给产品招来大量的资金支持,同时也使得那些不知名或者首次亮相的作者及其作品更难获得认可。

这些发展似乎指向了布迪厄所谓的大规模文化生产场的支配地位,在这个市场里,"成功带来成功","公布一个印数能造就一本畅销书"。[31] 事实上,布迪厄的最新著作在研究重点上与他早期关于文学生产的著作已经有所变化。他批判说,由于艺术世界和金钱世界的互渗加剧,导致文化领域"退化到了他律"(regressions to heteronomy)。根据布迪厄的观点,这将瓦解自19世纪中期以来就存在的先锋派与商业生产之间的传统分界。他认为"文化资本的持有者可能总是会'退化'……铭刻于文化生产场自身存在之中的自律主张,必须应对那些不断更新的障碍和权

---

[28] Richard Dyer, *Stars* (London: BFI, 2nd edn 1998), pp.60—61.

[29] George Garrett, '"Once More Unto the Breach, Dear Friends, Once More": The Publishing Scene and American Literary Art', *Review of Contemporary Fiction*, vol.8, no.3 (Fall 1988): 15.

[30] Andrew Wernick, *Promotional Culture: Advertising, Ideology and Symbolic Expression* (London: Sage, 1991), p.106.

[31] Bourdieu, *The Rules of Art*, p.147.

力"。美国出版界最近几十年出现的转变,似乎支撑了布迪厄对无往不胜的"常识家"(doxosophes)的忧虑。"常识家"指的是那些受媒体引导的、他律的生产者们,他们寻求深入限制性生产场,并挑战这个场域的自律和独立的传统。[32]

二、文化资本的交易

大集团控制下的出版界所出现的这些发展变化,虽然意义重大,但它们仅仅是美国图书营销和消费所处的高度多元化环境中的一个方面。也许,值得强调的是,美国出版行业已经因为许多同样的缺陷——追逐潮流、瞄定畅销书、过度炒作、商业主义泛滥——而饱受诟病了至少一个世纪,如果不是更长的时间的话。这些批评常常源自行业本身:早在1905年,出版商亨利·霍特(Henry Holt)在一篇发表于《大西洋月刊》上的文章中就评论说,他的行当"像荷兰人热衷于郁金香一样沉迷于广告"。[33] 正如肯·沃波(Ken Worpole)写道的,"出版商们忽略新的创作,为了保险起见,他们更喜欢库存单上的一般性图书,对这种现象的抱怨几乎可以追溯到英国第一位印刷商卡克斯顿(Caxton)时期"。[34] 事实证明,图书出版是非常善于适应这些商业压力的,它是大众传媒中少数几个没有被市场价值全面占领的领域之一。即便在那些只考虑商业利润的出版社里,仍有很多编辑致力于出版不怎么赚钱的"文学性"虚构作品。那些有声望的出版社的幸存和发展展现了这一点,例如在西蒙与舒斯特(Simon and Schuster)和哈珀柯林斯等商业出版公司里,斯克里布纳尔出版社(Scribner's)和弗雷明戈出版社(Flamingo)等声誉卓著的品牌不仅幸存了下来,而且还获得了发展。人们常常认为媒介集团导致短期利润战胜了美学价值,但这种熟悉的论调需要考虑到图书出版在文化工业里所占据的特殊地位。

或许更加重要的是,文学名人并不仅仅是出版业的促销特性加剧的结果。出版业这个文化领域是以内部需求与外部压力之间的永恒冲突为特征的,而名流作家们则继续在文化荣耀与商业胜利的中间地带勤奋耕耘。事实上,在美国这样的逐渐多样化和阶层化的资本主义社会里,文化资本和经济资本已经日益实现互换,这种中间地带近年来也得到了蓬勃发展。这种现象在20世纪80、90年代尤其明显,那时

---

[32] Bourdieu, *The Rules of Art*, pp.367,343—347。
[33] 引自 James Surowiecki, 'The Publisher's Curse', *New York Times Magazine*, 31 May 1998。
[34] Worpole, *Reading By Numbers*, p.16.

"严肃"文学由于一系列经济和文化因素而成为了畅销商品。杰生·爱泼斯坦(Jason Epstein)1953年创立了"铁锚图书"(Anchor Books),开创了美国"高品质平装书"(quality paperback)的革命。在这场革命里,出版商们利用了高品质平装本相比于大众市场平装书所具有的低风险、更长的上架寿命和更高的回报等优势。(1935年"企鹅图书"[Penguin Books] 创立后,类似的情况也在英国出现了。)

这种变革的步伐在上个世纪80年代开始加速。其中的一个关键事件是,1984年,菲斯克顿(Gray Fisketjon)在兰登书屋创立了新颖的"老式当代作家"书系(Vintage Contemporaries)。通过推销雷蒙德·卡弗(Raymond Carver)、杰·麦克伦尼(Jay McInerney)和托马斯·麦格尼(Thomas McGuane)等一群新人和半成熟的作家,尝试将商业影响力与文学威信联系起来。用学者吉拉德(Stephanie Girard)的话说就是,这个系列成功地定位在"文化和商业交叉的十字路口中心",[35] 它后来被很多其他出版社效仿。这种新形势给"文学性"作者们施加了压力,即便是唐·德里罗[36]、考麦克·麦卡锡[37]和威廉·加迪斯[38]等羞于宣传的作家,至少也会屈从于平面媒体的采访,做一些促销工作。正如《纽约时报》所写的,"如今,最热忱的艺术倡导者也会挽起衣袖,在恶俗的市场前捂着鼻子,同时实践一把经济决定论"。[39]

由于大趋势下伴随了很多小趋势,美国出版业现在的情势尤其难以分析。换句话说,虽然出版业的集团化对图书进行了强有力的营销,使其面对尽可能广泛的读者群,但由于技术和社会变革,美国媒体也通过多样化和去大众化(demassifying)来遏制这种趋势,交互式多媒体、有线电视和卫星频道的所谓"窄播"以及"利基"(niche)市场杂志都证明了这一点。近年来,专业化杂志的发展尤为迅猛。一个原

---

[35] Stephanie Girard, "'Standing at the Corner of Walk and Don't Walk': Vintage Contemporaries, *Bright Lights*, *Big City*, and the Problems of Betweenness', *American Literature*, vol.68, no.1 (March 1996):161.

[36] 唐·德里罗(Don DeLillo, 1936—):被认为是美国当代最优秀的小说家之一,而且总是被冠以"后现代派小说家"的头衔,是一位既拥有广大读者,又在学术界享有崇高声誉的美国小说家。——译注

[37] 考麦克·麦卡锡(Cormac McCarthy, 1933—):当代美国最具影响力的小说家之一,迄今共创作了十余部小说,包括哥特、西部以及后现代预言等多种题材,不少小说已被改编成电影。——译注

[38] 威廉·加迪斯(William Gaddis, 1922—1998):美国后现代派作家。在美国后现代派文学中占有重要地位。著有《承认》《小大亨》等小说作品。——译注

[39] Norman, 'A Book in Search of a Buzz'.

因是这些杂志定位明确,读者群相对富裕,对潜在的广告客户颇有吸引力,另一个原因是越来越廉价的生产成本。因此,像《时代》、《生活》等流行的综合性"共识"杂志发行量长期下挫,而与此同时报道"严肃"作家的出版物大量涌现,从精英性的《巴黎评论》(从1953年起,它就推出了"工作中的作家"访谈系列,具有很高声望),到《人物》之流的小报小刊,再到像《时尚先生》、《名利场》这样的时尚杂志。《名利场》拥有一年一度的"名人堂"("35位年度风云人物")评选和精美的写真集与高雅的八卦,它在将娱乐名人的元素引入高雅文化圈方面非常有影响力。正如戴维·怀亚特(David Wyatt)所言,它"通过报道和广告之间的模糊界限正好释放出不小的影响力,还利用了人们通过作家的可见度,即知名度来确证品味的不可抗拒的习惯"。[40]《名利场》的模式已经流传开了——上个世纪80年代中期,原来呆板的《纽约客》打破了它长期恪守的拒绝图文并茂的老规矩。原先供职于《名利场》的蒂娜·布朗(Tina Brown)1992年成为《纽约客》编辑之后,又进一步在杂志中引入了更加八卦的、追逐名人的元素。近年来,《纽约时报》和《华盛顿邮报》之类的新闻报纸也开始扩展他们的艺术、图书和文化版面,添加了作家访谈、人物特写和其他类似的栏目。

  图书业和其他印刷媒体都很乐意开发文学奖项的潜能,这也是表明文化资本和经济资本在当代文学声誉的创造中相互联系的一个因素。(实际上,图书出版商们已经直接资助甚至参与这些奖项的评选,如国家图书奖和美国年度畅销书奖。)这些奖项通过刺激销售和媒体报道,有助于制造一种重量级作家的"职业大联盟",同时它还诉诸于超越商业层面的更高价值的存在。商业价值和文化价值之间的直接协商常常是围绕奖项所展开的各种争议的根源,尤其是人们怀疑这些奖项仅仅提供了智识和美学权威的表象,只是在认可畅销书,但却忽视了那些有创新和挑战精神的作者。1974年,普利策奖的评委推荐托马斯·品钦(Thomas Pynchon)的《万有引力之虹》为普利策虚构类作品奖得主,但这一提名遭到了普利策奖委员会的拒绝,此奖项当年落空。此事件加深了公众对于奖项公正性的怀疑。但出版商们为这些奖项荣誉一掷千金的做法却清晰地表明,他们远远不只是在考虑"盈亏"问题。

  出版社对于排名的嗜好进一步证明了这一点:兰登书屋最近在戈尔·维达尔(Gore Vidal)、A. S. 拜厄特(A. S. Byatt)和威廉·斯泰隆(William Styron)等著名

---

[40] David Wyatt, *Out of the Sixties: Storytelling and the Vietnam Generation* (Cambridge: Cambridge University Press, 1993), p.51.

作家的帮助下，排出了 20 世纪百部"最佳"小说，这既是成功捞取公众眼球的一次实践（它被媒体广泛报道），又是占据文化高地的一次尝试。持续增多的文学节庆也证明了文学和市场之间的互锁关系。在亚利桑那图书节、洛杉矶时报图书节和迈阿密书展等文学节上，读者可以见到他们仰慕已久的著名作家。迈阿密书展始于 1983 年，目前仍是最大的文学盛会，可吸引数百位作家及 40 万公众。正如一个图书展览会的组织者所说，这些活动是"混杂的——半是商业、半是艺术、半是街头集市"，包括图书推销和签售以及更有分量的演讲和讨论。显然，在出版商的眼中，这些节庆的主要功能是促销图书，但是参加这些节庆的人们则有更加高尚的动机。正如参加了活动的作家艾伦·格甘纳斯（Allan Gurganus）所说的，这些节庆暗示了"一种正义的遗风，人们除了寻找打磨品味的文化砂纸，还在寻求某种精神存在"。[41]

然而当代美国文化中，文化资本和经济资本之间相互依存的主要推动力是学术机构不断增长的影响力，及其对作家的制度化赞助体系。学术机构乃是资本主义社会中，文化资本主要的象征和传播者之一。受 GI 法案[42] 带来的大学扩招和生育高峰的刺激，二战后大学书店大量出现，这让大学在更广泛的文学市场中成了一个巨大而显著的因素。正如菲利普·费什（Philip Fisher）所说，美国高品质平装书变革所取得的成功，很大程度上源于大学课本的商业成功。[43] 在大众教育时期，本科生课程、博士生论文、批评性专著以及《现代小说研究》、《当代文学》与《批判》等学术期刊文章，都迫不及待地需要新作家们作为研究对象。更普遍地说，战后大学扩招很大程度上壮大了受过教育、喜欢买新作家作品的公众队伍。

同样重要的是，大学通过开设创意写作课程和工作坊，卷入了更加直接的资助作家的形式。这些课程和工作坊在很大程度上是二战后的一种现象，并在最近 20 年里如雨后春笋般涌现。最早及最有名的作家项目在爱荷华大学，据《纽约时报》称，如今该项目"在我们文学生活中的主流地位已是不可撼动"。[44] 尽管出自部分课程的作品，注定只能在大学的学术季刊、小杂志和小型出版物中找到读者，但其中更

---

[41] Peter Applebome, 'Festivals Booming Amid Publishing Gloom', *New York Times*, 7 April 1998.

[42] GI 法案（GI Bill），1944 年美国国会通过《1944 年服役军人重新安置法案》，简称 GI 法案。这一法案促进了美国高等教育的大发展，使得约 225 万名二战美国退伍军人至少接受了一部分大学教育，为美国战后经济的腾飞和社会进步提供了强有力的人才支持和智力保障。——译注

[43] Philip Fisher, 'Introduction: The New American Studies', in idem (ed.), *The New American Studies: Essays from Representations* (Berkeley, CA: University of California Press, 1991), p.ix.

[44] Maureen Howard, 'Can Writing Be Taught at Iowa?', *New York Times Magazine*, 25 May 1986.

有声望的一些课程却并不是象牙塔或远离商业侵蚀的避难所。它们被设计出来，就是为了有机地注入市场，制造出适合主流杂志、经纪人和主要出版商胃口的专业作家。事实上，最近25年来令人惊讶的是，有如此之多的最成功的文学名人都产自作家工作坊，如雷蒙德·卡文（Raymond Calvin）、杰伊·麦克伦尼及约翰·欧文（John Irving）……这还只是其中很小的一部分。

也许，大学在美国文化生活中的影响力的最显著标志就是，有终身教职的学者本人也成为了主流名人的事实：像爱德华·赛义德（Edward Said）、哈罗德·布鲁姆（Harold Bloom）和卡米拉·帕格里亚（Camille Paglia）这样的批评家成为知名的媒介人物，甚至偶尔还能登上美国畅销书排行榜。帕格里亚也许是这种跨界成功的最佳例子。她通过在MTV、电视脱口秀中露面，为流行杂志（如《在线》[Wired]、《时尚芭莎》、《阁楼》[Penthouse]）写作，同时又经流行杂志介绍等方式将自己转化为媒体名人。她关于女性电影和娱乐明星的文化反响的评论——其中最有名的莫过于她说麦当娜是女性主义的偶像——无疑促成了她自己的名声。她擅长创造强有力的金句，而且总能让它们定期出现在报纸的"本周语录"栏目。此外，她还塑造出了一个特立独行的积极自我推销的公众形象，她穿着奢华的服装出现在杂志封面上，还在自己的书中收录了关于她本人的卡通讽刺画。[45]像帕格里亚这样的名人在学术界饱受争议，他们被指迎合了低级的商业趣味，以及再生产了大众媒体的保守政治。例如，非洲裔女性主义学者胡克斯（bell Hooks）就认为，大众购买帕格里亚的书"不是因为那些书的内容，而是受到围绕作者的各种炒作的诱惑"。胡克斯指责帕格里亚和卡蒂·洛芙（Katie Roiphe）、内奥米·伍尔夫（Naomi Wolf）等其他媒介女性主义者（media feminists）都是有特权的白人女性，为了谋求一举成名而假装为广大女性代言，并"将父权逻辑改头换面成了大众媒体争相报道和性别歧视主义者所欢呼的'新女性主义'"。[46]同时，帕格里亚攻击文学批评理论，尤其是拉康和福柯的理论，

---

[45] 帕格里亚1992年在《名利场》里的造型，用她自己的话说，"穿着吸血鬼服装、涂上猩红的指甲，我的胳膊挽着两个肌肉强健的黑人保镖"。见 Camille Paglia, 'Downfall of a Glittering Star', *Observer*, 12 July 1998.

[46] bell Hooks, *Outlaw Culture: Resisting Representations* (New York: Routledge, 1994), pp.83, 92, 88. 其他关于帕格里亚的负面评论，参见 Sandra M. Gilbert, 'Freaked Out: Camille Paglia's Sexual Personae', *Kenyon Review*, vol.14, no.1 (1992): 158—164. Jennifer Wicke, 'Celebrity Material: Materialist Feminism and the Culture of Celebrity', *South Atlantic Quarterly*, vol.93, no.4 (Fall 1944): 754—756.

以及大学人文学科里形成的她所谓的"政治正确女性主义"(PC feminism)。[47] 阿兰·布鲁姆(Alan Bloom)是另一个学者跻身畅销书作家地位(凭借1987年出版的《美国心灵的关闭》一书)并赢得大量媒体关注的例子。他在书中猛烈抨击了当代人文学科的研究范式,但他的观点未得到同行的普遍认可。

三、"新平庸主义"

当然,知识分子名人现象不单单出现在美国。举例说,知识分子在法国社会的特殊地位导致了一大批思想家名人的出现,其中最著名的是贝尔纳-亨利·列维(Bernard-Henri Levy)。这些人是各种晚间电视谈话节目的常客。这些节目中最有影响力的当属贝尔纳·皮沃(Bernard Pivot)主持的图书评论节目——《阿波斯托夫》。[48] 这档节目一直从1975年运行至1990年,对法国主要知识分子的公众声誉和图书销售都产生了巨大影响。[49] 在法国,电视对知识分子的毁誉能力促使英国学者高佛瑞·哈吉逊(Godfrey Hodgson)认为,在这个国家里"四十个媒体领袖拥有操纵四万个作者的生杀大权"。[50] 法国社会对知识分子角色的争论,为我们提供了一条有效途径来讨论美国社会里学者的名人化,以及前文提到的文化资本和经济资本之间复杂的妥协。

20世纪70年代后期,法国作家、思想家雷吉斯·德布雷(Regis Debray)首先对法国的这种现象提出了批评,谴责法国知识分子与"新平庸主义"(new mediocracy)

---

[47] Camille Paglia, 'Junk Bonds and Corporate Raiders: Academe in the Hour of the Wolf', in idem, *Sex, Art, and American Culture: Essays* (New York: Vintage, 1992), pp.170—248, 以及 'The M.I.T. Lecture: Crisis in the American Universities', ibid., pp.249—298.

[48] 《阿波斯托夫》在法语中是"Apostrophes",该词的意思是对人或物突然地发出"招呼"、"告诫"或"提醒"。这一名称很好地体现了该电视读书节目的多重含意:提醒读者对作品的注意("提醒"),展开对作品的批评("告诫"),简略地介绍作品本身("省文")。"阿波斯托夫"于每周五晚10点播出,是法国电视节目的黄金时间。——译注

[49] Pierre Bourdieu, *On Television and Journalism*, (tr.) Priscilla Parkhurst Ferguson (London: Pluto Press, 1996), p.93.

[50] Godfrey Hodgson, 'A Backsliding, Backscratching Elite', *British Journalism Review*, vol.9, no.2 (1998): 71.

结成同盟。[51]（事实上，法国历史上指责知识分子背叛了他们的天职的传统，至少可以追溯到 1927 年朱利安·本达(Julien Benda) 出版的《知识分子的背叛》一书。[52]）按照德布雷所说，媒体对于知识生产的全面挪用导致"在欧洲化的法国出现了一个美国化的知识界，这个知识界注重微笑、好牙齿、漂亮的头发以及被称之为暴躁的青春期愚蠢"。德布雷说，知识分子的支持队伍已经超过了他们小范围的同侪群体，这种扩张腐蚀了知识分子。他认为：

> 大众传媒通过扩展接受领域，缩减了知识分子合法性的源头，以至于专业的知识界，即合法性的经典渊源，被一个更广阔的同心圆所包围，这个同心圆不那么苛刻，也更容易被争取过来……大众传媒打破了传统知识界的闭锁，同时也一并摧毁了它的评价标准和价值天平。[53]

布迪厄迄今最有争议的一部著作《论电视与新闻业》也攻击了法国的媒体知识分子(尽管和德布雷的书一样，布迪厄的书中也没有提及任何一个知识分子的名字)。布迪厄犀利地指出：

> 电视奖赏了一些"快思手"(fast thinkers)，他们提供给人们文化"快餐"——预先消化过和思考过的文化……如特洛伊木马，[这种知识分子]将一些他律的能动者(agents)引入了一个自律的世界。这些受到外部力量支持的能动者，被赋予了一种他们无法从同侪那里得到的权威。[54]

实际上，布迪厄批评任何一种试图消弭高雅文化和大众文化之间差距的文化，他称这种文化为"等级制度上的部分革命"，是由那些"在正统文化与大规模生产之间发明了一系列中间类型"的"新文化媒介人"创造出来的。布迪厄对新闻领域侵占知识分子生活的评论，不过是这种总体性批评的一部分。他将（以文学奖、"轻"古典

---

[51] Régis Debray, *Teachers, Writers, Celebrities: The Intellectuals of Modern France*, tr. David Macey (London: New Left Books, 1981), p.1.

[52] 本达自己就曾经历过严酷的文学政治：他因声援德莱弗斯而被剥夺了 1912 年本该属于他的龚古尔文学奖，法国最高文学奖项。
　　德莱弗斯(Alfred Dreyfus, 1859—1935)：法国炮兵军官，法国历史上的著名冤案"德莱弗斯案件"的受害者。——译注

[53] Debray, *Teachers, Writers, Celebrities*, p.165, p.81.

[54] Bourdieu, *On Television*, p.29, p.59.

音乐和学术脱口秀等文化现象为典型代表的)"中等文化"(culture moyenne),或者说中眉(middlebrow)文化,定义为一种依靠"消费者共谋"的"欺骗"。按照布迪厄的理论,这种文化只不过利用了那些想向上爬的小资产阶级的自卑情结。这些小资产阶级"为了以防万一,向所有看似文化的东西卑躬屈膝"。布迪厄称这种膝跳反应为"文化的误认(allodoxia),即所有那些揭示了承认(acknowledgement)与知识(knowledge)之间的鸿沟的错误认同和虚假承认"。[55]如美国学者戴维·斯沃茨(David Swartz)所指出的,布迪厄的"场"理论揭示了文化等级制度的临时性质,但他又对知识分子与作家应该如何批判性地介入社会与文化提出了更加规定性的观点,布迪厄著作的这种两面性之间暗含了一种紧张。[56]上面所引的那些评论看起来属于他著作的第二面。

美国文化批评家倾向于追随布迪厄的批评路径,论证美国新的文化境况代表了大众消费对高雅文化的挪用,一种弱智化而不是聪明化。早在20世纪70年代中期,理查德·欧曼(Richard Ohmann)就认为,由学术和媒体书评人、文学奖委员会、编辑、图书公关人员、大都市的图书消费者和作家形成的复杂网络,现在构成了一个与市场密不可分的文化建制(establishment),它影响着市场也受到市场的影响,使得文学的生产和消费存在于欧曼所谓的"一个由营销和消费构成的几乎封闭的循环,它既利用又创造品味,每个审视过垄断资本主义的市场文化的人都熟悉这一点"。[57]大学的写作课程与广泛的市场之间的紧密联系,尤其被指责为是在为某些特定的图书和作家做宣传,为当代小说和诗歌制造了一种隐形的筛选机制。在一篇试图揭示小说工作坊里的文化政治的文章中,莫顿(Donald Morton)和扎拉扎德(Mas'ud Zavarzadeh)认为,作家的课程"被大众媒体殖民了。在市场上出售的文化表征,比如现实主义小说,主宰了大学的人文课程。"[58]纽曼(Charles Newman)也发现了这个舒适的相互依赖关系,他说:

> 就文学曾经提供了一种社会性参照框架这一点而言,它已经被后现代

---

[55] Bourdieu, *Distinction*, pp.323—326.

[56] David Swartz, *Culture and Power: The Sociology of Pierre Bourdieu* (Chicago, IL: University of Chicago Press, 1997), p.222.

[57] Ohmann, *Politics of Letters*, p.165, p.81.

[58] Donald Morton and Mas'ud Zavarzadeh, 'The Culture Politics of the Fiction Workshop', *Culture Critique*, vol.11 (Winter 1988—1989): 169.

时期的两大快速增长的行业——民主化的学院和大众娱乐工业——所抹杀了。学院将文学吸纳为一个附属机构，一种纸上的购置，在这种购置中，资产并没有被重新部署，只是在新的合并资产负债表上展示得更有吸引力。[59]

奥尔德里奇（John Aldridge）在其《天才与技工》（*Talents and Technicians*）一书中，对这种新形势做出了最为深入的批判之一。这是一本攻击"流水线式小说"（assembly-line fiction）的书，奥尔德里奇用卡佛、安妮·贝蒂（Ann Beattie）、波比·安·梅森（Bobbie Ann Mason）、路易斯·艾德利（Louise Erdrich）、罗莉·莫尔（Lorrie Moore）、杰伊·麦克伦尼和布利特·易斯顿·安丽丝（Bret Easton Ellis）等当红作家作为例证。奥尔德里奇认为，"这些作家所获得的声誉很大程度上是书评、文学花边新闻以及出版商的广告的产物，既经不起推敲，也未得到严肃评论的认可"。他将这些作家看做是图书业商品化的副产品，图书业现在由"一批掌管公司企业的商人们在运营，这些企业从事着图书的大批量生产和销售"。另外，他还套用布尔斯廷[60]的名言，称这些作家"大多因为出名而出名"。尽管如此，奥尔德里奇仍然继续审视了图书出版和其他大众传媒领域，以及始于大学的新文化建制之间的联系，他指出，这一类新型作家"属于美国历史上第一代……几乎完全通过创意写作的正规学术指导而制造出来的作家"。他认为，作家工作坊并没有产生真正的文学天才，只是产生了作家的"克隆性虚构"，其魅力恰恰在于他们是标准化的和安全的。因此，由学术认证程序炮制出的作家，与市场的宽泛需求配合得几乎天衣无缝。[61]总而言之：所有这些观点都认为，各种重叠的领域与机构——新闻行业、出版业、学术界——已经有能力作为一种自足的文学建制来运作，它能够决定哪些作家在当代美国文化中获得最多的公众关注。

这些观点的问题在于，他们假设存在着一种不受金钱和名誉诱惑的"纯粹"的文学和知识生产形式。比如，奥尔德里奇假定了一个非常浪漫化的"真正的作家"形象，他是"一个见证者，一个无可救药的独行侠，孤独而秘密地写作，最终不仅完

---

[59] Newman, *The Post-Modern Aura*, p.131.

[60] 布尔斯廷（Daniel J. Boorstin）：美国历史学家、博物学家和前国会图书馆馆长。代表作是《美国人》三部曲和人类文明史三部曲。参见读本的第二篇《从英雄到名人：人类伪事件》。——译注

[61] John W. Aldridge, *Talents and Technicians: Literary Chic and the New Assembly-line Fiction* (New York：Charles Scribner's Sons, 1992), pp.xii, 7, 9, 15, 28.

全意识到自己的他者性(otherness),还悉心培育这种他者性",但这个真正的作家已经被奥尔德里奇前面描述的商业化进程所取代。[62] 在这个意义上,他的评论非常像布尔斯廷及其他人针对名人的声讨[……],因为他们都假设了一种人类堕落前的状态,那时大作家都是"自然而然地"获得声望。德布雷关于"知识合法性"的未经检验的观点,似乎也假设了文学和智识的表达可以被透明地调停(mediated),当知识分子自身控制了调停工具时,就能取得这种透明性。即便是布迪厄,最终也还是坚持了他的文化精英论,尽管他的著作主要还是强调不同场域之间的关联性,各种文化生产形式的"功利性"(无论是否明显的商业化)。正如舒斯特曼(R. M. Shusterman)写道的:"布迪厄严厉地揭露了高雅文化的所谓无功利美学所隐藏起来的经济和利益,但他仍然被自己揭去神秘面纱的神话所深深吸引,拒绝承认任何合法的大众美学的存在"。[63] 所有这些评论家都含蓄地支持了一种可疑的观点:即认为作家或者知识分子是超凡脱俗的人,他们忽视了所有形式的文化生产中利益攸关的那些资本,无论是文化资本还是经济资本。事实是,不管作家在多小的范围内向公众传播他们的观点,他们至少总是会部分地将自己展现得具有竞争力。

四、促销文化

确实,近年来美国文化版图变化显著,部分是由于奥尔德里奇和其他人所指的那些趋势所导致的。然而,当代文化中那些获得声名的作家的广泛性和多样性表明,美国的文学文化实在是太复杂和太矛盾了,以至于不可能形成一种封闭的文化建制,实现控制文学声誉兴衰的阴谋。事实上,四五十年前非常具体的名人建构——最显著的是《时代》、《生活》杂志所拥戴的,以海明威和福克纳为典范的白人、男性、代表"美国"的作家——已面临越来越多的挑战,这让许多不同类型的作家,包括不太"主流"的作家,被当作公众人物来营销。例如,托尼·莫瑞森(Toni Morrison)等非裔美国女作家的名人化,显示了在名流作家的建构中,简单的市场吸引力的问题是如何与更广泛的社会、文化和种族议题融为一体的。在过去二十年里,莫瑞森

---

[62] John W. Aldridge, *Talents and Technicians: Literary Chic and the New Assembly-line Fiction* (New York:Charles Scribner's Sons,1992), pp.28—29.

[63] R. M. Shusterman, *Pragmatic Aesthetics* (Oxford:Blackwell,1992), p.172, 引自 Bridget Fowler, *Pierre Bourdieu and Cultural Theory: Critical Investigations* (London:Sage,1997), p.152.

成了《纽约时报》所说的"最近似于美国国家级小说家的人物",[64] 她的这种转变是由一系列现象支撑起来的。莫瑞森的成名显然要归功于学院内部对她的作品所作批判性讨论。事实上,20 世纪 60 年代以来全美大学所开展的经典修订运动,极大地激发了黑人女作家群体日益增长的市场竞争力。黑人研究(black studies)、多元文化研究和妇女研究课程的壮大(特别是后者尤其重视黑人作家),以及普通文学课程对于上述课程的整合,都让莫瑞森等作家获益匪浅。[65]

近几年,莫瑞森的名声因两件学院之外的事件而得到巩固。首先是她于 1993 年获得诺贝尔文学奖,引发了媒体的广泛关注(在此之前,她已经获得了一系列的国家级奖项,如普利策奖和国家图书奖)。其次是她在奥普拉图书俱乐部节目中的促销活动,该节目是奥普拉·温弗瑞脱口秀的一个月播栏目。1993 年,人们首次意识到奥普拉的脱口秀节目对于图书销量的巨大影响。当该节目报道了罗伯特·詹姆斯·沃勒(Robert James Waller)的《廊桥遗梦》之后,该书多销售了 25 万册之多。奥普拉图书俱乐部此后很快诞生,并成为 20 世纪 90 年代图书促销领域最重要的一项革新。温弗瑞每月都会关注一本书,特别偏好那些黑人作家和女性作家,而且黑人和女性也是她的主要观众。目前为止,该节目所报道的每一本书都登上了畅销书排行榜。莫瑞森的《所罗门之歌》在其出版之后的第 19 个年头和她的最新小说《天堂》一起成为了畅销书。《天堂》是一个更加复杂、更具技巧性创新的文本,一般来说不会吸引如此广泛的读者。

和其他许多[……]名人不同[……],莫瑞森对她自己以及特瑞·麦克米兰(Terry McMillan)、艾丽丝·沃克(Alice Walker)等黑人女作家的声誉和畅销书作家的地位基本持欢迎态度,视其为将文学推向更多的读者和挑战现有经典的方式。她参加了长达一小时专为推介《天堂》一书的《奥普拉》特别节目,并引导一个由 20 位观众组成的研究小组讨论这部小说,她赞许地说:"奥普拉用她的节目向那些不好意思进书店的读者推销图书,我就想要找到这些人,并非常愿意和他们对话"。[66] 莫瑞森也利用自己的名气在媒体上评论 1991 年发生的克拉伦斯·托马斯-阿妮塔·希尔

---

[64] 引自 Jason Cowley, 'Writing is My Work, But Not My Job', *The Times*, 5 May 1998。

[65] 见 Edwin McDowell, 'Black Writers Gain Audiences and Visibility in Publishing', *New York Times*, 12 February 1991。

[66] 引自 Jason Cowley, 'Writing is My Work'。

听证会[67]和1995年的辛普森案所引发的种族和性别问题。她尤其努力地挑战主流媒体对这些问题的支配性表征,并致力于"向那些自以为'普遍的'或无种族身份的一族读者代言自己的种族"。[68]

莫瑞森的名声——从名声的树立方式和她试图利用名声使自己成为一个积极人世的公共作家的方式上——表明:文化市场上的新变化至少在某些情况下让不同的文学传统找到了新的读者,让曾经被边缘化的作家获得声誉和成功。与莫瑞森的名气相伴的是一批黑人公共知识分子获得了新的显赫地位,像康奈尔·韦斯特(Cornel West),亨利·路易斯·盖茨(Henry Louis Gates),迈克尔·埃利克·戴森(Michael Eric Dyson)等人,他们为大众口味的杂志和报纸撰写文章,参与诸如罗德尼·金暴动[69]、"政治正确"和重修经典之类问题的公共辩论。这些话题已经深入到畅销书领域和电视节目当中。韦斯特的《种族重要》(Race Matters)一书登上了《纽约时报》1993年的畅销书排行榜,随后他在《时代周刊》和《新闻周刊》上赢得了大篇幅的人物专访。戴森也曾在《今天》、《早安,美国》和《奥普拉》等电视脱口秀上作为嘉宾亮相。

除开当代经典塑形中的这些转变,奥尔德里奇和其他学者所提出的阴谋论模式(conspiratorial model)还存在着一个问题——文学名人在当代文化中传播的极度复杂性,事实是这种复杂性远远超出了出版社及其他机构的促销策略所引起的累积效应。在这种语境中,安德鲁·维尼克(Andrew Wernick)用一个很有用的术语"促销文化"(promotional culture),来描述那些表面上的非商业性机构中的一种竞争性交换体制的日益巩固。他借此来表明,市场"逻辑"已经渗透到了文化生活的方方面面,

---

[67] 克拉伦斯·托马斯–阿妮塔·希尔听证会(Clarence Thomas-Anita Hill hearings):1991年美国黑人法官克拉伦斯·托马斯被布什总统提名为最高法院大法官。在提名确认听证期间,托马斯的雇员,女律师阿妮塔·希尔,指控托马斯对其进行过性骚扰。托马斯后以微弱多数票勉强通过了听证。因为这个事件,性骚扰问题在美国引起了空前的关注。——译注

[68] Toni Morrison, *Playing in the Dark: Whiteness and the Literary Imagination* (Cambridge, MA:Harvard University Press, 1992), p.xii; 另见 Toni Morrison, 'The Official Story:Dead Man Golfing', in Toni Morrison and Claudia Brodsky Lacour (eds.), *Birth of a Nation'hood: Gaze, Script, and Spectacle in the O. J. Simpson Case* (London:Vintage, 1997), pp.vii–xxviii.

[69] 罗德尼·金暴动(Rodney King riots):1992年4月29日,洛杉矶地方法院陪审团(大部分是白人)宣判殴打黑人青年罗德尼·金的四名白人警察无罪。此判决一出,当地黑人群情激奋,抢劫纵火、聚众闹事。暴动持续了四天,造成54人死亡,财产损失约8—10亿美元。——译注

而不是直接将文化收编进商品生产。比如说，维尼克概括出"作家名字的促销性构成"中的一些关键阶段：首先，某个作者的名字被指派给一部著作（如福柯在《什么是作者？》一文中也提到的，这是一个相对晚近的创新）；第二，作者的名字进入到著述和出版中，这时在充满竞争的市场中它可以用来销售一个得到认可的商品；最后，这个促销的名字脱离了出售的图书或其他商品，开始了单独传播，成为了"整个由促销建构的巨大话语"的一部分。[70]

维尼克指出，尽管有一些直接的方法可以将作者作为出版商和其他媒体的营销策略的一部分进行推销，但是当代文化中不同宣传形式的普遍传播，使得要将这些方法与其他让作者名字得以流传的方式区别开来变得更加困难。这是整个名人文化中的一个普遍模式：名人的"想象的名声"代表了"一种储存的、可转移的促销性资本（promotional capital）"，它在很多语境中都奏效。按照维尼克的说法，当代名人和那些更早的声名形式的区别，并不是布尔斯廷所认为的"媒介化的人造性"（mediatized artificiality），而是其"自由漂浮"的事实。名人并非仅是促销策略的产物，而是"促销符号的漩涡……能指的巨大涡流"的一部分。"这些能指的最终意义仅仅是它预料、表征和推动的一个循环过程"。[71]

我认为名人的互文性——正如理查德·德阔多瓦（Richard de Cordova）指出的，名人既是一种话语现象，也是一种狭义的经济现象[72]——让明星成了一个充满矛盾和争论之地。一些批评家通过近期围绕版权法展开的争论，审视了这种互文性。用于保护名人的商标权利的增长，以及一个更加模糊不清、更难控制的宣传领域的扩展，导致了这些版权法的争议。[73]事实是，越来越多的机构正在试图为了牟利（要么是为了经济资本，要么是为了文化资本）而营销名人，并用商标法来防止名人的"形象"遭到未经授权的挪用，与此同时，随着名人形象不可避免地在各种媒介中传

---

[70] Andrew Wernick, 'Authorship and the Supplement of Promotion', in Maurice Biriotti and Nicola Miller (eds.), *What is an Author?* (Manchester: Manchester University Press, 1993), pp.92—96

[71] Andrew Wernick, *Promotional Culture*, p.109, p.121.

[72] deCordova, *Picture Personalities*, p.11.

[73] Jane M. Gaines, *Contested Culture: The Image, The Voice, and The Law* (London: BFI, 1992), Rosemary J. Coombe, 'The Celebrity Image and Cultural Identity: Publicity Rights and Subaltern Politics of Gender', *Discourse*, vol.14, no.3 (1992): 59—87, and George M. Armstrong, Jr, 'The Reification of Celebrity: Persona as Property', *Louisiana Law Review*, vol.51, no.3 (1991): 443—468.

播，这些机构也在逐渐失去对名人形象的控制。名人的交换价值与名人作为有争议的文化意义场域的身份之间存在着紧张关系，这种紧张关系意味着名人身份是"当代文化中一个意义含混的符号，它将意指（signification）的紧张铭写于其多种不同形式之内和之间"。[74] 换句话说，名人身份找到了解决自身矛盾的方法，并批判和评论了自身主张——将一些个体单独挑出来给予特别关注——的空洞、乏力。

这让名人们成为一些口水战的中心，这些争论都是关于当代社会中个体的构成，尤其是非凡的个体的构成。这些问题往往围绕诸如深度与表面、本真与肤浅、文化资本与商业价值的两极对立。其中一个例子是娱乐媒体对明星们精神分裂症般的态度。同一本刊物可以一边刊登《Hello!》[75] 式风格的不加批判的名人报道，一边又经常抱怨名人整体而言是一种肤浅而琐碎的现象，充斥着对名人们享受高薪、随从众多、脾气很大和生活放纵的揭露。与此相似，虽然出版商和其他机构可能尝试资助一些特殊作者，但是这种机制仍然受到异议：报纸和杂志上有不可计数的文章谴责媒体高强度的炒作，因为过度赞誉明星作家的做法使得那些卑微的普通作家失去了被注意和购买的机会。在某种意义上说，奥尔德里奇和其他学者对文学名人的批评正好符合这种现象，巩固了名人是争议性人物的熟悉观点。

此外，由于文学名人处于当代文化中艺术与金钱相互角力的战场中心，他们成了整个名人文化中特别饱受争议的人物。虽然在前面引用的评论中，布迪厄认为，近年来天平已经转向了大规模生产场，但是文化场域的一个标志性特征仍然还是文化资本和商业资本分配中的"交错反转结构"（chiastic structure），其基础是两种相互较劲的合法性原则——自律和他律——之间的永久竞争。[76] 在此非常有价值的是布迪厄关于"场"的影响深远的著作，而不是他后期对于他律之成功的抗议，因为前者承认了文学生产的竞争性质，展示了不同场之间的边界位置（border positions）的重要性，这些位置是斗争和改变的源泉。作为一个结构主义者，布迪厄承认文化生产场具有造星的功能。在这个明星制度里，"'制造名声'的东西并不是……这位或那位有影响力的人物，这个或那个机构、评论、杂志、学院、小圈子、经销商或出

---

[74] Marshall, *Celebrity and Power*, p.x.

[75] 《Hello!》是英国著名的名人杂志。参见读本第15章《谁拥有名人？：隐私、名气以及名人形象的法律管制》。——译注

[76] Bourdieu, *Distinction*, p.122.

版商……而是生产场，也就是能动者与制度之间的客观关系系统。"[77] 不过，他认为这个系统（和其他场域的结构一样）是持续开放的，场域里的个人和集体能动者（collective agents）都有协商和争论的空间。这些争论在文化场中特别激烈，因为文化场的主要特征之一就是它的"制度化的薄弱程度"，这意味着它提供的各种位置是非常多样且不断变化的，任何人都可以去争夺。[78] 文化场同时也是不稳定的，因为（像名人本身一样）它的构成既是象征性的，也是物质性的，因此它总是会被文化场中的能动者所制造的话语和争论肆意改变。

名人文化中作家/隐士（author-recluses）的角色——作家与名人身份的距离正好造就了他们的名声——也许是限制性生产场和大规模生产场之间的符号性争斗的最为明显的例子。菲利普·斯特维克（Philip Stevick）写道：

> 电子媒介时代的一批数量可观的人物……的成名和电视毫无瓜葛。……这是我们这个世纪一个有关文学声誉的终极悖论，即作家只要选择实践这种边缘性，他们反而会变得更为中心；当他们表现为孤立时，他们已经被整合和热情接受；当他们表现出某种文化虚无主义之时，他们的文化则让他们获得了名声。[79]

这些隐士中最负盛名的当属塞林格（J. D. Salinger）和品钦。从 20 世纪 50 年代中期开始，塞林格就不再接受采访，从 1965 年起也没有出版过新书。他还禁止出版社在已出版的四本著作的封面上登载图书简介和作者照片，坚决抵制对他作品的任何形式的重印和商业开发。（1986 年，他将伊安·汉密尔顿（Ian Hamilton）和兰登书屋告上了联邦最高法院，以阻止一本传记的出版。因为这本传记引用了他的一些私人信件。）品钦虽然还在继续出版新作，但每部作品都间隔了很长时间。而且他也像塞林格一样避世：市面上只有两张他的照片，他从不出现在公众场合（1974 年当他的《万有引力之虹》获得国家图书奖时，他派了一名喜剧演员去领奖）。这些甚少在出版物中露面的作家却被当代文化视为珍宝。1997 年 1 月，塞林格打算在弗吉尼亚州的一个小出版社出版一部中篇小说的消息，出现在了各家报纸的头版，尽管这

---

[77] Bourdieu, *The Field of Cultural Production*, p.78.
[78] Bourdieu, *The Rules of Art*, p.383, p.256.
[79] Philip Stevick, 'The Word and the Writer: A Speculation on Fame', *South Atlantic Quarterly*, vol.85, no.3 (1986): 251.

个中篇只是他 1965 年发表于《纽约客》的最后一部作品的重印。

不仅那些从不露面的作家被这种神秘性包围，那些因为各种原因长时间不再出版新作的作者们也蒙上了这层神秘性。布洛基（Harold Brodkey）的小说《逃跑的灵魂》(*The Runaway Soul*) 酝酿了长达 27 年的时间（他在这期间靠着与多个出版社的优厚合同维生），如此长的酝酿期激起了众多媒体的报道兴趣。《纽约时报》和《华盛顿邮报》都曾在头版头条报道说这部小说差不多要写完了，这些报道后来都被证明是误报。[80] 这本书最终于 1991 年出版，不可避免地让人大失所望，并引起了大量恶评——一个评论家写道"作者的死亡可能是一个更聪明的职业选择"。[81] 卡波特（Truman Capote）的小说《美梦成真》(*Answered Prayer*)，一直没有完成，在他死后三年仅以删节版形式出版。这部小说也是在漫长的创作期间获得了许多媒体关注。这类作家已经成为主流名人文化中为人熟知的元素。比如，美国情境喜剧《欢乐一家亲》(*Frasier*) 的最近一集，就让弗雷泽这位电台心理咨询师和他的兄弟奈尔斯一起，在西雅图的酒吧追踪一位少有作品问世的文坛隐士霍顿。兄弟二人无意中看到留在杯垫上的涂鸦，如获至宝，以为是霍顿留下的，后来又偷走了霍顿久未问世的大作的书稿。

当然，人们可能认为这些文化现象说明了名人文化的包容万象的性质，它有能力统合多样的和明显不可同化的因素为己所用。一些人理所当然地认为布洛基和卡波特等作家为了自我推销的目的颠倒了名人的条件；一些人尤其将布洛基视为"一个有趣的骗子，他在曼哈顿文学圈里的名气是典型的皇帝的新衣"。[82] 布洛基确实非常老练地用各种方式宣传自己，他告诉记者《逃跑的灵魂》"太优秀了"，是他给了厄普代克（John Updike）灵感，促使后者在小说《伊斯特威克的女巫们》(*The Witches of Eastwick*) 中创造了撒旦一角，同时他还是电影《圣战奇兵》(*Indiana Jones and the Last Crusade*) 中的人物，康纳利（Sean Connery）的原型。[83] 不过，这并不能解释这些作家在当代名人文化中的奇特魅力，这魅力看起来与垄断资本主义中商品生产的永恒动机背道而驰。比如，尽管布洛基的出版商显然有能力利用尚未问世的图书所引发的媒体报道来进行市场营销，但是名人产业一般不会允许这种

---

[80] James Wood, 'Literary Calculations', *Guardian*, 29 January 1996.

[81] 引自 Michael Arditti, 'A Stylist in Search of a Style', *Independent*, 18 December 1998.

[82] 'Obituary: Harold Brodkey', *The Times*, 29 January 1996.

[83] Julian Loose, 'The Great, Brave Journey: Harold Brodkey', *Sunday Times*, 27 March 1994.

欠充足的生产（underproduction）。比如，没有一个好莱坞明星能长时间不演电影，还保持一线明星的位置。

这些作家的吸引力主要在于名人身份能够从内部进行自我批判的能力，就像罗恩·罗森鲍姆（Ron Rosenbaum）所说的：

> 他们各种各样的沉默、隐世和自轻，逐渐对横扫当代出版界的自我推销文化构成了充满挑衅的异议，也对主宰当代名人文化的宣传工业狂躁的"白噪音"发出了非难。[84]

罗森鲍姆的这番评论出现在《时尚先生》关于塞林格的一份长篇特写中。罗森鲍姆还曾像不少人一样追到了塞林格在新罕布什尔州的住所，并在塞林格的邮箱里留信，尝试与之建立联系，结果徒劳无功。这个事实本身表明了塞林格所代表的特别的异议，在多大程度上已经与它所指责的东西牵扯到了一起。因此，隐世作家们尤其揭示出了本雅明所提出的"崇拜价值"（cult value）与"展示价值"（exhibition value）之间的紧张，换句话说，也就是艺术文化的唯一性和独特性与它们面向最广泛受众的复制能力之间的紧张。其他类型的文学名流也在较小的程度上对这种紧张有所揭示。[85] 隐世作家代表了一种高雅文化理念的惯例化（routinization），以满足名人工业的需要。这种理念将艺术家视为本真而独特的天才，并坚信布迪厄所谓的"自律原则……这种自律原则导致其最为激进的拥护者将暂时的失败看做被拣选的标志，而把胜利看做是与时代妥协的标志"。[86]

这些事例表明，所有关于文学名人意义和目的的争论（无论他们是讨论文学的商业化、无处不在的宣传机器，或者像塞林格和品钦这类作家摆脱这种机器的奋力尝试）都是文学声誉的整体组成部分。当代文学明星制度仍是一个机制，不过其内部具有不一致性和流动性，这使得我们很难将名流作家简单地视为出版商和媒体炒作的产物。正如珍妮弗·维克（Jennifer Wicke）在另一个语境中所写的，"我们不应自动地把名人的可见性与堕落或背叛联系在一起——我们大众文化的廉价销售老早

---

[84] Ron Rosenbaum, 'The Man in the Glass House', *Independent on Sunday*, 7 September 1997.

[85] Walter Benjamin, 'The Work of Art in the Age of Mechanical Reproduction', in idem, *Illuminations*, ed. Hannah Arendt, tr. Harry Zohn (London: Fontana, 1973), pp.226—227.

[86] Bourdieu, *The rules of Art*, pp.216—217.

以前就开始了。名人建构的逻辑是复杂、丰富及具有历史特定性的"。[87] 这并不是说权力和影响力的不平等使用在文学名声的制造中意义不大：显然当代作家们在地位方面差异悬殊，而这种差距与天赋、雄心或文化相关性方面的差异并无多大联系。本文前面分析过的一些机制提出了几个重要问题，涉及发达资本主义社会中的文化与市场的关系，以及某些作家几乎毫无察觉地获得过分的商业关注和评论热情的方式。但我认为市场不会那么容易直接地、机械地大获全胜，因为文化资本在文学名人的建构过程中起到了相当关键的作用，经常会有一些出人意料的后果，不全是市场和文化的简单对立。最重要的是，尽管文化市场出现了前文所概括的种种变化，当代的文学明星制度仍然证实了这样一个观念的持续性，即艺术文化世界就如布迪厄描绘的是"一个神圣的岛屿，它系统而招摇地对抗亵渎性的生产世界；它是一个交付给了金钱和私利的宇宙中的无偿的、无功利活动的避难所"。[88]

（黄艳 译 / 杨玲 校）

---

[87] Wicke, 'Celebrity material', p.757.
[88] Pierre Bourdieu, *Outline of a Theory of Practice*, tr. Richard Nice (Cambridge：Cambridge University Press, 1977), p.197.

学术明星：知名度

杰弗瑞·威廉斯

导 读

本文对当代美国学界的学术明星现象进行了深入的探讨，并提出了一个颇为大胆的观点：明星制度与学术的结盟是合理的，明星制度是职业精神（professionalism）的当代建构的核心，是推动学术发展的内驱力之一。

全文分为五个部分。第一部分"学院巴比伦"概述了明星制度在学院中所引发的各种争议。学界倾向于否定学者身份的明星化，认为明星化会伤害学术的纯粹性，学者的追名逐利悖离了学术研究的本来目的。然而，威廉斯却认为，明星制度并不是错误的、或无关紧要的，它在学院中的出现与合法化模式和职业模式的转变有着密切关系。

在第二部分"名声的职业"里，威廉斯否认了学术明星体制与好莱坞明星制度之间的同源性，强调了学术体制的差异性和独特性。他认为，学院（特别是人文学科）中的明星制度，"是在用声望的形式来对薪酬相对较少的人文学者进行补偿，同时它也是人文学者的一种补偿性姿态，以确保人文学科在学科竞争——特别是与应用性学科和其他实践性学科的竞争——中的地位。"学术文化本身就是一种名声文化，学术知名度现已成为职业评判的最主要标准。

在第三部分"角色榜样"中，威廉斯进一步指出，明星制度贯穿了整个学术领域，"为职业成就和成功提供了一种核心指标"。明星制度的影响不只是象征性的，还直接关涉聘用、晋升、薪酬等物质后果。威廉斯以保罗·德曼为个案，说明明星体制是一种比父系制度更为民主的模式，提供了更多的社会流动性。

第四部分"背景故事"回顾了明星制度出现的背景——"研究型大学的崛

本文译自 Jeffrey J. Williams, "Academostars: Name Recognition." In *The Celebrity Culture Reader*, ed. P. David Marshall, New York: Routledge, 2006, pp.371—388。作者杰弗瑞·威廉斯是美国卡内基梅隆大学（Carnegie Mellon University）的英文系教授。——译注

起与随之而来的规则（protocols）"。二战后，美国大学呈几何级数增长，研究型大学成为大学存在与发展的基本理念，教学与科研的合二为一改变了大学教员原有的职业模式，学科的不断细化"摧毁了传统的学科权威"。明星制度就是这些来自大学内部的质变的自然结果。它产生于大学对研究的重视以及研究者对于职业声誉的追逐，它为跨领域和跨学科的价值评判提供了一把通用的标尺。

在第五部分"知名度"中，威廉斯指出，"明星制度的根深蒂固除了其制度功能和职业功能的原因之外"，其情感功能也是一个重要原因。这种情感功能是通过知名度体现的。学术职业的一个显著回报就是知名度，学者可以通过学术发表活动获得一定的名声，类似中国古人所说的"三不朽"中的"立言"。知名度的积累靠的是"引用性"（citationality），也就是美国学界严格的学术引用规范。在威廉斯看来，"明星制度不是对神圣的职业信徒的外在强加，而是对固有的职业情感的一种表达"。

本文提到的诸多美国人文学科的学术明星，都已在不同程度上成为中国人文学界耳熟能详的名字。在这种情况下，我们尤其需要知晓这些学术明星得以冉冉升起的制度化背景，以避免盲目地崇洋媚外或食洋不化。本文的阅读将有助于我们全面了解美国人文学科的历史沿革、发展现状和学术规范。

* * *

我撰写过一批学术著作和论文，并且取得了那种有限的名声，因而大学里的某些人知道了我的名字和工作。

——一位文学研究者的回忆录

一、学院巴比伦

如果作为学院的一种罗夏墨迹测验[1]，给你一系列名字——如斯坦利·费什（Stanley Fish），霍米·巴巴（Homi Bhabha），安德鲁·罗斯（Andrew Ross）和朱迪斯·巴特勒（Judith Butler）——你脑中首先浮现的是什么？最可能的恐怕就是学术明星制度，特别是文学与文化研究领域内的学术明星制度。如今，明星制度已经成为学术风景的一个自然化特征，每个学院中人，从院长、教务长至研究生，都意识到、也都普遍

---

[1] 罗夏墨迹测验（Rorschach test）：一种著名的投射法人格测验，由瑞士精神科医生、精神病学家罗夏（Hermann Rorschach）创立。——译注

知道这是过去二十年来学术生活中最显著的连带现象之一。根据一般的描述,这种现象是和"小世界"[2]会议圈子的增长以及文学理论的出现相伴产生的,并且将一批学术名人捧上了学院舞台的中心。如 20 世纪 80 年代,德里达、费什、斯皮瓦克等人出没于你周围的学术讲坛。20 世纪 90 年代开始,巴巴、巴特勒、罗斯以及其他稍年轻的一代学者又开始扮演学院领袖的角色。学术明星看上去能影响到更广泛的受众,他们偶尔现身于电视和其他大众媒体,不乏娱乐名人的某些排场,最引人注目的是《纽约时报杂志》[3]和《纽约客》等杂志都刊登过他们的特写和照片。[4]

明星制度虽然得到广泛承认,但也招致了诸多困惑和不安。一些温和派人士将这种现象视为一种肤浅的八卦,时而觉得有趣、时而又厌恶地对其置之不理。另一些人则对此做出了更严肃的思考,先将其视为输入到学术圈的流行文化现象,然后批评它是一种强加于学术著作之上的、外在的、和华而不实的标准。更为极端的人士甚至将这种现象视作腐败影响侵入假设为较为纯洁的学术王国的证据,认为它是学术界和当代知识分子堕落的进一步表征,对此大加谴责。总之,明星制度被视为一种适用于学术名人和富人们的稀有现象,完全脱离了普通学者的正常且更为古板的学术生涯和实践。

比如,罗斯就评论说,"学术名人现象在某些方面是学术八卦这个类型(genre)的延伸,而这种八卦本身就是一种文化——这是一个特别的现象,位高权重的知识分子们(high-powered intellectuals)花费大量休息时间相互交换与远方同行相关的粗俗而详细的传闻"(p.84)。也就是说,罗斯视明星制度为学术文化中一个毫不令人奇怪甚至是正常的组成部分,尽管他将其定位为边缘性的,是一种"休息时间"而非工作时间的功能。虽然罗斯的评论看上去是对职业状态的冷静观察,但他的看法还是否定性的。他认为这种八卦是粗俗的,而不是肤浅的,更不是单纯的信息交换。

巴特勒没有罗斯那么冷静,她宣称"这种文化的出现是不幸的"(MacFarquhar, p.7)。《通用语》杂志(*Lingua Franca*)曾报道了巴特勒的粉丝创办的粉丝杂志《朱

---

[2] 此处的"小世界"(Small World)可能是影射英国作家、学者洛奇(David Lodge)创作的一部以学院生活为主题的小说《小世界》。——译注

[3] 《纽约时报杂志》(*The New York Times Magazine*)是《纽约时报》星期日版的增刊,美国著名的人文杂志。《杂志》上刊登的文章通常比《时报》上的文章要长。——译注

[4] 参见 Timothy Spurgin 的《纽约时报杂志和学术巨星》("The *Times Magazine* and Academic Megastars")。

迪》(Judy)。在回应该报道时，巴特勒对这份杂志提出了反对意见，她认为"它让大家不再关注我的工作，只关注我本人"(p.7)。和罗斯一样，巴特勒将名人问题从工作中剥离出来，但不是将其视为学术生活的正常组成部分，而是批评明星制度是一个分类错误或者是与流行文化的混同，错误地将"学术界视作明星文化的一种"(p.7)。相似但更严峻地，布鲁克斯(Peter Brooks)称明星文化的出现是"令人遗憾的"。和巴特勒一样，布鲁克斯控诉流行文化的影响，不过，他将指控扩大到了后现代主义的普遍风气，将最近的自传式批评(autobiographical criticism)潮流诊断为"后现代的名人取代个人的学术版本——仿佛一个人如果上不了《人物》杂志，就根本不存在"(p.520)。

最为严厉的回应进一步发现，明星制度不仅仅是一种身份错误，而且折射出资本主义对学院这方神圣领地的潜在渗透，因而暴露出一种根本性的腐败。《纽约时报》1997年的一篇头版文章可能是这种观点的最为明显的展示。该文不无险恶地宣称"学者害怕'明星'体制会颠覆他们的使命"。这种指责带有一种道德说教的口吻，它谴责学者屈服于一种致命的缺陷，倾心于（即使不是真正获得）名声和金钱。该指责利用了一种有关学术工作的传统假设，即假定学术工作应该遵循修道院模式，反对商业，并要求学者拒绝工资与声望等世俗考量。[5]

总之，当前的共识似乎是否定明星制度——视之为干扰、错误甚或是堕落。然而，既然明星制度是如此错误，那它为何如此适应学术文化？如果我们不是仅仅从流行文化的角度来考察它，那么它在学院中的示例又有何独特之处？明星制度如何揭示了我们的制度性渠道？这些渠道将学术工作合法化或非法化，授予或取消权威。鉴于明星制度在管理层与学者中的流行，它服务于何种富有成效的目标？它呈现了何种合法性，投射出了怎样一种与公共文化的关联？它与早先的合法化模式和职业模式有哪些不同？它除了危险，又还有何回馈？

---

[5] 在一篇评论里程碑式的《文化研究》一书的著名文章中，Laurie Langbauer指责论文集本身（由Routledge出版并大力宣传）展示了文化研究在其反资本主义领域所遭受到的市场营销的腐败影响。Langbauer的确凿证据是Routledge在广告中展示了该论文集的一帮明星作者。这类观点通常追随阿多诺式的对大众文化的谴责；《纽约时报》提供了一个不那么精细，也更传统的例子。这篇《时报》文章采用一种更基督教式的框架谴责学术圣殿中金钱的腐败影响。《时报》的故事特别强调一位教授挣到了"42000美元的相当合理的薪水"，虽然这对于许多美国人来说不是一个很低的薪水，但我怀疑纽约的许多专业人士，也就是《时报》的读者，会认为这样的工资就足够生活。对于阿多诺式论调的更为冷静的分析，参见Arnowitz的"Critic as Star"。

在本文中，我将论述明星制度并非是无关紧要或边缘化的现象，而是职业精神（professionalism）的当代建构的核心；它不简单地是对外在于学术工作的流行文化的错误模仿，而是主要从学术工作内部发挥作用，并特别针对学术生活；它不是什么腐化堕落，而是代表着职业的一种不同的历史模式，代表着学术评估的一种符码，是研究型大学中各种不相称的实践之间的一种协商。此外，明星身份并不仅仅指一小群照片出现在《纽约时报杂志》封面上的超级巨星，而是涉及从研究生到资深教授的一系列人群。总之，我认为明星制度在某种意义上是学术模式土生土长的特征，我将其称之为"知名度"（name recognition），它为我们现存的区隔系统提供了一个缩影。知名度显示了一些自然化的态度和情感，这些态度和情感使我们成为那种等级制度和职业经济的积极参与者。同时，知名度也投射了我们与一个公共领域的象征性联系。或许正因为知名度探触到我们职业的情感生活，它才成为一个如此令人忧虑的话题。

二、名声的职业（Profession of fame）

有关明星的思考都是围绕好莱坞模式展开的。这诉诸于某种常识，因为好莱坞提供了大量谈论名人的通俗标签。这也诉诸于一种深广的历史感，因为先是剧院、继之是电影，在 20 世纪早期发起与构建了一种正式的明星制度，这种体制似乎渗入了现代文明的时代精神。同样它还诉诸于一种学术感，因为戴尔（Richard Dyer）的《明星》（Stars），德阔多瓦（Richard deCordovar）的《电影名人》（Picture Personalities），甘姆森（Joshua Gamson）的《名声的理由》（Claims to Fame）等知名著作，都大量论述了电影明星的历史、发明和利用明星配方的片场制度，以及明星的受众。这些讨论有时也扩展到其他文化领域，如电视和摇滚乐，但它们一般都被视作电影明星制度的旁枝。如果有人想用任何一个图书馆的数据库做"明星"研究，他/她得到的搜索结果几乎都将是关于电影制度的。

但是我相信，当思及学术明星制度时，好莱坞模式也产生了不少问题和误解。人们通常认为学术明星制度遵循着好莱坞明星制度的模板，两种模式之间存在着同源性。如果只从字面上去理解，这一思考框架就会促生如下常见的不屑：没有一个学者能像莱昂纳多·迪卡普里奥或尼可·基得曼那么出名，美国娱乐电视频道（E!-channel）也没有报道过任何学者的生平和照片，因此，认为真正存在一种学术明制度的想法是荒谬可笑或带有欺骗性的。或者，在更愤世嫉俗的版本中，学者只是一群效仿电影明星的模仿者。但这种同源性显然是一种误导：当我们说某人是一个著名的18世纪学者或是其领域的明星时，我们并没有把他们误认为是布拉德·皮特或者朱莉娅·罗伯茨。尽管好莱坞形象以一种模糊的方式改变着当代生活，但名声——或名人、明星身份——在学院语境中意味着不同的东西，它的界定不取决于更普遍的文化，而是主要取决于学术领域的特定参数 (parameters)。[6] 部分问题可能仅仅是语义方面的，但深层次的问题是，这种默认的同源性略去了学术体制的差异和独特属性。

由好莱坞模式衍生的一个更为普遍的问题是大众 (the popular) 与学术的关系。对巴特勒、布鲁克斯而言，学术制度脱胎于"明星文化"——鲜明的好莱坞风格——但问题不在于学术制度没能效仿好莱坞模式，而是它和好莱坞模式太像了。巴特勒和布鲁克斯抱怨两者的相似，将名人视同大众对学术的非法外来入侵。也就是说，他们依赖于大众与学术这两个领域的尖锐对峙，并实施了一种职业监控。可是，这种对峙是不成立的，不仅因为其明显地采取了一种呼唤解构的二元对立，而且因为从实践上说，学术是可渗透的，且持续不断地在课程设计里、在教师与学生的生活经验里、在大学在社区与公司生活中所扮演的角色里，与大众进行着协商。[7] 我们甚至可以说，学术文化就是一种大众文化，因为根据当前的统计数据，70%的美国人都在人生的某个阶段上过大学。这种关系是双向的，学术也在各个方面影响着大众。比如，在语言方面，最近一位电视评论员称美国的政策是"美国中心主义"，诸如动词"解构"之类的后现代术语，已获得了广泛流传。在概念分析方面，学术专

---

[6] Leo Braudy 的《名声的迷乱》(*The Frenzy of Renown*) 一书对名声的历史，以及名人和明星身份的变异进行了广泛的考查，这说明更贴切的语境可能不是电影制度，而是恶名 (notoriety) 的更大范围的文化史。这也表明，尽管学术体制属于这个谱系，它还是名声序列里一个特殊的(但较次要的)要素。

[7] 参见 Jennifer Wicke 在 "Celebrity Material"(《名人要素》) 中有关巴特勒的论述，她同样批评了"未受污染的知识思想与市场经济的腐败之间不可逾越的界线"(771) 以及"求助于纯学术化以捍卫理论不受名人文化的侵蚀"(772)。她得出结论说，"学院，包括处于最高位置的知性思想，都会被名人文化渗透，被其殖民，然后又反过来成为名人文化的殖民者"(772)。我同意 Wicke 的学术界是可渗透的观点，然而我和她的不同之处在于，我在学术职业内部发现了名人的意义；而她关注的焦点是某些女权主义者在主流媒体中的当下盛名，也就是为了女权主义而利用名人身份，以及名人身份的正面潜能。

家成为新闻评论的常客。在公司结构方面,微软将其公司称之为"校园"并非偶然。在大众想象方面,电视连续剧《费莉希蒂》(*Felicity*)、《麦克斯·毕克福德的教育》(*The Education of Max Bickford*)等影视节目都展示了大学生活。我并不认为学术明星制度与大众文化体制的确是同源的,我的观点是,学术明星制度激发了大众与学术之间的一种典型的职业协商。好莱坞是一种需要回避而不是效仿的负面想象,宣称学术的特殊地位,不是去否认与大众的联系,而是要保证一种更高的公共严肃性。

巴特勒竟然依赖这种直截了当的二元对立,是特别令人惊讶的。因为她一直在警惕地解构二元对立式的思维,她倡导文化研究,赞扬易装(crossdressing)之类的流行现象和《巴黎在燃烧》(*Paris is Burning*)等电影。事实上,我们恰恰可以将明星制度视作学术圈里的操演性(performativity)的实例。巴特勒曾对操演性做出了著名的阐释,在她看来,操演性结合了语言学意义上的言语行为的有效性与戏剧性(theatricality)。巴特勒所谓的戏剧性是不同于百老汇演出的,它是一个广义的喻象,描述了创造身份(identity)的根本过程。身份不是源自某种本质,甚至不是来自某种"内在化的"并得到表达的文化建构物,相反,它是具身的(embodied)、演现的(acted out)。[8] 类似地,我们可以将当前学院对名声的使用,当作戏剧性那样的广义描述性喻象,并将明星制度视为一个操演性的指意过程,这个过程通过现存的实践与行动体现了职业身份。

具体到巴特勒本人的例子,她宣称自己不是某类名人,或更确切地说,她宣称自己的名声与工作无关,是绝对不准确的。她当然比大部分学者更像名人,名人身份表明了她在专业领域中的位置,她能在这一领域中获得听众,被阅读、引用、讨论、模仿。这并不是说巴特勒在否认明星制度方面是不真诚的,相反,她的否认例证了职业精神逻辑的首要性。巴特勒的回应操演了专业控制的经典举措,即通过设定边界,假定一个外部为非法的,从而保证了内部的合法性。她的据理力争并不是为了反对流行文化本身(我们很难将她视为法兰克福学派立场的追随者),而是为了控制她的著作的传播。这对于她来说才是真正的要害问题,也是她焦虑的核心。她对明星制度的否定是为了确保其著作的职业严肃性。

从这个角度说,与其将明星制度视为外部环境对职业领域的入侵,一种更有效的办法是视之为从内部向外部的运动,一个关于职业精神与我们职业的自我形象的

---

[8] 参见《性别麻烦》(*Gender Trouble*)一书著名的结尾部分,以及第二版的回顾性前言。在这些地方,巴特勒讨论了操演性的戏剧意涵和语言意涵的混合。

（双重意义上的）问题。[9] 根据标准的社会学观点，各种职业为了获得合法性，都将自己定义为与普通的大众知识相分离的、某些特殊知识的生产者和唯一占有者。学术工作的价值依赖于与大众、日常的差别（因此布鲁克斯和巴特勒的回应中才会出现那种保护主义式的强调）。这在很大程度上解释了对于明星制度，或更确切地说，明星制度所包含的日常化的潜在威胁的矛盾（倘若还不是鄙视）态度。此外，职业还声称其对更高尚、更利他主义的目标——文化保护、人文主义知识的获得、或文学研究中的批判性分析——的追求是非功利的。这也解释了对于明星制度的某种矛盾倾向，因为明星制度对学者来说代表着自私自利、沽名钓誉、追求权力或者金钱。巴特勒不仅让自己远离大众文化，而且远离追名逐利的指控，坚称要把她假定为非功利的学术工作与她本人区分开来。

各种职业一方面坚决主张一种分离的地位，同时为了获得合法性，它们又声称自己与更广泛的世界是相关的，并满足了公共需求。因此它们展现出了对立的两极之间的一种张力，罗宾斯（Bruce Robbins）的《世俗职业》（*Secular Vocations*）一书特别强调了这一困境。在该书中，罗宾斯梳理了职业知识分子生活的构成性矛盾，即必须在职业与世界之间进行协商。明星制度代表着职业与世界相互协商的一种当代版本。绝大多数对于明星制度的反驳，表达了职业精神的专业性或保护主义的一面，但却忽略了职业精神的世俗性方面。学界对学术无效性（ineffectuality）有着一种普遍焦虑（这种焦虑在人文学科中尤其显著）。针对这种焦虑，明星制度彰显了学术王国的影响力、赞誉和相关性，突出了一种公共效力（即使这种效力如名声一样只是象征性的），同时也避开了明星制度将容忍庸众和唯利是图的指控。[10] 由于明星制度肯定了世俗性的重要，因此它承担了一个富有成效的职业功能，这有助于说明对其非法性的指控为何不能驱逐它。

而且，通过拥有特殊知识，各种职业独控了其假定被需求的服务的分配。这种垄断一面坚持一种利他主义动机，一面又为通过认证的成员争取到了威信和更高的薪水，从而满足了专业人士的利益需求。（虽然人文学科教授的薪酬比不上医生或商学教授，不过值得记住的是我们的薪酬比中小学校老师高很多，更不用说和大学

---

[9] 原文中的"问题"（issue）一词有两个基本含义。一个是引起争议、急需解决的重要事务，另一个是思考的对象、主题或话题。——译注
[10] 最近有关学院公共知识分子形象的传闻，同样是对公共效力的职业主义召唤的相关应答。根据《纽约时报》的报道，公共知识分子是在1990年代重生的。参见注释13。

里的行政秘书和后勤人员相比了。这些人也可说是在为公共需求服务，他们对于维持大学的运转是非常重要的，但他们却没有职业身份。）从这个角度看，明星制度表达了声望的职业逻辑（professionalist logic of prestige），以获取有形的（即使并非总是金钱方面的）回报。巴特勒的"工作"，毕竟并非与利益无涉，并且明显地为她累积了声望。我们不妨以这样一种方式来看待人文学科中的明星制度（明星制度在人文学科是最显眼的），即这种制度是在用声望的形式来对薪酬相对较少的人文学者进行补偿，同时它也是人文学者的一种补偿性姿态，以确保人文学科在学科竞争——特别是与应用性学科和其他实践性学科的竞争——中的地位。在应用性学科和实践性学科领域，学者的地位直接来自于项目资助和基金。[11]

在《名人与权力：当代文化中的名声》一书中，马绍尔（P. David Marshall）摈弃了好莱坞模式的中心性，转而考察了当代生活中多样的、大多是自我界定的、自主的名人系统，不仅包括影视方面的名人系统，还包括政治与其他领域的名人系统。马绍尔表明了这些名人系统是怎样向其他领域，如法律或新闻业——或者文学、物理学专业扩展的。每个系统组织起了自己的"可识别与可分类的受众群"，形成了它们的象征性代表人物，或者明星（6页以下）。名人不是从整个文化，而是从他或她的特定受众中获取其权力。马绍尔详细说明了名人是"被提升的个体"，这些个体让其受众的生活世界中的不协调因素变得可以理喻，这些受众大多没有权力和能动性，名人为其受众投射了一种象征性的权力，表达了他们对能动性的渴望。

借鉴马绍尔的观点，我认为，学术明星制度大体是自主和自足的，它在我们的专业中拥有一个特定的谱系、运作和功能，并且清楚地表达了学术受众的欲望、投射了他们的象征性权力。为了强调它与其他现存的名人形式的差异，我使用"学术明星"（academostars）这个术语来暗示它在学术机构中的运作特性。[12]即便费什偶尔在脱口秀节目《奥莱利因子》（The O'Reilly Factor）中出现，明星制度主要还是充当一种职业内、而非职业外的功能，学术明星所积累的权力主要发生在学术领域内部，而非公共领域。[13]学术明星制度记录了我们内在的区隔系统，它提升了肩负象

---

[11] 虽然其他学科毫无疑问有自己的明星制度，但值得注意的是，《纽约时报》（如 Spurgin 详述的）和《高等教育纪事报》（Chronicle of Higher Education）报道的学者多为人文学者。

[12] 我承认，这个词语不幸地成了《纽约时报》的文章中的另一个小证据。

[13] 虽然公共知识分子的形象似乎与此相反，但公共知识分子这个术语当前主要是指那些有时在主流新闻媒体上发表文章的学者，并不是在公共政策中有权力的人。也就是说，他或她对学术的超越，还是主要在学术领域里累积了权力，满足了学者对能动性的欲求。

征性权力的特定个体，满足了我们对更大能动性的渴望，并以之作为心理报偿，因为我们当中的大部分人只能坐在办公桌前，批改成堆的大一新生作文和文学概览论文，并在学生接访时间（office hours）不耐烦地偷偷看表。

尽管学术文化回避"明星文化"，但学术文化本身就是一种名声文化。在某种意义上，它是一种天生的卡理斯玛文化，用马绍尔的话说，教学结构性地提升了特定的个体。这种卡理斯玛维度可能也源于美国大学的宗教基础，因为在整个19世纪大学大多承担着传播福音的任务。[14]（布道与教学或演讲之间的联系，及其残余的效果，是一个非常有意思的问题。[15]）在20世纪，美国大学逐渐在课程方面发展出了世俗目标，最终在二战后演变成以研究为中心。[16] 目前，卡理斯玛功能主要是通过研究而不是教学产生的，或者更精确地说，职业名声的增长几乎整个地借助于"学术"而不是教学的名声。最主要的职业评判标准（它是通过终身教授制度和晋升要求被结构性地授权和自然化的）实际上是以名声为基础的：如在研究方面获得"国内的"或"国际的声誉"，或者有一定的知名度。这不是一种家喻户晓的名声，而是一种职业名声，它通过同行评审以及其他的专业内部措施得到正式的承认和管控。如果名人是标志着明星制度的显要人物，学术研究就是结构性工具，而同行评审和其他实践则充当了主要机制。

---

[14] 格拉夫（Gerald Graff）指出，在19世纪"典型的美国大学是一个半修道院式的机构，正如某大学校长所言，那时的大学认为'将个体培养为基督教领袖和牧师'是一个比推进知识更为重要的目标"（p.20）。我特别提到这一点是因为据我的推测，许多有关大学的著作，如Bill Reading的名著《大学的崩溃》(*University in Ruins*)，都将大学理念置于理性与民族文化的世俗化基础之上。虽然这毫无疑问是极具竞争力的目标，但大多数的当下论述并没有充分处理美国大学的这种宗教性历史谱系。这个谱系还有多少残余的影响是一个值得商榷的问题，但是人文学科仍然经常被视作是与科学对立的，是为了履行一种精神的角色（例如，当下"美"的问题的再造）。

[15] 项威（Shumway）强调了理论家在公共演讲场合中的电影明星式角色，但这一维度没有引起足够的关注。例如，我们可以将韦斯特（Cornel West）的演讲想象为抑扬顿挫的布道，甚至是德里达的演说，也宛如需要持久专注的神圣阅读。鲁宾斯为项威的论述提供了一点修正，他认为19世纪的大众演说圈子也是名人文化的一个例证。这个演说圈子是扎根于宗教布道的。

[16] 正如Lawrence Veysey所述，1950年代以后的研究型大学"引领了一个全新的时代，因为这意味着优秀的教授不再需要通过取悦学生而获得声望"（p.17），而是可以通过研究而获得声望。

三、角色榜样

从好莱坞模式衍生出来的一种必然假设是，学术明星制度只适用于学界精英，也就是罗斯所说的"位高权重的知识分子"，或者项威（David Shumway）所认为的重要理论家，或者是那些出现在主流媒体上的学者。项威的"文学研究中的明星制度"（"Star Systems in Literary Studies"）一文，是对这种现象最早的相关论述。它既避免了对流行文化的鄙夷，又避免了与好莱坞明星制度的图解式类似。但它过于强调某种特定类型的明星——理论超级明星——以及他们在报刊中的大幅照片，特别是1986年《纽约时报杂志》对耶鲁学派的报道，《耶鲁批评家的专制》（作者为Campbell）。该文配了不少布鲁姆（Harold Bloom）、哈特曼（Geoffrey Hartman）和米勒（Hillis Miller）等人的整页大照片，尤其还有德里达的一张华丽摆拍照。虽然《纽约时报杂志》似乎标志着学者所获得的一种新的公共可视性，但我认为，明星制度适用于整个学术领域，不单单指涉那些稀罕的超级明星或理论开创者，明星身份的尺度主要不是公共声誉，而是学术声誉。[17]

明星制度从上至下涉及各色人等，包括杰出的理论家、其他文学研究者甚至研究生，形成了学术成就的主导模式。明星身份存在着各种变化和数量等级，范围广泛。它包括：某个系的明星；某个次级领域的下属专业的明星（我曾听某位同事说起18世纪法国家具研究的明星，让人不禁想弄清楚该领域还有多少其他研究者）；某个次级领域或人物（如13世纪的抒情诗或马可·吐温）的明星；某个领域（如维多利亚时代文学）的明星；某种文类（如小说）的明星；某种批评运动（如新历史主义或者酷儿理论）的明星；某个学科的明星（如文学学科中的格林布莱特[Greenblatt]或费什）；或者学院派知识分子生活的明星（如韦斯特[Cornel West]、巴特勒）。人们还可以认识、衡量上述每个领域中谁是正在升起的、或有竞争力的明星，谁是正在运转的明星、谁又是过气的明星。在这个系列的另一端，有人追求成为所在的研究生班中的明星，或者特定领域的求职候选人中的佼佼者。聘任委员会（特别是研究型

---

[17] 如果我们像项威那样使用流行恶名（popular notoriety）的标准，那么学术明星制度到底有多少新意就值得怀疑了；实例之一，著名文化史家巴尔赞（Jacques Barzun）1956年就出现在《时代周刊》的封面上，为一篇关于美国知识分子（大多为纽约知识分子）的头版文章做广告。这些知识分子中还包括特里林（Lionel Trilling）。虽然我不赞成项威的术语，但我总体上同意他将学术明星制度的崛起精确过去数十年的时间范围，将其视作研究型大学及其内部规则的副产品。

大学的聘任委员会）都在寻找潜在的明星。

明星制度不仅是一个衡量相对程度或地位的广受认可的体制，而且是一个贯穿整个职业的、非正式的话语性语域（discursive register）。它是我们中的大多数人在会议上、电话中、系走廊以及其他工作场所谈论的话题。如罗斯的一位采访者在罗斯谈到名人八卦时所做的补充，"即使不是那么出名或位高权重的知识分子也会那样八卦"。同时，我也要加一句，传闻不一定就是粗俗的，并且这些传闻主要是关于职业的、而非私人的事务，如工作、著作出版合同、讲座，以及著作和文章里的即时的、有理有据的、或出格的论点。撇开其不佳的声誉，职业八卦将学术实践者用一种交际性胶水粘在了一起，以便人们可以跨越研究领域、专业方向、级别和等级进行交流。

总之，明星制度不是一种稀有的或外来的现象，而是为职业成就和成功提供了一种核心指标，并且影响了我们职业生涯的想象、建构和情感，不管我们有无明星身份。换言之，明星制度塑造了一种职业想象，构建了当下的学术生涯、期望和回报，这些东西招呼（hails）并收编了我们。明星制度的影响不只是象征性的，而且有物质后果，因为学术明星地位将影响聘用、终身教职和晋升决定，后续的工作职位和加薪，以及出版机会和学术会议演讲，等等。

从历史上看，明星体制是显著而独特的。这里不妨做一个更广泛的推测：原先的体制基本上是传统的、按资排辈的、以学校为中心和讲究出身的；看重的是你是谁的学生，你上的哪所学校（只有成为某个门派的忠实成员才能获得回报，如果身处门派之外，就会受到限制），你最终任教于哪所学校，以及你在学校中担任什么职务。几近消逝的纪念文集（festschrift）就是这个体制的最佳例证。实际意义的或修辞意义上的门生弟子们，以这种方式庆贺大师（master teacher），向其表达忠诚和敬礼。换句话说，资深教授就是那时的名人并且构成了职业生涯的顶点，体现了传统的权威。正如格拉夫（Gerald Graff）在《以文学为业》（Professing Literature）一书里所说的，二战前"资深教授实际掌控了自己的领域，包括有权垄断研究生的研讨课和大三、大四的进阶课程，指导学生的论文，控制低等教职的任命，不过这种家长式统治最后也要肩负起帮助学生找工作的责任，后面这一项责任在晚近的更民主的系统中是不存在的"（p.142）。这种体制是由格拉夫所说的"诸侯分封"[18]管控的，

---

[18] "诸侯分封"的原文是"baronial arrangements"。从互联网上查到的资料看，"baronial arrangements"这个英文词组大多和中世纪的领土、税收的划分有关。在欧洲中世纪的法律里，baron是仅次于国王的诸侯、封臣。故此处根据上下文意译为"诸侯分封"。——译注

被资深教授永久化并且强加给年轻教授。格拉夫将这个逻辑概述为,"年龄较长的教授倾向于认为,如果他们得在这个系统里一步步熬出头,其他人为什么不能也这样呢"(p.142)。

这个先前的体制并非就彻底消失了,但目前的体制代表了一种不同的权威标准,它将个人声望与知名度置于门派位置之上;它还代表了一种不同的职业生涯模式,更青睐创新的个体而非坚守传统的教授。在某种意义上,明星身份是不宣称任何宗派的(有谁知道罗斯、巴特勒、韦斯特是谁的学生?),它唤起的是卓然不群的个体形象。用布迪厄的话说就是,明星制度使用了一套不同的"合法化机构"(legitimating bodies),它回应的是整个职业受众,而不是某个学校的受众或门派的忠诚。它的主要评价标准是"推动了一个领域",而不是对某个累积的传统进行修修补补。许多书稿审读报告都被要求证明该书稿"推动了一个领域",许多图书护封上的内容简介也或多或少夸张地宣称做到了这一点。当然更成功的是,通过写出被广泛承认的著作或一系列有影响的文章来"创造一个新领域"(例如,最早出现在斯皮瓦克和霍米·巴巴身上的情形)。

对传统权威的抛弃和继而对个体的强调,导致了某些对明星制度的更为严肃的批评。例如,项威最终断定,明星制度中传统标准(如"笃实性"[soundness])和社群的失落将威胁我们的公共合法化。可是,正如罗宾斯在《名人依赖》("Celeb-Reliance")一文中所指出的,我们不应该对先前的社群有任何怀旧情绪,这个社群更经常地被称为"校友同事关系网"。不管明星制度存在什么问题,它还是代表了一种更民主的模式(基于增强个人价值的均等机会),比父系体制(patrilineal system)更少地依赖于继承的特权。[19]正如罗宾斯所论证的,"名人膜拜的诸多功能之一就是,通过提供一种另类的文化资本分配模式,有助于开放……职业圈子",因而创造了更多的社会流动机会。[20]理论上,每个人,不管你毕业于哪所学校,或执教于哪所

---

[19] 格拉夫在上述引文中提到,父系体制可能在一点上比民主制优越,即资深教授对其弟子的责任感方面;但是,对当代教授在提携学生方面是否就不那么负责这一点是有争议的,而且,父系体制中的那种责任感是自我选择性的,如果你是一个受宠的学生,当然很好,可是如果不得宠,那就糟糕了。

[20] 在《名声的狂乱》中,Braudy 作了这样一个普遍性的推测:"从 18 世纪以来,有关名声的想象更多地与社会流动性相联系,而非与世袭地位相关联"(p.595) Sharon O'Dair 也聚焦于社会流动性,但将明星制度视作不公平的根源;相反,我将之视作不公平的一种表达,而不是原因。参看 Cary Nelson 的《超级明星》("Superstars")一文中针对收入悬殊的抱怨的纠正。

学校,都能获得地位;地位直接来自于工作(不过是被定义为研究的特殊工作)。这不是为明星制度的乌托邦诺言叫好,仅仅是指明其贤能体制的一面。最终的问题不是对于父系制度的取代,而是流动性不能惠及更多的人。

德曼(Paul de Man)可能是展示父系模式与明星模式之间的关键连接的最佳人物。德曼也许是1970年代与1980年代早期最重要的美国批评家。在《纽约时报杂志》的那篇特写中,耶鲁的批评家们被视作明星制度的象征,但德曼却引人注目地缺席了报道(而且也没有被项威提及)。德曼其实有相当大的名气——在他之前,很少有文学批评家的讣告能登上《纽约时报》的头版(四年之后,《纽约时报》又在头版刊载了德曼的战时作品被发现的文章)。虽然他可能于他死时的1983年(或者死后)被吸纳进明星制度,但我更认可将其放置在特里林(Lionel Trilling)、布鲁克斯(Cleanth Brooks)或弗莱(Northrop Frye)等更早一代的学者行列。这些人都取得了一定程度的突出成就并且都有公共名声,但他们的形象与当代明星迥然不同,他们既是学者,也是教育者。[21] 这表明,明星制度并不取决于理论的崛起本身(弗莱就是理论的化身[22]),而是代际性的。德曼出生于1919年,是在二战中成长的一代人;而后出的人物,如费什或德里达,则出生于1930年代,在1960年代,研究型大学的扩张时期,开始学术生涯。更多的当代人物,如罗斯、巴特勒等等,都与文化研究的规划有关,他们在1980年代步入职业生涯。

德曼是一个深嵌于父系制度的学者,曾在哈佛大学师从于著名的新批评家布劳尔(Reuben Brower),并在《回归语文学》("Return to Philology")一文中对布劳尔表达了热情的敬意。在这篇文章中,德曼没有将其解构主义的阅读方法归功于德里达或其他预期的影响,而是归功于布劳尔,因为德曼曾于1950年代,在一门名为"文学阐释"的通识教育课程中担任布劳尔的助教。德曼称,"我自己对文学教育的批判性、或颠覆性力量的意识,不是源于哲学上的效忠,而是源于[那次]特定的教学经验"

---

[21] 换言之,学术研究的一个重要目标是教育。这一点在布鲁克斯和新批评的规划中尤其清晰,特别是布鲁克斯和沃伦的系列畅销教科书,如《文学方法》(*An Approach to Literature*)、《理解诗歌》(*Understanding Poetry*)、《理解小说》(*Understanding Fiction*)等。特里林和弗莱也是著名的老师,特里林对哥伦比亚大学的"伟大书籍"这门课程的建立起到了关键作用,而且他在批评著作中数次涉及教学(如论文《论现代文学教育》["On the Teaching of Modern Literature"])。

[22] 在 Lentricchia 的著名论述中,弗莱是决定性的理论开创者。Grant Webster 将"理论家的时代"定位得更早,他认为"理论家的时代"从1949年,韦勒克(René Wellek)和克里格(Murray Krieger)的著作出版时就开始了。

（p.23）。德曼的职业生涯模式仰仗他在哈佛接受的训练以及这种对教育的强调。他因哈佛而进入了常春藤名校网络，靠着很少的学术发表成果先是在康奈尔大学，后来又在耶鲁大学获得了教职。他的模式以当代标准来衡量肯定是非明星式的，因为他在 50 岁之前几乎没有出版什么著作。他主要是作为一名教师和演讲者在常春藤名校中有一定影响力，而且他开始的时候很少写作（他的《时间的修辞》["Rhetoric of Temporality"] 最早以打字稿的方式流传，几年后才更名为《盲视与洞见》[Blindness and Insight] 出版，他的首部著作问世于 1971 年，时年 52 岁）。

在《抵抗理论》（"Resistance to Theory"）一文的一段著名的题外话中，德曼坚决地驳斥了卡理斯玛；他区分了真正的教育——于他而言，就是解开语言之结——和表演，并以"教育与各种娱乐表演之间的类似……经常是放弃教育任务的借口"的俏皮话，摒弃了以教师人格魅力为驱动的教育（p.4）。但德曼可说是他那一代人中最有魅力的教师，也是美国文学理论的最有魅力的教师。在《文化资本》（Cultural Capital）中，纪乐里（John Guillory）令人信服地论证了德曼是官僚主义式的卡理斯玛的实例，德曼通过制度性的常规实践和对其学生欲望的强有力的移情作用（transference）获得其影响力。换言之，德曼有很高的名声，但他是通过父系体制的传统渠道获得这种名声的，并以教学的方式，通过他在该系统里的诸多学生发挥作用。德曼恰恰是通过他的一长串忠诚的学生与追随者而实施其最持久的影响力[23]。我们可以把解构主义的命运解读为，德曼的学生遵循着父系模式，对德曼在《符号学与修辞》（"Semiology and Rhetoric"）中的指令"这事实上将是未来岁月中文学批评的任务"保持忠诚（p.17）。斯皮瓦克和塞吉维克（Eve Kosofsky Sedgwick）是两个明显的例外。她们的独特之处在于偏离了那个宗派，转而打造后殖民主义的女权主义批评和同性恋研究、酷儿理论等创新性的研究项目，现在已名有所成。

---

[23] 他们中的许多人都为最后一本纪念文集之一《阅读德曼阅读》（Reading de Man Reading）撰稿。除了他的同代人哈特曼（但米勒还是参加了文集），其他的撰稿者都忠实地完成了这个德曼式项目。《耶鲁法国研究》（Yale French Studies）也与超过二十名撰稿者出版了著名的纪念专刊，《保罗·德曼的教训》（"The Lesson of Paul de Man"）。有关德曼的学生和代际的问题，参看我的《后理论的一代》（"Posttheory Generation"）一文。

四、背景故事

这为明星制度的学术惯习（habitus）以及它所代表的变化的职业生涯模式，提供了一些解释，我希望将有关明星制度的讨论重置于职业精神而不是好莱坞的背景。让我们再来看看另外一系列有所不同的问题，明星制度为什么会在过去的25年之内出现？它与什么历史因素相呼应？尽管有太多偶然因素——项威强调了会议圈子的增长，用主题演讲者来吸引听众，理论等富有魅力的思考活动的出现取代了死板的学术——我认为，最具决定性的影响是研究型大学的崛起与随之而来的规则（protocols）。[24]

我们再来重温一段熟悉的历史，二战后的一段时期见证了美国大学几何级数般的增长以及许多新的州立大学的建立。私立与公立大学都获得了大量来自政府和基金会的资金，以便直接或间接地为工业、军事和其他政府职能开展研究工作。[25]二战前，联邦政府是与独立的实验室签订研究合同，州政府用于这方面的资金很少。[26]但战后，如列万廷（R. C. Lewontin）在《冷战与学院转型》（"The Cold War and the Transformation of the Academy"）一文中所指出的，"面对美国的反国家（antistate）意识形态"，研究费用通过战时经济在和平年代的史无前例的延续而大规模地社会化了(p.10)。冷战的幽灵从意识形态上驱动了这一现象，罗斯福"新政"以来的自由、福利国家的出现又激活了它。一种必然的结果是，高等教育向那些从前因阶级出身而被挡在高校门外的退伍士兵敞开了大门，然后又继续向他们在战后生育高峰出生的孩子们开放。

这种扩招在大学理念与实践方面引起了重大变革。在战前，大学对政府的命令持怀疑态度，并且谨慎地接受外部资金，但战后，随着大萧条时期的资金短缺，大学

---

[24] 项威确实也引证了源自研究规则的学科变化（92,94）。但他强调学术会议等事件，因为他相信视觉性（visuality）与表演的核心地位，这在某种程度上和流行明星的身份建构是类似的。正如我在下一节所讨论的，我相信学术体制的主要动力是引用性（citationality），而不是视觉性，前者是学术生活所特有的。

[25] 在各种材料中，Roger Geiger 的《研究和相关知识：自二战以来的美国研究型大学》（*Research and Relevant Knowledge: American Research Universities since World War II*）一书，对这段历史有长篇详论。

[26] 参看 Menand 在此问题上的论述。

改变了策略,欣然利用联邦政府和其他机构的资源。[27] 相应地,大学开始以研究作为基本理念,研究也在重要性方面逐渐超过了教学,成了大学正式的操作模式。教学当然没有消失,但它与研究型大学的目标融为一体(如果不是附属于该目标的话),特别是在研究生教育的极大扩张中,教学科研融为一体。

　　这同样改变了大学教员的职业方向。简克斯(Christopher Jencks)和里斯曼(David Riesman)在《学术革命》(*The Academic Revolution*)一书中观察到,到了1970年,教员的主要存在理由不再是教学而是研究了。而且学术价值的裁判员扩展到了整个职业,不再是单个学校,或该学校的资深教授。正如经典的《美国大学的出现》(*The Emergence of American University*)一书的作者韦斯(Lawrence Veysey)所述,"1950年代,美国高等教育中以研究为中心的理念有了极大的提升,远远超过其在1890年代的影响力。在1890年代,这一理念的影响力也曾达到了一个高峰[当时德国模式刚被引进,最著名的例子是约翰·霍普金斯大学]。研究席位首次变得非常普遍,至少是在那些位于学术体制顶端的学校。有人甚至走得更远,将这种变化视为引领了一个完完全全的新时代,因为这意味着首席教授们再也不用靠取悦学生来获得声望"(p.17),而是可以通过研究获取声望。

　　这些变化迅速导致许多大学、新"多元化巨型大学"(multiversity,这是科尔[Clark Kerr]发明的一个贴切词语)里的学科,以及教员中,传统权威和价值尺度的去中心化。大学、特别是州立大学的成长和增多,打破了已经建立的学校排名,而且资金分配方式促成了大学之间的竞争。"声望"成为价值尺度,它是通过全体教员及单独的个体在研究中的地位积累起来的,而不是通过传统的地位和教学声誉。[28] 如果根据批评队伍的研究声誉来评估的话,年轻的加利福尼亚大学尔湾校区,可能拥有全美排名最高的文学理论专业,而不是培养了爱默生、梭罗和T.S.艾略特的哈佛。声望提供了一种协商不同机构之间的差异的兑换率,这种声望每年都在被计算成排名,如《美国新闻与世界报道》中的高校排名,被大学管理部门当作终极

---

[27] 就大学对外部资金的不信任、大萧条的影响及其所代表的剧变等问题,参看 Lowen 的《创建冷战大学》(*Creating the Cold War University*)一书中关于斯坦福大学的研究。

[28] 经济学家 Charles A. Goldman, Susan M. Gates 以及 Dominic J. Brewer 在《声望的追求》(*In Pursuit of Prestige*)一书中论述了这种转变,在该书中他们直接将声望的测定与联邦政府的研究经费数量相挂钩。这可能更多地适用于科学或经济、商学等学科,但在人文科学,声誉与研究经费之间的联系则不那么直接,因为人文科学更多地得益于分摊到整个大学的"间接成本"(indirect costs)。参看 Lewontin 关于自然科学与人文科学差别的限度(pp.30—31)。

目标来追求。

在多元化巨型大学的松散聚合中,各个系不再统一在人文教育的名目下,而是萌生、分裂、剥离出多个次级领域和专门领域。这摧毁了传统的学科权威。[29] 随着专门化的增长和通才研究者的消失,跨越不同的研究领域去进行裁决就变得更困难了。一个现代文学的研究者可能很难理解(更不要说评估)一个中世纪学者的研究。早期学者,如克林斯·布鲁克斯,涉猎广泛,他的研究范围包括美国南部方言的英国之根、莎士比亚的戏剧、济慈的诗歌,以及福克纳的小说。但在多元化巨型大学,文学学者很少能获得其领域或次级领域之外的专才,因此他们的成就只能由他们所在的特殊领域内部的人来独立评估。

对教员来讲,资金的涌入可以让教授从教学中解脱出来,专心从事研究。(这体现在休假机会的增多与课时量的锐减,文学系从普遍的每学期四门课减少到现在标准的每学期两门课。)此外,教师的来源也更加广泛和多样化,不再仅仅来自传统的从预科学校到常春藤高校的小圈子。现在教师除了来自耶鲁大学,还有可能来自威斯康星大学、纽约州立大学石溪分校、或加州大学圣塔芭芭拉分校。这使得传统的地位衡量尺度变得更加复杂,地位更多基于抽象的职业成就,而不是传统的出身和机构附属关系。虽然出身并非不重要,但地位的主要衡量标准在于经过全国性的同行评议体制评估的个人研究。

明星制度是这些变化的一个自然结果,它出现于整个1960年代,不过可能直至1970年代末才完全自然化。明星制度产生于对研究的强调,以及随之而来的对于个人职业声誉的追逐,个人职业声誉的重要性超过了服务于本地学校的重要性。它也是对机构和同行之间相互竞争声望的风气的回应。它满足了对于横跨多种领域与学科的价值尺度的需要,提供了一本词典,可以用来翻译对各种无法比较的实践的判断。我们可能对走道或庭院那边的浪漫主义专家到底是干什么的没有任何概念,但通过一些相似的标志,如一本经常被引用的牛津大学出版社出版的著作,或者权威的讲演邀请,我们能认识到她是正在升起的学术明星。与此相关地,明星制度满足了大学的一种需要,为大学排名提供了数据,同时还提供了一种特殊的招牌(marquee)价值,让一所大学能够自夸拥有最著名的浪漫主义教授,也就是最著名

---

[29] 参看 Louis Menand 的极富启发性的《学科权威的死亡》("The Demise of Disciplinary Authority")。该文也论述了研究型大学和职业精神的崛起对文学研究的影响,虽然 Menand 的焦点是文学研究在解构了自身学科根基后的僵局。

的浪漫主义专业。

明星身份是一种抽象的价值尺度，这一点滋生了一些更令人烦恼的猜疑。由于明星身份不易量化，看上去是无定形的；又因为它是从学术工作中抽象出来的，看似幻象且无根据。比如，项威就将之与"笃实性"的传统价值相比，认为传统价值为成就提供了一种更具体的衡量尺度。但是，正如任何其他流通货币一样，明星话语提供了一条途径，可以借此来转换本质上无法比较的事物、领域、实践的价值，同时也提供了一条在不同机构之间协商价值的途径。毕竟"笃实性"是一种依靠其制度性领域而界定的价值，就如现在的思辨原创性。罗宾斯相当正确地批驳了关于成就的陈词滥调，将问题转向其深藏的社会根源："只要你对成就进行足够深入的挖掘，你总是能将它消解为社会性的决定因素，家庭与朋友、爱人与导师、身份、利益、机构等诸如此类的因素，这些因素总是对某些人有利而对他人不利"（《名人依赖》）。明星制度，或任何区隔性制度的问题，不在于标准的丧失，而是在于控制准入（access）的制度性通道，以及获取成就与荣誉的机会。

五、知名度

在我看来，明星制度的根深蒂固除了其制度功能和职业功能的原因之外，其情感功能也是一个原因，特别是在我所谓的知名度方面。后面的这个维度部分地解释了明星制度为什么会生根。明星制度的生根不仅是对研究型大学的境况的应答，而是为了我们，特别是我们这些文学学者。这可以被视为职业精神领域的一部分，但它把焦点从客观制度转向了主观过程，我们正是通过这一主观过程成为了当代学者。它诉诸于我们职业的"情感结构"（威廉斯 [Raymond Williams] 语），以及我们从事这一职业的活生生的经验。这样开始讨论"职业情感"的王国，使其在某种程度上成了无定形的，但它依然是可触摸的，并且涉及我们的职业回报结构。

在非实用性的人文学科，存在着一种普遍的学术不满和抱怨，即我们薪水太低，至少和其他需要高学历的职业相比是太低了，这些职业也是我们比照的对象（不是中学老师，而是律师和医生，我们可能和他们同校或者就是隔壁邻居）。正如所有美国人都知道的，金钱是某种职业的公共认可的具体衡量尺度，或那种职业在构建一种必需的公共服务、并获得支配它的垄断权方面是否成功的尺度。雪上加霜的是，人文学科的教授还不像外科医生那样拥有上帝般的地位；关于人文教授的典型公共想象无非是和现实世界脱节的人(头脑混乱、好幻想、象牙塔),或过于认真的、爱纠正语法的学究(如在老套的鸡尾酒会闲谈中,某人得知你是一位英语教授后,立刻说"我得注意我的语法了"),还有阴险小人(如亨利·基辛格的妙语"大学政治的恶毒,恰恰是因为它涉及的利益是如此微小")或酒色之徒(诗歌教授)。

那么,我们从事文学研究到底是为了什么呢?这当然有很多原因,这些原因有时是特殊的、有时是矛盾的、有时是利他主义的、有时则是默认的。虽然考虑我们的回报有点让人发窘(我认为,为我们的回报体制制定一个规则,以及当我们捍卫这种职业时理解我们是在将什么东西合法化,是值得的),但我们职业的一个显著回报就是知名度。某人的名字的确有可能被整个美国以至世界所知道(一本剑桥大学出版社的小册子就是这么自豪地告诉它的作者的,尽管这类书的印数通常很有限),哪怕只是在数据库或图书馆里,只有使用它们的人才知道。在我们生活的这个孤立、匿名的世界里,人们可以获得一定的名声。[30]

戴维斯(Lennard Davis)在他的回忆录《我的沉默感受》(*My Sense of Silence*)的跋中,为这种职业情感给出了一种证词。从该书中我摘出了一句作为本文的题词:"我撰写过一批学术著作和论文,并且取得了那种有限的名声,大学里的某些人知道我的名字和工作"(p.145)。(戴维斯最初是因小说史研究而为人所知,最近他作为残障研究 [disability studies] 这一新领域的开创者获得了更高层次的认可)。他这么说并不是在自我吹嘘,而是在对他的人生做出冷静的评价,以便回答如下问题:"我生命中有多少成就是因为我的属于工人阶级的耳聋父母?尽管我来自这样的家庭,我又依然取得了多少成就?"正如戴维斯所描述的,职业名声有完全正面的意蕴:寻求名声不是可耻的,而是值得的;不是厚颜的流行,而是具有职业合法性;不是似是而非或无据可依的,而是脱胎于工作(著作与论文,但不是教学);不是轻浮的或不当的,而是应得的和值得奖励的;不是无足轻重的,而是一种可以触知的和令人满意的回报。他限于职业王国里的名声不是一种失败,而是代表了他履行职业使命的成功。此外,这还象征了他阶层的上升,这种上升是通过工作的正当渠道取得的。用一种职业主义的方法,他发现是他获得的名声或知名度确认了他的成功,而不是金钱。知名度虽然是象征性的,但却并没有让其回报变得廉价;它不仅是一种心理满足,而且代表了文化资本的增长,这种文化资本在获取社会特权方面有着物质效

---

[30] 正如 Braudy 所言,"在根本意义上,'名声'意味着被谈论,有关名声的议论总是广为传播"(p.608)。

果（戴维斯转聘到伊利诺依大学芝加哥分校后，据说其年薪已经涨到了六位数）。

虽然"知名度"如名人身份，有口头流传性，它对学者有一种特定的形式（"那种有限的名声，大学里的某些人知道我的名字和工作"），特别是在人文学科领域，报酬主要是象征性的而非金钱的（不仅与其他职业相比是如此，与其他学科，如商学或工程相比，也是如此）。这一点在文学研究与哲学等学科中可能更明显，这些学科的研究焦点是语言、写作和思想史，以及写作者的名声和著述在思想史中的流传。知名度采取的形式是引用性（citationality）。实际上，正如奈尔森（Cary Nelson）所说，"引用有点像喝彩的学术版本"（p.39）。虽然学者在流行视觉文化（如《纽约时报》的报道）中的表征引起了最多的关注，但在我看来，学术名声的主要动机不是（流行的）视觉性，而是（学术的）引用性，引用性是由职业决定的，并且是特别针对学术文化的，是学术文化独特而固有的东西。

尽管我们很难用精确的方式来度量知名度，或者其他同源词汇如"全国性声誉"（不过，人们计算《艺术与人文学科引文索引》[31]的引用量，并将这种计算用于终身教职和晋升的决定），但它却以若干方式嵌入了职业实践。首先就是学术引用的规则。一篇典型的正常批评性文章，即大量不仅出现在《批判性探讨》（*Critical Inquiry*）这样的权威学术期刊，也出现在诸如《文学想象研究》（*Studies in Literary Imagination*）、《小说研究》（*Studies in the Novel*）、或《维多利亚诗歌》（*Victorian Poetry*）等普通学术期刊的论文，都是以冗长的文献回顾开始的，因为研究生院就是这么教学生的。为什么这么做呢？标准的学科解释是引用具有逻辑功能，它们是证明与阐述，或否定和修订的前提。也就是说，它们充当了学科知识积累的建筑材料。

引用或许更经常的是出于修辞目的。它们通常诉诸于权威以确保职业上的有利地位。正如格莱弗顿（Anthony Grafton）在他不同寻常的《脚注》（*Footnotes*）一书中所理论的，"一般认为，一连串早期著作和论文的清单……对所使用文献的标注，就能证明作者的研究是否扎实。但事实上，只有相对较少的、在同一文献水域中撒过网的读者，才能轻易地和专业地鉴别出所给注释的价值。对大多数读者而言，脚注扮演着不同的角色。在一个现代的、非个人的社会，生活其中的个体必须依赖他们所不认识的人提供的重要服务。资格凭据（credentials）充当了行会会员或者个人推荐信的功能：它们赋予了合法性"（p.7）。

---

[31]《艺术与人文学科引文索引》(*Arts and Humanities Citation Index*，或 A&HCI)，是艺术与人文科学领域重要的期刊文摘索引数据库。——译注

另外，引用还修辞性地提供了一个起点，近似于格莱弗顿所谓的一个"传统诗人的祈祷"。如他所说的，"在整个现代历史世界，文章都是以古代对缪斯的召唤的工业文明等同物开始的"（p.7）。然而，更为经常的是，引用成了一种并非为了颂扬的计谋，如汤普金斯（Jane Tompkins）所说的，"捅向肠子之前必须先友好地拍拍背"（p.124）；说明先前的批评如何是错误的（用列文 [Richard Levin] 的话说就是，"我的主题可以打败你的主题"，或者如汤普金斯所说的，"打斗的词语"），以此来开始自己的论证。这同时也发挥了一种职业功能，确认了一篇新的批评文章的必要性，当然这篇文章也有可能以同样的方式被其他文章所取代，但正如我们常听到的，它好歹为作者的简历又添了一行。

不过，引用的一个重要另类（alterior）功能是作为纪念性的致敬。虽然引用可能满足逻辑与修辞的目的，但它同时也强化了知名度的规则。引用召唤的不是缪斯，而是职业认可（professional recognition）制度——认可他人，同时希望自己有一天也能被认可。对于名字的仪式化吟诵——即使是不赞同的——可以被视为一种纪念性叙事，它在《圣经》、《贝奥武甫》（*Beowulf*），或者其他口头传统中都很常见（见Opland）。引用激励了它所提到的那些名字的重复、纪念以及圣化。如果你曾写过一篇有关 18 世纪英国文学家高尔史密斯（Oliver Goldsmith）的新闻作品的不知名文章，你的名字就会永久地出现在高尔史密斯的研究文献中，或者至少会在那儿呆上几年，被其他高尔史密斯专家引用，可能也会被其他研究公共领域或咖啡馆文化的作者所引用。这种回报结构由职业规则强制实施，并被审读报告等常规实践所要求。如审读报告会首先问"作者处理了足量的相关学术文献吗？"事实上，如果一个人不引用其他学者，他就将被视为不负责任、或非学术的，并且该人的作品将无法通过学术渠道发表。

除了在注释与引文中进行引用的普通模式外，知名度也见于词组和短语。任何有能力且具备学术水准的学术实践者，都必须能辨认出一长串标志性的"短语和概念"。例如，如果给你下列术语——杂交性、民族文化、逻各斯中心主义、无重要性[32]、易装、技术文化——你会将它们与哪些学者的名字联系在一起？研究生教育

---

[32] 原文是"no consequences"。这一术语可能源自费什，他曾在 2003 年发表过一篇文章"Truth but No Consequences：Why Philosophy Doesn't Matter"。杂交性（hybridity）、民族文化（national culture）、逻各斯中心主义（logocentrism）、易装（crossdressing）、技术文化（technoculture）等术语分别是和巴巴、劳伦·贝兰特、德里达、巴特勒、罗斯等理论家联系在一起的。——译注

再生产这类知识，默默地传播相关的名字。这种引有模式虽然在标志性短语中最明显，但它也被广泛应用于一级和二级领域，如一篇文章使用"用某某的话说……"这样的常用表达法，这里的某某并不一定指的是一位学科明星。在很大程度上，职业地位的竞争靠的是词语流行性的竞争。这不仅依赖于论述的逻辑功效，或者历史知识的深度，而且有赖于被承认拥有、从而能自称拥有某些引起其他学者关注的术语、短语的所有权，这些术语、短语的思维原创性（而非传统立场）反过来也为学者的名字增添了声誉。

另一种形式的引用见于某人名字的形容词化，如巴特勒式（Butlerian）[33]，德里达式（Derridean），巴巴式（Bhabhaesque），它标志着知名度的顶点。这种说法有时候被当作速记一笔带过，不过，它更经常地指代了一种思想与术语的整体框架，当某人被认为拥有了某种批评模式的版权。这种形容词化标志着一种最为全面的引用和模仿，如某学者运用巴特勒的身体理论去解读《简爱》之类的文学文本。这在研究生教育中颇为常见，如某个学生可能会展开一个贝兰特式（Berlantian）[34]的关于州政府权利与区域文学的研究，并在他或她的博士论文第一章里宣布其理论认同。被人模仿证明了在学术领域里演现的名声竞争方面的某种胜利。

除出版之外，知名度的另一渠道是交谈和八卦。（奥斯卡·王尔德的一条知名度原则是："唯一比被谈论更坏的事就是不被谈论"。）我这里说的八卦并不是谁和谁上了床之类的传闻（尽管这或许与我们的职业社会体制以及声望等级并非毫无关联），而是我们可能都意识到的一个声誉记分卡——谁的著作你必须读，谁的可读可不读，谁是 X 领域里最重要的人物，谁是 Y 这个新领域里的大牛，等等。这种模式发生在会议、学术宴会、走廊等场所，正如常言所说的，任何时候只要两位学者碰到一起，就会谈起这些。虽然这种知名度方式和学术写作中引用的耐久性相比，是短暂易逝的，但它却渗透了我们职业惯习的鲜活经验之中。

在引用的规则与实践中，知名度可说是学术生活所固有的。这是一种我们已经自然化和内在化的形式，或用巴特勒的思考框架，这是我们所体现与操演的，我们

---

[33] Wicke 提供了这样一则趣闻："Henry Abelove 告诉我，当他看完《哭泣游戏》(*The Crying Game*) 这部电影离开剧院时，他听见一个年轻的观众满怀钦慕地对另一个观众说，'多么巴特勒式的电影！'"（p.773）。也可参见费什就该问题的访谈，他提供了首批名字测试的不同版本。

[34] 劳伦·贝兰特（Lauren Berlant）是美国芝加哥大学英文系的讲座教授，主要研究大众文化、公民身份和酷儿理论。——译注

不仅自己努力去争取知名度，还在认可与传播他人的名字，以及与之相联的著述。我们可以在当下的明星制度中找到这种引用形式的精心扩展，从这个意义上说，明星制度不是对神圣的职业信徒的外在强加，而是对固有的职业情感的一种表达。据我推测，多数论及职业精神的著作，只讨论了其结构和历史特征，没有涉及其特殊的但却是形塑性的情感生产。但正是情感——我们的希望、焦虑、抱负、恐惧、渴望、愤恨——使我们做我们所做的事，并且在行为举止上像个专业人士。为了理解我们的职业生活，除了一套回报的法则，制定一套情感法则，可能也是值得的。

（何山石　译/杨玲　校）

三 | 名声的制造与管理

这一部分从文化经济、摄影技术、知识产权法和电视媒体等角度探讨了当代社会中名声的制造和管理,揭示了参与建构名人身份的各种社会机制。

✧ 名人经济

✧ 华彩与粗糙:尤尔根·泰勒名人照片中的光晕与本真

✧ 谁拥有名人?:隐私、名气以及名人形象的法律管制

✧ "你需要担心的只是这任务,喝杯茶、晒点日光浴":
在《老大哥》中走近名人

名人经济

格雷姆·特纳

导 读

本文选自澳大利亚昆士兰大学格雷姆·特纳教授的专著《理解名人》一书的第二章。在文中，特纳借用经济学的思维和术语，从文化研究的角度探讨了名人经济及其运行模式、宣传策略与存在其中的权力关系，其突出特点在于把名人当作一种市场化运作的产物，而非一种公益、偶然、独立的文化存在。通过对名人的制造、推广和盈利过程进行全面的考察，重点强调了名人在文化职能之外所具有的经济职能。

特纳从三个方面对名人所形成的文化经济进行了探讨。他首先提出了"名人—商品"的概念。名人的开发是为了追逐经济利益。名人既是文化工作者，同时，对于依靠从名人的商品化获利的人而言，他们也是一种金融资产，"名人的公众形象可以被开发成商业资产，他们的职业选择原则上也该忠于这一目标"。不过，与普通标准化产品制造所不同的是，名人需要将自己构建成一个独特的存在。明星一般都拥有高辨识度和偶像般的外形，特定的个人历史和相当的心理和符号性深度。正是这种特殊性吸引了大众对名人的热烈追逐。媒介和娱乐工业为了源源不断地攫取利益而运用这个套路来批量生产名人。

在本文的第二节中，特纳在前人研究的基础上分析了"名人产业"的结构和运作方式。他援引瑞恩、甘姆森等人的观点，认为名人产业处在一个庞大产业结构的中心，并有娱乐产业、传播产业、形象设计产业以及代理行业等多个相关的次级产业支持。而在涉及的一系列文化媒介人中，最重要的是代理和宣传产业的核心人物经纪人、经理人和公关人员。鉴于这些人员的作用会随市场的不同而变化，他以美国模式为例进行了说明。名人产业结构的关键就在于名人

本文译自 Graeme Turner, *Understanding Celebrity*, London: Sage, 2004, pp.34—51。作者格雷姆·特纳为澳大利亚昆士兰大学(University of Queensland)文化研究教授。——译注

及其代理人与娱乐行业、新闻媒体经济上紧密相连而又相互依存的交易模式。

最后,特纳还论述了名人产业的公关宣传部门与新闻媒体之间存在的复杂的权力关系。一方面,公关宣传人员对新闻生产大肆进行渗透,操纵媒体来实现对名人形象的塑造和控制;另一方面,新闻媒体人员利用公关宣传人员提供的名人信息来吸引眼球,保证销量。英美两国的不同情况表明,二者在权力关系中所处的地位因地而异,名人产业尚不能完全控制媒体。特纳尖锐地指出:"考虑到名人产业内形成的利益冲突,名人产业对其产业动作环境的理解和媒体报道的发展定位之间的差距,名人产业的权力也具有局限性。"

一、名人商品（The celebrity-commodity）

名人的开发是为了赚钱。他们的名字及形象被用来推销电影、CD光碟、报刊、杂志、电视节目,甚至晚间新闻。媒体大亨让名人涉及其项目,因为他们相信这会有助于他们吸引观众。电影制片人利用明星为其项目吸引投资;市场营销人员利用名人背书（celebrity endorsements）来塑造产品的形象和品牌;电视节目利用名人嘉宾来赢得观众;体育赞助商也利用明星运动员来吸引媒体的关注、提升赛事的人气。当然,名气也以两种方式为名人带来了收益。名人既是依靠自己的劳动获取报酬的文化工作者,他们同时也是"财产"（Dyer, 1986: 5）;也就是说,对那些靠从名人的商品化获利的人（包括电视网、唱片公司、制片人、经纪人 [agents]、经理人 [managers] 和名人自己）来说,名人是一种金融资产。名人的公众形象可以被开发成商业资产,他们的职业选择原则上也该忠于这一目标。随着资产的增值——也就是名人的声名传播——名人的挣钱能力也跟着增长。

因此,名人公众形象的开发是一桩严肃的生意。正如我们先前所看到的那样,它通常会置于第三方的掌控之下,最常见的是由经理人来把握（不过,在某些市场条件下,劳动分工会有所不同,戏院经纪人或电视网公关人员也会担负起经理人的职责）。按理说,这个第三方应该对名人的商业成功有着长期的投入。毕竟,他们的收入与他们对名人的个人及商业利益的管理（和保护）是挂钩的。然而,实践过程中,情况或许并非总是那么简单。有时经纪人或经理人可能会发现他们不得不为了短期利益,而将其名人商品的本期收益最大化,例如,当名人变成了一项特别"炙手可热"的财产时。此外,体育和娱乐工业的某些领域一般不提供长盛不衰的坚实前景（流行音乐就是一个例子），这些领域里经营名人的操盘手们必须先对其远景做出判断，然后再决定采取何种策略。一般来说，第三方，无论是经理人、经纪人或电视网公关人员，都会签约一定数量的名人。这不仅使投资和商业风险多样化、分散化，而且也反映出他们自我保护的特殊需求，因为他们不能完全控制投资。与工厂生产的产品不同，名人有自己的头脑和独立行为的能力。

从名人的角度看，他们的个人目标极可能是，通过对其名人商品精明的分配和调节来构建一个切实可行的事业（Turner, Bonner and Marshall, 2000：13）。名声通常是短暂的，因此名人需要自我营销的指导，就如同制造业会请专家来帮助他们制定出一套营销计划，一个产品改进体系，以及一种构建和保持消费者忠诚度的战略（Gamson, 1994：58）。尽管这会让名人意识到他们的商品化地位将会导致一些个人成本，但目的还是作为名人商品进行交易，为个人创造利益。这包括谨慎的战略选择，用以增加名人商品对于工业和第三方中介人的价值，同时又不牺牲关乎名人个人幸福的某些生活方式。[1]

存在于这种状况之中的冲突性利益之网并没有妨碍名人的扩张。名人的市场营销以及名人的市场近几十年来产生了令人瞩目的增长。这个过程的关键恐怕就在于这些彼此竞争的利益在多大程度上已变得相互依存，如今日的名人结构与媒介工业以"某种扭曲的互利共生关系"共存（Giles, 2000：26）。当公众对名人私生活的兴趣导致《国家调查者》（*The National Enquirer*）或《每日邮报》（*The Daily Mail*）曝光他们的绯闻，名人或许会对此强烈反感。然而，同样程度的兴趣也能吸引人们去看名人的下部电影或他们接下来的现场露面。公众兴趣的表达还提供给名人权力，它能让名人获得《Hello！》杂志的奉承性的照片专题报道，或要求作者同意为他们准备在《名利场》上刊发的传略，所有这一切都有助于提升投入到名人的公众形象中的文化资本。就杂志编辑而言，这些照片和专题报道会让杂志大卖。公众对一线名人信息的需要就意味着媒体（尤其是杂志）必须毫不懈怠地与名人保持联系，其代价是，一旦名人走红，媒体就得同意名人所提出的任何条件。[2] 反之，

---

[1] 理查德·戴尔（Richard Dyer）的著作《天体》（*Heavenly Bodies*, 1986）为我们提供了三位明星的案例研究。这些明星反抗他们的商品化境遇，他们因为失去了对个人形象的传播和界定的控制权而被剥夺了私人生活。

[2] 正如大卫·吉尔斯（Dvaid Giles, 2001）在谈到音乐杂志时所指出的，杂志读者的"忠诚较少的取决于报刊本身，而更多地取决于某一个乐队或艺术家"，因此音乐杂志记者与明星的关系"永远是困难、危险的"，第137页。

既然名人总是需要媒体提供的曝光度，那么他们就得出于自身利益尽可能地配合媒体，保持与媒体的关系。因此，名人会为杂志提供免费的形象，他们会出席宣传活动，推广本年度的新电视连续剧，并且参加一圈脱口秀节目为他们的下一轮巡演造势等等。

在一个类似的相互配合又有利益竞争的网络中，电影制片人会与明星签订合同，让明星既在电影中扮演角色又为电影做广告和造势。这是为了最大限度地提高电影的曝光率和吸引力，以便为制作公司赚取利润。虽然明星或许也希望得到这种结果，但他们的个人利益与公司的利益有细微不同。通常，明星宣传他们的最新作品是为了把它当作提升自身商业价值的一种手段，所以他们有可能并不情愿把个人知名度与某部电影联系得太紧密。甘姆森（Gamson）提出，"想提高其作为名人的市场号召力的演员"或许"会抗拒与作品（即他们正在宣传的电影）的联系"，他们更愿意单独推销其个人名声（1994：84）。正如白瑞·金（Barry King）指出的那样，电影演员除了以这种方式将自身商品化外，几乎没有其他选择。电影角色是僧多粥少，那些没有走红的演员获得的报酬很少。金进一步说："鉴于自然主义惯例的运作，角色竞争就会导致对演员独特性的强调，将重点从演员作为演员的表现转移到演员作为个人或本色存在的表现"（King，1991，78）。明星的公众形象的建构也许会导致某些"自主性的损失"（同上：180），他们的银屏后的生活和个人选择都会受到限制，但是为了在业内扩展市场影响力，这被认为是合理的代价。类似的模式随处可见。在一份有关摇滚乐行业的论述中，狄娜·韦恩斯坦（Deena Weinstein）解释了为什么受关注的不是"作品"，而是个人："如果唱片公司让听众喜爱上歌手而不是歌曲，那么粉丝很有可能会购买下一张专辑和后续衍生产品，如演唱会门票、T恤衫、录像带、书籍和海报。"（1999：65）。乔·莫伦（Jeo Moran）在阐释文学出版业的变迁时，注意到近年来，越来越多的图书宣传以作者为焦点（如脱口秀、专题报道等），出版商在自己策划的项目中增加了对名人作者的投入（如：Joan Collins 或 Martina Navratilova 等明星的传记）。将作家当作名人来宣传是文学生产被整合进娱乐产业的一个征兆（2000：41）。

尽管名人产业中的大部分人更喜欢像传统的制造业那样运作——像工厂流水线那样生产标准化的产品，名人的整体结构却是建立在个体化的个性基础之上的。实际上，作为个体的明星都具有很高辨识度甚至是偶像般的外貌形象，该形象的流通有着一段特殊的历史，并随着时间的流逝积累起来了心理和符号性深度（De

Cordova, 1990: 9)。渴求名声的个体会热烈地追逐这种特殊性。然而，在媒介和娱乐工业的理想世界里，如果这些工业能稳定地获得不那么特殊的、更程式化的、可以互换的名人商品，他们将更加有利可图。这些名人商品不会到期为资本财产，因而增加生产成本，任何一种名人商品的市场价值与其他名人商品也没有大的不同。虽然经典好莱坞时代的制片厂是实践这一原则的最好例证，我们不难发现当代媒体的某些部门仍在运用这个套路来批量生产名人。

例如，在美国、英国、澳大利亚（还有一些其他地区），电视肥皂剧中的一些青少年明星有很高的出镜率，但通常只要他们脱离该连续剧，就很难找到其他工作。他们很容易被人取代并很快被人遗忘。在我们为《声名游戏》(*Fame Games*)（Turner, Bonner and Marshall, 2000）一书所进行的研究中，我和我的合作者们发现，相当多的出演澳大利亚肥皂剧，如《左邻右舍》(*Neighbours*)和《聚散离合》(*Home and Away*)的前明星，最终都离开了娱乐行业，因为他们一旦脱离了最初扮演的角色，就毫无演员的声誉可言。他们的名气是建立在某种特定的、威信较低的载体上的抛头露面，并通过一种积极利用跨媒介、多平台促销的工业结构被放大到最大限度。(在澳大利亚那些最成功的青少年肥皂剧的案例中，委托制作产品的电视网拥有全国唯一的电视收视指南杂志以及引领妇女杂志市场的大部分杂志。肥皂剧明星经常登上妇女杂志的封面，并获得杂志的专题报道）。然而，这些明星一旦离开剧组，在所有这些平台上，他们很容易就被一些新的年轻面孔所取代。这些就是罗杰克（Rojek）的"类名人"（celetoid）的例证，"类名人"从电视、杂志上的频频露面到销声匿迹也就是几周的时间。《老大哥》(*Big Brother*)等真人秀电视节目所引发的潮流也是一个例子，这种形式是为了向电视观众提供一大批可靠的、可互换的名人而设计的。在以上的两个例子中，个体演员或《老大哥》中的"室友"很难发展出所需的控制能力来维持与观众的、不以电视节目为连接的关系，也就是说，一种不受节目制作公司或电视网管控的关系。

制作公司认识到了这种情形，但他们大多不认为这存在着什么伦理问题：在大多数情况下，那些明星只要能红，不管红多久，就都被认为是幸运的。对这种情形觉得有点不安的是那些融入了名人生活的经纪人、经理人和公关人员。这些人在某种程度上已认同了名人作为公众人物生存的长期目标。对这些人来说，行业利益与个人利益产生了冲突，从而造成了实践和战略上的两难处境。譬如，他们应该在多大程度上鼓励年轻的肥皂剧明星在采访中吐露个人隐私，明知这些被泄露的隐私有可能困扰这些明星将来的职业生涯？类似地，当经纪人知道明星裸照有可能在未来限制明星的职业选择时，他们还要在多大程度上支持名人为了提高短期知名度而将裸露性照片提供给媒体？我们一直在使用的"名人商品"这个隐喻包含着业内人士每天都得处理的一个矛盾：即商业利益极有可能与名人的个人利益背道而驰。

当我们审视媒体对"偶然性名人"（accidental celebrity）——新闻中的人物——的关注所产生的效果时，这就更是一个问题了。比如，戴安娜王妃的前男管家保罗·伯勒尔（Paul Burrell）由于卷入了一桩案子而成为寿命极短的名人商品，并似乎有人建议他尽快、尽多地从名人身份中捞取好处。在伯勒尔的例子中，这意味着为了大笔金钱向一家发行量大的报纸出售他的故事（尽管他先前声称绝不会拿他与戴安娜的关系卖钱）。那些没能竞拍到伯勒尔的故事的报纸便随心所欲地对他和买下他故事的报纸进行攻击——嘲弄他、贬损他的信誉、挖掘新的资料难为他，以及质疑故事的细节等等。正如随后伯勒尔的住宅受到袭击所表明的那样，接受名人商品的身份会带来严重的私人后果。它涉及到一种行为框架，而个体对此几乎毫无控制能力。在我们为《声名游戏》（2000）做的研究中，我和弗朗西斯·伯纳（Frances Bonner）、大卫·马绍尔（David Marshall）一起调查了斯图亚特·戴夫（Stuart Diver）的媒体表征。戴夫是澳大利亚雪原一次灾难性雪崩的孤独幸存者。他这样的人能控制媒体表征的唯一办法就是完全与打造他名声的名人工业配合；他雇佣了一位经理，并将事态的控制权拱手交给媒体专业人士，而这位专业人士则将所有的媒体接触机会都彻底商业化了。显然，戴夫认为这么做不太道德（这似乎是一种利用他人的不幸来换取金钱的企图），但是，专业人士劝他说这是唯一现实可行的办法。这个方法也果真奏效了。只接受一家媒体机构独家专访的规定，熄灭了其他媒体的兴趣。这些媒体不想宣传竞争对手的财产，既然戴夫已成为公众心目中的英雄人物，他们也就无意再对他进行攻击。

当然，一旦功成名就，名人就可以通过背书、推销等活动周旋于许多次级行业。名人自己也能成为品牌，并包含巨大的商业潜力。根据麦克唐纳和安德鲁斯（McDonald and Andrews）的报道，百事可乐的运动型饮料品牌"佳得乐"（Gatorade）曾与著名 NBA 球星迈克尔·乔丹签约，让乔丹在"像迈克一样"（Be Like Mike）的广告中推销"佳得乐"。仅一年的时间，"佳得乐"的年总收入从 6.81 亿美元增至 10 多亿美元（2001：20）。对于乔丹等名人的全球市场营销，正在日益扩展美国在全球市场的占有率，尤其是在电影，电视，录像诸领域。不过，在体育界这还是一个新近出现的现象。

　　大卫·娄（David Rowe，1995）认为，在20世纪70年代以前，体育或体育明星一点都不潇洒或时髦。然而，由于体育在文化和经济上定位的转变，导致了体育明星被越来越多地当作商品进行营销。体育电视转播的日趋成熟，增强了体育明星的可视性及其文化影响力。而且，体育与时尚的文化和产业融合尤其令人感兴趣，这样的事态发展似乎对体育明星的角色产生了特别强烈的影响。沃纳尔（Whannel，2002）描述了随着主流时装业对运动风格的借鉴，像运动服和运动鞋之类的功能性运动服饰如何变为了时尚品。更重要的或许是沃纳尔所描述的"健身时髦"（fitness chic）的兴起：整个20世纪90年代，健身俱乐部大受欢迎，"锻炼潮"风靡一时（2002：129—132）。今天，使用体育明星做广告的运动商品品牌出现在各种百货商店和服装店，这些品牌的市场穿透力可见一斑。从前，我们看到主流的时尚购物中心会出售一些印有商业标识的T恤，今天整个市场都被耐克、彪马、阿迪达斯、锐步之类的设计师品牌和体育用品标识所占领。所有这些导致媒体更强烈地关注体育明星在运动场外的外貌、风格和个性。于是，运动员们也被"赞美和利用"了：

> 他们的劳动和表现遭到持续不断地细查，他们的技能在体育市场上被买卖，他们的身体为了更高的效率而受到惩罚、操纵和侵犯，他们的形象为了出售、推销产品和服务而被塑造和展示。
>
> （Whannel，2002：13）

　　根据瑞恩等人（Rein et al.）的观点，现在体育明星年收入的三分之二都来自各种类型的产品背书，从运动工具（运动鞋、网球拍等）到食品系列（酸奶、早餐燕麦等）再到时装（服装、太阳镜等），无所不包。网球明星安德烈·阿加西（Andre Agassi）每年的毛收入高达1100万美元，其中网球比赛的收入仅占十分之一，其他收入均来自背书（耐克、佳能）、特许（新的运动器材系列）以及出场费和投资（他投资创办了一个名为Official All Star Cafe的连锁饭店）（Rein et al，1997：53）。

　　关于名人商品最后需要注意的一点是，名人与商品消费之间的密切关系。我们已经看到马绍尔的著作通过将个人主义、消费主义与民主资本主义等意识形态联接在一起，描绘出了名人所发挥的功能。德阔多瓦（De Cordova）的电影明星史讨论了1920—1930年代期间，明星作为消费主义价值观的倡导者的运作方式。德阔多瓦在拉里·梅（Larry May）的研究基础上提出，那时需要完成的意识形态工作是，协商"维多利亚时代的理想与消费主义理想"之间的紧张关系,以此作为日常生活商品化的一个部分。影星是这种协商得以发生的良好处所。从他们的社会权力来看,这些影星并未享有过多特权,他们大多来自普通的社会经济背景,他们的成功"很容易被归功于民主理想。明星通过物质财富的占有,炫耀性地展示了他们的成功。他们生动地示范了这样一个观念,即满足不是源自工作,而是来自工作之外的'消费和休闲'活动"(De Cordova, 1990: 108)。这种示范延续至今,如名人们在各种休闲场地——宾馆泳池、家里、餐馆、高尔夫球场——推销他们的最新投机。名人致力于合法化的消费主义价值观对于媒体的商业利益也是至关重要的。正如康博理(Conboy)在针对新闻媒体对于名人的使用问题上所说的,"名人新闻的吸引力之一就是,它向作为读者的人们传达了消费主义的价值观,这个价值观与报纸的经济议程密切相连"(2002: 150)。这些新闻故事经常将名人呈现为消费实践的榜样和读者渴求的目标。当然,这也会出现歧义。尽管这些故事将名人的商品消费描述为奢华过度,但它们也可以将名人的消费行为当作一种建构名人的日常性的手段,表明名人与"我们"的相似之处。

二、名人产业

在这一节里,我想以前面提到的第三方(经纪人、经理人和公关人员)的功能为起点,勾勒出名人产业的结构。这或许是一个不太成熟的论述起点,但在有关名人生产过程的分析,或针对名人生产过程所使用的大量文本的分析中,却很少能找到这些信息。这是很有害的,因为名人产业积极地掩盖了其自身的活动。通过将宣传呈现为新闻,声称告诉了我们其客户的"真实样子",管理抓拍照片(candid photo)的机会等方式,名人产业不遗余力地将其职业实践自然化,或让其职业实践淹没在新闻业等其他职业之中。因此,人们不易识别这些产业的作为,也无从评定它们的重要性。当下,很少有现成的研究从这个角度来探讨名人生产的话题,用分析电影产业或电视产业的方式来分析名人产业。甘姆森的《名声的理由》(*Claims to Fame*, 1994)、马绍尔的《名人与权力》(*Celebrity and Power*, 1997)以及瑞恩等人的《高能见度》(*High Visibility*, 1997)可能是讨论美国名人产业的最新、最有用的书籍,我本人和伯纳、马绍尔则在我们合著的《声名游戏》(2000)一书中,描述了一个更小、更缺乏组织的产业。本节将会大量援引上述著作。

让我们还是以瑞恩等人所说的"名人产业的结构"开始吧。我应该指出他们的书仅仅讨论了美国的这个产业，该书回应的是名人营销技巧在政界、商界、学术界以及宗教界的扩展，在这方面美国当然比其他国家更发达。他们所勾勒的模式会有一些变异——这点我将在本章后面讨论——但把重点放在美国是很有益处的，因为美国拥有名人产业最发达的范本。与大多数其他著述不同，瑞恩等人把名人产业放置在一个产业结构的中心。根据他们的观点，娱乐和体育产业都处于名人产业的外围。他们持这种观点的理由在于，名人造势的手段（市场营销、公共关系、宣传等）已经覆盖了整个经济的众多领域。

按照他们的描述，名人产业是由7个相关的次级产业支持着。这些次级产业的活动并不仅仅只服务于名人产业，但名人产业为了制造和推广名人，必须对次级产业提供的服务进行协调。瑞恩等人认定的第一个产业，毫不意外地就是包含剧院、音乐厅、舞厅、运动场地和电影制片厂的娱乐产业。他们认为这跟涵盖报纸、杂志、广播、电视和电影的传播产业是不同的。无论是娱乐产业还是传播产业活动，都需要通过宣传产业（publicist industry）来进行推广，这个产业由宣传人员、公关公司、广告公司和市场调查公司组成。名人本身由代理产业（representation industry）来管理，该产业包括经纪人、私人经理和推广人员（promoters）。名人形象的生产来自由服装师、化妆师、发型设计师和其他各种形象顾问构成的形象设计产业（appearance industry）的协作。名人的专业表演则是由音乐、舞蹈、谈吐及模特教师组成的培训产业（coaching industry）来处理。最后，还有一个背书产业（纪念品制造商、服装生产商、游戏和玩具制造商）以及提供法律、财务和投资建议的法律和商业服务产业（Rein et al., 1997: 42—58）。

我们并不需要完全接受以上的分类，但它们的确为我们展示了让这个系统得以运作的各种文化中介（cultural intermediaries）的全貌。不过，它遗漏了甘姆森眼中的名人体系的一个核心产业元素。尽管甘姆森也肯定了这些"环绕在名人周围、用以提升和保持名人的市场价值"的"雇佣专家们"的作用，但他还指出了"一些与之相关的次级产业"，这些产业"为了各自的商业目的而利用名人，同时构建和利用了艺人的公众吸引力"（1994: 61）。《高能见度》一书的名人产业结构没有包括瑙米·克莱因（Naomi Klein）在《拒绝商业标识》（*No Logo*, 2000）中所描述的商业品牌的打造。品牌打造显然比"背书产业"的范围更大，但名人形象的利用也是其根基性考量。[3]

所以，尽管我们不得不承认名人的普遍性影响了我们简洁描述生产名人的产业结构的能力，但这些分类范畴还是为我们提供了一个起点。甘姆森（1994）、特纳等人（2000）和瑞恩等人（1999）都详尽勾勒了专家在名人产业中所完成的实践和过程：经纪人和经理人所扮演的不同角色、公关人员承担的职责范围等等。这里就无需再重复他们的工作了。不过，值得简要回顾一下代理和宣传产业的核心人物——经纪人、经理人和公关人员所起的作用。这些人员的作用会随市场的不同而有所变化，此处主要论及的是美国模式。在英国或其他地方，当这个模式出现变化时，我会做出说明。

最开始被称为报刊宣传员（press agent）的角色有着相当长的历史，盖伯勒（Gabler）在美国报纸和电台评论员沃特尔·温切尔（Walter Winchell）的传记里对此做了详尽描述（1995）。报刊宣传员最早出现于19世纪末，目的是利用扩张的平面媒体所提供的免费宣传潜力，在1920年代和1930年代，报刊宣传员开始成了一种专门的职业。他们那时的作用主要是将消息和新闻放置到八卦专栏里，如温切尔的专栏里，以此作为客户付费的回报。根据盖伯勒的叙述，这些报刊宣传员备受鄙夷，他们构成了一个"声名狼藉和凄凉孤独的队伍"，尽管如此，他们仍发挥了"蚂蚁移山的力量。因为如果没有他们，就将没有名人，没有名人绯闻，没有大众文化"。无疑，他们在名人绯闻市场和娱乐产业宣传的早期工作，为整个名人产业在1920—1950年代的后续发展奠定了基础。随着平面媒体对名人报道的增加，围绕着戏剧和综艺节目发展起来的产业结构被改良，以迎合新的名人生产和造势手段。电影业的发展让剧院宣传员的活动渗透到电影业，电视的发展则催生了对电视网宣传人员和公关人才的需求，电视同时也成为推销和宣传材料的主要新出口。在体育界，如我们早已看到的那样，代理人的出现要比娱乐业晚得多。"体育律师"出现在20世纪70年代，为的是保护运动员的利益，让他们从精英体育（elite sport）的赛事收入中获得更加公平的份额，尤其是当那些收入主要来自电视转播，而体育明星的个人魅力对于电视转播至关重要。

娱乐产业中的经纪人的工作，一般来说，就是为他们的客户"接活"、帮助协商

---

[3] 对于一些更多样和默默无闻的活动，我们很难去分类命名。例如，名人寻踪服务（每年付出3000美元就能收到你最喜爱的名人行踪的报告），同时卖给普通人和名人的个人形象顾问的名录、提供名人模仿者的机构和新兴的"名人助理"职业。

工作条件、提供参考意见、有时还需要提供一些发展性培训，在某些情况下，还要为客户安排宣传曝光。成功的经纪人旗下有相当数量的客户，他们的运营费用从客户的佣金中抽成。总的来说，经纪人对管理或"产品发展"并没有多大兴趣。事实上，如果他们与某个特定客户过从甚密，对他们没有什么好处。因为他们对于行业的价值在于，他们是连接尽可能多的艺人、而非一位艺人的管道。这样，经纪人往往会与客户的老板们，如演出代理人、负责挑选演员的导演保持密切的联系。这可能引发利益冲突，如经纪人为了帮招募演员的机构找人，会强推自己的客户，尽管对客户而言这可能是个并不合适的角色。在体育界，经纪人的角色会略有不同，尽管在很多方面更容易引起冲突。他们倾向于在整个事业中发挥着中间人的作用，"处理体育明星、体育协会、赞助商、广告商及电视公司之间的经济关系"(Rowe, 1995：112)。这实际上与其他领域的私人经理的作用是类似的。

经理人一般来说拥有相对少量的客户，并在客户的职业生涯中发挥着更主要的战略作用。他们所提供的管理方面的服务相当复杂，管理着艺人的整个生活："回复他们的邮件、帮他们做理财投资、购置房产、安排工作计划、安置小孩读书，甚至还有雇佣园丁和解雇佣人"(Rein et al., 1997：46)。在一些情况下，不论是从美国的研究，还是我们在澳大利亚已完成的研究来看，经理人的权力可以变得相当大，他们的媒体声誉甚至不亚于大多数名人。一些拥有自己的企业项目的艺坛经理人往往从这种体制中脱颖而出：例如，美国好莱坞金牌经纪人迈克尔·奥维茨(Michael Ovitz)、英国资深公关人士麦克斯·克理福德(Max Clifford)和澳大利亚著名经纪人哈里·米勒(Harry M. Miller)都是这样的范例。

公共关系是一项仅有近百年历史的产业，其名声不是很好听。但情况不总是这样。最初，公共关系为媒体宣传员提供了一个更体面的名字，并为改变这些人员的角色提供了理论依据：对于正面宣传的需求逐渐转变为公司的议题，这就并不是只涉及娱乐产业的问题了。今日，公共关系涉及到商业和公共生活的很多方面：管理公司企业与公众的关系、为政治家提供如何改善其公众形象的建议，以及策划政府公共信息的宣传等等。在很多地方，公共关系因而有了通过媒体篡改、美化真相的名声。这其中的一个原因是，企业或政治家倾向于聘用公关公司来帮助他们处理尴尬局面。公共关系或公关通常作为一个属类术语来贬义性地描述公共宣传的运作、媒体的管理和"制造于己有利的宣传"(spin)，尽管实际活动更可能由专业促销人员或宣传官员来执行。在名人产业中，公关人员有可能受雇于有长期利益需要保护的组织机构，如制片厂、电视网、制作公司等，不过他们一般不卷入日常的宣传和促销活动。从某种意义上来说，存在着一个等级区别：尽管公共宣传是从属于公共关系的一个分支，但很多做公关的人看不起那些为了公共宣传和促销所做的简单的商业活动。从另一个角度来看，这种区别只是认可了公关人员对名人和媒体产业的更大影响力。

宣传人员可能受雇于名人、名人的管理者、专业宣传人员或公关公司、或与名人的当下项目相关的制作单位、电视网或推广公司。他们处于名人与公众之间，因为他们的工作就是协调名人与公众之间的交流。他们撰写新闻稿并找到发表的地方；他们在幕后安排名人在晚间新闻的结尾部分的出镜机会；精心策划名人所表演的个人露面；他们与杂志社编辑协商如何在照片和专题报道中表现他们的客户；他们还要审查记者和电视采访者所提的问题，并在客户接受采访时坐在客户旁边，以确保采访是按合约所规定的内容进行的。当他们的客户有失误表现或造成负面的公共影响时，他们还要同新闻界斡旋——希望能利用他们跟新闻界的关系来尽可能平息任何口水战。宣传人员的作用就是控制、协调、如果必要的话还要美化传播给公众的名人信息和形象。这可能包括让他们所代理的名人的欲望受挫，或让期望得到满足的媒体的愿望落空。成功的宣传人员的价值就在于他们有能力做到这一切，而又同时能维护好交易双方的现有关系。这是可能的，因为我所描述的调控也可以被看做是一种助力：当宣传人员对实际发生的交易施加强大影响的同时，他们也是组织交易、使之得以真正发生的机制。

如上所述，名人产业结构的关键就在于这种特别紧密的经济上相互依存的模式，这个模式把名人及其代理人（经纪人、经理人、宣传人员、公关人员）与娱乐产业、娱乐新闻媒体捆绑在一起。他们之间最显而易见的联系就是公司机构之间的合作：例如，我们在《时代》(Time)杂志上看到对一位演员的专访，而这位演员刚好出演了华纳兄弟集团(Warner Bros)制作的电影。但也还存在着其他的联系：强大的社会、文化和职业网络能让个人轻易地从一个领域转到另一领域——记者变成新闻官员、新闻从业者变成公关顾问等等。支撑这些网络的是一个相互交易模式，即要想获得独家报道权就得拿封面报道作交换，这样媒体和明星都能达到他们的职业目的。在我看来，这些相互依存的关系被故意神秘化了，以便让它们的运作过程——例如，一则有关名人的新闻故事是怎样登上头版的——不为外人所知。这让两类人获益：一类是宣传人员，他们当然是希望那些报道内容以新闻而非广告的形式出现，因为新闻更具公信力；另一类就是记者，他们当然不希望他们的读者知道他们署名的文章并非真正的新闻报道。这两种状况无一不具道德风险，它们的维系也因此充满紧张。与之相伴的似乎是一场永无休止的权力之战。

三、宣传、新闻和权力

英国记者托比·杨(Toby Young)写下了他在20世纪90年代为美国时尚杂志《名利场》工作期间的经历(2001)。杨具有在英国多种时髦刊物工作的背景(他和朱莉·柏切尔[Julie Burchill]合编了《现代评论》[Modern Review])，《名利场》的声望深深地吸引了杨，他希望在《名利场》的短期职位能变成某种长期职位。这是他在名人新闻产业的腹地的初次经历，他的书中充满了对于自己所见所闻的矛盾心情。尽管杨承认他被名人所诱惑，以至于为了获得精英名人聚会的入场券而不惜一切代价，但他也表达了对宣传人员操作大权的担忧，这些宣传人员负责推进一线名人的利益。

> 那些时尚杂志为接近名人而放弃其言论自由权利的程度令我十分震惊。多亏了帕特·金斯利(Pat Kinsley,最有权势的公关机构之一PMK的掌门人)这样的古怪女人,公关机构可完全控制有关其客户的言论。在一个较为著名的事件中,为替《滚石》(Rolling Stone)杂志采访汤姆·克鲁斯(Tom Cruise)物色一位足够听话的写手,金斯利曾撤换了14名作者。(2001：333)[4]

然而杨明白这是由体制造成的。正如他所说的，"公关人员可随意摆布他们[编辑]。为了能让自己的杂志在报摊上卖得更好，得有顶级明星上杂志封面才行，这样一来编辑就只能对宣传人员开出的条件言听计从了。"(同上：110) 随着媒介产业的融合，它们的支持性网络也在融合，其市场支配力也相应地受到影响。杨指出，2001年帕特·金斯利的机构PMK与其最大的竞争对手Huvane Baum Halls (HBH)公司合并，导致了"事实上整个好莱坞的顶级明星均由帕特·金斯利掌控的公司所代理"(同上：110)。此举奠定了PMK在传媒业的霸主地位。

---

[4] 我怀疑这个故事有杜撰的成分。甘姆森引用了这个例子,但他说金斯利审核了20位作者才满意！Friend的报纸特写(2002)也以之为例证,但他给出的人数是14位。

人们常抱怨：新闻媒体和名人产业的宣传部门之间已形成了制度化的关系，这损害了新闻媒体的独立性，使其丧失了完完全全揭露其所见事实的能力，也就是纯粹表达自主观点和讲述受众感兴趣的故事的能力。据观察，随之而来的还有我们的资讯生活中无孔不入且越来越多的名人花边新闻，这也是宣传势力不断膨胀后的杰作。比如，名人绯闻充斥了大众杂志市场，也改变了电视新闻的内容。瑞恩等人声称，70%作为新闻发表的资讯都源于宣传和公关活动（1997：286）。各种不同的市场都持续出现此类言论（特纳、伯纳和马绍尔在《声名游戏》一书中通过对澳大利亚的研究得出了相似的数据，鲍勃·富兰克林 [Bob Franklin] 的《软新闻》[Newzsak, 1997] 一书以英国为研究对象，也得出了类似的主张），以至于任何有关新闻生产的当代分析若不严肃地评价宣传或公关人员的重要贡献的话，恐怕都是不恰当的。据我所知，记者们自己却常常否认这些机构的影响力，公然违背大量与之说法相左的证据。

另外一些稍稍不同的抱怨认为，各色媒体本来应为其受众提供资讯服务，而现在却沦为宣传和公关机构的喉舌。不光新闻是如此，本来作为"揭示手段"的脱口秀访谈，现在亦已成为实施"形象控制"的另一个领域（Gamson, 1994：47）。比如，美国著名脱口秀主持人杰·雷诺（Jay Leno）主持的脱口秀，并没有告诉我们演员休·格兰特（Hugh Grant）为什么会那么不检点地召妓，相反，格兰特在脱口秀中的露面只是为了让大众信服一件事，即他终究还是一个"好人"。即使那些看起来像是在为其公众服务的媒体平台，往往也早已投入名人产业的怀抱。或许正如大卫·切尼（David Chaney）所言，"对公众名人的访谈、拍摄、描述及解说之类的附属产业，并不是受众和名人之间的一座沟通性桥梁，而是塑造和维系名人的一种方式"（1993：144）。这不是渗透的问题，也不是不相称的影响力的问题，而是事关媒体本身的重新定位。

当然，宣传人员并不仅仅是只会操纵媒体，他们也有利用价值。他们和娱乐记者有着相似的职业性常规工作，并能投其所好。他们可向娱乐记者提供报道的角度、名人名言、图片和艺术作品、背景信息、联络和建立关系的机会。他们"寻找、塑造或提供媒体报道恰好需要的东西"（Gamson, 1994：86），最后他们还会在新闻发布稿里写出事件的原委。记者们当然对此很苦恼。最初以新闻业的独立性和客观性为指引的、直截了当的资讯征集工作已发展为一种专业化的台面下谈判妥协的过程。更糟的是，记者要想获得信息就必须依靠这些不太正式但却够专业的谈判，因此他们已经没什么话语权了。然而,甘姆森所谓的"相互收编"并不仅仅侵蚀了参与者的道德纯洁,也影响了媒体对那些得到宣传人员首肯的文章的偏好,即媒体喜欢刊登那些"软文"(同上:88—89),不得罪交易的任一方的花边杂碎。如甘姆森的一位信息提供者所说的:"没人乐意孜孜不倦地杜撰这些东西,但是我们身边却充斥着它们,挥之不去。因为它们能卖钱。"(同上:89)

虽然宣传人员对新闻生产的渗透已经很普遍,但新闻把关过程中的权力关系也还是因地而异。杨的论述明确地将英美两国的现状进行了对比。他声称,英国的宣传人员并不像美国的同行那样拥有极大的影响力。在英国,名人的生产有所不同,英国小报奉行的"攻击性新闻"(attack-dog journalism)策略让名人及其随从们颇为畏惧。另外,这其中也涉及意识形态框架的差异。据杨所述,美国记者乐于追名逐利,因此尽其所能往名人圈里挤;而英国的"记者和宣传人员"之间却是"水火不容的"(2001:107)。对于记者们来说,宣传人员就是"死敌",那些"通敌"的记者会遭致"巴结权贵向上爬的人"的恶名,"失去同行的信任"。"在新闻界有些不成文的规矩,如果和那些在《Hello!》杂志上露面的人物走得太近的话,会被认为是对记者操守的一种背叛"(同上:112)。

我们或可想象那些为《国家调查者》和《美国娱乐周刊》(*Us Weekly*)这样的美国八卦杂志工作的记者也会持类似的观点。如英国小报一样,这些美国刊物绝不会友好,不玩好好先生那一套,因为他们的受众就是喜欢那些会让宣传人员们寝食难安的重口味的大揭底,名人产业自己弄出来的那些波澜不惊、平淡无奇的资讯根本没什么市场。这些八卦杂志上刊登的内容常常是由业余线人提供的或是从互联网上挖来的,互联网上有许多"曝料网站"(它们是名人绯闻的另类来源,致力于破坏名人产业所提供的资讯)。而这些杂志的图片则是由国际狗仔队提供的。[5]美国媒体的名人报道中的这一对抗性组成部分有点游击战的因子,它看起来似乎有悖于名人产业的利益,但实际上只是进一步加强了名人的文化可见度和影响力。那些更正统的媒体有着高度融合性的产业结构,致力于推进跨媒体和跨平台的促销,它们集中

---

[5] 尽管类似 Phil Ramey 的传奇性狗仔队仍然继续让明星们烦恼,这个行业最近发生了一些变化,出现了一位新型自由摄影师,Kevin Mazur,他通过 WireImage 公司掌管着 600 位名人摄影师。使 Mazur 及其员工与众不同的是,他们的活动与"我们的公司客户(也就是名人自己)的营销和宣传利益"协调合作(Sales,2002)。他们保证抓拍的名人照片与推销和宣传产业的名人形象发展趣味一致。即便是狗仔队,也正在被公司化。

满足了受众对于名人的倾慕和渴求。但这只是受众对于名人感兴趣的一个方面。另一部分媒体则满足了受众的另外需求，即将名人当作嘲弄、奚落和泄愤的对象。市面上的名人杂志除了《Hello！》和《名利场》外，还有《人物》、《风潮正时》(Now)、《国家调查者》，以及《男人帮》之流的"新小子"(new lad)杂志在世界各国的特许发行版本。此类杂志对于名人产业的态度绝非毕恭毕敬，它们热衷于报道名人丑闻和狗仔偷拍照，并从不吝啬配上既恶毒又嘲讽挖苦的说明和标题。很多杂志之所以能采取这种态度，是因为他们不需要跟宣传人员保持良好的关系。此外，它们在商业上也足够成功，无需与名人产业做那种让托比·杨大为震惊的交易。确实，此类杂志的吸引力得益于其粗鄙的品味和对温柔敦厚的"软文"的不感冒。它们登出的许多内容可能会被认为是充满恶意的，但这些内容满足了那些被大部分有声望的媒体所忽视的受众需求。

此类杂志的存在说明，尽管大量专业人员投入了对名人形象的控制，整个媒体系统依然未能很好地为宣传产业的利益服务。这倒也是好事，因为大多数受众并不希望媒体完全为宣传产业服务。名人新闻的魅力之一就是其所揭露的粗俗、可悲及虚伪之事。影星休·格兰特在车后座上与妓女鬼混时被警察逮个正着，迈克尔·杰克逊在宾馆阳台上将9个月大的儿子悬吊在阳台外，英国前首相夫人切丽·布莱尔雇用已被定罪的诈骗犯处理房屋交易，前美国总统比尔·克林顿告诉美国人他"跟那个女人没有性关系"。作为名人吸引大众的一个维度的展现，这些报道具有不可抗拒的吸引力，而且它们帮助报纸销得更好。一方面，对宣传人员的权力的终极挑战常常来自他们正在进行推广宣传的名人，宣传人员必须不惜一切代价掌控他们；另一方面，受众对名人身上的这些越轨时刻有一种近乎本能的兴趣。这些事件不但让受众认识到名人们并非特别擅长管束个人生活，它们还提供了娱乐性的谈资。这些快感构成了流行文化中的名人表征的最根本吸引力。

作为商业企业，名人产业必须效力于各种相互竞争的产业利益；与此同时，作为一种文化生产，名人产业又必须满足消费者的一些与产业利益有着根本冲突的需求。其结果是，名人产业或许有一定的组织性，但却并不是一个连贯的整体。它的许多作为完全凭直觉。在马绍尔为《声名游戏》(Turner, Bonne and Marshall, 2000)所作的研究中，他曾与一名电视网的总裁交谈过。该总裁在上个世纪80年代受命保护《左邻右舍》的明星杰森·多诺文(Jason Donovan)和凯莉·米洛(Kylie Minogue)之间的浪漫恋情，防止该关系被公诸于众。电视网的宣传人员为此事忙乎了四年。因为电视网认定此事的公开会对《左邻右舍》的收视率造成负面影响,故而采取相关措施。从来没有任何研究来测定这个假设的正确性,但电视网数年来却一直把它当作铁定的事实。此事突出表明了甘姆森的一个重要论点,即宣传产业竭力控制媒体的原因之一便是其不知如何才能在业界成功,无法把握受众的喜好。尽管电视产业会密切关注其收视率或电视 Q 值,[6] 电影厂家也会在影片公映前例行公事地进行内部试映,但这个产业体系关注的还是名人的打造和推广,并没有把受众放在心上。他们想当然地认为高水平的公共能见度就反映了受众的兴趣,因此便着迷于媒体报道:

> 宣传人员利用对受众喜好的把握向业内买家吹嘘,说他们的客户拥有可靠的市场。他们这样说的时候分明绕过了受众,利用更加可控的媒体宣传代替了受众喜好……他们假定,媒体机构广泛接触受众并反映了受众的喜好。只要娱乐产业的买家继续信奉此假定,宣传人员在策划时就不需要再进一步了解受众的信息。
>
> (Gamson, 1994: 111)

宣传人员也有一个考虑受众兴趣的运作策略,但这个策略不过是宣传成效的回放。宣传人员鲜有去为其名人的市场影响力做受众调查的。难怪甘姆森在采访一位脱口秀制作人,询问他决定嘉宾安排的根据时,这位制作人承认,总的来说,"我们对观众什么狗屁都不知道"(同上:115)。

沃纳尔也指出,尽管名人产业在控制媒体可见度方面花了大量时间,但媒介事件发酵到了一定时刻会势不可挡。彼时,名人产业也成为了旁观者,这就是他所谓的"公共宣传的漩涡"超越了生产经济的能力:

> 媒体发布范围的扩大、信息传递速度的急速膨胀,共同作用产生了一种"漩涡"效应的现象,在这里我称其为"漩涡性"。各式各样的媒体不断地相互援引,在电子和数码信息交换的时代,事件发生的速度可以很快。一些主要的轰动性事件会完全占据舆论中心,以至于专栏作家和新闻评论

---

[6] Q 值 (Q Score) 是由市场评估公司 (Marketing Evaluation, Inc.) 发明的用来测量品牌、公司、名人、电视节目的熟悉度和魅力的一种评估体系。它包括八个类别,其中电视 Q 值 (TVQ) 是专门用来评估电视节目的。——译注

员们根本无法讨论其他任何事情。(2002：206)

沃纳尔援引的例子当然是戴安娜王妃的逝世，该事件造成了"短期内媒体话题范围的收缩，在那段时期，其他话题要么消失，要么必须与此漩涡性事件相关"(同上：206)。

考虑到名人产业体系内形成的利益冲突，名人产业对其产业运作环境的理解与媒体报道拥有自己的发展势头之间的差距，名人产业的权力也有其局限性，就毫不奇怪了。有时候名人产业对自身所处的困境也无能为力，也无法掌握其最终的命运。当这一切发生时，那些不情愿地与公关"魔怪"勾搭在一起的媒体肯定会相当乐意地为《洛杉矶时报》或《卫报》送去一篇专题报道，讲讲"于己有利的宣传"的制造过程及其对公众知情权的威胁。

（张岱 译／杨玲 校）

参考文献

Chaney, D. (1993) *Fictions of Collective Life: Public Drama in Late Modern Culture*, London and New York：Routledge.

Chaney, D. (2001) 'The Mediated Monarchy' in D. Morley and K. Robins (eds.) *British Cultural Studies: Geography, Nationality and Identity*, Oxford：Oxford University Press, pp.207—220.

Conboy, M. (2002) *The Press and Popular Culture*. London：Sage.

De Cordova, R. (1990) *Picture Personalities: The Emergence of the Star System in America*, Urbana and Chicago：University of Illinois Press.

Dyer, R. (1986) *Heavenly Bodies: Film Stars and Society*, London：BFI Macmillan.

Franklin, B. (1997) *Newszak and News Media*, London：Edward Arnold.

Friend, T. (2002) 'They Love You!', *The Observer Magazine*, December 8, pp.34—45.

Gabler, N. (1995) *Walter Winchell: Gossip, Power and Culture of Celebrity*, London：Picador.

Gamson, J. (1994) *Claims to Fame: Celebrity in Contemporary America*, Berkeley, California：University of California Press.

Giles, D. (2000) *Illusions of Immortality: A Psychology of Fame and Celebrity*, London：Macmillan.

King, B. (1991) 'Articulating Stardom' in C. Gledhill (ed.) *Stardom: Industry of Desire*, London and New York：Routledge, pp.167—182.

Klein, N. (2001) *No Logo*, London：Flamingo.

Marshall, P. D. (2000) *Celebrity and Power: Fame in Contemporary Culture*, Minneapolis and London：University of Minnesota Press.

McDonald, M. G. and Andrews, D. L. (2001) 'Michael Jordan: Corporate Sport and Postmodern Celebrityhood' in D. L. Andrews and S. J. Jackson (eds.), *Sports Stars: The Cultural Politics of Sporting Celebrity*, London and New York: Routledge, pp.20—35.

Moran, J. (2000) *Star Authors: Literary Celebrity in America*, London: Pluto Press.

Rein, I., Kotler, P. and Stoller, M. (1997) *High Visibility: The Making and Marketing of Professionals into Celebrities*, Lincolwood, IL: NTC Business Books.

Rowe, D. (1995) *Popular Cultures: Rock Music, Sport and the Politics of Pleasure*, London: Sage.

Sales, N. J. (2003) 'The Camera Wars', *Vanity Fair*, March, pp.78—85.

Turner, G., Bonner, F. and P. D. Marshall (2000) *Fame Games: The Production of Celebrity in Australia*, Melbourne: Cambridge University Press.

Weinstein, D. (1999) 'Art Versus Commerce: Deconstructing a (Useful) Romantic Illusion' in K. Kelly and E. McDonnell (eds.) *Stars Don't Stand Still in the Sky: Music and Myth*, London: Routledge, pp.56—71.

Whannel, G. (2002) *Media Sports Stars: Masculinities and Moralities*, London and New York: Routledge.

Young, T. (2001) *How to Lose Friends and Alienate People*, London: Little, Brown.

华彩与粗糙：
尤尔根·泰勒名人照片中的光晕与本真

阿德里娜·赖

导读

　　光晕（aura）是本雅明美学的核心概念。德语 Aura，是指教堂圣像画中环绕在圣人头部的一抹"光晕"（即光圈），这是 Aura 的本义，与"神圣"之物相对应；本雅明用"光晕"形容艺术品的神秘韵味和受人膜拜的特性。

　　在西方的现代社会之前，我们知道，存在一个特殊的群体，他们热爱艺术，他们有钱，但又不具有创造的天才，于是他们成了艺术家家的赞助人（patron），让他们可以衣食无忧，安心创作。那时，艺术品尚没有成为商品。于是艺术作品都是独一的（singular），仅在小范围内流通，艺术便具有了某种光晕。但是随着现代市场原则的确立和机械复制技术的发展，艺术品成了可以买卖的商品，更为关键的是，艺术品也可以无限复制，再没有了原作与赝品的差别。这就是本雅明所说的光晕的消失。

　　但这只是问题的一面。随着现代文化工业的发展，某些作品在市场流通中取得了神圣的身位，如安迪·沃霍尔的艺术品：一方面是最为平常的普罗艺术，但另一方面，这种艺术却成了经典，成了一般人顶礼膜拜的"圣物"。

　　明星也是如此。

　　本来明星也只是平常的演员，但是随着他们在市场上成功，这些明星也慢慢的具有了某种魔魅，让一般人刮目相看，甚至是顶礼膜拜。明星这个汉语词

本文译自 Adrienne Lai, "Glitter and Grain：Aura and Authenticity in the Celebrity Photographs of Juergen Teller." In *Framing Celebrity：New Directions in Celebrity Culture*, eds. Su Holmes and Sean Redmond, Abingdon：Routledge, 2006, pp.215—229. 阿德里娜·赖（Adrienne Lai）是美国视觉艺术家和作家。——译注

就说明了这一特殊群体的光晕。换言之，明星与大众产生了隔阂。

为了弥补这种隔阂，很多狗仔队对明星进行偷拍，意图揭示明星平常本真的一面，让我们相信，其实明星与我们并无差别。这种行为无疑让明星非常反感，这不仅会破坏他们公共形象，更会危及他们的事业。

更为严重的是，这种事情屡禁不止。

于是，出现了尤尔根·泰勒这样的摄影师。"他的照片提供了知名个体的随意的、有时甚至完全不上镜的照片，与名人肖像照的传统美学规范完全背道而驰"。于是，表面来看，泰勒把明星平民化了，是对明星光晕的破坏，是对明星神话的解构，但另一方面，在这种"平民化"的表象背后，在明星照片的看似"毫无准备"、"朴实无华"甚至是"邂逅"的表象背后，其实是摄影者的精心安排，只是这种安排不留痕迹。

通过这种让观众顺利看到明星的"污点"和"缺陷"的方式，摄影师就可以有效地消除狗仔队的偷拍行为，让明星主动"暴露"在观众的面前。但是作者认为，这种所谓"本真"的照片所表达出的美学并没有真正满足社会的需求，这种表面的"平民路线"只不过是一种策略，制造出了新的光晕。泰勒的明星摄影必须放在文化与经济的关系中，放在"大众转向"的社会语境下进行解读。我们要对大众转向进行发问：在粗糙的照片中，明星真的变得普通了吗？

* * *

直接现实的景象已成为技术之乡的一朵兰花。

（本雅明，1968：219）

整个20世纪大部分时期，名人（或更为具体地说，就是"明星"）[1]与理想（the ideal）的观念密不可分。名人或者明星就是那些因卓越品质而取得名气或者财富的个人，这些品质包括天赋，超凡魅力（charisma），美貌或强壮的身体（不过有人认为，运气在成为明星的过程中所起的作用也不可忽视）。从演员到"明星"的

---

[1] "明星"与"名人"之间的区别在不同理论家那里有所不同，很多时候是可以通用的。一般说来，名人主要用来指代那些取得很大名气的人，可以是通过特长、意外或者恶名。而明星则主要指那些在艺术或者娱乐领域内取得成功的个人，其中包括电影、电视、音乐、艺术、时尚以及体育。在本文中，我所使用的"名人"一词与"明星"概念极其接近，并交替使用了两个术语。不过这里我们并不涉及那些"偶然成名"或者臭名昭著的那些名人，如被劫持的人质或连环杀手。想要了解更多关于"名人"与"明星"范畴的讨论，请参 Rojek, pp.9—24, 以及 Marshall, pp.4—19.

转变——即演员的私人身份与其银幕或舞台角色的共同流通——是一个对西方工业化社会中的娱乐产业和当代名人文化的产生至关重要的机制。这一机制在20世纪初与美国电影公司的推销活动同步出现。大众媒介，尤其是摄影媒介，在明星形象的传播过程中起到了关键作用。官方明星照也相应地被建构出来，用正面或讨好的方式来描绘明星形象。这些照片一般都是用来激发消费者的欲望，让其对某一明星及其相关产品产生热情，从本质上说，这些照片就是广告。由于这些影像牵涉到多方利益，它们的创作过程有可能费时费力，连最小的细节也必须经过仔细修饰，目的是制造出合适的幻象。

然而，随着公众日益注意到他们消费的影像中所包含的不计其数的伎俩和虚构，他们可能会对明星的理想化形象心存怀疑，甚至满怀敌意。为了回应社会文化转型以及公众媒介素养的提高，名人摄影的肖像学（iconography）开始从"理想"的虚假光泽转向"真实"的凡俗领地。不讨好的明星照不是什么新鲜事儿——狗仔队的照片一向是小报杂志和报纸的常客——但现在很多这种明星照片却是官方的、明星首肯的拍摄结果。

在这种"真实"影像的生产中，尤尔根·泰勒（Juergen Teller）是一个值得关注的发起人。他是一名德国摄影师，90年代在时尚界成名。[2] 现在，他在当代艺术界被视为记录普通人与日常生活的艺术家，其作品捕捉了一些著名的"毫无防备"或"本来面目"的场景。本文将集中考察泰勒的名人照片，审视这些照片所采用的视觉语言，以及它们在更为广泛的名人文化语境中流传的意义。他的照片提供了知名个体的随意的、有时甚至完全不上镜的照片，与名人肖像照的传统美学规范完全背道而驰。泰勒的照片在某种程度上是对明星神话的解构，但它们同时也维护了娱乐工业的利益。娱乐工业居然会同意将明星描绘为平凡的不起眼的普通人，这看起来不无讽刺。但是，这是对当前情境的应对策略，因为现在的观众在真人秀、娱乐资讯和媒体的自我解密中变得日益成熟，对自己所消费的形象也越发不信任。

---

[2] Wolfgang Tillmans 也使用一种随意美学（casual aesthetic）来拍摄名人和日常生活情景。他也是一位出生于德国、在90年代成名的摄影师。然而，他的名人照片在他作品中所占比例并不很大，流通也大都限于高雅艺术语境，而泰勒的照片则经常见诸于商业杂志和广告。

名人摄影：简述

几个世纪以来，肖像一直是引导大众对名人产生兴趣的重要手段。在《名声的迷乱》(*The Frenzy of Renown*) (1986) 一书中，布劳迪 (Leo Braudy) 考察了名声的历史，并将这一现象追溯到了古罗马时代。布劳迪注意到，机械复制技术——从金属模具到印刷——在生产名声方面所起到的作用，以及它们怎样促使人们日益聚焦于个人的面孔 (1986：265—312)。随着照相技术的发展，更大范围的公众也可以接触到这种传播个人肖像的工具，这是对外形特征的忠实再现。

个人摄影技术的普及，意味着更多人能够拥有生产可复制形象的手段。随着这一媒介在业余摄影师中的流行以及摄影技术的日益普及，照片越来越多，反映的社会层面也越来越广。这种包容性可能有助于改变从前肖像中用来表征个体的视觉符码。布劳迪指出，在照片中，对位高权重人物的表征不再像以前那样严肃。以布拉迪 (Matthew Brady) 拍摄的一张林肯照片为例（大约摄于 1861—1865 年之间），布劳迪看到的是："一张平凡的脸架在一个巨大的身体上，衣服是皱巴巴的，肩上披着的围巾也许是妻子缝制的" (1986：495)。这幅肖像作品没有使用任何象征荣耀或威望的惯用装饰或配置。在对 19 世纪摄影所进行的研究中，汉密尔顿 (Peter Hamilton) 与哈格里夫斯 (Roger Hargreaves) 注意到，在 19 世纪 50 年代到 60 年代间，欧洲的精英们在拍照的时候也使用了类似的手法。在法国的拿破仑三世，英国的维多利亚女王以及阿尔伯特王子的小型肖像照中，这些皇家人物都选择身穿普通的日常服饰，而非华服珠宝进行拍照 (Hamilton and Hargreaves, 2001：45)。这样，他们就可以"将自己表现为'中产阶级'人物"（同上，13）。在这些历史事例中，摄影肖像得到了特殊的处理，以便让观看者对所表征的对象产生特殊的反应。这些国家首领用普通的形象来让大众产生认同，而娱乐产业使用的影像则倾向于为它们的拍摄对象——通常是一些没有显赫背景的演员——赋予一种精雕细琢之感。

为了这些目的，当代明星肖像摄影受到的操控可谓无所不用其极，化妆、灯光、拍摄以及后期的人工和数码修饰等领域的技术发展，为全面掌控照片的每一个方面提供了可能性。一次典型的杂志照片拍摄不仅需要摄影师与名人模特的辛劳，还包含了化妆师、发型师、造型师、公关人员、艺术导演以及摄影助理和修片师的共同努力。耗费如此大量的资源，只是因为明星的符号与物质"价值"的攀升。正如克莱因 (Noami Klein) 所认识到的，照片所刻画的不仅是一个个人，同时还是一个品牌

(2000：49)。由于当代的名人通常与一系列产品挂钩,名人的形象有可能关系到数百万美元的品牌价值。明星肖像被视为名人品牌的体现,常常需要唤起魅力、美貌、力量或者才能等理想化品质。因其所支撑的产业,那些与杂志资料、广告或其他宣传形式相关的明星照片受到了严密控制,这些照片往往都只展现了明星的华彩。

美国杂志《名利场》的好莱坞特刊可能是好莱坞神话在摄影界中的典范(该杂志的编辑格兰顿·卡特(Graydon Carter)曾经称《名利场》为"公共影像的巅峰",见 Gritten, 2002：153)。在一年一度的主题特刊中,该杂志会推出当年"最热的"以及最出名的演员的写真集。由于拥有高额预算以及诸如安妮·莱伯维茨(Annie Leibovitz)、帕特里克·德马舍利耶(Patrick Demarchelier)以及马克·赛里格(Mark Seliger)等大牌摄影师的支持,写真集中的照片通常都是史诗巨制,场景与服饰十分考究。这些照片试图通过将它们的著名模特置于经典原型的语境之中,来捕捉对象的"本质"。(该杂志同时也出版年度音乐特刊,并带有类似结构的写真集)。例如,在《名利场》的 2005 年好莱坞特刊中,著名演员都被归入不同的范畴,如"迷人先生"(莱昂纳多·迪卡普里奥),"世家子弟"(The Thoroughbred)(安妮特·贝宁)以及"强壮安静型"(贾维尔·巴登),同时附上浪漫化的影像。[3] 即便当某一原型暗示着庸常性,如"大众女性(The Everywoman)"(琼·艾伦),其视觉阐释仍然是纯粹幻想性的:这位 48 岁的女演员被描绘为躺在草地上,性感地舔着饮料中的冰块,长长的金发在阳光下闪闪发亮,脸庞平滑光润。如《名利场》所展现的那样,对明星肖像的传统拍摄从来都是要将模特表现得完美无瑕;这正是名人摄影所不懈追求的"神话"效应。

名人影像的构建是一个过程,其目的就是确立神话地位,类似本雅明(Walter Benjamin)所谓的"光晕"(aura)或"膜拜价值"(cult value)。本雅明将光晕界定为"距离所产生的独一无二的现象,不管它有多近(1968：222)",并将这种崇拜感归结于"膜拜价值",即某个物件或影像因其仪式性的或宗教性使用而获得的尊崇(同上：225)。对本雅明来说,机械复制的影像,如照片或者电影,并不像原创的艺术作品(如

---

[3] 这一范畴划分模仿了社会类型的万神殿,可以与演员及其饰演角色对应起来。戴尔(Richard Dyer)对某些普遍的明星类型进行了分析(1998, pp.47—59),并且指出,普通人会使用这些类型来对自己的身份进行建构、协商和操纵。另外,在其 1947 年对好莱坞的人类学研究中,鲍德梅克(Hortense Powdermaker)注意到这种分类系统创造了一个可被"宣传和销售"的"标准化产品"(1950, pp.228—229)。

绘画或者舞台剧）那样拥有现场感或者光晕。但是，他注意到：

> 为了应对[演员]光晕的萎缩，电影业选择了在制片厂外进行"个性"（personality）的人工建构。电影产业的资金所培育的对电影明星的膜拜，并没有保存个人（person）的独特光晕，而只是保存了"个性的魔咒"，商品的虚假魔咒。（1968：231）

这里，本雅明描述了宣传工作的结果：电影产业的大肆炒作与强化重新建构了演员的光晕或崇拜价值。这种崇拜价值与仪式或宗教之间的联系十分明确。粉丝现象——其中包括"对电影明星的膜拜"，也拥有与宗教行为相似的狂热、仪式及狂喜。罗杰克（Chris Rojek）（2001）考察了名人文化与有组织的宗教之间的相似之处，他注意到，两者有时使用相同的手段去吸引信徒并与之进行互动。这些手段包括"仰望／提升与魔法"的使用（Rojek，2001：96）以及精心策划的奇观（如教皇的世界巡视，Rojek，2001：97），为的是让公众产生敬畏和崇拜之情。那些最为"官方的"明星照片也遵循了这些策略，采用庄严肃穆的、引人入胜的、甚至是奇观式的拍摄手法来确立明星的膜拜价值。

这些理想化的照片的反面就是狗仔队所拍摄的照片。狗仔队摄影是一种将新闻摄影、纪录片、名人摄影以及监控摄影等形式混合在一起的杂交类型（Squiers，2000：271）。与经过名人许可和参与的官方肖像照不同，狗仔队的照片都是暗中拍摄的，通常是趁着名人不注意或者毫无准备的时候。这些照片的特点是：用非正式、没有刻意摆姿势、诚实、粗糙或不讨好的方式来揭示名人的日常活动；它们是对明星"真实的"或者"私人的"日常生活的直接呈现。耸人听闻的名人照片市场自1920年代就已存在，现在它已发展为一个巨型产业，大量的周刊和小报都需要刊登诚实的明星照。与《名利场》等高档杂志不同，诸如《热》（Heat）与《拉近》（Closer）这样的杂志对名人自己想要推广的形象毫无兴趣。事实上，这些杂志一般都与明星形象的神话背道而驰，它们传播小道消息、寻找绯闻、或者故意刊登不讨好的明星照。（例如，他们旨在表明某一女明星如果不化妆就非常难看，或者点出她身上的脂肪团。）大多数小报的目标就是获取"污点"，让读者看到名人生活的内幕，它们的照片也是在从事这种偷窥式的细查。

有些人认为，正是这种越轨的感觉——偷窥式的、非法的性质——赋予了狗仔队的影像以价值和信誉。瑟库拉（Allan Sekula）将其称作"偷来的影像才是更真实的影像"理论,这种理论假设,诚实的,未设防的照片更为自然,因此更加真实,更多地反映了被拍摄对象的"内在"(1984:29)。这种将摄像机当作侵入与揭露工具的看法适用于一切摄影,尤其切合被技巧与形象主宰的名人语境。正如瑟库拉所注意到的,"名人形象是一种制度性建构……狗仔队的任务就是穿透那堵墙"(1984:29)。这就使得狗仔队与名人之间产生了敌对关系,明星想要保护自己的私人领地,而那些摄影师则想方设法要披露"真实故事"。

然而,因为小报所提供的名气与媒体曝光度,名人必须与狗仔队和小报达成某种工作关系,既为他们主动提供报道材料,又试图保持公共与私人生活的界线。虽然有很多名人因为狗仔队咄咄逼人的策略和对私生活过分入侵的行为,而对他们不屑一顾(见 Squiers, 2000 以及 Halbfinger and Weiner, 2005),但不少名人也有着自己的应对策略。这些包括因预料到狗仔队的不断跟踪而特意摆出的"街头脸"(street faces)(Sekula, 1984:29),提前将他们的私密行为(如婚礼)的拍摄权卖给小报杂志,甚至将真实的或加工过的照片泄露给媒体。名人需要主动参与小报的影像经济,不能让他们的媒体形象仅限于那些光彩照人的照片,这表明"真实"的概念已经流通起来了。摄影、肖像,以及狗仔队都承诺要对"某某明星到底是什么样子?"的问题给予更深入的回答(又见 Dyer, 2004:2)。

"真的":泰勒的名人摄影

想要拍摄到名人真正毫无防备时的照片,几乎是不可能的,因为他或她在对付相机方面训练有素,会在面对相机的那一瞬间,换上一种建构出来的人格面具(persona)。名人为了维持自己的品牌会培育出一种特别的形象,他们一般通过公关助理与拍摄者进行协调,确保自己对拍照过程的严格控制。大多数公关助理都喜欢对明星的正面刻画,这使得明星的形象具有相当的同质性;但泰勒的名人肖像却与之形成了鲜明的对比。随意、简单、大众化、有时几乎显得丑陋,泰勒所拍摄的照片从美学层面来看更像是业余的快照,而不是那些对富人和名人的风格化、典律化的描绘。泰勒的图片是奢华、美化的《名利场》式的名人摄影的对立面,它们展示的是明星坐在公寓或者宾馆之中,无精打采地躺在沙发上的情形:这些照片将非凡的拍摄对象与平凡的陈设并置在一起。这些照片不仅出现在杂志的访谈和特写之中,也可见于美术书籍、画廊展览和印刷广告。

泰勒的职业轨迹展示了他的作品在不同的语境、媒介和类型之中的流动性。在90年代，泰勒先后在先锋时尚杂志 i–D，《脸孔》(The Face)，《紫色》(Purple) 以及《指标》(Index) 工作过，帮助拓宽了时尚摄影中可接受的视觉规范。此后，他从时尚转向了艺术界，并因独立项目和画廊展览而得到认同。(2003年，泰勒荣膺花旗银行奖，一个专为摄影而设的国际奖项)。他的作品可以形容为对日常生活的考察；他的书籍和展览将静物(如装饰性的小物件、室内植物)，风景(如洞穴，火车轨道)以及肖像(朋友，家人或名人)结合了起来。

在泰勒的作品中，每个主题都受到平等对待。名人照片在拍摄、版式设计或展出的过程中，并没有得到优待。在他的专著和展览中，并不存在商业作品与个人作品之分，因此名人/时尚形象或"空间"就位于家庭或日常生活旁边。例如，在他的作品集 Marchenstuberl (2002) 中，歌星比约克和超模斯坦福妮·森莫的影像与公园里的普通小女孩和垃圾桶中的死狗的照片混合在一起。同样粗糙的快照美学出现在他的大多数作品中，不论其背景是时尚广告还是有泰勒家庭成员参与的个人拍摄计划。

由于泰勒在拍摄对象时并无情感流露，很多评论家将其作品描述为"原始而直接的摄影"(Poschardt，未标页码：2003)，它们拥有一种"冷峻，经常是戏谑，但偶尔粗野的现实主义"(Smith, 2003：40)。泰勒所钟爱的非正式手法产生了这种效果。他的名人照片一般都是在私人的家居环境中拍摄而成，而不利用舞台或工作室。他大多使用35mm的相机，造型和化妆都很简单或毫不显眼。虽然其他摄像师，尤其是阿维顿(Richard Avedon)，也拍摄了一些看上去很坦诚的名人照片，但那些照片的雕琢痕迹依然明显。它们都是在工作室内拍摄而成的，有背景和灯光，通常使用大幅相机[4]和后期加工。相比之下，泰勒的照片通常暗含了"快照"的美学(尽管不一定真是如此)：那些照片是"自然地"拍下来的，偶尔用的还是业余摄影者的傻瓜相机。泰勒的拍摄方法所生产出来的照片，有一种直截了当的稀疏感，几乎到了粗厉和落魄的程度。他在80年代末和90年代初的时尚作品，因其"邋遢"(grunge) 美学而声名大显，这些照片"几乎没有什么修饰：女孩子看起来蓬头垢面甚至营养不良，内景是功能性的而不是装饰性的"(O'Hagan, 2003)。这种"邋遢的"的风格在他的名人照片中也有所体现。我第一次看到泰勒的作品是布拉德·皮特为《细节》(Details) 杂志(2001，1/2月)所拍的照片。我还记得，当时我被这举世闻名的好莱

---

[4] 大幅照相机(large format cameras)，如阿维顿使用的类型，可以生成大号底片，冲洗出来的相片效果很好，丝毫看不出粗糙感。

坞性感明星的不上镜形象给惊呆了。他出现在杂志的封面，背靠在椅子上，双腿很别扭地叉开，双拳紧握。皮特正处于某个姿态中，在机顶闪光灯的照射下，他的脸被扭曲为一半褶皱，一半鬼脸。泰勒的名人肖像照与正常的明星照美学大相径庭，以至于这些照片看起来非常业余。所有照片看起来都非常粗糙，有时候用的是刺目的、正对面的闪光，使得拍摄对象过度曝光，有时甚至都能看到红眼。这些粗糙形象的结果就是人们将其解读为"真正的未经雕琢的本真（authentic）方法"。"本真"的概念对于理解泰勒照片的魅力十分关键。

本真性的美学

通过拒绝名人肖像的传统技巧，拒绝以精美的设计（这是财富和权力的证明）和庄严肃穆的、引人入胜的方式刻画明星，泰勒似乎在他的名人摄影中抛弃了对明星进行神化的建构行为。泰勒的影像只使用很少的几种仰角拍摄模式（modes of elevation）。他尽可能少用器材，同时他钟情自动的快照相机，内置闪光灯，无需专业的灯光设备。尽管公众已习惯远距离地观看那些星光灿烂的名人，但泰勒照片所描绘的名人和空间却看起来更易接近、常规和"平凡"。他的照片的效果与本雅明所谓的"光晕"正好相反：它们营造出一种独特的亲近效果，无论拍摄对象是多么遥不可及。在这种视觉性的拉平中——让名人贴近日常生活——泰勒的照片被解读为本真性的表征，对"真实"人物的记录，而非对那些高大全的明星、虚构的人格面具、被宠坏了的精英或品牌代言人的宣传。

这种对"本真"的简单、直接的呈现和重视更接近纪实摄影的类型，而非名人肖像。虽然泰勒本人拒绝纪实摄影师这一称呼，他的作品的确从纪录片的视觉词汇中借鉴了很多元素。他喜欢精简、直接的拍摄方法，这与纪录片试图客观地、证据性地呈现事件的目的不谋而合。此外，在泰勒对泥泞中的轮胎痕迹、家用物品和家庭生活等日常景象的记录中，他感兴趣的是那些普通而意义丰富的事物，而不是那些非同凡响或离奇怪异的东西（Scott, 1973：50）。他的作品展现出一种纪实摄影的气质：倾向于"让平常之物显得高贵、让不同寻常之物归于平淡"（Scott, 1973：49）。这一过程体现在两个层面：名人在影像中被刻画的方式；名人肖像与普通影像同台展览。

然而，泰勒的作品与纪实摄影所体现的价值也有抵牾之处。他的照片缺乏明显的社会表达,而且很大一部分照片都没有伴随的说明文字。他对名人和富人的关注也与纪实摄影对那些无权无势之人的关注大相径庭,后者远比那些充斥媒体的名人要"更加真实"(Scott, 1973:56)。同时,在泰勒的照片中,其模特在相机前的自我表现有一定的虚构意味:是模特与摄影师合作的成果,在某些照片中,甚至掺入了造型师与客户的意见。其结果反映了摄影内在的紧张,以及"真实"与"造作"之间模糊不清的界线。尽管如此,在公众眼里——以及大多数批评家眼中——他的照片看起来仍然是对模特的真实且直接的表征。例如,波斯恰特(Poschardt)就注意到,"这些照片并不是什么象征——它们没有想要去体现什么东西,而是将展示的东西直接呈现为现实"(2003,未标页码)。就泰勒作品被建构和操演的各种方式来说,它们给人的总体印象是,这些照片是直接的,"本真"的记录。

本真性与亲近:"真实"的回归

泰勒的照片与我们经常在小报上所见的"偷拍的"照片之间的主要差别就在于,前者可以与其拍摄对象形成亲密关系。模特的合作与自然程度,让人感觉照片是在朋友间轻松的聚会过程中拍摄而成的,而非一个拍摄任务的结果。在泰勒的《25岁生日后的凯特在巴黎里兹旅馆》(1999)中,超模凯特·摩斯穿着白色浴袍,躺在床上,头发还是湿的,就好像她刚从浴室出来一样。她躺在亮白色的床单上,枕着枕头,双手放在髋部。两个毛绒玩具躺在她的身边,一个是豹,一个是蛇(也许是生日礼物?)。她就这样仰卧着,看着摄影师,显得有些疲惫,摄影师站在床的另一边。在这个非常私密的时空里,面对照相机或摄影师的存在,她脸上没有流露出丝毫的警觉和顾虑。如果从表面来看这张照片,我们可以说她刚从生日聚会回来,然后就躺在旅馆的床上。她刚洗完澡,除了浴袍,什么也没穿。

这些名人形象将亲近关系与完全经验的幻象结合在一起,而泰勒就代表旁观者扮演着目击者的角色。他的照片看起来像是从名人圈子中拍到的纪实场景,这些照片旨在让观众感受到身处名人的小圈子的真实滋味,这些名人包括超模(凯特·摩斯、克里斯腾·麦克梅纳米),摇滚明星(P. J. 哈维和比约克),当代艺术家(罗妮·霍恩),演员(施瓦辛格、薇诺娜·赖德),以及独立电影导演(索菲亚·科波拉、哈莫尼·科林)。泰勒的照片意在去除那些围绕明星圈子的"过度"神话。例如,人们通常以为一位超模在庆祝25岁生日的晚会上会行为放纵。但前面提到的《25岁生日后的凯特在巴黎里兹旅馆》这张照片,没有描绘任何放荡生活的蛛丝马迹。没有到处乱扔的烟灰缸,没有满地的空香槟酒瓶,也没有蒂凡尼的奢华礼品盒。取而代之的是床头柜上的一瓶矿泉水和瓶子周围的一些不起眼的杂物。虽然房间展现了旅馆的高档(床单的光泽、地毯似的墙纸),但照片并没有反映出那种非同一般的奢侈感(床边的桌子寻常无奇,椅子的地方很小;闪光灯的过度曝光遮盖了一些有可能显示床单档次的细节)。莫斯看起来很疲惫,但你却看不到那种因整夜的疯狂玩乐而带来的精疲力竭。总之,这张照片让人感觉到,明星的生活与普通人并非判若云泥。

通过将这些遥远的领域用视觉的方式结合起来,泰勒的明星照片看起来更为"真实",这种品质日益得到公众的重视,因为大众早已厌倦了对明星们奢华无度的生活方式的报导。普通人或许与那些"真实"或"普通"的媒介人物更能形成共鸣——而非那些炫耀自己特权或者过于圆滑、做作的明星。过去几年中,这种对"真实"的注重在真人秀节目中体现得淋漓尽致,这也导致主流媒体对"普通"人物的报导的增多,以及一般人成为明星的几率的增加。特纳(Graeme Turner)注意到,真人秀现象和技术的进步让更多人有机会接触媒介生产,并造成了一种"平民转向"(demotic turn)。媒体对普通人的报道不断增加,对他们日常生活经验的再现也更加真实(2004:80—5)。

这种求"真实"的趋势不只在媒体对普通人的描述中存在,名人也会借鉴这种手法,把自己刻画的尽可能"真实"。越来越多的名人加入真人秀节目,让公众看到自己的私人生活,以此提高知名度。起初,"名人电视"的主要目的是帮助那些过气的明星或小明星咸鱼翻身、重振事业;真人秀节目《奥斯本家庭秀》(*The Osbournes*,2002—4)中的奥兹·奥斯本与《新婚夫妻:尼克和杰西卡》(*Newlyweds: Nick and Jessica*, 2003—5)中的杰西卡·辛普森就是很好的例子。随着节目的成功,更多的明星也涌入了这类节目,如《混乱天堂》(*Britney and Kevin: Chaotic*, 2005)节目就记录了"小甜甜"布兰妮的新婚生活。这些剧集通常以苛刻的方式再现名人,有时还与他们精心培育的媒体形象背道而驰。在他们各自的真人秀中,流行女歌手辛普森常常被表现为一个愚蠢的、被宠坏了的公主,而重金属摇滚明星奥斯本则是一个昏聩、蹒跚的老人。这种效果,就像泰勒的照片那样,是对明星已有光晕的破坏。例如,随着真人秀节目把奥斯本描述为一个被电视遥控器所苦恼或者因宠物狗随处大小便而无所适从的人,观众逐渐淡忘了他原有的坏小子、在演出中敢于咬下蝙蝠头的摇滚明星形象。然而,在展示自己的日常挣扎的过程中,名人用"真实的人"的伪装重新塑造了自己的形象：自降身价，把自己放在能够引起观众共鸣的位置上，甚至有时让观众觉得高他一等（"可能我既没钱也没名，但我知道怎么使用遥控器！"）。

一定要"真实"

在这种情况下，名人的开诚布公、主动示弱，可以被解读为诚实或者勇敢。获得公众同情和尊重的正面效果不仅补偿了尴尬、无魅力形象的负面效果，还可能带来其他好处。这种策略，以及"知名度就是硬道理"这类说法，可能促使了美国影星薇诺娜·赖德去给泰勒拍摄的广告当模特，为马克·雅可布品牌的 2003 年春季销售大战而工作。2002 年，赖德因在商店偷窃物品而被判有罪，那些物品中就包括一件马克·雅可布牌子的上衣。事实上，泰勒的照片也大胆地影射了这一丑闻。尽管我们可以将商战理解为引起争议的手段，但在这些照片里，赖德直接承认且直面她的丑闻，而非否定或者逃避。这些形象不可能被阐释为道歉性质的；因为它们是各种能指的混合，既暗示赖德罪有应得又暗示她的纯洁无辜。在其中的一张照片里，赖德头发凌乱、身着浴袍，一边咧嘴笑，一边举着一件与她被指控偷窃的物品相似的白色毛衣。房间里到处都是乱扔的衣服，有的还在商店的包装盒里（说明这些东西是合法买来的）。然而，与此同时，一把剪刀——商店的监控录像显示，她在偷东西时，用剪刀剪掉了衣物上的防盗标签——就放在旁边的桌子上，伸手可及。另一张照片则是一张上半身照，她的浴衣一半脱落，手持一只高跟鞋。在机顶闪光灯的照射下，这一形象既传达出她的无辜，如同一只被车灯惊吓的小鹿（她大睁的眼睛特别像母鹿），也表现出她的罪过（脸上意外的表情以及相机的灯光把她抓个正着；而且这种正面上半身像很像是警方给嫌犯拍的照片）。尽管有些羞怯，但与那些堕落明星所做出的字斟句酌的假惺惺道歉相比，这种对赖德罪责的展示却让人耳目一新或者感觉非常真诚。如果使用得当，本真性与开诚布公会是特别有效的公关方式，能博取公众的亲切感和信任感。

明星之所以愿意与泰勒的"展示缺点和一切"的拍摄风格合作，可能是出于培养熟悉度、亲近度和信任度的需要。[5] 这些品质在马绍尔（P. David Marshall）所谓

---

[5]   情况并非总是如此。据泰勒说，他曾拍摄过一个他非常欣赏的女演员；但她对拍摄结果非常厌恶，将他撵出了她的家。这件事情让泰勒大失所望，促使他转向拍摄自己的肖像（见 O'Hagan，2003，以及 Smee, 2003）。

的"情感经济（affective economy）"中至为关键，即名人让粉丝产生情感与亲密关系的能力（1997：247）。随着公众对媒体的操纵和名人大肆奢华的生活方式日益明了和反感，具有普通和诚实的双重意涵的"真实"，身价大增。能够让自己显得平淡朴实、不招人厌，对于名人而言非常关键，因为在当今的媒介饱和的环境中，公众实际上早已和他们生活在一起了。

因为名人在泰勒照片中表现出的亲近与直接，它们正好适合名人—公众关系中的"准社会的（para-social）"维度。准社会关系发生在保持一定距离、不进行面对面接触的个体之间。特纳曾总结过准社会关系的各种阐释，有人将其概括为"受干扰的或沉迷的行为"（2004：92），有的则称其为"日常生活越来越常见的特征"（2004：93）。对于后者，罗杰克也有所论及，他注意到准社会的名人关系在"寻求认同与归属感"（2001：52）的过程中所起到作用，尤其是在那些社会孤立、个人主义或精神抑郁非常严重的社会中。与名人进行的准社会互动可以成为真实共同体缺席时的补偿，尤其是在发达资本主义社会，很多日常交流都并非面对面进行的（通过电子邮件、电话会议、网络聊天）。通过对这种空缺进行利用，名人培育出了一个忠实的粉丝团体，他们是名人的项目和产品的永久受众。

然而，为了维持与名人之间的准社会关系，个人必须要相信，名人离他自己的社会圈子并不遥远。即便在忠诚的准社会关系中，"粉丝们也极其敏感，时刻注意到名人的舞台生活与自己固定的生活环境之间的距离"（Rojek, 2001：190—1）。而泰勒所拍摄的照片则弥合了这一鸿沟，将名人带回真实与日常生活的领域（即与中产阶级或工人阶级的生活圈子相近），并且通过持久的个人关系来表现这种亲密感（泰勒为摩斯已拍了多年的照片，记录了很多关键时刻，如她的25岁生日以及2002年的怀孕）。通过一系列随意的、亲密的名人照片，公众建立起对名人的亲近感。在这些影像中，名人们似乎只是一起在不起眼的地方闲逛、打发时间，或者是在疲惫地沉思。这里，平庸成为一种伪装：因为泰勒的照片如此类似于朋友或家人间的快照，观众很容易忘记自己是在欣赏高级时装广告的女模特，这些模特一张照片的报酬超过很多人一年的工资。

结论：日益被认可的"真实"

名人让自己显得"真实"的能力非常重要，这种重要性随着公众对权势者的欺骗性操纵的反感而越来越明显，不管这些权势者推销的是伊拉克战争还是电影《世界大战》。[6] 有关影星汤姆·克鲁斯与凯蒂·霍尔姆斯恋情的媒体轰炸和随后的舆论反弹，都凸显了公众对媒体的不信任。《人物》杂志的一个调查表明，62%的受访人认为二人的恋情不过是宣传噱头（引自Brown，2005，和Rich，2005），而媒体评论则将克鲁斯与霍尔姆斯之间的订婚形容为"一场烧钱的畸形秀"（Rich，2005）或"糟糕的真人秀"（Goldstein，2005）。如《纽约时报》的编辑里奇（Frank Rich）所认为的，"演艺圈、新闻界和政府已经把真实与虚构之间的界线模糊到如此地步，以至于没人再把他们做出来的任何秀立马当真"（Rich，2005）。由于克鲁斯与霍尔姆斯的恋情缺乏恰当的本真性能指——两人的大部分合影都拍摄于事先安排好的场合（如颁奖典礼、宣布订婚的新闻发布会，以及电影首映式的红地毯）——因此公众只相信这是笨拙的宣传手段。

泰勒看起来提供了应对这些说法的策略，他的照片如同真实的视觉之岛，矗立在一片过度生产的宣传之海。他的照片传达了当下的境况，也就是波德里亚所描述的"仿真与拟像的时代（age of simulacra and simulation）"（1984：257）。在这样的时代里，真实已不复存在，难以区别于媒体的虚构、复制和诡计。尽管泰勒似乎只是记录了他的日常生活世界，但我们不能忘了他与时尚和商业摄影的关系，这些都是仿真与拟像的典型部门。从某些角度来看，他确实像一个纪实摄像师那样代表观众，以目击者的身份记录下了对于大多数人来说非常陌生的世界。结果是，他的作品鄙弃了习以为常的好莱坞与时尚界的幻象，明星的形象看起来非常粗糙、简单、脆弱和人性化。泰勒扩展了名人与时尚的视觉语汇，提供了取代光鲜、完美的表象的另一种表现方式。尽管如此，我们却不能把这种转变视为对娱乐工业的激进批判，因为这些照片就是主流平面媒体和广告所需要的，有些甚至就是他们聘请的。将名人描绘为"真实的"或"平常的"，这可以用来掩盖明星与普通人之间存在的巨大等级差别，这种蒙蔽"让那些在当代语境中操作等级制度的人受益"（Turner，2004：

---

[6] Brown（2005）与Rich（2005）认为，公众对克鲁斯与霍尔姆斯的恋情以及白宫所发动的伊拉克战争的强烈反对，都表明美国公众对新闻媒体日益怀疑。

83），从而否定了经济与物质不平等的真正现实。

将其置于更广泛的社会语境中，泰勒的照片可以解读为一系列文化与经济转变的证据：如大众转向，名人让自己显得平易近人且"真实"的需要，以及在这个过度媒介化的社会中本真性价值的提升。有意思的是，泰勒的照片既代表了大众媒介的操纵，同时也是对这种操纵的拒绝：对本真性的渴望，对亲密感和归属感的怀旧，对真实的不完美的人性、而非圆滑造作的欣赏。在对鸟群飞过天际或游泳池边的美学沉思中，泰勒的摄影确实彰显了日常生活的美。但是，因为他的作品旨在将超级模特、摇滚明星以及身价千万的演员也纳入日常生活的范围，我们就不得不怀疑，这种对"普通"的范畴扩展到底是出于什么目的（以及为了谁）？

（王行坤 译／杨玲 校）

参考文献

Baudrillard, Jean (1984) 'The Precession of Simulacra' in Brain Wallis (ed.) *Art After Modernism: Rethinking Representation*, New York: The New Museum of Contemporary Art, pp.253—281.

Benjamin, Walter (1968) 'The Work of Art in the Age of Mechanical Reproduction', in *Illuminations*, New York: Schocken Books, pp.217—251.

Braudy, Leo (1986) *The Frenzy of Renown: Fame and Its History*, New York and Oxford: Oxford University Press.

Brown, Tina (2005) 'It's Only Publicity Love', available at www.washingtonpost.com/wp-dyn/content/article/2005/05/25/AR2005052502162.html, accessed 9 February 2006.

Dyer, Richard (1998) *Stars*, 2ed edn, London: British Film Institute.

—— (2004) *Heavenly Bodies: Film Stars and Society*, 2ed edn, London: Routledge.

Giles, David (2000) *Illusions of Immortality: A Psychology of Fame and Celebrity*, London: New York: Macmillan Press, St Martin's Press.

Goldstein, Patrick (2005) 'Lovesick Cruise *et al.* is bad reality TV', available at www/calendarlive.com/movies/Goldstein/cl-et-goldstein14jun14,0,2382578.column?coll=cl= Goldstein, accessed 9 February 2006.

Gritten, David (2002) *Fame: Stripping Celebrity Bare*, London: Allen Lane.

Halbfinger, David M. and Weiner, Allison Hope (2005) 'As Paparazzi Push Harder, Stars Try to Push Back', *New York Times*, 9 June.

Klein, Naomi (2000) *No Logo: Taking Aim at the Brand Bullies*, Toronto: Vintage Canada.

Marshall, P. David (1997) *Celebrity and Power: Fame in Contemporary Culture*, Minneapolis and

London: University of Minnesota Press.

O'Hagan, Sean (2003) 'Shooting Up', available at observer.guardian.co.uk/magazine/story/0,, 929861,00.html, accessed 9 February 2006.

Poschardt, Ulf (2003) 'Feeling What You See', in *Juergen Teller, Marchenstuberl*, Gottingen: Steidl.

Rich, Frank (2005) 'Two Top Guns Shoot Blanks', *New York Times*, 26 June.

Rojek, Chris (2001) *Celebrity*, London: Reaktion Books.

Rosler, Martha (1989) 'In, around, and afterthoughts (on documentary photography)', in Richard Bolton (ed.), *The Contest of Meaning: Critical Histories of Photography*, Cambridge, MA: MIT Press, pp.303—340.

Sekula, Allan (1984) 'Paparazzo Notes', in *Photography Against the Grain: Essay and Photo Works 1973—1983*, Halifax: The Press of the Nova Scotia College of Arts and Design, pp.23—31.

Silverman, Kaja (1996) *The Threshold of the Visible World*, New York and London: Routledge.

Smee, Sebastian (2003) 'Foreign Bodies', *Independent*, September, magazine: 6—10; available online at www.lehmannmaupin.com/files/3e22a0f6.pdf, accessed 13 February 2006.

Smith, Carolin (2003) 'Teller Like It Is', *Photo District News* 23/4: 38—44.

Squiers, Carol (2000) 'Class Struggles: The Invention of Paparazzi Photography and the Death of Diana, Princess of Wales', in Carol Squiers (ed.), *Overexposed: Essays on Contemporary Photography*, New York: The New Press, pp.269—304.

Scott, William (1973) *Documentary Expression and Thirties America*, Chicago and London: University of Chicago Press.

Teller, Juergen (2003) 'Interview with Juergen Teller, London, February 5, 2002', Interview by Ute Eskildsen and Ulrich Pohlmann, in *Juergen Teller, Marchenstuberl*, Gottingen: Steidl.

Turner, Graeme (2004) *Understanding Celebrity*, London: Sage Publications. *Vanity Fair* (2005) March: 535.

谁拥有名人？：
隐私、名气以及名人形象的法律管制

菲利普·德雷克

> **导 读**
>
> 　　名人无疑是一个特殊的群体。他们既不同于一般的工人，出卖自己实实在在的劳动力，也不同于权力精英，通过无形的知识去获取财富和权力，而是通过出卖自己的形象来创造价值。
> 　　这就与隐私权的问题纠缠在了一起。我们每个人都拥有隐私权，都拥有不受他人侵扰的权利，即我们都拥有自己的私人空间，但这对名人来说，却成了问题。既然名人本来就是出卖自己的形象来获取财富和荣誉，他们在某种意义上便一直要暴露在公共领域，暴露在公众的视野之下，失去了私人空间的权利。
> 　　作者主要从英国的习惯法和美国的法律对名人案例进行分析，并提出了这样一个问题：到底谁拥有名人？名人自己既然已经出卖了自己的形象，那么他的隐私就已经成了公开的财富，是公众所共有的；但另一方面，名人也是人，而人都应该拥有自己的隐私权，这就产生了二律背反。只有当某个人的形象被公众所接受并成为公共产品在市场上广泛流通的时候，这个人才成其为名人，但名人的地位一旦确立，他便想拥有自己的隐私权，于是"公共表达的权利如何与隐私权取得平衡"，这就成了本文所要讨论的重要问题。
> 　　英国虽然有习惯法的传统，对隐私权并没有明确的规定，但判例法的存在也在某种程度上起到了保护名人隐私权的作用。这里作者列举了两位女明星的

本文译自 Philip Drake, "Who Owns Celebrity?: Privacy, Publicity and the Legal Regulation of Celebrity Images." In *Stardom and Celebrity: A Reader*, eds. Sean Redmond and Su Holmes, London：Sage，2007，pp.219—229。作者德雷克是英国斯特林大学（University of Stirling）的电影和媒介研究学者。——译注

具体案例，指出这一问题存在的两难之处。

美国在立法层面则较为明确，在20世纪下半页，名人法律上得到了"特殊考虑"，这就是公开权的颁布。这种权益"保护的范围比防止虚假背书行为的法律要广泛得多，这种权利让名人可以决定谁从其形象的商业价值中获取利益"，于是名人在出卖自己形象的同时，也获得了对自己形象的控制权。在媒体的言论自由和表达自由的权利与名人隐私权之间，天平开始倾向于名人一边。

我们可以看到，名人的问题不只是简单的文化问题，同时牵涉到了经济和立法的问题。如何一方面保护一般人的言论自由和表达自由，另一方面又能保护名人的私人领域——如果他们有私人领域的话，是一个关键问题。另外，如何就名人问题去探讨公共领域与私人领域的分野，也是本文所要面对的问题。

谁拥有名人？谁拥有传播名人形象和故事并从中渔利的权力？本章的目的是从知识产权出发来探讨名人问题。知识产权意指那些由"智力"（intellect）创造的、并具有商业价值的产品。对名人来说，这既包括有版权的艺术作品，同时也包括相关的符号、名字以及对名人形象的使用。这里我将集中关注"形象权（image rights）"：对某个人的肖像、声音、姓名或签名所做的商业用途。我将指出，对形象权的分配、管控以及经济利用，是理解当代名人现象的关键分析领域。

名人与所有权

"拥有"名人这一概念乍看起来几乎自相矛盾。我们怎么可能将某个人作为财产来拥有？但是通过对名人与媒体公司的合约进行一番调查后，我们就会发现，这些名人的形象不断地被购买、授权/特许（licensed）、推销和流通。每天报纸和杂志编辑都必须就到底谁"拥有"一份特定的名人资产（如狗仔队照片）做出决断，法院也有权对此进行管制。然而，为了考察作为"财产"的、不一定与特定个人身体相联系的名人，我们首先需要对"名人"这一术语究竟意味着什么进行清查。大卫·马绍尔（P. David Marshall）通过政治理论的视角，论证说，名人是社会领域内"理性化（rationalization）"的一种形式。名人"颂扬了大众社会里个人的潜力以及大众对于个体的支持"（1997：43）。对马绍尔、甘姆森（Joshua Gamson，1994）以及特纳等人（Graeme Turner et al.，2000）来说，名人和他们的公众之间有一种复杂的相互依赖关系。名人的权力取决于受众以及媒体对名人地位和非凡特性的投入。同时，名人也需要管制并操控自己形象的所有权，从而取得对个人品牌的垄断权力。

这里，我想换一个思路，我想说明名人拥有经济学家所谓的"公共产品（public good）"的某些特质。公共产品是这样一种产品，它通过在公共领域（经常被称为"公共财产、资源 [commons]"）的消费而产生价值，因此其全部价值不可能通过市场得到计算。倘若如此的话，每天名人的经济价值其实都是由他们与媒体公司的合约决定的，但他们的无形符号价值却很难得到估算。名人的价值不仅仅是个体的劳动价值，不管他们自己是如何有才，同时也与受众赋予他们的意义紧密相关。如果我们认同名人这一社会现象，至少他或她部分地是一种公共产品，那么平衡受众的言论自由与名人的个人权利之间的关系，就变成了一个正当的社会政治问题，同时也是一个经济和法律问题。我们会看到，对知识产权的分析将有助于我们认识名人权利和公众权利之间的分野。这一分析还就谁应该拥有并且利用名人形象，公共表达的权利如何与隐私权取得平衡，提出了重要的问题。

审视作为知识产权的名人：隐私权与公开权 [1]

那么，名人是如何用法律术语被定义为"财产"的？且不管版权（不管是不是名人，每个人对其作品都拥有所有权），我们可以先通过"隐私"与"公开"权对名人形象的管制问题进行分析。这些权利历史悠久，纷争不断，且各国的立法也有所不同（MaCarthy，1987a；Robertson and Nicol，2002）。

这些权利的简史揭示了一些有关名人性质的假设。"隐私权"最早由沃伦和布兰代斯（Samuel Warren and Louis Brandeis）在1890年的一篇在美国影响巨大的文章中提出来，他们将其定义为"一个人独处的权利"。这是一种个人权利，意在防范他人的干扰。在加维森（Ruth Gavison）看来，该权利包含如下三要素：秘密，匿名，独居。初看起来这些要素与名人的当代状况并不兼容，名人就得依赖公共能见度和媒体传播。但是，名人案件的辩护方都将隐私定义为对个体私人生活的"未经授权的侵扰（unwarranted intrusion）"，藉此来弥合与名人性质的矛盾。这意味着，法庭

---

[1] 公开权（"the right of publicity" 或 "publicity right"），国内也译作"知名权"、"形象权"、"公开形象权"等。——译注

也想平衡言论自由、新闻价值与隐私权之间的利益冲突。

在英国近年来的一些著名案例里,名人抱怨媒体对他们隐私的侵扰,尤其是"当事人亲述"类型的小报故事和从事自由职业的狗仔队所拍的照片。名星球员和流行巨星,如贝克汉姆和维多利亚(他们被英国的小报戏称为"Posh and Becks")以及英国王室成员,都经常想要限制媒体对他们私生活的侵犯。在英国,对隐私状况的规定初看起来十分明确:无论在英格兰还是苏格兰,都没有一个所谓的隐私法案。事实上,在英国不仅没有什么隐私法,基本上公开权和人格权也不受承认。与诽谤和版权有所不同,这些都没有广泛的保护,比如,没有一个特定的法律来规定报纸会因侵犯某人的"隐私"而被判有罪。但这也导致了对现有立法的拓展,以便处理涉及隐私的案件,以及想要在英国法庭确立这一概念的尝试。在英国,对于隐私概念缺乏普遍认可的法律定义,这一状况意味着任何想要援引这一权利的尝试首先都要明确隐私的定义。专门调查媒体是否侵犯私人隐私的加尔吉委员会(Calcutt Committee)将隐私界定为:"一种个人的权利,此权利保障个人的私人生活和事务,或其家庭生活和事务,免受他人以直接使用器材或把资料宣扬开去的方式而造成的侵犯"(1990:7)。

在英国,尽管尚没有一般性法律来管制隐私权,但这些案件经常会尝试征用现存的习惯法。这包括1998年的《数据保护法》和1997年的《反骚扰法》。但是最为重要的法律乃是《保密法》(Law of Confidence),旨在防范对秘密的侵犯和防止"保密"信息外泄。这关系到确立信息是否具有机密性质,以及确立是否有对机密信息的未获授权的、损害利益方的使用行为。罗伯森和尼克尔(Geoffrey Robertson and Andrew Nicol)的定义是:"保护那些不被公众所知的,并且在托付时强加了保密义务的信息免遭外泄或挪用(2002:224)。很明显,这一定义有利于那些指控侵犯名人私生活,通过媒体将相关事件公开出去的案件。因此,它最起码在媒体对名人的报导方面,可以起到管控公共/私人差异的潜在作用。

除了保密法,英国还有一些自发的行业管理条文。这些包括报刊投诉委员会(Press Complaint Commission)设定的准则,这些准则讨论了对隐私的侵犯问题,以及《欧洲人权公约》(ECHR)以及1998年英国随之制定的《人权法案》。《欧洲人权公约》第八条指出,"人人有权使他的私人和家庭生活、他的家庭和通信受到尊重"(转引自Robertson and Nicol, 2002:298)"。援引这个公约的案例需要平衡保护隐私权和保护言论自由(《欧洲人权公约》的第十条对后者做出了规定)之间的关系,在名人案例中，这两种权利总是相互龃龉。正如我们将看到的，与美国有所不同，英国的判例法（case-law）尚需确立一系列的先例，来处理隐私权。最近的名人案例可以视为确立法律先例的尝试，因而具有重要意义。

英国的名人隐私案例

那些宣称侵犯了隐私权的案例试图诉诸以《欧洲人权公约》为基础制定的1998年《人权法案》，把隐私当作一项人权问题。好几起涉及名人禁止报刊对其生活进行报道的案件都是如此。其中的两起案例非常有意思：一个是道格拉斯（Douglas）与凯瑟琳·泽塔－琼斯（Catherine Zeta Jones）起诉《Hello！》，我们在后面会详细讨论；另一个是纳奥米·坎贝尔（Naomi Campbell）对MGN公司的起诉，后者是英国小报《镜报》的所有者。

2001年2月1日，《镜报》登出了超级模特、作家、歌手和演员坎贝尔在伦敦离开戒毒互助会（Narcotics Anonymous）的一次聚会的一张照片。在报纸头版有两张彩色照片，一张照片的文字说明是"治疗：纳奥米在戒毒会外"，另一张则配了一个大标题："纳奥米：我是一个瘾君子"。那些标示为"独家报道"的文章都对坎贝尔报以同情，并如此写道：

> 超模坎贝尔进入戒毒互助会是一种勇敢的行为，为的是打败自己的酒瘾和毒瘾。这个年届30的女人在过去三个月里经常去心理辅导，常常一天两次。身着牛仔裤和棒球帽，她本周来到了戒毒互助会的一个午餐会议。几小时之后，她又去了另一个地点，低调进入了一个仅有女性戒毒者参加的聚会。

这篇文章以"每个人都希望她早日康复"结尾。然而，就在这篇文章发表之后，坎贝尔抗议说，这家报纸侵犯了她的隐私权。而报社对此的回应是，他们在2月5号发表了另外一篇文章。文章毫不留情地附上了这样的标题："在数年的自我炒作和非法吸毒之后，坎贝尔开始大谈隐私了"。随着更多的不留情面的文章的发表，坎贝尔决定起诉这家报纸，声称该报侵犯了她的隐私。这一案例被法律专家视为确立英国隐私法的起点。

坎贝尔起诉MGN公司的案件在2002年3月第一次开庭，坎贝尔胜诉，尽管法官只判给了她 3500 英镑的赔偿费且指责她在毒瘾方面误导公众。《镜报》随后上诉并胜诉。《镜报》的辩护律师说，坎贝尔在多份公开声明中宣布自己没有吸毒，这是在撒谎。他们继而称拍摄她走出戒毒会的照片是为了揭露这种虚伪行为。坎贝尔在 2004 年 5 月再次向上议院上诉，上议院最终以三比二的投票结果恢复最初的判决。在这一判决中，上议院援引了《欧洲人权公约》的第八条、违反保密责任，以及《数据保护法》。上议院表示说，如果报纸只是揭露她是瘾君子、口是心非，那她就会败诉。但报纸对她治疗的细节的揭露是不对的，侵犯了个人隐私。在平衡《欧洲人权公约》第八条和第十条所规定的不同权利的过程中，上议院对报纸刊登治疗细节和照片持不同意见。这样一来，他们支持坎贝尔的说法，即报纸刊登戒毒治疗的细节，是对坎贝尔私密信息的误用，侵犯了医疗秘密。《镜报》当时的编辑摩根（Piers Morgan）将这看做是名人隐私法的暗箱操作，并用他颇具敌意的小报风格做出如下评论："今儿可是那个撒谎、滥用毒品、妄自尊大的女人的好日子，她既想占到媒体曝光的便宜，同时还想恬不知耻地独享她的隐私权"（引自 Purcell，2004）。

坎贝尔的案例是否为英国法律确立了一个坚实的法律先例，我们还要拭目以待。值得注意的是，由于这件一般性的隐私判例案件（test case）牵涉到名人，因而引发了一个问题，即在确立一般性的法律先例时，有关名人的判决是否应该有如此大的影响力。为了更为细致深入地探讨这一问题，我们现在要看看另外一个关于名人形象权的案例，道格拉斯和泽塔－琼斯起诉英国名人杂志《Hello！》。

《Hello！》与两位好莱坞电影名人

2003 年，一对好莱坞明星夫妻——道格拉斯和泽塔－琼斯，与 Northern & Shell 公司（英国名人杂志《OK！》的出版商）一起采取了法律行动，在英国法庭对另一家主要名人杂志《Hello！》提出起诉。经过《OK！》与《Hello！》两家杂志的竞标，这对夫妇将他们在 2000 年 11 月 18 日的纽约婚礼的独家报道权以百万英镑的标价卖给了前者。夫妻二人保有照片的审核和出版控制权，并有义务采取严密的保安措施，以确保其他媒体无法拍摄到婚礼。但一个自由职业的狗仔队却逃过了保安的眼睛，偷偷拍到了婚礼的照片，然后通过《Hello！》杂志的西班牙母公司 Hola SA 的一个经纪人，将版权卖给了英国、法国和西班牙的媒体（Collins，2004）。两天之后，当《OK！》杂志发现《Hello！》要登出照片时，他们从高等法院取得了一个禁令，防止《Hello!》杂志刊登照片。但这个禁令在上诉法院被驳回,《Hello!》杂志随后还是登出了这些照片。结果,《OK!》杂志不得不匆忙将他们的婚礼报导赶印出来,与《Hello!》的报道在同一天出版。

这个案子在媒体广为报导,大多数媒体的观点都不太友好,攻击道格拉斯夫妇就媒体侵犯隐私而提出的抱怨。不少报道都认为,他们把婚礼照片授权给《OK!》杂志的目的就是想要追求曝光率。道格拉斯和泽塔－琼斯因此决定就《Hello!》杂志刊登六张未经授权的婚礼照片一事提出起诉。这对夫妇不只是抗议未经授权的照片被登出,同时指出这些照片用不适当的方式展现了夫妇二人的形象,并在法庭上宣称说,照片的登出让他们"不知所措"。有几张照片被挑出来接受讨论,包括两张展现泽塔－琼斯吃东西的照片,其中一张是她老公正在喂她吃婚礼蛋糕。这对夫妇说这些照片尤其让人头疼——首先,画面质量很差,其次,这些照片让泽塔－琼斯看起来非常贪吃。这些对泽塔－琼斯的电影明星生涯来说,可能是非常不利的,他们还引用了《太阳报》2000年11月24日的一个标题:"凯瑟琳·饕餮·琼斯"。[2]《太阳报》也登出了五张未经授权的照片,并小版复制了《Hello!》杂志的封面,次日《每日邮报》也加入媒体热炒,登出了四张未经授权的照片。在法庭,泽塔－琼斯声言:"我不想让我丈夫把食物放进我喉咙的情形被拍下来。这会让人觉得我那天就是一直在吃东西(见Higham, 2003b)。"但是,法庭也得知,这对夫妇已经同意,在他们授权给《OK!》的一组照片中包含一张她喂她老公吃婚礼蛋糕的照片(这对夫妻似乎认为,反过来的喂食行为对道格劳斯的事业并无影响)。《每日镜报》对此的一则评论是——此时,这个案件已经成了小报每天必报的故事——她是在控制和质量方面做文章,声称"一张是在我们得知的情况下拍摄的,而另一张则是偷拍的。这张照片的前景是一个毛茸茸的手臂和被闪光灯曝光的蛋糕。一张是合法的,另一张则是非法的(Higham, 2003b)。"这一评论指出了授权得到的与非法取得的名人形象之间的区分,这一对名人夫妇只认可他们可以控制、管理和授权的公共形象。

道格拉斯与泽塔－琼斯诉《Hello!》一案在2003年2月开庭审理,针对《Hello!》的共有13项起诉。其中包括违反保密责任,侵犯隐私以及对1998年的《数据保护法》的违犯。第一条诉讼请求是违反保密责任,这是英国隐私案件中最常援引的法

---

[2] 《镜报》2003年2月11日的另一篇文章,也是猛烈抨击凯瑟琳·泽塔－琼斯(Catherine Zeta-Jones)的抱怨,并且也使用了一个双关性质的标题:《凯瑟琳·哀泣·哭死》("Catherine Bleater Moans")。

律。这涉及给出违反信任的证据,以此证明被信任的一方打破了关于保密的协议。由于道格劳斯与泽塔-琼斯的婚礼是私人性质的,并且采取了周密的保安措施,他们论证说,拍照人的出现就是违反保密责任。另外,这对夫妇还试图证明,这些照片的发布对他们极为不利。在听证会上,法官也认为既然婚礼是私人性质的,那照片就具备了秘密的品质。他也同意诉讼人有权控制他们在媒体中的形象,因为这对他们的事业至关重要,同时《OK!》也有权保护其资产,即婚礼的独家照片。确立了保密的前提之后,法庭讨论了第三方即狗仔队的问题。尽管《Hello!》并没有拍摄或是委托他人拍摄照片,但法官认为,既然《Hello!》已经知道《OK!》与这对夫妇签署了一百万英镑的独家合同,这就足以表明这"违反了他们的良心"。也就是说,《Hello!》的独家合同、婚礼的私人性质,以及狗仔队的偷拍,都足以证明违反保密责任的存在。法官因此驳回了被告方以公共利益为由的辩护,这种说法经常出现在类似案件中。这又一次牵涉到了法律中关键的公私之分。针对这对夫妇对隐私的权利主张,法官认为没有现存的法律可供援引,并且认为保密法所提供的保护正好适用于这一案件。不过,他又说,一个隐私法可能是需要的,"如果议会不迅速行动,那司法部门只能退而求其次,由法院来一点点地创立法律,但这会损害诉讼当事人的利益,并不可避免地带来延误和不确定性"。

案件的双方都宣称自己是最后的赢家。道格拉斯和泽塔-琼斯仅仅赢得了违反保密责任和轻微违反1998《数据保护法》的诉讼请求,他们获得了法院的一项禁令,防止未经授权的照片进一步流通,但他们的隐私主张却失败了。英国法庭拒绝承认个人的隐私权,尽管法官提到这一权利的追切性。该案件相对失败(与坎贝尔的胜诉形成对照)的一个重要原因是,这对夫妇已经与人签约,公布婚礼照片,因此保密法是用来保护他们的商业交易而非个人隐私。我们将会看到,这是英国与美国名人法律地位的关键差别所在,在美国,名人的隐私权和公开权得到了更强劲的维护。

美国的公开权和名人

在美国,隐私与随之而来的公开权之间的关系可谓纠缠不清,它是整个20世纪名人与商业利益相互勾连的结果。美国"公开权"的发展可以追溯到隐私权。20世纪初期,法庭开始对两者之间的差别做出区分,这与照片作为视觉形象流通手段的兴起是同期现象。对于普通人而言,保护个人形象免遭商业利用,可以被视为隐私权。

但对于名人来说,这种论点却是成问题的,由于名人寻求的是声名远扬,法院便经常认为他们放弃了隐私权(Madow, 1993: 168)。正是这一问题让公开权得以引入。公开权的最简单定义是:个体控制自己的姓名、肖像和其他辨识性特征作为私人财产,并进行商业使用的权利。这样,名人形象就属于财产权的范围。其结果就是,美国的公司未经名人允许不得使用他们的形象去营销,因为这就等于交易了他们的公开权。

公开权从隐私权衍生出来的方式,对我们理解美国的司法制度如何定义名人非常具有启发性。尽管一般大众可以声称,不想要的公开(unwanted publicity)是对他们隐私权的侵犯,但正如我们上面所讨论的,这种论述对那些已然让自己的形象公开流通的名人来说,则显得麻烦重重。由于名人没有理由抗议不想要的曝光,因此法律论证从侵犯隐私权和不想要的公开转向了未经补偿的公开。这就将法律从隐私权转向了财产权——控制名人形象的商业流通的权利。这种转变还具有两个重要因素。首先,隐私权是一种个人权利,因此不可继承,人死之后便立即失效。其次,这种权利无法转让给另一方,如一个商业机构。这种不可继承的特性意味着,名人控制其形象的权利在他们死后便失效,不会延伸到家人。而隐私权的不可转让的特征则意味着,尽管名人可以授权他们的形象用于商业目的(如20世纪50年代之前的体育和电影明星所做的那样),但他们无法杜绝其他商业机构也来使用这些形象。因此在20世纪上半叶,名人无法对他们有价值的形象进行独家授权,或者起码不能阻止其他人对其形象的交易。

意味深长的是,对公开权的承认发生在20世纪下半叶的美国。这最先在1953年的一起具有开创性的案例中得到重视。这起案例发生在两家口香糖制造商之间,他们想要争夺一名职业棒球运动员的独家肖像权,以推广他们的产品。为了解决争端,法院裁定,个人有权出于经济目的,如产品背书(product endorsement),控制自己形象的流通。法庭认为,名人在将自己的形象用于商业用途时,应该有独家授予权,否则"会让他们拿不到分文,除非他们的形象成为单一补助金的主体,并禁止其他任何广告商使用他们的形象"。这一新的知识产权在尼莫(Melville Nimmer, 1954)的关键文章《公开权》中得到了发展。并非偶然的是,尼莫本人就是好莱坞的派拉蒙电影公司的法律顾问,这家公司旗下现在依然拥有很多明星大腕,为了让公开权得到推广和承认,尼莫可谓用力甚勤。他诉诸一系列的"常识"来展开自己的论述,其中的一个论点现在的法律辩护还经常使用,即名人的知名度是通过大量的个人投资、技巧和努力而辛苦得来的。然而，这种名人的"劳动论"没有认识到我们前面所提到的名人的"公共产品"性质。尽管当今关于名人的学术著作都已从理所应当的名声（merited fame）的洛克式原则转向了一种更深入的认识，即名人通常是由媒体制造和传播的，但这些话语在牵涉到名人的法律讨论中仍然占据主流地位。

在 1954 年的一篇文章中，尼莫明确提到"百老汇和好莱坞的需要"，有效指出名人需要法律上的特殊考虑（1954：203）。他与同道中人麦卡锡（J. Thomas McCarthy）在游说这项权利方面所取得的成功，可以通过如下事实得到评判，即公开权至少在美国的 28 个州得到了习惯法或法条的明确承认，其中包括（对娱乐业最为重要的）加利福尼亚州，纽约州和田纳西州（Ropske, 1997）。[3] 其他州也通过保护姓名、肖像的使用，或防止误用和不公平背书的不公平竞争法默认了这项权利。公开权所保护的范围比防止虚假背书行为的法律要广泛得多，这种权利让名人可以决定谁从其形象的商业价值中获取利益。由于这项权利既可继承也可转让，名人可以让他们的形象成为财产，在他们死后，遗赠给他们的家人或受托人。

争辩名声的领地

对于这些权利的审视涉及哪些利害关系呢？这些权利反映了规范和控制名人形象的使用的努力，并且我已指出，这对言论自由有着潜在影响。[4] 很明显，旨在保护名人形象的法律框架并没有为非公众人物提供类似的保护。从本质上说，公开权只对那些名满天下并吸引公众目光的公众人物适用，如明星和政治家。这里的问题是，名人的公共和私人领域的区分，二者之间的边界该如何掌控？我个人的观点是，立法已经帮助划定了名人权力的范围。从政治经济学的角度，这引发了关键的问题，即形象权是否应该分配给私人，尤其是当我们已经认定，名人的本质和权力取决于其形象的公共流通。麦多（Michael Madow）就此问题提供了一种深具洞见的剖析，他论证说，公开权的意蕴同时也限制了文化表达的可能性：

> 特许的权力就是压制的权力。当法律赋予名人公开权时，名人得到的不只是更多的收入，她或他的受托人还得到了一项重要权力，可以控制社

---

[3] 麦卡锡在他的文章中（1987b）明确表示他受惠于尼莫的思想。
[4] 有关知识产权体制的文化后果的进一步探讨，参见 Edelman(1979)，Gaines(1991)，Bettig(1996) 和 Coombe (1998)。

会中意义和认同的生产和流通；如果她愿意的话，她有权压制有关她形象的解读或挪用，只要那些解读或挪用背离或颠覆了她偏好的意义；她有权禁止他人利用她的形象来建构和传达另类的或抵抗性的认同或社会关系；最终，她还有权限制我们其他所有人的表达和交流机会。

(Madow, 1993: 146—147)

麦多毫不含糊地将公开权视为名人的一种无根据的特权，它将名人的财产权置于那些消费名人形象的人之上。他指出，赋予名人的公开权使得名人可以控制自己的形象（这些形象的价值源自它们在公共领域的流通），防止他人使用这些形象。他的观点是，将公开权赋予名人的做法让他们可以垄断意义，尤其是出现对立解读时，他们可以巩固主导意义。他举了约翰·韦恩（John Wayne）贺卡的例子，一项将可继承的公开权引入纽约州的法案曾引用了这个前例（1993: 144）。其中一张卡片上面是韦恩戴着牛仔帽，抹着鲜红的唇膏的照片，照片的文字说明是"做条汉子是如此的婊子"[5]。韦恩的家人对这张卡片表示反对。尽管他们最为不满的是该卡片"贬损了"韦恩的异性恋的男子汉形象，但他们主要的法律辩护词是，他们被剥夺了从韦恩的形象获取收入的权利。于是，公开权就对名人形象的流通产生了明确的影响，因为法律潜在地允许主导的或"偏好的"意义，并有可能使某些对抗性的再编码（re-coding）成为非法。[6]

科沃尔（Roberta Rosenthal Kwall, 1997）却并不同意麦多的看法，并且为公开权做出了辩护。她指出，没有足够的证据表明，名人的产权化会导致社会损失。另外，她论证说，公开权旨在"通过拒绝公众阐释文本的流动性和肯定作者主导阐释的方式，保护文本的完整性"（Kwall, 1997: 19）。事实上这与麦多的论点不无相似之处，但后者是以否定的方式看待这种"保护"，将其视为与公众利益相对的、控制文化意义流通的权利（我们或许可将这一分歧与有关"知识共享"[7]的开放性的辩论联系起

---

[5] 原文是"It's such a bitch being butch"。"butch"一词既指有男子汉气概的男性，也指男性化的女同性恋者。韦恩是一位以西部片而闻名的好莱坞明星，素有"西部硬汉"之称。——译注

[6] 同性恋者对好莱坞女星 Judy Garland 的明星形象也做过酷儿性质的再编码，参见 Richard Dyer (1986) 的分析。

[7] "知识共享"（creative commons），简称"CC"，也译作"创作共用"、"创意共享"、"创用 CC"。它是当代更灵活的一种知识产权形式，既可以让创作者保留一定的权利，同时又可以与大众分享其创作。——译注

来)。科沃尔继续论述说,"名声已经民主化了",现在任何人都可以做名人,无论其性别、收入或阶级(1997:21—2)。如前所述,这种观点早已成为名声的神话的一部分,但名人往往还远没有民主化或贤能化。

结论：对名人的私人所有权？

通过对形象权的探讨,本文表明,为了分析名人的经济和象征权力,我们需要更深入地理解法律在名人形象的立法、管制和产权化方面所起的作用。我们所讨论的案例说明了在英国和美国,名人对自己形象所能实施的法律权力存在重大差别。英国法庭直到最近,在将财产权和隐私权授予名人时都小心翼翼;而在美国,这些权利经常得到了法律的坚定支持。另外的一点就是：将权利赋予名人这一行为,带来了一个有关当代社会中的符号资本和经济资本的所有权的问题,在这种社会中,名人文化已经深深扎根于商品交换的系统之中。名人以及他们所积累的公开价值,既取决于媒体的流通,也取决于公众购买他们形象和相关产品的意愿。到底谁应该拥有和控制他们的形象,值得进行公共讨论。

我已指出,将名人视为知识产权这一观点,将名人所持有的身份和符号价值与对公众形象的控制和所有权问题纠结了起来。关于隐私与公开的法律意在管制形象的知识产权,而最近的法律案件将名人的权利与媒体的权利对立起来,这对20世纪下半叶名人权力的重塑起到了关键作用。名人能够更为有力地保护他们的权利,免受媒体的侵犯,但这种规定也限制了公众的表达自由。问题的关键是一系列从未在法庭上得到解决的矛盾,即名人是通过公众曝光率而成名的,而一旦成名,他们就经常希望对他们的形象进行控制和管理。正如戴尔(Richard Dyer, 1979)的早期著作所论述的那样,明星解决了社会中的文化认同和自我认识方面的问题,因此牵涉到名人的法律案件也凸显了在当代成名的意义。有关名声的叙事并不只存在于媒体中,也存在于出庭、法律判决以及随之而来的媒体报道。法庭成为另外一个互文性场所,在这里,现代名人的意义得以产生,同时名人的律师及其公共关系顾问(如英国的公关专家Max Clifford)都是这个公开系统中的组成部分,法庭的剧情化再现也是如此(比如,2005年,Sky/Fox频道的电视新闻每天都对迈克尔·杰克逊的猥亵儿童案的庭审进行报道)。

大众媒体既生产名人,也消费名人,对于知名个体的沉浮兴衰孜孜渴求,大肆宣扬。通过法律框架来审视名人权力为我们打开了新的问题,即名人怎样作为经济和符号商品发挥作用;名人如何依赖更广泛的具有文化和地域特定性的社会和立法结构。换句话说,名人是各种文化的、法律的和经济的话语的交汇点。法律系统提供了一个让名人的公共空间与私人空间之间的张力得以呈现的平台,并就成名在晚期资本主义阶段到底意味着什么的问题,提出了启迪性的洞见。

(王行坤 译/杨玲 校)

参考文献

Bettig, Ronald (1996) *Copyrighting Culture: The Political Economy of Intellectual Property*, New York: Westview Press.

Collins, Craig (2004) 'Goodbye *Hello!* Drawing a Line for the paparazzi', *University of New England Law Journal* 1 (2): 135—144.

Coombe, Rosemary (1998) *The Cultural Life of Intellectual Properties: Authorship, Appropriation, and the Law*, Durham: Duke University Press.

Dyer, Richard (1979) *Stars*, London: BFI Publishing.

Dyer, Richard (1986) *Heavenly Bodies: Film Stars and Society*, Basingstoke: Macmillan.

Edelman, Bernard (1979) *Ownership of the Image,* Trans: Elizabeth Kingdom, London: Routledge and Kegan Paul.

Gamson, Joshua (1994) *Claims to Fame: Celebrity in Contemporary America,* Los Angles: University of California Press.

Gavison, Ruth (1980) 'Privacy and the limits of law', *Yale Law Journal* 89: 421—471.

Higham, Nick (2003a) 'Zata court case could make history', 3 February 2005 <http://news.bbc.co.uk/1/hi/entertainment/showbiz/2720543.stm> [accessed 12/05/05].

Higham, Nick (2003b) 'Hollywood at the High Court', 19 February 2005 <http://news.bbc.co.uk/1/hi/entertainment/showbiz/2745907.stm> [accessed 12/05/05].

Kwall, Roberta Rosenthal (1997) 'Fame', *Indiana Law Journal* 73.1 <http://ssrn.com/abstract=846306> [accessed 12/05/05].

Madow, Michael (1993) 'Private ownership of public image: popular culture and publicity rights', *California Law Review* 81.125 <http://cyber.law.harvard.edu/IPCoop/93mado1.html> [accessed 12/05/05].

Marshall, P. David (1997) *Celebrity and Power: Fame in Contemporary Culture*, Minneapolis: University of Minnesota Press.

McCarthy, J. Thomas (1987a) *The Rights of Publicity and Privacy*, New York: Boardman.

McCarthy, J. Thomas (1987b) 'Melville B. Nimmer and the right of publicity: a tribute', *UCLA Law Review,* June–August 1987: 1703—1712.

Purcell, Steve (2004) 'A good day for lying drug-abusing models', *The Mirror* 6 May 2004.

Report of the committee on privacy and related matters, Chairman David Calcutt QC, 1990, Cmnd. 1102, London: HMSO.

Robertson, Geoffrey and Nicol, Andrew (2002) *Media Law*, London: Penguin.

Ropske, Gary (1997) 'Celebrity status and the right of publicity', *New York Law Journal* 31.

Turner, Greame, Bonner, Francis and Marshall, p. David (2000) *Fame Games: The Production of Celebrity in Australia*, Cambridge: Cambridge University Press.

Warren, Samuel D. and Brandeis, Louis (1890) 'The right to privacy', *Harvard Law Review* 4.5: 193—216.

"你需要担心的只是这任务,喝杯茶、晒点日光浴":在《老大哥》中走近名人

苏·霍姆斯

> **导读**
>
> 2000年前后,《老大哥》[1]、《幸存者》、《流行明星》、《流行偶像》等电视真人秀开始风靡全球,大量平民百姓借助这些节目一夜成名。本文所要思考的就是电视真人秀在多大程度上改写了传统的明星/名人概念。20世纪的波普艺术之父安迪·沃霍尔曾预言,未来每个人都能当上15分钟的名人。而真人秀明星的名气,显然已经超过了15分钟。
>
> 在文中,作者霍姆斯首先分析了普通人上电视的问题。在真人秀节目流行之前,普通人只能在电视上扮演观众的角色。他们是专业人士和艺人的陪衬,虽然有出镜的机会,却掌握不了出镜背后的权力关系。他们在电视"上"(on),但却不在电视"里"(in)。真人秀节目通过"普通"人的"名人化",混淆了"上媒体"与"在媒体里"之间的界线。如果说《流行偶像》之类的选秀节目至少还

本文译自 Su Holmes, "'All You've Got to Worry about Is the Task, Having a Cup of Tea, and Doing a Bit of Sunbathing': Approaching Celebrity in *Big Brother*." In *Understanding Reality Television*, eds. Su Holmes and Deborah Jermyn, London: Routledge, 2004, pp.111—135. 作者苏·霍姆斯是英国东安格利亚大学的电视研究学者。——译注

[1]《老大哥》(*Big Brother*):英国电视台第四频道(Channel 4)的真人秀节目,在节目中一群人住在与外界隔离的一幢大房子内,由摄像机全天候拍下他们生活的细节,并开放观众电话由他们来定期选择一个最不喜欢的、最没人缘的选手出局。每季节目时间大约持续三个月,参与者不超过15人。每周,节目制作组会分配给室友/选手一些任务(tasks),来检测他们的团队合作能力和社群精神。"老大哥"一词源自乔治·奥威尔(George Orwell, 1903—1950)的讽刺小说《一九八四》(*Nineteen Eighty-Four*, 1949)中大洋国的领袖,但书中自始至终没有真正出现这个人物,他的存在始终是作为权力的符号,书中的"老大哥"无所不在地监视着每一个人的生活。本文中多次出现的"大房子"即指参赛者所居住的房子。——译注

要求选手拥有一定的演艺才能,《老大哥》这样的节目则完全不需要参与者有任何特长,这就"对现有的关于名声的方法和理论提出了更严峻的挑战"。

霍姆斯接下来论述了"电影明星"和"电视名人"这两种不同的名声建构范式。上世纪八九十年代的学者一般倾向于将"电影明星"和"电视名人"当作两个对立的范畴。如兰格和埃利斯认为,电视媒介的特质不利于明星的建构,不可能产生距离或本雅明所说的"光晕"。电视只能制造出令人感到熟悉和易于接近的名人,"这与矛盾的、神秘的电影明星的建构形成了鲜明的对比"。表面上看,真人秀节目似乎正是利用了电视名声的这个特点,通过让普通人在电视上"扮演"他们自己,潜在地培育了观众和参与者之间的亲密关系。

《老大哥》中的参与者虽然是普通人,但却是"最著名的无名之辈"。他们的"普通性"因为真人秀这个特殊语境而发生了深刻的变化,他们被置于普通/非凡、公共/私人等矛盾的交叉地带。传统的明星/名人身份也依赖于普通与非凡的矛盾。这些明星一方面有着非凡的外貌或才能,另一方面又有着普通人的爱好和情感。但明星制度强调的还是明星的个人才华和努力,声称这是他们获得名声的根本原因。《老大哥》参赛者的名声却表明,这个逻辑在当代名人文化中已经失效。名声不再是个人奋斗的理所当然的结果,而是源于媒体的制造。

有趣的是,在本文的后半部分,霍姆斯还是主要在电影明星的研究框架下探讨电视真人秀所制造的名人。她解读了流行报刊对《老大哥》参赛者的报道,表明参赛者的名声是依靠多种媒体的互文性传播建构起来的。报刊文本与电视文本既相互竞争,又相互补充,建立起了电视名人的多重人格面具,这与电影明星的银屏内外形象的建构颇有类似之处。尽管电视真人秀凸显了名声的制造性,但本真性的协商和多义性阅读依然是明星/名人形象的核心魅力。

电视真人秀的发展使得一个事实变得无法回避,那就是电视上出现的"普通"人数量有了可观增长。的确,在有关电视真人秀的伦理、政治与文化含义的激烈讨论中(见Cummings, 2002),电视真人秀与"普通"人之间的关系,引发了有关这种电视形式的不同立场。例如,根据批评者的观点,电视真人秀与其参与者之间的关系基本上是"利用性的"(exploitative):要么是节目制作者通过"操纵"与剪辑来利用参与节目的主体,要么是参与者为了追求媒体曝光来利用节目。在这个方面,名声的话语往往被方便地用来断言电视真人秀与生俱来的"轻浮性"。电视真人秀被看做是在无耻地鼓励(同时也在集中体现)某种名人文化的加速,在这种名人文化中，人们仅仅只是因为他们的"有名"而有名，而不是因为"伟大、可贵的付出或才华"(Boorstin, 1963：11)。如山姆·勃兰登(Sam Brenton)和鲁宾·科恩(Reuben Cohen)所述，真人秀的参与者发现自己成了"一场由来已久的、有关现代名声之价值与本质的辩论的原材料"(2003：7)。一位评论家是这样描绘的：

> 电视上现在充斥着无处不在、喋喋不休的赘述——那些仅仅只因为有名而有名的人物——尽管很明显他们缺乏真正的训练、才华、智慧或是谦逊，电视却似乎非常乐意继续满足这些人对于摄像机的渴望。
>
> (McCann, 2002：20)

特别是在 2000 至 2001 年间，一大批流行的电视真人秀节目面世，全球性节目形态也浮出水面。此时，"严肃"报刊的评论家们都对名声的文化观念中出现的变化表现出厌恶，这也是他们对于主打娱乐牌的事实性节目(factual programming)的、更大范围的负面回应的一部分——多数关于真人秀形式的批评都集中在该形式让"名声"得以不朽的问题。比如说，在评论《海难》[2] (RDF 电视制作公司为第四频道制作的节目，2000 年到 2001 年在英国播放)的原初系列时，《观察家报》就建议它的读者们期待"16 个快乐年轻、光鲜亮丽的未来电视主持……在一个小岛上勉强相处 10 周"，接着又把它描述成"由身穿比基尼的《圣橡镇少年》[3] 班底出演的亚历克斯·加兰的《海滩》[4]，而非严肃的社会实验，不值得观众把电视牌照费投入到这样的节目"[5] (Flett, 2000：10)。相比之下，《卫报》则思考了"电视真人秀"这个术语不断变化的定义，最后认定这样的节目正在混合"操纵性的剪辑、充满清凉美女

---

[2] 《海难》(Shipwreck, RDF for C4, 2000—1, UK)：英国电视台第四频道的一档青少年真人秀节目，在这档真人秀节目中，观众可以看到两组年轻人在南太平洋一座荒岛上的"落难"生活。——译注

[3] 《圣橡镇少年》(Hollyoaks)：第四频道长期播放的一部青春肥皂剧，以虚构的"圣橡镇"为背景，讲述一群大学生的故事，始播于 1995 年。——译注

[4] 《海滩》(The Beach, 1996)：英国作家亚历克斯·加兰(Alex Garland)所写的一部关于一群旅行者在泰国的经历的小说。同名电影于 2000 年推出，由丹尼·博伊尔(Danny Boyle)执导，莱昂纳多·迪卡普里奥(Leonardo DiCaprio)主演。——译注

[5] 这里所指的"电视牌照费"事实上是不正确的，尽管四频道是个公共服务电视，它是由商业资金进行运作的。——原注

    英国的公共广播电视系统主要依靠向用户收取电视牌照费(license fees)获得制作资金，类似中国的有线电视服务收费。——译注

的软色情片，以及随意宣泄的愤怒，所有这些都是由一群梦想成为模特、演员与综艺节目主持的人出演的"（Patterson, 2001: 12）。最后，在《金融时报》上，克里斯多夫·邓克里（Christopher Dunkley）直言不讳地坚持认为，"'电视真人秀'这个词语……归根结底是愚蠢的，因为……它把一群极度渴望名声的人放在最为虚假的、矫揉造作的场景之中"（2001: 24）。这里我们可以看到，那些"极度渴望名声的人"——指的也就是那些"未来电视主持"或"梦想成为模特、演员与综艺节目主持的人"——都被坚决地放在了公共广播电视的理想与传统纪录片所声称的"真实"理念的反面。每一位评论家都通过援引有关名人与名声的话语，展示了他们对于虚构与真实的形式混淆和事实性节目的娱乐化的不安。

与之形成鲜明对比的是，另外一些人采取了完全不同的立场，他们把那些"普通"人想象成电视真人秀具有"民主化"特质的证据。如多弗利（Dovey）将电视真人秀描述为一种赋权（empowerment）的方式，认为真人秀形式是对"现有的家长式统治"的一种挑战，它以自己的方式大胆地让"日常的声音进入了公众领域"（2000: 83）。这种观点主要是由电视人自己提出来的（Peter Bazalgette，私人访谈，2002年8月14日），它弱化了媒体在名声语境中的"门槛"作用，突出了对于普通人的包容，并以此作为不断增强的公共服务议程（agenda）和参与性民主的证据。这种观点快速地将真人秀节目过程中的利用之说撇在了一边。英国恩德莫公司[6]的创意主管彼得·巴扎尔戈特（Peter Bazalgette）解释说，"那些电视真人秀的批评者今天所痛惜的正是为什么这样一些糟糕的普通人被允许上电视。显然，这些普通人唯一的不寻常之处就是他们炫耀的欲望"（Bazalgette, 2001: 22）。当谈到英国《老大哥》第二季的冠军和亚军（爱尔兰同性恋空乘人员布莱恩·道林和威尔士美发师海伦·亚当斯）时，巴扎尔戈特坚持道：

[他们] 过去所能上电视的唯一方式就是适时挤进一些社会学的小栏目，如《本周》[7]或《行动的世界》[8]之类的……《老大哥》是对于节目制作

---

[6] 恩德莫公司（Endemol）：总部位于荷兰的电视制作公司，子公司与合资公司遍及英国、美国、法国等23个国家，《老大哥》最初即由该公司研发并在荷兰的一家电视台推出，后被陆续移植到英国、澳大利亚、德国、丹麦、美国等近20个国家，掀起了欧洲大陆的真人秀热潮。——译注

[7] 《本周》（This Week）：BBC电视一台的深夜政论节目，以轻松、讽刺著称。——译注

[8] 《行动的世界》（World in Action）：英国的一档新闻调查类电视节目，由格拉纳达电视台（Granada Television）于1963年至1998年推出。——译注

多样化的有力支持,是让更多样化的人群走上电视的渠道。

(Bazalgette, 2001: 22)

这里有趣的是巴扎尔戈特论证的轨迹,他先是将有关节目参与者都爱显摆、追逐名声的言语("炫耀的欲望")看做是一个错误的假设,然后又将这一套修辞放置于一个"新"公共服务的政治化、多元化的框架之下,进行了重新想象。

尽管采取的立场迥然不同,这两种观点都把名声与名人,建构为电视真人秀的微不足道的副产品。名声和名人要么被认为是在损害事实节目传统意义上更有"价值"的目的,要么被视为电视台宣传这种节目形式的制度性价值与文化价值的方式的对立面。正因为如此,两种立场都没有留出空间来思考普通人与名人文化之间关系的动态吸引力,而恰恰是这一点,在电视真人秀的崛起中占有至关重要的地位。不仅如此,真人秀的节目制作对于我们构想名声的方法和理论提出了复杂的质疑,而上述两种立场将这种质疑完全遮蔽了。鉴于此种情形,本文的兴趣是思考这样的一个问题:当我们走近电视真人秀时,现存的关于明星/名人身份的理论性概念究竟在多大程度上是有用的。而电视真人秀,如上述引言所暗示的,标志着电视与名声的关系,以及名声对于电视文化传播的蕴意进入了重要时刻。我的兴趣更多地在于名声在意识形态上的含义、名人"形象"在更广义的符号学和结构上的建构,而不是关于电视真人秀所维系的当代名声之"价值"的(迂回)辩论。很明显,《老大哥》走在了这种变化的前端,本文的关注焦点就是它在英国语境中的存在方式。

"普通"人上电视?

当然,普通人上电视并不是什么新鲜事儿。多种类型的节目,如新闻、即兴问答和纪录片,早就依赖"真人"这一角色及其在场,作为专业人士和艺人的对立面。"真情实感"的奇观(Root, 1986: 101),或是看起来"鲜活、自然、富于表现力"的行为(Lury, 1995: 127)一直以来都体现着普通人出镜的价值和吸引力。在如今的电视真人秀中,情况也是如此(Hill, 2002)。鲁特(Root)在1986年的专著中,形容上述的几种传统节目类型为普通人提供了一套相当有限的角色。他们被雇来就是为了"扮普通"(例如在即兴问答中,表现出上电视的紧张和兴奋)(1986: 97),或者被要求操演一个"具体的任务——阐明一个专家的理论或者[成为]其他人表演的主题"(同上: 96)。事实上,"普通"人更多时候被概念化为观众(Couldry, 2000:

47）。与鲁特写书的 1986 年相比，普通人现在更普遍地出现在电视上，但这并不意味着这种出镜背后的权力关系已经得到了彻底改变。尽管现在的电视类型、技术和结构环境与鲁特所设想的不同，"普通"大众仍然是"其他人表演的主题"。"普通人"根本难以期望在媒体"里"（in）出现，他们只能"上"（on）某些有限的媒体情境（Couldry, 2000: 46）。然而，这样的区分已经被真人秀混淆，真人秀节目通过"普通"人的"名人化"（celebritisation），逗弄了"上媒体"与"在媒体里"之间的界线。《流行明星》[9]、《流行偶像》[10] 和《名声学院》[11] 等流行音乐真人秀就是明显的例子，这些节目旨在使优胜者获得前所未有的成功。不过,这些节目的叙事都是围绕"寻找"（search）明星展开的，它们关注的是某种特定的才能，而且非常自觉地使用了明星话语。可以说，它们在名声的表达上更加传统（见 Holmes，即出，2004）。此外，这些节目的叙事必然会指涉现存的音乐工业。伴随着此类节目对观众互动的强调，明星身份的建构就音乐工业、流行音乐和受众之间的关系提出了一套更为具体的议题，而且这三者都是以明星形象为中介。与这些选秀节目不同的是,《老大哥》没有这样的指涉性语境，它给予了名人更多的自主舞台（参赛者主要因"表现日常生活"而出名）(Roscoe, 2001)，这么一来就对现有的关于名声的方法和理论提出了更严峻的挑战。

正如上述许多报刊评论所言，今日真人秀节目中的名声和名人类型，在事实性节目中几乎是史无前例的。这是众多因素导致的结果，包括真人秀的混杂本质（模糊虚构节目与事实节目的边界，从而生产出一种娱乐为主的电视形式），事实性节目基于人物叙事与"表演"而日益增加的"个性化"（Dovey, 2000），以及真人秀所采取的系列节目形式（当然，我们还不能忘了人们对明星文化的与日俱增的"迷恋"）（见 Gamson, 1994; Rojek, 2001）。系列季播形式（意味着更有规律的电视曝光）在纪实肥皂剧（docusoap）及其对"真人"明星的建构中得到了最显著的发展，其重要性

---

[9] 《流行明星》(*Popstars*, 2001—2, UK)：国际性电视真人秀节目,选秀类电视节目的前身,起源于新西兰后风靡全世界。——译注

[10] 《流行偶像》(*Pop Idol*, 19TV/Thames TV, 2001—2, UK)：英国系列选秀类电视节目,通过选手的才艺表演选出最优秀的年轻歌手,后被许多国家的电视节目所效仿,包括著名的《美国偶像》(*American Idol*)。——译注

[11] 《名声学院》(*Fame Academy*, Endemol for BBC, 2002, UK)：英国歌唱选秀类电视节目,获胜者将与主流唱片公司签约,并能免费居住位于伦敦的豪华公寓一年,同时享用一辆跑车。——译注

不应该被低估。[12]这里名人的产生,部分地因为"普通"人——引用安迪·沃霍尔(Andy Warhol)的著名预言——获得了不止"一刻钟的名声"。纪实肥皂剧之后的真实性文本(如《老大哥》、《幸存者》[13]和流行音乐节目)由于完全格式化的背景建构,离常规的纪录片就更远了,这些真人秀节目强调的是表演和展示,而不是观察(Roscoe,2001;Corner,2002:257;Hill,2002)。因此,这些节目涉及关于表演的公开讨论,这种自我反省还延伸到节目的名人建构。在《老大哥》的节目形式中,这还被当作一个上演的奇观,比起纪实肥皂剧的限制性观察伦理来说,在一定程度上更"诚实"、更"透明"。

电视名声的范式:措词上的矛盾?

如何定义并理解真人秀中的名人建构,依然是一个悬而未决的问题。早期关于名声和明星身份的研究,由于源自电影研究并受结构主义和符号学方法的影响,关注的都是经典的好莱坞电影(Dyer,1998,1986;Ellis,1992;DeCordova,1985)。至今,这些著作所提出的概念对于电影研究和明星身份的整体分析仍然相当灵活和有用,这也是这些著作重要性的最好证明。然而在当代,明星身份的媒介语境已经不再具体(Geraghty,2000:184),这使得那些界定名声并给名声分类的术语变得日益复杂。正如 P. 戴维·马绍尔(P. David Marshall)所说,"名声/名人"(celebrity)这个术语在当代社会有一种"固有的模棱两可的含义"(1997:xii)。该术语现在变得日益流行,被用来表明各种状况。要么是用来指代一个更加转瞬即逝的名声概念(同上:5;Rojek,2001:9);要么是当名声主要基于一个人的私人生活,而不是他们的表演性存在(Geraghty,2000:187);或者就是当前的一种状态,即"有意义"的名声等级划分已经消失(Gamson,1994:9)。"名人"一词的流行突出了分类的困难;值得注意的是,当代名人杂志或生活类杂志也并不遵从这些分类标签。当然,这也恰好说明"有意义"的名声"等级"区分的消失,所以人们用"名人"、"明星"、"偶像"

---

[12] 纪实肥皂剧以《家庭》(*The Family*,1974)和《西尔维尼亚·沃特斯》(*Sylvania Waters*,1993)为前身,这两个节目中都有一些参与者获得了相当的名人地位。

[13] 《幸存者》(*Survivor*,2001— ,UK):英国 ITV 电视网所播出的电视真人秀节目,大奖高达百万英镑,第一季曾创下同期真人秀节目观众人数新高,甚至比《老大哥》的观众人数还要多。——译注

等各种词语来描述《老大哥》的参赛者（但更多的还是"明星"）。

尽管如此，学术研究中通常会在这个方面做相当严格的分类。虽然早期关于明星身份的研究认为，电影不是名声唯一的传播方式，戴尔也建议将他的分析"广泛地应用"于其他媒介，如电视（1998：3），但在电影明星与"电视名人"之间还是出现了一种相当僵硬的对立（Langer, 1981; Ellis, 1992）。重要的是，这种观点在随后的研究中被详细阐述，没有真正遭到挑战（Tolson, 1996; Lury, 1995; Marshall, 1997）。兰格（Langer, 1981）和埃利斯（Ellis, 1992）认为，由于电视作为一种媒介的本质，不可能有所谓的电视"明星"。注重友好和亲密的电视修辞、屏幕的尺寸、每天持续不断的播出，以及家庭情境中的收看，都不利于明星的建构，只是产生出了"名人效应"。电视的言说和接受模式被认为不太可能产生距离或"光晕"意识（在沃尔特·本雅明[1973]的著名概念中，"光晕"可被理解为一种距离效应），电视更多地制造出接近、熟识和可获得性（Langer, 1981：356）。根据这些评论家的意见，这与矛盾的、神秘的电影明星的建构形成了鲜明的对比。

在这些著作的成书年代，还鲜有将电影和电视的文本特性概念化的尝试。但这样的二分法把电影和电视的特征本质化了。这种二分法也很少强调不同电视传播角色（节目主持人、新闻播音员、演员）的区别（Clarke, 1987; Tolson, 1996; Lury, 1995），以及这些角色转变的潜能。可是在研究真人秀节目时，我们又感觉真人秀似乎彰显了早期研究所勾勒的电视名声（TV fame）的"范式"特质，并将这些特质推到了极致。比如，如果说电视名声是由"普通性"（ordinariness）和熟识性构成的，电视真人秀通过关注那些定期出现在熟悉语境中的"普通"人，分毫不差地诠释了这一电视修辞。真人秀形式的背景和语境与它的美学和技术风格有关，虽然这些背景通常都"不寻常"，但是它们对于观众了解参与者的方式非常关键。《老大哥》展现给我们一个仿家庭的语境，以生存为导向的节目（《幸存者》，《伊甸园》[RDF公司为第四频道制作的节目，2002年在英国播放]，《海难》），则让参与者应对"原始"生活中的堕落。每一个节目中的情境都让参与者洗尽铅华、"返璞归真"，并以电视真人秀毫不掩饰的美学原则进行拍摄，以便节目打出现实主义的旗号。《老大哥》"对于日常生活的模拟"（Roscoe, 2001：483）使得我们热衷于观看参赛者做饭、吃饭、睡觉、洗漱和做清洁。我们见证了他们早起时的模样、喝醉和哭泣时的状况。在这个框架内，我们了解到他们隐私的细节，如他们的坏习惯、口头禅、他们伴侣的姓名、他们的宠物等等。虽然媒体对于明星身份的建构正是围绕着公私界线的模糊和亲密关系的幻想（Dyer，1998），但《老大哥》并不是一个与更华丽的表演文本处于矛盾辩证关系的互文本（intertext）：它本质上就是一个主文本（primary text）。的确，如果真人秀取决于"它对认知的影响——承认荧屏上的个体可以是我们自己"（Palmer，2002：300），这实际上是电视名声的"范式"特性的进一步延伸：如兰格所解释的，它唤起了"电视名人和观众共存于一种普遍的经历之中"的意识（1981：363）。从表面上看，真人秀似乎反对光晕性的和最终"难以企及"的明星的中介，它特别擅长运用"第一人称"（Dovey，2000）或"亲密和主观的知识形态"（Hight，2001：394），潜在地培养参与者和电视观众之间的同样亲密的关系。节目的互动性也模糊了观众和参与者之间的区别。尽管如蒂克内尔和拉古拉曼（Tincknell and Raghuram）所言，"观众影响[《老大哥》的]'故事'的实际机会相当有限"（2002：211），但观众还是被话语性建构成了"权力"和能动性位置的占据者，可以决定参赛者的命运。最后，如果电视名声的特性之一就在于更大程度上地模糊了荧屏内外的形象的话（Langer，1981；Ellis，1992；Lury，1995），那么对于电视媒介来说，还有比真人秀这种鼓励人们在节目中"扮演"他们自己的更好方式吗？

我们需要考虑《老大哥》中名人的建构是如何被媒介的特性所塑造，这一点非常重要。但早期的电视名声观念的理论和方法性框架，却在不同层面简化了电视名声的复杂性。现有的关于电视名声是基于熟识、重复和"光晕"的缺乏的论述，在措词上几乎是矛盾的。然而，要协调这种范式与《老大哥》中名人的展演——如当最新的淘汰者成为名人离开大房子时，我们能看到尖叫的人群、闪烁的摄像机灯泡和晃动的横幅——是非常困难的。

"最著名的无名之辈"：普通／非凡

如前文所述，人们传统上认为普通／非凡的矛盾（paradox）概念，区分了电影明星身份和电视名声的差别（Ellis，1992：106）。确实也是这么一回事：《老大哥》中同住一所房子的室友们，就是通过一种特别自觉的、复杂的普通与非凡的矛盾而得以表述的。如在英国播放的第三季《老大哥》（2002）的最后，参赛者出现在舞台上，主持人达维娜·迈克科尔（Davina McCall）让人群为"最著名的无名之辈"欢呼（2002年7月26日），这一称呼准确地抓住了这种矛盾的存在。与许多传统名人相比，室友们即使没有超过但也毫不逊色，可他们却"看起来"不像名人，也不如名人般行事,至少在节目的大房子里没有。节目吸引人的关键因素在于观看"普通"人,这被帕迪·斯坎内尔(Paddy Scannell)描述为"表面上琐碎而无意义的普通、日常存在的根本神秘"(2002:280)。事实上,尽管人们日益认识到《老大哥》中的名人身份(celebrity)和表演,但这种"普通性"仍然是节目所宣称的"真实"所必需的(Couldry, 2002:288);其结果就是,名人身份在该节目中的公开颂扬程度受到了仔细管控。尽管如此,室友们在某种意义上从进入这个房子开始就成了名人,与传统名人建构的不同之处在于,这个名人地位是与他们在荧屏上展示的"普通"自我同时出现的。所以,思考这种复杂的二重性的演绎方式是十分重要的。

当代的电视节目制作正在向流行的事实性节目转变,这种变化以建构与表演过程中不断增强的自觉性和自反性为特色(Corner, 2002)。随着这些节目的惯例日益为参与者和观众熟知,节目形式内部的自觉性和自反性也在加强。在《老大哥》的第二季和第三季中(尤其是第三季),参赛者们都自觉地意识到节目的惯例,他们讨论哪些场景会出现在第四频道的晚间新闻,哪些将会作为他们"最精彩的片段"在淘汰时的采访中展示,他们演唱节目的主题曲,甚至模仿画外音来评论自己的行为。室友们在"普通"人("像我们一样")和"特殊的"名人地位之间摇摆不定,自反性在展示他们的不确定立场中发挥了关键作用。这种自反性同时还扩展到了他们对于随之而来的名人地位的理解。第三季见证了更多关于名声对参赛者生活所产生影响的谈话。室友之一的 P. J. 埃利斯对这个话题尤其感兴趣,他推测(以《老大哥》的第一季为参考)室友们的名声在他们离开房子后仍会长时间地延续,如果他们"被看到一起出门"也会引起反响。尼克·库德瑞(Nick Couldry)在讨论《老大哥》的第一季时曾认为,尽管节目从结构上与名声的叙事密切关联,但"参赛者并没有谈论它的意图"(2002:289),但我们现在已不再可能这样认为了。

然而这种自反性是与室友们在不同层面上都把自己当作"普通人"的持续感觉和经验相关的。尤其是随着节目的进展,室友们反复诉说他们想念自己正常的生活,期待重新回到家庭、住所和朋友之中。他们作为"普通"人进行讨论,试图理解他们所处的与众不同的情境。第三季的最终胜利者凯特·劳勒(Kate Lawler)描述说:"想到整个国家都在观看我们,真是不可思议"(2002年7月12日),随后她又评论说,她将会心怀敬畏地与《老大哥》的主持人达维娜·迈克科尔见面。在这里,她把自己定义为一个偶尔接触"媒体"世界的"普通人"(见 Couldry, 2000)。在这一季的倒数第二周,另外两名室友,亚历克斯·希布利(Alex Sibley)和约翰尼·里根(Johnny

Regan),与凯特一起反思了节目的巨大影响力。当亚历克斯说他们再也没法不起眼地"混入人群"时,约翰尼插话说,他们"还是和[他们]进来时一样——不过是外界在变而已"(2002年7月22日)。室友们的这种处于非常环境的"普通人"的观念,通过反复讨论和排练他们的退场仪式得到了加强。这种名人(或"过程中的名人")的实践,都验证并体现了室友们在普通/非凡、公共/私人交叉处的矛盾地位。

普通/非凡的矛盾概念主要是由戴尔(1998)和埃利斯(1992)发展出来的,这一对概念必然有其难以捉摸和含糊不清之处。这部分地是由于这一对概念被用来捕捉明星身份的文化"本质",如此一来,它就变成了一个跨历史的"神话"(Clarke,1987;Tolson,1996;Geraghty,2000)。一些评论家用这对概念来指涉一种更宽泛的对于明星的文化迷恋("非凡是因为明星是独一无二的……普通是因为明星必须获得观众的认同[Clarke,1987:141]),其他研究者也用它来指代荧屏内外生活的特定关系,以及这些关系在互文性传播中的话语建构。比如,强调明星"奢华"的生活方式和"普通"的个人问题,或者将"一些特殊才能或地位"与普通的爱好、愿望和感觉结合起来(Ellis,1992:95)。不管是哪种情形,显而易见的是,"非凡"大部分源自名人的"才能"或生活方式(同上:105),这些元素与《老大哥》完全不搭。事实上,构建节目参与者的"普通性"的一个关键因素,往往就是他们普通的或弱势的背景,当然这也要视个人情况而定。不过,这也同样与明星身份的传统的、意识形态建构相关联。普通/非凡的矛盾是在成功神话中得以有效叙述的。根据戴尔的观点,成功神话试图协调几个相互矛盾的元素,包括作为明星特征的"普通性",强调体制是如何回报"才能和特别之处"的,以及"幸运之事"会发生在任何一个人身上,努力和职业精神对于明星地位非常重要(1998:42)。"普通人"也能"发达",获胜者被赞誉和媒体所包围,这些其实都不新鲜。然而很明显《老大哥》里的名人缺乏成功神话的一些最基本的话语,主要是缺乏对工作和传统意义上的才能的强调。不过,许多参赛者赛后在娱乐业找到了工作的事实表明,这里不存在与现存的"才能"观念的彻底(或久远的)断裂。尽管如此,成功神话接受度的降低验证了一个问题,即20世纪初发展起来的关于名声的叙事和解释遇到了不断增强的挑战(Gamson,1994:44)。尽管"努力工作"或者"与生俱来的才华"等话语(Rojek,2001:29)仍旧有它的市场,但正如甘姆森所说的,"名声是被制造出来的叙事"已浮出水面,"俨然成了解释名人问题的当仁不让的理由"(1994:44)。

但这里有必要强调不同节目之间的差异。季播的流行选秀节目如《流行明星》

和《流行偶像》在很多方面都是成功神话的典范,虽然这些节目承认名声的制造因素,但它们还是突出了"特殊性"或"天生"的才能的重要性(如强调捉摸不定的"X"因素),并结合了对劳动和"努力"的强调(Holmes,即出,2004)。相比之下,虽然《老大哥》强调某些个人素质(如毅力)的价值,但它并没有表明,努力对于明星身份是必然的。尽管室友们完成任务的一个条件是,用自己的资源来换取食物,但节目并不以劳动为中心,而是主要突出了过度的休闲时光。如《老大哥》第二季的参赛者海伦·亚当斯事后所评论的:"你需要担心的只是这任务,喝杯茶、晒点日光浴,以及想想晚餐吃什么……这很美妙,不是吗?"[14] 而来自第三季《老大哥》的臭名昭著的杰德·古蒂(Jade Goody)则坚持说:"我不称我们为名人——你必须努力工作才能成为一个名人,而我们所做的一切就是待在一个房子里"。[15] 为了宣扬最终的胜利者,《老大哥》或许仍旧强调将"普通性"与"特殊之处"联系起来的优点(比如第二季的获胜者布莱恩·道林,就因他的耍宝才能而出名),但它更坦诚地接受了,名声的获得可以简单地归结为被"媒介化"的事实。如甘姆森所说,从名人体制的角度讲,它必须主张名声是理所应得的(merited claim to fame),这种主张的消失可能是灾难性的(1994:142)。但情况显然并非如此,虽然许多《老大哥》参赛者的短暂名声与这个逻辑部分有关,不过,节目的成功(大众对于参与者的兴趣)同样也暗示着,在当代名人的协商中,这个逻辑根本不成其为问题。更确切地讲,随着名声制造话语的日益流行,"理所应当的名声"的主张必然会被取代。《老大哥》的参赛者们有效地表明了这种替代是如何发生的,他们更热衷于协商名人形象中的"本真性"(authenticity),并以"普通人"和名人的双重身份来支持这个逻辑。

"《老大哥》独家报道!"构想互文性

在这里,节目的互文性传播扮演着重要的角色。就大房子里的日常生活而言,节目和参与者主要都是用将来时态来设想名人,即名人是参赛者从大房子的伪私人环境转向外部的"公共"空间的那一刻发生的。这表明《老大哥》的名人特性是如何围绕着特定时间和空间的组织而定位的。当参赛者身处房子中时,节目的互文性

---

[14]《老大哥,小世界》(*Big Brother, Small World*, C4,6 January 2002)。
[15]《老大哥的小兄弟》(*Big Brother's Little Brother*, C4,27 July 2002)。

框架在协调参与者逐渐增长的名人地位中扮演着核心角色,就其本身而言,这个框架代表着一个重要场域,在这个场域里,我们可以探索《老大哥》对现有的名人理论和方法的意义。

关于《老大哥》的评论来自不同的媒体资源,包括网络(官方的和非官方的网页、粉丝的话语)、流行报刊、名人杂志和广播,当然也包括电视本身有关这一系列节目的话语,在英国这主要指的是四频道的伙伴节目《老大哥的小兄弟》(2002—)或一般话题类节目和电视杂志类节目。这种持续的评论之潮对于事件的"鲜活度"贡献良多(Tincknell and Raghuram, 2002)(又见 Kavka 与 West 在第六章有关真人秀中的时间的论述),但同时也说明《老大哥》的"鲜活度"如何对更传统的平面媒体提出了挑战,这些媒体不得不下大气力来维持一种同时感(simultaneity)(Hill and Palmer, 2002, 253)。

《广播》(*Broadcast*)杂志对于电视真人秀与小报关系的分析,展现了《老大哥》、《流行明星》甚至《幸存者》这类节目是如何"让流行报刊过度兴奋,以至于有关肥皂剧和其他电视节目的报道看起来有些平淡"(Marsh, 2001: 16)。虽然这种互文性关系对电视来说并不新奇,但电视真人秀却代表了这一"协同作用"所增强的程度。就经济方面而言,这种互文性关系显然对电视和报刊都具有吸引力。一方面,报刊杂志的报道为节目做了宣传——第一季的《老大哥》在英国小报中产生的专栏或广告价值,超过了一千三百万英镑;另一方面,报纸对于节目的关注又有助于报纸在16—35 岁年龄段读者中的销量,这个年龄段是广告商所热衷的对象,但他们却不像其父母们那样有按时买报的习惯(Marsh, 2001: 16—17)。互文性关系对于我们理解节目本身的建构和接受有着复杂而又矛盾的蕴意。把这种关系视为"仅仅是营销"的看法(Peter Bazalgette,,私人访谈,2002 年 8 月 14 日)显然掩盖了这些蕴意。

尽管芭芭拉·克林格(Barbara Klinger, 1989)有关互文性传播的研究是针对电影的,但在此处也同样适用。班内特(Bennett)和沃拉考特(Woolacott)曾将"互文性"定义为"在特定阅读环境里,文本之间关系的社会组织"(1987: 44—45)。基于这一定义,克林格对互文性如何影响接受策略很感兴趣。在思考互文性和审美性商品化的关系时,克林格探讨了宣传资料与跨媒介(intermedia)报道如何为电影构建了一个"商业生活的支持系统"(1985: 5)。在这种系统中,文本会"事先提供题外话",那些能够在社会挪用过程中得到"加强与延伸"的文本特色,也会遭到大肆"攫取"(raided)(同上: 10)。为了使观众数量最大化,这一策略的目标在于制造出接近文

本的"多种渠道",以便让文本"在社会范围内产生最广泛的共鸣"(同上),但这不会创造出一个连贯的文本解读:

> 文本在这类社会的、互文的语境中的情形,使它向那些超越了形式解决的惯例的指意活动"开放"。因此,文本的互文性境况的特点就是,一种来自对文本产生表意压力(singnifcatory pressure)的外部场域的符号性"延展"(spanning)。
>
> (Klinger, 1989:7)

很明显,克林格的研究是基于一种假设性的文本立场而不是受众研究,但它对于研究《老大哥》的流行和接受似乎有着非常重要的可能性。然而,克林格最终感兴趣的似乎还是通过聚焦一个单一的、基本的(电影)文本,来评估互文本对于接受的影响(提示"短暂的有指引的文本出口")(同上:14)。但我们却无法以类似的方式来思考《老大哥》这样的电视文本。和肥皂剧一样,电视真人秀对于连续剧形式和现场直播的利用,意味着我们面对的是一个正在进行的"元文本"(metatext),它一直处于持续的发展和变化之中,这一点又塑造了互文性框架的流通。尽管存在着这样的区别,克林格的观念还是很有趣的,因为明星或名人形象的报道主要是通过碎片和不连贯的修辞来运作的(Ellis,1992),但在围绕《老大哥》的参与者的报道中,这种"攫取"文本的概念运作得最为明显。让节目的符号性基础倍增的观念和报刊媒体有着最重要的关联,因为恰好是报刊在以更有分歧、更有争议和无法预料的方式改写"官方文本"(Tincknell and Raghuram,2002:208—209)。

报刊杂志为了有别于电视文本,在其报道中贯穿了为节目提供一个更高形式的"真相"的承诺,即揭露真人秀的真实"背后"的"真实"。尽管这也许只是小报的传统说辞,但鉴于电视真人秀从认识论、话语和视觉方面都声称是真实的主张——这正是大众新闻媒体一直在试图挑战和削弱的——成倍增加文本的符号基础的想法就呈现了新的复杂性。由于主要受到后现代理论家让·波德里亚(Jean Baudrillard,1983)著作的启发,那些试图将电视真人秀里的"真实"(the real)理论化的研究者纷纷援引了关于"现实的消失"和"真实的丧失"的辩论,并将电视真人秀视为电视恢复自身地位的矛盾性尝试(见Dovey,2000:88—91;Nichols,1994;Robins,1997;Fetveit,1999)。不过,这种论点没有获得多少持续的分析(并且如Dovey所描述的,与节目本身保持了相当"抽象的距离"[2000:89]),它主要在电视真人秀的文本美学和内容层面上进行，忽视了表达电视真人秀的"真实"的最持久和最自觉的尝试，是如何发生在互文性传播层面的，即流行报刊和杂志。

从广义上讲，报刊报道有两种与电视文本相关并超越其边界的方式。首先，流行报刊与名人杂志都声称将提供关于节目"背后"的事件的故事，不管是对当前在房子内所发生的事情做出评论，还是对最新的淘汰者进行采访。这些策略的目的在于，通过吸引未能被节目满足的偷窥冲动，削弱《老大哥》的监视系统的"透明性"。在《老大哥》的第三季播出期间，《热》(heat, 6月15—21日)有一期的杂志封面很典型："杰德的生日聚会：电视未播的片段"。正如下文所述，这是小报采访最新的淘汰者时经常使用的一种观点。对在视觉上比电视更局限的报刊媒介来说，这种对于"偷窥欲"的吸引在某种程度上是矛盾的。报刊所登载的那些从节目中抓拍的、模糊的影像，虽说可以作为现实主义的符码，但同时也显示出媒介形式在视觉上所受的限制。在《老大哥》的第二季播出期间，《星期日镜报》(Sunday Mirror)的一篇采访被淘汰者纳瑞德·考尔(Narinder Kaur)的文章标题为："纳兹[纳瑞德的昵称]：终于我能够告诉你电视镜头所不能展现的了：种族主义的嘲弄、春药、淫荡的小两口儿"(Couzens and Lawrence, 2001：1；强调部分为我所加)，这实际上是在用言语的披露来表现视觉的披露。过度的修辞(rhetoric of excess)是小报新闻业中流行的风格技巧(Fiske, 1993：53)，它与电视节目努力在荧屏上呈现"刻意中立"的事件评论的企图，形成了对比；同时这样的报道也有可能挑战电视节目自身的"偏好"意义(Tincknell and Raghuram, 2002：209)。这种互文性的框架假定，观众是承认节目所提供的关于"真实"的建构。当然，这并不意味着流行报刊的话语就让人觉得提供了一种更高意义的真实。在潜在意义上与小报修辞的消费所密不可分的，是"怀疑的乐趣"(the pleasures of disbelief)，或说是一种矛盾的辩证法，即我们"怀疑故事同时又相信它"(Fiske, 1993：52)。然而，我们仍然需要解释名人报道的魅力，在这种吸引力中，许诺"亲密关系"或"披露"才是关键所在。

其次，也更复杂的是，电视节目与互文本的关系为参赛者建构了一个人格面具，并主导了这个面具在荧屏内外的互动。从结构上说，明星身份的概念是由表演性在场(performing presence)与"舞台之外"的生活之间的关系，或是这两个层面之间的指意互动来维持的(Dyer, 1998；Ellis, 1992；Geraghty, 2000：184)。但是，电视与电影的名声又在这里有所不同。根据埃利斯的观点，电影明星的互文性传播对于刺激观众的欲望至关重要。明星的形象看来不仅是矛盾的("普通又不同寻常")，而且，就电影表演与其周遭互文本的关系而言，明星的形象也是不完整、不连贯的（Ellis，1992）。从这个角度来说，辅助性传播中所展示的明星形象碎片，起到了"邀请观众去电影院"的作用，并将电影树立为"分离片段的整合"（同上：93）。但关键是，电影仍建立在"照片效应"（photo-effect）和"在场—缺席"（present-absence）的矛盾之中，根本无法实现整合，观众于是就陷入了一个没有止境的欲望轮回。由于媒体性质的不同，电视演员/名人的建构中没有这样的动态过程，因此，电视与周围的互文本也就形成了一种不同的关系。电视强调现场直播，意味着它"把自己展现为一个立即的在场"（因此没有引起照片效应）（同上：106），而且不像电影的表演相对"稀少"，电视名人或演员会在电视中持续出现："这样的结果就是传播形象与表演之间的距离急剧缩减。两者变得相互交叉，以至于演员形象被等同于"荧屏角色的形象（同上：106）。事实上，"辅助资料"可以更多地去"发现电视演员/名人是否存在着一种与电视角色不同的个性形象，而不是纠结于普通又非凡的矛盾"（同上：107）。

自从埃利斯的论点提出以来，我们或许有理由指出，流行报纸和杂志中名人报道的大增，已经表明了一种披露各种名人的荧屏外生活的强烈欲望，因此，这就要求我们对电视的互文性框架进行重新构思。同样地，关于观众更愿意相信电视上的名人形象就是"他们本人"（比如就节目主持人而言）的理论假设，表明了我们对于观众的一个相当天真的想法。其实观众已经日益觉察到名人的制造和"表演"（还有关于名人的荧屏外自我的各种丑闻的"曝光"）（见Gamson，1994）。然而，学界仍旧有一种较广泛的共识，认为荧屏内外形象之间的关系在电视领域要比电影领域简单得多（Langer，1981；Lury，1995；Marshall，1997）。但《老大哥》的情况却并非如此，该节目展示了荧屏内外形象的复杂辩证关系，从早期的研究视角看，与电影明星有颇多类似之处。这种关系是在一个复杂的结构模型内发挥作用的，而该模型介入了节目关于"真实"的话语建构。

但"室友"到底什么样？调解关于"自我"的意识形态

当然，对于《老大哥》节目来说，宣布我们在某个时刻将在房子里见证"真正自我"的展现是非常重要的（见Ritchie，2000：26），节目的文本策略——尤其是特写的大量应用——就是用来达到这种效果的。节目的展示"真实自我"的宣称虽然可以转移、但却不能完全挑战，互文本揭露荧屏"表演""背后"的"真人"的宣言。

由于《老大哥》的节目模式使参赛者在他们被淘汰驱逐之前都无法与媒体进行接触，纸质媒体并不和电视宣称的"真实"相竞争；它们只是试图通过"攫取"参赛者进入房子之前的过去，来重置和重建"真实自我"的场地。这种报道通常关注参赛者以往的恋情（小报上的亲历者口述故事）或者挖掘他们家庭过往的详细信息（通常是名人杂志），而不是像真人秀节目那样充斥着实况报道。报刊报道明显拒绝与真人秀系列的"鲜活性"保持一致。这种对过去自我的强调是很矛盾的一种尝试，它所提供的是对"未经调解的"身份的亲近。过去的自我被呈现为"本真性的"，正是因为它没有受到电视镜头和由此引起的表演语境的操控。

在二重性的传统观念中，荧屏内外的形象可以以互补或矛盾的方式存在，或者被置于两者之间（Ellis, 1992：104；Dyer, 1998）。但是，就《老大哥》这个节目而言，我们经常能看到将这种二重性定位为冲突性关系的蓄意企图。不过，小报媒体的报道，往往倾向于一种特殊的类型（即性"披露"），这就为《老大哥》的室友们创造了一套相当同质的、无区别的荧屏之外的自我，这完全是由他们所出现的媒体的特定要求所决定的。然而在"攫取文本"的过程中（Klinger, 1989：10），这些外文本（extratexual）叙述也有可能以不同的方式与荧屏上的自我互动。例如，在第三季《老大哥》播出的第一周，《太阳报》刊登了一篇关于苏格兰参赛者林恩·蒙克里弗（Lynne Moncrieff, 36 岁）的文章，并配上了一些"经过审查"的裸体照片，显示她是一个"男人杀手"（man eater）。"朋友们"坚持认为林恩很可能会是房子里第一个有性关系的人，并且坚称"我们显然还没看到真正的林恩"（Goodwin, 2002：10）。这篇文章很明显是为了与荧屏上的林恩形象提供对比而写的。在文章发表之时，林恩是房子里比较安静保守的成员之一，虽然这在她出乎意料的大吵大闹行为之后不久就改变了。与关于经典好莱坞电影明星的研究相比，围绕《老大哥》的文本关系必然和大房子里所发生的事件一样变幻莫测、转瞬即逝，但这正是它们增殖文本符号基础的方式。在参赛者杰德·古蒂（21 岁）身上，荧屏内外形象之间的斗争更加持续和有趣。杰德是一个热情、吵闹、"粗俗"且出言不逊的女孩，起初名声很不好，不受媒体欢迎，她的体重、外貌和缺乏教育都成为媒体恶毒攻击的对象。媒体很得意地报道了房子里的交流片段，暴露出她的"极端"愚笨（臭名远扬的错误包括，她以为位于英国东南部的东安格利亚 [East Anglia]——她误读成"东安古拉" [East

Angular]——在突尼斯附近,福尔摩斯[16]是特雷莎修女[17]的儿子),媒体评论迅速让她成了全国笑柄。名人杂志虽然也以更温和的方式嘲讽了杰德,但不同于小报的是,它们同时还刊登了一些来自杰德的朋友和家人的故事,通过强调她的善良、聪慧、读书时的上进和良好的考试成绩,否认了她在媒体上的无知形象(Wakeford,2002:32;Davies,2002a:6)。(不过,这一点并没有让人们猜测有关她的媒体表征是否准确,反而让人们怀疑她是在故意展示出一个"愚钝"形象——或许是在模仿《老大哥》第二季的参赛者海伦·亚当斯以博得好感)。过去的自我在此被用于瓦解荧屏自我/操演性自我的建构,并凭借这种方式获取更多的"本真性"。在这个过程中,观众被鼓励"积极"参与,他们不单单要为参赛者投票(从而评价他们),还要把参赛者的荧屏形象与周围流传的、自相矛盾的"符号性延展"(Klinger,1989:7)联系起来。

用戴尔的话说,名人表征的文本性修辞,就是协商"本真性"——让形象成为"比形象更真实"的东西(Gamson,1994:143)。上述例子恐怕就是这种协商的典范。同样地,传统上,印刷媒体中的明星/名人的互文性建构在协商本真性方面是最强有力的,这些媒体总是宣称提供了名人形象"背后"的"真实"面目(Dyer,1998:61)。在思考《老大哥》对现有的名人理论和方法研究的意蕴时,这一点是很重要的,因为随着荧屏内外的自我观念之间的关系被理论化,这种关系被认为具有特殊的意识形态影响。这主要涉及有关个人主义话语的表达(Dyer,1986:18)。戴尔从马克思主义的观点出发,认为明星表达了什么"是社会中的人,即他们表达了我们所持有的关于'个人'的特定观念"(同上:8)。明星们之所以能做到这一点,部分地是通过他们在荧屏内的自我和荧屏外的自我之间所建构出来的关系。P. 戴维·马绍尔总结戴尔的观点是,"观众痴迷地、不断地寻求真实的、本真的明星形象。我们意识到明星不过是表象,'然而整个媒体对明星的建构却鼓励我们从"真实"的角度去想'"(同上:17)。这种对于"真实"的强调(如明星到底是什么样的?)坚持认为存在着某种"内在的、私人的、本质的内核"(同上:14)。因此,在支持资本主义社会所赖以生存的个人主义观点的同时,明星形象和明星"私我"的真相之间的关系建构,

---

[16] 福尔摩斯(Sherlock Holmes):英国小说家阿瑟·柯南·道尔(Arthur Conan Doyle,1859—1930)所创造出来的侦探,现已成为世界通用的名侦探的代名词。——译注

[17] 特雷莎修女(Mother Teresa,1910—1997):又译作德兰修女,阿尔巴尼亚人,1979年诺贝尔和平奖的获得者,一生都在印度的加尔各答为穷人服务。——译注

就调解了一个"独一无二的"位于"意识之中的"形象的观念，鼓励我们去"坚持追寻明星私我的真相"（ibid.：10）。

然而，尽管对室友的"真"面貌的强调与这种范式相一致，它的意识形态基础现在似乎比戴尔的论点更处于"危机之中"。这部分是因为电视真人秀的不同之处在于，对于表征过程的强烈意识。流行媒体寻求削弱《老大哥》对真实的宣称的策略是自觉的，因为这就是节目本身所设置的一个议题。虽然执行制片人芮格里（Ruth Wrigley）在提到第一季的《老大哥》时称："没有人可以在镜头前一直保持表演状态——世界将看到他们真正的样子"（Ritchie，2000：26），但这一切显然发生在一个特定语境里，在这个语境里，存在着一个在文本层面上定义"真实"的激烈斗争。

正如开始所说的，谁是"他自己"或谁看起来是为了表演而表演的概念，是室友之间判断和看待彼此、同时也是观众讨论节目时的关键标准。我们被鼓励讨论这个问题，作为评估和辨认荧屏上所发生的事件的一部分。例如，参赛者之一的阿黛尔·罗伯茨（Adele Roberts）在第三季中不断提名淘汰消防队员约翰尼·里根，因为"他不是真实的自己——他戴着面具，是个骗子。我认为我还没见过真正的约翰尼（2002年6月19日）。如上面所提到的戴尔的观点，这导致节目对"核心"自我之价值的、持续的口头强调，这个核心自我被当作是地道和"真实"的。虽然戴尔在这方面的论述有着宽广的历史视野，并重点将他的观点与个体作为资本主义兴起的"主要推动力量"联系起来（1986：10），但这种关于存在着一个"内在"核心自我的话语，也可以与一个前现代有关身份的话语联系起来。强调更大程度上的固定和安全的前现代话语，随后受到了现代性和后现代性的不确定的影响（见 Kellner，1992）。我们或许可以从更宽广的角度去看这个前现代身份话语在电视真人秀中的重现，它对于固定和安全的"倒退性"强调意在生产出"超真实"——或"比真实更真实"（Baudrillard，1983）。事实上，后结构主义、建构主义和后现代思想已经将身份的概念问题化了，"声称这个概念是个神话、幻象"（Kellner，1992：143）（这使得自我的"深层"模式已经不再时髦）。我们同样也可以从另一个角度来观察《老大哥》，即把身份当作变化的、肤浅的、无深度的表面，一个媒介化的"戏剧性身份游戏"（同上：174），在其中自我可以被随意生产与再生产，以适应其语境的需要。承认节目是一种"真实的操演"当然是媒介素养的一部分（Roscoe，2001：485），但就节目本身而言，这似乎否定了节目的现实主义的强大吸引力，继而也否认了观众对于节目的更复杂投入的可能性。在试图寻找真人秀节目的一个阐释性框架时,安妮特·希尔(Annette Hill)给出了一个有用的概念,她指出这类节目塑造了:

> [一个]特别的观看实践:观众寻求真相显现的时刻,在那一刻,真实的人物在一个不真实的环境中"真正地"是他们自己,……[利用]表演与本真性之间的紧张状况,[节目]要求参赛者和观众在一种高度建构的、被控制的电视环境中寻求"真实的时刻"。
>
> (Hill, 2002: 324)

希尔将这个解释为寻求"与自我有关的真实时刻"(同上:337)或"判断自我的完整"(同上:336)的吸引力。《老大哥》节目表达了关于自我的话语,这些话语进一步影响了名人建构的概念化。事实上,希尔的上述描述明显与戴尔的(1991)"本真性修辞"观念相似,即观众仔细审视明星的(电影)表演,寻找真诚的时刻——如那些没有预谋的、不由自主的动作——特别是当这些动作通过特写镜头的"揭示性"结构得到表达。这又让我们回到了本真性的协商问题,同时也呼应了消费明星/名人形象的更深层结构——我们理解明星符号被调解的本质,但还是被鼓励接近明星的"真实"自我。这当然很矛盾,如戴尔接下来所说的,这些关于发掘内在自我的真相的宣称,发生在现代生活中与"内在自我的侵入和破坏,以及公共生活的腐化"最为相关的一个领域,也就是大众传媒领域(1986:15)。我想指出的是,这里的关键联系是《老大哥》和名人的文化建构都在一定程度上既引出了身份协调的议题,反过来又提出了关于现代社会中的自我和个人主义的更广泛话语。戴尔明确指出了这与明星身份的联系:

> 分离的自我和公开的自我呈现、表演[与]角色扮演,这些概念都是不确定的,如果我们暂时接受了这一事实的话……我认为我们能看到它与明星现象的一种关联……明星现象策划了关于人生如戏、角色扮演等一整套问题,而明星这样做是因为他们被认为是表演者,因为明星的有趣之处不在于他们已经建构的人物……而是建构/表演/作为……一个"人物"这件事儿。
>
> (Dyer, 1998: 43)

这两季的《名人老大哥》[18]（还有《我是一个名人……让我出去！》[19]）都是这方面的重点例子。虽然《名人老大哥》的吸引力更多地来自传统的名人报道（主持人达维娜·迈克科尔在《名人老大哥》第二季中吹嘘，我们将看到名人室友们完全处于"普通的状态"，没有造型设计师、经纪人等等的装饰——这是一个在互文性的名人报道中反复出现的特性）（2002年11月20日），关于名人参与者是否在扮演他们的名人形象，或是在荧屏上展示了其"真我"的持续争论，不过是《老大哥》的大房子里经常发生的谈话的强化。结合戴尔的引文，《老大哥》从节目自身的修辞和相关的互文性框架两方面来说，都可谓一个典型的文本。节目不断表达有关表演自我/成为自己的话语，同时又通过这种过程建构出了名人。节目引发的互文性推断以更自觉的修辞（"在那里！我们有真的杰德！"），在一个比常规名人报道更短的时间框架里，演绎了这些议题。从这个意义上说，节目将戴尔的模式推到了极限——它几乎是严格按照戴尔的模式来运作的。

"作为它自身回报的可见性"：多空间的人格面具

这理所当然随着比赛进程的变化而转变。名声的传播标记着《老大哥》不同的时间周期：每周的淘汰和每季结局时的高潮。随着每周淘汰的推进，参赛者不断被释放到"外界"（outside）的媒体话语及其临时的名人建构之中——一种在周五晚上的淘汰环节自觉展现的东西。如帕迪·斯坎内尔所描述的，"周五的夜晚是两种不同[节目]时刻的相遇：屋子内的时光和世界的时光"（2002：274）。周五夜晚的报道为观众提供了一种位置的转换，我们暂时不需要"亲密"的渠道以接近这种伪"私人"情景的"偷窥性"修辞，而是被邀请去见证一个现场直播的媒介事件。随着淘汰者准备走出房子，参赛者的注意力全部都集中在屋外等候的观众和媒体身上。退场的那一刻——装束、姿态、对观众的反应——是以荧屏上的现场观众为主导，同时在家观看电视的观众也不断被召唤为事件的见证者。场景的安排自觉地借鉴了媒

---

[18]《名人老大哥》（*Celebrity Big Brother*，2001，C4/BBC1；2002，C4）：英国名人真人秀节目，节目形式与《老大哥》一致，只是参赛者皆为名人。——译注

[19]《我是一个名人……让我出去！》（*I'm a Celebrity...Get Me Out of Here!* 2002—2003，Granada）：英国真人秀节目，在节目里名人们在野外丛林中寻求生存之道，只配备少量的生活必需品。该节目在澳大利亚实况拍摄。——译注

体名声的经典形象：粉丝们伸长的手臂、刺眼的闪光灯、甚至向男性参赛者扔内衣的女性。这种场景让人想起的不是电视或电影明星，而是流行巨星。这也是参赛选手更传统意义上的名人身份的最终（和过度的）证明。但是问一问这个时刻到底在庆祝什么是非常关键的。我认为，这里的焦点恰好就是"室友们"的名人身份传播中至今所缺乏的东西：对于电视/荧屏自我与媒体之间亲身接触的展示。这一时刻叙述了、戏剧化了、实现了向我们称之为多重空间的人格面具的转变：这个人格面具可以同时接触到许多媒体场域、空间与话语。既然名人和《老大哥》都将"可见性作为它自身的回报"，（Gamson，1994：10）我们能够有效地看到参赛者从一种监视系统转向另外一种监视系统。

在参赛者退出之前，他们对"居于他们形象之上的所有权力屈服，允许《老大哥》和媒体把他们变成它们想要的"（Palmer，2002：303）。只有在退出的阶段，参赛者才能够对他们的形象实施话语控制。他们评论自己在节目中的表现与在房子里的经历，并以第一人称来描述事件。不同于小报中"偷来"的叙事或与《老大哥》中的"客观"视角，这种向出名的自我靠近（对于媒体而言），以及话语性权力的印象（对于参与者而言）的一个显著标记就是，报刊中自传式修辞的使用，如保证讲述"凯特的故事"（Hamilton，2002：2）或"杰德自己的故事"（Marshall and Hoare，2002：2）。这种修辞往往再次削弱了节目建构的"真实"的效力及其监督性凝视的透明度。事实上，退场时刻并不简单地代表着荧屏自我和媒体的融合，而是一个重新整合、重新协调有关"真我"话语的机会。在这种整合中，互文性框架再次声称它在这方面是最有参考价值的。比方说，有些室友通过抱怨他们的形象表征而拒绝其荧屏自我。但是同样的，也会有人认为荧屏内外的自我之间有着一种准确无误的衔接——戴尔称其为"见证自我的连续性"（1986：11）。当被《OK！》杂志问到他对其"大众情人"的新地位和女性崇拜者的反应时，来自于第三季《老大哥》的斯宾塞·史密斯（Spencer Smith）解释道：

> 我上节目不是为了这个，但我猜想这种事儿也许会发生，因为我们在电视上。我是一个诚实的人，我就是我，如果人们喜欢他们在电视上看到的斯宾塞，那挺好的。
>
> （Dyke，2002：6）

斯宾塞暗示他并没有因名声而改变，他只是一个处于不寻常的环境中的普通人，并以此来验证他现在的实际名人形象。虽然《老大哥》的叙事轨迹或节目形态的特殊性对上述言论起到了塑形作用，但它显然让我们回到了与"本真性"的协商之中，回到了戴尔的论述，即尽管我们把名人形象理解为一种符号的建构，我们通常还是重视那些看起来"是他们自己"的形象（1986：8）。

另外还有一种策略，它既不完全拒绝荧屏上的自我，也不"见证自我的连续性"，而是展示并拥抱"名人化"（celebritised）的自我。在这个方面值得注意的是，随着有关参赛者的报道的流传，参赛者的形象在美学和风格上出现了明显的视觉转换：从节目的严酷的、毫无奉承可言的闭路电视（closed-circuit TV）美学，到报纸上偷拍的、模糊的形象，再到杂志里的家庭快照的业余性出现，最后到了《热》与《OK！》名人杂志，又即刻转向了一种让参赛者享受专业化造型和拍摄的美学框架。杰德在《热》"看看现在的她！"的独家报道中的形象，旨在向所有人展示她商品化的名人转型。这一裂变为"发型设计"、"化妆"、"皮肤护理"、"服装"和"健康"等各个领域的形象，是为了告诉女性读者如何"看起来像杰德一样"（Davies，2002：71）。为了防止我们忽视这一点，报道特意指出："留着齐腰的长发，性感的黑裙下身体曲线毕露，21岁的她完全与身穿比基尼、'赘肉突出的小腹'的室友形象判若两人"（同上：65；强调部分为我所加）。节目上的被调解的身份话语游戏，最终与终极的媒体自我——做一个名人这件事儿——连为一体。当然，这同时也意味着"普通"概念一旦接触到媒介圈的"特殊性"，便不可能保持了（见 Couldry，2000，2002）。

对于《老大哥》的分析表明，我们需要在特定的节目模式的语境中来思考电视真人秀中的名人问题。同时，这一分析也提出了与这一领域中更广泛的分析相关的问题。至于如何评价该节目对于我们理解媒介名声现有的方法和理论的潜在意义，很明显这是一个极其复杂的问题。虽然我们可以认为该节目借鉴了电视名声的"范式"特征，但这样的视角无法理解电视是如何成为名人协商的最有趣、最矛盾的舞台。

我在本文中的符号学和结构性分析表明，《老大哥》的名人建构中有很多传统的东西。当然，《老大哥》有效地展示了一种"理所应当的名声"叙述的缺席，它欢迎的是一种"注意力[被]更均匀分配"的世界，"即便注意力的增量在减少"，"明星的地位更易获得，因为对与生俱来的素质要求更少；……在这样的世界中，任何人……都能感受到名人的光环"（Gamson，1994：54）。然而，这种意识形态神话的消失并不代表着激进的转折，只是起到了重新变换名人形象的文化流通的作用。由于面临着名人制造的话语、文化空虚，以及"独特的"才能的缺席，本真性的协商

(对于"真实自我"的宣称)必将更为热烈。事实上,就名人意识形态的运作而言,《老大哥》在很多方面都是有关身份和当代"自我"的焦虑得到演绎的典范性场域,这既是指该节目对生活演变为"被调解的"(mediated)身份的关注,也是指针对节目的互文性"攫取"在处理这一问题上的方式。同时,我们可以把这种特别自觉的、激增的声称"真我"的企图,看做是在超越名人形象及其个人主义意识形态里的、更传统的本真性协商方式(Dyer, 1998, 1986)。多义性阅读的可能性,对于明星形象的魅力和名人体制的更广泛成功当然是最重要的(Dyer, 1998; Gamson, 1994: 144)。电视真人秀强调"普通"人是当代名人的基础,也许可以说,这一强调将比以往任何时候都"保持通向(以名声来衡量的)成功的大门,永远微启;有兴趣的和下定决心的个人可以随时踢开它"(Gamson, 1994: 168)。如果《老大哥》是这种情形的一个隐喻,我们必须注意到,这个"大门"仍旧被仔细监督和巡查。

(尹锐 译/杨玲 校)

参考文献

Baudrillard, Jean (1983) "The Ecstasy of communication", in Hall Foster (ed.) *Postmodern Culture*. London: Pluto.

Bazalgette, Peter (2001) "*Big Brother* and Beyond", *Television*. October: 20—23.

Benjamin, Walter (1973) "The Work of Art in the Age of Mechanical Reproduction", in Hannah Arendt (ed.) *Illuminations*. London: Fontana Press; first published in 1936.

Bennett, Tony and Janet Woollacott (1987) *Bond and Beyond: The Political Career of a Popular Hero*. Basingstoke: Macmillan.

Boorstin, Daniel (1963) *The Image*. London: Penguin.

Brenton, Sam and Reuben Cohen (2003) *Shooting People: Adventures in Reality TV*. London: Verso.

Bruzzi, Stella (2000) *New Documentary: A Critical Introduction*. London: Routledge.

Clarke, Michael (1987) *Teaching Popular Television*. London: Methuen.

Corner, John (2002) "Performing the Real: Documentary Diversions", *Television and New Media* 3 (3): 255—269.

Couldry, Nick (2000) *The Place of Media Power: Pilgrims and Witnesses of the Media Age*. London: Routledge.

Couldry, Nick (2002) "Playing for Celebrity: *Big Brother* as Ritual Event", *Television and New Media* 3 (3): 283—293.

Couzens, Gerard and Lucy Lawrence (2001) "The Big Exclusive: Naz", *Sunday Mirror*, 24 June: 4—5.

Cummings, Dolan (ed.) (2002) *Reality TV: How Real is Real?*. Oxford: Hodder & Stoughton.

Davies, Michelle (2002a) "The *Real* Jade", *heat* 27 July—2 August: 6—8.

Davies, Michelle (2002b) "Jade Exclusive: Look at Her Now!", *heat*, 17—23 August: 64—71.

DeCordova, Richard (1985) "The Emergence of the Star System in America", *Wide Angle* 6 (4): 4—13.

Dovey, Jon (2000) *Freakshow: First Person Media and Factual Television*. London: Pluto.

Dunkley, Christopher (2001) "Reality TV", *Financial Times*, 10 January: 24.

Dyer, Richard (1998) *Stars*. London: British Film Institute; first published in 1979.

Dyer, Richard (1986) *Heavenly Bodies: Film Stars and Society*. London: British Film Institute.

Dyer, Richard (1991) "*A Star is Born* and the Construction of Authenticity", in Christine Gledhill (ed.) *Stardom: Industry of Desire*. London: Routledge.

Dyke, Peter (2002) "World Exclusive: Spencer", *OK!*, 3 July: 3—6.

Ellis, John (1992) *Visible Fictions: Cinema, Television, Video* (second edition). London: Routledge.

Fetveit, Arild (1999) "Reality TV in the Digital Era: A Paradox in Visual Culture?", *Media, Culture and Society* 21 (6): 787—804.

Fiske, John (1993) "Popularity and the Politics of Information", in Peter Dahlgren and Colin Sparks (eds.) *Journalism and Popular Culture*. London: Routledge.

Flett, Kathryn (2000) "Shipwrecked", *Observer*, 23 January: 10.

Gamson, Joshua (1994) *Claims to Fame: Celebrity in Contemporary America*. Berkeley, CA: University of California Press.

Geraghty, Christine (2000) "Re-examining Stardom: Questions of Texts, Bodies and Performance", in Christine Gledhill and Linda Williams (eds.) *Reinventing Film Studies*, London: Arnold.

Goodwin, Dave (2002) "Big Brother Exclusive: Lynne's Big Luvva", *Sun*, 27 May: 10—11.

Hamilton, Mike (2002) "Kate's Own Story", *Sunday Mirror*, 28 July: 2—3.

Hill, Annette (2002) "*Big Brother*: The Real Audience", *Television and New Media* 3 (3): 323—341.

Hill, Annette and Gareth Palmer (2002) "Editorial: *Big Brother*", *Television and New Media* 3 (3): 251—254.

Holmes, Su (forthcoming, 2004) "'Reality Goes Pop!': Reality TV, Popular Music and Narratives of Stardom in *Pop Idol* (UK)", *Television and New Media*, 5 (2) May.

Kellner, Douglas (1992) "Popular Culture and the Construction of Postmodern Identities", in Scott Lash and Jonathan Friedman (eds.) *Modernity and Identity*. Oxford: Blackwell.

Klinger, Barbara (1989) "Digression at the Cinema: Reception and Mass Culture", *Cinema Journal* 28 (4): 3—19.

Langer, John (1981) "TV's Personality System", *Media, Culture and Society* 4: 351—365.

Lury, Karen (1995) "Television Performance: Being, Acting and 'Corpsing' ", *New Formations* 26: 114—127.

McCann, Graham (2002) "The Wannabe Celebrity Ego Has Landed", *Financial Times*, 22 May: 20.

Marsh, Naomi (2001) "Tabloids in TV Romp", *Broadcast*, 20 July: 16—17.

Marshall, P. David (1997) *Celebrity and Power: Fame in Contemporary Culture*. Minnesota, MN: University of Minnesota press.

Marshall, Sharon and Sean Hoare (2002) "Jade's Own Story", *News of the World*, 28 July: 2—5.

Nichols, Bill (1994) *Blurred Boundaries: Questions of Meaning in Contemporary Culture*. Bloomington and Indianapolis, IN: Indiana University Press.

Palmer, Gareth (2002) "*Big Brother*: An Experiment in Governance", *Television and New Media* 3 (3): 285—330.

Patterson, John (2001) "Review of *Series 7*", *Guardian*, 9 March: 12.

Rimmer, Amanda (2002) "*Big Brother* Uncovered", *OK!*, 3 July: 52—61.

Ritchie, Jean (2000) *Big Brother: The Official Unseen Story*. Basingstoke and Oxford: Channel 4 Books.

Robins, Kevin (1997) *Into the Image*. London: Routledge.

Rojek, Chris (2001) *Celebrity*. London: Reaktion Books.

Root, Jane (1986) *Open the Box: About Television*. London: Comedia.

Roscoe, Jane (2001) "*Big Brother* Australia: Performing the 'Real' Twenty-four-seven", *International Journal of Cultural Studies* 4 (4): 473—488.

Scannell, Paddy (2002) "*Big Brother* as Media Event", *Television and New Media* 3 (3): 271—282.

Tincknell, Estella and Parvati Raghuram (2002) "*Big Brother*: Reconfiguring the 'Active' Audience of Cultural Studies?" *European Journal of Cultural Studies* 5 (2): 199—215.

Tolson, Andrew (1996) *Mediations: Text and Discourse*. London: Arnold.

Wakeford, Dan (2002) "Exclusive! 'The Truth About My Jade' by Her Mum", *heat*, 20—26 July: 30—32.

四 | 名人的身体与认同

这一部分以个案分析的形式,从身体和身份认同两个维度解读了部分名人,展示了名人与性别、性态、种族、阶级、国家、公民身份(citizenship)等社会文化分析范畴之间的重要联系。

- ✧ 明星的白人气质:看着凯特·温丝莱特桀骜不驯的白皙身体
- ✧ 奇观性的男性身体与爵士时代的名人文化
- ✧ 美国之子:泰格·伍兹与美国多元文化主义
- ✧ 消逝点

明星的白人气质：
看着凯特·温丝莱特桀骜不驯的白皙身体

肖恩·雷德蒙德

> **导 读**
>
> 本文中，肖恩·雷德蒙德从白人气质和凯特·温丝莱特的特定"明星形象"方面探讨明星的意识形态和神话功能。明星理论、明星身份和白人气质三者之间有着特殊的关系，连接这三者的是一个神话性比喻，即明星与白人气质是既超凡又寻常、既存在又缺失的现象。当理想化的白人气质的能指系统与明星身份组合到一起时，一种非同寻常的强大的表征就会出现，这种表征会从本体论上优待并保护这种白人气质的形式（白人"明星身份"），将其奉为男人/女人的最高理想。
>
> 文章第一部分叙述白色的神话，一方面，明星是模范性的（"非凡的"）个人，他们使个人主义的神话得以永恒；另一方面，极其矛盾的是，明星也是普通人，也是平凡男女的代表，其成功被归因于辛勤工作、努力、部分运气，但几乎完全归因于优点。明星的成功神话假设，明星与杰出的和神圣的事物之间有极其密切的联系，因为他们本质上更脱俗，天然地更接近天堂，明星的成功神话假定明星是按上帝启迪的形象打造的。
>
> 第二部分引用"照片效应"的概念来比喻明星非凡/平凡、在场/缺席的悖论。明星是存在于这个日常世界中的，因为他们做着日常琐事，像普通人一样行动、思考、工作和玩耍。但明星同时也是超脱于红尘世俗之外的，因为他们过着普

本文译自 Sean Redmond, "The Whiteness of Stars: Looking at Kate Winslet's Unruly White Body." In *Stardom and Celebrity: A Reader*, eds. Sean Redmond and Su Holmes, London: Sage, 2007, pp.263—274。作者肖恩·雷德蒙德是新西兰维多利亚惠灵顿大学的电影研究学者。凯特·温丝莱特(1975—)是英国著名女演员，奥斯卡影后，电影《泰坦尼克号》的女主人公露丝的扮演者。——译注

通人只能梦想的光鲜亮丽、精彩无限的生活。

正是这种非凡/平凡的悖论和在场/缺席效应把人们的目光吸引至白人气质和明星身份的构造本质，讨论白人明星身份的生与死。一方面，理想化的白人明星应当超越自己的（和别人的）性欲、贪婪和罪行，只和缺席、禁欲、节制、纯洁和完美有关。另一方面，理想化的白人女星是可欲性的最终形象或符号，她们完全与在场、表达和理想化的再生产相关。

文章最后一部分以温丝莱特作为案例细致分析，这位明星通过她桀骜不驯的白人身体和"战斗的女性精神"批判性地演绎了理想化白色象征的紧张，使身为一个理想的白种女人（白人女明星）所承受的社会压迫和心理压抑完全显现出来。温丝莱特白人明星身份的超人品质塑造出了一种根本不能被命名为白色的、非尘世的肉身性，使得她演技更为成熟，成为一颗闪亮的国际巨星。

导 言

我先做一个简单的说明。我不是那么确定自己喜欢凯特·温丝莱特，也不确定自己从看她主演的电影中得到了许多快乐。当她出现在用亮光纸印刷的时尚杂志封面时，或当她在自白式的采访中谈到自己时，我被一堆认同和表征问题弄得有些反感。温丝莱特一看就是那种典型的英格兰中产阶级，皮肤是那么的白皙。事实上，看她演的电影、读关于她的文章或听她讲话都会觉得她无聊至极。但是，我还是为她着迷，情不自禁地关注她"本人"或她在银幕上的表演。同时，温丝莱特也是一个有胆有识、桀骜不驯的人。她会以自我批判和自我反省的方式把人们的目光吸引到她的社会地位、她任性的女人味和明星机制上来。她有着著名的"大号身材"，她似乎根本不在乎名声带给她的特殊待遇。尽管如此，我认为，最终吸引我的是她所体现的那种成问题的白人气质。而且，至少最初我是通过她才开始明白，明星身份（stardom）与理想化的白人气质（whiteness）诸形式之间，存在着理查德·戴尔（Richard Dyer, 1997）等学者所提出的密切联系。

在这篇文章里，我想从白人气质和凯特·温丝莱特的特定"明星形象"方面，探讨明星的意识形态和神话功能。我的观点是，明星理论、明星身份和白人气质三者之间有着特殊的关系，连接这三者的是一个神话性比喻（mythic trope）：即明星与白人气质是既超凡又寻常、既存在又缺失的现象。事实上,我想要指出的是,当理想化的白人气质的能指系统与明星身份组合到一起时,一种非同寻常的强大的表征就会出现,这种表征会从本体论上优待并保护这种白人气质的形式(白人"明星身份"),将其奉为男人／女人的最高理想。

在这篇文章里,我还想就单个明星代表(代替)着一个时代的意识形态紧张这个重要观点进行探讨。我认为,温丝莱特这位明星通过她桀骜不驯的白人身体和"战争的女性精神"(fighting feminine spirit)批判性地演绎了理想化白色象征的紧张,使身为一个理想的白种女人(白人女明星)所承受的社会压迫和心理压抑完全显现出来。然而,温丝莱特白人气质的象征性力量就在于,它作为种族能指的特性完全被人忽视——这也就确证了她的种族优越性。温丝莱特或许是个桀骜不驯的白人明星,但她最终还是占据了明星身份的缺席／在场的中心。

白色的神话

正如戴尔(1998)所说,一方面,明星是模范性的("非凡的")个人,他们使个人主义的神话得以永恒。他们的成功是由于其拥有的"特殊性"——摄像机偏爱他们,他们在荧幕上光彩照人。另一方面,极其矛盾的是(或看起来是),明星也是普通人,也是平凡男女的代表,其成功被归因于辛勤工作、努力、部分运气,但几乎完全归因于优点(merit)。简而言之,这暗示着任何人只要坚持和努力就可以得到一份光彩、名誉和财富。当然,并不是每个想要成功的人都能成功,这就归结为那种矛盾和对立的观点,即成为明星需要额外特殊的、真正的"卡理斯玛式"的魅力。意识形态的把戏,使人带着(部分错误的)成功必定会到来的信念而工作、生产和消费。假如成功没有降临的话,那就是因为个人的重大失误或运气太差,而不是因为只惠顾极少数人的资本主义明星制。

但是成功神话(success myth)也会以另一种方式起作用,会与资本主义的生产和消费形成更为明确的关系。正如戴尔在总结了巴利·金(Barry King)的作品后所分析的:

> 成功神话也意味着成功是值得拥有的——以炫耀性消费的形式……明星暗示着值得拥有的不仅是成功而且还有金钱,明星是"通过工资收入

快速地变更社会阶层的样板"。他们的收入给了他们进入上流社会的机会，进入精英世界、即 C. 莱特·米尔斯（C. Wright Mills）在《权力精英》中所描述的"咖啡馆社会"（Café Society）的机会。因此，金认为，明星们的成功被视为"以幻想化的形式"肯定工资收入、在市场上出卖劳动力，并将其视为有价值的人生目标。（1998：42—43）

成功神话也以种族的方式被编码，因为它清楚地表达或阐述了存在于种族群体之间的、被想象的表征性差别或"特质"。明星的成功神话假设，明星与杰出的和神圣的事物之间有极其密切的联系，因为他们本质上更脱俗，天然地更接近天堂，因为他们拥有自然的光彩。明星闪闪发亮，世间没有任何人能像他们那样光芒四射。明星的成功神话假定明星是按上帝启迪的形象打造的，至少从隐喻意义上来说，明星是上帝理想的（理想化的）和宠爱的孩子：那些美丽纯真的孩子。事实上，一些明星形象都尽可能地接近基督耶稣在西方绘画中的理想化形象。华纳·E. 萨尔曼（Warner E. Sallman）所绘的那张被大量复制的 20 世纪耶稣画像《基督的面容》，"总是把耶稣刻画成拥有飘逸、卷曲的金发和明亮肤色"（Dyer, 1997：68），人们可以在年轻的罗伯特·雷德福[1]和莱昂纳多·迪卡普里奥的宣传照中再次看到这种偶像性形象。简而言之，明星的成功神话把明星最崇高的特质置于白人气质的理想形式中，因此明星和白人气质就变成了同义词。

白人女星尤其如此。她们的每个毛孔似乎都溢出理想化白人气质的诸多特点，如温柔、纯洁和脱俗。在此，"天使般的白种女人"的"非物质的、性灵的、超凡的特质"（Dyer, 1997：127）被转移或移植到女明星身上，这样，白人气质与明星身份联合起来，产生出一种真正非凡的和非常令人渴望的表征，这一表征仿佛不属于或超越了这个世界。在这个联合的符号系统中，理想化的白人女星漂浮在欲望的终极客体和超拔于性欲之上的主体之间。她寓于存在/非存在的状态之中，好像是奇迹般地带着完好无损的贞洁和纯真、从天而降的仙子。

理想化的白人明星大多生在天堂和来自天堂，该比喻能在各种关于明星的互文式传播（粉丝杂志、海报、海报艺术、传记、预告片和评论等等）中找到。人们只要

---

[1] 罗伯特·雷德福（Robert Redford, 1936—　）：美国知名奥斯卡获奖导演和演员。——译注

想想莉莲·吉许[2]、玛丽·毕克馥[3]、保罗·纽曼、罗伯特·雷德福、布拉德·皮特、朱莉·安德鲁斯、格温妮丝·帕特洛、卡梅隆·迪亚兹和戴安娜王妃，就能明白白人气质在其明星形象中多么重要。然而，这一本体论的真相在一般的身份政治中更加普遍，因为它暗示着白人，尤其在与黑人相联时，是、或更可能是光亮/精神，而黑人的身体具象（physical embodiment）则将他们和大地或来自下面的、大自然的力比多力量牢牢联系在一起。当黑人明星出现时，他们经常被隐约地与这些种族力量联系在一起，至少在历史上是这样，这样一来，他们就成了种族化的标志。戴尔形容保罗·罗伯逊[4]的明星形象"主要是通过他的种族身份被人们理解的，通过把他当作黑人民众的精华来观看、特别是倾听……罗伯逊的身体表现的是黑人种族的高贵"（1987：导论）。

但是，不是每个白人都能企及这种完美的偶像性形式，这是因为白人也必须要被想象为"普通"（寻常）人，不过，他们未能踏进"名人堂"的失败，只会归因于他们自身的缺陷，而非社会和政治的不平等。通过说明某些白人（从视觉上和道德上说，经常是白中之白）比另一些白人（例如贫贱的白人）更加优秀，此处潜在的意识形态紧张就被替代了。在代表着理想化白人的名流中，社会阶层、性别、年龄、民族和个人特征（如肤色、发色、脸部、体型和"高深夸张的情绪"）（Ellis, 1982：307）都被用来解释非凡的白人与平凡的白人之间的二分法。

然而，非凡的、理想化的白人明星自身也有一定程度的差异或"颜色"，使他们也处在"阳光"和金发碧眼的领域之外。事实上，说到理想化的英国女明星/女人，红/棕长发、红润饱满的脸颊、半透明的白得发青的皮肤、礼貌的举止等形容词就成了白人美丽和脱俗的终极代表。狄波拉·卡尔[5]和我将要描述的凯特·温丝莱特都是这样的人。温丝莱特的明星形象在某些方面有着卡尔的影子，至少在其生涯早期是这样。

由于民族身份经常是通过把理想化的白人明星想象为国家和民族的产物来支撑

---

[2] 丽莲·吉许（Lillian Gish, 1893—1993）：美国著名女演员，有"银幕第一女王"之称。——译注
[3] 玛丽·毕克馥（Mary Pickford, 1892—1979）：加拿大电影演员，奥斯卡奖得主，有"美国甜心"的昵称。——译注
[4] 保罗·罗伯逊（Paul Robeson, 1898—1976）：举世闻名的黑人歌王，美国著名的男低音歌手、演员和社会活动家。——译注
[5] 狄波拉·卡尔（Debora Kerr, 1921—2007）：苏格兰影视演员。——译注

的,这样,另一种复杂性就出现了。例如,白人女明星被拉回到现实,来体现她所代表的国家核心价值。这是挪威金发美女索妮娅·海妮[6]成为后大萧条时期美国复兴的代言人的原因(Negra,2001),也是戴安娜王妃在20世纪80年代,当英国饱受移民、种族骚乱、城市衰败和大英帝国崩溃等问题的困扰时,成为纯洁、高贵和英国皇室的象征的原因(Davies,2001)。

白人气质的照片效应

约翰·埃利斯(Ellis,1982)使用罗兰·巴特的术语"照片效应"(photo-effect)来比喻明星非凡/平凡、在场/缺席的悖论,这对理解白人气质如何以一种鲜活的悖论形式发挥作用有着极其重要的价值。对巴特和埃利斯来说,摄影术和电影艺术生产出了一个视觉体制(vision regime)。在这个体制中,事、物、人既是在场的,以形象或画面的形式出现在我们面前;同时又是缺席的,是曾经在那儿的,或者如埃利斯所说"这已成为过去"(1982:97)。在埃利斯的概念里,电影明星尤其深刻地以隐喻的方式映现着照片效应。根据埃利斯的理论,明星是存在于这个日常世界中的,因为他们做着日常琐事,像普通人一样行动、思考、工作和玩耍。从这个意义上说,他们只是要靠辛勤工作获得成就的凡人。但明星同时也是超脱于红尘世俗之外的,因为他们过着普通人只能梦想的光鲜亮丽、精彩无限的生活。他们生活在真实世界和想象世界的边界,纯粹是天赐之人。

很明显,白人气质也隐喻式地映现着照片效应。白人也是(非常)平凡的人类,真实地存在于日常生活之中。白人是我们的隔壁邻居、工作同事、俱乐部会员、爱好者等等。我们也可以在日常生活中,如婚纱、医生的白大褂、健康和卫生的"标志"中,找到白色的象征,这使得白色成为纯洁和科技/医学成就的指示性符号,或更准确地说,肖像性(iconic)符号。事实上,白色是如此的单调和平凡,其平凡性意味着我们不会意识到它是一个种族所指。我们的隔壁邻居是不带"颜色"的,除非其颜色不是白色。白色标志与白色人种无关,仅与人类有关。因此,甚至这种平凡的白人气质同时也是一个缺席,因为它从我们的视野中消失了。它变成了一种看不见

---

[6] 索妮娅·海妮(Sonja Henie,1912—1969):挪威裔美国花样滑冰运动员和演员,曾三次获得奥运会冠军。——译注

的存在,仅仅会在世界的权力结构和符号上留下自己的痕迹、印记或回声。白人气质就是其自身的一张照片。

然而,让我们最后一次回到在场/缺席的悖论:为了白人气质能成为一个非凡的、理想化的主体位置,一个人们为之奋斗、努力的理想主体位置,高度的文化和物质可见性就成为绝对的必要。既然理想化的白人气质极力要超越于种族之上,明星身份就成为一个工具,通过它,理想化的白人气质被传输、协商和改变。正是通过明星身份,白人气质最生动地展现为男人/女人皆可想象的最高理想。通过明星身份,理想化的白人永久地被赋予上帝般的地位和种族优越性或者说种族外在性(racial exteriority)。通过明星身份,光亮、纯洁、超凡脱俗和神圣起源的概念被赋予其终极的象征意义。白人气质在理想化的白人明星中显露出来的特权,被当作自然的事实和上帝的法则,似乎他们事实般的优越、或外在地位,就像他们神采奕奕的明星照片一样真实。但是,这里仍然存在许多显而易见的紧张,这些紧张再次指明,白人气质是劳动、社会建构和操演(performance)。对那些拥有其理想化形式的白人明星而言,白人气质也是一种潜在的暴政、非生命(non-life)类型、或"死亡"宣判。

白人明星身份的生和死

位于白人明星身份中心的非凡/平凡的悖论和在场/缺席效应把人们的目光吸引至白人气质和明星身份的构造本质,并且显示它们是从种族优越性/外在性和资本主义的生产和消费方面发挥作用的幻想机制。当白人气质将自身揭示为非凡(理想化的)和平凡(日常的)形式之间的鲜活悖论时,其剥削的、神秘的和操演的本质也同时被人意识到了。通过把白人气质带至文化可见性和理想化主体性的具体形式中——此处是以一种闪光的、超凡的白人明星的形式——可以揭示、或使大家关注人们为获得白人气质实际上付出的劳动(建构),因为在这种意识形态的把戏中,每个人(白人)都首先是和不是平凡的。但人们即使劳碌一生,去获取理想化的白人气质/明星身份带来的成功标志和较高的社会地位,也未必能如愿。身体、化妆品、饮食、发色和流行饰品都不能确保理想化的明星身份所带来的符号性和物质性的成功。白人与其他肤色的普通人相比较时可能显得特别,但与那些他们终其一生想要模仿的卓尔不群的人相比,他们却居于较低的社会地位,得到较少的特权。事实上,因为这些理想化的白人明星被想象具有如此的(种族)外在性,这些外在性就意味着不可到达性。

模仿或操演在这里是很重要的,它同样表明白人气质是如何将自己"暴露"为文化中一个"编造"的种族类别。因为当一个人达到理想化的白人气质时;当一个人表演出白人明星的表征,成为一个白人明星时;当一个人通过理想化白人明星(在微光、光环或灿烂的光线下的)的形象和互文式传播,看到或见证理想化白人气质的表征时;他/她就是在展示白人气质、或这种形式的理想化白人气质,如何是一个社会建构,而不是一个先验的、自然而然强大的、外部主体位置。当理想化的白人气质照耀时,它可以被看成是戏剧导演的结果,以及明星自身辛勤劳动的成果,而不是上帝的杰作,不是按照上帝的形象特意制造出来的。白人的明星身份成为白人法则,而不是上帝的法则。然而,这并不意味着这些表演就不再拥有真实的表征和意识形态力量——它们绝对拥有——但是白人气质的游戏(play)所导致的裂隙可能使这种力量面临争论和批判。

这种争论或批评或自我毁灭也可能更有力地产生于理想化的白人气质形式的内部。这是因为身为理想的白人明星的特征和约束是如此的悖论或矛盾。一方面,理想化的白人明星应当超越自己的(和别人的)性欲、贪婪和罪行,只和缺席、禁欲、节制、纯洁和完美有关。他们是"神圣"一族,承载着(超)人类的美好和美德。他们是超级偶像,人们渴望他们的高尚价值。另一方面,理想化的白人女星是可欲性(desirability)的最终形象或符号;她们完全与在场、表达和理想化的再生产相关。即使她们无意成为充满性欲和种族标记的存在,她们的肉体也代表着性和种族的完美。在理查德·戴尔(1987)关于梦露的解读中,我们可以看到这种摇摆不定:梦露是"性感女人的终极象征",但又"决不是危险的性的形象"。梦露是"最好的白人玩伴",然而她的纯真和无邪却暗示着这种身份是超越于她之上的,或者说,她超越了这种身份。

理想化的白人明星肩负着期望的重量,印刻着占据统治地位的白人意识形态的标记。然而这种标记总是不稳定的,总是不断变化的,总是处于斗争的状态之中,因此,它想要在理想化的白人明星代表的表演中赢得赞同,在更广泛的社会中赢得支持。这是因为理想化的白人明星也是凡人(他们身世平凡),因此其表演要求他们拒绝、压抑、克制许多尘世中的欲望、需要和愿望,因为这些欲望会使他们显得不那么神圣,不是理想化的白人,而是真正的白人;但这些需要、愿望和欲望仍然在他们体内热烈地燃烧。在理想标准的简单列表里,我们能看到成为一个理想化的白明星是多么地受拘束，毫无生气。理想化的白人明星应该是异性恋的而不应是双性恋或同性恋的；他们应当是一夫一妻制的而不应是一夫多妻制的；他们应该魅力四射而且恰到好处；他们应该高贵得体而不应廉价低俗；他们应拥有红褐色而不是棕色或黑色的头发；他们应当拥有结实而不松弛的肌肉；他们应当苗条、瘦削而不肥胖；他们应当强健有力却不过于男性化；他们（自然地）闪光而不刺眼；他们能生育却不沉溺于性爱；他们是渴望而不可即的；可得到而又纯洁的。假如白人明星是或"成为"这些形容词的反义词时，他们的优雅就会大打折扣。

理想化的白人明星经常蒙羞失宠、名誉扫地，因为这种"神圣"的生活总是死气沉沉的，把缺席和在场、内在和外在、超凡脱俗和控制得当的肉体结合在一起是不可能的。为了成为理想化的白人偶像，他们不得不在意识形态和身体方面努力，这使他们无法过真正的生活。不管他们通过这种表演取得了多么巨大的物质和符号性成功，这都无法弥补他们不得不过的矛盾生活。实际上，健身和饮食控制、美容、过分的道德约束等都可能让理想化的白人明星觉得缺乏生机。

对于那些想在其幻想的白人偶像中获得更多生命力的影迷来说，这也是缺乏生机的表现。明星带来的快感围绕着具体的欲望：渴望得到一些非凡的、但又和特定文化相关的东西：漂亮的脸蛋、迷人的身材，以及与某个幻想的偶像激情性爱的期待和可能性，这种期待是固有的和投射性的（Stacey, 1994）。那些太神圣、太纯洁、太外在的理想化的白人明星，会变得太不可企及、太"超凡脱俗"，以至于让他们的粉丝感到无法接近。为此，当面临自我控制和压制，以及粉丝认同的崩溃，理想化的白人明星通常会抵制和反抗他们自身的明星形象和主体地位；或者说，他们只是具体化的明星形象，是"编造出来的"，目的是解决明星理想化所带来的矛盾。这样，粉丝最后就能认同、唤询（interpellate），并最终能给电影院带来收益。就理想化的白人女星而言，这一点经常通过她们桀骜不驯的白皙身体展现出来。

放弃（被允许放弃）理想化的白人气质，与在这种压抑性机制中定位自己或被定位之间，存在着一种斗争。前者是通过表现为桀骜不驯、彻底具身（embodied）、性感和可以企及来实现的，后者则是通过纯洁、缺席、自制和超越来实现的。我想要通过凯特·温丝莱特的明星形象来探讨的正是这种抗争。温丝莱特（昵称"英格兰玫瑰"）是当代的一个典型案例，有助于我们探索理想化的白人明星身份的重要证据，以及有关这种身份的矛盾和争议。这不仅是因为她是一个将精神与肉体、非凡与平凡、在场与缺席对立起来，并试图瓦解这些对立的明星，而且是因为她是一个把精神寓于肉体、肉体寓于精神的明星，她在用她那被欲望的/性感的身体来对抗理想化的白人明星身份带来的否定性威胁。

我将首先思考温丝莱特是如何玩弄她的白人身份所包含的非凡/平凡的二分法。一方面，她表现为非凡的理想化的白人女星，是魅力四射、容光焕发、超凡脱俗的英格兰玫瑰；另一方面，她看上去如此平凡、如此朴实，与普通人一样有缺陷、有身体和行为上的不完美之处以及日常的愿望和压力，而这些都违背了与英格兰玫瑰形象相联系的外在价值。实际上，"早期的"温丝莱特不仅仅是"普通"的白人，而且也不像明星那么魅力四射。她似乎在潜在地反对理想的白人女性气质——她矛盾的公众形象和她丰腴的/纤细的身体打乱了有关明星、种族、民族和性别的理想化形象。然而，"后期的"温丝莱特却成为了光彩、魅力和超然的典范——一个照耀世界的"金发美人"，而这只有非凡的极具外在性的白人明星才能做得到。

影响温丝莱特不断变化表征的原因之一，是她主演的各种不同类型的电影。正如戴尔所论证的，电影是明星形象现身的"首要"文本（1998）。我认为，有一个"传统的温丝莱特"（Heritage Winslet），这种形象是建立在英国传统电影（English heritage pictures）[7]和20世纪90年代中期改编自文学作品的电影之上的，其中包括《理智与情感》（李，1996）；还有一个好莱坞"泰坦尼克"的温丝莱特，她美化并充分解放了"传统"女性受压制的形象；另外还有一个"独立"（indie）的温丝莱特，在此，一个叛逆的、更桀骜不驯的温丝莱特出现了，这种形象在《北非情人》（麦金农，1998）和《圣烟》（坎皮恩，1999）等电影里非常明显。在这些有着不同宣传手段的不同电影中，我们可以看到温丝莱特的白人明星身份的变化和对立的意义。本文接下来将聚焦温丝莱特的早期形象。

神圣的温丝莱特

人们只要回顾一下英国、欧洲和美国的八卦杂志、商业电影杂志和小报新闻，就能发现温丝莱特是如何被培养成国际明星的，她所属的阶层和民族特有的理想化的白人气质是其国际魅力的重要特征。首先，温丝莱特被公认为英国的实力派女演员——因为她的表演能使人们感动落泪。同时，温丝莱特被认为体现了漂亮迷人的

---

[7] "heritage pictures"或"heritage film"也译作"遗产电影"。——译注

上流社会英格兰玫瑰——一个温柔、雅致和高贵的英国白人女士——的所有核心价值和视觉形象。然而，温丝莱特也被认为是有潜力成为真正完美的国际明星的演员，拥有超越国界的神圣的白皙面孔。接下来我们会更具体地看到这一点。温丝莱特被誉为"天堂精灵"（Heavenly Creature），这是一个在无数温斯莱特的粉丝网站流传的美称，也是她主演的第一部完整故事片的片名。最后悖论的是，人们也认为温丝莱特并非那么十全十美和纯洁无瑕。温丝莱特最终是个"平凡"的邻家女孩，也有许多缺点。

尽管在这些变化中，理想化的白人气质是温丝莱特的身份和明星含义的标志，但它却通过移置（英国国籍、阶层、性别）或本质主义丧失其主体性。本质主义指的是人们不觉得温丝莱特与种族有什么关系，只是把她视为一个有着巨大天赋的平凡或非凡的女孩而已。然而，人们只要解读温丝莱特在这些电影中的"表演"就会明白，她在一定程度上，顺从或主动地促进、培养这种游移不定的白人气质，正是这种积极、动态的游移使她从一开始就是一个易变的白人明星——正如白人气质本身的隐喻式的照片效应，温丝莱特既是在场的又是缺席的，既是神圣的又是"平凡的"，既是民族的又是外在的。

温丝莱特在 1996/1997 年《理智与情感》上映前后，首次现身公众视野。我们可以看到，从那时起，她白人明星身份中平凡/非凡的特殊悖论就已经出现紧张。温斯莱特被《新闻周刊》1996 年 1 月的一篇文章命名为"今年将会熠熠生辉的十位新星之一"。这篇文章写道：

戏剧女皇

凯特·温丝莱特仰慕艾玛·汤普森[8]——天哪，汤普森绝对是她最伟大的朋友之一。昨晚汤普森在《理智与情感》中的妹妹端着一杯红酒猛敲她旅馆房间的门，并喊道："让我进去，你这娘儿们，快给我一支烟！"太棒了！

正是在这段包含标题双关语和广告口号的简洁文字里，人们看到了曝光对明星身份的重要性，正在被打造的明星形象的开始，以及温丝莱特即将被解读的表征性

---

[8] 艾玛·汤普森（Emma Thompson, 1959—　）：英国著名女演员，奥斯卡影后，出生于伦敦的一个演员家庭，毕业于剑桥大学英文系。汤普森曾改编英国作家简奥斯汀的名著《理智与情感》，并在影片中出演姐姐 Elinor。——译注

框架的中心内容。这段文字以戏仿的"夸张"风格和做作的"语言",立马将温丝莱特与英国的表演世家联系在一起,与英格兰人(如汤普森一家)在英国、尤其是在美国被仰慕的高素质和表演能力/贵气联系在一起。我们看到温丝莱特只与演艺界最杰出的人士为伍。温丝莱特实际上也出身于演艺世家——她的父母都是戏剧演员。另外,温丝莱特还与英国传统电影、高雅戏剧和"艺术性的"文学改编作品联系在一起。这种定位又一次使她成为英国实力派女演员,能够扮演或代表英国传统电影里的理想女性,英格兰玫瑰。当然,温丝莱特之所以能做到这些,是因为她在现实生活中也被视为一朵"真正的"英格兰玫瑰。至少对美国人来说,温丝莱特是"英国传统"的化身。她就是戏剧女皇。她在阶层、血统和教养上都是理想的英国白种女人。

简而言之,这篇文章将温丝莱特的非凡本质置于优秀的或"外在的"表演语境之中;英国传统电影和文学的卓越(几乎是皇室认可的)天性之中;以及温丝莱特的个人能力之中——温斯莱特有能力真正成为英国理想白人女性的典范(超级偶像)。这篇文章没有将温斯莱特的非凡本质诉诸于美貌、魅力或公开的性吸引力等普遍的(更"粗俗"的?)概念,尽管《泰坦尼克号》之后的温丝莱特在一定程度上成了美貌、魅力与性吸引力的代名词,部分地颠覆了她本人的明星形象。

然而,这篇文章里的温丝莱特也被塑造得非常平凡;她显得如此自然,和其他任何(白人)女性没什么两样。温丝莱特喝酒、喝到酩酊大醉、咒骂、抽烟、被锁在旅馆房间的外面,如这篇文章后来揭示的那样,她张口就是:"衬裤勒我的屁股!"温丝莱特像任何国家的邻家(白人)男孩/女孩一样滑稽可爱、友好亲切、充满女孩气,并且有缺点。这样的平凡也是一种力量,让她去民族化,"任何地方"都能容纳她,"任何人"都能与她产生共鸣。但是,在某种意义上,温丝莱特也是非常反对魅力的(anti-glamour),仿佛此情景中的魅力(光彩)没有从真正的英国戏剧史和文学传统里散发出来的自然光彩和光晕那么特别,要知道,温丝莱特是与真正的英国戏剧史和文学传统联系在一起的。

但是,温丝莱特也被想象成/刻画成拥有不驯服的或至少真正"在场的"身体:红酒而非白酒和水淌过她的嘴唇;烟草吸入她的体内;她的身体将内裤朝上、朝里绷紧。温丝莱特不是现代大众媒体想象的那种超瘦的白人女性,也不是被动的英格兰玫瑰。温丝莱特像任何真实的白人女性一样热爱生活,喜欢美食。此刻,她不是理想化的白色英格兰玫瑰,而是一个有着日常缺陷的普通女人。从温斯莱特在非凡/

平凡、在场/缺席、精神/身体、英格兰玫瑰/邻家女孩的二元对立中的摇摆，我们可以看到白人气质与明星身份的种种矛盾和悖论是在两套相互支持的意义结构中发生的。

温丝莱特早期的明星形象是通过传统电影建立起来的，"传统电影"这个术语是安德鲁·黑格逊（Andrew Higson, 1995）与克莱尔·蒙克（Clare Monk, 1995）提出的，指的是20世纪80年代开始出现的一系列"回顾型"的白人"怀旧"电影。这种"传统电影"一方面使温丝莱特成为了理想化的"英格兰玫瑰"，英国理想白人女性的化身或代表，但是，在另一方面也（故意）削弱了这种"约束性的"或"死气沉沉的"表征：作为一个桀骜不驯的表演者，温丝莱特为传统电影文本带来了一种批判或拒绝，拒绝接受其中顺从的、受控制的和"缺席的"女人味。

温丝莱特为传统电影带来了决裂性的力量，但传统电影早已备受争议和批判。如约翰·黑尔（John Hill, 1999）指出的，这是因为性别、阶层和性冲突处于许多传统叙述的（隐含的）核心，因此，这些叙述已经包含了一些高度颠覆性的因素。这些叙述张力（narrative tension），尤其是围绕着欲望和约束的张力，是通过视觉的方式表现出来的，即克莱尔·蒙克（1995）所谓的过度和充满感情色彩的场面调度。这种场面调度使人们不再关注女人性感的/激起性欲的本质，隐喻式地替代了一个充斥着性欲但又无法引爆的身体。不过，根据我个人的理解，理想化的白人气质才是这些电影文本里的冲突的核心。我想通过温丝莱特来探寻（她）理想化的白种女性气质是如何被嘲笑和抨击的。我想要分析的案例是《理智与情感》。

传统的温丝莱特

温丝莱特在《理智与情感》中扮演的角色玛丽安起初是个半透明的形象。她在电影中的第一个镜头是一个忧伤地弹着钢琴的中距离特写。明亮的"自然"光打在她脸上、脖子上，由于没有化妆，头发又呈鲜艳的红棕色，她看起来几乎是透明的，白皙的肌肤宛如薄纸。实际上，她的容貌就像摆在奢华而巨大的音乐室里的一朵纤美的英格兰玫瑰。但这组静态镜头因为缺乏情感的流露而传递出一种"死气沉沉"的感觉。玛丽安沉浸在丧父的哀痛中，她那白得发青的肌肤营造出一种感觉，仿佛她自己也快要变成一具女尸。忧郁的钢琴独奏凸显了玛丽安的了无生趣。就玛丽安在电影中的角色而言，这其实是一个恰当的隐喻或电影式的预兆，那些理想白种女人气质的条条框框正在扼杀她,这也正是她将要反抗的。这种反抗将通过心灵/肉体、在场/缺席的二元对立演绎出来。

我们很快知道玛丽安是个任性、独立、富于勇气和激情的人。玛丽安对母亲(玛格丽特)说姐姐艾丽诺的追求者不适合姐姐,因为他太有礼貌了,并说:"爱就是燃烧,是烈焰……要为爱而死……没有什么比爱更荣耀。"然而,在电影前半部分的许多场景中,玛丽安都只是在头脑中和她阅读的"文学经典"里释放这些情感。她是任性的,但又是被严格管束的,她的身体受控于紧身胸衣和圆裙,她丰满性感的身体是(半)遮掩起来的,她的肉欲也受到束缚。这种束缚所产生的令人恐惧的力量是通过就餐/食物场景表现出来的。

玛丽安几乎不吃饭。因为家庭和爱情的因素使她极其压抑,这种压抑就表现在她面对一桌丰盛的饭菜却不吃不喝,仿佛吃东西就是欲望的外在信号,是血肉之躯的标志,是她/理想的白人女性不应有的行为。例如,在电影的第一场吃饭场景中,玛丽安被拥有她父亲房子的新女主人的行为弄得心烦意乱,但她却是默默地坐着,一动不动,根本不打算吃她面前的任何一盘食物。简而言之,她的愤怒和怨恨都通过"白人女性"应有的缺席、克己和不吃饭的行为表现出来。

不吃不喝似乎是这类电影中的一项强制活动——这项活动或表演既是在严格的字面意义上、也是在隐喻的层面上扼杀女人,把她们变成一具没有生命、没有肉体和没有欲望的女尸。当玛丽安不吃东西时,她明显是不快乐的;没有食物时的她看起来很沮丧。玛丽安想要在身体中注入生命:她想要吃(想要爱情,想要做爱),但是对理想白人女性的要求不允许她这样做。玛丽安(温丝莱特)明显不纤瘦、不苗条,而且很丰满。玛丽安肯定吃东西,而且要吃,对这一点我们是可以确定的。我们只需要看着她。

当然,这就是温丝莱特的明星形象发挥作用的地方。在她的演艺生涯中,有关她体型和体重的故事被多次转述。她主张女人能够(应当)同时既丰腴又美丽,而且直到最近,她还抵制了媒体想让她变瘦的攻击。因此,让温丝莱特扮演不吃饭的玛丽安为其表征增添了额外的语义和符号含义。我们知道温丝莱特喜欢美食。我们知道温丝莱特本人也在应对明星制的宣传机制强加给她的压制。造星机制想把她培养成一位奇特迷人的、精神高贵的英格兰玫瑰,而纯洁、天真、道德和纤瘦被认为是其核心价值。与之相反,温丝莱特在其宣传活动中的发言却揭示出了一个想打破这种表象,在这种表象之外工作的女演员:这位女演员的独立精神和不驯服的身体不会被束缚在理想白人气质的规范之内。

玛丽安不是英格兰玫瑰。她不断地反抗,这种反抗不是通过不吃东西也不是通过"自由的精神"来表现的,而是通过对威洛比的公开而放纵的欲望来表现的。他们坐着马车在村子游玩时的情景最好地诠释了这一点,玛丽安带着几乎高潮似的兴奋大声尖叫。他们一起阅读爱情小说/诗歌;他们互相大胆公开地示爱;当威洛比搬走后玛丽安接二连三地寄给他炽热的情书;这一切都是这个理想的白人女性叛逆行为的表现。在电影中的这一刻,玛丽安复活了,正是这种行为倾向在电影里传达出重要的表征意义。

玛丽安表现得越叛逆,她就越显得不那么白皙。她血管中有越多的血液和生命,身体就会更加叛逆,行为就会愈加不道德。玛丽安愈远地逃离理想化的白人气质,她就越会变成肉欲的对象。玛丽安拒绝了英格兰玫瑰似的女人气质,以便追求(白种)生命本身,观众应邀与她产生共鸣,当她越远地逃离这种压抑式的"外在"理想,观众就越会被她吸引。

玛丽安能令人信服地做着这种"逃离运动",因为是温丝莱特饰演的玛丽安,她把这种二元对立和反抗演得活灵活现。这至少在表面上是离经叛道的。在一种超级明了的批判中,玛丽安、明星温丝莱特和传统电影美学拒绝并削弱了英格兰玫瑰式的理想的白人气质。但我们可以认为,正是对这种理想的白人气质的拒绝,将会让温丝莱特成为真正的恒星——一个超越国界的超级偶像。一旦温丝莱特扔掉、抛弃其民族特有的白人身份,她就可以成为一个终极非凡/平凡的白人明星,其国际魅力远超这部电影中的英格兰玫瑰理想的特定束缚。

当然,敢于不做理想的白色英格兰玫瑰的玛丽安/温丝莱特也要付出代价,受到一定的道德惩罚。在《理智与情感》中,威路比欺骗了玛丽安,并为金钱抛弃了她。电影以玛丽安嫁给了她曾为了威洛比而拒绝的、她可能不爱的那个男人为结局。然而,这个男人(上校)本身也是一个离经叛道的人,年轻时想娶一个并非自己阶层的姑娘但却没有如愿,这暗示他不会限制玛丽安叛逆的自由。同样,人们也可以认为,温丝莱特最终也会受到一定的道德惩罚。比如,多年来,她一直忍受着人们对她"肥胖"身材的嘲讽和评论。在最近的公开露面中,她被迫成为了现代媒体想象中纤瘦的偶像。但是,回到值得重申的一点,温斯莱特在肥胖/瘦削,红色/金色之间赋权的摇摆(empowered oscillation)最终可能会确认她作为终极(ultimate)白人明星的地位,即她是一个可以随心所欲地装扮自己的终极白人明星。这对温丝莱特来说,显然不是惩罚；对一个总是缺席/在场的明星来说，这是神圣的启示。

总而言之，我们可以开始论证，温丝莱特的白人明星身份的含义是非常"麻烦的"。不管是何时拍摄的，也无论何种电影形式，温丝莱特在她的电影里都是一股令人不安的、叛逆的凝聚力：这种离经叛道源自一系列外在文本（extra-textual texts），这些文本将她揭示为一个桀骜不驯的女人，尤其在身材/体重和独立的思想方面。通过这些媒介文本，通过她主演的一系列电影，温丝莱特不断颠覆英格兰玫瑰、理想的白人女性和理想的白人明星的标准。一方面，温丝莱特是个离经叛道的白人偶像，通过她叛逆的身体和挑衅的、"女性化"角色，拥护在场而非缺席，肉体而非精神，肥胖而非瘦削，赋权（empowerment）而非温顺。

另一方面，温丝莱特白人明星身份的变化而对立的形式最终还是会支持它成为主体性的外在形式（an exterior form of subjectivity）。温丝莱特白人明星身份的超人品质——非凡、平凡、传统风格、独立、混乱、"英格兰玫瑰"、"金发美人"、桀骜不驯、肥胖、瘦削等等——塑造出了一种根本不能被命名为白色的、非尘世的肉身性（corporeality）。温丝莱特的意义将继续漂浮，仿佛她已经拥有了一位超凡天使的所有品质。

（林芬　译/关涛　杨玲　校）

参考文献

Davies, Jude (2001) *Diana: a Cultural History*, London, Palgrave.

Dyer, Richard (1987) *Heavenly Bodies: Film Stars and Society*, London, Palgrave.

——(1997) *White*, London, Routledge.

——(1998) *Stars*: New Edition, London, BFI.

Ellis, John (1982) *Visible Fictions*, London, Routledge.

Higson, Andrew (1995) *Waving the Flag: Constructing a National Cinema in Britain*, Oxford, Clarendon Press.

Hill, John (1999) *British Cinema in the 1980s*, Oxford, Clarendon Press.

Monk, Clare (1995) 'Sexuality and the Heritage', *Sight and Sound*, October 1995.

Negra, Diane (2001) *Off-White Hollywood: American Culture and Ethnic Female Stardom*, London, Routledge.

奇观性的男性身体与爵士时代的名人文化

戴维·麦基尔

导读

  俊美的脸庞和无敌的身材向来是明星/名人的决定性标志。他们的身体常常是女性/男性气质的典范和公众欲望的焦点。为了呈现出最完美的形象,整容、塑身也成了明星生活的重要组成部分。本文作者麦基尔以20世纪20年代的几位男性名人为例,审视了爵士时代围绕男性身体所生成的特定规范和文化意涵。麦基尔认为:"为了更好地理解当代人对身体的痴迷,我们必须探讨名人文化长久以来对于理想化的身体形象的依赖,同时还有用于产生这些形象的科学技术,也就是将这些虚构的神话书写于(或书写为)名人身体的方法"。

  第一次世界大战后,美国白人男性的身体遭遇了前所未有的危机。首先是战争让大量白人士兵"或被子弹打得面目全非,或被毒气致残,或失去四肢,或干脆成了一具具死尸"。其次是医学的进步使得医生能够首次利用X光机等仪器安全地"入侵"男性的身体。此外,白人男性在政治、经济领域的主导地位也受到了来自女性选举权运动、少数族裔骚乱和移民潮的威胁。20世纪20年代的一些作家,"都把国家想象成一个男性的身体"。但在大众话语中,这个男性的身体/国体却"成为了一个有争议的破裂的形象"。贝尔纳·麦克菲登、鲁道夫·瓦伦蒂诺和朗·钱尼等男性名人的身体"正好为应对这些焦虑和重塑身体完整提供了一个途径",他们用自己的理想化身体为一战后的白人男性提供了释放身体紧张的"万灵药"。

  麦克菲登是20世纪早期最具影响力的健康达人。他不仅创办了极为流行的《身体文化》杂志,还经常举行巡回演讲,开办身体文化学校,倡导男性健身

本文译自 David Magill, "Spectacular Male Bodies and Jazz Age Celebrity Culture." In *Framing Celebrity: New Directions in Celebrity Culture*, eds. Su Holmes and Sean Redmond, Abingdon:Routledge, 2006, pp.129—143. 作者戴维·麦基尔是匹兹堡大学约翰斯顿分校的英文教授。——译注

运动。麦克菲登的观点之所以能广为流行,"是因为它复原了被战争撕碎并被'文明'进一步蚕食的强健身体"。不仅如此,麦克菲登还将他的复兴计划与美国式的生活方式结合起来,表明了"白人男子气概与国家身份的关联"。除了书刊杂志,电影也为白人男性身体的重塑提供了一个重要空间。道格拉斯·费尔班克斯是爵士时代的一位著名男星。他所扮演的角色"都是高超的剑客、强壮的战士和令人惊奇的杂技表演者"。他用自己充满男性力量的身体"向白人男性表明他们的身体还是一如既往的强壮"。另一位知名影星、"大众情人"瓦伦蒂诺,则不仅被塑造为原始的男子气概的典范,还成为无数女性观众的欲望对象。与费尔班克斯和瓦伦蒂诺所展示的美丽身体相反,钱尼主演的影片总是充斥着残缺和丑怪的身体。这些影片通过反复展示"一个残疾的、或者有缺陷的男性身体在剧终前终于复原的情形","上演了白人男性身体的修复,从而缓解了战后时期人们对于身体的紧张情绪"。

在当代名人文化中,身体形象的传播一直处于核心地位。一系列医学和科技的介入也为生产和维护这些形象提供了机会。整形手术旨在创造出理想化的人体形象,私人教练们则为了进一步创造出结实矫健的完美传奇,大力倡导饮食和身体耐力的训练。类似地,数码照相技术让视觉艺术家能用滤镜修改图片,继而成就了一种更为完美无瑕的身体表征。正是这些各式各样的技术,使得个人在身体的生产与维护上达到了新的高度。实现这种目标的欲望与名人文化作为一种产业的兴起,以及现代主义作为一场文化运动的出现,有着密切的关联。20世纪20年代兴起的名人文化,将这些欲望作为其定义的一部分。为了更好地理解当代人对身体的痴迷,我们必须探讨名人文化长久以来对于理想化的身体形象的依赖,同时还有用于产生这些形象的科学技术,也就是将这些虚构的神话书写于(或书写为)名人身体的方法。这样的探讨将会揭示,名人文化如何促进了我们身体紧张(corporeal tension)的强化。

本文通过解读横跨多种媒体的各式名人,如贝尔纳·麦克菲登[1]、鲁道夫·瓦伦

---

[1] 贝尔纳·麦克菲登(Bernarr MacFadden,1868—1955):20世纪早期美国身体文化、健美运动的推广者,是他将健身运动与营养学、健康理论结合在一起。——译注

蒂诺[2]和朗·钱尼[3]，探讨了爵士时代围绕白人男性身体所建立起来的一套特定形象。尽管上述每一位人物的成名都与他们各自的领域和背景有关，但他们的名气都离不开对于男性身体的特别关注。这些男性名人建构了有关他们自身的理想形象，这些建构特别有助于将男性身体形塑为一战后理想幻灭的万灵药。白人男性被强烈鼓励认同这些明星，通过暂时在心理上依赖名人形象，来舒缓身体的紧张。换言之，名人文化为白人男性创造了一种想象的兄弟情谊的形式，通过对名人的虚构形象的心悦诚服来缓解他们的焦虑不安。在诸如电影、广告、身体文化等各式各样的文化舞台上，这种机制既追悼又复活了男性身体。在爵士时代男性身体话语的语境中来探讨这种赞颂性的展示，能揭示名人文化在操演白人男性气质的具体形式方面所起的作用，并阐明白人男性为应对其肉身恐惧和脆弱而采取的奇观式的身体和心理实践。

明星文化和男性身体理想

虽然明星文化兴起于 20 世纪初，但它在 20 世纪 20 年代才达到新的高潮。甘姆森（Joshua Gamson）注意到明星文化"想方设法获得关注和管理形象在以前也很普遍，但它们直到 20 世纪初，才成为系统化的实践"（1994：22）。随着休闲文化日益成为美国生活的中心，名人们也由于是这种生活方式的体现而地位更加突出。电影生产商们认识到大众对于名人日渐浓厚的兴趣，投资出版影迷杂志并把电影当作宣传、展示明星的工具，从而创造出对于具体影星的需求并为电影公司带来利润。戴尔（Richard Dyer）在提到 1914 年明星作为文化人物的兴起时指出："明星现象包括公众可得到的关于明星的一切信息……明星的形象总是广泛的、多媒体的、互文的"，不过，电影在这种文本混合中占有优先地位（Dyer, 1998：2—3）。公众开始迷恋电影明星，想了解他们的私生活是否与荧屏形象一致。甘姆森指出，这种情况标志着明星与普通人的平等："这种普通性促进了名人与其崇拜者之间更多的联系与亲近（1994：29）。为了创造可供消费的名人形象，明星的私生活与职业生涯变成了两个

---

[2] 鲁道夫·瓦伦蒂诺（Rudolph Valentino, 1895—1926）：出生于意大利的好莱坞著名男演员，默片时代最为风靡的银幕大众情人。——译注

[3] 朗·钱尼（Lon Chaney, 1883—1930）：好莱坞默片时代的著名男演员，有"千面男人"之称，当时最具表演才能的演员之一。——译注

既独立又并驾齐驱的领域。尽管"这一宣传（publicity）体系清晰可见并受到广泛关注"（Gamson, 1994: 33），但名人心理学又暗示了一种殊异性，这种殊异性要求公众通过屈从来效仿名人。也就是说，名人文化一方面强调明星与粉丝之间的平等，另一方面又提升了名人在性格和身体上的独特个性。阿姆斯特朗（Tim Armstrong）通过20世纪20年代的广告追述了这种身体逻辑，他认为广告通过"身体各部分的化妆可见性"，将身体拆分成了不同的区域（1998: 100）。这种分散又带来了一种重组："身体各部分紧密结合成一个虚拟的假体（virtual prosthetics）系统，暗示着一个只能通过技术创造出来的'整体'，一个不断被延迟的整体"（1998: 100）。这些广告让人们产生了有关身体不完美、急需重组的忧虑，期待不久的将来就能实现这一愿望。事实上，"正是这种身体的碎片化与恢复整体的渴望，比如战争时期所发生的情况，使得身体的商业化成为可能"（Armstrong, 1998: 98）。由于这个时代的身体紧张，男性尤其渴望这种以全新装备的、不可穿透的身体形式出现的重塑。一战对身体的毁坏以及科技对身体的干预，共同导致了大规模的身体变形，面对这种情况，男性们开始寻求重新塑造他们的身体，并以此作为应对身体认同和随之而来的恐惧的核心战略。

看得见的与看不见的侵略者：20世纪20年代的焦虑

德国文化批评家斯韦莱特（Klaus Theweleit）在《男性幻想》（*Male Fantasies*）一书中认为，法西斯式的男性气质是一个将身心武装起来的组织，用以对抗来自外部的持续解体威胁。他尤其探讨了德国20世纪20年代自由军团（*Freikorps*）小说和回忆录，揭示了军团成员对女性的持续恐惧（将女性描写成洪水猛兽，认为她们污秽不堪，并在种族上将军团成员特别标记为白人）；以及他们通过严格的（通常也是暴力的）界限维护来保持身心完整的持续渴望。因此，这些男性把他们的身体描绘成机器，为了让他们的身体强硬继而阳刚，他们遵循特设的管理体制。尽管斯韦莱特的理论具体说来只与德国法西斯士兵有关，但他认识到法西斯主义只是西方文化中普遍存在的性别两极化的一个极端例证。除此之外，他对德国士兵身份认同的探讨反映了种族化特质的可悲，而美国的白人至上主义者们也以类似的恶毒方式体现了这样的特质。因此从更宽泛的意义上说，他的论点也可以应用到本文对美国白人男性的讨论上来。虽然20世纪20年代的美国白人男性，并不总是采取这样极端的措施来确保他们的身体与自我维护（ego maintenance），但他们面临着与德国士兵相似的身体焦虑，并且实行了同样的有组织的实践来"武装"白人男性的身份。

获得肉身性意味着要接受生命的有限性；一战以令人焦虑的明晰阐明了这一公理。许多年轻白人男性怀着爱国理想奔赴战场，返家时却伤痕累累，或被子弹打得面目全非，或被毒气致残，或失去四肢，或干脆成了一具具死尸。战争的伤痕可以成为一种荣誉的徽章，但它们也可能带来心理和身体上的创伤。大众媒体上受伤士兵的照片显示了白人男性身体的可穿透性。公共游行和其他庆典颂扬阵亡和返乡的士兵，让老兵不论健全与否都成为了关注的焦点。即使这样的公众展示将白人男性的身体歌颂成"百分百的美国主义"（100% Americanism）的精髓，它们仍然有力地验证了这一身体的脆弱。当然，不是所有的士兵都是白人，但在民族意识形态中占主导地位的，却是一个为了美国自由而战的年轻白人男性形象。

一些男性身体受到的穿透并不像机枪子弹所带来的伤疤那样明显。战争中毒气的使用使得许多老兵回家后都患有身体内脏的疾病，从肺部的、腹部的病痛到阳痿和不育。毒气并不会使人失去四肢或留下伤疤，但它令受害者的男子气概受损却是显而易见的。在这样的例子中，除非通过诸如呼吸道问题或肺结核等次级症状显现出来，否则男性身体的穿透都发生在看不见的细胞表层。毒气施放导致的疾病暴露了男性身体在面对看不见的侵略者时的软弱。流感给 20 世纪 20 年代的男性焦虑提供了另一个极端的例子。这场流行病在美国和欧洲肆虐，导致数以百万计的人丧命。尽管这场疾病并不以性别来划分，但男性对身体界线的焦虑意味着男性对于疾病的恐惧是另外一种情形。疾病的力量无形却又致命，它在细胞层面上击溃男性的身体武装，给他们带来身体和情感上的创伤，让他们眼睁睁看着自己的身体分崩离析。另一些男性士兵回家时已患上了炮弹休克症，因他们所经历的恐惧而精神失常。女性主义批评家吉尔伯特（Gilbert）和格巴（Gubar）认为："很矛盾的是，很多男人怀着成为英雄的希望参战，却以失去男子气概而告终，战争给他们带来的桎梏近乎于任何一个维多利亚时代女性所遭遇到的桎梏"（1988：318）。她们提到，根据医生诊断，炮弹休克症类似于歇斯底里症，一种和平时期的女性疾病。炮弹休克症是一种男性焦虑的病症；在某些人看来，男性面对这种症状的无能是一种缺乏（男子气概和勇气）的征兆。

并不是所有的身体穿透都会导致如此可怕的后果。20 世纪早期，医学的进步使得医生们首次能够安全地透视身体的内部。医生们得以使用一些帮助诊断的设备如听诊器、检眼镜和 X 光机。这些仪器虽能提供帮助,但也代表着另外一种能够"入侵"男性身体的方式。这些技术直接违背了身心都不可穿透的男性美学。于是,男性主义的现代主义(masculinist modernism)可以被准确地描述为一种渴求干预与防备穿透之间的紧张。

除此之外,男性身体的创伤隐喻般地意味着一个更大的有关白人男性在政治、经济领域主导地位的焦虑。尤其是自 20 世纪 20 年代起,一些作家,如洛斯罗普·斯托达[4]、麦迪逊·格兰特[5]和沃尔多·弗兰克[6],都把国家想象成一个男性的身体。而国家作为一个政治领域的健康,就要求男性身体在修辞上保持相应的强壮。但一战却通过因保卫国家利益而受损的男性身体的可见性,凸显了国家公民身份(citizenship)与白人男性身份之间的关联。此外,一些不那么明显的对于政体的穿透形式,如女性选举权运动、少数族裔为争取权利爆发的骚动,以及移民潮也同样威胁着男性的权力。在 20 世纪 20 年代,白人男性气质面临着对其主导地位的各种各样的挑战,这些挑战以独特的方式造就了身体危机。为追求美国目标而破裂的、被展示为爱国热情标志的男性身体,暴露出作为一个白人男性构型的美国身份的虚伪。于是,在大众话语中,男性身体成为了一个有争议的破裂的形象;名人文化正好为应对这些焦虑和重塑身体完整提供了一个途径。

男性面对着自身肉体的虚弱,并把它视为心理上的煎熬。当然,这些焦虑在 20 世纪 20 年代已不是什么新事,只是延续了战前"进步时代"[7]数十年有组织的运动和身体文化改革所带来的焦虑。所有饱受战争蹂躏的年代都会带来这些焦虑。20 世纪 20 年代的与众不同之处在于,这一时代既承接了 19 世纪晚期和 20 世纪早期的身体运动,又关系到国家内部的种族冲突,而这一冲突正是用身体手段来解决的。在战后的美国,渴望恢复力量的白人男性,急切需要保卫男性身体的各种策略。

---

[4] 洛斯罗普·斯托达(Lothrop Stoddard,1883—1950):美国 20 世纪初期著名政治学家、历史学家、人类学家、记者。——译注

[5] 麦迪逊·格兰特(Madison Grant,1865—1937):美国历史学家、人类学家与律师,著名的优生学者与反移民者。——译注

[6] 沃尔多·弗兰克(Waldo Frank,1889—1967):美国小说家、文学与社会批评家,因其有关西班牙、拉丁美洲文学的研究而闻名。——译注

[7] 美国的"进步时代"(Progressive era)指的是 1890 年代到 1920 年代的一段时期,在这一历史时期,美国的经济得到了长足发展,成为世界强国,社会政治方面也出现了许多改革,如揭露腐败、加强民主制度、给予妇女选举权等。——译注

展示中的强健身体

有一种策略可以对抗男性身体脆弱的证据,那就是展示一个理想的身体。名人文化似乎顺理成章地成为了这种展示的中心。这些生产活动使得观众与所展示的身体产生认同,并且把它们与国家相提并论。人们也许期盼着能有一个恋物化(fetishized)的男性人物在20年代出现,作为理想男性的代表。但是名人文化并没有生产出一个单独的形象。相反,它依据一大套"男性"特质提供了多种个人构型(individual configuration),从而在集体身份的结构里表达出个人主义。由于20年代的十年是一个剧烈变化的时期,这些理想的形象也就一直处于协商之中,不断变化。整形时代为这种行为榜样提供了多种可能性,但是正如"明星"可以迅速升起,他同样也会很快落入流言的深渊与公众反复无常的反应之中。我们关于这一时期的历史叙述偏重于某些影坛的"常青树",但是这种方式忽略了明星体制出现之初的混乱和那个时期有关某些演员的不断变化的幻想。饶有意味的是,20年代最具有男子气概和星光不减的人物是莱耶德科[8]虚构的"箭领男士"或"衬衣男"。马丁(Richard Martin)认为:

> 莱耶德科创造出了一个美国的阿多尼斯(Adonis),完美地浓缩了WASP(白种人、盎格鲁-撒克逊、清教徒)的男性气质与风格。他敏锐地感觉到,在他那个时代许多人都在寻求以文字或视觉艺术的形式表现美国的地方特色,他们相信美国是一个男性化的、具有雄浑艺术气质的形象,不同于衰败的欧洲唯美主义(1996:454)。

这个带箭的阿多尼斯反映了美国作为白人男性领地的幻象。因为他是虚构的,他就成了一个代表完美男性气质的出色形象。库珀(Emannuel Cooper)注意到:

> 莱耶德科创造出了终极的男性形象,不管它是否拥有典型的男性职业……或者仅仅只是机灵的市井小民。所有形象一概都有着宽阔而有力的肩膀,是拥有健康、力量和社会地位的典范。力量通过身体的各部分传达

---

[8] 莱耶德科(J. C. Leyendecker,1874—1951):美国著名的插图画家,以海报、书籍、广告插图闻名,最有名的设计就是为衬衣和可拆下来的衬衣领广告绘制的一系列男模特,这些男模特被称为"箭领男士"(The Arrow Collar Man)或"衬衣男"(Shirt Man)。——译注

出来，裆部周围的勾勒也总是暗示着下体的形状（1994：132）。

通过表现一种普遍化的男性力量，"箭领男士"可以被移植到各种各样的情境和形象，吸引更为广泛的男性，并把他们连接在一种认同性的兄弟情谊之中，从而减轻竞争的焦虑。

莱耶德科的广告催生了男性兄弟般平等的幻想，以及一个理想化的男性身体形象。这个形象依赖于贝尔纳·麦克菲登和查尔斯·阿特拉斯[9]等健美大师提供的健身和健康话语（讨论见下文）。这个时期的名人陷入了公众对于"真实"（real）的渴望之中，也面临着日益增长的保持完美的压力。只有"箭领男士"这样的虚构角色，这种没有真实身体支撑的系列图片，才能保持免受伤害。当然，公众将莱耶德科的作品当作是真实的；马丁披露说，"箭领男士"在20世纪20年代最走红的时候，每个月曾收到一万七千封粉丝来信，其中包括求婚和带有色情暗示的书信。带箭的阿多尼斯引起了那些寻求理想男性的男人和女人们的普遍共鸣。

竞争激烈的健康话语同样兴起于20世纪早期，从弗莱彻主义[10]到身体塑型，目的都是为了创造出理想身体的认同并建立起对这种身体的欲望。虽然早期的身体运动关注的是女性，但爵士时代却将理想的身体重塑为男性，并从女性那里夺走了健身。那时，建议手册和卫生指南大卖特卖，其中的思想由人们口耳相传，波及美国各地。这些话语，从部分意义上说，也许是对于医学穿透男性身体的新能力的回应，通过健康理念的宣传从而帮助男性避免看医生。减少看医生的几率也就意味着男性身体能够保持结实、无法进入的状态。虽然女性能够而且确实也采纳了其教导，但这些由男性提出、为了男性利益的理念暗示了它们所转移的紧张情绪。《身体文化》（*Physical Culture*）杂志的创办者贝尔纳·麦克菲登，或许是20世纪早期最具影响力的健康名人。他在世纪之交因倡导能够强健身体和恢复男性力量的饮食与锻炼之道而声名鹊起。到第一次世界大战结束，麦克菲登已成为了美国健康领域的领军人物。克莱门特·伍德（Clement Wood）和富尔顿·奥尔斯勒（Fulton Oursler）分别于20世纪20年代末出版了关于麦克菲登的传记。他们在书中详细描述了麦克菲

---

[9] 查尔斯·阿特拉斯（Charles Atlas, 1892—1972）：原名安杰洛·西西利亚诺（Angelo Siciliano），美籍意大利健美师和体育家，是他同贝尔纳·麦克菲登一道将健美运动推广到全世界。——译注

[10] 弗莱彻主义（Fletcherism）：主张将食物细嚼慢咽，因美国健康饮食理论家贺拉斯·弗莱彻（Horace Fletcher, 1849—1919）而得名。——译注

登的成功历程及其男性力量。例如，伍德将麦克菲登描绘成一个"修复者、重塑者，所有人类生存的必要生活基础的守护者"（1929：2）。麦克菲登出版了有关各种话题的杂志，举行全国巡回演讲，建立身体文化学校，在自己的著作中详细介绍他关于提高男性活力、健康和力量的方法。他以男性气质专家的姿态出现，并为急需一个复原的男性身体的美国大众展现了他对于获得这种理想的看法。

麦克菲登的观点之所以能在20世纪20年代的男性中广为流行，是因为它复原了被战争撕碎并被"文明"进一步蚕食的强健身体。不仅如此，麦克菲登的复兴计划和他的生活故事相结合，表达了白人男子气概与国家身份的关联，这种关联是通过身体表现出来的。伍德把麦克菲登的生活称之为"高层次的美国式生活"（1929：4），而奥尔斯勒也认识到"麦克菲登的生涯是如何严格地建立在美国路线之上的"（1929：42）。两位传记作家，还有麦克菲登本人，都把他的生活和身体作为理想推广，并把它们与"百分百的美国主义"话语联系起来，让他成为了国家身份的典范。麦克菲登宣扬他的养生之道能对文明所带来的消极影响产生自然的抵抗效果。他顺应了有关虚弱的、文明身体的观点，主张回归到更"原始"的男性状态。他的见解还呼应了20世纪20年代白人至上者的宣传册，如麦迪逊·格兰特的《伟大种族的消失》（*The Passing of the Great Race*）。麦克菲登曾在《身体文化》杂志上大力宣传此书。

麦克菲登的计划把雄浑的男子气概与创造强健的男性身体联系起来。他通过一系列突出其体格的宣传照片和巡回宣讲，倡导可以强化肌肉系统的健身运动。他甚至与三个重量级的摔跤冠军公开较量，并赢得了所有的比赛。他的作品通过探究关于白种男子气概的焦虑，进一步论证了他的强身健体计划。在《男子气概与婚姻》（*Manhood and Marriage*）一书中，麦克菲登写道：

> 是男性（male）但却不是男人（man），穿着男性的衣服，却意识到你在伪装——一个伪君子，一个冒充者——这确实是一种痛苦的经历。但是记住，如果你在每个意义上都符合"男人"这个词的话，那你就拥有了与出众的阳刚之气（virility）相一致的所有力量——因为阳刚之气就是男人特征的身体表达（1916：8）。

麦克菲登同时提出了一个生物的和文化的男人身份观念。一个人可以伪装成男人，但在内心也要是个男人才行；这样白人男性的焦虑便可通过身体调节而得到消除。麦克菲登在战后时期的流行，恰恰是源于他缓解男性关于身份和身体的双重焦虑的能力。格林（Harvey Green）指出："麦克菲登的巨大成功在于他有察觉读者需要的能力，他还激起了他们的梦想，他的读者几乎全都是中产阶级的白人男性"（1986：250）。尽管麦克菲登在一战前就已理所当然地成了名人，但随着战争的继续和结束，他的书成了畅销书，他的出版公司也蓬勃发展起来。

到了20世纪20年代，麦克菲登已成为一个极其重要的人物。通过支持和体现充满男子气概的身体观念，通过调节男性身份的种种矛盾，受到他影响的人超过两千五百万。除此之外，他公开宣称有着健康的性欲，并把有规律的性交当作自己养生之道的一部分，否认其他健康专家提出的"节欲蓄精"。他认真建构并精妙演绎的公众形象，成为了白种男人身份的楷模。

另一个在20世纪20年代名声大震的身体文化领袖是查尔斯·阿特拉斯，他可能是整个20世纪美国最著名的健身者。他的名望源于他在各种场合（如麦克菲登的《身体文化》杂志）所宣扬的强健的白人男性气质的幻想。阿特拉斯做的广告关注男性对于力量、成功和阳刚气概的焦虑。他的广告创造出了任何男人都能变得强壮而富有男性魅力、打败仗势欺人者并赢得女性芳心的幻想。这些广告在承诺缓解男性身体的紧张情绪的同时，也在制造这种紧张。阿特拉斯的走红说明许多男人认为他的广告令人信服。阿特拉斯和麦克菲登在20世纪20年代的流行，部分是因为他们的公众形象体现了一个远离忧虑的男性身体。他们代表了一个经过重塑的白人男性身体，以身体的奇观把众多身份黏合在一起。男性们对这些幻想深信不疑，因为他们对麦克菲登和阿特拉斯许诺的强健身体充满渴望。战后理想的破灭和身体的焦虑，为麦克菲登和阿特拉斯带来了日渐丰厚的名声和财富。因此，二人拥有了类似电影明星的名人地位，而电影也是一个男性公众人物将男性身体奇观化的场所。

电影提供了另外一个讲述白人男性身体的重塑的空间。阿姆斯特朗提出："电影可以被看做……是一个利用了感知的有限性的视觉幻象，但它也提供了一个电影化的身体，作为碎片化的技术身体（body of technology）的补偿"（1998：5）。虽然单部电影只能少量涉及男性气质的紧张问题，但电影明星为探究一直在处于协商中的白人男性身份提供了一个更加动态的空间。戴尔认为："明星们表达了这些有关人（personhood）的理念，在很大程度上支持了个体的观念，但有时也流露出随之而来的怀疑和焦虑"（1986：10）。在戴尔看来，这项工作的一个重要部分便是明星理解身体和生活（lived）经验的方式。他们的人格面具暗示了表达和解决身体焦虑的途径。

比如说,道格拉斯·费尔班克斯[11]是爵士时代一位极受欢迎的明星。他的流行部分源于他的荧屏角色与公众形象的融合。费尔班克斯在两方面都展示出一种身体的活力,产生出一种复兴的白人男子气概。无论是在影片中、新闻采访或者出席公众场合,他都会不断用自己的行动证明他的男性力量。他会一边接受采访,一边做特技表演、空翻、绕着房间跑步或在椅子上保持平衡,正好映射了他在《佐罗的标志》(*The Mark of Zorro*, 1920)、《三个火枪手》(*The Three Musketeers*, 1921)、《罗宾汉》(*Robin Hood*, 1922)和《黑海盗》(*The Black Pirate*, 1926)等电影里所展现的身体能力。在每一部电影中,他的角色都是高超的剑客、强壮的战士和令人惊奇的杂技表演者。他的身份演绎反映了一个由身体的行动能力定义的男性理想,向白人男性表明他们的身体还是一如既往的强壮。

鲁道夫·瓦伦蒂诺也创造了一个理想化的男性形象。虽然他的成名融入了对白人身份的挑战,但这也使他成为一个更加暧昧的人物。瓦伦蒂诺通过一系列的沙漠电影,如《沙漠情酋》(*The Sheik*),使其中的浪荡子(Lothario)形象得以流行,从而向人们不断展示了又一个供大众消费的强健的男性身体。这些电影先是用带有"种族混杂"欲望、威胁白人男性气质的特权的情节挑逗读者,然后又通过让白人男子气概暂居、甚至归化到原始状态的方式阻挡上述威胁,最终成功地呈现出一种充满男性力量和优雅气质的白人形象。《沙漠情酋》是瓦伦蒂诺主演的第一部电影,并使他一夜成名。梅尔曼(Billie Melman)曾说:"第一部电影版的《沙漠情酋》的观众高达一千二百五十万人,他们中的大多数——据当时的新闻报道判断——都是女人"(1988:90)。或许,瓦伦蒂诺成功的一个原因在于这部电影没有描绘女主人公戴安娜被强奸的情景。影片尽管展示了酋长对她的渴望,却没有再现小说中酋长对她的施暴。虽然《沙漠情酋》的续集《沙漠情酋之子》(*Son of the Sheik*)的确暗示了强奸的情节,但镜头并没有从视觉上记录下身体的接触。由于对暴力的删减,电影维持了对一个极具男子气概但又非常感性的情人的幻象。不仅如此,梅尔曼还说道:

> 这部默片以突出的表现力效仿并沿袭了东方情人形象……第一版《沙漠情酋》巧妙地应用了各种性感象征物:如在戴安娜遭强暴的第二天早上,梳妆台上的杂物中有一根酋长留下的燃烧过的香烟,还有瓦伦蒂诺的被放

---

[11] 道格拉斯·费尔班克斯(Douglas Fairbanks, 1883—1939):又译范朋克,美国导演、演员与剧作家,成名于默片时代,是第一位扮演蒙面侠佐罗的演员。——译注

大到可笑地步的眼睛和满是肌肉的手臂的特写镜头（1988：103）。

这里的每一个象征物都通过它们的阳具意味和身体属性，逐渐强化了酋长的男性气概。于是，影片将瓦伦蒂诺作为原始男子气概的典范来展示，这是一个既增添力量又有异国情调的身份。即使瓦伦蒂诺的角色在性情上反复无常，他也还是成为了女性欲望的对象。

《沙漠情酋》及其续集，通过瓦伦蒂诺主演的角色宣扬了男子气概的种族层面。瓦伦蒂诺所扮演的酋长，有着比被文明腐蚀的、贫血的白人男性更深的肤色，这种肤色成了他因接近原始主义而获得的优秀男子气概的标志。但和他所统治的原始阿拉伯人相比，酋长的肤色相对较浅，这又表明了他的种族优越性。最终，电影里酋长的种族身份只是一种偶发性，体现了他在视觉上的伪装能力。为了突出种族对比，导演利用化妆和灯光效果使瓦伦蒂诺的肤色变浅，而影片中的"阿拉伯人"却几乎成了黑人。整部电影中，瓦伦蒂诺穿着独一无二的亮白色袍服，而阿拉伯人却穿着肮脏、甚至弄黑的衣服，以此来标志他们种族的卑贱。因此，早在影片的叙事揭示其种族身份之前，酋长已经在视觉上成了高人一等的白种男性。加上对戴安娜（白人女性的代表）施暴场景的删除，瓦伦蒂诺的视觉呈现将其标记为白人，并将观众的欲望导向了电影中的他。酋长先通过易装跨越了种族界线，然后又确定其白人属性，他在我们眼前忽明忽暗，宛如变色龙一般。但不管怎样，他都激发了公众对于更强壮的男子气概的兴趣，女性观众蜂拥而至，竞相观看这些展示了瓦伦蒂诺的炽热情感的眼神、裸露在外而又肌肉发达的手臂和胸部的电影。在《沙漠情酋》和《沙漠情酋之子》中，瓦伦蒂诺都在银幕上脱去了衬衣，露出了胸脯，展示了他肌肉发达的身体。宣传剧照和其他照片也描绘了他强健的身体。然而正如汉森（Miriam Hansen, 1991）所言，我们可以从两方面来理解这种展示：一方面瓦伦蒂诺的身体向女性化的凝视（feminizing gaze）敞开；另一方面瓦伦蒂诺的姿态和眼神转移了色情的男性化凝视（masculinized gaze），并利用所投射的强壮形象动摇了同性情欲的念头。除此以外，这两部电影的情节还证明了瓦伦蒂诺身体的无懈可击。在与竞争对手和敌人的搏斗中，以及与最新的俘虏和未来妻子的性冲突中，他都展示了自己超乎常人的力量。事实上，他征服他那不屈的新娘的主要方式就是强暴她，直到她驯服。甚至当他在《沙漠情酋》中貌似受到致命伤害时，他的身体依然显得毫发无损，并最终获得康复。

《沙漠情酋》演绎了白人男性身体的受伤（意味深长地在与邻邦酋长的战斗中负伤）和复原。电影叙事通过这个身体复活的神话，缓解了人们对身体的焦虑。电影公司还为这一神话配备了一场广告宣传，意在将瓦伦蒂诺打造成超级男子汉，从而对抗媒体对他的性态和族裔的批评。汉森进一步指出："一个更有力的辩护是，瓦伦蒂诺加入了对健身的狂热崇拜之中"（1991：265）。如前文所述，这样的联系，以一种特殊的身体形式标记了瓦伦蒂诺的男性气质。此外，这也有机会让他成为一名肤色有所不同的白人。然而，如汉森详细叙述的，瓦伦蒂诺银幕之外的形象在白人男性中引起了惊愕，[12] 突出了爵士时期白人男性的身体危机以及理想化的男性身体的操演本质。瓦伦蒂诺代表着一个矛盾的形象，电影公司通过突出其银幕外的形象建构的方式将其推向市场，吸引白人女性，从而也使白人男性身份的机制昭然若揭。由于这些联系，瓦伦蒂诺虽然通过表现身体的复原来吸引白人男性，与此同时也对白人男性的理想形象造成了威胁。在这两种情形下，他都是因为同样的身体情结（bodily complex）而名声大振。与汉森的观点相反，瓦伦蒂诺的影片通过前面描述的电影制作技术展示了原始的男子气概，使他成为经过重塑的白人男子气概的典范，即使这一背景导致其银幕外的形象引起争议。他那"米色"（off-white）的男性观念既突出了白人男性气质所需要的经过武装的身体，也突出了它的社会建构本质。在当时的新闻界看来，瓦伦蒂诺的身体显得女性化，人也显得过于"温柔"（soft）；这样的攻击反映了白人男性对其身体强硬度的焦虑，以及他们对于非白人也可以获得这种强硬身体的焦虑。瓦伦蒂诺的影片展示了一个种族化的男性气质分层，它不仅依赖白人和黑人的二元对立，也依赖白人内部的区隔，揭示了白人男性身体的虚构性。所以，种族和性别互相交织，在多个种族特征交织的复杂层面里互相决定。这些层面的勾画部分地依据一个人继承原始本能的能力；那些能够成功融入原始本能的人变得更加具有男子气概，也更像白人。因此，费尔班克斯和瓦伦蒂诺所追寻的理想的男性身体，恰好与爵士时代重振白人男子气概的理念同步出现。

　　不过，战后电影里最有趣的白人男性还是非朗·钱尼莫属。斯图拉（Gaylyn Studlar）认为，我们应该通过畸人秀（freak show）的文化镜头来解读钱尼的演艺生

---

[12] 瓦伦蒂诺成名之后，他的形象在美国公众中引起了很大争议。女人热爱他，男人则厌恶他，认为他过于"雌化"，对于所有的美国男人都是一个威胁。近些年来，一直有传闻认为瓦伦蒂诺是一位男同性恋者。虽然他曾经结过两次婚，但他的妻子都曾和其他女性发生过同性恋关系。——译注

涯。尽管我们可以考虑我在此提出的历史创伤论，将钱尼所再现的骇人身体视为"有关男性气质和男性身体焦虑的症状性实例"，但她觉得"这样的解释太容易了，特别是当人们想到1918—1919年间的流感瘟疫比战争夺走了更多美国人生命的事实，以及由此产生的极大的全国性焦虑"(1996：210)。但是这些看起来孤立的领域，其实可以通过斯韦莱特所描述的武装的（armoured）男性身体来调和。钱尼的走红是对战争子弹和疾病细菌的双重防御；公众对他扮演的角色的情感性认同缓解了身体被穿透的焦虑。钱尼的影片不断地展示了一个残疾的、或者有缺陷的男性身体在剧终前终于复原的情形。它们上演了白人男性身体的修复，从而缓解了战后时期人们对于身体的紧张情绪。钱尼早期的明星地位不是源于他"千面男人"的名声，而是来自所谓的"千身男人"的阶段。

钱尼的电影全面拒绝了费尔班克斯和瓦伦蒂诺所表现的美丽而活跃的身体，相反，这些电影展现的都是一些被破坏的或者丑怪的身体。如斯图拉所言，"他几乎从不把男性气质的丑怪归结为超自然因素，而是归结为自然因素、人为灾难的悲剧结果，或是他的角色所从事的伪装，伪装残废和自我污名化"(1996：210)。他的电影首先生产出这类身体，然后接受它们，为了恢复规范性的白人男性身体而治愈它们，或者把它们从公众视线中移走。钱尼在默片时代的明星地位并非巧合，因为那是一个更注重在电影里把身体作为交流工具的时期。身体在那时成了电影获得意义的模板，推而广之，身体也成了处理这种叙事的意识形态。

例如，在电影《震惊》(*The Shock*)中，钱尼塑造了威尔斯·迪林（Wilse Dilling）这个危险的罪犯形象，他"甚至对唐人街来说，都是一个谜"。影片开始时，他的角色描述了一个普通人，一边喝茶，一边抽烟。但他与他的中国伙伴通过莫尔斯电码谨慎小心地交流着，暗示迪林这个人物并不像我们所见的那么简单。对这一猜测的有力证据便是，他只能借助拐杖站起来。迪林将他的身体用作意义的能指，根据影片的提示，这一指意模式也应该用于钱尼。迪林的步态进一步展现了那使他失去行走能力的扭伤的脚，他只能艰难地跟跄着，从一个地方摇晃到另一个地方。迪林听命于女匪首安（Queen Ann），被派往秋溪小镇（Fallbrook）去监视银行要人，在那里他遇见了格特鲁德·哈德利（Gertrude Hadley），银行行长的女儿，同时也是新生白人女性的象征。她对上帝和人性的信仰改变了迪林，使他借助"思想"和"意志"的力量挫败了安对付哈德利行长和他女儿的阴谋，这种力量也是格特鲁德先前就让迪林确信可以挽救他的东西。迪林在精神上因格特鲁德而带来的转变，映证了剧终时他在身体上的转变。迪林因担心格特鲁德被安的匪徒杀害,于是跪下来祈求神灵的保佑。一场地震以一种不可思议的方式回应了他的祈祷,不仅迫使安的追随者们仓皇逃跑,也使安丧生,并让迪林跌入安的中式宅子的地下室。在数周的修养之后,迪林告诉格特鲁德这场事故治愈了他的残疾,并让他的身体获得了及时恢复,两人得以顺利完婚。《震惊》通过一个信仰的奇迹展示了钱尼的身体愈合、恢复正常的过程。电影情节用精神康复作为引入复原的男性身体的工具,而这种复原的男性身体正是 20 世纪 20 年代的观众所渴望的。该情节同时也表明身体单纯地反映了内心世界的变化,即使身体本身被用作传达理想的主要工具。因此,《震惊》展示了典型的钱尼式的身体复原,它不仅是男性身体作为个体的起死回生,从集体层面来看,它也是政治实体的恢复。

钱尼的其他电影也纷纷追随这种模式,使他成了整合身体焦虑方面的领军人物。例如在《未知》(The Unknown, 1927)中,钱尼的角色阿隆佐(Alonzo)假装失去了双臂,这是一种在退伍老兵中常见的身体形态,但阿隆佐却只是一名马戏团的表演者。他只要去掉捆绑,就能恢复双臂。因此,钱尼的银幕形象展现了身体的治愈过程;伤痛成为一种能即刻抹去的把戏。钱尼的明星形象充满了威格曼(Robyn Wiegman)所说的白人身份特殊性的悖论。钱尼的伤痛展示,是他在一种赋予白人男性气质特殊地位的政治中声称受到伤害的方式,但同时又恢复了白人男性气质标准的不可见性。在《处罚》(The Penalty, 1920)里,钱尼扮演一个名叫布利扎德(Blizzard)的角色,一个儿时为了治愈头部所受撞击而被截肢的人。布利扎德过着一种极度放纵的犯罪生活,但最终,曾经为他截肢的医生又对他的头部实施了手术,不仅治愈了他的头伤,还复原了他的双腿。《肉与血》(Flesh and Blood, 1922)则讲述了一个男人为逃避不公正的监禁和再次被捕,成功伪装成伤残人的故事。但在剧终时,他却能够恢复原形。在这每一部电影中,男性身体先是被破坏,然后又复原,男性焦虑被操演然后又得到缓解。我认为,钱尼的走红正是源于他扭曲和恢复身体的能力。

甚至在那些其身体并非"可修理"(fixable)的电影里,如《巴黎圣母院》(The Hunchback of Notre Dame, 1923)、《歌剧魅影》(The Phantom Of the Opera, 1925),钱尼的明星形象也照样发挥着作用。影片的主要角色死去或从视线中移走,使得残疾的身体从银幕上消失了。接着,钱尼银幕外的形象向人们确保,即使是银幕上那样的残缺身体也是可修补的。在《歌剧魅影》中,钱尼所扮演的人物消失了,再也看不见了;事实上,只有一个漂亮的女人才能把他从藏身之所引出来。因此电影突出了残疾身体的凄惨，并通过电影情节阐明这个残缺身体在构造和欲望上都是非自然的。钱尼在 20 世纪 20 年代的电影里表现了一系列被毁损的男性身体通过干预和变形而被重塑的过程。《逍遥法外》(*Outside the Law*, 1920) 讲述了这个主题的一个有趣变形。通过一人分饰两角，朗·钱尼向人们展示了他的身体政治：他同时扮演危险的浪子"黑迈克"西尔瓦 (Sylva) 和具有绅士风度的儒家弟子阿文 (Ah Wing)。前一个角色把钱尼再现为一个标准的白人男性，后一个角色为将钱尼的长相东方化，要求他戴假牙并将面部扭曲。这两个角色同时都在宣扬身体的可塑性，即使它通过完美的钱尼式变形使得这些身体正常化。《逍遥法外》创造了一个比较的模式，观众知道钱尼扮演了两个角色，这使得钱尼的东方伪装一目了然，两相比较，钱尼所扮演的"正常"角色的白人男性身体也就变得自然了。

这种比较模式在电影《影子》(*Shadows*, 1922) 里也出现过。在影片中，钱尼扮演严新 (Yen Sin)，一个身体被毁损的中国水手，后来改行做了洗衣工。随着电影情节的发展，严新促成了莫尔登神父 (Reverend Malden) 和辛帕思·吉布斯 (Sympathy Gibbs) 的婚事，重振了莫尔登家族和神父所执掌的更大的教会家族，还帮助破获了针对神父的勒索阴谋。钱尼的严新一角虽然恢复了社区的安宁，但也与神父形成了鲜明对比。严新只能弯腰屈背，讲着错误百出的英语，神父却是健康与活力的写照。钱尼的表演引导着观众的身份认同；他的明星力量意味着权威，即使他不是某部电影中观众所赞美的对象。斯图拉指出：

> 这些兴趣模式似乎在追随建立于 20 世纪 20 年代的与性别相关的观影趋势，那时电影公司的宣传资料、评论者，以及放映报道似乎都一致认为，钱尼的明星身份总体来说源于成年或未成年男性观众的支持 (1996: 207)。

他在男性中走红的一个可能原因是，他能帮助观众通过同情性认同来缓解他们的身体紧张。可以这么说，男人们能够从他们对钱尼（因为受了伤）的女性化身体的居高临下的凝视中，获得一定程度的男子气概。而他在其影片里对身体的反复修复，则表明了一些观众也许认同了钱尼的电影化身体所生产出的男性焦虑，并从这些身体的复活中寻找到快感。

身体的终结？

在一个种族和性别身份不断变化的时期，白人男性权力受到了来自各方的威胁，男性的身体成为爵士时代复杂的焦虑和渴望相互协商的文本空间。面对身心分裂的迹象，白人男性求助于各式各样的策略，希望通过替代性的行为使被破坏的身体变得模糊而不可见，从而重塑他们的身体身份。

这种关于变强的或重塑的男性身体的焦虑性展示，既反映了白人男性所拥有的再现他们身体的机会，也揭示出导致他们痴迷于那些身体形式的持续焦虑。20世纪20年代的名人文化因此为当代的身体议题提供了历史和文化的前车之鉴。尽管其技术还不是那么先进，爵士时代的名人们仍然通过整饬他们的身体，满足了整形时代的需求。

（尹锐　译/杨玲　校）

参考文献

Armstrong, Tim (1998) *Modernism, Technology, and the Body: A Cultural Study*, Cambridge: Cambridge University Press.

Cooper, Emmanuel (1994) *The Sexual Perspective: Homosexuality and Art in the last 100 Years in the West*, 2nd edn, New York: Routledge.

deCordova, Richard (1990) *Picture Personalities: The Emergence of the Star System in America*, Urbana: University of the Illinois Press.

Dyer, Richard (1986) *Heavenly Bodies*, London: Macmillan Books.

——(1998) *Stars*, London: BFI.

Gallop, Jane (1988) *Thinking Through the Body*, New York: Columbia University Press.

Gamson, Joshua (1994) *Claims to Fame: Celebrity in Contemporary America*, Berkley: University of California Press.

Gilbert, Sandra and Guber, Susan (1988) *No Man's Land: The Place of the Woman Writer in the Twentieth Century*, 3vols, New Haven: Yale University Press.

Green, Harvey (1986) *Fit for America: Health, Fitness, Sport, and American Society*, New York: Pantheon Books.

Hansen, Miriam (1991) *Babel and Babylon: Spectatorship in American Silent Film*, Cambridge: Harvard University Press.

MacFadden, Bernarr (1916) *Manhood and Marriage*, New York: Physical Culture.

Martin, Richard (1996) 'J. C. Leyendecker and the Homoerotic Invention of Men's fashion Icons, 1910—1930', *Prospects: An Annual of American Cultural Studies* 21, pp.435—470.

Melman, Billie (1988) *Women and the Popular Imagination in the Twenties: Flappers and Nymphs*, New York: St Martin's.

Oursler, Fulton (1929) *The True Story of Bernarr MacFadden*, New York: Copeland Books.

Studlar, Gaylyn (1996) *This Mad Masquerade: Stardom and Masculinity in the Jazz Age*, New York: Columbia University Press.

Theweleit, Klaus (1989) *Male Fantasies*, 2 vols, Minneapolis: University of Minnesota Press.

Wiegman, Robyn (1999) 'Whiteness Studies and Paradox of Particularity', *Boundary* 2, 26/3, pp.115—150.

Wood, Clement (1929) *Bernarr MacFadden*, New York: Copeland Books.

美国之子：
泰格·伍兹与美国多元文化主义

C.L.科尔　大卫·安德鲁森

导读

在本文中，科尔和安德鲁森以美国著名黑人主持人奥普拉·温弗瑞将高尔夫球巨星泰格·伍兹称作"美国之子"为切入点，把伍兹为耐克公司所做的广告作为解读对象，深入细致地剖析了伍兹所体现出来的美国多元文化主义的复杂纠葛。

文章以劳伦·贝兰特对20世纪最后数十年美国公民身份状况的分析为理论基础，指出美国种族未来的表征貌似进步，实则与退步的种族政治联系在一起。文中集中分析了伍兹1996年8月开始参加高尔夫职业球赛到1997年4月赢得美国大师赛的一段时期，在这段时期伍兹事业从起步开始，最终到达了顶峰。耐克公司先后几次与伍兹签订了价值不菲的赞助协议，他们期待伍兹的种族差异以及超群的天赋会使公众与高尔夫的关系产生革命性的变化，并以此带动公司总体利润的巨大提升。

1996年8月，耐克在纸媒和电视上发起了一场名为"哈啰，世界"的广告宣传战。这则广告将伍兹定位为非洲裔美国人，向美国隐形的种族主义发起了挑战。该广告在美国引起了空前的争论。批评者认为耐克的广告是在打种族牌，违背了美国民众对于个人主义和英才治理的信念。种族牌的话语表达了白种男人想象性的受迫害状态。因为不少白人认为伍兹的市场吸引力主要源自其种族

本文译自 C. L. Cole and David L. Andrews, "American's New Son: Tiger Woods and America's multiculturalism." In *The Celebrity Culture Reader*, ed. P. David Marshall, New York: Routledge, 2006, pp.345—358. 科尔是美国伊利诺伊大学厄本那-香槟分校(University of Illinois Urbana-Champaign)人体运动学和社区健康系的教授，同时也是性别和女性研究的教授。安德鲁斯是美国马里兰大学(University of Maryland)的人体运动学系教授。——译注

和肤色,是对白人运动员的一种不公平。当然也有论者把耐克公司、而非伍兹,视为种族牌的玩家。不过,这样的看法,又等于是在把伍兹视为受害者,取消了伍兹的个人能动性。由于伍兹被描述为一个清白、无辜、善良的受害者,商家就有可能创造和调动多重的消费欲望和认同。在这场争议中,伍兹被塑造为种族进步的象征,耐克公司赢得了巨大的关注度,民众获得了心理慰藉,而对国家种族政治的反思则被有效回避了。

1996年秋,伍兹又赢得了几项国际大赛,这引发了横扫全国的"泰格热"。借此机会,耐克公司适时地推出了"我是泰格·伍兹"的广告。在这则广告中,伍兹被重新定位为世界公民和"高尔夫运动的多元文化神赐之物"。耐克试图通过这则广告表明,高尔夫运动将对所有的美国人敞开大门。不过,为了吸引中产阶级和白人等"经典的"高尔夫爱好者,在"我是泰格·伍兹"的广告之后,耐克又紧接着推出了"我是幸运的"广告。该广告将伍兹放置于一份高尔夫巨星的冗长名单之中,"为伍兹提供了一个令人安心的体育与国家文化血统"。不同于那些生活不检点的非裔美国球星,伍兹被塑造为恢复美国体育运动的传统美德的多元文化代言人。

在文章的最后一部分,作者将"泰格热"放到20世纪90年代的美国肯定性文化背景下进行考察。作者认为,伍兹不仅"象征着一个后国家秩序","一种全球—国家性解药",他还"被编码为肤色盲的多元文化标识"。伍兹的出现,让美国社会有理由否认种族主义的存在,并对多元文化主义满怀希望。"美国的伍兹热,最终是对投射到伍兹身上、并依靠伍兹进行传递的文化素养和国家神话的庆贺,它重振(而非抗争)了白人文化的声望。"

本文将体育名人与商业运作和国家意识形态联系在一起的研究路径,将有助于我们思考刘翔、姚明等中国体育巨星的社会文化意义。

* * *

奥普拉·温弗瑞[1]:你们即使不知道什么是小鸟球或柏忌[2],仍会爱上我今天的嘉宾。你们无需理解标准杆的含意。你们甚至没有必要喜欢高尔夫,因为泰格·伍兹超越了高尔夫。他神奇无比、令人如痴如醉。他正是

---

[1] 奥普拉·温弗瑞(Oprah Winfrey):当今世界上最具影响力的妇女之一,在影视、商业等领域都有不俗表现,其主持的《奥普拉脱口秀》是全美电视脱口秀节目中的翘楚,收视率极高。——译注

[2] 皆为高尔夫球术语,小鸟球(birdie)指击球杆数低于标准杆数1杆,柏忌(bogey)指击球杆数比标准杆数多1杆。——译注

我们这个世界现在所需要的,你们不觉得吗?

观众:(异口同声)是的!

奥普拉·温弗瑞:哇奥!哇奥!我称他为美国之子。

(《奥普拉脱口秀》,1997 年 4 月 24 日)

一、引　言

奥普拉·温弗瑞特有的天才洞见向来与主流社会的情感发生共鸣,这使她成为当今美国娱乐业最具影响力的女性。她在节目中的断言强化了公众就泰格·伍兹所明显达成的愉悦共识(在伍兹赢得1997年美国大师赛后,温弗瑞旋即录制了这期节目)。温弗瑞的宣称套用了内嵌于流行话语中的要素,特别是那些通过种族、家庭、国家编码并纠结在一起的要素,这为伍兹进入美国国人的意识开启了方便之门。温弗瑞唤起了国家的家族纽带,她将伍兹定义为"一剂良方",能够用来救治在世纪末困扰美国("世界")的焦虑。尽管这种焦虑尚未被命名,关于美国多元文化种族的未来却存在周而复始的忧虑和欢庆,这些包含种族符码的欢庆否认社会问题,并倡导美国业已实现其多元文化的理想。这就是伍兹所进入的语境。与此同时,和性、家庭、犯罪、福利及道德堕落相连的种族危机,使得针对那些早就易受伤害人群的控制与惩戒成为家常便饭。这一动态发展通过肤色盲[3]的修辞被编码并实施,这导致诸如美国不再需要激发种族意识的肯定性行动计划[4]的讨论。具有讽刺意味的是,有关种族和族裔在公共政策中的地位的当代辩论,虽然宣布了不再区分种族的重要性,但白种人口数量即将不再占据主导地位的言论,又三番五次地引起公众的恐慌。

伍兹作为这个国家多民族混杂性的特定符号,构成了具有稳定作用的"连续性叙事"(narrative of continuity)(Jeffords, 1993)的一项因素,这种叙事给予奥普拉的美国电视观众以令人慰藉的自我意识。毕竟,品行端正的伍兹出生于被肤色盲的

---

[3] 肤色盲(color-blindness)也译作黑白色盲,意指不区别种族差异,属于文化多元主义的观点,但这在一定程度上忽视了种族的特性,因而受到质疑。——译注

[4] 肯定性行动计划(affirmative action programs)是指由美国政府推行的在教育、就业等领域消除歧视并给少数族裔和妇女等弱势群体以优待和照顾的政策,该计划从20世纪60年代开始实施,在美国社会引发了巨大的争论。——译注

断言和美国与世界的亲密关系（甚至将两者混淆）所界定的当代美国。温弗瑞在确认新的美国之子的价值时所启用的普世主义，将人们的注意力引到了一种想象的国际性—国家性未来—现在。在该想象中，以及在全球重构的时代里，美国已经将自身置于一个有特权和道德优越感的立场。

我们认为，温弗瑞的修辞性问句和引导性用语："他正是我们这个世界现在所需要的，你们不觉得吗？"指涉了掌控美国流行文化政治关于国家、种族与进步的支配性思维方式。因此，我们试图探究围绕伍兹的叙事如何参与了将这些思维方式正常化与常规化的活动。特别是，我们思考了一种突出的反动情感和政治（它们常常在反肯定性行动和白种受害男性气质 [white victim masculinity] 的相关逻辑中获得表达）与将一名跨国的（社会地位提升的）运动员形象视为典型的将来—现在（future-present）美国人之间的关系。为了开始"理解"民族偶像泰格·伍兹身上体现出的欺骗性乐观主义，我们以劳伦·贝兰特[5]对20世纪最后数十年美国公民身份的状况的分析为理论基础。

二、面对美国的未来

贝兰特认为，美国公民身份的当代构成以异性恋规范、个人行为及通过大众媒体产生的民族亲密度（national intimacy）为中心。在这一时势（conjuncture）下，一种新的性政治——它通过美国超神话化（*hyper*mythologized）家庭获得了最危险的表达和授权——现在经常地与政治经济不公平的体验换位并压制这种体验。此外，大众传媒又替代和妖魔化了与公共辩论和行动主义（activism）相似的任何事物，只有与新的道德政治密切配合的大量民粹主义产物是个例外。

在贝兰特关于新公民身份的解释中，一系列新"美国面孔"的发明和倡导占据了核心地位：各种由电脑生成的、种族融合的、女性化的面孔代表了未来的、后白种人的美国大众。这些仿真（simulations）已出现在《时代》与《米拉贝拉》[6]的封面上，

---

[5] 劳伦·贝兰特（Lauren Berlant, 1957— ）：美国芝加哥大学英文系教授，主要写作与思考的领域为大众文化与公民权的本质等。——译注

[6] 《米拉贝拉》（*Mirabella*），由格蕾丝·米拉贝拉创办的女性杂志，1989—2000 年间先后由新闻集团和 Hachette Filipacchi 杂志公司出版发行。——译注

甚至在贝蒂·克罗克[7]商标最近的展示中都有所体现。正如贝兰特所描绘的,种族融合显形(phenotypes)(肤色、面部结构、头发等等)的混合物,构成了未来多民族的美国公民的赛博基因(cybergenetic)视野。贝兰特认为,这些仿真被想象为"目前困挠美国的移民、多元文化主义、性态(sexuality)、性别与(跨)国身份问题"(1996, p.398)的公民和商业化的解决之道。

与贝兰特一样,我们认为美国种族未来的这些表征,尽管在外表上是进步的,但它们还是与一种退步的种族政治联系在一起的。这一种族政治嵌入到国家家庭政治之中,而在我们看来,国家家庭政治又是与白种男性气质的危机形影相随、不可分离(因为强化白种男人权利的运动往往助长了家庭价值观的夸词)。最近看到的是,围绕着白种男人(未来的少数群体)是新兴的、受迫害的主要群体的流行观念,塑造出了一种卓越的男性气质。此外,在后民权的美国,妇女和有色人群所争取的微小进步,被视作白种男人通往创造自我命运之途的障碍物。换而言之,妇女和有色人群被构想为白种男人实现美国生活方式的唯一拦路虎。在白种男人的受害想象中,对白种男人而言,美国梦本身已经灰飞烟灭了⋯⋯。

艾德瑞克·"老虎"·伍兹被描述为"一缕清新之风"。的确,伍兹的文化意义与人们所蔑视的一些形象是密不可分的,这种蔑视或公开、或隐讳。《商业周刊》的一名批评家解释道,对"厌倦了废话满篇、唾液横溢、横冲直撞的运动百万富翁"(Stodghill, 1997, p.32)的美国公众来说,伍兹是一缕清新之风。尽管斯道格黑尔没有露骨地提到种族,但他对非裔美国职业篮球运动员的指涉是毋庸置疑的,这些运动员经常被大众媒体描述为自私自利、道德缺失、让人难以忍受。伍兹的文化意义还牵连到后国家家庭(post-national familial)的多元文化主义政治,以及掌控我们思考美国未来公民的方式的媒介性亲密感(mediated intimacy):

> 但是时代变了。异族通婚与繁衍与日俱增,20世纪60年代后出生的新一代混血孩童要求得到认可,他们不再处于社会的边缘而是已成为一种主流⋯⋯。想知道将来的情形,就看一下高尔夫神童艾德瑞克·"老虎"·伍兹吧!他的母亲有二分之一泰国血统、四分之一中国血统、四分之一白种血

---

[7] 贝蒂·克罗克(Betty Crocker):1921年沃什伯恩·克罗斯比公司(美国大磨坊食品公司的前身)为金牌面粉促销活动而虚构的烹饪专家的名字,她的形象数经变更,现在为电脑定型的橄榄色皮肤、黑发的贝蒂。——译注

统。他的父亲有二分之一黑人血统、四分之一中国血统和四分之一美国印第安人血统。

(Page, 1996, pp.284—285)

我们的论点是,泰格·伍兹是新兴的美国逻辑的非凡例证。也就是说,伍兹是白种美国文化中早已为人熟知的、杂交化的美国[女性化]面孔的男性拓展。就此而言,伍兹是美国超级偶像的最新(但或许是第一个男性化的)演绎:他构成了一个商业象征,这个象征让晚期现代美国作为一个后历史(post-historical)移民国家的叙事变得具体可见。伍兹因而体现了作为(being)和成为(becoming)美国人的想象性理想,这一理想的当代形式要求适当的家庭关系并成为全球性美国人(the global-American)。作为一个嵌入了多重国家叙事并让这些叙事变得可解的人物,伍兹似乎成了受到"普遍赞誉"的"美国之子"的楷模——"宣扬国家文化之未来的新兴商业化刻板定型"(Berlant, 1996, p.417)——也就不足为怪了。

在本章对正在演变的泰格·伍兹现象的初步探讨中,我们试图阐明铭刻在伍兹身上的、影响国家陶醉感的某些动力。这里,我们对促销性话语(主要但非全部来自耐克公司)提供了一种批判性的语境化解读,这些话语促使泰格·伍兹成为国家危机的解决之道以及美国新面孔。我们集中关注了他从1996年8月参加PAG[8]巡回赛到1997年4月赢得美国大师赛的一段时期。我们认为,通过并围绕伍兹所提出的商业化的、多元文化的男性气质,代表了美国的自我理念(能动性、平等、责任与自由)的想象性实现以及美国的国家自我意识的想象性转型(世界来到美国、美国已经成为世界)的最新进展。我们认为,通过铭写在伍兹身上的全球多元文化主义而呈现出的国家理念,心照不宣地拓展了各种乐观地思考国家的方式(美国民族主义在后冷战时期死灰复燃),这些思考方式构成了针对美国非白种人口、特别是非裔美国人的种族主义。泰格·伍兹所体现的多元文化的将来—现在,与美国自我宣扬的肤色盲及白种男人作为受害者的幻想性表达有着深刻的联系。

---

[8] PGA,职业高尔夫球协会(Professional Golfers' Association)的简称。如今,高尔夫球在世界各地有许多赛事,但只有四场球赛被认可为高尔夫大满贯赛事。它们是:英国公开赛、美国公开赛、美国大师赛和美国PGA锦标赛。——译注

三、耐克塑造的国家时刻

　　根据那些表面上记录泰格·伍兹的成名之路的"渊源故事",美国公众很早就认识到了他的出类拔萃。大量关于小泰格成就的影像资料被剪辑到一起并重新流通,用以证明美国民众共同期待着一个体育的、文化的、经济的现象的诞生。我们(美国大众)看着美国观看一个早熟的(就其年龄而言)、非典型的(就其种族差异而言)少年高尔夫球手吸引着有"人情味"的大众媒体的关注。小伍兹在《迈克·道格拉斯秀》(*Mike Douglas Show*)、《天方夜谭》(*That's Incredible*),以及《洛杉矶之眼》(*Eye on L.A.*)等电视节目中的特写影像,被重新制作成国家大家庭影集中的快照。与年轻的伍兹的自由嬉戏形象相伴的是,鲍勃·霍伯、詹姆斯·斯图尔特、迈克尔·道格拉斯[9]等人的滑稽剪影。这些形象唤起了感伤的情怀,因为它们表明我们已经瞥见了美国白人元老预见并支持民族未来形象的国家记录。

　　通过将小伍兹的媒体影像再语境化,民族亲密感被编码并施演。在美国大众传媒的平庸机制的运作下,泰格·伍兹被定位和确认为美国之子。与此相关地,伍兹的个人成就被轻易地解读为国家成就。对于伍兹在高尔夫球事业上石破天惊般的成就(其中最为突出的是,他年仅 8 岁就赢得了自己的第一个锦标赛冠军,史无前例地获得了三个美国青少年全国冠军,蝉联了三届美国业余锦标赛,1992 年在日产洛杉矶公开赛以高中二年级学生的身份亮相)的回顾,印证了无冲突的、肤色盲的美国幻想。

　　伍兹在美国业余锦标赛中的三连胜战果,以及媒体对他 1996 年 8 月离开业余级比赛决定的诸多猜测,促使他的人气达到了新的顶峰。确实,伍兹的未来成了媒体的报道焦点,也就是全国关注的焦点。他宣布进入 PGA 巡回赛的决定,受到了 PGA 巡回赛专员蒂姆·芬臣(Tim Finchem)的热烈欢迎。1996 年 9 月 2 日在美国广播公司《夜线》(Nightline)栏目中,芬臣总结了伍兹成为受欢迎的职业球员的要素:

　　　　我认为泰格·伍兹有三个主要的元素。一个是他一次又一次向我们展示出来的竞技水平。第二,他多种族的族裔背景使他鹤立鸡群。第三,他

---

[9] 鲍勃·霍伯(Bob Hope, 1903—2003)、詹姆斯·斯图尔特(James Stewart, 1908—1997)和迈克·道格拉斯(Mike Douglas, 1925—2006)三人均为演艺界的先驱,在电影、电视、娱乐等领域都做出了非凡成就。——译注

展现了镇定、诚实及 PGA 赛场上选手应展现出的那种良好形象。这就是商品 (package)，是一种很有市场的商品。

满怀期待的美国运动产业巨擘，也以同样的思路看重芬臣所谓的"很有市场的商品"。马克·麦考梅克国际管理集团[10]向 15 岁的伍兹大献殷勤，他们甚至为他的爸爸厄尔·伍兹 (Earl Woods) 提供了一份付薪的岗位，让后者在美国青少年高尔夫协会（泰格·伍兹当时在该锦标赛中处于主宰地位）担当"星探"。在转为职业球员之际，小伍兹正式签约加盟国际管理集团。他同时还与耐克签订了为期五年、价值四千万美元的赞助协议，耐克期待伍兹的种族差异以及超群的天赋将使公众与高尔夫的关系产生革命性的变化。也就是说，耐克期待着身为多元市场背书人 (multi-market endorser) 的伍兹，将会振兴公司萎靡不振的高尔夫事业部，并以此带动公司总体利润的巨大提升。我们可以根据美国国内和海外高尔夫相关产品及服务的市场多元化程度和拓展程度，来衡量这一场围绕伍兹的身体和风格打造的美国新近革命是否成功。

1996 年 8 月 28 日星期三，在密尔沃基公开赛的前夕，转为职业球员仅仅两天的泰格以 PGA 选手的身份举办了首场记者招待会。在麦克风前，貌似羞怯的伍兹抑扬顿挫地说道："我想，哈啰，世界！"。这一熟悉的世界宣言同时暗示了国界的消失，并鼓吹了耐克的最新世界性美国公民的重要意义。第二天，耐克以伍兹为主角在纸媒和电视上发起了一场广告宣传战，标题为"哈啰，世界！"。这一精心策划的金句 (sound-byte) 的虚假自发性，随即昭然若揭。尽管一系列事件暗示，耐克对于一个正在制造的国家时刻 (national moment in the making) 做出了迅速而具创造性的回应，但这一制造的国家时刻毫无疑问也是一种战略性营销的范例，正是这种营销将耐克置于当代促销文化领头羊的地位 (Wernick, 1991)。

"哈啰，世界"的电视广告在介绍伍兹时（伍兹在广告中将自己介绍给了"全世界"[Allen, 1996, p.11C]），将下面的文本穿插和叠加于一些图像之中，这些图像展示了他早期的高尔夫成就以及最近在美国业余冠军赛中取得的成功：

哈啰，世界！
我 8 岁打出 70 杆。

---

[10] 马克·麦考梅克国际管理集团 (Mark McCormack's International Management Group, 简称 IMG), 20 世纪 60 年代由马克·麦考梅克在俄亥俄州创立，是全球最大的体育和娱乐管理营销公司。——译注

我 12 岁打出 60 杆。

我 15 岁拿下美国少年业余组冠军。

哈啰,世界!

我 16 岁参加日产公开赛。

哈啰,世界!

我 18 岁赢得美国业余赛。

我 19 岁参加大师赛。

我是唯一赢得美国业余赛三连冠头衔的人。

哈啰,世界!

因为我的肤色原因,美国仍有很多我不能参加的比赛。

哈啰,世界!

我听说我还没有为你准备好。

你为我准备好了吗?

伍兹的朗诵伴随着动人心弦的配乐,他的伪非洲口音和音色为视觉叙事的戏剧性——亲热的异国情调性——内容锦上添花。

由于耐克的"哈啰,世界"广告强化了一种熟悉的美学,它似乎通过违反和冒犯美国不成文的种族主义("没有国家性批判,特别是对种族主义或者性别主义的批判")而向美国发起了挑战。通过强调伍兹的能量、技巧和赢得的成功,然后故意直面美国的"种族困境",肤色盲与适当公民身份的理念(至少在表面上)受到了直率的冒犯和质疑。此外,先前对伍兹异军突起现象的解释,虽然利用了他的种族差异,但却对其确切的种族身份保持了一种非威胁性的含混说法,而"哈啰,世界"广告则通过"确定"伍兹的非洲裔美国身份,嘲弄了美国的种族主义的合理性。根据一位在加州大学洛杉矶分校从事历史和亚裔美国人研究的教授亨利·余(Henry Yu)的说法,"哈啰,世界"运动是耐克试图将伍兹非裔美国人化(African Americanize)的证明:"对耐克而言(至少在这个时刻),他是非洲裔美国人"(Yu, 1996, p.4M,着重号为作者所加)。

四、种族牌与受害的白种男性气质

"哈啰,世界"广告引发的空前争论,表明了美国的肤色盲信条和公民身份的法制化——对种族政治的幽灵的压制——在过去20年间所累积的力量。反动批评习惯性地召唤出"种族牌"(the race card)的修辞,这在媒体对O. J. 辛普森审判[11]的报道中尤其得到大肆宣扬和合法化(Higginbotham et al., 1997)。一名批评家巧妙地概括了这一指控:"在泰格的案例中,种族牌很快便甩在桌面上了,出牌的是商家,目的毫不隐晦(Spousta, 1996, p.1C)。

在美国,存在着一个掌控种族话语的规制性逻辑,种族牌就是这一逻辑的首要而明晰的表达。作为一个指责性的范畴,它暗示着种族划分的引入是不合时宜、不公平的。此外,它还意味着种族意识本身构成了种族平等的障碍。根据反肯定行动的逻辑,对伍兹因肤色而受束缚的关注,违反了美国对个人主义和英才治理的教条的无条件服从。

至少在一种观点看来,"哈啰,世界"依靠的是种族牌策略。这种观点表达了白种男人想象性的受迫害状态。其他对于该广告的批评,同样也是这种毫不隐瞒的、焦虑的白人男性气质的症候性表达。那些认为伍兹的命运不单取决于他的天赋的看法,是一种流行的、反复出现的、发人深省的回应:

> 它奏效的方式是很有趣的。伍兹的部分魅力来自他的种族。如果他只是又一个黄头发、蓝眼睛的高尔夫球手,他就根本不可能一夜成名,创下营销奇迹。他只会是另一个在PGA巡回赛上拼命打入前125名以避免出局的黄头发、蓝眼睛的高尔夫球手。
>
> (Knott, 1996, p.B1)

著名体育记者约翰·费恩斯坦(John Feinstein)在评论耐克的推广策略时,表达了反肯定行动的惯用修辞,他认为种族是伍兹非凡的市场吸引力的主要维度。对费恩斯坦而言,伍兹是:

---

[11] O. J. 辛普森,系美国黑人橄榄球超级明星。1994年O. J. 辛普森涉嫌以残忍手段杀害自己的妻子,该案件因牵涉到名人、种族、司法程序等问题备受社会关注,被称为"世纪审判"。该案件审理过程漫长,在辛普森辩护律师团队的努力下,辛普森最终被判无罪释放。——译注

> 高尔夫运动的伟大的黑色希望……。事实是耐克将其包装为黑人运动员，不仅仅是一个颇具天赋的运动员，而是黑人运动员，这就告诉你所有抛向他的钱或多或少都与他的肤色、与他成为角色榜样的能力有关，当然也与他的高尔夫才能有关，两者是不相上下的。
>
> (*Nightline*, September 2, 1996)

尽管这种怨恨的表达与当代白种男人的身份问题交织在一起，但诘难并没有指向伍兹。相反，种族意识被视作耐克公司的机会主义政治的副产品。例如，斯巴斯塔（Spousta）称耐克而不是伍兹，为种族牌的玩家：

> 如果这些让你感觉不自在，不要过于局促不安……。事实是，伍兹从没有将自己描绘为我们的社会良心，直到耐克把他推过那一界线……。让你畏缩的是被传递的讯息，而不是传递者，我们应该与身为个人和选手的伍兹拥抱并庆祝。对任何肤色的球迷而言，看到伍兹逐步成长为一名冠军是一项伟大的冒险。
>
> (Spousta, 1996, p.1C)

一个最明显的置换时刻是，《广告时代》(*Advertising Age*) 杂志的总编辑兰斯·克莱恩（Rance Crain）因伍兹的"好战的、近乎愤怒的立场"而告诫耐克（1997, p.13）。

抨击耐克对伍兹身份的误用是一种修辞机制，其目的是回避对国家种族政治的批判性反思。除此之外，它使伍兹成为耐克的一名受害者，并以这种方式否认了伍兹政治决断力的可能性。这种政治"缺乏"（lack）的宣称，通过将伍兹描述为和政治不相干的人来阐释他个人行为的德性。进一步看，伍兹的非政治、甚至前政治的归类，对他成为象征个人和国家之"善"的符码至关重要。由于伍兹被表述为无辜的、清白的、善良的、受害的，商家就有可能创造和调动多重的消费者欲望和认同。

广告商争辩说，伍兹认可这个广告。20岁的伍兹，或许比其年龄更为成熟，但他依旧只有20岁，在世界的规则面前他或许还有点天真……伍兹从来无意利用其影响力成为一名种族和高尔夫问题上的霸道的布道者。对他是伟大的黑色希望的想法，他嗤之以鼻。他从没有表达过成为史上最优秀的黑人高尔夫球手的欲望，他只想成为史上最优秀的高尔夫球手……世界不仅在伍兹的脚下，还在他的身旁。为什么耐克认为将伍兹卷入一场没有意义的、无用的、有可能在他职业生涯的第一天就制造出反对者的争论是合适的？

(Strege, 1996, p.10)

作为回应，耐克将批评者的指控一并笑纳，并宣称其本意就是要制作一个有高度争议的广告。耐克的公共关系主管吉姆·斯默尔（Jim Small）欣然接受争议，并将冲突描述为耐克成功的象征："让人们如此坐立不安的事实恰好说明该广告完成了它的使命。我们一箭中的"（引自 Custred, 1996, p.27）。尽管广告引发了论战，但大众在伍兹身上的投入表明，"哈啰，世界"的广告并没有明显地引起全国消费者的不安。相反，耐克与泰格·伍兹携手从事起美国人喜爱的另一项娱乐活动——通过语用符号（pragmatic symbols），也就是美国讲述自身故事时所借助的符号，来招徕美国消费者进行消费。"语用符号"一词套用了康奈尔·韦斯特[12]的理论（1988）。

虽然"哈啰，世界"广告确认且命名了种族主义，但它是通过社会批评的熟悉和可接受的词汇做到这一点的。利用现成的叙事，特别是美国人喜欢通过体育运动来消费的叙事，伍兹进入职业高尔夫球赛之事，被塑造为国家重大事件。通过用公开的爱国主义情感来包装伍兹：将他大肆鼓吹为种族进步的象征，像杰克·罗宾逊、阿瑟·阿什[13]等奠基性人物一样的匡扶正义者，商家发明并确保了消费者的认同。大量将泰格和罗宾逊相提并论的言论，强调了向美国消费者许诺的那种愉悦。"哈啰，世界"广告就这样自我标榜为美国的典型而诱人的种族进步故事，这个故事集合了种族、运动、男性气质、全民治愈以及适当公民身份等多种元素。随着伍兹和耐克越过体育运动的最终边界（这个遥远的边界通常与美国生活方式和美国梦相提并论），消费者（他们被招呼为富有同情心和见识广博的公民）受邀重温往昔岁月中媒介化的国家—伦理时刻（national-ethical moments），并参与当下的国家—家庭—伦理时刻。

以这种方式，泰格·伍兹成为了商业化、种族化的男性气质的最新版本，这既

---

[12] 康奈尔·韦斯特（Cornell West, 1953— ）：美国哲学家、作家、批评家、演员、民权社会活动家、社会民主党骨干成员，现为普林斯顿大学非美研究中心和宗教学院的教授。——译注

[13] 杰克·罗宾逊（Jackie Robinson, 1919—1972）：美国职业棒球史上第一位黑人球员，被公认为美国近代民权运动史上最重要的事件之一。阿瑟·阿什（Arthur Ashe, 1943—1993）：美国网球手，第一位夺得大满贯男单冠军的黑人网球运动员。——译注

牵涉到保守力量的政治反冲，同时又证明了国家的转型、进步与平等（见 Andrews, 1996；Cole, 1996）。一位评论员一针见血地指出，美国上流社会无论从情感上还是从理智上，都热衷于借用伍兹的形象，将其视为"我的好友"名单中的一员：

> 高尔夫运动的核心成员，即那些使乡村高尔夫球俱乐部成为美国仅次于教堂的、最具种族隔离色彩的机构的"专属会员"们认为，泰格将使他们免受指责。你们这些自由主义的慢跑者，怎么还能将高尔夫视为种族主义的运动呢，看看我们邀请的是谁来发球。
>
> （Lipsyte, 1996, p.11）

如科林·鲍威尔（Colin Powell）、迈克尔·乔丹（Michael Jordan）、奥普拉·温弗瑞一样，伍兹被美国核心价值与意识形态的民粹主义捍卫者们所利用。这些捍卫者，也就是那些在以收视率为导向的媒体和以民调为驱力的中间派政治领域中运作的文化生产者，他们将伍兹当作不证自明的证据，用来证明一个不论肤色的英才统治的存在。因此，在一个沿着社会经济轴线，种族两极分化日趋严重的时代里（参见 Kelley, 1997；Wilson, 1997），泰格·伍兹成了流行偶像，从他身上美国大众能够获得一丝亲密、骄傲和欣慰的感觉。

即便我们把伍兹视作一名活动分子（activist），他所从事的行动主义显然也是一种得到全国认可并与媒体、家庭、消费联系在一起的行动主义。在伍兹的个案中，一种熟悉的戏剧化和英雄化的叙事——通过消费者的参与——被杜撰出来，其背景是一种非同寻常的经验。在这个表面上已经消除了种族主义的国家里，伍兹和耐克公司在私人、受保护的精英高尔夫圈子里辨识出了一种局部的、暂时的种族歧视境况。而且，它给出的让高尔夫成为人民的运动的便捷解决之道（所有的人，不论种族或性别，现在似乎都有权参与高尔夫运动相关的多种消费实践）将以"实况直播"的方式被媒介化。在公众辩论与介入的伪装下，美国自鸣得意的情绪得到肯定。"哈啰，世界"的广告，并没有鼓励我们去对当代国家政治及种族主义的复杂性进行批判性思考，相反，它依靠并再生产了一种被调停的爱国主义（mediated-patriotism）。讽刺性的是，被阐述为过去时代的残余物的种族歧视，又被用来重新认可"美国已经超越种族"的观点。

五、美国的后历史普通人

1996年秋,泰格·伍兹相继赢得了1996年拉斯维加斯国际赛和1996年沃特·迪斯尼世界/奥兹莫比尔精英赛,关于他的媒体报道也达到了空前的程度。大众传媒不但对伍兹在高尔夫事业上的成就感兴趣,它们还着迷于记录甚至是助长横扫全国的"泰格热"(Tigermania)。吊诡的是,泰格热是通过联赛观看人数的戏剧性增长和大众媒体铺天盖地的新闻报道共同展现出来的(Potter,1997;Stenvens and Winheld,1996;Willians 1996)。

随着伍兹的名人—公民身份的扩张,耐克公司的第二个泰格·伍兹广告又粉墨登场了。国际管理集团(IMG)有一个专门为电视制作的"职业逐洞赛"(Skins Game)节目。该节目于1996年感恩节的周末在美国广播公司的电视网络上播放。在节目过程中,耐克向黄金时段的美国公众推出了"泰格·伍兹 MK II"[14]。由于耐克利用了伍兹作为美国未来的多元文化公民的确凿化身所累积的文化资本,从而削弱了"哈啰,世界"广告所引起的反对之声。这一次,耐克以一种更平庸、因而也就更有力的方式向主流文化标准及价值观屈服,为将伍兹塑造为美国新面孔的最新版本贡献了一己之力。

伍兹明显重新包装过的种族形象,得益于一则名为"我是泰格·伍兹"的电视广告。这则60秒的广告,在视觉上将黑色、白色及彩色影像与静止、慢动作和全动感的镜头掺杂在一起,配乐则融合了朴素的鼓点和合唱和声。其效果仿佛是在对泰格·伍兹所象征的一切进行多少有些虔诚的庆祝。这一神化的过程以一群种族多元、地域分散的儿童为中心(他们或是在高尔夫球场、或是在明显的都市环境),他们共同体现了耐克眼中伍兹所具有的根本异质性。此外,我们还可以推测,这些孩子象征了未来的美国民众。

这则广告借鉴了斯坦利·库布里克(Stanley Kubrick)的电影《斯巴达克斯》(1960)和最近的斯派克·李(Spike Lee)的电影《黑潮-麦尔坎X》(1992)中的"我是……"的策略。广告中,每一位策略性的儿童代表,都以不同程度的庄重声音宣告:"我是泰格·伍兹"。当那些身体特征很容易让人联想到非裔美国人、亚裔美国人或者是欧裔美国人的年轻男女们念出"我是泰格·伍兹"的祷词时,观众可以不

---

[14] MK II 是"Mark II"的缩写,指某一产品的第二代或第二款。——译注

时瞥见正在打高尔夫的伍兹。广告以伍兹顺着沿途有树的平坦球道击球的慢动作镜头结束。在他完成击球动作,将球杆随球挥起时,白色的文字"我是泰格·伍兹"出现在屏幕的中下部,随后在屏幕上出现了耐克在国内外使用的著名标志"嗖的一声"(swoosh)。

不到三个月之前,"哈啰,世界"的广告让我们有可能将伍兹解读为直言不讳的种族叛逆者,尽管这点很快遭到置换。现在,伍兹被明确地重新表述为一个多元文化形象,就像他的年轻模仿者一样,他被框定为当代种族政治的前政治和后历史(post-historical)的具体显现。此外,高尔夫世界声称出现了重大变革:我们不仅见证了人员上的迅速变化,而且高尔夫的未来将会包括一些截然不同的角色。的确,如余(1996)所描绘的,伍兹的形象出现了转型,他不再被耐克非裔美国人化,而是被最后确定为"高尔夫运动的多元文化神赐之物"(同上,p.4M)。在文化多元主义的旗帜下,在美国高尔夫运动的未来里,每个人都将被吸纳进来。

正是后历史多元文化主义的情感吸引力,构成了温弗瑞选定伍兹为"美国之子"的情境:

> **奥普拉·温弗瑞**:我们能把这点说清楚吗? 你怎么称呼自己?你称自己为非裔美国人吗?我知道你是,你的爸爸有一半黑人血统,四分之一中国血统,四分之一美国印第安血统;你妈妈有一半泰国血统,四分之一中国血统,四分之一白人血统。所以你是——这就是为什么你是美国之子的原因。
>
> **泰格·伍兹**:是的。
>
> **奥普拉·温弗瑞**:你是美国之子。
>
> (《奥普拉脱口秀》,1997年4月24日)

伴随着奥普拉的认定,以及民众对伍兹和国家多元文化混杂性的深入理解,伍兹用他的多元文化资历为一个想象的瞬间增添了真实性。美国有一个幻想连续体(fantasy continuum),认为过去是世界来到美国,现在则是美国成为了世界。

伍兹召唤出了这一连续体,并做出了如下的自我定位:

> **泰格·伍兹**:是的。我想两件事情……我想我现在莱德杯(Ryder Cup)队,我们九月份会去欧洲并在那里打球——我不再代表美国,我将代表联合国……这有点不同……一个有趣的小事儿是,在我成长的过程中,

> 我想出了这样一个名字,我是 Cablinasian:Ca 代表白种人;bl 代表黑种人;in 代表印第安人;Asian 亚洲人——合起来便是 Cablinasian。
>
> 奥普拉·温弗瑞:你就是这么称呼自己的吗?
>
> 泰格·伍兹:没错。
>
> (《奥普拉脱口秀》,1997 年 4 月 24 日)

伍兹否认任何特殊的忠诚,他诉诸于有神话般魅力的全球化,宣布自己为一名世界公民。虽然他和他声称拥有的复杂身份似乎与民族主义话语背道而驰,但二者其实都是这个话语的一部分。他纯正的多种族范畴,不但表明身份是基因和文化遗产的真实表征,而且吊诡地强化了(从时代与地域中剥离出来的)抽象的人的观念,并把身份想象为自愿的(如植入美国多元文化新面孔的身份)。这不是说伍兹没有卷入全球化。伍兹的确是国际社群中的一员,他与多个地方发生着多种联系。然而,这些联系是经济的、政治的,不是一个"成长中的"孩子的天真发明。借助于这些想象更大范围的全球忠诚的机制,和误以为目前熟悉的种族范畴已过时的机制,国家利益变得自然而然了。如《时代》、《米拉贝拉》、贝蒂·克罗克所生产的女性文化混杂物一样,伍兹似乎为文化、经济、政治危机提供了一份道德上令人满意的答卷,这些危机正在影响当代美国及其在全球资本主义中的地位。

六、20 世纪 90 年代的美国肯定性文化

在这一章,我们已经介绍了通过泰格·伍兹以美国的名义而产生的一些关于身份、社群和文化的引人瞩目的主张。的确,伍兹象征着一个后国家秩序,意味着某种跨国联合,并被想象为一种全球—国家性解药。在美国,一个全球性有机社群(衔接地方、国家和全球的有机社群)通过彻头彻尾的民族主义词汇被设想出来。最为独特的是,在国家层面上,伍兹被编码为肤色盲的多元文化标识。

如朱迪斯·巴特勒(Judith Butler)所解释的,国家宣扬对各种肤色一视同仁,但这种宣称"仍旧以一种盲视(blindness)的方式与种族问题联系在一起。换句话说,种族并没有从视野中消逝,它被生产为缺席的客体,结构着可允许的话语"(1998,p.156)。考虑到话语约束(discursive constraints)的生产性维度,我们的结论强调伍兹所宣扬的国家多元文化神话的矛盾性效果。我们审视了对于种族主义的否认(这

似乎是包容性的主要主张）和肤色盲的宣称，如何组织着有关种族和国家的管控性话语，而这些话语又是围绕着"伍兹热"这一全国事件被编码和施演的。

如我们已经论证的，美国对耐克的"哈啰，世界"广告的回应，依靠并激活了种族意识和肯定性行动的反对者们所信奉的逻辑。20世纪90年代中期，随着媒体将全国的注意力都吸引到加利福尼亚大学董事会上[15]，反肯定性行动的情绪，特别是在它与肤色盲的要求纠缠在一起之后，又再度鼓噪而进。加利福尼亚大学董事会是第一个废除肯定性行动计划的机构。尽管肯定性行动的公共大讨论与美国对伍兹的欢庆之间存在着显而易见的（地理和概念上的）距离，但伍兹的可解性（intelligibility）深深地内嵌于那些在反对肯定性行动过程中所表达出的共同价值。因此，在抵制肯定性行动的网络中，伍兹是一个关键的转换点（transfer point）。这些动态发展在伍兹的矛盾性表征中得到了展示，他也一再被认定为美国激进的种族转型的种族符码。

由于"哈啰，世界"广告将种族主义视作一个当代问题，种族主义的问题很快便转化为种族意识的问题。鉴于后民权（post-civil rights）话语的各种限制，种族意识的问题又被重新界定为种族范畴是如何被引入的问题。正因为耐克将伍兹与种族范畴联系了起来，该公司才被视为施害者。根据新自由主义和保守主义的后民权逻辑，伍兹是策划不周的市场营销策略的受害者，这一营销策略使他失去了当之无愧的超种族地位。

此外，对伍兹的另一种流行回应还表达出逆向歧视（reverse discrimination）的逻辑："它奏效的方式是很有趣的。伍兹的部分魅力来自他的种族。如果他只是又一个黄头发、蓝眼睛的高尔夫球手，……他将仅是另一个挣扎的黄色头发、蓝色眼睛的高尔夫球手"（Knott, 1996, p.B1）。这样的回应性评论是当下历史时刻的症候，在这个时刻，白种男人宣称他们承担了不公平的历史负荷。特别是，白人男运动员被视作新的受害阶级，他们因种族（而不是品质和成就）决定了价值和市场而蒙受损失。被假设和呈现为对美国道德标准（不承受任何历史印记的超然形象就是这种道德标准的后果）大不韪的种族偏好，也就被当作一个根本性问题提了出来。

---

[15] 加利福尼亚州族群情况复杂，1978年曾围绕肯定性行动计划发生了加州大学董事诉贝克案。随着少数族裔在美国人口中所占比例逐渐提高，在加利福尼亚州甚至出现了少数族裔占州人口多数的现象。1996年，加州通过了"209提案"，在就业、教育以及合同领域取消了针对少数族裔和妇女的肯定性行动计划。这项法案对加州乃至全美都有重要影响，对美国高等教育系统的影响尤为突出。——译注

表面上,"正在制造的国家时刻"叙事(其例证是,当伍兹突破最终的种族障碍之时,邀请消费者以观看"实况直播"的方式参与)似乎脱离并冒犯了反肯定性行动的情感。然而,反肯定行动的论点和"正在制造的国家时刻"的叙事都援引了同样声名显赫的道德观,这一道德观是国家文化的核心。在时间和空间两方面缩减种族歧视的隔离技巧(isolation technique),促进了"伍兹热"这一事件对全国消费者的吸引力。而且,业已就位的"英雄",一位被编码为落伍的种族歧视的解毒剂的"英雄",也提升了事件的市场吸引力。这种落伍的种族歧视之所以能被人们理解是因为它存在于"遥远和精英"的高尔夫世界。由于美国想象自己十余年来一直在期待着这位英雄的到来,国家亲密感进一步得到了确保。因此,消费者所体验的"正在制造的国家时刻"欢庆的不仅仅是伍兹的个人成就,还有美国高尔夫运动中的精英主义的废除。隔离技巧及该事件的媒介化,建立了一种国家亲密感,它使消费者—公民能够参与这一熟知的国家大事。

与此相关地,伍兹的符码化是通过对种族化的他者化过程(racialized othering)的否认和铭刻而发生的,这种否认和铭刻在方式上是明确反对非裔美国人的。的确,伍兹之所以被阐释为"一缕新风"是因为他被当作某些东西的对立面,而这个对立面是很明显的。"一缕新风"的短语很容易让人联想到针对几代美国非裔NBA运动员的妖魔化表征。这些NBA球员的各种违法行为经常被理解成对权威的犯罪性蔑视,并且还时不时地被当作集体的、不负责任的性欲与消费的标志。在这种情形下,伍兹被呈现为一个精心调色的多种族回应,用来回应人们普遍认为的导致家庭(乃至国家)核心文化消解的主要根源:经常被病态化的美国非裔人群(参见 Reeves and Campbell, 1994; Scott, 1997; Smith, 1994)。

考虑到生殖和家庭在当代国家亲密政治(politics of intimacy)中的重要性,宣布伍兹为美国之子是颇有说服力的。在美国非裔运动员以忙于非婚育性关系为特色的历史时期,伍兹代表着正常的、由移民构成的、重视家庭的美国。正如贝兰特所讨论的其他的仿真性多元文化形象一样,伍兹的存在本身就支持了"当下对非裔美国人的许多生活语境的不再投入(disinvestment)",并指向了"能确保国家核心文化的政治未来的新公民身份形式"(Berlant, 1996: 424)。

作为美国多元文化之子的伍兹,是国家形象档案中一道富有魅力的风景,这个档案是以关于国家的各种悖论性主张为特色的。尽管美国非裔篮球运动员经常被指控侵犯国家核心价值,伍兹却因其文化承传和文化素养而备受尊重。当耐克认识到泰格·伍兹形象的早期促销虽然引起了媒体和大众的兴趣，但却没有达到期望中的商品消费水平之后，耐克试图吸引"经典"的高尔夫爱好者（即中产阶级和白人），他们高水平的可支配收入能够支撑起高尔夫经济。因此，耐克的泰格·伍兹战略试图唤起一种"是 Armani 而非 Gap"[16]的品牌形象(Meyers, 1998：2B)。这包括在"泰格·伍兹"系列服饰中采用更为保守的设计和面料，更关键的是，这表明伍兹在耐克广告活动中的表征方式出现了显而易见的变化。这一转变生动地体现在充满敬意的"我是幸运的"的耐克广告中。该广告紧随"我是泰格·伍兹"的广告投放市场。"我是幸运的"广告词是："霍根知道，施奈德知道，杰克知道[17]，我是幸运的。我所拥有的一切都归功于高尔夫，正因为此，我是幸运的。"它将伍兹置放于高尔夫巨星的冗长名单之中，暗示着"伍兹品牌"的"重塑"（同上，1B），因为它强调并调动了美国当代文化动态和更大的政治关注的另一个维度。其保守地诉诸于传统的修辞，在伍兹和他的先驱之间建立起了一种联系，为伍兹提供了一个令人安心的体育与国家文化血统。与对 NBA 普通球员的流俗看法不同，伍兹因延续了美国的体育运动传统，而被塑造为恢复了该传统美德的多元文化代言人。

伍兹偶像化的国家体育谱系，通过其随后在 1999 年和 2000 年的 PGA 赛季中的过人表现得到强化。1999 年，伍兹赢得了 11 项赛事，包括美国 PGA 锦标赛（他的第二个主要荣誉），在高尔夫世界排名和 PGA 奖金榜单上独占鳌头。2000 年，他又刷新了个人成就，赢得了美国公开赛、英国公开赛、美国 PGA 锦标赛（高尔夫四大赛事中的三项）和 9 项 PGA 巡回赛。随着伍兹独霸高尔夫球界，这位人见人爱的多元文化美国人已被描绘为一种文化现象，他以引发公众兴趣（根据赛事中的观众数量，或是电视转播的收视率来看）而非批判性反思的能力闻名遐迩。公司资本主义 (corporate capitalism) 力量把这一潜在的进步文化形象有效地中性化了，以至于现在：

> 我们中的大多数人不需要他是救世主、英雄或角色榜样。我们需要的仅仅是奇观：泰格沿球道轻盈地行进；泰格击出超高球 (rainmaker drives)；

---

[16] Armani 是世界著名的奢侈品生产销售商，1975 年由风云人物乔治·阿玛尼创立。Gap 是美国的一个大型服装零售公司，与沃尔玛齐名，1969 年在旧金山创立。这两个公司走的是不同的营销线路，前者为品牌专卖，后者为大众化的零售。——译注

[17] 霍根 (Ben Hogan, 1912—1997)，施奈德 (Sam Snead, 1912—2002)，杰克 (Jack Nicklaus, 1940—   )，他们都是伍兹之前的高尔夫球场叱咤风云的人物，并涉足高尔夫产业。——译注

泰格给对手致命一击,然后用胳膊搂着他们;泰格拥抱妈妈。如果他每隔一小会儿就转身对我们回眸一笑,那就足够了。　　(Ratnesar, 2000: 66)

对耐克来说,伍兹成为流行奇观显然已物超所值。2000年9月,耐克又与伍兹签署了一个新的为期5年、价值1亿美元的赞助合同:通过与亲切而迷人的美国未来公民的面孔——泰格·伍兹继续联手,耐克有效地用这笔巨款巩固了自身已经开始动摇的品牌身份。

最后,伍兹的国家多元文化偶像的能动性,是通过他异常干净的形象、灿烂的笑容,以及他(从文化工作的角度)再生产关于国家和种族的许可性话语的能力而展现出来的。美国的伍兹热,最终是对投射到伍兹身上、并依靠伍兹进行传递的文化素养和国家神话的庆贺,它重振(而非抗争)了白人文化的声望。文化混杂的威胁,以及对于国家神话的再生产的干扰,则被移置到了当下已被宣告为落伍的种族身份认同。连续性叙事(伍兹在白人男性高尔夫球手谱系中的地位,及其在黑人运动员谱系中的位置)提升了全球时代"美国人"的内涵,这一内涵归根结底还是被转换为对白人文化的强化。正是在这个意义上,伍兹是美国企业家和公民的新楷模。

(宋时磊　译／杨玲　校)

消逝点

凯瑟琳·拉姆比

> **导　读**
>
> "戴安娜之死"这一世纪新闻虽然宣布了戴安娜生命的结束,却开启了公众对于大众媒介入侵私人领域和改变公共生活方式的深度思考。作为当代名人,戴安娜的偶像身份象征着信息全球化给人类的社会、政治和文化带来的巨变以及生活在其中的许多矛盾所在。本文作者从大众媒介在戴安娜之死中所扮演的角色入手,在以下五个部分探讨了媒体在名人和公众、在私人生活和公共生活之间所起的作用。
>
> 在第一部分"如神般流行"中,作者引入大卫·马绍尔关于"名人"的理论,认为名人权威的树立是与公众的接触紧密相连的,戴安娜正是在与公众尤其是弱势群体的接触中树立起自己的公共权威的,换句话说,也就是戴安娜的私人情感在公共领域的自然流露因为显示了人性光辉而进一步增强了她的名人效应。而戴安娜从一个传统顺从的王妃到一个具备现代性/后现代性特征的国际大使的转变也反映出英国人自我理解的一种转变和包容多元文化的进步因素。因此,保持与公众的密切联系使戴安娜成为公众追捧的偶像。
>
> 在第二部分"她颤抖的下唇"中,作者揭示了戴安娜的私人情感世界。与其他英国王室成员的冷漠相反,媒体对戴安娜私人情感的报道以及戴安娜在媒体报道中的自白满足了公众对其私人生活的兴趣。自白在宗教中象征着寻求改变的意愿。不幸的婚姻和压抑的王室生活迫使戴安娜寻求掌握和改变自己命运的出路。借助媒体来展示自己的内心痛苦和私人情感是王室坚决不能容忍的背叛行为,因而有评论家认为戴安娜敢于挑战传统体制的勇气将其笼罩在神秘的

本文译自 Catherine Lumby, "Vanishing Point." In *The Celebrity Culture Reader*, ed. P. David Marshall, New York:Routledge, 2006, pp.530—546. 作者凯瑟琳·拉姆比是澳大利亚新南威尔士大学(The University of New South Wales)新闻与媒介研究中心的主任。——译注

宗教光环之下，从而具有了一种救赎功能。

在第三部分"屏幕的另一面"中，作者指出"戴安娜之死"这起由狗仔队导致的严重事故见证了媒体恶魔般的力量，让媒体制作者和消费者双方都对媒体在实际生活中所起的作用做出反思。媒体工作人有将"戴安娜之死"的罪责推至媒体消费者尤其是女性消费者的嫌疑，认为媒介生产者是为了满足消费者对戴安娜私生活的痴迷而导致了"戴安娜之死"的发生，从而回避了媒介生产者以此来疯狂赚取利润的动机。

在第四部分"民众的口才"中，作者以"戴安娜之死"解释了公共领域和私人领域是否完全割裂的问题。在西方文化中，"哀悼"指的是哀悼者对逝者表示出的一种亲密感情，被视为最私人的情感之一，而对戴安娜的全球哀悼表明私人领域和公共领域是深刻地纠结在一起的。戴安娜的知名度也验证了这一点，因为大众对其私生活的了解以及由此对她产生的同情之心成就了戴安娜的名人效应，并使她在死后获得永生。

在第五部分"死后之生活"中，作者首先分析了"戴安娜纪念品产业"的本质：无论是官方授权的还是非法的纪念品销售其实都是在消费对戴安娜的回忆，戴安娜的形象早已成为一种明确固定的商品；其次，作者考察了针对戴安娜之死引发的阴谋理论，阴谋理论打着揭露真相的旗号，目的是让公众继续迷恋戴安娜的形象。作为一个在世和死后均备受追捧的名人，戴安娜象征着真实形象和媒体形象之间的矛盾。

* * *

戴安娜似乎已经达到了消逝点，她的躯体大半是虹彩，只有小半是血肉，看上去真像一个天堂的幽灵。[1]

镜头中的戴安娜王妃浑身散发出耀人光彩，虽然只有一串珍珠点缀着全身，一双裸臂环抱着大腿。她的皮肤、牙齿、眼睛、头发，甚至指甲都光芒四射。这张少有的照片让我们真正懂得了"上镜"[2]的含义——照片中的形象主体本身散发出迷人光彩。

---

[1] Allison Pearson, London *Daily Telegraph*.

[2] "上镜"photogenis 一词来源于希腊语的 photo 和 genes，前者的意思是"光"，后者的意思是"产生"。——译注

这张由帕特里克·德马舍利耶（Patrick Demarchelier）拍摄的照片在戴安娜去世两周后成为澳大利亚杂志《每周人物》（Who Weekly）的封面。这张黑白照片不带任何文字，在热热闹闹地摆满彩色纪念性专刊和图片的报摊中独树一帜，吸引着众人的眼球。这张看似简单的照片的真正主题与其说是戴安娜，还不如说是她的形象本身所散发出的特殊魅力。

现在，人们公认是公众对戴安娜形象的迷恋将其逼入绝境。正如马丁·艾米斯（Martin Amis）在《时代》（Time）杂志中所言：她死于被高科技的狗仔队所追踪的名人效应的"极点"[3]。说到公众的影响，戴安娜的弟弟查尔斯·斯宾塞（Charles Spencer）对媒体的批评或许是最严厉的：

> 我一直认为新闻界会将戴安娜置于死地。但是我实在想象不出他们会对她的死负有如此直接的责任，就像案发现场所显示的那样。实际上，每家出版物的老板和编辑的双手都沾染了她的鲜血，正是他们的付费引诱，导致众多贪婪野蛮的个人不顾一切地获取她的照片。[4]

媒体对戴安娜的高度兴趣——这种关注或许是空前的——是她死后公众深切关注的一个话题，但同时也是许多人的兴趣所在和全球悲戚的焦点。

从很多方面来说，戴安娜都已成为一个象征，她象征着我们对大众媒介的忧虑，因为它改变了我们的生活并扰乱了我们对可公开信息和私人信息的判断。作为一名英国的皇室成员，戴安娜曾如同好莱坞明星一般受到公众的追捧。作为一个时常诉说个人痛苦的公众人物，她一方面憎恨另一方面又试图获得新闻界和电视摄像机的注意。即便是她的意外身亡本身也说明了这一悖论。在事故发生后的日子里，媒体也在激烈讨论自身在戴安娜死亡事件中扮演的角色。不过，媒体虽然分析了全球媒体对于戴安娜的大肆报道，这一分析的语境却是全球媒体对于自身的过度报道。而且还有许多人一方面指责媒体跟踪戴安娜，另一方面又热衷于阅读和收看戴安娜的新闻，频繁消费她的形象。

戴安娜曾一度被视为一个肤浅人物而不受重视：作为一个自恋的、过于多愁善感的、过度女性化的、富有的女人，媒体对她的慈善义举的关注是毫无意义的，因为

---

[3] M. Amis, 'The mirror of ourselves', *Time*, 15 September, 1997, p.57.
[4] W. Shawcross, 'Patron saint of the global village', *Sydney Morning Herald*, 6 September, 1997, p.32.

它转移了人们对造成不平等和贫穷的真正原因的关注。戴安娜的粉丝，连同那些在她死后参与全球哀悼的人们，都被丑化成一群被一个王妃大量漂亮照片所洗脑的痛哭流涕的白痴。

宣布戴安娜死讯的当天，我参与了 ABC 电台《外国通讯》(*Foreign Correspondent*) 专栏的节目主持人乔治·奈格斯 (George Negus) 主持的一档专题讨论节目。奈格斯提到他对来自全球的对戴安娜去世的铺天盖地的哀伤之情的"惊诧"，以及当他发现一个女性亲戚在听闻此消息时泪流满面给他带来的震惊。他的这种反应既是可理解的，同时又是一个媒体职业人士的典型反应，他们这一类人习惯于把世界区分为重要的公众问题和琐细的、微不足道的生活方式问题。

但是，还有另外一种视角来看待公众对戴安娜的狂热和在她葬礼上的情感爆发。戴安娜是一个享有特权的卡理斯玛式的公众人物，但她是因为与不幸的个人生活抗争而变得路人皆知。她的挣扎其实是许多常人都需要面对的：家庭破裂、饮食失调、婚姻不幸、渴望摆脱压抑的工作生活。鄙视一大批公众对戴安娜的痴迷，就等于象征性地对很多人（尤其是很多妇女）生活中的主导问题不理不睬。

从一个更广的意义上说，戴安娜还象征着媒体改变公共生活的方式。她的生活和死亡为我们提供了一个标准范例，有助于我们研究媒体是怎样将名人置于公共生活的中心，以及名人怎样和为什么拥有如此大的吸引力。戴安娜向人们展示了原本被视为纯粹私人的问题如何被越来越多地与政治挂钩，公开这些问题不仅对相关个人有治愈作用，还能提高对此类问题的公众意识。数不清的杂志文章、电视纪录片和传记都曾对戴安娜的私生活做过报道，比如，父母离婚对她造成的伤害、她与厌食症的抗争、她如何努力走出失败婚姻的阴影为自己和孩子重新争取独立的生活。尽管这些报道往往都是以小报丑闻的形式开始，但戴安娜本人最终公开证实了其中的许多内容，并且将公众对她各种个人抗争的关注融入到她的公众形象当中。

戴安娜远非只是一个象征当代文化平庸性的偶像，她是一个复杂的符号，她的形象体现了生活在全球媒介时代的许多矛盾。在此，我并不想发掘戴安娜的"真相"，以便将其妖魔化或神化。我的兴趣不在戴安娜本人，而是在戴安娜的偶像身份上。从隐喻的角度来看，戴安娜是 20 世纪西方文化中的重要人物——象征着信息流通的全球化给我们的社会、政治和文化生活带来的巨变。

如神般流行

加拿大媒介理论家大卫·马绍尔（David Marshall）在其《名人与权力》（*Celebrity and Power*）一书中，就名人对于公众的魔力做了迄今为止最详尽的分析。他考察了各式各样的明星以及他们在我们生活中所发挥的作用。

按照马绍尔的说法，名人是一种发明，它预示着名声领域内的一个民主时代。对"名人"一词的当代理解是从19世纪发展而来的。在与该词以前的用法进行比较的过程当中，马绍尔发现该词意义上的转变与生活和文化结构上的一些重大转变相似。在17和18世纪，"名人"一词具有"庄严"之意和宗教涵义，但到了19世纪中期，该词则开始具有双重意思——"美名"与"臭名"，并有"庸俗"的嫌疑。马绍尔提出该词的词根来源于拉丁文的*celebrem*，它隐含着两层意思："众所周知的"和"为公众追捧的"。马绍尔这样写道：

> 从这个意思上理解，名人并不是遥不可及的，而是可以被民众触碰的。名人的伟大是一种可以分享的东西，本质上是可以用庸俗的自负来高声庆贺的。它是大众胜利的理想表征。[5]

马绍尔认为，名人已经取代了一度由国王、英雄和先知所发挥的作用——名人被赋予了公共权威的光晕，这种公共权威曾经是那些因出身、国家或教会而占据高位的人的专利。最重要的区别在于，名人的权威看似直接来源于大众，这导致他/她的权力取决于保持与公众联系的幻象。

伊丽莎白女王显然不是一个现代意义上的名人。她众所周知，为许多人所爱戴，并且经常走出去与公众握手。但她又是遥不可及的。她的公共权威来源于她的祖先以及历史上国王与女王统治其臣民的神圣权利。前澳大利亚总理保罗·基廷（Paul Keating）曾在英国女王访问澳大利亚时，不经意地触碰了她的后腰，引起了英国媒体的强烈愤慨。这一事件充分展示了王室成员与名人之间的显著差异。

与伊丽莎白女王形成鲜明对照的是，戴安娜王妃经常拥抱和亲吻她的公众。在1987年，一个许多人还相信艾滋病可以通过轻微接触就能传染的年代，戴安娜王妃

---

[5] D. Marshall, *Celebrity and Power: Fame in Contemporary Culture*, University of Minnesota Press, Minneapolis and London, 1997, p.6.

在伦敦一家医院,用没戴手套的手与一个艾滋病患者握手。她还在1993年访问尼泊尔时,有意触碰麻风病人。她的出名还因为她在慈善活动中与人们见面时的自然姿态,她送给他们卡片和照片、安慰痛失亲人的家庭。与她的丈夫查尔斯王子不同,她会在公众场合对自己的孩子们表达身体爱抚。

对病人和弱势群体的触摸使得戴安娜的行为与宗教人士(如她的朋友特里莎嬷嬷)的善举形同一致。但是有关戴安娜具有治愈天赋的看法,并不是基于她与皇室或上帝之间的关系,而是基于她在展示关爱和同情的过程中传达了人性的光辉。从这个意义上讲,戴安娜或被视为特里莎嬷嬷的人文主义翻版——她把宗教性触摸世俗化,象征着一度由教会行使的许多仪式和功能,已经从宗教领域转移进公共生活当中。戴安娜个人的葬礼就是一个例证。媒体俨然扮演了一个全球教堂的代理人角色,为千百万民众提供了一个可以寄托哀思的场所。

戴安娜擅长将私人情感带入为王室预留的、被礼仪规范的公共领域角落。这种才能巩固了她作为"人民的王妃"和"心中的王妃"的地位。戴安娜的风格与传统王室风格之间的隔阂在王室成员对其死亡事件的反应上可见一斑。在她去世两个月前,她坐在设计师詹尼·范思哲(Gianni Versace)的葬礼上,拥抱艺人埃尔顿·约翰(Elton John)。她在公众场合安慰人的姿态与查尔斯王子形成了鲜明的对照。全球电视都转播了那天早上,查尔斯告知两个儿子他们的母亲去世,然后陪同他们前往教堂时的形象。当时的查尔斯笔直地坐着,目视前方,没有拥抱甚至触碰任何一个儿子。

正如英国文化研究理论家米卡·纳娃(Mica Nava)所说的,戴安娜的风格不但传达出一种接触的意愿,而且释放出一种洞察世事的特性(in-touchness)[6]。她在君主制度和当代生活之间发挥了一种纽带的作用。尽管没受过高等教育,而且是在非常年轻时出嫁,并迅速生育了两个孩子,戴安娜仍然被视为一个典型的现代女子。

如果因为戴安娜是个白皮肤的特权人物和她所扮演的妻子与母亲的传统角色,就将她视为一个纯粹的保守人物,会让我们忽视其吸引力中的一个核心要素。戴安娜也许是作为一个顺从的女性典范而开始其公众生活的,但她后来却变成了另外的一种形象。她所具有的现代性——或者更确切地说是后现代性——存在于她重新发明自我的能力。她或许是作为一个老掉牙的童话故事中的美丽公主的形象进入公

---

[6]　M. Nava, 'Diana:Princess of Others', *Planet Diana:Cultural Studies and Global Mourning*, ed. Re:Public, Research Centre in Intercommunal Studies, Sydney, 1997, p.21.

众的想象，但她离世时，却成为一个更具时代性的象征：一个改写了这部童话故事和不列颠君主国未来的女人。

米卡·纳娃注意到戴安娜的哀悼者中有一大批并不是盎格鲁人，当时几乎所有的英国报纸都在议论肃立在街头的种族混杂的人群，不同的人群以他们自己的方式竖起神龛哀悼逝去的戴安娜。米卡·纳娃写道：

> 白金汉官是中部英格兰人和旅行者的哀悼之处；戴安娜的家肯辛顿官堆满了鲜花和其他祭品，大量的支持者和批判王室家族的人在此进行悼念；哈洛德百货商场则是庆祝戴安娜和多迪的恋情并对阿尔法耶德家庭表示同情之人的哀悼所在。[7]

正如纳娃指出的那样，民众对戴安娜的爱戴不是单向的。在其职业生涯和私人生活中，戴安娜与很多外国人和非盎格鲁血统的英国人建立起了关系。当她在接受BBC《全景》(Panorama) 栏目的采访时，她选择了一个名不见经传的印度穆斯林出身的记者马丁·巴舍尔 (Martin Bashir)，与他谈起她的饮食紊乱症和破裂的婚姻。在与多迪·阿尔法耶德恋爱之前，她因为父亲的去世而与多迪的父亲保持着友谊。她还经常访问巴基斯坦，与她的朋友杰米玛 (Jemima) 和伊姆兰·可汗 (Imran Khan) 共度时光，而且就是在一次访问中她与一名巴基斯坦心脏外科医生哈斯纳特·可汗 (Hasnat Khan) 发展了一段浪漫关系。她去世前与多迪·阿尔法耶德的关系更是对英王室礼仪的明目张胆的侵犯。

多迪的父亲是一个埃及的穆斯林，虽然他拥有哈洛德这样的顶级百货商店，却从来没有被英国社会完全接纳，而且尽管他向英国缴纳了大笔的税费，还是不可能获得英国的公民身份。戴安娜与法耶德家族扯上关系，就等于和英国最不信任和理解的宗教扯上了关系，是对社会传统的公然蔑视。但公众却喜欢这种关系，因为有了这层关系，就等于说，戴安娜这样一个被废黜的前王室成员，公开支持英国权势集团之外的人。她频繁参与慈善活动，关注那些有争议的全球问题，如艾滋病、地雷和第三世界的贫困。在遭遇车祸死亡之后，英国的黑人电视制片人特雷弗·菲利普斯 (Trevor Phillips) 将戴安娜描述成一个"女英雄"，说她"毫无保留地接受了一

---

[7] M. Nava, 'Diana：Princess of Others', *Planet Diana：Cultural Studies and Global Mourning*, ed. Re：Public, Research Centre in Intercommunal Studies, Sydney, 1997, p.20.

个现代的、多元文化的、多种族的英国"[8]。

迈克尔·艾略特（Michael Elliott）在1997年11月的《新闻周刊》（Newsweek）上提出，戴安娜象征着许多英国人的自我理解的一种转变。当戴安娜嫁给查尔斯王子时，艾略特写道，"英国正处于危机之中。城市里的种族骚乱有加剧的趋势。位于国家中部和北部的整个工业区都荒废殆尽"，但在戴安娜身为威尔士王妃期间，"英国日益富强和自信起来"，"英国与她一起成长和改变"。[9] 艾略特有关英国变化方式的说法是高度简化的，而且掩饰了这个国家真实的社会和经济分隔，但从象征意义上说，他对英国身份的重新塑形所做的概括是合理的。戴安娜愿意用一种全球的和多元文化的视角来看待世界，尽管这只表现在她与其他个体的私人交往的层面，但她的这种意愿是与英国文化中的进步因素相一致的。英国或许仍将由女王来统治，但它同时是一个去清真寺祈祷的人与去教堂祈祷的人几乎一样多的国度。

基于以上的这些原因，戴安娜全方位地为现代名人提供了一个基本标准：她起到了一种屏幕的作用，一大批不同的个人可以把他们对自我和群体看法的变化投射到这张屏幕上。戴安娜最初是一个笨拙的、思想偏狭的富家小姐，只是以传统的英国肤色、服装过多的衣橱和矫揉造作的腔调而出名，最终转变成一个自信的世界主义大使，这种转变反映出许多英国人对于在一个后殖民世界里身为英国人的感受正发生着缓慢的转变。

她颤抖的下唇

如果说查尔斯王子的坚忍和对皇室责任的忠诚代表了英国硬挺的上唇的话，戴安娜则给大众展示了藏在其下面的颤抖的下唇。作为一个经常为他人情感需求而演讲的现代王妃，她因为揭示了温莎（Windsor）皇族非凡生活背后的平凡问题而受到爱戴。

在媒体对其婚姻生活和饮食紊乱臆想猜测数年之后，戴安娜破天荒地把"她的故事"秘密地讲给了传记作家安德鲁·莫顿（Andrew Morton），为了回答莫顿的书

---

[8] M. Elliott, 'Heroine of a new Britain', *Diana: a Celebration of Her Life*, Newsweek, Sydney, 1997, p.107.

[9] Ibid., p.106.

面问题,她把自己的回答录成了很多盒带。莫顿为戴安娜所写的传记以一件轶事开始,这件轶事成为象征戴安娜在公众地位和私人痛苦之间所搭建的桥梁的缩影。六岁的戴安娜·斯宾塞静静地坐在冰冷石阶的底部,听到母亲离开父亲时的全过程。这幅生动的画面告诉我们,那些简单的声音在一个小女孩的生活中意味着怎样的一场灾难。莫顿写道:

> 她听到父亲把皮箱放进汽车行李箱的声音,然后是母亲弗朗西斯踩过房前碎石路的声音,汽车门关上的声音,和引擎轰鸣的声音,接着是母亲驾车驶过帕克家族的大门渐渐远去的声音,从此,母亲就从她的生活中消失了。[10]

戴安娜的家是一处拥有10间卧室的住所,另外还配有佣人的房间、一个游泳池、网球场和板球场,这是乔治五世国王赠给她祖父的。按照莫顿所说,这一点增添了戴安娜故事的尖锐性。一个渴望"拥抱和亲吻"的富家小孩却只得到了"哈姆雷斯玩具店的玩具目录"[11]。一个婚礼被世界上千百万观众观看的女人却忍受着痛苦的婚姻和冷漠的婆家人。一个拥有仆人、无数房屋和巨大衣柜的王妃却得不到她最渴望的东西:与她的朋友自由相处、不带保镖上街或没有记者紧随其后。

但鉴于她已经拥有的这些优势,为什么如此之多的人们关心她的私生活?如罗珊·肯尼迪(Rosanne Kennedy)所问:为什么这么多人会"对一个年轻富有的白种女人之死表示哀悼,而不对死于以色列炸弹袭击的平民或死于阿尔及利亚大屠杀的男人、女人和孩子表示哀悼?"答案之一在于戴安娜不仅以个人痛苦感动了全世界——她逐渐成为"牺牲品转变为幸存者"的故事的象征。[12]

戴安娜一生中曾被数百个媒体丑闻和猜测包围,不过她本人也通过一系列的公开自白大大满足了公众对其私人生活的兴趣。首先是对传记作家安德鲁·莫顿的诉说,然后是《全景》栏目的采访,在此之后她继续把她的个人经历添加到公开演讲中。

自白一度是基督教会或精神治疗专家的保留节目,但是在过去的20年间,它逐渐转向公共领域。从最具文学性的回忆录到最无价值的脱口秀,公开讲述自己的全

---

[10] A. Morton, *Diana:a Celebration of Her Life*, Newsweek, Sydney, 1997, p.70.
[11] Ibid.
[12] R. Kennedy, 'Global mourning, local politics', *Planet Diana:Cultural Studies and Global Mourning*, ed. Re:Public, Research Center in Intercommuinal Studies, Sydney, 1997, p.57.

部已逐渐具备了一种准精神上的重要性。按照通俗治疗法的术语来说,自白已经变成自我认识和自我定义的重要组成部分。你谈论自己过去的生活和吸取的教训是为了拥有新生活。按照宗教术语来说,自白还具备一种救赎功能——当戴安娜承认她与某人有暧昧关系时,其实是在直接向她的公众请求对她的赦免。

戴安娜还痴迷于占星术、草药、芳香疗法和特异功能,公开自白的受欢迎程度与替代疗法和哲学的发展有着重要的关联。向公众坦陈个人痛苦或不端行为已经开始象征一种要改变的意愿。同样,替代疗法、神秘主义和自助(self-help)理论宣称能够提供生存和理解自我的新方法。许多新世纪(New Age)哲学和疗法的中心内容就是相信如果有正确的手段,个体能够判断和改变他们的命运。"自助"这个概念认为,尽管自我有可能是预先注定的,但也是可以改变的。

戴安娜对自助理论、替代疗法与新世纪哲学的投入让她的兴趣与她的核心公众完全同步。从澳大利亚的《健康之友》(*Woman's Day*)到美国的《全国调查》(*National Enquirer*),许多流行的女性杂志都重点关注这些话题——这种关注显示它们的读者都渴望在人际关系、健康和财经方面拥有可以替代西方专家话语之物。我们很容易把命理学专栏或研究水晶治疗效果的文章当作迷信弃置一边,但是这样做,就会回避为什么这些哲学或疗法会在杂志读者之间如此大范围流行的问题。要知道,这些杂志曾一度充斥着西方医生、心理学家和"家庭科学家"的意见。一个答案或许就是,许多女性都日益对男性专家的父权制意见感到失望,转而寻求控制自我生活的替代方案。

作为一个受教育程度不那么高的女性,戴安娜在没有明确个人奋斗目标之前就被投进了一种结婚和生子的严格的家庭生活,这一点与许多普通妇女有相似之处。用女权主义的术语来说,她的生活似乎在讲述一个自我意识逐渐提升的故事。尽管不幸的婚姻时常让她感到不自信和自我毁灭,她渐渐意识到她的许多个人问题都来源于一种只能满足他人期望而不能承认自我需要的制度。但是与那些受过女权政治教育的妇女不同,戴安娜指望通过那些准精神性的理论和疗法来帮助她摆脱令人窒息的生活,并改头换面。

许多自助理论和新世纪实践都与上世纪70年代女权主义者运用的意识提升理论有关联。从最基本的层面来说,意识提升为妇女提供了个人生活的另类故事,与那些由丈夫、母亲、精神病医生和家庭医生提供的解释相比,这个故事为妇女的个人不幸给出了完全不同的解释。不过,上世纪70年代遍布郊外社区的女权意识提升组织的议程显然与新世纪哲学大不相同,因为这些组织将妇女的个人不幸视为根深蒂固的性别歧视体制的症候。援引一个著名的女权主义口号,这些组织深信"私人的就是政治的"。相比之下,自助和新世纪的理论及疗法以对个人经验的高度个人主义的解释为特征。尽管如此,这两种运动都借用了与有组织的宗教有关的传统仪式,其中包括自白、小组见证和护身符的力量。

当然,如果把戴安娜皈依自助/新世纪疗法的做法等同于女权主义意识提升的直接叙述,未免太过简单化了,但重要的是要意识到两种运动都因共同原因吸引了众多妇女。双方都以自我发现和对另外的生活方式的意识为改变的基础——许多妇女之所以钦佩戴安娜,就是因为她能面对系统的压迫重塑自我。

英国小说家马丁·艾米斯(Martin Amis)在描写戴安娜时提出了一个为许多受过良好教育的人们所认可的观点:"她对芳香疗法、灌肠和占星术的热情是怪异的、臆想狂的和自我着魔的。"[13] 然而,他的分析没有考察为什么这么多人都对西方的专家性知识和传统宗教敬而远之。尽管可替代疗法与哲学很容易受到嘲弄,但它们在20世纪末的流行尤其是在妇女中的流行显示:许多人都认为传统的西方训导已经无法解决他们的需求。

由牺牲品转向幸存者的形象不仅使戴安娜更人性化,而且还给她笼罩了一层超脱凡俗的光环。文化研究作者凯斯·麦克菲利普斯(Kath McPhillips)在一篇审视戴安娜的所谓神圣品性的文章中认为,传统上的圣人是指那些敢于挑战体制结构的人,戴安娜正是因为敢于向君主制挑战的勇气而被这种宗教光环所笼罩。[14]

如果说在戴安娜生前,人们只是有时用准宗教术语来描述她,在她死后,这些宗教隐喻就开始真正泛滥了。一张遗留在肯辛顿宫的卡片上写着这样的话:"天生是位淑女,后来变成王妃,死后成为圣人。"[15] 这句话经常被引用。据说,在白金汉宫排队在吊唁簿上签字的哀悼者们,曾在一幅旧油画的玻璃上看到戴安娜闪闪发光的形象。[16] 这显然不是我们最后一次听说奇怪的戴安娜灵异事件。如果名人只是通过媒体报道而变得非凡的普通人,那么在死后,他们则肯定会变得超自然。

---

[13] Amis, 'The mirror of ourselves', p.57.

[14] K. McPhillips, 'Postmodern canonisation', *Planet Diana:Cultural Studies and Global Mourning*, ed. Re:Public, Research Center in Intercommuinal Studies, Sydney,1997, p.89.

[15] L. Deegan, 'Born a lady, died a saint', *The Daily Telegraph*,2 September,1997, p.4.

[16] D. Burchell, 'Ensigns taken for wonders', *Planet Diana:Cultural Studies and Global Mourning*, ed. Re:Public, Research Center in Intercommuinal Studies, Sydney,1997, p.28.

屏幕的另一面

戴安娜勇于向世人揭示其私人情感和恐惧的决心使她在世时是一个真实的人，死后又拥有了圣人的美德。但是对她私人空间的擅自侵犯见证了媒体恶魔般的力量。戴安娜之死是一起特别严重的媒介事件，它要求每个卷入其中的人，无论是生产者还是消费者，都对媒介事件在实际生活中所起的作用做出反省，并思考媒介事件的现实效果。事件之后的思考无疑加剧了人们的愤怒之情和质疑之声。白金汉宫外悲伤的群众愤怒至极，怒吼着要对媒体暴力相向。另外，对那些浸润在日常新闻行业的自鸣得意和犬儒主义环境中的人来说，他们应该意识到了普通民众已经对媒体世界的本质有所察觉，并对媒体世界统治者的能力表示怀疑。

更重要的是媒体对戴安娜之死的报道在不经意间不断向许多假设提出了挑战，而这些假设正是许多媒体自我评论的基础。其中最主要的观点是：好的媒体是跟现实生活保持一定距离的媒体，忠实地反映和分析现实；换句话说，就是维护社会正常秩序的媒体。然而戴安娜之死导致的对媒体本身的巨大关注，让这种局外人的假设难以成立。

显而易见的虚伪时刻不断地浮出媒体报道的水面，把对事件本身的注意力转移到媒体上面。例如，在戴安娜死后的第二天上午，一位BBC的评论员中途打断了戴安娜一位朋友的谈话，当时，那人正在回答有关狗仔队摄影师是否逼死戴安娜的问题，而把画面切给了白金汉宫外悲痛人群的现场。换句话说，一场关于媒体侵扰的讨论被媒体侵扰本身所验证。[17]

对此的回应之一是认为媒体确实应该停止侵扰。不幸的是，划清正当报道和下作报道之间的界限并非易事，正如BBC中途突然把画面切换所显示的那样。例如，悲痛人群的形象到底是在哪个时刻，从有关戴安娜之死的公众反应的合法新闻报道变成了对个人悲痛的侵扰？当新闻媒体争相对戴安娜之死这样的世纪新闻进行报道，彼此竞争收视率时，又有什么利益来驱使媒体做出这样的决定？（在最后一章，我将具体探讨这一问题并给出一些实际的建议。）

由于戴安娜死时的特殊情形引起了公众对媒体的普遍敌意，媒体不得不在报道这起事件时拼命寻找道义优势。媒体评论员们开始通过分辨好媒体和坏媒体来为他们自己的新闻报道做辩解。在上述事件之后的一个片段里，BBC的媒体分析员尼

---

[17] *BBC News*, BBC, London, 31 August, 1997.

克·亚姆（Nick Hyam）很快做出注解："你必须要区分两种情况，一方面是进行地面报道的摄影师，他们很大程度上都是自由职业者，另一方面才是报纸以及正式聘用的记者和摄影师。"[18]

亚姆意欲将媒体划分为一个有不同职责的等级制度的做法，暗示了一个更深刻的问题：你怎么能够在不攻击媒体消费者的前提下对媒体进行攻击呢？也就是说，生产和消费的循环在哪里才会中止？

《悉尼早报》（Syney Morning Herald）的专栏作者迈克·卡尔顿（Mike Carlton）试图通过挑出一批难辞其咎的生产者和消费者来解决这个棘手问题。他把责任归咎到"对侵扰活动给予资金支持的编辑和媒体巨头，以及上百万购买那些内容并渴望看到更多色情报道的读者"。据卡尔顿所说，那些习惯登载戴安娜私人生活照片和报道的澳大利亚女性杂志是"垃圾新闻业的湿纸巾——在仓皇逃离习惯性的软色情窥阴癖的过程中栽了跟头"。[19]

卡尔顿的选词是发人深省的。湿纸巾让人想起那些可能购买了像《健康之友》之类杂志的不可理喻的动不动就哭的妇女，但是也容易让人联想到没有得到性满足的少年的手淫习惯。这二者都是在攻击驱动大众文化的卑下欲望时常见的人物。一方面，这些媒体消费者被认为是被动的、孤独的、冲动的和容易操纵的，但另一方面，他们也很容易被塑造成一群求知欲强的、不辨是非的、不诚实的和难以控制的人。

卡尔顿认为那些热衷消费戴安娜私生活的人有如下特点：多愁善感、窥阴癖、爱好平庸、行为从众。整个20世纪，这些特点都曾被用来攻击公众对流行文化的爱好。女性消费者在这样的攻击面前往往表现得特别脆弱，因为女性的确经常被描绘成消费者，而男性则通常被塑造成生产者。消费的这种性别化在每年圣诞节后销售"疯潮"时表现得尤为典型，据说在那时女性的贪婪本质都暴露出来。如伊丽莎白·威尔逊（Elizabeth Wilson）所说，女性消费主义经常被描述成：

> 一种成瘾的行为方式，对此我们几乎没有控制意识。按照这种清教徒式的说法，我们被夹在市场律令和潜意识驱动中间，潜意识的欲望是扭曲的、不被我们生活其中的文化所认可的。[20]

---

[18] *BBC News*, BBC, London, 31 August, 1997.
[19] M. Carlton, 'Diana: media's sickening u-turn', *Sydney Morning Herald*, 6 September, 1997, p.34.
[20] E. Wilson, *Adorned in Dreams: Fashion and Modernity*, University of California Press, Berkeley, 1987, p.245.

按照这种设想,女性与自然的象征性接近以及缺乏理性的特点使她们成为广告商和零销商控制的理想目标,但也使她们成为一股不可预测的、潜力巨大的力量,她们的欲望甚至有挑战社会秩序的威力。根据这种说法,意志薄弱的女性消费者并不真正清楚自己想要什么——她们需要被见识广泛的广告商、零售商和编辑们所诱骗。然而,一旦她们对某种东西感兴趣,不管是一种新型香水或一个新名人,那么每个人就都得小心了。女性智识和道德本性的缺乏,使她们成为潜在的瘾君子,而且她们会不计一切来占有自己的欲望目标。

在戴安娜死后的几周里,关于戴安娜的女性公众的两种表征就出现了。例如,威廉·肖克洛斯(William Shawcross)撰写了有关"戴安娜崇拜"的文章,"崇拜"(cult)一词暗示麻木迟钝的大众被各式各样的小报洗了脑,津津有味地观赏戴安娜的形象。[21] 汤姆·吉林(Tom Gilling)在《澳大利亚人报》的一篇文章中,嘲弄女性杂志"声称要实行自我审查,保证照片纯洁度的誓言",并预测戴安娜的个人回忆录即将出版发行,并获得大肆的媒体报道。[22]

然而,所有这些将责难指向女性杂志及其消费者的尝试注定是行不通的,因为戴安娜的形象已经横跨了大报和小报的传统分野。在她死后的几天里,几乎所有的媒体信息都特别小心地强调戴安娜的官方和公众角色:嫁给威尔士王储、送儿子上学、安慰病人和病危之人、同红十字会官员商讨地雷问题。这些形象为媒体对戴安娜之死的强烈关注提供了正当理由,而这些媒体关注同时也成为人们争论的对象。

这种欲将戴安娜之广泛接受的公众形象与非法的私人形象割裂开来的做法,实则忽视了二者密切相关的事实。作为一位前皇室成员、英国皇位继承人的母亲和英国的形象大使,戴安娜始终是传统新闻感兴趣的合法对象。但是她的巨大魅力,以及她死后引发的巨大悲痛,并不是以她的官方地位为基础,而是与她出人意料地脱离英皇室直接联系在一起的。从某种意义上说,所有密集报道戴安娜之死的媒体渠道——无论是内容严肃的大报还是每周出版的名人杂志——都同样满足了对这位已逝王妃感兴趣的公众的胃口。戴安娜魅力的来源就在于,她的形象跨越了公共和私人、高雅和低俗、高品质报刊和小报周刊之间的鸿沟。

---

[21] W. Shawcross, 'Patron saint of the global village', p.32.

[22] T. Gilling, 'How to knit yourself a brand new Diana', *The Australian*, 1 October, 1997, p.13.

民众的口才

口才（Eloquence）并不是我们马上与民众联系起来的特点。按照传统的词义来解释，民众并不说话，只是欢呼或发出嘘声。他们以一种直截了当的、几乎动物般的方式来表达自己。据说他们不讲逻辑，容易被左右和恐吓。实际上，20世纪社会学文献的大部分内容都致力于探讨如何控制民众和预防骚乱的话题。

简练的、有说服力的演讲是政治家、评论家和作家用以安慰或说服大众的主要手段。但是海伦·格雷斯（Helen Grace）在一部有关戴安娜王妃的论文集的前言中提出，她在戴安娜之死后的几个星期里发现了该等级体系的一种奇怪的颠倒现象。她认为公众情感的大量宣泄在被要求谈论此事的学者和公共评论家中间引发了一场"言论焦虑"。她下结论说，"在这种情境下，自发的大众反应比专业技能要雄辩得多"。[23]

在同一本论文集中，露丝·巴尔坎（Ruth Barcan）提出，民众对戴安娜之死的反应是"大众女性气质"向男子气的理性公共领域的一次突然爆发。巴尔坎将情绪易受感染的大众与多愁善感的女性世界联系起来，把公共领域与男子理性世界联系起来，并不是认可这种分裂。相反，巴尔坎是在指涉大量的女性主义著作，这些著作探讨了公共与私人领域是如何沿着性别界限割裂开来的。按照传统的观念，家庭领域是妇女和孩子的领域：这种观点象征性地把女人与身体、私密关系和情感联系在一起。而另一方面，公共领域一向被公认为是专属于男人的：这种观点象征性地把男人与理智、契约和商务关系及理性的思考联系在一起。

按照巴尔坎的观点，大众对戴安娜之死所表现出的巨大悲痛将这种分裂搁置起来，表明私人情感向公共领域的涌入。很明显，"悲痛可以是理性的，情感可以是政治的，统治系统或许应该将人类感情设定为政治的中心内容，而不是与政治的'真正'考量毫不相干的"。[24] 也就是说，戴安娜事件表明，那种传统的把世界分裂为理智对情感、公众对私人、或男性对女性的做法只是一种建构。

巴尔坎分析了公众对戴安娜之死的巨大反应所产生的象征性力量。她的分析提

---

[23] H. Grace, 'Introduction: the lamenting crowd', *Planet Diana: Cultural Studies and Global Mourning*, ed. Re: Public, Research Center in Intercommuinal Studies, Sydney, 1997, p.3.

[24] R. Barcan, 'Space for the feminine', *Planet Diana: Cultural Studies and Global Mourning*, ed. Re: Public, Research Center in Intercommuinal Studies, Sydney, 1997, p.40.

出了一个重要问题：何种程度上继续探讨公共领域和私人领域的分离是有意义的？如我在本书中所提到的，如果它们已经完全相互混淆，那么公共反应的私人特色就不再是一个革命性的时刻，而只是说明公共领域已经远离了专家和舆论制造者仍在使用的那种模式。

假如公共领域早已摆脱了界定和掌控它的传统观点？假如舆论制造者、文化评论家和政治家们只是在他们自己设计的真空中运作？当人们最终看到女王向全世界发表演说，被迫就戴安娜之死表示悲伤时，女王颤抖的表情说明，她被什么东西震撼了，这种东西比前儿媳之死带来的震撼更为深刻。她看上去好像一个忙于应付愤怒臣民的君主。

"全球哀悼"一词表明不可能再把情感世界与理性世界、个人与集体、公共与私人割裂开来。至少在晚近的盎格鲁－撒克逊历史中，"哀悼"一词传统上指的是哀悼者对逝者表示出的一种亲密感情，它被视为最私人的情感之一。有一个生动的例子证实了这一点。威廉王子的一个朋友担心饰满戴安娜照片的店铺橱窗会勾起威廉的伤心事，据报道他的父亲给了他这样的建议："你的职责就是不要在威廉王子面前提起她。你必须装作什么事也没发生过，一切照旧。"[25]

假如哀悼被看做是非常私人的事情的话，至少在西方文化中是这样的话，全球化则意味着任何与个人相关的东西的对立面、这些东西包括地方性、个性、民族和文化。全球化是一个有关礼仪、合法性、外交和政治商谈的领域。戴安娜的葬礼让人们意识到，地方的（或个人的）和全球的（或公共的）这两个领域是深刻地纠结在一起的。它提醒我们，任何一个范围的交流总是拥有感情和效力的两种维度，而且媒体的全球性特征已经跨越了外交家和贸易官员们仍然致力于维持的边界。

公众对戴安娜之死的巨大反应，不仅是"真实生活"的一种延伸或对仅通过全球媒体而闻名的一个人物的地方性情感，它还是一个信号，预示着这两个领域间一种微妙但重要的关系倒置。在一个我们的现实感不断被媒体渗透和充斥的世界里，媒体名人的的确确是高于真实生活的。如一个男人在电台谈话节目中所说的："我妻子去世时，我也没哭得这么伤心"。[26] 他的话证明了一个奇怪的可能性：媒体对戴安娜的大幅报道使很多人觉得她甚至比真实的生活更显得真实。

---

[25] J. Adler, and D. Foote, 'The young princess' ordeal', *Diana: A Celebration of her Life*, Newsweek, Sydney, 1997, p.104.

[26] D. Burchell, 'Ensigns taken for wonders', p.28.

这种情形恰好能说明为什么如此多的文化评论人无法理解公众对戴安娜之死的反应，这是因为他们的分析是以现实及其表征的分裂为基础，他们认为自己占据了媒体和形象传播之外的一个批评空间。

针对戴安娜的全球迷恋的一个中心问题是，她象征了生活在一个日益被表象（appearances）构成的世界中的艰难。作为一个连自己的身体、情感和私密关系都无时无刻不受到审视的个体来说，她真的是生活在公共性和私人性之间的夹缝。

公众渴望了解戴安娜的婚姻、离婚、饮食紊乱、与王室关系、爱情故事以及将成为永久之谜的死亡等一系列事情背后的真相，这是一种期盼揭开形象背后的真实人物的社会渴望。理查德·戴尔（Richard Dyer）在《天体：影星与社会》（*Heavenly Bodies: Film Stars and Society*）中发现，所有媒体对明星的建构都让我们想知道他们"究竟"是什么样的人。[27] 当然，讽刺在于当名人私生活的一部分被曝光时，就成了他们公众形象的一部分。在这个背景下，区分公共性和私人性是徒劳的。戴安娜的知名度建立在公众对其私生活的了解以及由此对她产生的同情的基础上的。我们无法确定公共性在何处终止、私人性从何处开始，这种不确定性解释了对现代名人的迷恋之情。

戴安娜身亡的情形突然让我们关注到这种迷恋的实质及其附带的忧虑。从更广泛的意义上说，只有在这样的背景下，世界范围的巨大悲痛和难以置信才开始有意义。对于戴安娜的绝大部分粉丝而言，戴安娜只是以一个形象存在过——这一点几乎没什么改变。在戴安娜死后的那一年，她的照片继续每周出现在世界各地的杂志封面上。她的死使她获得了永生。

死后之生活

1998年8月31日，正是戴安娜去世一周年，一部名叫《心中的女王》（*Queen of Hearts*）的音乐剧在纽约外百老汇上演。该剧被宣传为对戴安娜的献礼之作，剧情涉及的人物包括查尔斯王子、威廉王子和哈里王子，以及查尔斯的情人卡米拉·帕克-鲍尔斯（Camilla Parker-Bowles）。在第一幕结束时，戴安娜、查尔斯和卡米拉有一个合唱。另外，该剧最后还有一个怪诞的剧情转折，同样死于车祸的摩纳哥王

---

[27] R. Dyer, *Heavenly Bodies: Film Stars and Society*, British Film Institute, London, 1986, p.18.

妃格蕾斯作为戴安娜的守护神现身其中。[28]

"戴安娜产业"并未止于戴安娜之死,甚至还在升级。戴安娜的形象依旧继续出现在杂志封面、各种书籍和纪录片中,大量有关她的海报、纪念品、光盘和拍卖品不断售出。车祸周年纪念引发了新一轮的大量悼念品、探访和纪念品的诞生。

1998年7月戴安娜的弟弟在艾尔索普(Althorp)家族庄园开辟出场地并耗资300万英镑建了一个崭新的戴安娜展览馆。游客们只需花不到10英镑就可以入内参观,该馆记录了戴安娜人生的不同阶段。展品包括她的校服、家庭录像片段、婚纱以及(有点讽刺性地)她弟弟在其葬礼上抨击媒体侵犯戴安娜私人空间的演讲草稿。游客们可以用一个印有"艾尔索普(Althorp)"字样的紫色手提袋把纪念品带回家。展览馆开放时,举办了一场纪念戴安娜的音乐会,15000人聆听了该音乐会,电视连续剧《海滩救护队》(*Baywatch*)的明星大卫·哈塞尔霍夫(David Hasselhoff)在演唱会上呼唤戴安娜让雨停下来。[29]

艾尔索普展览馆只不过是推动戴安娜产业这个大机器上的一个小零件。从最小的塑料纪念品戴安娜顶针到上百万美元的克里斯蒂拍品戴安娜礼服,王妃的名字、面孔和签名已经成为蓝筹商品。

对利用戴安娜之死来捞金的批判之声随之四起,英国前首相托尼·布莱尔就领导了一场反对他称之为蹩脚纪念品的运动,还有其他议员倡议就抵制销售同类物品进行立法。克里斯托弗·海宁(Christopher Henning)在1998年的《悉尼晨报》(*Sydney Morning Herald*)撰稿谴责"自戴安娜死后,蜜糖似的媚俗腔调在任何与戴安娜扯上关系的东西中泛滥"[30],他的观点代表了许多媒体评论家的看法。

对戴安娜纪念品产业的批判之声呼应了对戴安娜在世时媒体报道的批判之声。戴安娜纪念基金会在硬币上对戴安娜形象和名字的使用一般被认为是可以接受的,因为这种使用是官方的、非情绪化的和经过授权的,而且是用来资助一个社区护士计划。激起许多批评家愤怒和嘲讽的是,有公开的迹象显示某些个人和组织正为了一己私利而榨取戴安娜的传奇故事,媚俗、低廉的产品或感伤的吊唁物品贬损了戴安娜的形象。戴安娜纪念品中的分界线也映照出戴安娜的故事和形象中的分界线。这个界限的一边是那些显示戴安娜行使其公共职责(因而是为了公众利益)的合法

---

[28] M. Riley, 'Anniversary madness – global village', *Sydney Morning Herald*, 15 August, 1998, p.31.
[29] C. Henning, 'The Diana business', *Sydney Morning Herald*, 2 July, 1998, p.13.
[30] Ibid.

报道，另一边是那些用不当手段挖掘其私人生活（因而是玷污王妃本人和公众的）的报道。

官方的戴安娜纪念基金会的确可以宣称将回收的资金，再分配给王妃生前支持过的慈善机构，不过，对戴安娜产业中的非授权行为的指责还涉及其他的一些问题。首先，戴安娜的形象并不是通过廉价纪念品的销售者转化为商品的，她在世时就已经成为一种明确固定的商品。当纪念基金会的董事向英国专利局申请对26张戴安娜著名照片的知识产权时，他们显然对戴安娜形象的价值了如指掌。另外，对非官方的戴安娜纪念品的许多批评都是立足于品味的概念，而这一概念是受阶级支配的。一个纪念品对一个受过良好教育的中产阶级媒体评论家来说很可能是滑稽的、媚俗的，如一个按照戴安娜形象制作的瓷娃娃，或者一部悼念戴安娜的感伤诗集，但对于其他文化背景的戴安娜的粉丝来说，这些则很可能是弥足珍贵的。颇为讽刺的是，那些攻击媚俗纪念品产业的评论家们却对把戴安娜头像刻在5英镑硬币上的计划没有发表过任何意见，尽管这个做法真的为戴安娜的形象赋予了金钱价值。

事实上，一件戴安娜纪念品的珍贵程度、美感或合法性并不标志着它对于其拥有者所具有的价值。那些在克里斯蒂拍卖会上购得戴安娜礼服的有钱人与交换杂志里的戴安娜扑克牌的工人阶级群众一样，都在消费对戴安娜的回忆。将戴安娜产业划分为授权的、恰当的与不当的、牟利的两个阵营的做法，最终是要规避一个明显的事实：即对戴安娜之死的纪念如同其在世时的形象一样，都是商品，不管这种纪念是如何被营销的。

指责非官方的戴安娜纪念品产业的批评家们同样也谴责那些在戴安娜死后大量传播的阴谋理论的提供者。在车祸发生后的几小时内，有关王妃被代表英国王室的特工暗杀的谣言就迅速传播开来。6个月后，名为《王妃之死的调查》一书面世，又增加了车祸时王妃已身怀有孕的说法，还说如果不是因为抢救医生所带医疗器械陈旧过时的话，戴安娜就不至于命丧黄泉。多迪·阿尔法耶德的父亲穆罕默德·阿尔法耶德也公开宣称他的儿子和王妃二人是英国王室阻止他们结婚的阴谋的牺牲品。[31]

离奇的阴谋理论的传播似乎与非官方纪念品毫无瓜葛，然而，二者的作用却是一样的：它们都保全并神化了戴安娜的形象。埃尔顿·约翰选择改写为纪念36岁去

---

[31] A.F.P., 'Cyber Di car crash top of tack parade', *The Australian*, 17 February, p.11.

世的女演员玛丽莲·梦露的《风中之烛》来纪念在相同年龄香销玉殒的戴安娜,是非常合适的。梦露与戴安娜之间有许多意想不到的可比性。梦露生前经常被鄙夷为一个傻头傻脑的性感金发女演员,只是在死后才获得更复杂的身份。在她死后的年代里,由于那些为各种理由来纪念、分析她的无数的传记、纪录片、影集、阴谋论、电影、戏剧、小说和学术论文的诞生,她的形象才逐渐丰满起来。如此之多的对梦露的生活和工作进行考古式挖掘的理由是,如果卖力做足了工作的话,就可以揭开梦露的真相。格洛丽亚·斯坦纳姆(Gloria Steinem)在一篇纪念梦露的文章中总结道:"献给真实的玛丽莲和我们所有人心中的真实。"[32]

具有讽刺意味的是,每一次对梦露之谜的"揭示"其实并没有真正揭开那层神秘的面纱,而是对梦露传说的又一次添油加醋。也就是说,根本没有一个确定的梦露,有的只是各种不同版本的不断堆积。阴谋理论是这一过程的最明显例证。他们所做的根本不是要揭开疑点背后的真实故事,而是把水搅得更浑,模糊事实和虚构之间的边界,促生新版本的阴谋理论。

一个名人的死亡为阴谋理论的滋生提供了肥沃的土壤。死人通常是各种臆测的最佳候选人,因为他们不会开口反驳、纠正与事实不符的错误或对诽谤提起诉讼。而且对名人死亡背后真实情况的猜测在很多方面都只是痴迷于该名人的一种延伸,为的是发掘出该名人在世时的真实面孔。

我们可以肯定的是戴安娜的一生和死亡背景将会在未来的岁月里不断地被反复细查。在法国警方早就把车祸现场发现的最后一片油漆装进袋子并结案之后,仍然会有新的"证据"用来支持戴安娜是被大量恶毒势力谋杀致死的说法。

阴谋理论一贯被攻击为一种迷信的、妄想狂的和政治倒退的现象。[33] 尽管阴谋理论真的可以引发和刺激反动政治(美国和澳大利亚赞同拥有枪支的团体都是阴谋理论的热情推广人),但是还有思考它们广泛的文化吸引力的另外途径。那种认为我们不了解一个特定名人的全部真实情况的看法,为我们继续迷恋其形象提供了一种隐蔽的正当理由。于是,阴谋理论成了正统调查性新闻的民粹主义变种。双方都声称这样的信息有利于公众利益,并以此作为调查和报道权的基础。事实上,调查性新闻和阴谋理论之间的界限并不总是那么分明。双方都依赖匿名的提供消息者和

---

[32] G. Steinem, *Marilyn*, Henry Holt, New York, 1986.

[33] E.S. Bird, 'What a story', *Media Scandals*, ed. J. Lull & S. Hinerman, Polity Press, Cambridge, 1997, p.117.

检举揭发内情的人；那些原来被视为偏执幻想的报道有时候会被训练有素的记者证明是有事实依据的。

  那种认为事实被系统性地掩盖，以及我们需要了解更多信息的说法，表面上与那种认为我们生活在一个信息过剩的下流的媒介文化中的说法互相矛盾。事实上，这两种说法是一枚硬币的两面。二者都是对生活在一个大众媒介充斥的时代的反映——在这个时代，我们很多日常的真实生活都被我们并未直接经历过的人或事所渗透。尝试去把我们所知道的与我们被告知的事情区别开来——了解媒体形象背后的事实——是一个西西弗斯式的无止境而又困难的任务。一方面，我们被信息所充斥，另一方面，我们几乎无法直接衡量其真实价值。名人可以说是这种情形引起的焦虑的一种反映。名人象征着真实的人和媒介生成的形象之间的矛盾。了解形象背后的真人的欲望是对深入媒介屏幕背后的欲望的共鸣。如今，我们生活的地球正逐渐被媒介屏幕所包围。作为一个活在和死于媒介狂热之中的女人，戴安娜是我们这个时代一个无人能及的偶像。

（关涛　译/杨玲　校）